I0033835

Mr Jean Philibert
Peysson de Bacot Procur
Général en la Cour des
Monnoyes de lion

ARRESTS NOTABLES DU PARLEMENT DE TOULOUSE,

Donnez & prononcez sur diverses matieres, Civiles, Criminelles, Beneficiales, & Feodales.

Recueillis des Memoires & Observations Forenses de Messire BERNARD DE LA ROCHE-FLAVIN, *Sieur dudit Lieu, Conseiller au Privé Conseil du Roi, & premier Président en la Chambre des Requêtes du Parlement de Toulouse.*

NOUVELLE ÉDITION.

Augmentée des Observations de M^e. FRANÇOIS GRAVEROL, Avocat de la Ville de Nîmes.

Où l'on voit quelle est la nouvelle Jurisprudence du Palais.

A TOULOUSE,
De l'Imprimerie de N. CARANOVE, à la Bible d'Or.

M. DCC. XLV.
AVEC APPROBATION ET PRIVILEGE DU ROY.

A MONSEIGNEUR
DAGUESSEAU,
CHEVALIER,

CONSEILLER DU ROY EN SON CONSEIL, Maître des Requêtes ordinaires de son Hôtel, Président au Grand Conseil, Intendant de Justice, Police & Finances en Languedoc.

ONSEIGNEUR,

J'ai toûjours tiré tant de gloire des obligeantes marques que vous m'avez données de votre bonté, qu'il est juste que pour vous en témoigner ma reconnoissance, je vous con-

ſacre le premier Ouvrage que je donne au Public ſur les Matieres qui regardent ma Profeſſion ; j'ai conſideré d'ailleurs que je ne pouvois lui choiſir un Protecteur ni plus genereux, ni plus illuſtre. Il ſeroit ſans doute facile de confirmer une verité ſi connuë, ſi cette vertu ſevere, qui vous diſtingue du reſte des grands Hommes ; je veux dire, MONSEIGNEUR, *ſi votre modeſtie avoit pû ſouffrir votre éloge, & ſi j'étois capable de le faire. Je ne ſçaurois pourtant m'empêcher de dire, que l'Intendance de la Province commiſe à votre conduite par un Roi, qui ſçait parfaitement l'art de connoître les hommes, & la confiance entiere qu'il a toûjours euë pour Vous, ſont des preuves ſi glorieuſes de l'eſtime que Sa Majeſté fait de vos rares qualitez, qu'il faut que votre vertu ſoit plus élevée encore que la Dignité que vous ſoûtenez. Que ſi de la conſideration de votre merite je paſſois à celle de votre illuſtre Naiſſance, ne pourrois-je pas faire voir, ſans remonter juſqu'à vos Ayeuls, dont la plûpart ont rempli avec gloire les plus grandes Dignitez de la Robe ; qu'elle vous fait deſcendre d'un Pere que l'Hiſtoire fait remarquer, n'étant encore qu'à la fleur de ſon âge, comme un Homme d'un profond ſçavoir, & d'une vertu conſommée ? Que ne pourrois-je pas ajoûter ſi je voulois parler de votre zéle incomparable pour le ſervice du plus grand de tous les Rois, & de tant de belles connoiſſances que vous poſſedez ſi éminemment, ſoit dans toute ſorte de Litterature, ſoit dans l'adminiſtration de la Juſtice, ou enfin dans les affaires de Politique ? Mais,* MONSEIGNEUR, *j'irois trop loin ſi je m'aban-*

L'Hiſtoire d'Amiens par la Morliere parlant d'Antoine Daguesseau, Intendant de la Province de Picardie ; qui fut enſuite Premier Preſident du Parlement de Bordeaux.

donnois à dire tout ce que je conçois sur une si vaste & si belle matiere ; & je ne dois pas avoir si-tôt oublié que Vous m'avez imposé silence. Je n'ai donc, MONSEIGNEUR, *qu'à vous supplier très-humblement de ne trouver pas mauvais que je mette votre illustre Nom à la tête de cet Ouvrage, quoi qu'il ne merite pas de vous être présenté. Permettez-moi, s'il vous plaît, de satisfaire en cela mon devoir & mon inclination, & de me flatter de cette douce esperance, qu'en paroissant sous un si beau Nom, il ne manquera pas d'être favorablement reçû. Mais quelque avantage qu'il puisse recevoir de votre avû, je proteste de bonne foi, que je vous l'offre moins par la consideration de cet interêt, que pour apprendre au Public le plaisir que je prends de me mettre sous votre Protection, & de me dire avec un très-profond respect,*

MONSEIGNEUR,

A Nîmes le 6. Juillet 1680.

Votre très-humble & très-obéïssant Serviteur,
GRAVEROL.

AVERTISSEMENT.

J'Ai crû qu'il y avoit quelque espece de necessité d'accompagner le Recueïl des Arrêts de Monsieur le Président la Roche, des Observations que je mets au jour, soit parce que ce Recueïl étoit un peu trop sec, soit parce que depuis que ces Arrêts ont été donnez par le Parlement de Toulouse, la Jurisprudence du Palais a souvent changé : ce sont là les seules vûës que j'ai euës, lorsque je me suis laissé persuader par mes Amis de donner cet Ouvrage au Public ; & il est certain que l'on ne peut pas dire, sans me faire tort, que j'aye été poussé par aucun motif qui me regardât en particulier. Je me connois assez pour ne rien présumer de moi-même : Outre que la maniere & la précipitation avec laquelle on m'a obligé d'écrire, justifient assez encore, que j'ai moins travaillé pour ma propre gloire, que pour la satisfaction d'autrui ; en quoi pourtant on ne sçauroit me blâmer absolument de m'être trop negligé, puisqu'enfin j'écris pour instruire, plûtôt que pour plaire.

Au reste, j'ai tâché d'être succint autant que le sujet me l'a permis.

A cela je dois ajoûter, que les Arrêts que je rapporte, peuvent à mon avis d'autant mieux faire recevoir mes Observations, qu'ils doivent être regardez comme nouveaux, de quelque date qu'ils puissent être, puisqu'ils n'avoient jamais été publiez, si l'on en excepte quelques-uns qu'il a fallu que j'aye citez pour appuyer ce que je disois.

Comme j'ai écrit pour expliquer l'usage du Parlement de Toulouse, (que j'ai souvent designé par *le Parlement* ou par *la Cour* en termes absolus) j'ai aussi affecté d'autoriser, autant que j'ai pû, la doctrine que j'établissois par le sentiment des Docteurs du même Parlement, plûtôt que par celui des Docteurs étrangers que je n'ai pas citez qu'en deux cas principalement, ou quand leur doctrine s'est pas trouvée conforme à l'usage de ce Parlement, ou quand je n'ai pas pû me passer d'eux, en défaut de nos Auteurs, pour confirmer ce que j'avois à dire.

Si quelquefois je me suis amusé à faire des Observations, qui ne peuvent satisfaire que les Curieux, j'ai crû qu'on ne pouvoit pas me blâmer d'avoir égayé de tems en tems la matiere, sur-tout lorsque l'occasion s'en est présentée d'elle-même sans la rechercher. Les matieres du Palais & de droit étant de leur nature extrêmement serieuses, il me semble qu'il n'est pas mal de délasser l'esprit par intervalle, & qu'un ouvrage n'est que plus agréable par la varieté, pourvû qu'on ne dise pas des choses qui soient tout-à-fait hors du sujet ; ce n'est pas seulement pour les yeux que la varieté doit plaire, c'est aussi pour l'esprit.

E per tal variar natura è bella.

Cependant il est bon qu'au sujet de ces petites Observations de simple curiosité, je dise en passant pour ma justification, que si en expliquant le passage de *Stephanus*, que je rapporte sous le mot (*Esglantine*) j'ai été assez heureux pour faire la même remarque qui a été faite par le sçavant Monsieur Hüet dans sa Démonstration Evangelique, qu'il publia l'année derniere, ce n'a été que parce qu'il n'est pas extraordinaire qu'en fait de conjectures deux personnes se rencontrent dans la même pensée: Des Poëtes se sont bien rencontrez à faire des Sonnets entiers tous semblables, s'il en faut croire Leonardo Salviati en ses Avertissemens sur la langue Italienne; pour ne pas parler du Traité qu'Aretadés avoit fait autrefois sur ces sortes de rencontres, comme nous le lisons dans les Fragments qui nous restent de la Philosophie de Porphyre; quoi qu'il en soit, outre que plusieurs personnes très-dignes de foi sçavent que mon Manuscrit étoit entre les mains des Imprimeurs, avant que le divin Ouvrage de Mr. Hüet parût en ce païs; ils peuvent encore attester qu'avant qu'il vît le jour ils m'avoient souvent oüi dire en conversation, que c'étoit au langage des Cariens, & non pas au langage des Dieux, que Mercure s'appelloit *Imbramos*.

Voilà ce que j'avois à dire sur le sujet de mes Observations, que je soumets volontiers à la censure du Lecteur. Je sçai me rendre justice, & je ne doute pas dans cet égard, qu'on n'y trouve beaucoup de choses où il y aura à redire: Si l'on daigne m'en avertir, je profiterai avec plaisir des avis qu'on me donnera, dans quelque esprit que l'on puisse me les donner: *Non pigebit me, sicubi hæsito, quærere, sicubi erro, discere*: pour parler avec le grand Saint Augustin.

IN COMMENTARIUM

CLARISSIMI VIRI JURIS UTRIUSQUE apud Nemausenses Doctoris eruditissimi, FRANCISCI GRAVEROL ad Placita Senatus Tolosani, à D. BERNARDO A RUPE-FLAVINO : collecta.

EPIGRAMMA.

Sacra Tolosani Flavâ de Rupe Senatus
Prolapsa, in tenebris jussa fuere diu ;
Extulit in lucem, mirâ Graverolius arte,
Inclitus, excusso restituitque situ,
Nudaque cùm fuerint, pulchro decoravit amictu,
Cernitur hîc aurum nobile, gemma frequens ;
Floribus hîc fragrat Themis undique, pagina quæque.
GRA*ta*, GRA*vis*, VER*a est*, *sua*VE *que sempe*R OL*ens*.
Quo vos, omne hominum, rediviva oracula, vultu
Suspiciet suplex, suscipietque genus !
Quas tibi jam reddet Graveroli Curia grates !
Quas tibi Flavinus ! debet uterque tibi.

P. DAUDE' I. V. D.

ARRESTS

ARRESTS NOTABLES DU PARLEMENT DE TOULOUSE.

LIVRE PREMIER.

Abbez Commandataires.

TITRE I.

AR Arrest du 9. Juillet 1611. fut dit que l'Abbé Commandataire de St. Jacques de Beziers, seroit maintenu en la possession & joüissance de conferer les places Monachales, à tel idoine, & capable que bon lui sembleroit, vacation advenant d'icelles : Et le Syndic & Religieux en la faculté de les recevoir, leur bailler & vêtir l'habit, & les admettre à la profession suivant le reglement de leur Ordre.

CONFERER] L'Abbé Commandataire, en tant que vrai Beneficier, a droit de conferer, comme ordinaire, les places Monachales, & les Beneficiers qui dépendent de luy : il peut même le transferer : *quoàd collationem.* Si pourtant il neglige d'user de son droit, il en déchoit : Il en est de même de l'Abbé titulaire. Ainsi quand il est absent du Royaume, & qu'il n'a établi aucun Vicaire General, si quelque Benefice vient à vaquer, la presentation est devoluë au Chapitre, & après le titre sur la collation du Chapitre, l'Abbé ne pût plus conferer, suivant l'Arrest donné en la Grand'Chambre au raport de Mr. Delong le 12. Aoust 1674. en faveur de Me. Eleazar Gaches, à qui la Vicairie d'Argelier avoit esté conferée par les Religieux de S. Benoist d'Aniane, pendant l'absence de l'Abbé. Ce préjugé est d'autant plus considerable, qu'outre que l'Abbé estoit en Ambassade, & qu'il en revint dans les six mois, d'ailleurs son Vicaire General estoit decedé.

Les Recevoir.] Il en seroit autrement, s'il estoit question d'un Abbé titulaire, car en ce cas *receptio professionis pertinet ad Abbatem & Monachos*, suivant la doctrine *d'Oldradus consil. 97.* & c'est suivant cette distinction qu'il faut concilier l'Arrest rapporté par l'Autheur, avec celui du Parlement de Bordeaux remarqué par *Papon en son recueil liv. 1. tit. 7. art. 2.* il est vrai que si l'Abbé Commandataire estoit revétu de la dignité de Cardinal, il pourroit admettre les Religieux à la profession: ce qui sert d'exception au *chap. ad Apostolicam de regularib. & trans. ad relig.*

Abolition des Crimes.

TITRE II.

Lettres d'Abolition ne peuvent être octroyées que par le Roy, lesquelles faut que soient presentées par les impetrans en personne, & non par Procureur. A cause dequoy ayant le 9. Mars 1445. Jean Comte d'Armagnac, & autre Jean son fils Vicomte de l'Omaigne fait presenter au Parlement de Toulouse par Me. Jean Tudert Maître des Requêtes de l'Hôtel du Roy expressement deputé par sa Majesté pour poursuivre l'intherinement des lettres d'abolition par lui à eux octroyées: Par Arrest fut dit n'estre recevables à les presenter par Procureur. A suite dequoy comparans en personnes tous deux, oüi le Procureur General, par Arrest prononcé à huis clos le 14. du mois de Mars 1445. lesdites lettres furent intherinées, la Cour leur ayant encore fait cette faveur de les avoir oüis à huis clos & non en pleine Audience.

En Personne.] Ni l'âge, ni la condition, ne dispensent pas de presenter les lettres de grace, d'abolition, & de remission, en personne, l'exemple du Sr. d'Espinchal, qui fut reçû à presenter les siennes par Procureur, ne peut pas estre tiré à consequence; une raison d'Etat en fut en partie le motif. Les Cours souveraines n'ont pas même égard aux lettres qu'on obtient du Roi, pour étre reçû à presenter telles lettres par Procureur. ℣. *Le liv. 2. verb. Lettres de grace. art. 6.* ne fût-il question que du crime d'Heresie, comme il se pratiquoit sous le regne d'Henry II. ℣. *le même liv. verb. graces art. 1.* ou ne s'agit-il que des lettres de Rapeau. ℣. *Le liv. 3. verb. Rapeau, art. 1.* quand on veut obtenir grace, ce seroit user d'un espece de mépris, que de ne la demander pas en personne; c'est sans doute parce que la foy & l'hommage (& la souffrance même suivant quelques Docteurs) sont des graces qu'on veut obtenir du Seigneur, qu'il faut les faire, & demander en personne, & non par Procureur.

Achapts & Ventes.

TITRE III.

SI le venditeur pour le payement du prix que l'acheteur luy doit de reste, ne se reserve par exprès dans le contract de vente l'hypoteque, il n'a point aprés en concurrence d'autres creanciers aucun privilege, ains est rangé suivant la datte de son instrument de vente seulement, par la doctrine de Balde, *in l. fin. ff. Commodati*, & ainsi fut jugé en la distribution des biens de feu Leger Banquier, contre Resseguier venditeur de la maison, de la distribution du prix de laquelle estoit question. Bien est vray que si le venditeur estoit moindre lors de telle vente, il pût estre restitué en entier, pour n'avoir reservé ladite speciale hypoteque, *argum. L. Minoribus. C. De in inte. restit. & L. Non omnia in 2. resp. D. De minoribus. & L. Si curator C. Arbitrium tut.* Toutefois contre cette subtilité du Droit l'équité a depuis prévalu, & a esté jugé pour certains marchands de Lyon, que trouvant leur marchandise en nature és mains de leurs debiteurs, que sur le prix de la vente d'icelle ils seroient preferez pour les debtes procedans de ladite marchandise : mesme par Arrest general prononcé la veille de sainte Croix 1608. par Monsieur de Verdun premier President, & ledit Arrest departi Chambres assemblées ayant esté parti en autres trois Chambres.

ARREST GENERAL] Il fut donné, parce qu'auparavant la question se jugeoit diversement. Ainsi la Cour du Parlement de Paris, qui jugeoit autrefois que l'obmission du precaire reduisoit le vendeur à l'hypoteque commune, comme il s'induit des Arrests cités par *Brodeau sur Loüet lit. H. Chap.* 21. ayant depuis ce temps-là fait des mercuriales particulieres sur les questions qui se jugeoient diversement, il fut resolu, entre les questions douteuses qui furent proposées en ces mercuriales, que le vendeur avoit son privilege & son hypoteque speciale sur l'immeuble par luy vendu, quoy qu'il ne l'eût pas expressément reservée & stipulée par le contract : ce qui est conforme à l'usage de ce Parlement, remarqué par *d'Olive. liv. 4. Chap.* 10. La clause de precaire est inutile, lorsqu'une personne tierce a achepté en Foire ou en Marché public, suivant l'Arrest rapporté au *liv. 2 tit. 7. verb. Foires & Marchés.*

ARR. I.

LEs mesmes solemnités requises par le Droit aux alienations & ventes pures des biens de mineurs & pupilles, sont aussi requises aux ventes à pacte & faculté de rachapt. Et ainsi fut jugé le quatorziéme Decembre 1586. ayant esté cassée comme nulle la vente à pacte de rachât faite par Me. Baptiste de Croisilles oncle & tuteur, d'une maison appartenant à Paulet son neveu & pupille, *ex regula legis Lex quæ tutores C. De administrat tut.* à la charge par ledit Paulet de rendre audit acheteur le prix de ladite vente qui se trouveroit avoir esté convertie à son profit.

ARR. II.

LA prohibition d'aliener entre plusieurs heritiers, jusques à la majorité de l'un desdits heritiers, rend la vente nulle, faite avant ladite majorité, comme fut jugé par Arrest de Toulouse entre Cambornac de Muret & autres le 5. May 1586.

ARR. III.

LE bêtail & autres biens-meubles vendus en pleine Foire & marché n'ont point de suite, & ne peuvent estre vendiquez de l'acheteur, comme fut jugé par Arrest le 1. Octobre 1579. entre Barthelemie de Fabri, femme à Me. Jean de Ballaria Advocat, & Antoine Julian.

* NE PEUVENT.] L'usage est contraire, & l'acheteur est tenu de restituer la chose venduë en Foire, ou au Marché, quand le proprietaire le rembourse du prix qu'il en a payé : si neanmoins il s'agit de quelque piece d'argenterie & d'orfevrerie, ou de quelque autre chose, qu'on peut soupçonner estre exposée en vente par une personne qui l'ait dérobée, en ce cas on suit la disposition de la *L. incivilem. C. de furt.* & l'acheteur comme estant dans quelque espece de mauvaise foy, est obligé de restituer la chose dérobée sans espoir de repetition du prix. C'est dans ce sens qu'il faut expliquer la doctrine *d'Aufrerius in quæst.* 151. *Capel. Tolos.* & qu'il faut entendre l'Arrest de *Cambolas liv.* 2. *Chap.* 5. *num.* 2.

ARR. IV.

LE 18. Avril 1551. en jugeant le procès entre Salvat du Verger marchand, & Ysabeau de Mombrum & Jean Filasse, fut faite inhibition à tous marchands du ressort de ne faire contracts de vente de quantité de marchandise, à personnes qui ne soient de l'exercice & estat de marchand, sur peine de banissement, confiscation de la marchandise, & autre arbitraire : parce que les personnes necessiteuses ne trouvant d'argent à prester, empruntoient de la marchandise à prix excessif, & la revendoient à vil prix.

ARR. V.

PAr lettres patentes du Roy Henry III. données à Fontainebleau le 8. Juillet 1609. obtenuës par le Syndic du Chapitre de S. Sernin en Toulouse, reçûës & verifiées par la Cour, au prealable communication & consentement du Procureur general du Roy, fut permis audit Chapitre de racheter le bien & fonds de leur Abbé aliené pour le temporel de ladite Abbaye, en remboursant les acquereurs du prix par eux payé, loyaux cousts, reparations utiles, necessaires & permanantes : parce que les biens de l'Abbé & du Chapitre n'est qu'un mesme fonds de l'Abbaye.

RACHETER.] Les Ecclesiastiques ont esté souvent taxés pour l'interest du Prince, ou du bien public : ils devroient satisfaire à la taxe par moyen des fruits de leurs Benefices, & quand les fruits ne suffisoient pas, ils étoient obligez d'expo er les fonds en vente : mais quoyque la vente s'en fit pour un interest public, qu'on les adjugeât aprés la troisiéme chandelle esteinte, que les proclamations eussent esté faites par un trompete, & à haute voix par les carrefours accoûtumés, & devant la porte de l'Eglise Cathedrale, & souvent par six differens jours de Dimanche & de marché public, que la plus part de ces procedures se fissent dans le Palais Episcopal, & que mesme on n'exposât en vente que les pieces les moins bonnes & revenantes suivant la verification d'experts Catholiques qui s'en faisoit au prealable : neanmoins les acquereurs, ou leurs successeurs, ne se pouvoient pas considerer comme Seigneurs incommutables, parce que les Ecclesiastiques demandans de temps en temps au Roy, (sur tout lors de la tenuë des assemblées du Clergé) qu'il leur fût permis de recouvrer les biens alienez par leurs predecesseurs, il leur a esté souvent permis de le faire, par la consideration que les Roys ont fait, que ces biens estoient de leur nature inalienables, & comme cette consideration est extremement forte, les Cours souveraines, mais principalement celle de ce Parlement, ont aussi souvent accordé aux Ecclesiastiques tout ce qu'ils pouvoient esperer. Car quoyque l'Edit d'Henry IV. verifié audit Parlement *le 5. May 1607.* leur permit de recouvrer, pendant cinq ans, les biens alienez depuis quarante ans, & que le reglement porté par la declaration *du mois de Mars 1666.* reçoive la prescription centenaire à l'égard de l'alienation des biens Ecclesiastiques, pour cause mesme de subvention : toute-fois le Parlement admet les Ecclesiastiques au rachât, du moins à l'égard des alienations generales, sous la condition du remboursement, sans qu'il s'arreste à la possession de 40. ny 100. Il y en a une infinité de préjugez, & entre autres celuy qui fut donné au rapport de Mr. de Puymontaud, en la premiere Chambre des Enquestes le 26. May 1667. en faveur de l'Infirmier, en l'Abbaye du Masdazil, contre le Sr. de Montfaucon dudit lieu, qui fut condamné à desister d'une piece qu'il possedoit dependant de l'Infirmerie. Pour ce qui regarde les alienations particulieres, on se regle d'une autre maniere. *V. la note sur le tit. 10. de ce liv.* La raison de cette difference peut estre prise de ce que les alienations particulieres estans libres, & les autres étant comme forcées, il est juste que celles-cy soient traitées plus favorablement pour le rachât, comme s'il avoit esté sous-entendu perpetuel lors de l'alienation sans aucune limitation de temps, *toties quoties* & en quel temps que ce fût, veu mesme que l'alienation n'est à proprement parler que subsidiaire, comme n'estant faite qu'en défaut par les Ecclesiastiques d'avoir pû payer leur taxe des fruits de leurs Benefices.

ARR. VI.

PAr Arrest du 18. May 1593. à la poursuite du Syndic de certains particuliers habitans du lieu de Benac, la vente faite par les Consuls dudit Benac de l'an. 1591. d'aucuns Communaux dudit lieu fut cassée & annullée, & lesdits Consuls condamnez en leur propre nom à rendre le prix par eux reçû avec dépens; avec inhibition & défense ausdits Consuls dudit Benac, & autres du ressort, de faire vente des biens appartenans à la Communauté, sans permission & authorité de Justice à peine de cinq cens écus.

SANS PERMISSION.] Pour que la vente des immeubles d'une Communauté soit valable, il faut 1. Le consentement de plus de deux tiers des habitans. 2. Qu'il en conste par deliberation, prise devant un Officier. 3. Obtenir en Justice la permission de vendre, car les Communautez étant pupilles, il faut que les biens des uns & des autres se vendent sous les mesmes solemnitez. 4. La permission estant obtenuë, il faut proceder par affiches & proclamations publiques, mesme dans les lieux circonvoisins, parce que cela attirant un plus grand nombre de surdisans, la condition de la Communauté en devient meilleure. 5. Et principalement il faut qu'il y ait necessité de vendre, c'est *conditio sine qua non*, une telle necessité estant substantielle, & donnant la forme à la vente jusques là que manquant, la vente est nulle, quand mesme tous les habitans, sans exception d'un seul, auroient opiné d'une commune voix pour la vente: En veuë dequoi, la *L.* 1. *C. De præd. de cu io. sine dec*. *non a'ien. libro* 10. qui authorise cette doctrine, exige textuellement plus d'une fois la necessité de vendre, *infirma alioquin venditio erit, si hæc fuerit forma neglecta*: & en cela mesme les Communautez ont un parfait rapport avec les pupilles, dont les tuteurs ne peuvent aliener les biens, qu'au cas qu'il y ait necessité de payer des debtes. *L. si fundus. ff. de reb. cor. qui sub tutel.*

Affermes & Arrentemens.

TITRE IV.

IL est loisible d'affermer à tous hazards, perils & fortunes, & renonciation à tous cas fortuits, opinez & non opinez par le Droit *in l. Videamus* §. *Si hoc D. Locari l.* 3. *C. Commodati. l.* 1. *C. Depositi.* Notamment lors qu'ils sont exprimez, ou expressement convenus. *L. Sed & si quis* §. *Quæsitum D. si quis caut.* Et a esté ainsi jugé pour le Benefice de Gaillargues arrenté ainsi par le Chapitre de Nîmes par Arrest du 23. Aoust 1604. conformement à autre Arrest pour le Chapitre de Mende du 21. de Mars 1586.

CAS FORTUITS.] Une telle renonciation pour si generale qu'elle soit, ne produit aucun effet à l'égard des cas extraordinaires, qui arrivent *præter consuetudinem tempestatis*, & qui donnent lieu, ou à la resolution du contrat, ou à un rabais.

Si le successeur est tenu continuer l'arrentement du Benefice de son prédecesseur.

TITRE V.

ANciennement par les Arrests estoit faire cette distinction, que si c'étoit par resignation ou permutation, il estoit tenu. Ainsi jugé par Arrest du 17. Juillet 1563. pour Pierre Negre rentier de la Cure de Niort, contre Jaques Mathias nouveau Recteur par resignation dudit lieu au Diocése de Carcassonne. Mais si la provision estoit par mort, ou privation dudit Benefice, le successeur n'en étoit tenu. Ainsi jugé par autre Arrest du 29. May 1559. pour l'afferme du Prieuré de Cardaillac en Quercy pour Jean Paravelle rentier, contre Me. Antoine Roquemaurel Prieur. Depuis est survenuë l'Ordonnance du Roi Charles 9. de l'an 1568. à S. Maur inserée en la Conference des Ordonnances Liv. 1. tit. 2. art. 53. & par Mr. Brisson au Code Henry Livre 1. tit. 17. contenant le successeur n'en estre tenu, sans distinction ni limitation, conformement à la décision 547. & 548. de Guido Papa & autres par lui alleguées.

* SANS DISTINCTION.] *Maynard liv. 8. Chap. 99.* Excepte de cette regle generale les resignataires; neanmoins *Despeisses tom. 1. tr. du loüage sect. 5. num. 1.* ne les excepte pas, par cette raison, que, suivant le President *Faber*, le successeur au Benefice, quoique par resignation, n'a pas droit du resignant, mais du collateur. Il est facile de concilier les sentimens de ces Docteurs, par la distinction qu'il faut faire des resignations qui se font *purè & simpliciter*, és mains de l'Ordinaire, d'avec celles qui se font *in favorem*, és mains du Pape; car au premier cas la doctrine de Despeisses doit avoir lieu; & à l'égard du second le sentiment de Maynard doit estre suivi; parce qu'aux resignations *in favorem*, le resignataire, *habens jus à resignante*, est par consequent obligé d'entretenir ce que son resignant a fait.

ARR. I.

PAr plusieurs Arrests, les affermes des benefices & biens Ecclesiastiques pour plus long temps que de trois ans, ont été cassez. Entre autres le 1. Decembre 1572. pour le Syndic de la table du pain benist de S. Estienne de Toulouse, auquel par ledit Arrest furent faites inhibitions & deffenses d'arenter les biens & droits de ladite table, pour plus long-temps que de trois années. Et par autre Arrest pour le Syndic de la même table contre Me. Antoine Celery Notaire, au mois de Novembre 1589. Et par autre precedent du 2. Mars 1586. pour le Syndic du Chapitre de Carcassonne.

Trois ans] Plusieurs ont crû que quand on a affermé pour plus de trois années, le contract ne peut pas subsister quand mesme on voudroit le reduire à trois années. Sur quoi *V. Molin. In consuetud. Paris.* §. 51. *num.* 40. *& seqq.* Pourtant l'usage de ce Parlement est, de la faire subsister pour le temps permis de droit, & quand on la casse, c'est sauf pour les trois premieres années. Au reste les Economes ne peuvent passer des baux & des fermes que pour un an.

Arr. II.

PAr Arrest du 20. Mars 1538. prononcé en Audience par le premier President Mansencal, fut prohibé à tous Officiers du Roi, d'arrenter aucuns benefices, ou permettre à leurs femmes, enfans, serviteurs & domestiques, de ne par eux ou personnes interposées*, faire tels arrentemens sur peine de cent marcs d'or, & de suspension de leurs Offices.

Arr. III.

SEmblables Arrests furent donnez contre les Gentils-hommes, le 19. Mars 1541. & le 29. d'Aoust 1544. à la poursuite de l'Evêque de Tarbe. Et un autre le premier Juillet 1575. donné en Audience, portant condamnation d'amende envers le Roy, contre Jaques Cahusac sieur de Verdier. Ce qui depuis a été ordonné par ordonnance du Roi Charles IX. art. 7. & 109.

Arr. IV.

CAr s'il est prohibé aux Officiers & Gentils-hommes, à plus grande raison le doit-il être aux personnes Ecclesiastiques, suivant la prohibition generale : *Ne Clerici vel Monachi negotiis secularibus se immisceant.* Et ainsi fut jugé par Arrest du premier de Juin 1570. par lequel fut prohibé aux Chanoines & Prébendiers du Chapitre de l'Isle en Jourdain, de se rendre fermiers des fruits du Chapitre par eux ou personnes interposées, sus les peines contenuës aux Arrests, & Me. Pierre N. Chanoine dudit Chapitre pour la contrevention à iceux condamné en vingt-cinq livres d'amende.

Arr. V.

LA vente des fruits de la chose arrentée ou loüée, ne rompt point l'afferme ou arrentement, ainsi que fait la rente du fonds ; comme fut jugé par Arrest le 15. Decembre 1578. en la cause d'un Pierre Vesiat.

* Romp]

* ROMPT] l'Autheur *en sa suite tit. 65. art. 2.* cite ce mesme Arrest dans un sen contraire, c'est sans doute par mégarde. *Aliquandò bonus dormitat Homerus.* Le judicieux *Brodeau* est tombé dans une pareille contradiction *En ses comment. sur la coust. de Paris art. 140. & sur l'oüet lit. R. num. 52.* Quoiqu'il en soit, il est certain suivant le present arrest, que quoique la vente des fruits suppose un contrat semblable au loüage, toute-fois elle le rompt; la raison en est, que la vente des fruits est une vente pure : Mais quand le contract d'arrentement affecte la maison loüée pour l'observation d'icelui, en ce cas le locataire a droit d'insistance, jusques à ce qu'on lui ait fait raison des dommages & interests qu'il souffre, parce qu'au moyen de cette hypoteque *habet jus in re*, & que dans cette veuë il doit estre moins consideré comme locataire, que comme creancier.

ARR. VI.

SUr la Requête du Prucureur General du Roy par Arrest du 19. May 1579. conformement à autre Arrest ancien du 12. Fevrier 1545. fut faite inhibition & defense à tous habitans de la Ville & Fauxbourgs de Toulouse, d'arrenter & loüer maisons à gens vagabonds & dissolus, joüeurs ordinaires, & autrement mal vivans, ni à femmes menans vie lubrique; ains s'enquerir diligemment de la qualité & condition des personnes, avant que conclure & arrester le prix du loüage; & ce sur peine de répondre de tous cas & excez commis par les locataires ou ceux qui les frequenteront, confiscation des maisons & jardins. Enjoint aux Capitouls de faire publier l'Arrest à voix de trompe par la Ville & Fauxbourg, afin qu'aucun n'en pretende cause d'ignorance; & faire souvent les visites & recherches ordinaires ez lieux suspects, à ce que la ville soit repurgée de mal-facteurs, à peine de mille écus d'amende & autre arbitraire.

Adjoints.

TITRE VI.

LOrs qu'un Conseiller de la Cour de Parlement ou du Senêchal comme Commissaire député ordonne une enqueste estre faite, il peut proceder à icelle, ou celui qu'il subroge en sa place, sans adjoint, parce que communement c'est pour des petits affaires, esquels il n'est requis tant de solemnité qu'aux enquêtes ordonnées par la Cour, & ausquels quasi on devroit sommairement proceder.

SANS ADJOINT] Il en est autrement, quand la Cour a ordonné l'enqueste. *V. la suite. tit. 46. art. 13.*

ARR. I.

LE 16. Avril 1590. au procez d'entre Pierre Ferrand & Jeanne Crantelle mariez demandeurs, & Michel de Naucaze Sr. dudit lieu deffendeur, par Arrest les parties ayant esté appointées contraires en leurs faits, Ferrand & Crantelle presentent la commission à un Juge Royal, lequel, à faute par les parties accorder adjoint, prend d'Office le Vicaire du lieu. Entre autres nullitez proposées par Naucaze contre l'enqueste desdits mariez, il dit qu'un Prestre ne peut être pris adjoint; par Arrest il est dit n'y avoir point de nullité.

PRIS ADJOINT] Pourvû qu'il soit Prestre gradué, & non autrement. On casseroit pourtant une procedure, où le Commissaire auroit pris pour adjoint un Ecclesiastique, lorsqu'il y a effusion de sang, parce que *Ecclesiastici non debent sævis se immiscere*; le seul Evêque de Virtzbourg peut connoistre de crime, & les punir de mort, ce qui a fait dire autrefois;

Herbipolensis sola
Judicat ense sola.

Au reste comme il est permis de prendre un Ecclesiastique pour adjoint aux affaires profanes, on peut aussi prendre un seculier pour assesseur dans les pretoires Ecclesiastiques, quoi qu'il s'agisse d'une cause spirituelle, suivant le sentiment de *Felinus in can. decernimus. Extr. de Judic.* cela neanmoins ne doit estre pratiqué qu'au deffaut de clercs tonsurez capables.

Adulteres & fornications.

TITRE VII.

PAr les loix divines & constitutions des Empereurs Romains, les adulteres doivent estre punis capitalement de mort naturelle & dernier supplice. *Lev. cap.* 20. *Deuteron. cap.* 22. 1. *Corinth. cap* 6. *Hebræ. cap.* 13. *l. Transigere. C. De transanct. l. Castitati C. De adulter.* Entre lesquels Opilius Macrinus 23. Empereur faisoit attacher les deux corps de l'homme & de la femme adulteres & brûler ensemble tous vifs. *L. Quamvis* 2. *C adult.* §. *Item, lex. Jul. De publ. jud.* voire un jour fit mettre deux siens soldats, qui avoient violé un femme, dans le ventre de deux bœufs, chacun dans le sien, & là coudre & enclore leurs corps entierement, reservé la teste, qui se montroit afin qu'on les peut voir parler ensemble & deplorer leur misere, pendant qu'ils estoient rongez & devorez de la vermine procedant de la pourriture desdits bœufs, comme recite Julius Capitalinus en sa vie. Il est vrai que pour la qualité des personnes, ou autres circonstances, cette peine de mort naturelle a esté quelquefois restrainte & moderée à banissement ou autre mort civile. *L. Claudius. D. De his quæ ut ind. auf. L. si quis viduam. D. De quæst.* Et quelquefois aussi pour certaines autres considerations & circonstances a esté du tout remise, comme pour l'ignorance, la force, la tendreté d'un jeune âge attiré par continuels actes lascifs & impudiques ; & ainsi des autres cas semblables laissez à l'arbitre d'un bon & équitable Juge. §. *Quod autem.* 29. *q.* 1. *Can. In lectum. Can. Si virgo.* 34. *q.* 1. *l. Si uxor.* §. *Si quid planè. l. Vim passam. D. De adult. l. fœdissimam C. eod. l. si adulterium.* §. *Divi fratres. D. eod. l.* 1. §. *D. De effract. & expilat.* Et suivant ce que dessus on ne connoit en France des crimes qu'extraordinairement, comme il a esté souvent dit. Si lesdits adulteres sont qualifiez & aggravez de quelques circonstances, ils sont punis de la mort naturelle : dequoy il y a plusieurs exemples és Cours souveraines. Et j'en ay veu & appris plusieurs en nostre Compagnie & Parlement de Toulouse, & entre autres d'une sœur d'un President, mariée, laquelle convaincuë d'adultere avec un metayer de son Mary, furent par Arrest condamnez à mort. Et de mesme d'un autre adultere de la femme & du clerc d'un des sieurs Conseillers dudit Parlement. Et encore de la femme & belle-mere d'un Advocat consentant & tenant la main à sa fille adulterant, qui furent aussi condamnées, & executées à mort. Et Papon en son recueil d'Arrests rapporte, que par Arrest du Parlement de Paris, prononcé en May 1551. fut pendu & estranglé un serviteur de cabaret ayant abusé de sa maitresse enyvrée & endormie au lict du Mary absent. Que si l'adultere est simple, non qualifié, ny aggravé d'aucune circonstance propre à énaigrir & augmenter la peine, on a accoûtumé, quant aux femmes, de suivre la constitution de Justinian, lequel a voulu la femme estre chastié de verges, & après mise dans un Monastere, d'où le Mary ait faculté dans deux ans la recouvrer : passez lesquels, si le Mary n'en fait compte, soit tenuë prendre l'habit de ce Couvent, pour y demeurer, & gemir perpetuellement son peché. §. *Si verò. Vt nulli judic. in Athen. Coll.* 9. *Auth. Sed hodie. C. De adult.* & on les met aujourd'hui au Convent qu'on appelle des Filles repenties.

ARR. I.

ET pour le regard des hommes, ils sont punis plus legerement aussi, sçavoir de mort civile, comme de banissement avec amendes pecuniaires : du foüet ou des galeres temporelles ou perpetuelles, suivant la qualité des personnes & autres circonstances remises [comme dit est] à l'arbitre & jugement du bon, prudent & équitable Juge. Et par là il appert que les adulteres ne sont point impunis en France, comme calomnieusement plusieurs autheurs Allemans & Espagnols ont écrit.

PLUS LEGEREMENT.] Quoyque regulierement *in eodem genere delicti minus peccent mulieres quàm viri. arg. L. sacrilegii pœnam. ff. ad leg. Jul. peculat.* Il faut pourtant excepter le crime d adultere, où les Scholastiques. *In 4. sent. dist.* 36. conviennent, que par rapport aux conséquences, & aux circonstances les plus essentielles, *plus peccat mulier impudica.* Cela n'a pas empesché, qu'on n'ait accusé d'injustice les loix, qui punissoient moins severement ce crime en la personne des hommes. *V. VVagenseil ad Sota Hæbreorum. pag.* 1205. En effet les loix Romaines punissoient l'adultere indistinctement, & *Papon. liv. 22. tit. 9. arr.* 1. remarque, qu'en 1568. le Parlement de Bretagne donna un Arrest de reglement, portant qu'à l'advenir tous adulteres, sans distinction de sexe, seroient punis de mort. Ce reglement, & les Arrests rapportez par l'autheur, font bien voir que les adulteres ne sont point impunis en France, où mesme le Juge laïque en connoit à l'exclusion de l'Ecclesiastique, par cette raison, que *major pœna infligitur Jure civili quàm canonico.* Les maximes du Palais détruisent encore cette calomnie, car quoyque regulierement l'appel de sentence, qui ne porte pas peine afflictive, & dont on n'est pas appellant *à minima*, devolue aux Enquestes, toute-fois lorsqu'il s'agit d'une accusation d'adultere, comme pour lors, l'appel du Mary est un appel *à minima*, il est de la competence de la Tournelle, & non des Enquestes ; & cela d'autant mieux que son appel fait subsister l'accusation, outre qu'il peut conclurre à la mort. Si l'adultere estoit impuni dans ce Royaume, les maximes préalleguées n'y seroient pas en usage, comme elles sont.

ARR. II.

POur les Prestres, Moines, & autres Clercs & personnes Ecclesiastiques, par les constitutions canoniques ils sont exemptez de la mort naturelle, voire par icelles est porté que pour l'adultere un Clerc ne peut estre degradé, ou actuellement exauthoré de ses Ordres Sacrez. *Cap. Cum non ab homine. De judic. Panorm. in Cap. At si Clerici eod.* Dequoy sont alleguées deux raisons, l'une, que ladite peine de degradation est reservée pour les grands, enormes & detestables crimes. *Cap. Tua. De pœn. & interpretes in dictis capitibus. At si Clerici, & cum non ab homine.*

L'autre, pourtant, disent aucuns, que telle maniere de gens ausquels Dieu n'a point departy la grace de se pouvoir contenir, s'ils brûlent en telle concupiscence, n'ont lieu où ils puissent honnestement assouvir leur alterée & charnelle volupté. Donc s'ils s'addonnent à quelque femme, encore qu'elle soit mariée, semblent aucunement meriter excuse : comme celuy, lequel contraint de la faim, dérobe un peu de mangeaille pour l'appaiser. *Can. Si quis. Propter necessitatem. De furt.* Mais sous la censure des saints Decrets Ecclesiastiques, ausquels je me suis soûmis, & soûmetray toûjours : Ces raisons sont bien froides & legeres, d'autant en premier lieu que S. Clement successeur de S. Pierre, ou selon les autres, quatriéme Evêque souverain de Rome a laissé par écrit, qu'aprés l'heresie il n'y avoit offense plus horrible & deplaisante à Dieu, ny qui meritât d'estre plus aigrement & rigoureusement punie que l'adultere, en l'Epitre I. qu'il écrit à S. Jacques Apostre rapportée au Can. *Quid in omnibus.* 33. *q.* 5. Pour un second d'autant que ez choses commandées ou deffenduës par la Loy de Dieu, voire mesme par la nature, simplicité, necessité, ni tentation, aucune n'excuse point celui qui y contrevient. *L. Venia. C. De in jus voc. Gl. in Cap. Sicut. De consecrat. dist.* I. Autrement une pauvre femme qui malverseroit, pour soulager sa misere, meriteroit estre excusée ; chose que les Ethniques mesme ont detestée. L. *Palam.* §. *Non est D. De ritu. Nupt.* Car l'homme doit plûtôt endurer & patiemment souffrir toutes les calamitez du monde, & fût-ce la mort, avant que de consentir à la moindre chose mauvaise, & deffenduë par la Loy divine. *Can. ita ne.* 32. *q.* 5. En outre telles personnes ont fait particuliere promesse & serment à Dieu & vœu perpetuel de chasteté en leurs promotions aux Ordres sacrez, ou professions aux compagnies regulieres. Et par ainsi s'ils trebuchent & faussent leur vœu & serment, & souillent leur corps par adultere, & tant s'en faut qu'ils doivent estre excusez de la peine, qu'ils sont plus reprehensibles & punissables que les autres, comme ayant plus griefvement & doublement failly : à sçavoir par contravention à leur vœu & serment, & par desobeyssance au commandement de Dieu, qui deffend toute pollution & paillardise, singulierement l'adultere, lequel il veut estre puni de mort, ainsi que dit a esté. *Genes. C.26. Exod. Cap.* 21. *Corinth. Cap. 6. Hæb. Cap.* 13. *Levit. Cap. 26. & Deuteron. Cap.* 22.

EXCEPTEZ DE LA MORT.] On les condamne à des amendes, à quelque penitence, & autres peines de cette nature, suivant les circonstances. Plusieurs ont crû qu'il les falloit deposer de leur Office, mais il semble que cela ne doit estre observé, qu'au cas du *Can. si quis Sacerdos.* C'est à dire lorsqu'il s'agit d'un adultere commis par un Prestre avec sa Parroissienne, parce qu'en estant censé le Pere Spirituel, son crime induit une spece d'Inceste. Hors de ce Cas, ou de celuy d'une recidive, la deposition, du moins *sine spe restitutionis*, est une peine un peu trop rigoureuse : la suspension suffit avec quelque penitence; & la disposition tant du chap. *si quis Diaconus. dist.* 50. que du chap. *si quis Clericus. dist.* 81. souffre dans l'usage ce temperamment; où l'adultere seroit public & scandaleux.

ARR. III.

LA loy veut, que la femme accusée de paillardise & adultere, bien que absoulte & relaxée, demeure neanmoins notée toute sa vie, *l. Palam.* §. *Quæ in adulterio D. De ritu nupt.* En haine de l'adultere, & afin que les femmes soient curieuses de n'estre pas seulement exemptes de ce vice, mais encore de la moindre suspicion d'iceluy.

ACCUSE'E.] L'accusation n'en peut estre intentée que par le Mary, & quand il ne le fait pas, la Mere ne peut pas estre reçûe à le faire : de là mesme il s'ensuit, que *etiam via & ad effectus dumtaxat civiles*, elle n'est pas personne legitime pour poursuivre une telle accusation ; par exemple elle n'est pas recevable à debatre par ce canal le Testament que son Fils a fait en faveur de celle avec laquelle il commettoit adultere, suivant l'Arrest donné en la seconde Chambre des Enquestes au rapport de Mr. de Nicolas le 17. Fevrier 1676 la Veuve du Sr. de Lapause & la femme du nommé Lacombe étoient parties au Procès. Ce préjugé sert encore pour faire voir, que lors que le Mary n'accuse pas sa femme le Procureur du Roy, quoyque *vindex publicus*, ne le peut pas faire, suivant la *l. quamvis. C. ad leg. jul. de adulter.* Et contre la doctrine de *Le-Prestre*, car par l'Arrest allegué, M. le Procureur general fut declaré non recevable à l'accusation de l'adultere dont il estoit question.

ARR. IV.

CEux qui ont esté accusez d'adultere, puis absous, si aprés ils se marient ensemble (comme entre les Romains il estoit licite aprés la repudiation de se marier) & se peut faire encore aprés la mort de l'un des mariez, la loy veut qu'ils soient punis à toute rigueur comme adulteres. *L. Si qui adulterii & l. Quamvis. C. De adult.* Comme aussi celui auquel le mary a denoncé par trois fois qu'il ne frequente sa femme, s'il les trouve ensemble sans crime, il luy est permis neanmoins de les tuer sans forme de Justice. *Auth. Matri & aviæ* §. *His quoque. Panorm. in cap. Accedens. Vers. Non obstat. De accus. Mathesil. in sign.* 116. Toutes-fois ny l'un ny l'autre n'est observé en France, car pour le dernier en ce Royaume toute voye de fait est prohibée, & rien ne doit estre fait que par voye & authorité de Justice. Et quant au premier, on voit encore vivant un Procureur en la Cour de Parlement de Toulouse, lequel ayant été accusé d'adultere avec la femme d'un autre Procureur lors son maistre, & enfin aprés avoir soûtenu la question, à faute de preuve absoult. Toutes-fois aprés la mort de sondit maistre, il s'est marié avec sa maistresse avec laquelle il avoit esté accusé d'adultere : duquel mariage il y a des enfans. Ce que neantmoins je trouve de mauvais exemple, & serois d'avis de renouveller & rafraischir la peine des Loix susdites, car cela peut occasionner la femme, & son adultere, à conspirer contre la vie du mary, soubs la confiance de se pouvoir licitement marier ensemble.

S'IL LES TROUVE,] Quand un Mary trouve sa Femme en crime flagrant, & que dans le juste ressentiment où il est, il se porte à l'extrémité de la tuer, de mesme que celuy qui commet adultere avec elle, il obtient facilement sa grace, & les Cours où les Lettres sont adressées, les enterinent facilement aussi. *Lurbeus in Chron. rer. Burdigal.* sous le 24. Janvier 1579. parle d'un Conseiller du Parlement de Bourdeaux, qui fut *ex tempore absolutus*. Le S. de Cambon ayant fait enteriner ses Lettres de grace en Parlement en 1660. aussi-tost qu'elles furent enregistrées, les fers lui furent ôtez des pieds, & les prisons lui furent ouvertes, sans aucuns dépens ni amende, suivant cet Arrest. Le Sr. de Vvulson, Conseiller en la Chambre de l'Edit de Grenoble, ayant tué Magdelaine de Boulogne sa femme : ensemble Pierre Boviot, Advocat, surpris avec elle en adultere, fit enteriner ses Lettres de grace, & se fut condamné qu'en cent livres pour les pauvres des Hôpitaux de Grenoble, en 75. livres pour l'Hôpital de Castres, en 25. livres pour les prisonniers de la Conciergerie, & à 300. livres, à quoy furent moderez les dépens. *Nota*, qu'aprés le meurtre il fut faite une relation de l'estat des corps morts, & des natures d'iceux, qui furent trouvées comme des personnes qui sortent de paillarder. Il est encore à observer, que le Sr. de Vvulson fut declaré décheu du profit du Testament de sa femme, si point il y en avoit ; ensemble de la dot, & autres gains nuptiaux. Par là il a esté préjugé, que bien qu'un Mary puisse tuër impunement sa femme lorsqu'il la surprend sur le fait, en ce cas il ne peut pas profiter de sa dot & des autres avantages nuptiaux : la reparation qu'il se fait de ses propres mains est si grande, & en mesme-tems si sanglante qu'il suffit qu'il en coûte la vie à sa femme, sans qu'encore il puisse profiter de ses biens, comme il feroit s'il ne faisoit pas justice luy-mesme. Au reste pour convaincre une personne d'adultere, il faut l'avoir surprise ἐπ' αὐτοφώρῳ, suivant l'expression de Saint Jean parlant de la femme adultere, où, comme portoit la Loy *Julia*, il faut l'avoir ſurpriſe *in turpitudine l. 23. ff. ad Leg. Jul. de adult.* Car quoyque la Gloſe ſur cette Loy ſuppoſe que des baiſers & des attouchemens laſcifs, induiſent une conviction de l'adultere, Accurſe pourtant s'eſt trompé d'expliquer par ces choſes-là, *res veneris* dont parle cette Loy : c'eſt auſſi avec raiſon qu'il eſt repris par Budée, qui prouve doctement à ſon ordinaire, *rem veneream eſſe, quando pudenda in pudendis, obſcena in obſcœnis ſunt poſita, vel filia deprehenſa in ipſa turpitudine.* Et en effet, pour prouver un adultere il faut plus que de préſomption & que de conjectures, parceque ni les unes ni les autres ne prouvent pas aſſez bien ce qu'il faut prouver. Les Payens ſemblent avoir ſuivi cette Juriſprudence, lorſqu'ils nous apprennent dans leurs Fables que ce fut le Soleil qui découvrit à Vulcain l'adultere de Mars & de Venus, pour dire qu'il faut un Soleil pour découvrir un adultere, & qu'on n'en doit pas établir l'accuſation ſur des ſimples conjectures & ſur des ſimples preſomptions. C'eſt peut-être dans ce ſens que le Scholiaſte d'Eurypide appelle le Soleil τὸν τῆς μοιχείας ἔλεγχον. Et l'on peut dire, avec S. Cyprien, dans un ſens toute-fois éloigné du ſien, *adulterium dicitur dum videtur.* Mais quoyqu'on ne puiſſe pas convaincre une femme d'adultere ſans une preuve auſſi claire que le jour, & que des manieres d'agir laſcives & deſhonneſtes ne puiſſent pas toutes ſeules operer ſa condamnation, on peut pourtant pour telles choſes lui faire ſubir une peine proportionnée ; car il s'induit *du Journal du Palais 1. Septembre 1672.* qu'en matiere d'accuſation d'adultere on peut déclarer une femme ſeulement convaincuë d'actions & de paroles deshonneſtes, comme telle, la condamner en deux ans de Réligion par forme de correction de mœurs, en une certaine ſomme pour dommages & intereſts envers le mary, en 40. liv. d'aumône, & aux dépens, enſemble l'accuſé en pareille amende, & aux dépens auſſi.

ARR. V.

MEgenati Italien, logé chez Jean Gourdon de Pezenas, s'eſtant trouvé malverſant avec Vidale femme dudit Gourdon ſon hoſteſſe, le jour du Vendredy ſaint, par Arreſt general du 14. Septembre prononcé par Mr. Durand premier Préſident de Toulouſe, fut condamné & ladite Vidale à être pendus, & furent executez au Salin audit Toulouſe, nonobſtant que ledit mary de ladite Vidale requiſt que ſa femme lui fût renduë, & qu'une fille euſt préſenté Requeſte à ce que ledit Megenati luy fuſt baillé pour l'eſpouſer : ſe trouvant ledit crime aggravé du violement de l'hoſpitalité, & la requeſte du mary de ſoupçon de maquerellage, & la requeſte de la fille & autres ſemblables eſtre inciviles, comme pratiquées & ne tendant qu'à l'impunité des adulteres puniſſables capitalement.

ARR. VI.

DE meſme le 12. Decembre 1591. par Arreſt ſur partage fut deniée à un mary ſa femme condamnée par adultere, pour ſemblables ſoupçons de maquerelle, eſtant le mary un ſimple cuiſinier.

MAQUERELLAGE]

MAQUERELLAGE] En ce cas Mr. le Procureur General est personne legitime pour intenter l'accusation d'adultere : Si le maquerellage du pere lui fait perdre les droits de la puissance paternelle. *L. si Lenones. C. de Episcop. audient.* pourquoi celui du mari ne lui feroit pas perdre les droits que le mariage lui avoit acquis ?

ARR. VII.

TOutesfois hors ledit soupçon de maquerelle, telles femmes adulteres bien que condamnées à mort, soit naturelle ou civile, sont renduës aux maris les requerans, comme par Arrêt de Toulouse du dernier Fevrier 1587. la femme d'un Fabry praticien condamnée par adultere luy fut renduë. Et auparavant, le pareil avoit esté observé à l'endroit d'un Cassagnoles Notaire dudit Toulouse, estans à cause de tel depart d'accusation & poursuite du mari & de sa reconciliation avec sa femme, les enfans procreez pendant ledit mariage, tant devant qu'aprés ladite accusation, censez legitimes, & comme tels succedans à leur pere, par Arrest general prononcé par Monsieur de Mansencal premier Président le 22. Decembre 1559. entre Antoine Barral, & les fils de Barral son frere.

RENDUËS AUX MARIS] Pourveu que ce soit avant que leurs femmes soient condamnées, & non autrement.

CENSEZ LEGITIMES] Leur estat ne peut plus estre contesté, & dans l'usage cela a même lieu contre des substituez.

ARR. VIII.

L'Adultere commis par les valets, serviteurs ou facteurs, clercs ou metayers avec leurs maistresses, est indispensablement puni capitalement : & suivant ce par Arrest de Toulouse du 28. Fevrier 1553. un Sandrail clerc du sieur de la Coste Conseiller en la Cour, convaincu d'adultere avec la femme de sondit maistre, fut condamné à estre pendu, & executé. Et és Arrests generaux de la Pentecoste du 16. Mai 1556. en Toulouse en fut prononcé un, par lequel une femme convaincuë d'adultere avec son bordier ou metayer, fut condamnée à estre penduë, & ledit aussi. Et par autre Arrest non seulement la femme de l'Avocat Valiech trouvée en adultere, mais sa mere convaincuë d'y consentir, & tenir la main, furent condamnées & executées à mort.

ARR. IX.

LOrs que les femmes convaincuës d'adultere sont recluses, confinées & ont pris l'habit dans le Monastere des Repenties, elles sont privées de tous droits matrimoniaux, & de leur dot qui est acquis au mari par les Arrests, & entre autres par un de Toulouse du 29. Juin 1558. au greffe criminel : & s'il y a des enfans ledit dot leur est adjugé & acquis, par Arrest de Roüen du dernier Avril 1555. d'une femme convaincuë d'adultere avec son Confesseur & Curé, rapporté par G. Terrien sur les coustumes de Normandie, tit. Des adulteres.

ACQUIS AU MARY] Excepté lorsque la femme a des enfans, ou d'un ou de plusieurs lits ? Et quand elle n'en a que du premier, le mari n'a que ce à quoi se peut porter une legitime de l'un d'eux. En deffaut d'enfans, lorsque le mari a tué sa femme en crime flagrant, il ne gagne ni la dot ni l'augment, l'un & l'autre estant adjugez aux legitimes successeurs de la femme, suivant l'Arrest de Vvulson ci-devant rapporté sur l'Art. 4. si le mari decede dans les deux ans qui sont donnez, pour qu'il la puisse tirer par reconciliation du Monastere, & qu'elle n'ait point d'enfans, les proches parens ont le tiers, le Monastere les deux autres ; mais quand elle laisse des enfans, le Monastere n'a qu'un tiers, & les autres deux sont pour les enfans. En deffaut de successeurs legitimes le tout appartient au Monastere.

ARR. X.

SI tels adulteres sont accompagnez de larcin fait au mari, ils sont communement punis capitalement : De quoi ledit Terrien en rapporte au lieu sus allegué un Arrest de Roüen du 17. Juin 1516. par lequel un nommé Monguet, fut condamné à estre pendu & estranglé, estant convaincu d'adultere, & d'en avoir amené la femme d'un Jean Estroist, & d'en avoir apporté plusieurs biens à lui appartenans.

Estimation de quanto minoris.

TITRE VIII.

PAr Arrest du 9. Mars 1592. entre Castel demandeur, & Courtois deffendeur, fut liquidé l'interest & dommage souffert par un acheteur, d'un fonds à lui vendu allodial, se trouvant aprés ne l'estre pas à trois droicts & lots & ventes compris les lots dudit achapt, & au payement des droits Seigneuriaux pendant soixante ans, & amortissement desdits droits au denier quinze.

A TROIS DROITS] Anciennement on regloit de cette maniere l'indemnité de l'acheteur, à qui on avoit vendu un fonds censuel pour franc & allodial, ainsi que cela est encore plus amplement expliqué *au Traité des Droits Seigneuriaux chap.* 10. *art.* 1. mais aujourd'huy on renvoye à experts pour en faire l'estimation, par les raisons alleguées dans d'*Olive liv.* 4. *chap.* 24. & l'estimation se doit faire par rapport à la valeur presente du fonds. Il est vrai que pour éviter les frais de l'estimation, on a accoustumé de regler la moins-valuë à la cinquiéme partie du fief sur le prix du la vente, qui doit la garantie; ce qui a principalement lieu lorsque la censive est petite, & que *nulla est reticentia fraudulenta* de la part du vendeur. Mais lorsqu'il s'agit d'un fonds vendu franc, & qui dans la suite du temps se trouve assujetti à quelque rente obituaire, en ce cas on ne se dispense gueres de passer par une estimation d'Experts, parce que cette rente peut emporter la meilleure partie du revenu du fonds vendu : il y a quelque espece de justice & d'équité qu'elle soit reglée *arbitrio boni viri.* Au reste on adjuge aussi les arrerages de la rente, suivant l'Arrest donné en la grand'Chambre le 15. Juillet 1671. en faveur de Jean Falc, contre Dame Lucrece de Saint Geniés.

Il ne doit pas estre inutile d'observer, que comme l'action de moins valuë descend *ex dicto promisso - ve*, & qu'elle est personnelle, elle ne compete aussi qu'aux acheteurs & à leurs hoirs, & non à leurs creanciers; il est vrai que dans l'Edit des Ediles elle est donnée *ad omnes ad quos res pertinet. in L. sciendum. §. deinde ff. de Ædil. Edit.* Mais outre que cela ne s'entend, suivant le texte de cette mesme Loy, que de l'acheteur ou de ses successeurs, *qui in universum Jus succedunt*, c'est à-dire de ses heritiers; d'ailleurs il est decidé en la Loy *non solum. §. quaeritur. ff. de Procurator*, que *illis verbis, ad quem res pertinet, creditores non continentur* : & c'est sans doute une des raisons pour lesquelles le decretiste ne peut point agir par action de *quanti-minoris.*

Aliments.

TITRE IX.

ENtre Messire Urbain de S. Gelais Evesque de Commenge, appellant du jugement donné par les Conseillers & Commissaires tenans les Requestes du Palais le 14. de Janvier, d'une par, & Guy de S. Rys appellé d'autre. Veu le procez, plaidez du troisiéme Fevrier dernier, griefs, contredits, & autres productions desdites parties. Dit a esté par la Cour, en ce que lesdits Conseillers & Commissaires auroient adjugé par provision la somme de cinq cens livres, & pour icelles permis faire execution sur les fruits & revenus temporels dudit sieur Evesque, mis & met l'appellation, & ce dont a esté appellé au néant : & reformant quant à ce le jugement a ordonné & ordonne, que ladite provision n'aura lieu que pour la somme de trois cens livres tant seulement; pour laquelle ledit S. Rys pourra faire execution sur les biens propres & patrimoniaux dudit sieur Evesque, ou fruits d'iceux; & en tout le surplus a mis & met l'appellation au neant, & a ordonné & ordonne, que ce dont a esté appellé sortira à effet, & sans despens dudit appel, & pour cause. Prononcé en Toulouse apertement le quatorziéme Avril mil six cens onze. Demalenfant, ainsi signé.

Arr. I.

PAR Arrest Garibal riche Marchand de Ville Franche de Roüergue, fut condamné à donner nourriture & alimens à un sien frere qui n'avoit rien pour s'entretenir.

SIEN FRERE.] Cela est conforme à la disposition du Droit *in L. qui filium. ff. ubi pupill. educ. deb.* mais il faut entendre cela subsidiairement, & au cas le pere n'ait pas laissé du bien, *cum patris sit alere liberos.* Encore faut-il que deux choses concourent, sçavoir que non-seulement le frere soit pauvre au point de n'avoir pas dequoy se pouvoir nourrir, ni par son industrie, ni du côté des biens de la fortune : mais mesme que son autre frere ait dequoy le nourrir sans s'incommoder, *sit in facultatibus positus*, aux termes de la Loy *in omnibus. §. 1. ff. de tutel. & rationib. distrah.* Et quand en l'absence du pere, il arrive qu'un frere fournit les aliments à l'autre, il est sans doute, qu'il est en droit de les repeter du pere, *cujus negotium gessisse videtur utiliter.*

Alienation des choses Ecclesiastiques.

TITRE X.

L'Alienation de biens d'Eglise faite sans solemnité peut estre revoquée, ores soit infeodation, si ce n'est aprés cent ans, & ainsi se trouve jugé par Arrest de Toulouse le 10. Sept. 1545. pour les Religieuses de Sainte Claire. Ce qui peut estre fondé, *primò*, sur la maxime de Droit, que *Quod ab initio non valuit, tractu temporis convalescere non potest.* 2. Parce qu'il est certain, *In reb. sacris usucapionem non procedere. L. Usucapionem. D. De usucap. nec mirum* : Car, *si fundus dotalis non potest usucapi*, moins encores, *fundus Ecclesiasticus*, *cum sit dos Ecclesiæ.* 3. *Quia qui contra legis prohibitionem possidet numquam potest usucapere. Cap. fin. De præscrip. gloss. in Cap. fin. De constit. in 6. Pan. & alii in Cap. 1. De restit. in int. in 6.* 4. Que du moins, *ad purgandum illud vitium memoria immemorialis requiritur*, comme tiennent Balde & Alberic, *in §. 1. Qui feud. dare poss. & in Authent. Quas actiones C. De sacros. Ecclesiis.* Et la raison est, *Quia cum omnes Ecclesiæ dicantur esse de patrimonio beati Petri, & centenaria præscriptio concessa sit patrimonio Petri, non est novum si ad omnes Ecclesias extendatur.* Principalement quand les Eglises sont immediatement sujettes à nostre S. Pere, comme sont plusieurs Abbayes & Monasteres. *Doct. in D. Auth. quas actiones, & in Cap. Ad audientiam. Et in cap. Quanto de præscr. in 6. Archid. in Can. Nemo. 16. q. 3.*

REVOQUÉE.] La Jurisprudence des Arrests de ce Parlement, au sujet de la revocation des alienations des biens d'Eglise, a esté differente suivant la difference du temps & des circonstances. Car autrefois quand le titre estoit nul & vicieux, eût-on joüy plus d'un siecle, les Ecclesiastiques rentroient dans leurs biens ? il y en a une infinité de prejugez, fondez sur ce que la prescription n'a pas lieu contre le titre, & que le titre estant vicieux il nuisoit plûtost qu'il ne servoit, suivant la regle commune, *melius est non habere titulum quàm habere vitiosum* : de sorte que dans ce tems-là il étoit de la politique des possesseurs de ne produire pas le titre de leur joüissance, mais de se retrancher simplement sur leur possession quarantenaire, qui estoit *præsumptio justi tituli*, & qui suffisoit pour établir contre l'Eglise une fin de non recevoir sans replique, par la raison de l'Authentique *Quas actiones. C. de Sacros. Eccles.* Cette forme de juger se pratiquoit encore à l'égard des simples infeodations, quelques anciennes qu'elles fussent : témoins les Arrests donnez contre le Sr. de Galessié, en faveur des Peres Cordeliers de la Ville de Figeac, & contre le Sr. Caffaret, Controlleur au Bureau du Domaine de cette Ville de Nismes, au profit de Mr. d'Ouvrier, Conseiller Clerc au Parlement. Il est vray que lorsqu'il s'agissoit d'un fonds herme, sterile, & de fort modique revenu, comme par exemple d'un casal, d'un gravier, ou de quelque petite terre, voisine de la riviere, & sujette aux inondations, & qu'on justifioit que les infeodations n'estoient pas desavantageuses à l'Eglise, on les confirmoit, quoyqu'elles eussent esté faites sans solemnitez, pourveu qu'il y eût quarante ans passez. Il y en a Arrest du 19. Juillet 1668. au rapport de Mr. de Nupces Florentin, pour Antoine Avojac, Boulenger de la Ville d'Alez, contre les Peres Prescheurs de ladite Ville. Il y en a un second contre les mesmes Religieux, dont le Syndic fut condamné à la moitié des dépens & aux épices : il fut donné le 23. Avril 1671. en la seconde Chambre des Enquestes, au rapport de M. de Jossé, pour le Sr. Jacques Rochier. Aujourd'huy soit qu'il s'agisse d'une vente, ou d'une infeodation, le Parlement s'y prend d'une autre maniere, & s'arreste à la prescription de quarante ans, quand même il y auroit à dire au titre, & qu'il ne seroit pas revetu des solemnitez requises par le Droit, à compter neanmoins du jour du decez de l'Ecclesiastique qui a mal aliené ; mais il faut que ces quarante ans soient utiles depuis la paix de Nismes de l'an 1629. cela passe pour maxime au Palais : & entre autres Arrests qui peuvent confirmer cette nouvelle maniere de juger, il y en a un donné en la seconde Chambre des Enquestes au rapport de Mr. Daspe, pour le Sr. de Monsouvile contre le Syndec du Chapitre de Lectoure, ainsi on s'est desabusé, & certes fort équitablement pour le repos des familles, de ce vieux sentiment qu'on avoit que la prescription de quarante ans n'étoit que pour les actes accompagnez des solemnitez necessaires, & que c'estoit l'exception qu'il faloit faire à l'Authentique *Quas actiones.* Que si cela a lieu en faveur des acquereurs, ou de leurs heritiers, peut-on douter que rien puisse empécher le tiers possesseur de prescrire dans quarante ans, puisqu'il ne peut estre regardé pour le moins que comme possesseur de bonne foy : & n'est-il pas vray de dire que quand il y auroit du vice réel en la chose *initio inspecto*, ce vice se purge par sa possession toute pleine de bonne foy, auquel cas il est certain qu'il ne faut plus regarder l'origine de la vente. La Cour l'avoit ainsi préjugé le 26. May 1630. en faveur du Sr. Pierre de Lageret, contre le Syndic des PP. Précheurs de Nismes, qui fut condamné aux dépens, moderez à vingt-cinq livres : En l'espece de l'Arrest il s'agissoit de la vente d'une maison, faite pour trois cent soixante livres, qui fut venduë ensuite six mille livres, & cette disproportion de prix ne rendit pas meilleure la cause de ces Religieux. Le Parlement de Grenoble a souvent jugé la question de cette mesme maniere au profit du tiers possesseur, comme par cet Arrest célebre d'Audience qu'il donna le 14. Mars 1665. pour le Sr. Paul Michel, contre le Syndic des Carmes du Pont de Beauvoisin, les parties ayant été mises hors de Cour & de procez, dépens compensez, quoyqu'il s'agit d'une alienation faite sans cause & sans solemnité, & par cet autre Arrest qu'il donna en la seconde Chambre le 16. Mars 1672. pour le Sr. Baffert, contre Mr. le Conseiller du Pilhon. Il faut pourtant remarquer, que pour d'autant mieux fortifier le droit du tiers possesseur, on prend souvent le temperamment du payement de la valeur du sol, quand il se trouve qu'on y a élevé quelque batiment considerable : il y a un Arrest notable du même Parlement de Grenoble, donné au rapport de Mr. de Saint Germain, le premier Fevrier 1651. pour Jean

Martin contre l'Abbé de Sou, car non seulement il s'agissoit d'une usurpation originairement faite par l'Autheur du tiers possesseur : Mais même la Cour ordonna d'Office, que Martin payeroit la valeur du fonds à dire d'Expert, eu égard à l'estat auquel il estoit avant qu'il y eut aucun bâtiment construit sur iceluy, quoy qu'il eût offert d'en vuider : & qu'il fit profession de la R. P. R. Tout ce qui vient d'estre remarqué justifie assez, combien la prescription de 40. ans est aujourd'huy favorable contre l'Eglise, eût-on même joüi sans titre, suivant le cas de l'Arrest donné au rapport du sçavant Mr. de Burta en la premiere des Enquestes le 9. May. 1675. pour le Sr. Tral de Vendemian, contre Me. Baresene Prestre. Cette jurisprudence n'a pourtant pas lieu, ni à l'égard des choses saintes ou sacrées, qui ne tombant pas dans le commerce, & ne pouvant pas estre par consequent possedées ni alienées, ne sont pas sujettes à prescription, & dont l'alienation n'est pas simplement nulle, mais même abusive, ce qui les rend incontestablement inprescriptibles, à cause que l'abus ne prescrit jamais, ni à l'égard des alienations generales des biens d'Eglise, qui peuvent estre rachetées en ce cas par les raisons alleguées, *en la Note sur l'Arr. 5. du Titre 3. de ce livre.*

ARR. I.

Toutesfois en ce qui concerne les infeodations, le contraire se trouve jugé par arrest à Toulouse en Janvier 1580. pour Dirac & autres feodataires contre le Sindic du Chapitre saint Sernin dudit Toulouse infeodant. Et encores par autre arrest pour les heritiers de Croset Apothicaire, contre les Chevaliers de l'Ordre de S. Jean de Jerusalem du penultiesme Avril 1580. par lequel une sentence donnée à mon rapport, suivant la premiere opinion, moy lors estant Conseiller au Seneschal dudit Toulouse, au profit desdits Chevaliers fut reformée. Ce qui peut estre fondé sur les actes invalables par defaut de solemnité, ou autrement, peuvent estre valides, & le laps du temps, mesme de quarante ans suffit en toute prescription, voire contre l'Eglise. *Can. si Sacerdotes Can. Placuit. Versic. jubemus 16. q. 3. d. Cap. Quanto. Cap. Ad aures. De præscript. Cap. 1. De restit. in 6. de Auth. Quas actiones C. De sacros. Eccl. Guido Pap. decis. 116. Alberic. Salicet. Ias. & alij. in l. Iubemus. Et in d. Auth. Quas actiones. in d. C. Ad audientiam, & d. C. 1. Quanto. & in C. De restit. in integ. in 6.* Principalement quand il s'agit d'une infeodation ou contract emphyteoticaire, par lesquels il ne peut être fait grand prejudice à l'Eglise. *Quia dominium directum semper remanet penes illam, & utile tantum penes amphyteotam.* Et que facilement le fonds peut revenir à l'Eglise ou par comis, confiscation, condamnation, *ob non solutam pensionem*, ou autrement. Voire communement par tels contracts de l'Eglise la condition est faite meilleure, recevant annuellement la pension quitte de toutes charges & cas fortuits :

auquel cas la pluspart de nos Maistres tiennent, *Post quadraginta annos si de contractu invalido constet, emphiteotam non posse turbari. Bald. Alvar. præpos. Iacob de Sancto Georgio & alij in Cap. 1. Qui feud. dare poss. & in Cap. 1. Ne Cleric. vel Abbat.* D'ailleurs il semble y avoir texte exprez *in l. fi. De fund. patrim. lib.* 11. *C.* laquelle parle *de reb. principiis & Ecclesiæ & in his locum habet.* comme tiennent sur icelle. *Lucas de penna*; Platea & les autres : comme aussi le §. *Si quis per triginta annos Si de feud. fuerit controversia.* semble decider ce fait, lequel a lieu en l'Eglise : *Quia constitutiones feudales locum sibi vendicant in Ecclesia Hostiens. Panorm. & alij in C. 1. & 2. De feud. & in Cap. Cæterum de judic.*

LE CONTRAIRE.] *V. l'Art. 24. des Chap. 1. du traité des droits Seigneuriaux.*

ARR. II.

SUr ce propos est remarquable que les biens de l'Eglise peuvent être valablement infeodez ou baillez en emphyteose, sans observer les solemnitez du Droit en deux cas ; l'un si tels biens étoient de nouveau acquis à l'Eglise par legat, donation ou autrement, *Et non sunt de mensa antiqua. cap. Super. & ibi innocent. Panorm. & alij. De reb. Eccles. non alien.* L'autre si tels biens avoient esté autrefois & anciennement infeodez ou baillez en emphyteose : car estant depuis revenus à l'Eglise par contrat, legat, condamnation ou autrement, ils peuvent estre derechef infeodez, sans observer lesd. solemnitez, aux charges & conditions qu'ils avoient accoûtumé d'estre infeodez, ou autres, pourveu que l'Eglise ne soit lesée par icelles ; auquel ces telles infeodations ou emphyteoses ne peuvent estre revoquées. *d. Cap. Ad aures. De reb. Eccles. non alien. DD. in d. Cap. Super Bald. & alij. in cap. 1. Qui feud. dare poss. facit clement. 1. in verbo in bonis ab antiquo in feudum concedi solitis.*

AVOIT ESTÉ AUTREFOIS] *Res quæ alienari non poterat, semel effecta alienabilis, durat in æternum alienabilis. V. Dd in l. 1. §. 15. ff. de leg. 3. & ibid. Barthol. livre 3. du traité des droits Seigneur. & Soin. Conci. 67.* Mais quoyque les biens de l'Eglise puissent estre valablement alienez, lorsqu'ils ont esté alienez une premiere fois, toutesfois les Ecclesiastiques ne perdent par le droit qu'ils y ont d'y entrer ; pourveu qu'ils s'en servent dans les 40. ans de la seconde alienation ; comme il fut jugé en faveur du Syndic des PP. Carmes de Nismes par Arrest du 14. Aoust 1658. qui condamna Maistre Michel Teissier Avocat, à desister du Moulin Cremat, dont il avoit joüi 36. ans sans estre troublé estant préalablement remboursé du prix de son acquisition ; Ensemble du huitieme denier payé au Roi, que du Droit de quittance du payement de ladite taxe ;

comme aussi de ses reparations & meliorations, suivant la verification & estimation qui en seroit faite par Experts.

ARR. III.

LE neuviéme Mars 1590. sur le rapport de Monsieur Bertier, étant contretenant Monsieur la Porte au procés d'entre le Syndic du Chapitre saint Sernin de Tolose, demandeur en cassation du contrat d'une part, & Meric Balard Marchand dudit Tolose deffendeur d'autre. Le Chapitre saint Sernin en l'année 1572. fait vente audit Balard d'une metairie pour le prix & somme de deux mille cent soixante six écus sol tournois, & ce pour payer & acquitter leur cottité de l'imposition faite par le Roy sur le Clergé de France, par permission de sa Sainteté en l'année 1590. qui sont dix-huit ans aprez la passation du contrat, le Syndic du Chapitre demande cassation dudit contrat, tant par voye de nullité, que lesion, &c. Par Arrest de tant que par la lecture du contrat apparoissoit de la nullité d'iceluy pour le défaut des solemnitez requises ez alienations des biens immeubles des Ecclesiastiques, combien qu'il n'apparut point d'aucune lesion: Ce néanmoins sans avoir égard audit contrat, ledit Syndic fut remis en la possession de ladite metairie, en rendant au préalable audit Balard la somme principale, loyaux decoustemens, reparations & meliorations par luy faites en icelle.

QUE LESION] *semper Ecclesia in ultimo minoris ætatis puncto esse intelligitur*; de là vient qu'elle est restituable comme le Mineur, quand elle n'auroit esté lezée que *in notabili quantitate*, c'est-à-dire au tiers ou au quart; mais pour impugner l'alienation par lezion, il faut venir dans les 40. ans: car dans ce temps la lezion prescrit. *Auth. quas actiones*, laquelle autentique est suivie par les Cours souveraines de ce Royaume, lors qu'il s'agit d'une simple lezion en fait des biens de l'Eglise: la raison en est, que telles alienations, qui sont impugnées par lezion n'ont besoin que d'une simple restitution, sujette aux regles ordinaimaires & dont par une suite de cette raison l'action est prescriptible par 40. ans.

ARR. IV.

LE mesme avoit esté jugé sur la fin du mois de Fevrier precedent, au rapport de Monsieur Hebrart étant contrenant Monsieur Senaux au profit du Syndic du Chapitre de saint Paul de Narbonne, lequel ayant vendu une maison avec reservation de cens, quelques années aprés demanda cassation du contrat de vente par voye de nullité & lezion. Et la Cour sans avoir égard audit contrat (comme nul par deffaut des solemnitez requises, ores qu'il n'apparut

parut point d'aucune leſion) ordonna que le Sindic ſeroit remis en la poſſeſſion de ladite maiſon, en rendant à l'acheteur le prix, loyaux decouſtemens, reparations & meliorations. Et au cas que ledit Chapitre mettroit ou expoſeroit en vente ladite maiſon, fut ordonné que le premier acheteur ſeroit preferé à tout autre en baillant le meſme prix, & ſous les conditions qu'un autre auroit faites audit Chapitre. Quelques-uns des Juges étoient d'avis de ne s'arreſter point au deffaut de ſolemnitez, ſinon qu'il y eût leſion, & vouloient recevoir leſdits Sindics à articuler & verifier leurs faits & partie au contraire : toutefois cet avis ne fut point ſuivi ; l'un des partages venoit de la grand'Chambre, & l'autre de la Tournelle, & ſont fondez ces deux Arreſts ſur la Loy *6. c. de præd. minor.*

En Rendant] Mais quand il s'agit d'un fonds dont l'alienation eſt abuſive, comme du ſol de l'Egliſe, ou du Cloître, on ne doit pas abjuger les reparations, comme inutiles à l'Egliſe, ſauf au poſſeſſeur à retirer ſes materiaux, ſi mieux le demandeur en deſiſtat n'ayme les garder à eſtimation d'Experts ; audit cas meſme on doit adjuger la reſtitution des fruits depuis 29. ans ce qui s'obſerve ainſi, ſur tout quand le poſſeſſeur, *conſcientiam habet rei alienæ* : Il eſt vrai qu'il faut excepter de cette rigueur les fonds, qui lors de l'alienation eſtoient hermes, ou ſteriles, & qui ne produiſans pour lors aucuns fruits à l'Egliſe, ne doivent pas eſtre rendus avec les fruits, qui ſont provenus par le travail & par les ſoins de l'acquereur.

Seroit Preferé] *V. le trait. des Dr. Seign. chap. 1. art. 24. & le l. 9 tit. 1. art. 2.*

Arr. V.

Le meſme fut jugé par Arreſt du 19. Janvier 1549. pour l'Abbeſſe & Religieuſes de ſaint Sernin en Toloſe contre Françoiſe de Seguier, veuve au feu ſieur de Merlanes. Et par Arreſt general du 12. Septembre 1578. veille de la ſainte Croix, pour l'Abbé de grand-Selve, contre Caſtaing, par leſquels certaines infeodations bien que anciennes des biens deſdites Abbayes, furent caſſées comme nulles par deffaut des ſolemnitez.

Anticipations.

TITRE XI.

Si l'appellé dans le temps de huit jours octroyé à l'appellant pour renoncer à l'appellation, impetre lettres d'Anticipation, & fait donner aſſignation à l'appellant, pourveu que l'appellant ſe preſente comme adjourné ſimplement, & qu'il apparoiſſe en plaidant la cauſe de la precipitation de l'appellé, & qu'il declare ne vouloir soûtenir son appellation, & qu'il n'avoit eu intention de relever; l'appellé sera condamné aux dépens pour la precipitation: & ainsi fut dit par Arrêt prononcé en audience par Monsieur du Faur lors quart President le 14. Fevrier 1540. par lequel Maître Bernard Pegorier Procureur en la Cour, & impetrant semblables lettres d'Anticipation, fut demis d'icelles avec dépens. Et par autre Arrest du second de May 1541. donné aussi en audience sur l'appel interjetté d'une recusation non admise par le Lieutenant du Sénéchal de Beaucaire.

ARR. I.

AU contraire, si l'appellé a bien & duëment anticipé, bien qu'aprés l'appellant declare ne vouloir point soûtenir la cause d'appel : neanmoins il doit estre condamné aux dépens de l'adjournement en Anticipation, & ordonné que ce dont a esté appellé sortira à effet. Et ainsi fut jugé par Arrest prononcé en Audience par Monsieur de Serta second President, le 22. Fevrier 1540. pour Pierre Boys Viguier de Beziers anticipé, contre Demoiselle Roge anticipant d'autre. Et par autre Arrest entre Me. François de saint Felix appellant du Sénéchal de Tolose & anticipé, & le Syndic des Carmes de Tolose appellé & anticipant d'autre.

Apoticaires.

TITRE XII.

PAr Arrest du 12. Octobre 1590. contre la Comtesse de Carman, qui opposoit à son Apoticaire l'Ordonnance du Roy, que les fournitures des Apoticaires ne peuvent estre demandés six mois aprés l'exposition d'icelles, fut dit ladite Ordonnance n'avoir lieu là où il y a ordonnances de Medecins, & fut ladite Comtesse condamnée au payement, suivant l'estimation qui seroit faite des drogues par Experts.

ORDONNANCE DE MEDECIN.] En ce cas l'action dure 30. ans, de mesme que lors qu'il y a cedule, compte arresté, interpellation en Iustice, ou obligation : Et puisque l'Ordonnance du Medecin fait durer l'action de l'Apoticaire pendant un si long-temps, pourquoi le Medecin qui a fait l'Ordonnance, n'auroit pas le mesme avantage, veu mesme que *Medicorum causa iustior est, ideòque his extra ordinem ius dici debet. l. 1. ff. de Var. & extraord. cognitio.*

ARR. I.

A La distribution des biens de Picardi fut jugé par Arrest du 13. Septembre 1583. que l'Apoticaire estoit preferable à tous autres creanciers, voire à la femme, pour les medicamens exposez à la maladie, de laquelle le debiteur estoit mort seulement, & non aux autres maladies.

ARR. II.

PAr autre Arrest du Jeudy quatriéme de Mars 1534. fut inhibé à tous Apoticaires de ne vendre aucuns poisons à aucuns personnages qui ne soient ressents & bien connus.

ARR. III.

SUr les requisitions verbalement faites par le Procureur du Roy le 2. de Juillet 1564. furent faites par la Cour injonction aux Docteurs Regens en Medecine, de diligemment trois ou quatre fois l'année faire recherche & visite par les boutiques des Apoticaires de Toulouse, appellez avec eux les Bailes du mêtier, ou un d'iceux, pour verifier si les drogues & autres necessaires pour la confection & dispensation des medecines, sont de la qualité & bonté requise. Et s'il y a aucune faute & contravention aux statuts & reglemens, en sera faite punition par les Recteur, Chancelier, & Docteurs Regents: & où la faute seroit notable, & meriteroit punition exemplaire, ou corporelle, audit cas seront tenus d'apporter & mettre devers les Capitouls le procez verbal de visite & procedure par eux faite, pour icelle veuë estre par eux procedé contre les coupables ainsi qu'il appartiendra; leur prohibant aussi permettre & souffrir qu'aucuns serviteurs ou autres n'estant Maistres jurez sous couleur d'arrentement ou compagnie, tiennent boutique d'Apoticaire, sur peine de mille livres & autre arbitraire.

Arbres.

TITRE XIII.

SUr la requisition du Procureur Géneral du Roy, par Arrest du 23. Juillet 1559. fut faite inhibition & deffense à toutes personnes de quelque estat ou condition, qu'ils fussent, d'arracher ni couper aucuns arbres contre le vouloir de ceux à qui ils appartiennent ſur peine du foüet ; pour le Syndic des manans & habitans de Mendouille. Et ſemblable Arreſt fut donné le 20. Juillet 1561. entre un autre Syndic & certains particuliers.

SUR PEINE] Il y a un pareil Arreſt du Parlement de Provence qui condamne au foüet & à l'amende. Il eſt du 7. Octobre 1633. qui coupe les Arbres d'autrui, à l'inceu du proprietaire, commet larcin *tot. tit. ff. arbor. furt. Cæſar. V. liv. 3. verb. Rivieres. & l. 2. verb. Mayn. Arr. 2.*

ARR. I.

A Cauſe dequoi par autre Arreſt du 3. Juin 1562. un payſan qui avoit coupé un cheſne d'un bois particulier pour en faire un May fut condamné au foüet.

UN CHESNE] L'uſage conſiderable qu'on tire des cheſnes les fait diſtinguer des autres eſpeces d'arbres : ce fut le motif des Ordonnances que les Roys François I & Henry II. donnerent les 22. May 1539. & 27. Juin 1548. portant défenſe de faire des échalas de quartiers de cheſne ; auſſi-bien que du Reglement que fit à Morlas le Comte Gaſton en l'année 1278. contre ceux qui coupoient ou écorchoient les cheſnes.

Generaux des Aydes.

TITRE XIV.

IL ſe trouve au premier regiſtre de ce Palais, qu'avant l'établiſſement dernier de ce Parlement, qui fut le 4. de Juin 1444. les Generaux des Aydes établis à Montpellier par Edit du Roy Charles VII. le 20. Avril 1437. à l'inſtar de ceux de Paris, par commiſſion du Roy, & attendant ledit reſtabliſſement connoiſſoient & jugeoient ſouverainement de toutes cauſes civiles & criminelles, & ſur le fait de la Juſtice du pays de Languedoc. A cauſe dequoi par Arreſt du 12. dudit mois de Juin 1444. toutes les cauſes pendantes & indeciſes en la Cour deſdits Generaux, furent évoquées & revoluës en la Cour, en l'eſtat que nous avons dit au Chapitre du Parlement de Toulouſe.

ARR. I.

LE 20. Novembre 1444. Meſſire Pierre Archevéque de Toulouſe, Maiſtre Jean d'Eſtampes Maiſtre des Requêtes ordinaire de l'Hôtel du Roy, & General ſur toutes ſes Finances, Gilles Laſſeur & Jean Gencian Conſeiller du Roy au Parlement de Toulouſe, furent par ladite Cour reçûs en Commiſſaires & Juges ſouverains ſur le fait de la Juſtice des Aydes & Tailles au pays de Languedoc & Duché de Guyenne, & firent le ſerment en tel cas accoûtumé.

ARR. II.

ET fut ladite Cour du commencent établie à Toulouse, & fut pourveuë de nombre suffisant de Présidens & Conseillers en titre formé : car plusieurs Arrests se trouvent au premier Registre du Parlement, des causes renvoyées par la Cour, pardevant les Generaux sur le faict des Aydes en leur Auditoire à Toulouse,& entre autres un du Vendredy,27. Fevrie 1449. entre les habitans de Tournon & de Coux, & de Labillac en Vivarois, & d'un autre du 17. Septembre 1450. entre Jacques Chabbert & les habitans de Puechaut les Avignon.

ARR. III.

A Cause de la rebellion ou revolte de la Ville de Montpellier contre le Roy pendant les guerres civiles, pour le faict de la Religion en l'an 1576.& le 6. Avril fut inhibé aux habitans du Ressort se retirer dès ce temps-là en la Cour des Generaux des Aydes audit Montpellier, jusques à ce que autrement par le Roy ou la Cour en fût ordonné. Et pendant ledit temps la Cour de Parlement prenoit connoissance des matieres appartenantes ausdits Generaux, jusques à ce que par les Edits de paix ensuivans toutes choses furent remises en leur premier estat.

Barbiers.

TITRE XV.

ARR. I.

LEs Edits & Ordonnances de nos Roys ayans lieu en tous dons de Maistrise, excepté celuy de Chirurgie, & les Satuts d'icelle estans tels; Que nul ne pourra estre Maître Chirurgien sans être examiné : toutes fois un Compagnon Chirurgien ayant servi par l'espace de dix années les pauvres malades de l'Hôtel Dieu S. Jacques de Toulouse, il auroit supplié les Surintendans dudit Hôtel Dieu de vouloir ordonner que la Maîtrise luy fût donnée gratuitement sans souffrir aucun examen; ce que les Surintendans lui auroient accordé, & après par Sentence des Capitouls auroit été ainsi ordonné. Dequoi il fut appellé en la Cour par les Bailes des Chirurgiens,fondans leur appel sur la contravention faite aux

Statuts des Chirurgiens, sur les Edits & Ordonnances des Roys, sur la grande suffisance & experience qui est requise en cet Art, & que la seule experience sans l'art ne peut apprendre la Chirurgie. D'autre part il fut dit que les appellans devoient estre irrecevables en leur appel, que les loix & statuts politiques peuvent recevoir changement & restriction suivant la diversité des circonstances & changement du temps, & que le long-tems que l'appellé avoit servi aux Hôpitaux étoit digne d'être reconnu, même que la Chirurgie est plûtôt connuë par l'experience que par art, *argumento L. Quod sæpe ff. de contrah. empt.* La Cour par son Arrêt du 27. Janvier 1575. mit l'appellation, & ce dont avoit été appellé au néant, retint la connoissance de la cause, en laquelle ordonna que ledit appellé seroit fait Maistre, étant examiné par deux Medecins & deux Maistres Barbiers non suspects, sans payer aucuns frais, desquels la Cour le releva & déchargea. Il en arriva de même à un nommé Bernard Blanc, lequel bien qu'il eût declaré ne vouloir exercer aucunement l'art de Chirurgien, mais seulement de Barbier, & partant comme il disoit ne devoir souffrir examen, toutes-fois par Arrêt du 2. May 1544. donné en Audience, President Mr. de Mansencal, lui fût inhibé & défendu de tenir boutique de Barbier en Toulouse, qu'au prealable il n'eût été examiné par deux Medecins & deux Chirrurgiens.

Bastards.

TITRE XVI.

ARR. I.

PAr Arrest general du 13. May. 1581. Le Legat fait par une femme au bâtard de son mary fût cassé.

DE SON MARY.] On regarda la femme qui fit le legat, comme une personne interposée, & le legat par consequent fait en fraude de la Loy. Une donation entre vifs fut même cassée dans cette veuë, suivant *Boné Arr.* 5. quoyque causée de services rendus par le Donataire.

ARR. II.

PAr autre Arrêt general du 1. de Juin 1571. Une donation faite par un Prêtre nommé Bonnet, de tous & chacuns ses biens en faveur de mariage d'un sien fils bâtard, fut cassée, & declarée nulle & invalable & les biens donnez, adjugez à la sœur dudit Prêtre, à la charge de rendre à la femme dudit bâtard son dot, que ledit Prêtre avoit receu.

Fut Cassé.] Ainsi on ne suit pas l'Auth. *licet patri. C. de natural. liber.* ni la Loy *Humanitatis C. eod.* non pas mesme au cas d'un fils legitime du bastard, suivant *l'Arr. 4. de ce Titre, & l'Arr. 16. du Tit 40. en la suite*, fût-il question audit cas d'une donation en faveur de mariage, suivant *l'Arr. 18. dudit Tit. 40.* Il a été même préjugé par Arrest d'Audience du mois de Juin 1644. Playdans Parisot & Chaulan, qu'un Prestre ne pouvoit pas leguer une somme à son fils bâtard, mais seulement les aliments qui devoient cesser lorsque le bâtard a un métier quoyqu'il fût soûtenu, qu'attendu qu'il n'étoit pas passé Maistre, le legat devoit estre employé à cet usage. Depuis ce temps-là il y a eu Arrest en la Grand'Chambre le 8. Janvier 1657. par lequel l'heritier qui étoit chargé de donner un mestier au bâtard du Testateur, fut condamné de luy bailler l'argent qui étoit necessaire pour qu'il peût passer Maistre. Cet Arrest est sans doute beaucoup plus juridique que l'autre, parceque, si bien le bâtard avoit appris un Métier, il ne pouvoit neanmoins gaguer sa vie sans la Maîtrise.

Arr. III.

Par autre Arrest general du Mecredy 13. Septembre 1542. fut dit qu'un bâtard legitimé par le Roy, étoit capable de succeder à son pere. Les legitimez par le subsequent mariage sont plus favorables, & succedent non seulement au pere, ains à tous les autres parens, comme s'ils étoient naturels & legitimes.

Arr. IV.

Par autre Arrest general de l'Avent, veille de Noël 1585. fut jugé, qu'aux enfans bâtards, ni à leurs enfans, bien qu'ils soient legitimes, ne peut être rien legué par le pere ni ayeuls si ce n'est les alimens.

Ni a leurs Enfans.] *Olive liv. 5. chap.* 34. dit, que les enfans des bâtards peuvent être appellez à la succession testamentaire de leurs ayeuls & qu'ils ne le peuvent pas estre à la succession *ab intestat.* L'usage du Palais resiste à cette distinction: Car aujourd'huy les enfans legitimes des bâtards ne peuvent être, ni instituez heritiers, ni substituez par leurs ayeuls, *quia procedunt ex infecta radice.* On a beau dire qu'à leur égard *cessat macula natalium*: qu'en ce cas, & par l'induction qui se tire de la Loy 2. *ff. de interd. & relegat.* la peine du pere ne doit pas nuire au fils; qu'estans instituez par leurs ayeuls ils ne prennent pas l'hérédité du chef de leurs peres, étans instituez à cause d'eux-même personnellemeut: Que par le Droit les enfans naturels peuvent, en deffaut des legitimes, estre instituez & substituez, sur tout les petit-fils nez d'un legitime mariage: En un mot que c'est une maxime certaine que *in odiosis filiorum appellatione non continentur nepotes.* Nonobstant toutes ces raisons les enfans des bâtards, quoyque legitimes, sont exclus de toutes successions; Et il est si vray que la distinction que fait d'*Olive loc. cit.* n'a pas lieu, qu'il a été jugé à son propre rapport le 17. Février. 1645. (après qu'il eût publié son Recueil d'Arrests) que les enfans legitimes des bâtards ne peuvent pas estre substituez par leurs ayeuls: l'Arrest fut donné au profit de Catherine de Serres, Veuve du Sr. Michel de la Rouviere de la Ville du Pont S. Esprit, contre Gaspard Domergue du lieu de Laudun, comme Pere & Administrateur de Marie Domergue sa fille, & de Catherine de Paliia sa femme, qui estoit fille naturelle de Marcel de Paliia. Anciennement les bâtards des Maisons Royales avoient l'avantage de succeder à leurs Peres naturels, lorsqu'ils n'avoient pas des enfans legitimes. *Consuetudinis Regiæ fuit* (dit Servius sur l'Eneïde de Virgile) *ut legitimam uxorem non habentes, aliquam licet captivam, tamen pro legitimâ haberent, atque adeò ut liberi ex ipsa nati succederent* : de là apparemment est venuë la coûtume qui s'observoit parmi nos Roys de la premiere & seconde race, dont les bâtards succedoient & entroient en partage également avec les mâles legitimes, & à l'exclusion des filles, pour les Terres & pour les Seigneuries des successions des Roys leurs Peres. Quoy-qu'il en soit, si les bâtards des Roys avoient le droit de succeder suivant le témoignage de Servius, il n'en estoit pas de mesme à l'égard des bâtards des particuliers, qui se devoient contenter de mille drachmes pour tous droits paternels : c'est ce qu'on appelloit aussi νοθεῖα comme remarque Harpocration, ou νοθεῖα χρήματα, selon Pollux.

ARR. V.

BIen est vray qu'un heritier n'est recevable à debatre les legats faits par le testateur, soûs pretexte qu'il les a faits à ses enfans bâtards, comme fut jugé par Arrest entre Jean Marsac sieur de la Faurie, & Dominique Vidal le 14. Decembre 1569. à quoy se peut raporter la loy 1. *ff. De iis quibus ut dignis.*

Basteleurs.

TITRE XVI.

ARR. I.

LA Cour fit inhibitions & defenses aux Capitouls, à cause de la cherté des vivres, frequence de maladies, & autres necessitez publiques, d'octroyer d'oresnavant permission à aucuns bouffons ou bâteleurs de faire dans ladite Ville, qu'aux faux-bourgs d'icelle, aucuns jeux ou farces faites par lesdits Comediens, ni iceux tolerer & souffrir en quelque maniere que ce soit.

V. Liv. 2. verb. Esglantine. art. 1.

Blasphemateurs.

TITRE XVII.

ARR. I.

LE Jeudy 29. Novembre 1520. certaine sentence donnée par le Senéchal de Toulouse condamnatoire entre un Gentilhomme nommé le Cadet de Casaux, qui le 21. dudit mois avoit esté amené en Toulouse, accompagné de cinq cens hommes, & estoit accusé de meurtres, ravissemens de filles, gueteur des chemins & blasphemateur execrable, car à chaque parole il faisoit des juremens comme me dire, *pel cap & per las plaguos de Diu* : avoit esté condamné avoir la langue percée, la tête tranchée, & mis en quatre quartiers, par Arrest fut confirmée, & ledit jour ledit Cadet executé.

ARR. II.

LE 16. Juin 1542. cinq prisonniers qui avoient esté condamnez en galere, furent condamnez par Arrest de la Cour, pour avoir blasphemé la justice Divine & Humaine, & avoir prononcé des parolles grandement execrables contre l'image du Crucifix, de la Vierge Marie, eux lors prisonniers aux hautsmurats, sçavoir les trois avoir le foüet & la langue percée au devant de la porte saint Estienne, & les autres deux avoir la langue coupée, & estre brûlez tous vifs, à la place du Salin ; ce qui fut executé le mesme jour.

ARR. III.

LE 13. Aoust 1574. dernier jour des audiences, Mr. Durant Avocat du Roy, a presenté lettres contre les blasphemateurs du nom de Dieu, & la glorieuse Vierge Marie, & requis la lecture, publication & registre d'icelles. Ce qui a esté ordonné, neanmoins qu'il en sera faite publication par la présente cité, par tout le jour: toutesfois je n'entens point qu'elle fut faite ; Et *nota*, que lesdites lettres estoient au nom de la Reyne mere lors regente en France, nommée Catherine de Medecis, attendant la venuë du Roy Henry III. du nom Roy de Pologne & de France.

AVOCAT DU ROY] Les particuliers ne peuvent pas poursuivre la reparation du Blaspheme ; cela regarde Mrs. les Gens du Roy. *V. le 2. Plaidoyé de Quarré.*

BLASPHEMATEURS] Par un ancien Arrest du Parlement de Paris du 21. Mars 1544. avant Pasques, donné à la requisition de Mr. le Procureur General, les Blasphemateurs estoient condamnez à certaines amendez jusques à la quatriéme rechute : à la cinquiéme fois on les mettoit au carquan les jours de Feste ou de Dimanche, & y devoient demeurer depuis huit heures du matin jusques à une heure aprés midy : à la sixiéme fois *Ils seront menez au Pilory, & illec* (car ce sont les termes de l'Arrest) *auront la levre de dessus coupée d'un fer chaud, en sorte que les dents leur apperront, & s'ils rencheent, ils auront la langue coupée tout jus, afin qu'ils ne puissent plus proferer semblables venimens du Nom de Dieu, & de sa glorieuse Mere.* Le Roy S. Louis fut si grand ennemi des Blasphemes, qu'à l'égard seulement de ceux qu'on appelle *Labiaux*, & que la passion fait proferer sans qu'ils soient premeditez, il ordonna qu'on dresseroit des échelles par les carrefours de Paris, & des autres Villes, où aprés avoir attaché les Blasphemateurs, *on les y faisoit vergogner* (dit sa Chronique) *avec crachemens & broüailles de bestes*, ce sont les intestins, que Papias & les autres Anciens Glossateurs appellent *Burbalia, sc. intestina majora*) on parle encore à Paris des échelles du Temple & de S. Martin, qui sont des monumens de la piete de Saint Louys.

ARR. IV.

LE 5. Avril 1569. Arrest au barreau, par lequel un nommé Treille blasphemateur auroit esté condamné par les blasphemes par lui proferez à estre mis sur la cage à la Garonne, & y estre plongé par trois fois, & banni pour cinq ans ans, sous inhibitions & défenses à toutes personnes de blasphemer, à peine la premiere fois d'avoir la langue percée, & le foüet, & le lendemain ledit Arrest fut executé.

PLONGE'] Cet ancien usage de Toulouse est remarqué par *Bened. in cap. Raynutius. verb. duas habens filias. num.* 95. *& seq.* Un ancien statut municipal de la Ville de Marseille, condamnoit à certaine amende celui qui juroit en joüant, *& si solvere non poterit acabussetur penitus indutus cum vestibus quas tunc detulerit, in portu Massiliæ, vel in vallato, quod est à portali collatæ usque ad portale S. Martini, toi vicibus quot jurabit*: cette coûtume de Toulouse, & ce Statut de Marseille, ont eu sans doute pour fondement une ancienne Ordonnance du Roi Philippe Auguste, ou Dieu-donné, qui portoit, selon la remarque de *Rigordus, ut reus in fluvium, vel paludem citrà mortem dimitteretur.*

ARR. V.

LE 30. Aoust 1569. aussi au barreau par Arrest, une femme nommée Roguiere condamnée pour blasphemes, à faire amende honnoraire devant l'Eglise saint Pierre de Cuisines, un jour de Dimanche, & avoir la langue percée, & inhibitions & défenses à elle, & à tous autres d'uzer de semblables blasphemes contre le nom & l'honneur de Dieu, la Vierge Marie, Saints & Saintes de Paradis, sur peine la premiere fois d'avoir la langue percée, & d'étre plongée dans la riviere à la cage, & pour la seconde estre penduë & étranglée, & que lors que ladite Roguiere fera ladite amende, ledit Arrest sera publié à son de trompe.

Bleds.

TITRE XIX.

ARR. I.

LA Cour par plusieurs Arrests, notamment du 4. de Mars 1530. Chambres assemblées, du 2. Aoust 1583. & par plusieurs autres, a fait inhibitions & défenses à toutes personnes de faire amas de bleds, & autres grains plus que de leur provision, & ne les vendre ailleurs qu'en marchez & places publiques de la Ville, & de les traduire hors du Royaume ni Ressort en quelque part que ce soit, sur peine de confiscation desdits grains, & afin que la Ville de Toulouse fût suffisament fournie de bleds, & que chacun fût occasionné & excité d'en y apporter des lieux circonvoisins : Ladite Cour par Arrest du 23. de Mars 1562. ordonna qu'il seroit baillé à tous forains qui porteroient du bled à vendre, cinq sols à l'entrée de la porte de la Ville des deniers communs d'icelle pour cestier, outre le prix qu'ils en pourroient avoir.

Arr. II.

Il a esté defendu par autre Arrest du 2. Aoust 1585. & du 22. Juin 1663. d'acheter ni arrer bleds ou autres grains estans encore en herbe, & prochains à cueillir, & aux Paysans de les vendre sur peine de confiscation, & note d'infamie.

En Herbe] Les défenses de vendre les bleds en herbe ont esté toûjours entretenues depuis l'Ordonnance du Roy Louis XI. de l'an 1482.

* Prochains a cueillir] Il faut sans doute lire, *non prochains à cueillir*; car il est certain que l'Ordonnance qui défend d'acheter le bled en verd, ou en herbe, n'a pas lieu quand les fruits sont prests à recueillir, comme lors qu'ils sont en épy ; à cause dequoi tels achats sont bons quand ils sont faits dans le mois de Juin, suivant les Arrests rapportez par *Bouvot tom.* 2. *verb.* vente *quest.* 19. *&* *quest.* 22. & dans ce sens nous suivons en ce Royaume la disposition de la Loy *sistulas ff. de contrah. emptio.* les bleds en épy ; & prests à cueillir ne sont pas proprement en herbe.

Arr. III.

En l'année 1529. Jannet Faure Conseigneur de Castanet, & Capitoul de la Ville en ladite année, surintendant à la vente des bleds à la place de la pierre, fut accusé d'avoir fait commandement à ses serviteurs qui vendoient son bled à ladite place un jour de marché, de ne bailler sondit bled à moins de trois liv. cinq sols le cestier, là où il ne se vendoit que trois livres seulement, & par ce moyen le vouloit encherir de cinq sols : Dequoy il fut puny comme il le meritoit, car les autres Capitouls ses Compagnons en firent enquerir, & la chose verifiée, le condamnerent à cinq cestiers de bled d'amende envers les pauvres ; dont le procureur du Roy fut appellant *à minori* en la Cour, & la cause plaidée le 29. d'Avril en ladite année par Arrest ledit Capitoul fut condamné envers les pauvres en six cens cestiers bled, & en cinq cens livres d'amende envers le Roy, luy interdisant l'administration de la Pierre durant son année. Il en fut bien fait davantage à un Maistre Boulanger de la Ville, lequel pour avoir voulu encherir le bled, fut condamné par arrest du 8. Juillet 1564. à faire amende honoraire en l'Auditoire des Capitouls, & luy fut faite inhibition d'exercer son métier de Boulanger d'une année, à peine du foüet, & autre arbitraire, & condamné en outre en vingt-cinq livres d'amende envers les pauvres. Et au surplus la Cour par ce mesme Arrest permit à toutes sortes de gens, bien qu'ils ne fussent Maîtres Boulangers de la ville, faire de tout pain, à la charge, que ceux qui seroient de la Ville le vendroient dans icelle, sans estre tenus de payer aucun droit; & inhibitions aux Maitres Boulangers de les empécher, sur peine d'estre pendus, & étranglez.

Bouchers.

TITRE XX.

ARR. I.

PAr Arrest du 26. Mars 1525. avant la feste de Pâques, la Cour interinant la requeste du Procureur general, fit inhibitions & défenses à tous Bouchers de Toulouse de vendre chairs morveuses & infectes, de faire aucun recelement pour frauder le droit de l'Equivalent, uzer de faux poids, uzer de chair de brebis au lieu de mouton, sur les peines contenuës aux Statuts de la Ville. Enjoint aux Capitouls d'icelle, de faire visiter lesdites chairs avant qu'estre venduës. Et au Fermier de l'Equivalent, à peine de cent marcs d'or, de pourvoir ou faire pourvoir des Gardes gens de bien & deüement cautionnez selon la forme & teneur desdits Statuts, pour faire le rapport du bêtail, que lesdits Bouchers auroient taillé en châque semaine, & de faire residence audit Toulouse, ou y commettre gens responsables pour recevoir lesdits Bouchers l'argent deû pour ledit droit à la fin de la semaine: aussi de tenir le livre desdits rapports en lieu exprez de ladite Ville, lequel il sera tenu & ses Commis, exhiber librement aux Bouchers toutes & quantes fois qu'ils en seront requis par eux. Et fit encore commandement ladite Cour aux Gardes, à peine d'être punis corporellement de faire bon & loyal rapport des chairs que lesdits Bouchers tailleront. Declarant ladite Cour, n'entendre empescher lesdits Fermiers ou leurs Commis qu'ils ne puissent lever les deniers vrayement deûs pour raison dudit droit, & contraindre les redevables en la maniere accoustumée. Leur faisant toutesfois inhibitions de pour ce faire execution sur le bêtail acheté par les Bouchers des Marchands étrangers pour la provision de la Ville ; le tout par provision & sans préjudice de la jurisdiction des Juges Conservateurs du droit de l'Equivalent. Et parce que lesdits Fermiers avoient obtenu chef de monitoire aux fins de découvrir les Bouchers qui faisoient faux poids, ou qui fraudoient par autre moyen lesdits droits d'Equivalent, la Cour sur l'appel comme d'abus interjecté par les Bailes des Bouchers dudit Toulouse, declara en l'octroy, permission & publication dudit monitoire y avoir abus, & fit inhibitions ausdits Fermiers de proceder pour le fait dont est question par telle voye de censures Ecclesiastiques, sauf toutesfois la deuë exaction dudit Equivalent par authorité de jurisdiction seculiaire. Declara aussi le payement & perception desdits droits n'estre pour ce retardé ny empesché en ladite Ville & faux-bourgs d'icelle, en la maniere de long temps observée ; sçavoir, pour chaque bœuf trente sols, pour vache vingt sols, pour veau cinq sols, pour mouton trois sols. Faisant inhibitions ausdits Bouchers de en ce faire ou commettre aucune fraude, occulation ou substraction, à peine de cinq cens livres, & autre amende arbitraire, Prononcé en Parlement le cinquiéme d'Avril mille cinq cens cinquante-six.

A R R. I I.

PArce qu'un nommé Sanson Boucher de Toulouse tuoit ordinairement les bœufs & moutons dans sa maison qui étoit joignant celle de Barbaria Avocat en la Cour, ledit Barbaria molesté tous les jours des mugissemens & bélemens desdites bêtes, presenta sur ce requeste à la Cour, laquelle par son Arrest du 20. Avril 1570. donné en Audience, fit commandement audit Sanson & autres Bouchers de la Ville, d'aller tuer & écorcher les bœufs & moutons ès lieux à ce destinez par la Ville, avec inhibition de ne les tuer dans leurs maisons privées. Or la coûtume est telle dans cette Ville étroitement observée, qu'il n'est permis aux Bouchers ni autres, de vendre chair de Brebis dans icelle, sinon aux Faux-bourgs : & les Ordonnances des Capitouls & Arrêts de la Cour le défendent expressement, comme il fut dit en l'affaire de Jean Napian & Antoine Imbert Bouchers appellans de la Sentence des Capitouls, lesquels furent démis de leurs lettres d'apel par Arrêt de la Cour, & ladite Sentence confirmée, portant que lesdits Bouchers feroient amende honoraire à genoux, nuë tête, en chemises, la torche en main, pour avoir vendu de la chair de Brebis dedans la Ville, contre les Ordonnances & Arrêts; leur defendant à peine de la vie, & à tous autres, de porter vendre des Brebis dans les Boucheries étans dedans la Ville ordonnées & destinées à la vente de chair de bœuf, & mouton. Prononcé en la Chambre ordonnée en temps de vacations le huitiéme Novembre mille cinq cens cinquante-huit.

Boulangers.

TITRE XXI.

ARR. I.

PAr Arrêt de la Cour du *9.* Juin 1*526.* est enjoient & commandé aux Boulangers cuire du pain par chacun jour à quatre heures du matin, & tenir le pain bon & loyal du poids qu'on leur a ordonné & limité, selon & eu égard au prix du bled, sans pouvoir diminuer ledit poids, sinon par congé de Justice, eu égard au prix & cherté du bled raporté par deux marchez subsecutifs. Avoir aussi & tenir leurs ouvreures en lieu éminent & apparent; Balances pour peser ledit pain, & tableaux contenant par declaration le poids qu'ils sont tenus de garder en la façon dudit pain selon la valeur & prix du bled. Et enjoint & commande tres-expressement aux Gardes & Boulangers ensuivre ladite Ordonnance, sur les peines aux cas appartenans; & aux Vicomtes & Lieutenans la faire entretenir, observer & garder sans enfreindre: & à cette fin faire ou faire faire chaque semaine à jours differens, inconnus & non preveus par lesdits Boulangers, visitation de leur pain, & de proceder à la punition & correction étroite des delinquans & fauteurs, par telles peines arbitraires, corporelles, pecuniaires & exemplaires, exasperées selon la qualité du mesfait, & des fauteurs, & selon qu'on verra estre de raison. G. Terrien sur la Coust. de Normandie liv. 4. chap. *29.* Des Boulangers, & du prix que le pain blanc doit payer.

Permission de vendre du pain.

ARR. II.

PAr Arrest du 2. Avril 1562. la Cour avertie de la difficulté qui étoit dans Toulouse, & en plusieurs Villes & autres lieux du Ressort d'icelle, de trouver du pain, tant pour la rareté des bleds qui étoit pour lors, que pour la malice des Boulangers, faisant tres-mal le deû de leurs charges, & desirant pourvoir à ce comme à chose tres-necessaire, a permis & permet à toute qualité d'hommes & femmes faire pain, pour l'apporter aux marchez publics de Toulouse, & autres lieux du Ressort d'icelle, & là le délivrer en vente à tel prix qu'ils pourront, estant toutesfois ledit pain bon & marchand & comestible.

PERMIS] *V. Pelcus en ses act. Forenses liv. 5. act. 57.* au sujet des Boulangers de la Ville de Bleré ; ainsi bien que l'Ordonnance donnée le 4. Juin 1573. par les Juges deputez par le Roy Charles IX. pour le fait de la Police de la ville de Paris ; laquelle ne permet pas seulement aux Boulangers forains ; mais méme leur enjoint par exprés de cuire pain en quantité suffisante, & faire en sorte que les places des Halles, Cimetiere saint Jean & place Maubert, fussent bien & suffisamment fournies, sur peine d'amende arbitraire, & de punition corporelle s'il y échoit. Lorsque les bleds sont rares, & qu'on est en necessité d'en avoir, tous les Habitans d'une Ville, & méme les étrangers, sont censez joüir du droit de Maîtrise, parce que suivant le langage de Minatius dans Tite-Live, *ratio annonæ publicæ utilitati privatæ præfertur.*

ARR. III.

AUtre Arrest du 5. Octobre 1574. par lequel est aussi permis à toutes manieres de gens faire fougasses & autre pain, pour exposer en vente.

Boutefeux.

TITRE XXII.

ARR. I.

PAr Arrest de la Cour donné le quatriéme May 1540. contre les Escoliers étudians en Toulouse, lesquels plusieurs furent prins pour avoir mis le feu aux études en haine de ce que une épée avoit esté par Arrest de ladite Cour affichée à la porte desdits études, & un d'iceux executé le même jour que l'Arrest fut prononcé, & ce devant les études, & trois autres traînez en figure par la Ville & brûlez au même lieu. Il y en eut d'autres condamnez en grosses amendes envers le Roy.

Bois.

TITRE XXII.

ARR. I.

PAr Arrest du 23. de Mars 1527. à la requisition du Procureur general, furent faites inhibitions & défenses aux Habitans de la Ville & Viguerie de Toulouse, d'acheter du bois à chauffer & à bâtir pour revendre, ny au port des Marchands, le conduisant au port le long de la riviere à Portet, Muret, ny autres lieux aboutissans. Et pareilles inhibitions aux Marchands dudit bois à bâtir, de le faire passer sur les écluses des moulins pour le conduire en Agenois & Bordelois, sans permission des Capitouls, & sans au préalable ledit bois avoir demeuré six jours entiers au port & sur la riviere.

POUR REVENDRE] Ce qu'il faut entendre, pour revendre à plus haut prix que l'ordinaire, comme s'en expliquent les Commissaires deputez par le Roy Charles IX. pour la police tenuë en la Chancellerie du Palais à Paris, dans leur Ordonnance du 18. Avril 1572.

ARR. II.

PAr autre Arrest du troisiéme Juillet 1557. furent faites inhibitions aux Capitouls, de ne donner telles permissions que rarement, & pour bonne occasion déliberée entr'eux, ayant esté par le même Arrest une permission donnée par un des Capitouls cassée.

ARR. III.

LEdit bois à chauffer, de fau ou de sapin estoit à si bon marché, que par Arrest du 25. Novembre 1517. fut permis de vendre ledit bois à six pagelles pour l'écu petit à vingt-sept sols six deniers; & depuis ayant le prix haussé, par Arrest du huitiéme May 1540. encore par autre Arrest du 4. Aoust 1568. furent faites inhibitions & défenses à certains Marchands, de le vendre à plus haut prix, que de quatre pagelles pour un écu petit de la valeur susdite.

ARR. IV.

PAr autres Arrests des 12. Avril 1535. Decembre 1547. & 2. Aoust 1550. sont faites expresses inhibitions & défenses à tous ceux qui ont des moulins à paissieres, tant sur la riviere de Garonne,

Garonne, la Riege, qu'autres par lesquelles on conduit du bois pour la provision de la ville de Toulouse, d'empêcher la conduite & descente du bois, venant & flotant, l'arrester, prendre, & faire aucunes executions sur iceluy, en quelque maniere que ce soit, sous prétexte du dommage & interest qu'ils pourront pretendre leur estre fait aux moulins ou paissieres par ledit bois venant : sauf à ceux qui pretendront ledit dommage, d'avoir recours à justice, pour leur satisfaction & indemnité ; à la charge toutesfois que les maistres du bois bailleront cautions de payer la somme, à laquelle le dommage pretendu sera estimé. Enjoignant au surplus à tous ceux qui ont des moulins, permettre & souffrir ledit bois descendre & floter librement, lui laissant ouverture suffisante pour la descente;&pour ce faire tenir les paissieres,navieres & autres passages bien & deüement reparez : autrement & à faute de ce faire les Marchands conducteurs dudit bois ne seront tenus d'aucuns dommages envers les proprietaires desdits moulins. Enjoignant aussi aux Capitouls de la Ville, ausquels l'execution des Arrest a esté commise, d'iceux faire observer & garder de point en point selon leur forme & teneur.

Arr. V.

PAr autre Arrest du 6. Fevrier 1560. furent faites inhibitions & défenses aux Teinturiers, ensemble aux Fourniers & Tuilliers pour le chauffage des teintureries, fours & tuilleries, user du bois de chesne ny fau conduit en Toulouse pour la provision de la Ville, leur permettant uzer de bois de sapin & fagots.

Aux Teinturiers] Ainsi par l'Ordonnance des Commissaires, dont il a esté parlé sur l'Art. 1. il fut défendu aux Teinturiers, Tuilliers, Potiers, Platriers & Chaufourniers, d'user pour leurs Métiers d'autre bois que *du bois flotté*, à peine de vingt livres Parisis d'amende, moitié applicable au denonciateur.

Arr. VI.

PAr autre Arrest du 28. Juin 1562. fut ordonné qu'entre le bord de la riviere & le bois qui sera amoncelé en terre, au port, demeurera place & espace pour le passage, entre la riviere & le bord, qu'une charette y puisse passer.

Arr. VII.

LE Vendredy 15. Fevrier 1572. A la requeste du Procureur general du Roy un impost & charge de six deniers, mise sur chaque pagelle bois, fut aboly & éteint, & ceux qui l'avoient receu condamnez à en rendre compte. L'Arrest fut publié à son de trompe au port.

ARR. VIII.

PAr deux Arrests, l'un du 13. Fevrier 1553. & l'autre du 20. Juillet 1556. fut inhibé aux Ecclesiastiques & Beneficiers du Ressort de faire couper des bois à haute fustaye dependans de leurs benefices ; & suivant iceux le Prieur de Pinel en l'an 1582. fut empêché de continuer la coupe par lui commencée du bois dudit Prieuré.

HAUTE FUSTAYE] Les Ecclesiastiques n'ayans à proprement parler que l'usufruit de leurs Benefices, dans cet égard il leur est défendu de faire couper les bois de haute fûtaye qui en dependent, parce que tels bois ne sont pas *in fructu*, comme sont les bois taillis. *L. sed si grandes ff. de usufruct. Choppin en son Traité du Domaine de France liv. 3. tit. 17. num.* 1. en cite deux Edits conformes aux deux Arrests rapportez par l'Auteur. Il semble pourtant que les Ecclesiastiques peuvent se servir des bois de haute fustaye aux cas remarquez en *l'ar.* 6. *du titre* XI. *au Traité des Droits Seigneuriaux*, y ayant parité de raison.

Cession de biens.

TITRE XXIV.

ARR. I.

LE premier de Decembre 1575. en Audience fut playdée certaine qualité d'un nommé Vigoureux, & certains autres habitans de Rodez, & la procedure d'un Juge qui avoit receu à faire cession de biens, un qui avoit esté condamné en amendes *pro delicto* cassée, & qu'il le fairoit remettre prisonnier ; Suivant autre Arrest semblable du 12. Janvier 1542. entre Bernard Benech & Guillaume Roques.

AMENDE] Il faut distinguer l'amende imposée *per modum vindictæ publicæ*, d'avec les interêts adjugez *ex delicto* ; au premier cas on n'est pas receu au benefice de la cession de biens, & il faut pourrir en prison ou recourir à la commutation de peine, *qui enim non habet in ære luere potest in corpore* ; ce qui donne lieu à cette rigueur est, que l'amende est la peine, ou fait partie de la peine du délit, qui demeureroit impuni si la cession étoit receuë. Cette raison cesse au second cas, parce que les dépens ne sont adjugez que pour rembourser la partie civile des fraix qu'il a exposez pour la poursuite du crime ; de sorte que tels dépens étans censez depte civile & privée, il est juste que les prisons soient ouvertes en faisant délaissement de biens. Ainsi, contre l'usage de quelques Cours souveraines, la cession a lieu non seulement pour dépens contumaciaux en matiere criminelle, mais même pour les simples dépens d'une procedure criminelle, conformement à ce qui s'observe au Parlement de Paris, où neanmoins pour retenir les condamnez, & pour qu'ils n'abusassent pas du benefice de la cession, les parties civiles étoient en droit de faire ordonner, qu'ils étoient receus audit benefice, à la charge de porter toûjours le bonnet verd; & en cas qu'ils fussent trouvez ne portant bonnet de cette couleur, qu'on les declaroit décheus dudit benefice, permettant en ce cas aux creanciers de les faire emprisonner. Pour cet effet l'Arrest prefigeoit un delay, dans lequel les condamnez se devoient rendre entre deux guichets de la Conciergerie, pour de là être conduits, partie appellée, & par un Huissier en la place publique, y abandonner leur ceinture, & prendre le bonnet verd; c'est l'espece de deux Arrests dudit Parlement des 16. Janvier & 5. Fevrier 1608. par le premier de quels Claude Prevost, qui étoit Prevost Provincial en Berry, ayant esté receu à faire cession de ses biens à la charge de porter le bonnet verd, & de le prendre dans quinzaine pour toutes prefixions en la forme ci-devant exprimée: parce qu'il refusa de l'executer, Demoiselle Perrette Barathou, veuve du Baron de Contremoret, se fit adjuger par le second les fins de la requeste qu'elle avoit presentée pour demander, que faute par le Prevost d'avoir fait cession en la maniere accoûtumée, il fut déchu du benefice d'icelle.

PRO DELICTO] Quand l'amende ne descend pas d'un delict, la cession est admise comme en l'amende du fol appel, & même lors qu'il s'agit de simples injures verbales. Autrefois on n'observoit pas cette difference en ce Royaume, & la cession, que la loy Salique appelle *Chrenecruda*, y étoit également receuë aux matieres criminelles (fut-il même question d'un homicide) & aux causes civiles, à l'égard de celles-cy elle se faisoit *per durpillum & festucam*; à l'égard des autres, *si quis hominem occiderit, & in tota facultate sua non habuerit unde totam legem implere valeat*, comme porte ladite loy au titre 61. l'homicide étoit receu à la cession en observant les formalitez énoncées audit titre, & qui ne furent abolies qu'environ l'an 534. sous le regne de Childebert I. par des raisons, qui ne sont pas inconnuës aux curieux.

Chandelliers.

TITRE XXV.

ARR. I.

LA Cour ordonne & declare que les Chandeliers, & revendeurs de fromage & huyle ne seront empeschez, ains leur est permis entrer au lieu destiné pour le poids en la maison commune de la Ville, & acheter fromages & huile, à l'heure que les maistres Chandeliers y entrent ausdites fins; à la charge de revendre iceux fromages & huiles à moindre prix que lesdits maistres Chandeliers de deux deniers pour livre, leur faisant inhibition & défense de ne falsifier ou deteriorer par aucune mixtion ou autrement lesdites huiles, ny au poids ou mesures faire aucune fraude ou monopole esdits achapts ou reventes, sur peine de cent livres & autre arbitraire. Fait à Toulouse en Parlement le treiziéme jour de Fevrier 1555.

A MOINDRE PRIX] L'interest particulier devant ceder à l'interest public, il est juste que ceux qui vendent à meilleur marché, que les autres Maîtres jurez, soient favorisez à cause de l'avantage qu'en reçoit le public. Cette consideration cessant, on ne peut rien faire au préjudice des Maîtres jurez & sans leur participation: ce fut sans doute par cette raison qu'en l'année 1170. le Roy Louys le Jeune fit défenses de faire venir des marchandises depuis le Pont de Mente jusques à Paris, si le Marchand n'étoit associé avec quelque Marchand de Paris.

FALSIFIER] Le Roy d'Achen aux Indes Orientales fait couper les poings & les pieds, sans remission aucune, à ceux qui vendans du poivre y meslent du sable noir. Outre qu'en falsifiant les marchandises, qui servent pour la nourriture du corps, on choque la foy publique; & qu'à certain égard on est coupable du crime de faux poids, ou de fausse mesure: Il est certain d'ailleurs que le meslange qu'on fait, ou nuit à la santé, ou l'altere; aussi bien que la colle de poisson serve pour clarifier le vin, toutefois il y a Arrest du grand Conseil de l'onziéme d'Aoust 1673. qui fait défenses aux Cabaretiers d'y en mettre. Quoi que le meslange de l'eau avec le vin soit employé comme un moyen pour conserver la santé du corps, & pour entretenir la sobrieté, & que par le moyen d'un tel meslange, *minus ebrioso potu populus utatur*, au langage de S. Maxime en son Homelie, sur ces mots d'Isaïe, *Caupones tui miscent aquam vino*, il est sans doute neanmoins, que suivant le reproche de ce Prophete, ce mélange est blâmable, & même punissable en la personne des Cabaretiers, & des autres qui vendent du vin, à cause de la fraude qu'ils commettent.

Changeurs.

TITRE XXVI.

ARR. I.

PAr Arrest du 11. Janvier 1573. fut ordonné que le Seneschal & Capitouls par concurrence & prevention pourront connoistre des malversations des Changeurs, & faire la visite des bagues & autres besognes manuelles d'or ou d'argent qu'ils exposent en vente & tiennent en leur boutique; bien que par les Edits la jurisdiction en soit attribuée au Seneschal; & ce à cause de la negligence dudit Seneschal, & au contraire de la diligence notoire desdits Capitouls ausdites visites, recherches & punitions, malversations, tant desdits Changeurs que d'autres ouvriers, lesquelles d'ailleurs demeureroient impunies.

Chanoinies Theologales & Preceptoriales.

TITRE XXVII.

ARR. I.

ENtre le Syndic des Consuls de la ville d'Alby, suppliant & demandeur d'une part, & Messire Laurent Cardinal Strozze Evêque d'Alby, & le Syndic du Chapitre de l'Eglise Cathedrale dudit Alby défendeur d'autre. La Cour ayant veu respectivement les dire & actes des parties, & ayant égard à la requête du suppliant, ordonne qu'outre la Chanoinie Theologale en icelle Eglise, sera pris le revenu & fruits d'une autre Prebende, revenant à l'équipolent & à la valeur de l'une des autres Prebendes d'icelle Eglise, pour l'entretenement d'un Precepteur de bonne vie, mœurs & science, lequel sans autre salaire, moyennant ce, sera tenu instruire la jeunesse dudit Alby, & sera éleu ledit Precepteur par ledit Evêque, à ce appellez lesdits Consuls & Chanoines, & par les mêmes, si besoin est, pour estre destitué. Item ordonne la Cour par le même Arrest, que tous Evêques, pourvoyent que tous ceux qui tiennent Chanoinies Theologales, préchent & annoncent la parole de Dieu chacun Dimanche & Fêtes solemnelles, & que les autres jours ils continüent trois fois la semaine une leçon publique de l'Ecriture Sainte, sur peine de privation des fruits, & sur même peine enjoindre aux Chanoines & autres habituez esdites Eglises y assister. A Toulouse le deuxiéme Decembre 1563.

OUTRE LA CHANOINIE] Cet Arrest est conforme à la disposition des art. 8. & 9. de l'Ordonnance d'Orleans, laquelle il faut limiter suivant l'article 33. de celle de Blois, qui veut que l'Ordonnance d'Orleans, tant pour les Prebendes Theologales, que Preceptoriales, soit exactement gardée, sauf à l'égard des Eglises où le nombre des Prebendes ne seroit que de dix, outre la principale Dignité.

Chapelliers.

TITRE XXVIII.

ARR. I.

LE Jeudy 24. May 1576. en Audience fut plaidée certaine qualité d'appel relevé des Capitouls par les Chapelliers de Rodez contre les Bailes des Chapelliers de Toulouse : ordonné en jugeant diffinitivement le negoce, que par les Bailes les chapeaux portez d'ailleurs en Toulouse pour estre vendus, seront visitez sans rien prendre par lesdits Bailes, qui avoient accoûtumé de prendre cinq sols pour chaque visite suivant quelque Statut qu'ils avoient fait estant inseré en leurs Statuts.

Chassemarées.

TITRE XXIX.

ARR. I.

LA Cour pour obvier aux fraudes qui pourroient estre commises sous prétexte de l'exemption & liberté octroyée pour le poisson de mer, & eau douce porté en Toulouse pour la provision d'icelle ville, a ordonné & ordonne que ceux qui porteront ou feront porter poiſſon en Toulouſe, & voudront joüir de ladite exemption & liberte, ſeront tenus prendre au lieu où ils feront leurs charges pour porter en Toulouſe, & obtenir atteſtatoire par écrit contenant declaration ſpeciale du nombre des charges & prix d'icelles & qualité de poiſſon, & auſſi le nom de ceux qui portent & font porter ledit poiſſon, & le jour & an auſquels ledit atteſtatoire ſera ſous-écrit & ſigné, pardevant un des Conſuls dudit lieu, & autre perſonne capable, qui à ce ſera expreſſement commis par iceux Conſuls, ou par le Juge ou Conſuls dudit lieu, lequel acte & atteſtatoire ils ſeront tenus paſſans par les Villes & lieux de leude ou peage exhiber & montrer aux Fermiers ou leurs Commis, & ayans charge de recevoir icelle leude & peage; & étant iceluy porté dans Toulouſe ſera auſſi exhibé ledit atteſtatoire en déchargeant ledit poiſſon, pour verifier le contenu d'icelle par celuy qui à ce ſera commis par les Capitouls de Toulouſe, par lequel ſera expedié autre certificat, contenant le nombre des charges, prix d'icelles, qualité du poiſſon & nom de celuy ou ceux qui l'auront porté & déchargé, auſquels ſans aucun couſt ſera baillé iceluy atteſtatoire, pour à leur retour l'exhiber & montrer auſdits Fermiers ou leurs Commis, & auſſi à celuy qui leur aura expedié le premier atteſtatoire au lieu où ledit poiſſon avoit eſté chargé. Et a fait & fait la Cour inhibition à tous Seigneurs, Conſuls, Gardes, Leudiers, Peagers & leurs Commis, ou à tous autres, n'exiger aucune choſe pour le peage ou leude du poiſſon qui ſera porté & conduit en Toulouſe en la forme que deſſus, ny auſſi empêcher ny faire décharger ledit poiſſon, ny donner aucun trouble auſdits porteurs, ou voituriers, fait auſſi inhibition à peine de confiſcation de biens & autre amende corporelle; de faire aucune fraude, colluſion & ſurprinſe, ny porter ailleurs ledit poiſſon chargé pour porter en Toulouſe, ny celuy-là meſmes, ou une partie d'icelui laiſſer par les chemins en aucune maniere. Fait à Toulouſe en Parlement le vingt-troiſiéme jour de Mars l'an 1552.

ARR. II.

PAr autre Arreſt du 27. Mars 1560. à la Requeſte du Syndic de la Ville de Touloufe, fut faite inhibition à tous Seigneurs d'empécher de passer les Chassemarées avec le poisson qu'ils porteront pour la provision de la Ville, & inhibition de ne rien prendre pour les droits de leude & peage, sur peine de privation desdits droits, & aux exacteurs sur peine du foüet. Aussi est faite inhibitions ausdits Chassemarées de frauder lesdits droits pour le poisson qu'ils porteront vendre ailleurs qu'en ladite ville de Toulo .e.

Chevaux.

TITRE XXX.

ARR. I.

EXtrait des Registres du Parlement. Entre Guillaume Rozier habitant de Toulouse appellant du Seneschal d'Armagnac ou son Lieutenant au siege de Lectoure d'une part, & maître Guillaume las Pierres Licentié és Drois appellé, & Dominique Taillade appellé en cas d'appel d'autre. Vignaux pour ledit appellant, pour remonstrance de la cause de son appel, & de son grief, aprés avoir fait narrative du fait, & entre autres choses, comme étant sa partie en la compagnie de maistre Nicolas Jacquelin licentié és Droits allez en la Ville de Lectoure, ledit las Pierres prétendant luy estre deuë certaine somme de deniers par ledit Jacquelin, pour reste de la taxe du rapport de certain procez auroit fait arrester & saisir le cheval que ledit appellant conduisoit qu'il avoit prins à loüage de maistre Jacques Sanron: & de l'instance sur ce introduite devant ledit Seneschal, & de plusieurs actes sur ce intervenus; & entre autres ledit appellant se seroit purgé par serment comme ledit cheval n'appartenoit audit Jacquelin, ains iceluy appellant l'auroit prins à loüage. Et de la sentence sur ce donnée de laquelle auroit esté appellé, par laquelle auroit esté dit mal saisi & executé, & ordonné que ledit appellant auroit la recréance dudit cheval, condamné ledit appellant és despens de la cause, jusques au jour de certaine offre par luy faite: Dit que de ce dequoy ledit de las Pierres n'a esté condamné en tous despens, il s'est porté pour appellant, & a relevé en la Cour, & la cause de son appel & grief resulte de la sentence mesme, par laquelle ledit Seneschal a jugé sa partie avoir bonne cause au principal, & n'y sert en rien la prétenduë offre, qui fut faite par ledit appellé dés le commencement du procés : car elle n'est simple ains conditionnelle, par laquelle il consentoit, que ledit appellant eût la recreance dudit cheval, pourveu qu'il fist apparoir qu'il fût sien. Et depuis contrevenant audit consentement, auroit insisté que sa partie pour son bas âge n'étoit capable pour être en jugement, tellement que sa partie fut contrainte faire mettre en instance son pere ; & sur ce y a eu plusieurs procedures, & encore y a eu autre instance entre sa partie, & celuy duquel il avoit prins ledit cheval à loüage à raison de cinq sols tournois par jour : car sa partie n'a encore recouvré ledit cheval, ains (comme ledit de las Pierres dit) celuy auquel ledit cheval avoit esté baillé en garde l'a vendu. Si conclud qu'en ce que ledit Seneschal ou son Lieutenant n'a condamné ledit appellé en tous despens de la cause, & autres despens, dommages & interests soufferts par la perte & à cause de la saisie & arrest dudit cheval, il a esté mal jugé & bien appellé, & en reformant le jugement, que ledit appellé doit estre condamné à rendre ou faire rendre ledit cheval, & en tous dépens, dommages & interests, & autrement pertinement. N. pour ledit appellé, aprés avoir fait sommaire narrative du fait de la cause dudit arrest & saisissement, & des actes intervenus en ladite instance, pardevant led. Seneschal ; & entre autres du consentement presté par sa partie comme disoit, à ce que ledit appellant eût la recreance dudit cheval dès le commencement dudit procés par les raisons à ce deduites, a conclud ledit appellant, ne fait à recevoir qu'il a esté bien jugé & mal appellé, & autrement pertinement demande despens & l'amende. Dispania pour Santon suppliant, dit que sa partie a principal interest en la matiere, pour ce que ledit cheval étoit sien : pour ce a presenté requeste, laquelle a esté receu en faire jugement en plaidant ledit appel. Si conclud, & employe le contenu en icelle, à ce que iceluy Rossier, ou bien ledit de las Pierres soient condamnez à rendre à sa partie ledit cheval, ou bien le prix ou le loüage d'iceluy, à raison de cinq sols pour jour, jusques au jour qu'il sera rendu, ou prix payé : & autrement pertinement demande dépens, dommages & interests. Et aprés ce que de la part desdits Rossier & de las Pierres, a défendu & contesté

testé sur ladite requête, & lesdits Avocats sur ce à plein ouys, mêmement sur la valeur dudit cheval dont estoit question. La Cour eue deliberation en ce que ledit Seneschal ou son Lieutenant a obmis à condamner ledit de las Pierres és dépens de l'instance, a declaré & declare avoir esté mal obmis & jugé, & reformant le jugement quant à ce, a condamné icelluy de las Pierres és dépens de l'instance devant le Seneschal, outre à payer audit Santon pour la valeur du cheval, la somme de six écus sol, & cinq livres pour le loüage, & aussi és dépens de la cause d'appel, la taxation reservée audit de las Pierres son action telle que de droit, pour recouvrer ledit cheval ou prix de celuy qui l'a vendu, ainsi qu'il appartiendra. Fait à Toulouse en Parlement le second jour du mois de Juin mille cinq cens cinquante-un. Ainsi signé Burnet.

En Tous Despens] Qui gagne sa cause la doit gagner avec dépens. *L. properandum C. de judic.* & la maxime qui veut, que *ab expensis non appelletur*, n'a jamais deu être prise au pied de la lettre, elle s'entend d'une Sentence qui adjuge quelques dépens, & de laquelle on ne devoit pas se porter pour appellant, sous pretexte qu'on n'avoit pas obtenu les entiers dépens; il en étoit pourtant autrement si une partie souffroit d'une trop moderée condamnation de dépens: car enfin le temeraire plaideur doit payer la peine de sa temerité. La nouvelle Ordonnance a pourveu aux inconveniens qui arrivoient ordinairement, & a comme renouvellé celle de Charles IV. de l'an 1324. qui ordonnoit irremissiblement la condamnation des dépens, nonobstant qu'il y eût Coûtume contraire, laquelle ce Roy declaroit abusive; ainsi par *l'art. 1. du tit. 31.* elle condamne toute partie aux dépens indefiniment, sans que pour quelle cause que ce soit elle en puisse estre déchargée, & quoy que les Cours souveraines eussent droit de modifier les dépens, & d'en décharger les parties quand bon leur sembloit, elles n'en usent pourtant pas absolument de même depuis la publication de la nouvelle Ordonnance. En effet, par Arrest du Conseil d'Estat du Roy, en date du 28. May 1668. il fut ordonné, que sans avoir égard à un Arrest contradictoire du Parlement de Paris, qui prononçoit condamnation des dépens de la cause principale, & sans dépens de la cause d'appel, les dépens de la cause d'appel seroient taxez.

Arr. II.

Par jugement du 26. Juin 1596. Pierre Guissant habitant de Narbonne ayant pris à loüage un cheval à vingt sols pour jour de Pierre Syrac de Toulouse, & l'ayant tenu un an dix-neuf jours, fut condamné à payer 319. livres pour tout ledit loüage, bien que ledit cheval ne fut estimé entr'eux que vingt livres.

Chevres.

TITRE XXXI.

ARR. I.

LE 27. jour du mois de Mars 1543. avant Pâques entre le Sindic du lieu de saint Laurens, & le Sindic de Gange, le profit, commodité & apport de chacune chevre pour un an estimé à dix sols.

ESTIME'] Par le même Arrest le Syndic des habitans de Ganges fut condamné à payer à celui de S. Laurens la somme de quarante-une livre, pour la valeur de 41. Chevres par luy prises & retenuës, & non renduës aux habitans dudit S. Laurens le Minier.

Chirurgiens.

TITRE XXXII.

ARR. I.

PAr Arrest du mois de Juin 1544. publié à son de trompe par les places & carrefours de Toulouse, fut inhibé & défendu à toutes personnes, n'exercer l'Art de Chirurgie ni tenir boutique de Barbier en Toulouse, sans premierement être examinez & suffisans & capables, selon les Statuts de la Ville & autres Arrests sur ce donnez.

EXAMINEZ] *V. Le Liv. 2. tit. 7. verb. Medecins. Art. 4.*

Coffres.

TITRE XXXIII.

ARR. I.

ARrest de prohibition à tous habitans de Toulouse ne tenir coffres d'aucuns serviteurs, sans le sceu & licence des Maîtres prononcé contre une appellée. N. pauvre servante de Sire Bol Marchand de Toulouse le 13. Decembre 1553. au Greffe criminel.

Colleges.

TITRE XXXIV.

ARR. I.

LA Cour ayant égard à la requeste & remonstrances à elle faites par le Procureur general du Roy, à ce que pour l'entretenement de l'Université, & donner moyen aux pauvres Ecoliers amateurs de vertu de se former & avancer en icelle Université ès facultez de Droit Civil & Canon, fut pourveu à la reformation des Colleges à cet effet fondez en Toulouse par aucuns Papes, Princes, Cardinaux & autres grands notables personnages, sous certains statuts & reglemens pleins de pieté & Religion, lesquels par la malice du tems ont esté alterez & pervertis, & plusieurs personnages introduits endurez esdits Colleges, n'étans de la qualité portée par les fondations & statuts. Et aux fins que les saintes & loüables intentions desdits fondateurs ne soient enfreintes & violées, ains lesdites fondations, statuts & reglemens exactement entretenus, observez & gardez ainsi qu'il appartient; & veuë aussi la procedure faite par les Commissaires cy-devant deputez, ensemble les fondations & statuts desdits Colleges mis devers lesdits Commissaires; A ordonné & ordonne que les places & lieux desd. Colleges ne pourront être conferez qu'à pauvres Ecoliers de bonnes mœurs, selon l'intention & volonté des fondateurs; Que lesdits lieux & places des Colleges ne seront conferez à jeunes enfans de bas âge, & à ceux qui ne seront bien instituez és premieres lettres, & capables pour les études des Loix & Jurisprudence, que nul prévenu de crime public ne sera receu en aucun desdits Colleges, qu'aucun Ecolier voulant vivre autrement qu'il est porté & ordonné par les fondations & statuts desdits Colleges, ne sera receu; Que ceux de qui les peres sont notoirement riches & opulens, & de telle qualité qu'ils ayent moyen d'entretenir leurs enfans, ou auront d'ailleurs biens en l'Eglise ou en Temporel suffisans pour soy nourrir & entretenir aux études des Loix & Jurisprudence, ne seront receus esdits Colleges, & ceux qui déja le seroient étans en cette qualité, les a declarez & declare la Cour privez des leurs lieux & places de Colleges, comme n'étant de la qualité requise, & ordonnée, par les fondateurs qui ont fait lesdites fondations pour les pauvres étudians; que les Commissaires par la Cour deputez, appellez l'Archevêque de Toulouse ou son Vicaire General, le Chancelier & Recteur de l'Université pourront destituer pour causes justes & legitimes, les Collegiats de leurs lieux & places, tant ceux qui seroient dyscoles, vicieux & mal-vivans, ou qui auroient demeuré esdits Colleges outre le tems prefix & ordonné par lesdites fondations & statuts ; qu'aussi ceux qui auroient benefices ou biens suffisans pour se pouvoir entretenir aux études. Et quant aux lieux & places des Prêtres perpetuels esdits Colleges, ceux qui se trouveront avoir benefice ou benefices ayans charge d'ames ou autrement requerans residence, autres toutes fois que ceux qui dependent de la table desdits Colleges, seront mis hors desdits Colleges, pour par les Patrons être pourveu au lieu & place desdits destituez de personnes capables & de la qualité requise & portée par les fondations & statuts desdits Colleges, sans qu'au moyen d'aucune appellation ou autrement ceux qui en seront mis hors puissent empêcher l'execution de ladite destitution & Ordonnance dessusdite ; Que lesdits Collegiats lors qu'ils seront pourveus desdits lieux & places, seront examinez & interrogez par deux des Collegiats du College auquel ils demanderont être receus, tels que le Prieur ou autres Collegiats éliront, & ce en la presence & assistance d'un ou deux des Docteurs-Regens de l Université, lesquels pourront aussi si bon leur semble interroger & examiner le Pourveu & presenté, sans que pour ladite assistance lesdits Docteurs-Regens & autres puissent percevoir aucun émolument : & sera faite neanmoins information de la vie, Religion, qualité & mœurs desdits presentez, pour aprés être procedé à leur reception, selon & en suivant la fondation & les statuts ; Que les Collegiats d'aucuns Colleges ne pourront être élcus Prieurs, Sous-Prieurs, ny mal gouvernez des Nations, suivant la prohibition generale sur ce faite par les Arrests de la Cour, & ne recevront en leurs Colleges, ny permettront faire aucunes assemblées de Nations, ou autres prohibées, & defenduës, & moins y recevront de jour & de nuit aucuns Ecoliers dyscoles ou portans armes : & ou aucuns entreprendoient faire les actes susdits, est permis ausdits Commissaires, Archevêque de Toulouse ou son Vicaire General, Chancelier & Recteur de l Université, les destituer & priver de leurs lieux & places de Colleges, comme-dessus. Ne leur sera loisible aussi tenir dans lesdits Colleges levriers, chiens, oyseaux de proye, ny faire pareillement aucuns actes de jeux, ou actes insolens en public ou en privé dans leurs chambres, comme de cartes, dés, ou autres jeux prohibez, par lesquels ils soient détournez de leurs études, ou en puissent détourner les autres, ny aller en masque ou déguisez de jour ou de nuit sur les peines susdites. Ne sera aussi permis à aucun Collegiat avoir ou tenir aucunes armes prohibées & défenduës par le Droit, Edits ou Ordonnances, soit de long bois ou de feu: & ne pourront avoir en leurs chambres ny autrement en propre & privé aucunes especes de harnois, que leurs propres épées: sauf toutesfois que le armes qui leur auroient esté ordonnées pour le service du Roy, & défense de la Ville, seront mises en inventaire & retirées au lieu plus fort & asseuré de chacun desdits Colleges, dont le Prieur en tiendra une clef, & l'un des Prestres une autre, à la charge de les bien garder & de ne les bailler ny prêter ausdits Collegiats ny à autres, sur peine de privation de leurs lieux & places & autre arbitraire; Que les Prieurs & Collegiats des Colleges seront tenus eux vêtir de robbes longues, bonnets ronds & autres habits decens & convenables à l'état & qualité de bons & honnêtes Ecoliers, ausquels sont faites défenses porter habits de couleur, comme rouge, jaune, verd, bleu ou autre couleur insolite & indecente à l'état scolastique, ny porter pareillement chausses des couleurs que dessus, indecentes & non convenables à leur profession; Que lesdits Collegiats aprés avoir oüi un an en Droit seront tenus par toute chacune semaine le Samedy aprés dîner faire une leçon publique dans leursdits Colleges d'une Loy qu'ils seront tenus bailler & publier aux autres Collegiats trois jours auparavant pour disputer contre le Lecteur ou Répondant, laquelle se fera dans la grande sale du College: à laquelle lecture & dispute assisteront tant le Prieur, Prestres qu'autres Collegiats sans y faire faute, sur peine d'être privez de la table & portion Collegiale pour toute la semaine lors suivante, & punis d'autre peine arbitraire; Que ceux desdits Collegiats qui auront ouy le temps contenu en la fondation & statuts és facultez de Droit Civil & Canon, seront tenus de lire aux Ecoles publiques de l'Université continuellement & sans intermission, parachever le tems porté par lesdits statuts sur peine de privation de leurs lieux & places Collegiales: & ou en aucun desdits Colleges ne seroient tenuës personnes idoines & capables pour lire suivant lesdits statuts ausdites Ecoles publiques continuellement & ordinairement, seront tenus lesdits Collegiats bailler & contribuer telle somme qui sera ordonnée par la Cour ou Commissaires députez par icelle, pour le salaire de celui ou ceux qui seront subrogez à faire lesdites leçons publiques pour lesdits Colgiats, suivant l'Arrest sur ce donné le 13. de Septembre 1555. Ne se pourront absenter lesdits Collegiats de leurs Colleges pour aller hors Ville, si ce n'est pour juste & legitime cause, & avec permission & licence du Prieur & conseil du College; Que lesdits Collegiats seront tenus effectuellement entretenir, garder & observer la fondation & statuts des Colleges, & se maintenir suivant iceux, & ceux qui se rendront refractaires, & ne voudront faire & accomplir le contenu esdites fondations & statuts, tant en ce qui concerne le Divin service y contenu & ordonné, que pour la vie, mœurs & autre reglement & police desdits Colleges, seront declarez privez de leurs lieux & places Collegiales; que par lesdits Commissaires deputez par la Cour, appellez tant les Archevêque ou son Vicaire General, Chancelier & Recteur de l'Université, qu'aussi les Patrons qui seront en Toulouse, ou ceux qui se trouveront avoir charges d'iceux Patrons, lesdits Colleges seront visitez trois fois l'année, pardevant lesquels tant ledit Prieur que Collegiats seront tenus répondre, & rendre compte & raison de leur vie, mœurs, conversation, entretenement & observation des statuts, de l'état du revenu desdits Colleges & dépense ordinaire, pour ce fait être procedé par les susdits deputez à la reformation, reglement, correction & punition des fautes, malversations, & transgression desdits statuts, jusques à privation des lieux Collegiaux inclusivement, ainsi qu'ils verront être à faire; Qu'il sera fait inventaire de tous & chacuns les meubles, tant precieux, qu'autres, appartenans à chacun desdits Colleges, & ce par l'un desdits Commissaires, ou tel autre que par eux à ce sera commis & deputé: lequel inventaire sera signé par le Prieur & Collegiats qui lors seront, & verifié chacune année à l'élection du nouveau Prieur, lequel se chargera du contenu audit inventaire, icelle verification reéllement & effectuellement faite: & auquel Prieur & Collegiats est faite inhibition & défense ne distraire ou aliener lesdits meubles. Et quant aux ornemens, reliquaire & autres choses precieuses, seront mises dans un coffre en la sacristie ou archifs, avec trois serrures & clefs, dont le Prieur en tiendra une, un des Prêtres une autre, & la troisiéme sera tenuë par un des autres Collegiats, lesquels seront élûs chacune année, lors qu'il sera procedé à l'élection du Prieur nouveau, comme surintendans aux affaires du College; Qu'il sera fait état au vrai par forme d'inventaire des biens immubles & revenus desd. Colleges, la copie duquel collationnée à l'original sera mise une aux archifs de la maison de Ville, & l'autre és archifs dudit Archevêque, à ce que rien n'en puisse être distrait, égaré ou aliené; que par les Prieurs qui seront annuellement élcus & Collegiats desdits Colleges sera fait état de la dépense, tant du bled, vin, ordinaire, que gages des serviteurs, eû égard au nombre des Collegiats & personnes necessaires pour leur service, & ledit état fait sera aprés apporté ausdits Commissaires & Patrons s'ils sont dans la Ville ou leurs commis, pour être approuvé le contenu en icelui, selon qu'ils veront être utile & necessaire pour le bien & profit de chacun desdits Collegiats, lequel état sera verifié chacune année suivant les statuts: & s'il se trouve que ledit Prieur ait en rien excedé le contenu audit état, & fait dépense extraordinaire ou excessive, en sera tenu en son propre & privé nom, & puni comme mauvais administrateur; Que les arrentemens des biens immeubles & revenus desdits Colleges seront faits publiquement & en tems deû & accoûtumé par le Prieur, & deux des Collegiats, l'un Prêtre & l'autre lay, qui seront aussi choisis & élûs par tous les autres Collegiats lors de l'élection du Prieur; Que lesdits Prieurs & Collegiats seront tenus dans six mois aprés cet Arrêt faire loyal & fidele inventaire des titres, papiers & documens & faire diligente recherche pardevers les Notaires & autres personnes publiques desdits documens, pour les mettre aux archifs desdits Colleges, pour la conservation des biens & revenus d'iceux Colleges, duquel inventaire seront tenus bailler copie deuëment collationnée à l'original audit Archevêque ou son Vicaire Genéral, pour être mise és archifs dudit

Archevêque, & y être eu recours quand besoin seroit; Que chacune année lesdits Prieur & Collegiats seront tenus créer un Sindic de qualité requise, pour la poursuite des procez du College, lequel Sindic sera tenu en rendre compte à l'assemblée qui se fera des Commissaires avec ledit Archevêque ou son Vicaire general, Chancelier, Recteur de l'Université de quatre en quatre mois; Qu'à la fin de chacune année le Prieur sera tenu rendre compte pardevant le Prieur de l'année précedente, les Prestres & deux autres des Collegiats, & tel autre personnage qui à ce sera commis & deputé par lesdits Commissaires, & autrement comme il est contenu és statuts desdits Colleges: lequel compte sera clos & arresté, & ce qui se trouvera le reste du revenu du College ou estre deu par ledit Prieur, sera mis au thresor dudit College, pour estre employé au profit d'iceluy par l'avis & ordonnance desdits Commissaires, Archevêque ou son Vicaire general, Chancelier & Recteur de l'Université: & ce qui se trouvera deu par ledit Prieur, ne luy pourra estre remis ou quitté par lesdits Collegiats, ains sera tenu reellement & de fait satisfaire ce en quoy il sera trouvé reliquataire, & contraint à ce par emprisonnement de sa personne, & privation de son lieu Collegial; Que le Prieur & autres Collegiats qui se trouveront reliquataires & debiteurs envers les Colleges, ou avoir égaré, soustrait & aliené aucuns biens, titres documens desdits Colleges, seront poursuivis aux dépens d'iceux Colleges pour en estre fait le retablissement, & punition aussi de ladite malversation, & de ce ordonne la Cour estre enquis, pour l'inquisition veuë estre procedé contre les coupables ainsi qu'il appartiendra. Et a declaré & declare ladite Cour les alienations des biens immeubles, rentes & autres biens precieux, par lesdits Prieurs & Collegiats faites, non observées les solemnitez portées par le Droit & autres contenuës és statuts desdits Colleges, nulles & invalables, & comme telles les a cassées, revoquées & annullées, enjoint aux Sindics desdits Colleges d'en faire les poursuites, & en certifier le Procureur General du Roy dans trois mois: & fait inhibition & défense audit Prieur & Collegiats desdits Colleges de vendre leurs lieux & places des Colleges, pour icelles prendre ou recevoir par eux ou personnes interposées, or, argent, ou autres choses équipolentes, &

& aufdits Prieurs pareillement d'exiger & prendre pour raifon des entrées & reception des Collegiats autres droits que ceux qui font portez par les fondations & ftatuts, & ce fur peine de privation defdits lieux & places & autre punition arbitraire. Et femblables défenfes & inhibitions font faites fur mêmes peines à tous Ecoliers de trafiquer ou contracter avec lefdits Prieurs & Collegiats, pour avoir & obtenir par obliques & reprouvez moyens lefdits lieux & places de College, & pour ce bailler, donner ou promettre par eux ou perfonnes interpofées comme deffus, or, argent, ou autres chofes équipolentes. Et a ordonné & ordonne, que felon la neceffité occurrente, occafions, & plaintes qui pourront être faites par cy-aprés aufdits Commiffaires & deputez deffufdits, fera par eux pourvû & avifé au particulier reglement de chacun defdits Colleges : fans toutesfois déroger aux fondations & ftatuts d'iceux Colleges & contenu en cet Arreft, lequel fera enregîtré aux livres des ftatuts d'un chacun defdits Colleges, pour chacune année en procedant par lefdits Collegiats à l'élection du nouveau Prieur, en être faite lecture à haute voix par l'ancien Prieur, pour l'entiere & effectuelle obfervation & entretenement du contenu en icelui. Et a declaré & declare la Cour par cet Arreft n'entendre déroger ou faire préjudice aux droits, facultez, autoritez, & pouvoirs des fondateurs & Patrons defdits Colleges, aufquels par les fondations, ftatuts, ou Arrefts de la Cour, lefdites facultez & autoritez ont efté octroyées & concedées, enjoignant aud. Archevêque, Patrons defd. Colleges, Chancelier & Recteur d'icelle Univerfité chacun en fon endroit garder, obferver & entretenir le contenu efdites fondations, ftatuts & Arrêts à peine de dix mille livres tournois & autre arbitraire. Et pareillement enjoint la Cour à Maîtres Eftienne de Bonal & Vital d'Aufour Confeillers du Roy en icelle & Commiffaires par elle deputez, vaquer & entendre foigneufement, & tous affaires poftpofez à la reformation defdits Colleges felon & enfuivant lefdites fondations & ftatuts & contenu en ce préfent Arreft, & ce nonobftant oppofitions ou appellations quelconques, & fans préjudice d'icelles, contraignant pour l'execution de ce que deffus tous ceux qui pour ce feront à contraindre à y obeïr & fatisfaire par toutes voyes dûës & raifonnables, arrest & emprisonnement de leurs personnes si besoin est. Prononcé à Toulouse en Parlement le 8. jour du mois de Mars 1575. Du Tornet ainsi signé.

OU SON VICAIRE GENERAL] C'est-à-dire en l'absence de l'Archevesque ; ce qui doit avoir d'autant mieux lieu à l'égard des actes qui emanent de la propre personne de l'Evesque, comme lors qu'il s'agit de conferer un benefice, ou accorder un *Visa* ; car le Vicaire General ne le peut faire que lorsque l'Evesque est hors de son Diocese, comme il a été jugé par Arrest du grand Conseil le seiziéme d'Avril 1666. en la cause de Mre. Romieu contre Mre. Ficau Prestre.

PAR LES PATRONS ESTRE POURVEU] Quand un Patron n'a pas nommé dans le temps ordinaire, qui est de quatre mois pour les Patronages Laïques, & de six mois pour les Ecclesiastiques, le droit de nommer est devolu à l'Evêque Diocesain ; & quand il a nommé le Patron n'y peut plus revenir, suivant l'Arrest donné en la grand'Chambre au rapport de Mr. de Papus le 2. Septembre 1667. en la cause de Mre. Villet, & de Mre. Jean Drapt Prestres ; mais quand l'Evesque neglige de pourvoir au Benefice, comme il est vaquant, le Patron rentre dans son droit, & il peut nommer au Benefice, mesme après le tems de nommer expiré, ainsi qu'il fut jugé entre Mre. Monin, & Mre. Estal, Prestres, par Arrest donné en la grand'Chambre l'onziéme d'Aoust 1668. Il faut pourtant remarquer, que si par la negligence du Patron l'Evesque a conferé le Benefice par trois diverses fois, & chaque Beneficier joüit paisiblement trois ans entiers sans aucune discontinuation, en ce cas le Patron perd son droit, qui demeure acquis à l'Ordinaire, suivant un autre Arrest d'Audience donné le 8. Janvier 1665. en la mesme Chambre, entre Mre. Janin & Mre. Froment Prestres. Une troisiéme negligence est, s'il faut ainsi dire, fatale, & trois actes repetez, en fait de collation de Benefice, acquierent un droit inconteſtable ; ils font mesme qu'une union tacite de deux Benefices equipole à une union formelle, pourveu qu'ils ayent esté conferez par trois diverses fois ; il est vrai qu'il ne faut pas seulement en ce cas qu'ils ayent esté conferez conjoinctement, & par un mesme titre ; il faut encore une possession paisible de quarante ans. C'est l'espece de l'Arrest donné aussi en la grand'Chambre le 16. Mars 1666. en la cause de Mre. Sauricon contre Mre. Dumont.

TITRES OU DOCUMENTS] *V. l'observation sur l'art. 4. du tit. 4. verb.* Enquestes. *l. 2.*

POUR RAISON DES ENTRÉES] Il y a certains droits qui sont deûs, *tanquam introitus militiæ*, que l'usage autorise, & qu'on peut exiger *ob laudabilem consuetudinem*, pourveu qu'ils ne soient ni excessifs, ni abusifs, ni autrement contre les bonnes mœurs ; & de cette nature sont certains droits qu'on fait payer en la pluspart des Sieges de Justice, lors de la reception des Avocats, sur tout lors qu'ils sont convertis en achat de choses indifferentes, on ne peut pas faire perdre ces droits sans injustice.

ARR. II.

PAr Arrest du 9. Juillet 1550. la place d'un College fut declarée vacante, parceque Longlade Collegiat, l'avoit tenuë outre le temps limité par la fondation.

ARR. III.

PAr autre Arrest du 28. Novembre 1587. est dit que les Prieurs des Colleges en Toulouse rendront compte & prêteront le reliqua dans trois mois aprés leur charge finie, sur peine de privation de leurs places Collegiales, & contraintes par corps.

ARR. IV.

PAr autre Arrest donné sur la requeste presentée par le Procureur General du Roy, le 18. Avril 1564. fut ordonné que chacun des Regens en la faculté des Arts de l'Université de Toulouse, seroit tenu continuer une leçon ordinaire au College de l'Esquille, sans aucune interruption ou discontinuation, & à faute de ce faire sont declarez privez de tous les emolumens de leurs Regences, pour le temps qu'ils cesseront & ne vaqueront ausdites lectures, lesquels émolumens audit cas accroîtront aux autres Regens de la Faculté continuant lesdites lectures.

Colletiers.

TITRE XXXV.

ARR. I.

LE 8. Juin 1575. par Arrest du barreau fut dit qu'il ne sera permis à aucun dresser ny tenir boutique en Toulouse du métier de Colletier sans passer maistre, & accomplir le contenu en leurs statuts, entre le Sindic des Maistres Colletiers de Toulouse, & maître Christophle, &c.

PASSER MAISTRE] Dans cette Province il n'y a proprement que les quatre Arts Liberaux qui puissent avoir une Maistrise reglée; & quoi que la Maîtrise y puisse avoir lieu pour toute sorte de Mestiers; toutesfois les autres Maîtrises ne sont pas sujettes à la rigueur des Examens & des Chefs-d'œuvres, à moins qu'il y ait des Statuts particuliers, auquel cas il faut vivre necessairement & indispensablement sous la loy de tels Statuts, ainsi qu'il a esté jugé par Arrest du Conseil d'Estat du 12. Janvier 1668. & par un Arrest judiciellement donné en la Grand'Chambre de ce Parlement le 8. d'Août 1673. en la cause des Maitres Mareschaux de Montpellier, contre Loüis Chamaran.

Commutation de Toulouse.

TITRE XXXVI.

ARR. I.

PAr Arrest donné entre le Procureur General du Roy, & les rentiers de la commutation à Toulouse fut dit; Qu'il ne seroit rien payé des demi-vins hors la Ville & faux-Bourgs le 6. Fevrier 1572. Et semblable Arrest fut donné l'année 1615. à la poursuite d'aucuns habitans des faux-Bourgs S. Michel & Ste. Catherine.

Confiscation.

TITRE XXXVII.

ARR. I.

PAr sentence du Juge d'Estarac un qui s'étoit desesperé & pendu lui-même, & aprés par ses parens ensevely au cimetiere fut desensevely & mis sur un poteau à un carrefour de chemin, & ses biens confisquez au sieur Comte dudit Estarac : de laquelle sentence estant relevé appel en la Cour, par Arrest prononcé à la Tournelle y presidant Monsieur du Faur le 24. Janvier 1582. ladite sentence en ce qui concerne ladite confiscation fut reformée, & les biens adjugez aux enfans, & au surplus confirmée, pource que quant à la reformation comme dit la loy, *Bona ejus qui sibi manus intulit fisco vendicantur, si eo crimine fuerit innexus, ut si convinceretur bonis careat : si quis autem tædio vitæ, vel impatientia doloris alicujus, vel alio modo vitam finierit, successorem habere rescriptum est, nec ejus bona publicanda sunt l. 3. in princip. §. 1. De bon. eor. qui mort. si consc. l. eod. C. l. 2. C. qui testam. fac. poss. l. Si quis filio §. Ejus qui versic. Proinde. De injusto rup.*

Nec obstat la coûtume generale de France, que qui confisque le corps confisque les biens ; car cela doit estre entendu de la confiscation de corps faite ignominieusement pour crime grave precedent, comme de ceux qui sont pendus aux gibets, decapitez, brûlez ou écartelez & autres semblables, & non de ceux qui ne sont prevenus ni atteints d'aucun autre crime que de s'estre tuez & meffait à eux-mesmes & non au public ou à autruy : estant d'ailleurs certain que toutes coûtumes & statuts sont *stricti juris*, & ne reçoivent extension, singulierement celles qui sont contre le Droit commun, comme est celle-là. *Auth. Bona damnatorum. C. De bonor. proscript. §. ult. Novell.* 134. *Vt cum, de appell. cognosc.* Outre qu'il ne se pourroit trouver coûtume particuliere ni statut par lequel en tel cas confiscation puisse échoir : à cause dequoy justement la sentence fut par la Cour reformée ; & quant à la confirmation du desensevelissement du coprs, *Senatui visum est, ut manente extra cœmeterium piorum illo cadavere tanquam projecto, ex Hebræorum etiam legibus moribusque gentium, quòd dignum sit, ut qui Dei omnium patris imperium non expectaverit, terræ sepulchro quasi quodam matris gremio privetur, Hegesippo teste. lib. 3. De excid. Hierosolym. Cap. 17. ac velut sua sententia damnato, ut Quintil. declam. 298. bona tamen defuncti penes filium remanerent.*

Arr. II.

Crimen læsæ Majestatis Divinæ operatur confiscationem in favorem Regis & Fisci exclusis Dominis.

Entre Antoine Suau Avocat de Nîmes, & Monsieur le Procureur general du Roy, & la Dame de N. fut par Monsieur de S. Jean prononcé Arrêt sur ce que ledit Suau nay & procreé de Me. Mathieu Torlhiac Chanoine en l'Eglise dudit Nîmes de l'Ordre de S. Augustin, & Dame N. Abbesse Religieuse, recuillit certains biens qui avoient été acquis & appartenu audit Mathieu son pere, lesquels lui furent demandez tant par ladite Dame, que par le Procureur general du Roy, comme aussi le bien donné par un sien parrain, & par Arrêt dudit jour fut decis *Ex l. Raptores. C. De episc. & cler.* être crime privilegié. Et tout ainsi qu'en crimes de leze-Majesté humaine la confiscation en appartient au Roy, *idem in crimine læsæ Majestatis divinæ*, afin que par telles fautes le public étant interessé, le particulier seul n'en rapporte la satisfaction, veuë mesme la coûtume generale de ce Royaume, suivant laquelle les Religieux n'ont point de successeur aux biens immeubles, bien qu'aux meubles le Monastere succede. Mais pour le regard des biens d'ailleurs venus audit Suau interinant les lettres de legitimation, fut maintenu aux biens d'ailleurs à lui venus, à la charge de payer les droits Seigneuriaux à ladite Dame, & sans dépens ni restitution des fruits. Prononcé le 14. Aoust 1584.

Arrest.] Les motifs en sont alleguez par *Charondas* en ses Réponses *liv. 7. Chap. 168.* & par Mayn. *Liv. 3. Chap. 16.* Cet Arrêt fait foy que si bien la confiscation ne passe pas pour un droit Royal en France, elle le doit pourtant faire à l'égard des crimes de leze-Majesté, soit Divine, soit humaine.

Arr. III.

Aux Arrests generaux prononcez par Mr. de Paulo 1580. la veille de nostre Dame d'Aoust sur la confiscation d'un condamné à mort pour meurtre, furent adjugées les debtes aux Seigneurs des lieux où les debiteurs du condamné étoient residents; tout ainsi que la confiscation des meubles & immeubles appartient ausdits Seigneurs en la jurisdiction desquels les biens sont assis, les fraix de Justice distraits. *Guill. Bened. in verbo, Et uxorem, num. 851. Ibi. Et pariter credita confiscata exiget.*

Aux Seigneurs.] Ou à ceux qui sont en leur lieu & place; ainsi par Arrest du 15.

Juin 1575. Au rapport de Mr. de Catelan, fut adjugée à Jacques Boisson sieur de Caveyrac, riche Bourgeois de Nismes, comme étant au lieu & place du sieur Marquis de Calvisson Seigneur haut Justicier de Clarensac, la confiscation des biens qui se trouvoient appartenir à Noble Jean de Langlade dans la Jurisdiction de Clarensac. Le même Arrest adjuge au Roy la confiscation de la portion que ledit Langlade avoit dans les Salins de Pecaix. Au reste, quoy que la confiscation soit un droit Royal, & que les Seigneurs Jurisdictionels se le soient appliqué par usurpation, toutefois on ne le leur conteste plus : De là vient qu'ils ont droit de prétendre l'homme confisquant pour les biens qui sont en main-morte, & que dans les anciennes Reconnoissances ils se reservoient la plûpart du tems *incursum*, ou *incursionem* ; c'est-à-dire la confiscation ; aussi disoit-on *incursare* pour confisquer.

Estoient Residens] Quoi qu'il y ait des raisons presque invincibles pour soûtenir que les dettes doivent appartenir au Seigneur du lieu du délit, les dettes sur tout étant inseparables de la personne, & la suivans comme l'ombre le corps ; toutefois dans le Ressort de ce Parlement on les adjuge au Seigneur du lieu où les debiteurs sont residans, suivant l'Arrest de l'Auteur, & celui qui est rapporté par *Ferrer. in quæst.* 341. *Guid. Pap.* Cambolas est de ce sentiment *liv. 6. ch. 47. n. 2.*

Meubles] *Fallit in Clerico*, dont les meubles sont adjugez à l'Evêque, à l'exclusion du Roy & des Seigneurs.

Frais de Justice] Il les faut distraire des biens confisquez, aussi bien que les amendes, lors qu'ils sont tous en païs de confiscation ; mais quand il y en a en autre païs il les faut distraire de ceux-cy.

Art IV.

EZ Arrests generaux de la veille Nôtre-Dame 1582. une femme adultere ayant institué son paillard qui l'entretenoit à pot & feu, les biens sont adjugez au fisc suivant la Loy *Claudius ff. de his quib. ut indig.*

Son Paillard] Mre. Barthelemi Clauzel Prestre, ayant entretenu un commerce criminel avec Marie Trousseliere, femme d'André Martin, l'institue heritiere ; Jean Clauzel impetre maintenuë sur ses biens, & soûtient que le testateur avoit vécu scandaleusement avec Trousseliere, laquelle oppose contraire possession, & soûtient à son tour que l'impetrant n'étant pas parent du Testateur, n'étoit pas personne legitime pour contester sa derniere disposition. Le Senéchal de cette Ville, devant lequel l'instance étoit pendante, reçoit l'impetrant par sa Sentence du 10. Septembre 1663. à prouver le degré de son parentage avec le Testateur, ensemble les autres faits par luy mis en avant. Par Arrest du 27. Juin 1667. donné au rapport de Mr. de Gach, cette Sentence fut confirmée. Sur le renvoy Clauzel ayant prouvé le parentage & le concubinage, il fut maintenu en tous les biens ayans apartenu au Testateur, avec dépens & restitutions des fruits, par autre Sentence du 28. Janvier 1669. laquelle fut confirmée par autre Arrest du 17. du mois d'Aoust suivant.

A pot et a feu] La Loy *Claudius Seleucus* ne doit être entenduë qu'au cas d'un adultere notoire & public ; elle parle d'un Testateur qui en avoit esté convaincu, &, à proprement parler, elle ne doit avoir lieu que lorsque la femme adultere a esté entretenuë à pot & à feu par le Testateur, ou qu'il est nay quelque enfant d'eux ; & en éfet, quand on ne peut pas tirer des marques d'une mauvaise vie, le Parlement ne reçoit pas facilement la preuve de l'adultere, si ce n'est lors qu'il est allegué par exception, *suarum rerum defendendarum gratiâ* ; auquel cas la preuve est plus facilement admise.

Arr. V.

EN l'année 1580. à la Tournelle au rapport Monsieur Salusté furent debatuës trois questions ; La premiere, si les biens étans confisquez au profit d'un Seigneur, distraite la huitiéme partie au profit de la femme & enfans, & des amendes adjugées en œuvres pies, il falloit que tous les fraix fussent distraits sur tout le blot, qui avoient esté exposez par le Seigneur ; La seconde si les amendes étoient sur le tout, ou s'il falloit plûtôt distraire ladite troisiéme partie : fut jugé que ladite troisiéme étoit quitte de tout ; La tierce, si la femme perd par les secondes nôces ce qui par ce moyen lui est avenu : fut dit que non, pource qu'elle l'a par le benefice de la Loy.

Questions] On en voit les raisons dans Cambolas *liv.* 1. *chap.* 4. aussi bien que dans Maynard *liv.* 8. *chap.* 84.

Troisiéme Partie] Les enfans n'y peuvent rien prétendre quand ils sont dans la prévention, comme leur pere, ou lorsque leur pere est condamné pour crime de *Leze*-Majesté, ce crime pourtant n'empéche pas la femme de recouvrer sa dot & son augment, suivant l'Arrêt rapporté par l'Auteur au *liv.* 2. *tit.* 6. *art.* 16.

Arr. VI.

UN pere donne à son fils la moitié de son bien en faveur de mariage, lequel tuë par aprés, & pour ce meurtre les biens du pere sont confisquez : la question est entre les freres du meurtry & le Procureur Général du Roy, à sçavoir si les biens donnez viennent en confiscation, comme étans acquis au pere par droit de retour & reversion par la Loy *Cum scitis. C. de bon. qualib.* les freres disent que, *Non omnia quæ indigno auferuntur fisco vendicantur l. unica* §. *Quæ autem C. De cad. toll. l. pen. C. De leg. l. Si ex voluntate C. De donat. int. vir. & uxo.* Voire que cela ne lui a esté jamais acquis. Par Arrest jugé pour les freres.

Pour les Freres] Le Pere, ni aucun autre donateur, ayant tué & fait mourir le donataire, ne peut prétendre au droit de retour ; car outre qu'il n'en profiteroit pas, mais bien le fisc : d'ailleurs nul ne peut profiter de son crime.

Arr. VII.

LE 13. Septembre 1576. veille de sainte Croix par Monsieur le Premier. Entre le Procureur General suppliant, à ce que Antoine Gissonde qui avoit l'an 1532. le 22. Octobre acheté des Commissaires lors deputez pour l'alienation du Temporel la Jurisdiction haute, moyenne & basse appartenant au Roy au lieu de

Noillant & fruits, que pour raison de Sa Majesté avoit accoûtumé prendre, pour le prix de quatre cens trente-sept livres avec pacte de rachat perpetuel, depuis lequel achat plusieurs biens avoient esté confisquez, dont le Procureur General demandoit que les biens immeubles confisquez, fussent declarez appartenir à Sa Majesté; Premierement parce qu'il est certain que le droit de confiscation est royal, *in titulo*, *Quæ sint regalia*. Or ces droits de regale ne peuvent être entendus soûs une generalité, *quia speciali nota egent*, & ne peuvent être alienez *Chopinus fol. 142. Tert. ò facit lex Bovem. §. Si quis servum emerit; De ædilit. ed. ubi qui servum emit, si redhibeatur, emptor tenetur restituere, quod inde consecutus est.* De même ledit Giffonde condamné par Sentence du general de la charge établie en Toulouse à faire la revente. *Quartò adducebatur l. Apud Labeonem in fi. ff. De injur. ubi si usumfructum habeam, tu proprietatem & servus verberatus sit, magis proprietario competit actio.* Le Roy étant demeuré proprietaire au moyen dudit rachat perpetuel, & plusieurs autres raisons, nonobstant lesquelles le suppliant fut démis de sa requête, & nonobstant icelle, la Cour declara les biens confisquez apartenir audit Giffonde jusques à l'entier remboursement de ladite somme; veu qu'il est certain que les fruits de la Jurisdiction haute, moyenne, & basse, est la confiscation, comme témoignent les coûtumiers *Guido Papa q. 76. & 341. Bened. in cap. Raynutius in 3. parte. f. 39. Castrensis in l. In partem ff. soluto matri. Jason in l. Diversi. §. Si vis in fundo eod. Bartol. in l. fi. ff. soluto matri.* & telles confiscations peuvent être parangonnées *fructibus renascentibus*; car les mêmes biens (dont Sa Majesté doit vuider les mains, autrement se trouveroit dans peu de tems tenancier de la plus grande partie de son Royaume) peuvent tomber derechef en confiscation. *Eò pertinet. L. Uxori de usufructu bonorum legato ff. De usufr. leg. & leg. 7. ff. de usufr. & l. Manifestissimi §. Sed cum, C. De furtis & servo corr. ubi si commodatarius à fure pœnam exegerit, illi non domino cedit, quia suo periculo expertus est.* De même en ce fait que les Jurisdictions sont pour l'expulsion des criminels, la poursuite desquels bien souvent coûte cher. Et s'il advient qu'il y ait quelquefois confisc, il faut qu'il appartienne à l'acheteur qui a plus de droit que le commodataire.

Sur

Sur quoi fut poursuivie la faveur de la punition des crimes, tant en la vieille que nouvelle Loy, & representé comme anciennement les biens des condamnez étoient employez en sacrifices & oblations, *ad placandos Deos unde supplicia dicta*. Depuis les Romains l'employerent en affaires de la republique; *Tandem* les Rois ayans fait concession de Jurisdiction par leur tolerance & coûtume en ce Royaume est venu ledit droit de confiscation au profit de tout Seigneur jurisdictionel.

APPARTENIR AUDIT GISSONDE] Il en eût été autrement si les biens confisquez eussent été dépendans de la Directe du Roy, parce qu'en ce cas on ne les eût pas considerez comme de fruits, mais comme faisans partie de la chose, à laquelle ils eussent esté réünis par la confiscation.

ARR. VIII

LE dernier de Mars 1588. au rapport de Monsieur de Hautpoul, étant contretenant Monsieur Sabatier, une femme du Puy en Vellay ayant été instituée heritiere par son mary, deux ou trois mois aprés la mort d'icelui se remarie: Par Arrest elle ayant esté privée de l'heredité de son dit feu mary; la question étoit (parce que le mary n'avoit aucuns parens à qui ses biens peussent être adjugez suivant la Loy) à qui il les falloit adjuger au Roy, ou à l'Evêque du Puy, il fut ordonné qu'ils seroient adjugez à l'Evêque comme Comte de Vellay, ceux qui se trouveroient hors la ville du Puy, & ceux qui seroient dans l'enclos de la Ville (parce que le Roy est en pariage avec l'Evêque, la Cour les adjugea partie au Roy *pro rata* du pariage, partie) à l'Evêque.

Confrairies illicites de débauche.

TITRE XXXVIII.

ARR. I.

LE 22. jour de Fevrier mille cinq cens quarante trois en Audiance entre Raymond Thurres & le Syndic de Beaumont en Roüergue, Arrest prohibitif de n'user du nom d'Admiral, ny en faire ou deputer, ou souffrir être fait.

ARRES] Il y a un semblable Arrest donné l'onziéme Fevrier 1592. contre le Sindic des habitans de la Ville de Grenade. *V. le liv. 2. verb. Marguilliers, & verb. Ecoliers.*

ARR. II.

LE 30. d'Aoust 1543. en Audiance entre le Syndic des Prebendiers de Beziers & le Syndic du Chapitre Arrest prohibitif de faire Abbez de Malgouvern.

Consuls.

TITRE XXXIX.

ARR. I.

Si celui qui est domicilié en un lieu, peut être contraint de prendre la charge Consulaire en un autre lieu, s'il y a la plu grande partie de son bien.

LE 21. jour de May 1586. au rapport de Monsieur Papus fut ordonné que celui qui est domicilié & resident en un lieu, ne peut être contraint de prendre la charge Consulaire en un autre lieu, bien qu'il y ait *majorem partem fortunarum*, & ce au procés d'entre Bernard Fargues habitant de Muret, appellant du Senéchal de Toulouse, contre Jeanne de la Siliere Dame de Haubene appellée : le procés fut parti à la premiere Chambre d'Enquêtes, & depuis à la seconde il fut départi, étant contrenant Monsieur Ouvrier. Toutesfois il est observé que les habitans de Toulouse ayans des biens és Villes & lieux voisins, peuvent être élevez & contraints de prendre la charge Consulaire desdits lieux, & ainsi a esté jugé par Arrest contre Vacquier, lequel fut contraint d'aller exercer le Consulat à Grenade, & Dujarric Notaire, & Resseguier Avocat à Castelmorou, & plusieurs autres qui sont à tous vulgaires : mais ceux qui sont Officiers du Roy, ou bien qui ont legitime excuse, sont excusez de ladite charge, comme nous trouvons au tablier de Tharade avoir esté plaidé un appel de Poncet maître haut-bois, appellant du Viguier contre les Consuls de Gamoville, qui l'avoient élû Consul, & ledit Viguier l'avoit condamné à prendre le serment, appellé, deduit qu'il est maître juré haut-bois, & pour raison de ce contraint d'y faire tout service à toutes heures qu'il plaît à Messieurs les Capitouls, dont il fut declaré par Arrest du 28. Septembre 1570. avoir esté mal appointé & ordonné par ledit Viguier, & enjoint aux Consuls precedens de Gamoville de proceder à nouvelle élection.

EN UN AUTRE LIEU] *V. Tonduti quæst. civil. lib. 2. cap. 62.* Il suffit qu'on soit Forain, pour ne pouvoir pas être contraint de prendre la charge de Consul dans un lieu, quand mesme on y auroit la plus grande partie de ses biens ; *sola ratio possessionis, civilibus possessori muneribus injungendis, idonea non est. L. Libertus §. 5. ff. ad municipal.* Ainsi les Seigneurs des lieux ne peuvent élire pour Consuls ceux qui ne sont pas leurs justiciables residens & domiciliez en leur Jurisdiction. *V. le Traité des dr. Seig. tit. 21. art. 17.* la residence est *conditio sine quâ non* ; ce qui est si vrai, que du moment qu'un homme quitte un lieu il ne peut plus, du moins malgré lui, y estre appellé aux charges. *L. 1. C. de incol. lib. 10.*

OFFICIERS.] *V. l'art. 6. verb.* Juges.

ARR. II.

S'il est permis d'élire Consuls d'autre quartier de la Ville que de celui où ils sont residens, & si les Consuls précedent le Lieutenant du Juge de la Ville.

JAçoit qu'il soit porté par la coûtume ou statut de prendre & élire les Consuls de certain quartier d'une Ville toutesfois au cas qu'il ne se trouveroit des personnes capables au quartier il est permis d'en prendre d'autres, comme il fut jugé par Arrest à Toulouse le 19. Mars 1562. pour le Syndic de la Ville de saint Girons contre le Seigneur de lad. Ville. Le mesme a esté souvent jugé, & je l'ai veu observer dans Toulouse pour les Capitoulats de saint Pierre & saint Sernin : toutesfois le 9. Mars 1604. l'élection d'un des Consuls de Tarbe fut cassée par Arrest, pour avoir esté choisi d'autre quartier que de coûtume. Quant à la préference des Consuls au Lieutenant du Juge de la Ville, il n'y a point de doute que les Consuls ne passent devant luy, ainsi qu'il a esté jugé par Arrest du 18. Mars 1585. pour le Lieutenant du Juge de l'Evêque du Puy estant en pareage en ladite Ville avec le Roy, lequel Lieutenant estoit suppliant, pour avoir la préference devant les Consuls de ladite Ville, alleguant le titre *De officio vicarii* & le *Can. præcipuum 93. dist.* disant aussi que puis que le Juge de l'Evêque les précedoit, aussi devoit faire le Lieutenant : toutesfois il fut demis de l'effet & interinement de sa requête.

PASSER DEVANT] Il faut faire difference des Officiers Royaux avec les Officiers Bannerets : à l'égard des premiers, les Lieutenans entant que Magistrats, doivent preceder les Consuls, ainsi fut jugé par deux Arrests, l'un du 13. Novembre 1589. en faveur du Lieutenant de Viguer de Toulouse, & l'autre du 15. Janvier 1594. en faveur de Mre. Bernard de Tilli Lieutenant du Juge de Cominge au Siege de Muret. Il n'en est pas de mesme à l'égard des Lieutenans de Juge aux Jurisdictions Banneretes ; car quoique le Juge precede les Consuls, suivant ce qui se pratique en la Ville du Puy, où le Juge de l'Evêque precede les Consuls, & suivant l'Arrest donné en la grand'Chambre le 9. Janvier 1597. en faveur de Mre. Caubere Juge de Nebozan, contre les Consuls de la Ville de S. Gaudens, toutefois les Consuls ont le pas sur les Lieutenans, suivant les deux Arrests rapportez par l'Auteur. Mais quand un Seigneur d'un lieu ne le fût-il que pour la quatriéme partie de la Jurisdiction, établit un simple Baile pour la conservation de ses droits, ce Baile entant qu'unique Officier dudit Seigneur, a droit de preceder les Consuls. *V. le Traité des dr. Seig. tit. 21. art. 14.*

ARR. III.

Si les Consuls des petites Villes & Villages peuvent indifferemment porter chaperons & robbes fourrées de satin ou autre estoffe.

AFin que les pauvres habitans d'un lieu ne soient chargez & oppressez de plus grandes tailles, par le moyen des chapperons & robbes Consulaires, nos Rois ont trouvé bon, & leurs Cours de Parlemens de ne permettre à tous Consuls indifferemment, soit de Ville ou Village, de porter chapperons & robbes Consulaires fourrées de satin ou autre soye. Et me semble qu'avant porter tels chapperons Consulaires en Villes ou Villages *requiruntur tria ; authoritas scilicet Principis, consensus domini jurisdictionalis, & pracedens inquisitio de commodo vel incommodo.* Ce qui a esté fort bien observé, comme nous trouvons avoir été jugé par Arrest du 23. Decembre 1562. par lequel l'élection des Consuls de la Ville de saint Girons fut cassée, & ordonné entre autres choses que leurs robbes ne seroient point fourrées de satin, comme elles avoient esté auparavant : & par autre Arrest du 24. de Janvier 1566. playdant la Garde Avocat pour le sieur de Cornebarrieu, & la Croix pour le Syndic & Consuls dudit lieu, fut prohibé ausdits Consuls de porter chaperons de livrée, & enjoint au sieur dudit lieu faire resider le Juge sur le lieu pour faire justice. Lesdits Consuls avoient letre du Roy, & le Seneschal de Toulouse avoit ordonné qu'ils en joüiroient : & néanmoins la Cour n'eut pas égard à icelles, comme elle eut à celles que les Consuls de Bracs en Armagnac avoient obtenuës du Roy, ayant permission de porter livrées Consulaires, mi parties de rouge & noir ; & en ce fait *dubitatum fuit, utrum* le sieur de Pins sieur dudit Bracs, *esset persona legitima*, pour empêcher la verification desdites lettres, *arg. eorum qua tradit Papon*, au 1. & 2. de ses Arrests tit. Des graces & remissions. Joint que *insignia nihil conferunt, sed tamen demonstrant dignitatem : & ideo in l. 1. ff. De offic. procons. proconsul. etiam extra provincias potest portare arma illius dignitatis, quamvis illius nullam partem possit exercere nisi intra limites Provinciæ. Huc pertinet quod tradit in tract. De potest. secul. & eccl. novell.* 10. *in c.* 125. *f.* 164. Et fut ordonné par Arrest de la Cour du 6. Avril 1584. que sans préjudice du droit des parties, étoit permis aux Consuls de porter les livrées accoûtumées. Aussi par autre Arrest du 17. Janvier 1566. donné en Audience, presidant Monsieur de Paulo, entre le Syndic de Muret & S. Salvy, & autres, la Cour défendit aux Consuls de lad. Ville de porter doubleure de velours, ni d'autre étoffe en leurs robbes & manteaux Consulaires.

NE SOIENT CHARGEZ.] *V. Le traité des Dr. Seign. tit.* 21 *art.* 15.

RESIDER.] Le mesme a été ordonné à l'égard des Capitouls pou. l'année de leur Capitoulat. *V. la sui.e ti.* 17. *art.* 4.

MI-PARTIES.] *V. Le Traité des Dr. Seign. tit.* 21. *art.* 9. & 10.

ARR. IV.

S'il est permis aux Consuls d'élire à la charge Consulaire leurs parens, ou des comptables ou gens de mauvaise vie.

POur éviter plusieurs fraudes, tromperies & malices, qui se pourroient commettre tous les jours contre la chose publique, s'il étoit permis aux Consuls d'élire & mettre en leurs places telles personnes que bon leur sembleroit, il a eté trouvé necessaire de défendre aux Consuls & Capitouls de nommer personnes de mauvaise vie, qui fussent comptables au public, qui fussent leurs parens jusques au quatriéme degré, qui fussent notez d'aucune infamie, moins les Magistrats ou Officiers du Roy, ainsi qu'il a été jugé par un grand nombre d'Arrests, singulierement par un donné en Audiance le 15. Fevrier 1546. contre Jean du Faur appellant des Consuls de Pamies, & le Roy de Navarre appellé, qui est aujourd'huy Roy de France & de Navarre, & par autre du 14. Janvier 1583. contre les Consuls de Castelnaudarry: du 25. Mars la même année contre les Consuls de Lectoure : du 8. Juillet 1570. contre les Consuls de S. Supplice, & par plusieurs autres que je ne cotterai pour faire court. Nous ajoûterons toutesfois ici un Arrêt digne d'être remarqué du 15. Juin 1570. donné sur certaine requête présentée à la Cour par le Syndic des habitans de Lectoure, par lequel Arrêt il leur fut permis mettre à l'élection Consulaire, veu la misere du temps qui étoit pour lors, & que ladite Ville est ville de garde, & ce pour cette année seulement, & sans consequence, de toute qualité de personnes, fussent Magistrats ou autres, de qualité requise, fussent de robbe courte, ou longue, autres neanmoins que le Juge-Mage, Lieutenant Principal, & Procureur du Roy.

AU 4. DEGRÉ.] *V. la suite verb. Consult. art. 3.*

AUCUNE INFAMIE.] Comme les Lettres de répy sont odieuses, & qu'elles portent avec elles une espece d'infamie, le dernier article du titre 9. de l'Ordonnance de 1673. exclud aussi des charges publiques les impetrans. Lettres de répy.

APPELLANT.] L'Appel des élections Consulaires des Villes & Lieux qui sont murez, appartient au Parlement, & celuy des Villages & des Lieux non murez aux Senéchaux, sauf l'appel de leurs Appointemens au Parlement, sans que les autres Cours souveraines, non plus que les Intendans, en puissent connoistre, suivant l'Arrest du Conseil d'Estat du 4. Septembre 1651. donné sur le 4. article du cayer des Doleances des Etats de cette Province. On se regle d'une autre maniere en Guyenne : car on distingue les lieux où les Consuls ont Jurisdiction, de ceux où ils ne l'ont pas ; au premier égard l'appel doit devoluer devant les Senéchaux, sauf l'appel de leur Sentence au Parlement : au second égard les Eleus en doivent connoître, sauf l'appel en la Cour des Aydes de Montauban, ainsi qu'il a été reglé par autre Arrêt du Conseil d'Etat du 6. Aoust 1666.

QUALITÉ REQUISE.] En matiere de Consulats il faut suivre les Reglemens de chaque Ville : ainsi le nommé Raymondon Chapelier, ayant été élû Consul de la Ville d'Alby en l'année 1651. contre les Reglemens qui défendent de mettre des Artisans dans le Consulat, son élection fut cassée par Arrêt du 23. Septembre de ladite année, qui ordonna qu'il seroit procedé à nouvelle élection ; & en effet Jean Signoles Praticien fut élû en sa place.

ARR. V.

Si les Consuls nouveaux se peuvent obliger en leur nom propre à payer les debtes contractées par leurs prédecesseurs.

IL est certain que les Consuls qui se sont obligez pendant l'année de leur charge pour les debtes ou affaires de la communauté, ladite communauté demeure obligée, & leur charge finie l'obligation passe aux successeurs. *L. 3. De susceptorib. propos. lib.* 10. *Cap. cappell. Tolos. decis.* 70. ce qui est vray s'ils ont contracté ou emprunté au nom de la Ville, mais s'ils ont contracté *nomine proprio*, lors ils seront convenus en leur nom. *Bart. in l.* 1. §. *Nuntiato. ff. De novi oper. nunt.* Et s'observe que s'ils n'ont rendu compte & ayent contracté, qu'ils seront (nonobstant la fin de leur charge) constraints, comme il fut dit par Arrêt du 15. Janvier 1587. Sçavoir que les Consuls nouveaux en la Ville du Puy aprés estre receus, seroient tenus tirer d'obligation leurs predecesseurs qui sortoient de charge de toutes sommes de deniers deûs par clôture de comptes, ou bien payer les sommes desquelles n'aura été faite aucune imposition. Et par ainsi les Consuls furent obligez en leur nom propre de payer les debtes contractées par leurs devanciers pour la communauté. Mais il est en doute si un Consul d'entre plusieurs pourroit seul administrer & s'obliger ; *Guido Papa quæst.* 452. dit qu'ouy, *ex sententia Specul. tit. De procur.* §. *Ratione*, ce qui ne s'observe : ains si un avoit rien fait sans les autres, voire sans conseil legitimement convoqué, la communauté le peut revoquer tout à-fait, comme il fut jugé l'an 1540. par l'Arrest 2. rapporté au Recueil de Papon tit. Des chos. publ. livr. 6. tit. 1.

DEMEURE OBLIGÉE.] Un Habitant ne peut pas être executé pour le general, ou il faut agir sur les biens de la Communauté, ou faire condamner les Consuls à procurer le payement dans certain delay, passé lequel on fait ordonner qu'ils y seront contraints en leur propre & privé nom : c'est l'usage du Palais, & entre une infinité d'Arrêts il y en a un donné en l'Audience de la Grand'Chambre le 15. Fevrier 1674. en la cause de Me. Flote Curé de Saint Amans, & les Consuls dudit lieu. Comme les Deniers du Roy sont privilegiez ; il y a certains pays, par exemple celuy de Foix, où l'on permet souvent d'agir contre les particuliers pour le general.

LEGITIMEMENT CONVOQUÉ.] Il faut que les Déliberations soient composées de plus de la moitié des Habitans, autrement on les regarde comme monopolées, & ne passent que pour des Syndicats, auquel cas quand elles ont été prises pour la poursuite de quelque procez, les fraix & dépens en doivent être uniquement supportez par les Déliberans. Il y en a eu deux Arrêts, l'un du 21. Fevrier 1674. donné en la Grand'Chambre au rapport de Mr. de Cambon, entre Jean Bousquet, Barthelemy Leotard, & les Habitans de S. André. L'autre du 21. du mois de Juin suivant, donné aussi en la Grand'Chambre au rapport de Mr. de Papus entre le Sieur Jean de Labat, & les Consuls de S. Gaudens.

ARR. VI.

Si les Consuls peuvent estre Sequestres, Juges, & peuvent se mêler des charges Ecclesiastiques.

LE 17. Janvier 1566. la Cour par Arrest ayant égard à la requête verbalement faite par le Procureur general du Roy fit inhibition & défense aux Consuls lais & de robbe courte de la Ville de Muret, & autres lieux, Villes & Villages du Ressort de s'entremettre des jugemens des procez civils & criminels, opiner ni donner voix deliberative, ains le faire faire par Assesseurs de robbe longue graduez, & de qualité requise : seulement pourroient-ils connoître des affaires concernans la police, & autres de legere & petite importance. Que s'il est ainsi qu'ils ne se puissent mêler des jugemens des affaires concernans les personnes layes & seculieres, à plus forte raison doit être défenduë la connoissance des affaires Ecclesiastiques & concernans l'Eglise, ainsi qu'il a esté jugé par Arrêt du 13. Septembre 1579. és Arrêts generaux prononcez par feu Monsieur Daffis premier President, contre les Consuls de la ville de Gimont de l'année 1578. lesquels pour avoir entrepris de faire précher un Religieux de l'Abbaye, le jour & feste de Toussaints en l'Eglise Paroissielle, contre la volonté du Vicaire general de Monsieur l'Evêque, furent condamnez en dix écus d'amende à l'Ordonnance de la Cour, avec inhibitions & défense à toutes personnes laïes de s'entremettre des fonctions & charges Ecclesiastiques, exhortant la Cour, les Evêques & Archevêques, & Pasteurs des ames de ce ressort, de pourvoir à ce que la parole de Dieu soit preschée, & les Sacremens administrez au peuple, sur peine de la saisie de leur temporel. Nous remarquerons aussi deux Arrests qui furent donnez, l'un le 20. d'Aoust 1587. pour les Consuls de Vilariés, & l'autre le 22. d'Aoust 1586. lesquels portoient exemption de Sequestre tant qu'ils seroient en la charge Consulaire. Mais c'estoit en temps de guerre pour ne les distraire de la garde & conservation des Villes & lieux fortifiez.

EXEMPTION DE SEQUESTRE] Les Consuls des Communautez du Dauphiné sont exempts des Sequestrations par deux Arrests du Conseil d'Estat du Roy, l'un du 18. Novembre 1634. portant deffenses de les établir Sequestres des biens saisis, pour quelle cause & occasion que ce soit; de l'autre du 28. Juin 1636. portant pareilles défenses, à peine de nullité, cassation de procedures, dépens, dommages & interêts, & de 3000. liv. d'amende: Par ce dernier Arrest les Consuls & Communauté de Lazer & Monestier Allemond, furent déchargez d'une Sequestration qui leur avoit esté commise à l'instance de Claude Berne Receveur des ammendes. Dans cette Province de Languedoc on ne commet pas les Sequestrations aux Consuls des Villes, ou des grands Bourgs, à cause des grandes occupations que leur donnent leurs charges, à moins qu'il ne s'agit de quelque saisie faite à des personnes de credit & d'autorité, à raison dequoy on peut avoir besoin de main-forte, & d'un Sequestre qui se peut faire valoir. Pour ce qui regarde les Consuls des petits lieux, comme cette consideration cesse à leur égard, on les peut établir Sequestres, & quand il est arrivé qu'on les a déchargez, ç'a esté par des raisons pressantes & particulieres; il seroit bon pourtant qu'à cause de la diversité des prejugez, le Parlement donnât un Arrest de reglement sur cela.

ARR. VII.

Extrait des Registres du Parlement.

ENtre les Consuls de la Ville du Puy, supplians & demandeurs en reglement, & requerans l'interinement de certaines Lettres

Lettres Royaux, pour estre receus à conclurre comme appellans de certaine Ordonnance donnée par le Senéchal du Puy ou son Lieutenant d'une part : Et les Officiers pour le Roy & l'Evesque du Puy, & la Ville & la Cour commune dudit Puy, appellez & défendeurs ; & le Juge-Mage, Lieutenant, Conseillers, Avocat & Procureur du Roy en ladite Senéchaussée du Puy, assignez d'autre. Oüys de Borderia, assistant Chabanel pour lesdits Consuls, d'Espagne avec Taffin assistant pour de Loberade sieur de Glavenas, Baile pour le Roy en ladite ville du Puy, & Terlon avec de la Mothe pour lesdits Officiers en la Senéchaussée, assistant maître François Colomb Conseiller en icelle, & suivant ce qu'ils ont dit avoir été entr'eux accordé & arresté par expedient pris au parquet devant les Gens du Roy, en suivant l'Ordonnance de la Cour sur ce donnée le dixiéme du present mois. La Cour, sans avoir égard ausdites requestes & Lettres obtenuës par ledit Syndic, a mis & met l'appellation par luy interjettée dudit Senéchal ou Lieutenant, & ce dont a esté appellé, au néant, & a retenu & retient la connoissance de la cause & instance principale, en laquelle, & pour le fait des honneurs, séances & preferences requises par lesdites parties, tant és assemblées generales que particulieres, a ordonné & ordonne que esdites assemblées les Magistrats en ladite Senéchaussée ; à sçavoir le Senéchal, Juge-Mage, Lieutenant, Conseillers, Avocat & Procureur du Roy, precederont lesdits Officiers de la Cour commune & Consuls, & qu'aprés lesdits Officiers de la Senéchaussée, viendront en ordre & en corps du côté droit, les Bailes & Juges de ladite Ville & Cour commune du Puy, & au costé gauche lesdits Consuls, lesquels Bailes & Juges, comme tenans le côté droit aux entrées d'Eglise, offrandes & autres lieux où ne pourront entrer ou aller ensemble, precederont lesdits Consuls ; & le semblable sera gardé en toutes autres assemblées privées & particulieres, sauf qu'en processions où est requis porter le poile, icelui sera porté par lesdits Consuls, suivant l'ancienne coûtume ; faisant inhibition & défense ausdites parties respectivement, contrevenir à ce dessus, à peine de quatre mil-liv. & d'en répondre en leurs propres noms, & sans dépens. Fait à Toulouse en Parlement le 20. jour du mois de Mars 1572.

ARR. VIII.

Extrait des Registres de Parlement

SUr le rapport fait par le Commissaire à ce deputé de l'incident introduit devant lui entre Maistre Bernard de Tillia Licentié és droits, Lieutenant du Juge de Comenge au Siege principal de Muret, suppliant & demandeur aux fins contenuës en sa requeste du dix-neuvieme Novembre dernier 1593. d'une part & le Syndic & Consul de la Ville de Muret défendeurs d'autre : Et entre le Syndic du Païs & Comté de Comenge suppliant & demandeur pour estre joint audit incident, & autres fins contenuës en sa requeste du 15. Decembre dernier, d'une part, & ledit Tillia défendeur d'autre. Veu les susdites requestes, Arrests donnez par la Cour, l'un du 26. jour du mois de Mars 1543. entre les Consuls de la Ville de Fleurance, & Maistre Bertrand Thomas Lieutenant du Juge de Gaure ; l'autre du 20. Mars 1572. entre les Consuls de la Ville du Puy, & les Officiers pour le Roy, & l'Evesque dudit Puy ; & l'autre du 13. Novembre 1589. entre Maistre Jean Guilbert Lieutenant du Viguier en Toulouse, & les Capitouls dudit Toulouse, extrait de Deliberation des Estats dudit Païs & Comté de Comenge, fait à ce matin le 21. Decembre dernier, dire par écrit & production consignées és avertissemens desdites parties, joints les dire & conclusions du Procureur general du Roy. La Cour a ordonné & ordonne que lesdites parties seront plus amplement oüyes, & ausdites fins elles & le Procureur General du Roy en viendront en jugement, pour eux oüys y estre ordonné ainsi qu'il appartiendra. Et cependant ordonne ladite Cour que ledit de Tillia Lieutenant precedera les Consuls de ladite Ville de Muret en toutes assemblées, tant privées que publiques, dépens reservez en fin de cause. Prononcé à Toulouse en Parlement le 15. jour de Janvier 1594.

LIEUTENANT DU JUGE] *V. l'observation sur l'arr. 2. de ce titre.*

ARR. IX.

PAr un acte produit au procez du sieur Abbé de Moissac & Bigorre, contre Verdier, jugé en nostre Chambre le 28. Novembre 1612. avons trouvé que les Consuls d'un Village nommé Lauraguets, dependant de ladite Abbaye, estoient appellez & nommez Capitouls. Ledit acte est du 5. Avril 1276.

Coûturiers.

TITRE XXXX.

ARR. I.

LE 26. Juin l'an 1574. Arrest au Barreau, qu'un nommé Gautier, ayant égard aux Lettres à lui octroyées par la Reine, sera receu à la Maistrise de coûturier, en baillant caution jusques à la somme de cinquante livres, pour l'asseurement de l'étoffe qui lui sera baillée pour faire accoustremens. Ledit Arrest donné contre les Bailes du mestier.

POUR L'ASSURANCE] Parce qu'ils sont tenus des dommages & interests qu'ils causent par leur faute. *dd. ad. L. si tibi 22. ff. de p. ascrypt. verb. & ibi Mornac.*

ARR. II.

LE 25. Avril 1555. en Audience fut dit qu'un Compagnon Cousturier peut travailler dans chambre ou maison particuliere sans faire chef d'œuvre.

LIVRE SECOND.

DES DECRETS.

TITRE PREMIER.

REGLEMENT POUR LE FAIT DES Executions, criées, & adjudications des Decrets, pour y être procedé suivant les Ordonnances.

ART. I.

Declarer la situation, contenances, & confrontations vrayes des biens immeubles saisis.

§. I.

QUE les Huissiers, & Sergens, Commissaires à faire les executions, icelles faisant sur heritages, & biens immeubles, declareront à leur exploit de saisie ou premiere criée les heritages, & choses saisies avec leurs contenances, vrayes confrontations, & aboutissemens.

Copie de l'Exploit à la porte de l'Eglise Parroissielle.

§. II.

ET ce fait laisseront une copie ou attache de leur Exploit contenant ladite declaration qui sera mise à la porte ou entrée de l'Eglise Paroissielle du lieu où les heritages sont assis. Et s'ils sont en diverses Paroisses, en sera mis en chacune desdites Paroisses, pour le regard de ce qui sera assis en icelle.

Affiche de fleur de lys à la porte des maisons saisies.

§. III.

Et en toutes saisies des maisons assises és Villes & Villages, en faisant ladite saisie, sera aussi mis & affiché sur l'entrée de la maison un pannonceau des armes du Roy. Et au dessous ladite maison être saisie, & mise en criée. Et de ce sera fait mention és exploits de l'executeur.

Establissement de Commissaires & de leur bail à ferme.

§. IV.

Incontinent aprés la saisie faite, & auparavant la premiere criée seront établis Commissaires au regime des heritages saisis sur peine de nullité d'exploits. Et lesdits Commissaires les bailleront à ferme aux derniers encherisseurs.

A FERME] Quand les choses sequestées consisteront en joüissance, & au cas il n'y eût point de bail conventionel, ou qu'il eût été fait en fraude & à vil prix, suivant *l'Ordonnance de 1667. tit. 19. art.* 10. il y a deux raisons de la necessité du bail à ferme des fonds saisis raportées par *Loyseau en son traité des offic. liv. 3. chap. 7. num* 17. Et quand les Sequestres ont negligé d'affermes, ils sont comptables des fruits, rentes ou revenus, à dire d'Experts, suivant *l'art. 17. du present titre*: la raison en est, que *qui de fructibus percipiendis tenetur, eos præstare debet, sicut communiter, & secundum communem consuetudinem, paterfamilias percipere potuisset. Ferrer. Tract. de restit. in integr. cap.* 12. ce qui a sur tout lieu à l'égard des rentes des maisons, qui sont des fruits civils, comme on parle, *quia ex provisione hominis percipiuntur. L. prædiorum ff. de usur. V. l'art. 1. §. 4. l'art. 17. le 55. & le 65.*

Des criées & inquants.

§. V.

Ce fait passée la surséance & intervalle des tems accoûtumez entre la saisie & inquants, seront les criées faites & continuées és jours de Dimanches issuës des grandes Messes Parroissielles, tant és Villes que Villages de huitaine en huitaine.

QUE VILLAGES] Où les biens saisis sont situez, & en chaque Parroisse où il y en a.

Limitation.

§. VI.

Sauf, qu'aux lieux où il est accoûtumé y avoir plus d'intervalle que de huitaine d'un inquant à l'autre, seront faites lesdites criées de quinzaine en quinzaine esdits jours de Dimanche & issuë de ladite Messe Parroissielle. Et seront faits autant d'inquants que souloient auparavant être faits.

JOURS DE DIMANCHE] Il s'observe en plusieurs lieux, que lorsque le Dimanche, auquel on doit faire un inquant, est double Fête, il est renvoyé, sans autre assignation, au premier Dimanche prochain, auquel la Fête n'est pas double.

De la certification des criées.

§. VII.

Lesdites criées parfaites seront certifiées pardevant les Juges des lieux. Et à ces fins d'icelles faite lecture le jour des plaids. Et ce fait les condamnez seront assignez en la Cour pour voir adjuger le decret, & sera baillée assignation competente selon les Seneschaussées suivant l'Arrest de la Cour.

JUGES DES LIEUX] Les plaids tenans, suivant l'art. 5. de l'Ordonnance de 1551. & comme elle parle des Juges des lieux en termes generaux, & sans aucune distinction des Juges Royaux d'avec les Bannerets, elle s'entend aussi des uns & des autres indifferemment, suivant l'usage du Parlement. *V. l'art. 53. de ce titre.*

Du Decret par contumace.

§. VIII.

Et si les condamnez & assignez ne comparoissent, sera contre eux aprés la surséance portée par l'Arrest, octroyé défaut, & sur icelles s'il n'y a d'opposans *In dominio*, ou afin de distraire ou hypoteque, sera procedé au Jugement de ladite adjudication par Decret, sauf quarante jours de surséance, qui se compteront du jour de l'intimation de l'Arrest qui sera faite au condamné en personne ou à son domicile.

OU DOMICILE] Le decret est nul, si on n'a pas signifié au debiteur l'Ordonnance de quarantaine, comme aussi au cas la surdite ne lui ait pas été signifiée, & l'assignation en interposition de decret donnée en personne ou domicile ; aussi casse-t'on les decrets sur cette simple nullité que les exploits ont été faits aux Sequestres. Même si pendant les delais de quarantaine & quinzaine le debiteur vient à deceder, & qu'on ne fasse pas appeller ses heritiers, le decret est nul.

Lecture de la derniere enchere.

§. IX.

Et lesdits quarante jours passez, l'enchere derniere sera lûë en jugement, jour d'Audience, & aprés attachée à la porte de l'Audience pour y demeurer l'espace de quinze jours, pendant lesquels aussi tous autres encherisseurs seront reçûs à encherir, & la quinzaine passée le Decret sera expedié au dernier encherisseur.

Du Decret avec partie.

§. X.

Et si le condamné & assigné se présente aprés communication

des Exploits, les Procureurs iront devant le Greffier prendre appointement en droit sur l'adjudication du Decret. Et sera baillé delai au condamné à fournir de nullitez, si bon lui semble.

Ordre pour les opposans.

§. XI.

Et s'il y a opposans *In dominio*, ou afin de distraire, ou en hypoteque, seront aussi ouys devant le Greffier, & à iceux baillé un delai peremptoire à fournir de leurs causes d'opposition, titres & documens.

UN DELAY] L'opposition à fin de distraire suspend la subhastation comme l'appel suspend la Sentence; *tertius se opponens impedit, ac retardat executionem. Barthol. in L. a divo pio §. si super rebus. ff. de re iudic.* aussi par l'Ordonnance de Blois telles opositions doivent être vuidées avant que d'en venir à l'adjudication du decret, à peine de nullité. A quoi se trouve conforme la Doctrine du même Auteur, sur la Loy *ob maritorum C. ne uxor pro mar.* en ces termes, *& si oppositione non attenta ad missionem in possessionem procederetur, esset nulla.*

§. XII.

Et si en vuidant lesdites oppositions est ordonné adjudication du Decret y sera procedé en la maniere que dessus.

Nul reçû à surdire aprés quinze jours de l'enchere.

§. XIII.

Sans qu'aprés la quinzaine ordonnée pour faire les encheres aucun puisse être reçû à y surdire au Greffe, ou en la Chancelerie, ains seront les Decrets dépechez par le Greffier au dernier surdisant.

APRE'S LA QUINZAINE] Et par consequent avant ou aprés l'adjudication du decret *l'arr. 27. au present titre*, la quinzaine est le terme fatal.

* AUCUN] Il en faut pourtant excepter les pupilles, car aprés un decret réellement executé sur leurs biens, toutes surdites doivent etre reçûes, suivant le préjugé rapporté en la suite, *tit. 35. arr. 4. V. les Aphorismes num. 30.*

DERNIER SURDISANT] Mais s'il ne s'en trouve point, les choses saisies sont delivrées au creancier pour les sommes pour lesquelles il a fait faire execution, sauf à lui, au cas ce qu'il aura fait saisir ne le paye pas entierement, de faire une nouvelle execution pour le surplus sur les autres biens de son debiteur, conformément à la doctrine de *Guid. Pap. quæst. 98.*

Aprés le Decret nul reçû à opposition ou demander recouvrement.

§. XIV.

Aprés l'expedition desquels Decrets ne seront les debiteurs condamnez, ou autres reçûs à demander recouvrement des biens decretez, ou contre iceux former aucunes oppositions par quelque moyen que ce soit. Fait & prononcé à Toulouse en Parlement, le vingt-troisiéme jour du mois de Decembre l'an mille cinq cens soixante-six.

APREZ L'EXPEDITION] L'Auteur a crû, suivant l'art. 20. de ce titre, qu'avant l'expedition du decret seulement le debiteur pouvoit en empecher l'efet par moyen d'une offre suffisante; mais l'usage du Parlement est contraire, car même après l'expedition le debiteur peut faire résoudre le decret, en offrant payement au creancier à deniers découverts, tant pour le principal que pour les dépens; il est vrai qu'en certaines Provinces les ventes judicieles sont irrevocables, comme en Dauphiné, & cela *propter jus & fidem hastæ, ideòque perpetuam emptionis habent firmitatem*; mais en Languedoc on n'observe pas cette rigueur, on y suit au contraire l'ancienne forme de juger des Romains; avec cette diference neanmoins, que parmi ceux-cy les debiteurs n'avoient qu'un an pour faire rabattre les decrets; ils l'appelloient *annus luitionis*, autrement *constitutum luendi tempus*, qui fut depuis étendu à deux ans par l'Empereur Justinien *L. de jur. domin. impetr.* passé lequel tems le creancier devenoit Seigneur incommutable des fonds decretez, au lieu qu'en cette Province on peut se pourvoir dans trente ans contre un decret en Cour subalterne, & dans dix ans en Cour Souveraine; encore pour le fait des Tailles peut-on se pourvoir dans 30. ans en la Cour des Aydes, quoi qu'elle soit souveraine, ainsi le decret n'est pas un titre irrevocable & incommutable, il doit être consideré comme une espece de gage que la Justice donne au creancier, afin qu'il puisse joüir des biens de son debiteur qui ne le paye pas; & le rabattement du decret doit être regardé comme une grace que le Parlement fait aux debiteurs saisis, de même qu'à leurs enfans & à leurs heritiers, pour qu'ils puissent rentrer dans leurs biens; aussi l'accorde-t'on en remboursant le decretiste, tant du prix du decret & dépens, que loyaux coûts & reparation. Or les dix ans pendant lesquels on peut joüir de cette grace, se doivent compter, & courent utilement, dés la date de l'exploit de mise en possession. Au reste cette grace est si personnelle, qu'elle ne peut être ni cedée ni vendue par le debiteur ou par ses heritiers, suivant l'Arret donné en la seconde Chambre des Enquêtes, au rapport de Mr. de Mouillet, le 8. Aoust 1674. entre la Demoiselle de Varagne & le sieur Riviere de Carcassonne.

ARR. II.

LE debiteur executé en ses biens n'est reçû à demander soûs pretexte de lezion & plus grande valeur des biens saisis, que le creancier soit tenu prendre de ses biens saisis ou autres à estimation: *quia aliud pro alio invito creditori solvi non debet*, bien donne quelquefois la Cour quelque delai par dessus la quarantaine & quinzaine au debiteur à payer, ou chercher acheteurs: toutefois *ex æquitate* le Syndic de l'Abbaye de Bonne Combe en Rouergue ayant pour arrerages des droits Seigneuriaux fait saisir la plûpart des biens de son emphyteote de quadruple valeur, par Arrest du quatorziéme Avril mille cinq cens soixante-un fut condamné prendre d'iceux à l'estimation d'Experts.

PLUS

PLUS GRANDE VALEUR.] A la rigueur, *vilitas in pretio vitiat subhastationem l. 2. C. de fid. & jur. hast. fiscal.* sur ce principe que les choses qui sont mises en criées, *justo pretio vendi debent. l. si minori C. de jur. fisc.* ce qui a fait dire à Faber en son Code *tit. de distract. pignor. def.* 8. que la saisie se doit faire *ut pignora capta duplum debitis non excedant*, ou suivant Gaspard-Antoine Tesaurus *en sa quest.* 58. de même que suivant Tessaurus le pere *decis.* 158. *cum tertio pluris*, c'est-à-dire, *ut tertia pars supra justam valorem cedat lucro creditoris*; ces proportions peuvent être gardées en pays de collocation, comme est celui de Provence, où l'on distribue les biens du debiteur à dire d'Experts; mais en cette Province on ne suit pas cet usage, & la lezion n'y est pas même considerable aux decrets particuliers, qu'aux cas des *art.* 51. *&* 61. *de ce titre V. l'art.* 60.

QUELQUE DELAY] Cecy sert d'exception à *l'observ.* 1. *sur le* §. 13. *de l'art.* 1. *de ce même titre.*

ART. III.

A Faute de certificatoire des criées & inquants en bonne dûë forme, suivant les Ordonnances, plusieurs Decrets cassez par les Arrests.

DECRETS CASSEZ] La subhastation est de la nature des autres procedures, dont l'ame est la formalité; ainsi il faut remplir la formalité; aussi bien à l'égard des certificatoires, qu'à l'égard de la saisie & des criées; & cela d'autant mieux que la subhastation, à le prendre depuis la saisie jusques à l'expedition du decret, *est unicus & individuus actus. V. l'observ. sur l'ar.* 54.

ART. IV.

LEs Decrets font extinction des hypoteques, mais cela s'entend de celles qui sont nées & existantes, lors de l'interposition d'iceux, mais non de celles qui sont à naître, comme si le cas d'une substitution de la piece decretée n'est échû, ou si celui à qui la piece decretée doit porter éviction, n'a encores esté querelé ou inquieté : *quia quæ sunt annalia ad agendum sunt perpetua ad excipiendum.*

DES HYPOTHEQUES] L'Edit des criées veut que les fonds decretez soient adjugez francs, à la charge des seuls droits Seigneuriaux pour l'avenir; il en doit être de même pour un droit de mouture acquis à une fille sur un moulin, aussi bien que les fondations des obits, suivant les *art.* 49. *&* 50. *de ce titre.*

QUI SONT NE'ES] *V. Faber & Automne sur la l. si eo tempore. C. de remiss. pignor* qui doivent être entendus suivant la distinction que fait l'Auteur. On pourroit ici traiter, quand on dit, que le principal éfet de la vente judiciaire consiste en l'extinction des hypoteques; cela doit être entendu au pied de la lettre, & sans faire difference d'un bais poursuivi en une instance generale de distribution, avec un decret particulier, comme si celui-ci, de même que la vente volontaire, n'avoit autre éfet que de purger les nullitez en la forme de la subhastation, & nullement les hypoteques; mais cela nous meneroit trop loin, & des simples observations ne doivent pas passer les bornes qui leur sont prescrites.

ARR. V.

LOrs qu'és saisies de plusieurs pieces il y a nullité concernant l'une desdites pieces, ou d'aucunes d'icelles seulement, si l'executeur faisant se veut départir de la saisie desdites pieces particulieres, il n'est besoin de casser ladite saisie, ni faire refaire les inquans : ains on peut interposer le Decret sur les autres pieces saisies non debatuës de nullité, parceque c'est la commodité du debiteur.

SUR LES AUTRES] La raison en est, que chaque piece est censée saisie séparement, ainsi le defaut de formalité intervenu à l'égard de l'une, n'influë pas à la nullité de l'autre, à moins que le decret fust obtenu sur l'une & sur l'autre : car en ce cas estant nul en partie, il le seroit pour le tout, estant un acte indivisible, qu'on ne peut pas considerer separément.

ARR. VI.

EZ Decrets lors que le Juge ne fait l'allocation des creanciers que par provision, on n'adjuge aux creanciers aucuns interests, ains on les reserve au jugement diffinitif.

ARR. VII.

JAçoit qu'en toutes autres actions contre un défaillant pour requerir condamnation, deux defauts soient requis, & contre un deffendeur presenté non produisant une requeste de forclusion: neanmoins aux simples Decrets où il n'y a aucune opposition d'un tiers il n'est requise aucune forclusion, ni qu'un simple defaut, parce que par la saisie, inquans & sequestration des biens l'executé & defaillant est assez averty & contumacé.

ARR. VII.

LOrs que le creancier faisant executer est payé par un tiers surdisant & decretiste des biens saisis, si aprés survient un anterieur ou plus privilegié creancier qui trouble ou empêche le decretiste, il faut que l'argent soit rendu au decretiste : parce que celui qui a receu l'argent faut que *præstet se potiorem esse* ; & ainsi le jugeâmes-nous contre Monsieur de Segla Conseiller.

SOIT RENDU] *V. le tit. 6. de ce Livre lit. F, verb. eviction art. 1. la suite tit. 35. art. 2. Maynard. liv. 7. chap. 91 Cambolas liv. 3. chap. 50. num. 2. & d'Olive liv. 4. c. 26.* où sont les distinctions qu'on fait sur cette matiere.

ARR. IX.

ON ne casse point les saisies des biens immeubles pour estre faites pour plus grande somme qu'il n'est deu : parce que c'est le profit du debiteur, d'autant que telle saisie tient lieu de surdite, s'il n'y a autre surdite particuliere aux inquants ou pendant la quarantaine & quinzaine, & est l'executer faisant, condamné à rendre au debiteur, ce en quoi la saisie excede le debte.

PLUS GRANDE] *V. l'art.* 14.

ARR. X.

LEs effets des peremptions des instances ne s'estendent point à la saisie & inquans, lesquels s'ils sont bien faits demeurent, ains aux actes judiciaires, comme aux assignations, presentations, receptions des saisies & inquans, & autres semblables, lesquels actes judiciaires par trois ans demeurent perimez; & on ordonne que demeurant la saisie & inquans l'executé sera de nouveau appellé pour bailler ses nullitez ou causes d'opposition.

NE S'ETENDENT] L'usage est contraire, & l'on suit aujourd'hui la disposition de *art. 91. & 158. des Ordonnances de Loüis XIII.* qui assujettissent les saisies & criées à la peremption, quoi que les saisies soient accompagnées d'établissement de Sequestres: le Parlement en donna Arrest d'Audience le 12. Mars 1639. plaidans Marmiesse & Parizot, deux des plus fameux Avocats de ce siecle. Auparavant on jugeoit contre la peremption lors qu'il y avoit un Sequestre établi, sur tout lors que les criées estoient certifiées: & cela d'autant mieux qu'on tenoit pour maxime asseurée, que *in executionis non datur instantia*, & qu'ainsi la Loy *properandum C. de judic.* ni l'art. 15. de l'Ordonnance de Roussillon, n'y pouvoient pas avoir lieu, suivant le sentiment de du Moulin & de Mornac.

ARR. XI.

PAr Arrest du 17. Juillet 1603. en la seconde Chambre des Enquestes à Toulouse, aprés en avoir demandé avis à la grande Chambre, fut dit que les estats de Procureurs de la Cour ne pouvoient estre saisis ni mis en distribution par les creanciers: parce que encores que la Cour en tolere les ventes ou compositions privées en faveur de mariage, toutesfois elle en admet les resignations gratuitement; sauf si c'estoit un creancier qui eust prêté pour acheter ledit Office, ou que le vendeur ne fût payé du prix convenu: auquel cas il peut requerir qu'à l'effet du payement le debiteur fût contraint de resigner à autre; & jusques à ce, que l'exercice luy en fût interdit. Et s'il enduroit trop long-temps telle interdiction, il y pourroit estre contraint par corps: lesquelles interdictions d'exercice, ont esté autrefois pratiquées à l'endroit des Conseillers qui n'avoient payé la finance de leurs estats; & entre autres du sieur de Luco, à la requeste du sieur de Cumiez, mais c'estoit anciennement, & lors que les saisies sur les estats de Conseiller & de Judicature estoient interdites : estant depuis l'Edit de la dispense des quarante Jours, qu'on appelle *la Paulete* du premier partisan d'iceluy appellé *Paulet* de Toulouse, permises & pratiquées, ayant nouvellement le sieur Loyseau composé & publié un livre & volume entier des differens qui peuvent suivenir sur les ventes continuelles ou Judiciaires des estats de Judicature & autres.

NE POUVOIENT] L'usage est contraire, car en France les Offices qui sont censez immeubles, peuvent estre saisis, & en consequence estre adjugez par decret. *V. l'art. 51. de ce titre*, où l'Auteur convient de cette doctrine.

CONTRAINT DE RESIGNER, La maniere de juger est, qu'on adjuge l'Office saisi au dernier surdisant, & qu'on condamne l'Officier sur lequel la saisie est faite, de bailler dans un certain delay procuration pour resigner en faveur de l'adjudicataire, lequel delai passé on ordonne qu'à faute d'avoir baillé procuration, l'adjudication tiendra lieu de resignation.

QUI EÛT PRESTE'.] Il est vray que les creanciers au sujet de l'Office, tant ceux qui le sont pour la vente, que ceux qui le sont à raison de l'exercice & fonction de l'Office, sont privilegiez, mais le privilege qu'ils ont ne fait pas que les creanciers communs ne soient en droit aussi bien qu'eux, de faire saisir l'Office, & la distinction que fait l'Autheur n'est plus d'usage : tous creanciers peuvent saisir, & se faire méme adjuger par decret les Offices de Judicature, quoy qu'autrefois on observât, que la vente de tels Offices ne se pouvoit poursuivre que par licitation.

ARR. XII.

ON peut surdire sur un fonds à certain prix, à la charge que le fonds soit allodial, & si la surdite n'est contredite par aucuns des creanciers le Decret est adjugé, bien qu'il ne soit fait mention en iceluy de la condition : néanmoins si après le fonds decreté se trouve non allodial, les derniers acheteurs seront tenus de porter éviction de ce que le fonds vaudra moins, par estimation d'Experts. Et ainsi fut jugé pour Souleux surdisant contre la Roque tuteur de Barrac, *per l. Hæc adjectio. & ibi Alciat. Rebuff. & alii. De verb. sign. f.* Et voire encores s'il demandoit resolution du decret, comme *alioquin non empturus*, il y auroit de l'apparence de le resoudre, & ordonner que la piece seroit remise aux encheres.

SOIT ALLODIAL.] Quand on veut prendre bail il le faut faire, à la charge que les biens seront baillez quittes de tous arrerages de Tailles, Censives, Capital de dettes de Communauté, Droits de franc-fief, & de toutes autres charges & devoirs Seigneuriaux, jusques au jour de la mise en possession, & pour tousjours de tous obits, dettes, & hypotheques quelconques.

DERNIERS ACHETEURS.] Quand on revend un fonds qu'on avoit acheté franc & allodial, on se décharge de la demande du *quanti minoris*, ne faisant que subroger à son droit le dernier acheteur, lequel audit cas n'a droit d'agir que contre l'Autheur de son vendeur, si le fonds vendu se trouve censuel dans la suite du temps; cela méme a lieu quand la subrogation ne seroit pas expresse, parce que la garantie qui naist de la vente *est actio in authorem*, qui remonte jusqu'à la source, & que l'acheteur succedant aux droits que le vendeur a en la chose venduë, il peut se servir de toutes les défenses, exceptions, & actions que son vendeur pouvoit avoir. *Eisdem uti defensionibus quibus venditor uti potuisset. l. dolia 76. §. cum qui. ff. de contrah. Emptio. & l. si tibi. §. pactum. ff. de pact.* Il en est pourtant autrement quand le dernier vendeur fait coucher dans le contract, que l'acheteur payera les tailles & censives qui pourroient estre deuës par le fonds vendu; car en ce cas les Autheurs du vendeur, ou ceux qui les representent, comme sont des successeurs, des heritiers, ou méme des derniers acquereurs, sont à couvert de la demande du *quanti minoris*, comme si en consentant de payer les censives qui pourroient étre deuës, on avoit acheté le fonds tel qu'il est, avec toutes ses charges, & non allodial. Il y en a Arrest de l'onziéme du mois de Juillet dernier *1679.* donné au rapport de Mr. Dupuy en la premiere Chambre des Enquêtes, en faveur de Me. Loüis Duroure Avocat de cette Ville, contre Me. Estienne Edieve Docteur en Medecine de la Ville d'Anduze. Cet Arrêt vuide un partage, qui avoit été fait en la seconde des Enquêtes, Mr. de Jossé compretenant: Et il est d'autant plus remarquable, qu'à la metairie de Gradignargues, acquise par Jean Brouzet ayeul dudit Edieve, d'Estiennete de Campagnan, fille de Guidon Campignan, & veuve de François Bonal, qui l'avoit achetée franche & allodiale dudit Guidon en 1585. Brouzet avoit ajoûté par des nouvelles acquisitions certains fonds non allodiaux, ausquels uniquement il étoit vray-semblable qu'il falloit rapporter la clause, par laquelle le Pere du Sr. Edieve s'étoit chargé de payer les censives qui pourroient estre deuës; outre qu'il falloit présumer par une suite de cette raison, que ladite clause étoit une précaution que Brouzet avoit voulu prendre pour se mettre à couvert à tout evenement d'une garantie, à l'exemple de ceux qui *omnia uta timent*, & qui dans cette veuë affectent pour plus d'asseurance, de prendre des précautions inutiles: En effet il n'y avoit nulle apparence que Brouzet eût voulu rendre ladite metairie censuelle au moyen de cette clause, puis qu'il l'avoit toûjours possedée franche, qu'il sçavoit que Bonal, premier acheteur, l'avoit acquise telle, & qu'il ne peut pas tomber dans le bon sens qu'il eût voulu rendre la condition du Pere du Sr. Edieve, qui étoit son gendre, pire que la sienne; sur tout luy ayant baillé ladite metairie en payement, non seulement de quelque somme qu'il lui devoit pour argent prété; mais méme de la constitution dotale d'Isabeau Brouzet sa fille, sur ces circonstances il me semble que ledit Arrêt ne doit pas étre tiré à consequence. *Habent sua judicia causæ.*

Arr. XIII.

Le droit de retrait lignager a lieu aussi bien sur les ventes judicielles par decret, qu'aux conventionnelles; & ainsi fut jugé par Arrêt du dernier Octobre 1573. au rapport de Mr. Buet, pour Andrive Parague demanderesse en retrait contre Catherine de Montrech decretiste de la Ville de Lomaigne.

Ventes judicielles.] Ainsi on ne suit pas le sentiment de Coras. *Miscell. lib. 3. c.* ni de Tiraquel, *en son tr. du retract. lign. §. 1. 9. l. 14. num.* 8. qui vouloient, suivant la doctrine d'Alexander, de Speculator, & de Jason, que le retraict lignager n'eut pas lieu au cas de la Loy *à divo Pio. §. si pignora. ff. de re judic.* c'est à dire, au cas d'une vente necessaire & judicielle, le défaut méme d'avoir surdit ne nuit pas au retrayant, qui use de son droit, nonobstant la surdite de l'adjudicataire, par la raison de la Loy *jura sanguinis. ff. de div. reg. jur.*

ARR. XIV.

LE titre *De plus petitionibus* n'est point observé en France, à cause dequoy l'execution ou saisie faite sur un fonds pour plus grande somme qu'il ne se trouve etre deu, n'est pour cela nulle ni cassée, ains tenant la saisie lieu de surdite, comme nous venons de dire, le Decret est adjugé à l'executeur faisant pour toute la somme de la saisie, à laquelle il a estimé par icelle le bien saisi valoir, à la charge de la recreance à l'executé de ce que le prix de la saisie excede le vray debte : & ne doivent point les dépens être épargnez au debiteur, comme estant cause d'iceux à défaut de payement de ce qu'il doit.

N'EST POINT OBSERVÉ.] Il est vray que generalement parlant, le titre *De plus petitionibus* n'est pas observé en France, à l'égard des actions personnelles ; mais quand on agit *exequendo*, la maxime alleguée souffre distinction : Car en certains Parlemens on suit la doctrine de Barthole, *in l. si cum. §. bove subrepto. ff. de condict. furt.* & une execution ne fût-elle faite que pour deux sols au delà de ce qui est deû, est cassable avec dépens, dommages & interests ; c'est la maniere de juger du Parlement de Grenoble, attestée par *Expilly. Chap. 262.* Dans le ressort de ce Parlement on use d'une autre distinction ; car où il s'agit d'une saisie faite en vertu de lettres de contrainte, auquel cas ladite maxime a lieu, & la saisie tient, pourveu qu'il soit deû quelque chose : ou il s'agit d'une saisie faite d'authorité du Juge des Conventions de Nimes, ou du Juge du Petit Seel de Montpellier, auquel cas elle doit être cassée avec dépens, dommages & interets, parceque tels Juges sont Juges chartulaires & de rigueur, s'agit-il seulement d'une saisie faite pour un liard de plus qu'il n'est deû ; c'est devant ces Juges qu'on fait valoir la rigueur de la regle, *qui cadit à syllaba cadit à toto*, & qu'on peut dire avec Faber en son Code, *tit. de distr. pign. def. 25. nulla est executio, sive totum indebitum sit, sive pars tantum.* Depuis une douzaine d'années neanmoins le Juge des Conventions a relaché de la rigueur de son stile en faveur des saisissans, qui succedent au fait d'autrui, lors qu'ils ont ignoré que partie de la somme, pour laquelle ils ont impetré clameur étoit payée au creancier originaire ; auquel cas leur saisie tient pour le reste de la debte.

ARR. XV.

LEs Decrets sont bons & valables sur les biens des Chapitres, Convents, Colleges, & Communautez, avec permission précedente de la justice, lui ayant apparu par information de la necessité de vendre, utilité de l'employ des deniers provenans de la vente, & comme les biens exposez en vente sont les moins utiles, & les autres solemnitez des Decrets y étant intervenues, & à la charge d'employer les deniers utilement aux sujets representez pour obtenir la permission, & s'il en reste en autre fonds utile & commode à la Communauté.

ARR. XVI.

LOrsque les Sequestres établis ne font leur devoir, ou ont collusion & intelligence avec les executez, ou ne sont solvables, la Justice y en commet d'autres, sans prejudice de la reddition de compte des premiers.

Y COMMET D'AUTRES.] Et quand on ne le fait pas, le saisissant est responsable de l'insolvabilité des Sequestres qu'il laisse, & qui sont etablis à son instance.

ARR. XVII.

DEz l'établissement des Sequestres aux maisons saisies, les habitans detenteurs ou occupateurs d'icelles doivent les arrenter des sequestres, & demeurer d'accord du loüage avec iceux; autrement le Decret s'en ensuivant, sont condamnables au payement du loüage, suivant l'estimation d'Experts, ou comme elles avoient accoûtumé d'être loüées.

ARR. XVIII.

PAr Arrêt du 15. Juillet 1599. entre Barthez & Beduet de Toulouse, fut dit n'y avoir lieu de jonction d'une instance feodale, avec l'instance de distribution de biens de l'emphyteote, afin que par ce moyen le payement privilegié & favorable avant tous autres ne fût retardé.

NE FUT RETARDÉ.] La saisie feodale n'est pas incompatible avec la réelle, & comme le droit du Seigneur feodal, à cause de son privilege, est préferable à celui des autres creanciers, il est juste aussi que son payement ne soit pas retardé; de là vient que pour faire cesser la saisie feodale, & pour que le Seigneur ne fasse pas les fruits siens, les creanciers, quand ils sont bien conseillez, ont accoûtumé de le satisfaire; Et par quelle raison aussi pourroient-ils s'en dispenser, puisque quand la saisie réelle seroit suivie d'un bail judiciaire, & qu'elle seroit anterieure à la saisie feodale, celle-cy doit non seulement tenir, mais même le Sequestre établi par l'exploit de la saisie réelle, doit à la rigueur rendre compte au Seigneur des fruits échûs depuis la saisie feodale. Au reste de cela même que la saisie feodale n'est pas incompatible avec la réelle, il s'ensuit qu'il n'est pas toûjours vrai, que saisie sur saisie ne vaut, & que lors qu'il y a une saisie faite, un autre creancier intervenant doit venir par opposition, puisque le Seigneur feodal peut faire une seconde saisie.

ARR. XIX.

LE certificatoire des inquans fait suivant la coûtume des lieux, ne peut estre denié ni refusé aux executer faisans, par les Juges ordinaires Royaux: leurs Lieutenans & Officiers, sur peine d'être condamnez aux dépens, dommages & interests envers la partie.

ARR. XX.

LEs offres non verbales, ains réeles à deniers comptans & découverts, où avec dépot & consignation és mains de personne solvable, du remboursement du principal interest & dépens jugez, faites par l'executé, voire sur le point de l'execution du Decret devant le Commissaire executeur, sont recevables : parceque par le moyen de telles offres le creancier est entierement indemnisé. Et ainsi fut jugé contre le sieur du May Conseiller en la Cour le 22. Novembre 1578. & le 5. Fevrier 1579.

NON VERBALES] C'est en matiere de droit de relief, quand on offre quelque somme au Seigneur feodal, aux termes de *l'art. 47. de la coustume de Paris*, que les offres verbales sont suffisantes, *Sufficit verbalis oblatio, nec requiritur realis Molin.* §. 47. *Gl.* 4. *num.* 3.

SUR LE POINT DE L'EXECUTION] Mesme aprés l'execution du Decret. *V. l'art.* 1. §. 14.

ARR. XXI.

LEs distributions quotidiennes des Chanoines & Prebendiers sont exemptes de toutes saisies de creanciers & autres, aux fins que le service Divin ne soit retardé contre l'intention des fondateurs & bienfacteurs de telles distributions. Ainsi jugé par Arrest du 20. Septembre 1576. pour le Chapitre saint Estienne en Toulouse.

SONT EXEMPTES] Parce qu'elles tiennent lieu d'aliments, à cause dequoi les autres fruits peuvent estre saisis. *V. la suite tit. 36. arr.* 3. la cause & le motif cessans, l'effet & le privilege doivent aussi cesser ; ainsi l'usage de ce Parlement est, que la congrue portion d'un Vicaire perpetuel, ou d'un Prebendier, peut estre saisie pour les dettes contractez par le Beneficier, pourveu qu'il lui reste 200. liv. pour sa subsistance. Il y en a deux Arrests, l'un du 8. Fevrier 1666. donné au rapport de M. d'Olivier en la grand'Chambre, entre Mre. Pelegou & Mre. Martel Prestres ; l'autre du 10. Septembre 1668. aussi donné en la grand'-Chambre au rapport de Mr. de Rabaudy en la cause de Mre. Caucerit, Religieux de l'Ordre de S. Benoist.

ARR. XXII.

LEs Sequestres peuvent estre establis pour la formalité & validité du decret seulement, ausquels cas ils ne sont tenus rien administrer, ni par consequent tenus d'aucune reddition de compte des fruits : & ne se peuvent alors excuser ni demander déchargement pour aucune excuse ou occasion que ce soit.

ARR. XXIII.

LE dernier encherisseur d'un fonds qui se vend par autorité de justice, & auquel, comme plus offrant, est délivré, à contracté avec la justice, *& videtur cavere judicio sisti, & judicatum solvi* ; Si que (afin que la justice ne soit éludée) il peut estre contraint par corps pour la remise du prix de son enchere par Arrest formel de Paris du 14. Aoust 1585. sur le reglement pour les encheres & decrets.

REMISE DU PRIX] C'est suivant *l'art. 8. de l'Ordonnance de* 1551. laquelle est conforme à la disposition du Droit, *L. à Divo Pio* §. *sed si emptor. ff. de re judic.* aux termes duquel

duquel, *oportet res emptas pignori, & diſtractas, præſenti pecuniâ diſtrahi*: auſſi ne permet-on à l'adjudicataire de joüir de l'effet du decret, & des fruits de la choſe decretée, que depuis la conſignation du prix de ſa ſurdite. *Maynard liv. 2. chap.* 40.

ARR. XXIV.

QUand ſur les lettres royaux en requeſte civile contre un Arreſt de condamnation de certaine ſomme, eſt appointé en droit, ſans préjudice de l'Arreſt de l'execution d'iceluy, ou ſi les lettres contiennent cette clauſe ordinaire, en vertu de l'Arreſt un Decret ſe peut enſuivre; mais à la charge que le Decretiſte tiendra & joüira cependant des biens decretez comme depoſitaire de juſtice juſques au jugement de la requeſte civile. Par Arreſt du 10. Septembre 1575. entre N. de la Caſe; & autre du 8. Fevrier 1590. en Audience entre Bertrand & d'Olive.

ARR. XXV.

LEs certificatoires des criées & inquans ne doivent contenir les uz, ſtils & coûtumes qui ſont gardez és lieux, & ne doivent declarer par le menu le nombre des inquans, & la diſtance des jours que doit eſtre de l'un à l'autre. Par Arreſt de Toulouſe du 22. Decembre 1524. entre Pacalet & Grefüeille; mais on ſe contente qu'en jour d'Audience il ſoit certifié le tout avoir été fait ſuivant le ſtil & coûtume dudit lieu.

ARR. XXVI.

LE defaut de la contenance, confrontations, affiches & placards obmiſes à l'exploit de la ſaiſie, peuvent être reparées en les mettant au premier inquant, ſur peine de nullité du Decret. Par Arreſt du 24. Avril 1572. pour Jean Gaillac.

CONFRONTATIONS.] La pluſpart des vieux actes ne baillent que deux confronts: l'on peut dire que les Romains le pratiquoient ainſi: ce qui s'induit de la Loy 4. *ff. de cenſib.* en ces termes: *& quos duos vicinos proximos habeat.* Quoi qu'il en ſoit, une ſaiſie n'eſt pas ſoûtenable, lors qu'on ne ſpecifie pas les confronts du fonds ſaiſi, mais ſeulement certain contenement ou certaine quantité de fruits, parce qu'on met en peine un Sequeſtre: Il en doit eſtre pourtant autrement; lorſqu'on commet la Sequeſtration au Fermier du debiteur executé, parce que la raiſon qui vient d'eſtre alleguée ceſſe à ſon égard.

ARR. XXVII.

LEs ſurdites aprés l'expedition du decret ne ſont receuës, ſoit avant ou aprés l'execution réelle d'icelui, ayant eſté démis un Mongette ayeul de l'executé d'une ſurdite, qu'il offroit faire devant l'executeur du Decret, par Arreſt en Audience du 11. Janvier 1580.

M

APRE'S L'EXPEDITION] V. l'arr. 1. §. 13.

ARR. XXVIII.

POur les simples consignations des sommes ordonnées il est permis user de saisies sur biens immeubles; mais non que Decret s'en puisse ensuivre : ains est ordonné que l'executer faisant joüira des biens par lui saisis jusques à ce qu'il soit satisfait à la consignation, & pour tenir lieu d'icelle, à la charge de tenir les fruits soûs la main du Roy, & de la Cour : parce que les Decrets sont perpetuels, & peut avenir que la consignation sera retractée, & la recréance baillée à l'executé. Arrêt en Audience du 26. May 1581.

ARR. XXIX.

LE seul défaut d'assignation à l'executé à venir voir faire les inquans, n'est suffisant pour annuller un Decret : n'étant telle assignation necessaire, parce que la sequestration sert de suffisante signification. Arrêt du 13. Mai 1592. pour les Prestres de Frozin en Commenge.

DEFAUT D'ASSIGNATION] Ny le défaut de la signification de la saisie, par cette raison, que la sequestration sert de suffisante signification. Il en est autrement si on ne signifie pas l'Ordonnance de quarantaine, si on n'intime pas la surdite, & si on ne donne pas l'assignation en interposition de Decret en personne, ou en domicile au debiteur. V. l'art. 1. §. 8.

ARR. XXX.

LEs Decrets ne s'interposent que sur fonds & biens immeubles, ayant été par Arrêt de Toulouse en Audience le 7. May 1575. prohibé à tous Juges adjuger Decrets sur grains, marchandises, habillemens & meubles, n'étant en France observée la Loy *A Divo Pio* §. *In venditione ff. De re judic.* voulant que les executions commencent par les meubles, avant que venir aux immeubles, le choix étant au créancier de saisir ce que bon lui semblera, nonobstant l'offre du debiteur de saisir les meubles exploitables, jusques à concurrence du debte, permise par la Loy *Magis puto.* §. *Quæritur ff. de De reb. eorum*, & par la Loy *Civitates, ff. Quod cujusque univesit.* lesquelles ne sont non plus observées, parce que le debiteur a assez de loisir pendant les criées de les vendre si bon lui semble pour payer son creancier, & par ce moyen obtenir la main-levée de son fonds saisi.

ET MEUBLES] Les meubles pretieux doivent être vendus avec les mêmes solemnitez que les immeubles, suivant le sentiment des anciens Praticiens, fondé sans doute sur la disposition de la *Loy 22. C. de admin. tutor.* Mais quoi que tels meubles puissent être substituez, suivant les exemples qu'en allegue *Brodeau sur l'art. 144 de la coust. de Paris*, & qu'à divers autres égards ils semblent participer de la nature des immeubles : il est pourtant certain qu'ils ne doivent pas être vendus par decret ; tout ce qu'on doit faire, pourvû qu'ils soient de valeur de 300. liv. ou plus, c'est de les exposer trois fois en vente à trois jours de marchez differens, avant qu'ils puissent être vendus ; l'Ordonnance de *1667.* le veut ainsi *en l'art.* 13. *du tit.* 33. après les trois expositions faites en ladite forme la délivrance s'en fait au plus offrant. Avant la publication de l'Ordonnance, du moins dans le Ressort du Parlement de Bourdeaux, on avoit accoûtumé d'ordonner que les meubles pretieux, qu'on vouloit faire vendre d'autorité de Justice, seroient vendus, & à ces fins que pendant un mois proclamations seroient faites, & les affiches placardées tant au lieu de la vente, qu'aux lieux circonvoisins que bon sembleroit, tant au debiteur, qu'au creancier, avec injonction cependant à celui qui avoit en son pouvoir lesdits meubles, de les exhiber à ceux qui se présenteroient, pour les voir pendant le mois, & icelui passé, les proclamations faites & parfaites, ensemble les encheres, qu'il seroit procedé à la delivrance au plus offrant & dernier encherisseur.

ARR. XXXI.

LEs proprietaires des biens saisis, ni les poursuivans les criées, ni autres creanciers, ni les opposans ou autres prétendans droit sur les biens saisis, ne peuvent être établis Sequestres à iceux par les Sergens. Par Arrêt de Paris du *6.* Decembre 1537. cotté par Bugnion, livre second, des loix abrogées chap. 177.

LES PROPRIETAIRES] *Arg. L. neque pignus ff. de diversf. regul. jur.* à laquelle Loy est conforme l'Ordonnance de *1667. en l'art.* 13. *du tit.* 19. Le Sequestre doit être une tierce personne à qui on baille une chose qui est en dispute entre deux, suivant la Loi *sequester ff. de verbor. signif.* & d'ailleurs en ne deplaçant pas, & faisant le debiteur Sequestre, comme on le pratiquoit autrefois en défaut de Sequestre volontaire, dans la pensée qu'on avoit de le soulager par ce moyen, il est certain que sa condition en devenoit pire, parce qu'en vertu d'une plus forte contrainte on l'emprisonnoit.

LES POURSUIVANS] Quoi que nous soyons en Païs de droit écrit, & que suivant les titres *ff. & Cod. de reb. author. judic. possid.* les creanciers en défaut de payement, fussent mis en possession des biens de leurs debiteurs ; toutesfois les creanciers ne peuvent, ny être Sequestres, ny être Fermiers des biens saisis, parce que ces titres sont abrogez en France, outre que par l'induction à faire de ladite Loy *sequester*, c'est un tiers qui doit être établi Sequestre, à l'exclusion du creancier, de même que du debiteur.

ARR. XXXII.

NE doivent être aussi rentiers ou fermiers des biens saisis, par ce qu'ils se voudroient payer par leurs mains, & feroient traîner le payement. Terrien, sur les coûtumes de Normandie liv. 10. chap. 11. tit. des Commissaires & Sequestres.

Arr. XXXIII.

EN France decret sur decret du même heritage, ni saisie sur saisie, ni Arrêt sur Arrêt n'ont point de lieu, ains faut se ranger par opposition, par l'article 80. de l'Ordonnance de l'an 1539.

Par Opposition] Parce que la saisie d'un creancier sert à tous les autres, de même que si elle avoit été faite à leur instance. *Arg. l. cum unus. ff. de reb. author. judic. possid.* Il y a neanmoins certains cas, ausquels saisie sur saisie vaut ; comme à l'égard de la saisie feodale & de la reélle ; à l'égard de celle qui est faite pour tailles ; comme aussi lorsque le premier creancier n'a fait saisir que les fruits, & un autre les fonds ; & lorsque la seconde saisie a été faite au sçû du premier saisissant, & le Decret obtenu sans que le premier saisissant se soit opposé : au Parlement de Grenoble on a souvent préjugé, que saisie sur saisie vaut, s'il y a intervale ou cessation des poursuites du premier saisissant d'environ six mois.

Arr. XXXIV.

LEs encherisseurs doivent faire signifier au dernier précedant encherisseur leurs encheres, ou à personne, ou domicile, ou à son Procureur, sur peine de nullité. Par Arrêt donné sur le reglement des encheres & adjudication par decret en la Chambre des Requêtes du Palais à Paris du 14. Aoust 1585. ci-dessus allegué : & y ayant une enchere publiée n'est besoin publier autre derniere. Arrêt de Paris du 10. Juillet 1539.

Arr. XXXV.

EZ saisies, la qualité & contenance particuliere des terres, prés, bois, vignes, doit être specifiée sur peine de nullité.

Contenance] *V. l'art. 1. §. 21. & l'art. 26.* & les exceptions rapportées par *Despeisses.*

Arr. XXXVI.

LE vendeur, *qui abiit in creditum*, les biens de son acheteur, ou debiteur étant en desconfiture, ne peut s'opposer aux fins de distraire, c'est à sçavoir, ne peut demander distraction de la chose venduë, ains faut qu'elle entre en distribution generale avec les autres biens du debiteur ; sinon qu'au contrat il y eût clause de precaire ou autre semblable, par laquelle le vendeur se fût reservé la dominité jusques au payement du prix de la vente : toutesfois sur le prix provenant de la chose par lui venduë, il doit être preferé à tous les autres creanciers. Par Arrêt de Toulouse du 20. Juillet 1589. pour un Jean Bec.

* Reserve la Dominite'] La clause de precaire ne donne aujourd'hui qu'une hypoteque speciale & privilegiée ; Elle empéche pourtant la translation de dominité ; en sorte que le vendeur est en droit de retirer la chose venduë en défaut du payement du prix, lors qu'il s'est reservé la dominité jusques au payement, & qu'il l'a ainsi convenu *l. venditi C. de actio empt.*

ESTRE PREFERE'] Parce que ce Parlement supplée la clause de precaire aux contrats de vente des immeubles, contre la Loy *qui ea lege C. de pact. int. emptor.* & la Loy *ea quæ distracta ff. de precar.* suivant lesquelles le droit Romain n'admettoit jamais cette clause, qu'elle n'eût été stipulée par exprés.

ARR. XXXVII.

LEs saisies & executions peuvent être faites tous les jours non feriez, & que la Cour entre; à cause dequoi Valiech Avocat fut démis des nullitez par lui proposées contre une saisie de ses biens faite le Jeudy aprés Pâques. Par Arrêt à Toulouse au rapport du sieur de Filere.

NON FERIEZ] *V. Guid. Pap. quæst.* 215. & 161. *Ranch.*

ARR. XXXVIII.

EN vertu d'un simple *dictum* d'Arrêt ne peut être faite saisie ni execution, parce qu'il n'y a point commandement au Sergent de saisir, ains faut qu'elle soit faite par Arrêt expedié en forme de commission, à tous Magistrats, Huissiers, ou Sergens de l'executer; bien peut la saisie être faite en vertu de l'executoire des épices & dépens, parce qu'elle contraint & porte sa commission pour l'execution de la somme y contenuë.

SIMPLE DICTUM] Par l'Edit du mois d'Avril 1672. regîtré au grand Conseil du Roy aux Parlemens, il est défendu aux Huissiers de faire aucuns exploits en vertu des Arrêts executoires, & autres expeditions de toutes les Cours où il s'agit d'execution, si les Arrêts & expeditions ne sont scélés à peine de 500. liv. d'amende, & d'interdiction de leurs charges pour la premiere fois, & de punition corporelle pour la seconde, lequel réglement est conforme à l'Edit du mois de Janvier 1565. *V. la suite tit. 46. art. 10.*

ARR. XXXIX.

LEs Decrets obtenus contre les moindres, sans leur être pourvû de curateur, sont cassables; la charge toutesfois de rembourser le decretiste du prix d'icelui payé à l'executer faisant, creancier du moindre, & les dépens & loyaux cousts. Par Arrêt du 1. Mars 1578. pour Martin contre Cavalier.

ARR. XL.

PAr Arrêt de Toulouse du 2. May 1591. entre Assolent & Brunel sur la cassation de l'execution requise par ledit Brunel, sur une maison & metairie, soûtenant la maison seule être plus que suffisante pour le payement du dette, la Cour ordonna que la maison seroit venduë seulement, sauf que ou le prix provenant d'icelle ne seroit suffisant pour le payement de la somme dûë, que l'execution contre la metairie seroit continuée ; n'étant raisonnable qu'un debiteur soit tellement vexé, que pour une petite somme le creancier lui fasse vendre tout son bien de valeur quadruple, voire plus : non toutesfois qu'il ne soit permis faire saisir pour plus grande somme qu'il n'est dû.

De Valeur Quadruple.] *V. l'observat. sur l'art. 2. de ce titre*, ensemble *l'art. 63.*

Arr. XLI.

LE debiteur executé n'est tenu bailler à son creancier decretiste les originaux des tiers des biens decretez, ains seulement les lui exhiber pour en tirer des extraits, les originaux demeurans *penes debitorem*, pour s'en servir & aider en cas d'éviction, de laquelle il est tenu *per l. Titius ff. De act. empti* : ainsi a été jugé le 24. Octobre 1591. pour du Puich contre Melet.

Les Originaux] Le debiteur executé, de même que le vendeur, ne peuvent être tenus que de fournir des extraits, en bonne & dûe forme, des titres concernant le fonds decreté, ou volontairement vendu ; si mieux ils n'aiment en bailler une declaration, avec promesse de les exhiber, & d'en aider le decretiste & acheteur quand besoin sera ; ou autrement si mieux ils n'aiment les exhiber, pour en tirer les extraits, *dd. ad l. creditor. ff. de actio. empt.*

Arr. XLII.

SUr l'adjudication des Decrets en procedant à l'allocation des creanciers, celui qui s'aide d'un instrument qui se trouve usuraire, n'est alloüé suivant la datte d'icelui, ains en dernier lieu, au rang des creanciers chirographaires, *in odium usurarum.*

Ains le Debiteur] L'usage du Palais est qu'on compense respectivement tous dépens entre parties, sauf les frais de justice, qu'on rejette sur les biens discutez.

Arr. XLIII.

AU jugement des allocations, s'il y a contestation entre les creanciers sur la priorité, validité de leurs instrumens, ou autrement, on ne condamne point aux dépens les creanciers entr'eux, ains le debiteur qui est cause d'iceux, ou ses biens, pour être alloüez en dernier lieu ; sauf les fraix de justice qui sont au préalable distraits avant tous les creanciers.

Arr. XLIV.

MIchel Roguier Marchand de Toulouse ayant acquis des Jacobins une metairie sans aucune solemnité, requerant l'autorisation, & le Syndic des Jacobins y consentant, par jugement du 15. Octobre 1585. fut dit qu'avant faire droit diffinitivement, demeurant pour surdite le prix de l'achat de ladite metairie, icelle seroit mise & exposée en criées au plus offrãt & dernier encherisseur, pour ce fait y être pourveu ainsi qu'il appartiendroit.

ARR. XLV.

CONtre les saisies & Decrets il y a trois sortes d'oppositions, aux fins de distraire, annuller, & conserver; la premiere *in dominio* aux fins de distraire, du tiers duquel le bien a été saisi pour les dettes d'autrui; l'autre est des creanciers aux fins de la conservation de leurs hypoteques; & la troisiéme est du debiteur aux fins des nullitez, payemens ou autres exceptions qu'il a à deduire.

ARR. XLVI.

PAr Arrêt de Paris du 23. Novembre 1551. sur la verification de l'Edit du Roy Henry II. pour le fait des criées dudit an 1551. est declaré les défenses portées par l'article 4. d'icelui aux executez de ne troubler les Sequestres, n'avoir lieu à alencontre des opposans, afin de distraire, qui lors de la saisie se trouveront actuellement possesseurs & joüissans des biens saisis; c'est pourquoi sur le champ nous leur baillons la joüissance, à la charge de tenir les fruits soûs la main de la justice. Est aussi par le même Arrêt défendu à toutes personnes d'arracher les pannonceaux, affiches, & encheres mises sur les portes des maisons, des Eglises, & des auditoires, sur peine d'amende arbitraire & corporelle, rapporté par Bohier en l'élite des Requêtes de Paris: lequel au même lieu rapporte des Arrêts contenans, qu'aprés un decret séellé on n'est reçû à surdire. Que les Droits Seigneuriaux & arrerages d'iceux doivent être les premiers payez avant tous creanciers; qu'on n'est reçû à debattre un decret soûs pretexte de lezion, voire d'outre moitié de juste prix, que les certificatoires des inquans ne se font és Requêtes du Palais, ains devant les Juges ordinaires, bien que les decrets soient poursuivis esdites Chambres; que le dernier encherisseur & surdisant se trouvant insolvable, la terre saisie doit être baillée au precedent surdisant.

Actuellement Possesseur.] Il y auroit de l'injustice de deposseder un tiers possesseur sans l'oüir pour la debte d'autruy ; & cela d'autant mieux que par une possession de dix ans ayant purgé les hypotheques, ausquelles le fonds par lui joüy pouvoit être sujet, il doit être consideré comme le seul & veritable proprietaire du fonds, quoique saisi par les creanciers de son vendeur.

Ez Requestes du Palais.] Il est si vray que les certificatoires doivent être faits devant les Ordinaires des lieux, & non ailleurs, que quoique les Chambres des Requêtes du Palais soient les Ordinaires des privilegiez, toutesfois les criées ne doivent pas y être certifiées. *V. l'art. 53. de ce titre.*

Arr. XLVII.

LEs Juges d'Eglise ne peuvent proceder par saisies, ni ordonner decrets, bien que ce fut pour des Ecclesiastiques ; ains doivent implorer le bras seculier : c'est à sçavoir, s'adresser au Juge temporel, pour de son authorité faire executer leurs sentences, & poursuivre leurs decrets ainsi qu'il a été jugé par plusieurs Arrêts.

Ni ordonner Decrets.] Etant constant que le Juge d'Eglise n'a point de territoire : il l'est sans doute aussi qu'il ne peut pas mettre en possession ; c'est au Juge temporel de le faire, suivant la Novel. 123. *Cap. si quis* 21. & en éfet *in possessionem mittere, imperii magis est quam jurisdictionis l. 4. ff. de jurisd.*

Debtes Ecclesiastiques.] Il est juste que le Juge temporel prenne connoissance des causes temporelles des Ecclesiastiques, puisque le Juge d'Eglise connoît des causes Ecclesiastiques des personnes laïques. *Mayn. liv. 2. chap. 4.*

Arr. XLVIII.

SI en la saisie generale d'un bien ou patrimoine dépend & appartient un droit de patronat, le cas de presentation advenant pendant la saisie appartient aux Sequestres ; & ainsi Mr. Maynard dit avoir été jugé par Arrêt à Toulouse liv. 2. ch. 41. lequel aussi au liv. 5. chap. 81. dit être expedient & necessaire à tous ceux qui prétendent droit és biens saisis, non seulement pour le present, mais pour l'avenir, former opposition à la saisie & criées, sauf aux cas suivans.

La Presentation.] Il paroit extraordinaire que la presentation, en fait de droit de patronat, apartienne à un sequestre, qui à la verité a l'administration des biens saisis, mais qui ne doit pas avoir la puissance d'exercer les droits honorifiques.

Arr. XLIX.

PAr la saisie & vente d'un moulin par decret n'est osté le droit de mouture deu à quelque famille en & sur ce moulin : pour autant que ces moulins sont censez avoir esté exposez en vente, criez, subhastez & decretez *cum sua causa l. via constitut. §. si fundus ff. de servit. rust. præd.* Et ainsi ledit Maynard dit avoir été jugé par Arrêt de Toulouse du penultiéme Avril 1538. jaçoit que le decret eût été poursuivi & executé sans opposition.

Droit

DROIT DE MOUTURE.] Les heritages expediez par Decret sont adjugez francs, à la charge des Droits Seigneuriaux & des servitudes réelles.

ARR. L.

PAr même raison les droits Seigneuriaux, & les fondations des obits sont conservez aux Seigneurs obituaires; dequoy en sont cottez ez Arrêts par ledit Maynard, encore qu'il n'y ait eu opposition liv. 2. chap. 36. Aussi par Ordonnance du Roy Henry II. de l'an 1551. art. 12. les adjudications par decret se doivent faire à la charge des droits & devoirs Seigneuriaux, fraix & mises des criées & des charges réelles & foncieres: mais pour les arrerages des droits Seigneuriaux il y doit avoir opposition. Art. 13.

A LA CHARGE DES DROITS.] Ce qui doit être entendu, quand même cette condition ne seroit pas exprimée dans le Decret, *omnes enim addictiones fieri intelliguntur cum onere census domino d. biti tot. tit. C. fin. cens. & reliq. fund. compar. non post*

* POUR LES ARRERAGES.] L'Ordonnance des Criées ne parle pas des Arrerages des droits Seigneuriaux, à cause dequoy nostre Autheur, le President le Maistre, Masuer, & autres ont crû, que pour les Arrerages il faloit avoir formé opposition: l'usage de ce Parlement est néanmoins contraire, suivant le préjugé rapporté par *Maynard liv. 2. chap. 35.* Le Parlement de Paris le juge aussi de cette maniere *V. Lettres des droits Seigneuriaux. Chap. 6. art. 4.*

ARR. LI.

CE que nous avons ci-dessus dit, la lesion n'être considerable és décrets, est veritable pour les decrets non volontaires, mais non pour les volontaires & conventionels; comme si aprés l'achât d'une piece est convenu & accordé entre les parties, que pour plus grande assûrance de l'acquereur, il en sera poursuivi decret, en ce cas la lesion d'outre-moitié de juste prix ne sera recevable, & en est cotté Arrêt de Paris du 14. Aoust 1546. par Charondas liv. 7. chap. 31. de ses Réponses.

ES DECRETS.] La lésion n'est jamais considerée en fait de Decrets, & la Loy 2. *C. de rescind. vendit.* n'y a pas lieu; cela est de justice, car outre que les Decrets ont une cause nécessaire, d'ailleurs ils sont appuyez & de la foy publique, & de l'autorité du Juge. *V. l'art. 2. de ce titre.*

ARR. LII.

LEs offices venaux, tels que sont aujourd'huy tous en France, tant des Parlemens qu'autres, sont censez immeubles, suivant la coûtume de Paris. Art. 350. & 351. A cause dequoy és ventes d'iceux par decret, sont observées les mêmes solemnitez qu'és biens immeubles; & se font à Paris les criées d'iceux, en la Parroisse en laquelle est le Palais, siege ou auditoire duquel l'office dépend, & se fait le principal exercice, & les affiches, panonceaux & placarts sont mis, tant à la porte principale de l'Eglise de ladite Parroisse, que de la maison où l'Officier debiteur demeure : dequoy en est cotté Arrêt de Paris par Guenois en la Conference des Ordonnances liv. 10. tit. 2. des saisies du 1. Decembre 1588.

OFFICES VENAUX.] Au Parlement de Paris les Offices de judicature ne sont pas censez susceptibles d'hypotheque, & par une suite de cette raison ils n'y peuvent pas être adjugez par decret, comme le peuvent être les Offices des Finances ; mais dans ce Parlement, sans distinction aucune, les Offices sont sujets à la vente judiciaire. *V. l'art.* 11. *& Brodeau sur Loüet lit. D. num.* 63.

DE LADITE PARROISSE.] Mais quand l'Officier reside au lieu où il rend justice, il suffit d'apposer les exploits des criées, & les affiches à la porte de l'Eglise Parroissielle du Siege, suivant la doctrine de *Loyseau en son tr. des Offices liv.* 3. *chap.* 7. *num.* 29.

ARR. LIII.

IL n'appartient qu'aux seuls Juges Royaux ordinaires de certifier les inquans, & encore non à tous : car les Sieges Presidiaux, ni les Chambres des Requêtes ne le peuvent faire, ains il faut que soient les Senéchaux ou Juges Royaux, & non Ducals, Comtals, ni des Seigneurs. Par Arrêt de Paris du 29. Decembre 1586. cotté par ledit Guenois au même titre.

* JUGES ROYAUX.] L'usage est contraire, car tous les Juges des lieux où les biens saisis sont situez, peuvent certifier les inquans, & tant les Juges Bannerets, que les Royaux indifferamment ; parce qu'il ne s'agit que d'attester d'une Observance, dont les uns & les autres sont également capables. Aussi est-il si vrai que les Juges bannerets ont ce droit, qu'outre que l'Autheur est obligé de l'avoüer dans la *suite de ce recueil tit.* 35. *Arr.* 1. D'ailleurs fut-il questi n des criées faites d'autorité du Parlement, les Juges des lieux, s'ils sont bannerets, les doivent certifier à l'exclusion du Parlement. *V. l'art.* 1. *§.* 7. *de ce titre.*

ARR. LIV.

ON n'est aussi recevable à se porter pour appellant des certificatoires, par autres Arrêts cottez par le même Guenois, mais nonobstant icelle, si des nullitez se trouvent, la Cour ne laisse pas de casser la saisie & inquants, & par ce moyen le grief est reparé.

SI DES NULLITEZ] Par Arrêt donné en la Grand'Chambre le 1. May 1673. au rapport de Mr. de Tresals, la Cour cassa en faveur du Sr. Baron de Montalet un Arrêt de decret obtenu par la Dame Marquise de Lagne, par cette seule raison que le certificatoire des inquans, n'ayant pas été fait judiciellement & en Audience étoit nul.

ARR. LV.

LEs Sequestres ne doivent eux-mêmes regir les biens, ains les doivent affermer par autorité de justice, au dernier encherisseur pour éviter les fraix qu'ils feroient, & afin qu'ils ayent moyen de pourvoir aux autres sequestrations, s'ils en sont chargez, à cause desquelles affermes qui les exemptent de peine, ils ne sont dechargez pour nombre de sequestrations, ni d'enfans, ni pour vieux âge, sauf s'il étoit decrepité.

DOIVENT AFFERMER.] En la forme portée *par l'art. 65. de ce titre.* ✝ *l'obser. sur l'art. 1. §. 4.*

ENCHERISSEUR.] Moyenant bonnes & suffisantes cautions, *suivant l'art. 4. de l'edit des criées.*

NOMBRE D'ENFANS.] Au sujet des déchargemens de Sequestration à cause du nombre des enfans, il y a eu diversité d'Arrêts, & souvent on a préjugé que cinq enfans, ou vivans ou morts, en combattant pour la République, *quatenus per gloriam vivere intelliguntur*, ne suffisoient pas pour décharger d'une sequestration, parceque les sequestrations sont des charges momentanées ; sur tout lorsque les enfans étoient d'un âge à pouvoir soulager leur pere : aujourd'huy le Parlement décharge sur le nombre de cinq enfans.

DECREPITE'.] En quel cas que ce soit, il suffit d'être septuagenaire au sens de la Loy *Majores. ff. de immunitat.*

ARR. LVI.

LEs sujets justiciables d'un Seigneur ne peuvent être sequestres de ses biens ; bien le peuvent être les emphyteotes de leur Seigneur fonsier & directe sans justice. Et aussi les sujets justiciables de l'Eglise & des Archevêques, Evêques, Abbez, Prieurs, Chapitres, Colleges & Communautez, parceque la cause de la crainte cesse : & ainsi j'ay jugé & veu juger depuis quarante ans ; ce qui a été étendu par Arrêt de la Cour de Parlement de Paris du premier Octobre 1575. aux sujets justiciables d'un Seigneur qui ne demeure sur le lieu. Lorsque les sequestres ne peuvent être pris de même lieu, il les faut prendre du lieu plus prochain.

*SUJETS JUSTICIABLES.] Dans le Ressort du Parlement de Paris les sujets justiciables peuvent être sequestres, pourveu que le Seigneur ne soit pas un homme violent, suivant l'Arrêt rapporté dans le Journal du Palais du 5. Avril 1674. ou pourveu qu'il ne demeure pas sur le lieu ; mais dans le ressort de ce Parlement, on ne fait pas ces differences : quoyque l'Autheur semble laisser induire que le justiciable peut être sequestre, lorsque le Seigneur ne demeure pas sur le lieu aux termes de l'Arrêt du Parlement de Paris qu'il rapporte, cette distinction n'est pourtant pas suivie à Toulouse, selon Mayn. liv. 6. chap. 47. quoyque Despeisses dise au contraire au Tom. 1. *part. 3. tit. 2. sect. 3. num.* 7. se fondant sur ledit Arrêt du Parlement de Paris.

LES EMPHYTEOTES.] Comme les Emphyteotes n'ont pas pour le Seigneur directe, la crainte que les justiciables ont pour leur Seigneur Justicier, ils peuvent aussi être établis sequestres ; mais il en est de même des vassaux que des justiciables, à cause de l'autorité que leurs Seigneurs ont sur eux : ainsi par Arrest donné au rapport de Mr. de Chauvard le 26. Juin 1656. certains vassaux & justiciables du Vicomte de Labatut furent déchargez de la sequestration qui leur avoit été commise à l'instance de Demoiselle Isabeau de Barboutan veuve d'Arnaud Guillaumet, & la sequestration commise aux Emphyteotes fut confirmée.

DE MESME LIEU.] Il faut prendre les Sequestres du même lieu, s'il se peut, ou de la même Parroisse ; mais si dans le lieu ou dans la Parroisse, il ne se trouve personne qui soit capable de remplir ces charges, on en peut prendre des lieux plus prochains, parceque les sequestrations se doivent commettre de proche en proche.

ARR. LVII.

IL y a eu des Sergens amendez & ſuſpendus de leurs charges, pour avoir rançonné & pris d'argent d'aucuns, pour ne les établir ſequeſtres.

ARR. LVIII.

PAr les Ordonnances du Roy Henry II. de l'an 1571. art. 9. 10. & 11. les encheriſſeurs en faiſant leur enchere, ſont tenus nommer leurs Procureurs, & faire élection de domicile en la maiſon d'iceux, ſans leſquels ils ne ſont receus à encherir, & doivent avoir les Procureurs connoiſſance d'iceux & de leur ſuffiſance, & peuvent être les encheriſſeurs contraints par corps à remettre le prix de leur enchere & ſurdite. Par Arrêt de Paris allegué par Guenois du 27. Fevrier 1546.

ARR. LIX.

L'Exploit de l'établiſſement des ſequeſtres, doit eſtre témoigné & fait à perſonne & domicile, & ne vaut par affixion de copie à la porte du ſequeſtre. Par Arreſt de Paris du 26. Janvier 1580. Et eſt ajoûtée foy à la copie baillée aux ſequeſtres, & non à l'original, ou procès verbal du Sergent. Par Arreſt de Paris du 23. Juillet 1577. cotté par Guenois au lieu ſus-allegué.

PAR AFFIXION] On ne peut eſtablir un ſequeſtre en affichant à la porte de ſa maiſon la copie de l'exploit de ſequeſtration, tant parce qu'un paſſant pourroit ôter l'affiche, avant qu'elle fût connuë au ſequeſtre eſtabli, que parce que l'eſtabliſſement du ſequeſtre ſe doit faire perſonnellement, de là vient qu'il faut, ou que le ſequeſtre ſigne l'exploit, ou qu'il ait eſté interpellé de le ſigner, ce qui doit eſtre porté par l'exploit à peine de nullité.

ARR. LX.

LA vente par decret, toutes les ſolemnitez gardées, eſt la plus aſſeurée de toutes, au témoignage de Joannes Fabri *in l. Si eo tempore C. de remiſſ. pign.* ſe fondant ſur ladite loy & la gloſe d'icelle, à cauſe dequoi les decrets ne ſont irritez ſous ombre de leſion ou deception, ſuivant pluſieurs Arreſts fondez ſur la loy *Si quis decurio c. de præd. decu.* ce qui s'entend des decrets émanez des Parlemens : car des decrets procedans des Juges ſubalternes on peut appeller, & après obtenir lettres ſur telles deceptions, qui ſont bien fondées. *Pap. Arreſt* 2. Des criées.

PLUS ASSURE'E] Dans laquelle veuë, quoi qu'en la vente contractuelle l'éviction liminaire excuſe l'acheteur de payer le prix, juſques à ce qu'il ſoit pourveu à ſon indemnité ; il n'en eſt pas de meſme de la vente judiciaire, à cauſe que l'adjudication par decret eſt le plus ſeur moyen d'acquerir.

On peut appeller] *V. l'art. 2. de ce tit. Maynard l. 7. c. 74. & Ferrer. in quæst. 22. Guid. Pap.*

Arr. LXI.

SOnt aussi les mineurs deceus ou lesez, receus à debattre les decrets contre eux obtenus, mesme *si ex falsa causa* le decret a esté interposé par le texte formel *in cap. Constit. de in integ. restit. & l. si præses c. de præd. minor. & l. quamvis ff. eod. Pap. arrest.* 1.

Deceus ou lesez] *Si fraus intervenerit, vel enormis læsio. gl. in d. final. C. si advers. vendit pignor.* Or comment la lesion qui favorise le mineur doit estre entenduë. *V. Ferrer. d. quæst. 22. Guid. Pap. & la suite tit. 35. art. 3.*

Arr. LXII.

LEs criées doivent estre faites du fonds, & en blot, & en parcelles, s'il y a plusieurs piéces saisies, pour la commodité du debiteur; car tel veut une piece qui ne veut pas l'autre, & le decret s'adjuge au profit de ceux qui plus en donnent, ainsi que dit Papon avoir esté jugé par plusieurs Arrests par lui cottez. *arr.* 15. *eod.*

Et en blot] Les raisons en sont touchées par *Maynard liv. 7. chap. 80. & par Papon.*

Arr. LXIII.

SI l'executé pretend du prix d'une de plusieurs pieces saisies pouvoir satisfaire à ses creanciers, il lui peut estre permis par justice de la vendre, à la charge de remettre le prix és mains des Sequestres establis, pourveu que telle vente particuliere, soit suffisante pour payer tous, & par icelle le surplus du bien ne perde sa vente.

Estre permis] La raison en est, *Ne propter æs alienum modicum res magna distrahatur. arg. l. magis puto §. item prætor. ff. de tutel. & ratio distrah. V. l'art. 40. de ce titre.*

Arr. LXIV.

BIen que Papon ait cotté Arrest 17. qu'en criées n'échoit provision, toutesfois nous en donnons aux femmes ou aux veuves, quand tout le bien est saisi, pour leur nourriture, & de leurs enfans: & si par leurs pactes de mariage elles ont habitation, elle leur est conservée jusques à ce qu'elles soient payées par les surdisans.

Leurs Enfans] On en a mesme donné aux enfans, lors qu'ils n'avoient aucuns biens de leur chef, ni de celui de leur mere. *V. Brodeau sur Loüet lit. A num. 17.*

ARR. LXV.

LEs affermes des biens saisis doivent estre en deniers, & non en grains, & doivent être faites publiquement, l'executé appellé ; sans dol, fraude, ni intelligence, & à la charge par le fermier de bien entretenir & cultiver les biens ; & ensemencer les terres & de payer les tailles & charges, si le Commissaire ne se veut charger de les payer sur le prix : & s'il y a métayer, il ne faut affermer que la moitié & part du proprietaire debiteur, & sous les pactes & conditions contenuës au bail de ladite métairie.

EN DENIERS.] Cela est de l'ancien usage, confirmé par les préjugez rapportez par Rebuffe & par Papon, mesme l'art. 82. de l'Ordonnance de 1539. ne parle que de l'afferme en deniers, & semble par là autoriser la distinction que fait l'Auteur, *qui dicit de uno, negat de altero.*

S'IL Y A METAYER.] *V. l'observat. sur l'art.* 1. §. 4.

ARR. LXVI.

LEs fruits pendant les criées appartiennent au debiteur, & non surdisant, jusques à ce qu'il ait consigné le prix de sa surdite, & le decret soit executé ; parceque jusques alors le debiteur demeure toûjours maistre proprietaire *l. Valerius patronus* §. *Plane ff. de jure fisci.* si ce n'est au cas que le prix du fonds ne fût suffisant pour le payement des creanciers : car alors le prix des fruits leur est adjugé & departy.

CONSIGNE' LE PRIX.] La raison en est, que *res venditæ & traditæ non aliter emptori acquiruntur., quàm si is pretium solverit.* §. *venditæ inst. de rer. divis.* De sorte qu'il est juste que l'adjudicataire ne fasse les fruits siens que du jour qu'il a consigné ; il joüiroit autrement du prix & de la chose, la Loy *acceptam. C. de solutionib. & liberat.* autorise cette doctrine, & l'on ne peut pas donner raisonnablement dans le sens du President Faber, lors qu'il veut que les fruits appartiennent à l'adjudicataire ; quand même il n'auroit pas consigné le prix de son enchere, par cette raison qu'il faut attirer des acheteurs aux ventes judicielles, outre que cela est tant en faveur du public, que *in pœnam morosi debitoris.* Ces motifs sont à la verité specieux, mais ceux qui n'adjugent les fruits au balliste que depuis la consignation sont justes & équitables. *V. Mayn. liv.* 2. *chap.* 32. *& dd. ad l. Valerius. ff. de jure fisc.*

LE DECRET SOIT EXECUTE'] Le droit de mise en possession est de l'essence de la subhastation, & en est une partie substantiele ; elle rend le decret parfait s'il faut ainsi dire.

LEUR EST ADJUGE'] Les creanciers *certant de damno vitando*, & le debiteur n'ayant rien qui ne soit à eux, *cum bona dicantur deducto ære alieno*, il ne se peut pas approprier à leur préjudice les fruits de ses biens qui doivent faire fonds au profit de ses Creanciers.

ARR. LXVII.

UN decret ancien de 15. ou 20. ans fait foy des solemnitez mentionnées au narré d'iceluy, sans que le possesseur *ex de-*

creto, soit tenu remettre la procedure & les pieces sur lesquelles il est intervenu, s'il y a appel ou retractement : autrement en est-il si le decret est modernement obtenu, comme depuis 10. ou 12. ans par les loix & autoritez alleguées par Papon Arrêt 29. Des criées, & Mr. le Maistre Chap. 31.

Solemnitez.] Les nullitez d'un decret demeurent couvertes par le laps du tems, *post decennium omnia præsumuntur solemniter acta*, il en est néanmoins autrement s'il appert du contraire, car constant de la nullité on peut se pourvoir contre le decret & le débattre de nullité ; or comme suivant ladite regle de droit, la présomption fait pour celui qui soûtient le decret, ce n'est pas à lui aussi à remettre les criées aprés dix ans, mais à celui qui débat le decret, s'il prétend qu'il soit intervenu quelque défaut de solemnité. Cela a lieu pourveu que le decret ait été executé & suivi de la mise en possession : car cette condition manquant, celui qui soûtient le decret est obligé en quel tems qu'il l'ait obtenu, & y eût-il plus de dix ans, de rapporter les exploits de saisie & des criées, les dix ans qui couvrent les nullitez du decret, ne courans utilement que depuis l'execution d'icelui.

Arr. LXVIII.

Les substituez par fideicommis, pactes de mariage ou autrement, encore que le cas de la substitution ne soit venu, & les femmes mariées pour leur dot, augment, ou donations à cause de nôces, se peuvent opposer, non aux fins de distraire, mais afin de conserver le cas de la substitution, ou mort du mary avenant *l. Statius Florus. §. Cornelio. ff. De jure fisci.* & doit le decret être adjugé à la charge de ladite substitution ou hypotheque de la femme, le cas avenant.

Les Substituez.] *V. Tronçon sur l'art. 355. de la Coûtume de Paris, & Automne sur la loy Creditor. ff. de verb. signif.*

Arr. LXIX.

Si l'executer faisant est payé, ou colludant avec le debiteur, ne veut poursuivre le decret, le premier opposant & creancier aprés lui se peut faire subroger en son lieu, & le pourra contraindre à le fournir de la saisie & inquans, en le remboursant de ses fraix par la loi. *Cùm unus, ff. De bon. aut. Iud. poss.* Sur cette matiere faut voir un grand & ample discours de Papon en l'Arrêt 20. des criées, contenant beaucoup de choses remarquables sur ce sujet. Faut voir aussi le traité des criées de Monsieur le Maistre, premier President de Paris, duquel pour le soulagement du Lecteur, & de ceux qui ne l'ont, j'ai voulu extraire un sommaire des choses plus memorables & necessaires à sçavoir, bien que nous ayons parlé d'aucunes d'icelles.

EN LE REMBOURSANT] *Alteri per alterum iniqua conditio inserri non poteſt*, ſur tout lors qu'il y a fraude & colluſion ; mais ce n'eſt pas au ſeul cas du preſent article que le rembourſement doit être reçû, il le doit être encore, quand même le decret ſeroit expedié, lors qu'un creancier perdant offre au decretiſte de lui payer ſes allocations ; & la cauſe de ce creancier eſt ſi favorable, que quand le decret ſeroit émané d'une Cour ſouveraine, & qu'ainſi le rebatement n'en peut être demandé par le debiteur que dans dix ans, il le peut pourtant demander dans trente ans, ſi mieux on n'aime lui payer la ſomme pour laquelle il ſe trouve alloüé en rang inſolvable;en étet le ſieur Nicolas & la Demoiſelle de Pavée mariez, de cette ville, étans creanciers pour la ſomme de 1800 liv. du nommé Lacroix, & ne trouvant pas d'autres biens de leur debiteur qu'une metairie ſituée dans le terroir de Capeſtan, ſur laquelle Mre Dautrinay receveur des Decimes de la ville de Beziers, avoit obtenu decret pour 6000. liv. d'autorité du Parlement depuis 28. ans, actionnerent devant le Senéchal de Beziers. Me. Courtois Avocat de Toulouſe, & remiſſionaire du Dautrinay, en délaiſſement de cette metairie, avec offre de lui rembourſer les ſommes contenuës au decret, les reparations & meliorations, ſi mieux il n'aimoit leur payer ces 1800. liv. & interéts legitimement dûs ; le Senéchal ayant interloqué, il y eut appel au Parlement, relevé de la part deſdits mariez, & par Arrêt donné en la premiere Chambre des Enquétes, au rapport de Mr. Catellan, le 20. May 1663. la Sentence fût reformée, & le délaiſſement de la metairie ordonné au profit des mariez, en rembourſant par eux, tant la ſomme pour laquelle le decret avoit été obtenu, que les reparations & meliorations à dire d'Experts, ſi mieux Dautrinay (qui étoit en cauſe) n'aimoit leur payer leſdits 1800. liv. & interéts, ce qu'il ſeroit tenu d'opter dans le mois, autrement paſſé ledit delai il n'y ſeroit plus reçû.

APHORISMES SUR LA MATIERE DES Decrets tirez des Criées de Monſieur le Maiſtre, premier Préſident de Paris.

1. QUE le commandement de payer doit preceder la ſaiſie.

2. Que pour quantité de grains, vin ou d'autres denrées dûës par obligation, encores qu'elles ne ſoient appretiées on peut faire ſaiſies ſur un fonds, parce que pendant les delais des criées l'appretiation en peut être faite. Chap. 2.

NE SOIENT APPRETIE'ES] Cela eſt conforme à la diſpoſition de l'Ordonnance de 1539. à la doctrine de Rebuffe *tract. de præconiis & licitationibus* ; du Preſident Faber en ſon Code *de diſtract. pignor. def.* 7. & 26. & de Brodeau *ſur l'art. de la Coûtume de Paris.*

3. Que les ſaiſies ne doivent être generales ni verbales,parlant au debiteur de ſes biens, mais il faut qu'elles ſoient réelles & actuelles ſur les lieux, & particuliers, avec deſignation de la quantité & qualité des choſes ſaiſies, tenans & aboutiſſans d'icelles, &

& apposition de panonceaux royaux.

4. Que les proprietaires & debiteurs executez ne peuvent être établis Sequestres, comme nous l'avons aussi dit cy-dessus. ch. 3.

5. Que les criées sont nulles par faute d'établissement de Sequestres.

6. Qu'en matiere de meubles la saisie ne vaut sans d'placement d'iceux chap. 4. toutesfois si quelqu'un s'en rend depositaire, en Toulouse nous le prenons, lequel aprés on condamne à les remettre pour être vendus, ou à payer la somme, pour laquelle ils ont été saisis.

7. Que la saisie doit contenir & declarer les tenans & aboutissans; c'est à sçavoir le lieu, situation, qualité, contenance & confrontations, sur peine de nullité. chap. 5. & 6.

8. Qu'és Seigneurs & droits Seigneuriaux, si l'on n'est averti par le menu des droits & revenus, il suffit de saisir le principal manoir, comme la maison ou château, & droits Seigneuriaux, avec ses appartenances & dependances. chap. 7.

9. Que par ces mots *appartenances & dependances* est entendu, *& ea omnia veniunt quæ lege, statuto, vel consuetudine, vel destinatione patrisfamilias, deputata sunt, adjecta vel destinata per textum in l. Quod in rerum* §. *fin. ff. De leg.* 3. *& quod in eo maximè sit sequenda destinatio patrisfamilias l. Quæsitum* §. *Si quis ff. De fide instr.* & autres loix alleguées chap. 8. dudit traité des criées.

10. Que la saisie faite, le Sergent est tenu afficher à la porte de l'Eglise Paroissielle une attache, qu'aucuns appellent, placard, ou cartipel, contenant les choses saisies; mais pour mieux faire une copie de la saisie des biens assis en la Paroisse. Et si les heritages sont assis en diverses Paroisses, le semblable en chacune desdites Paroisses de ce qui sera assis en chacune d'icelles, comme il est porté par l'article 2. de l'Ordonnance du Roy Henry II. sur les criées.

Ou Cartipel] Ce mot signifie proprement un parchemin, sans doute comme qui diroit, *charta ex pelle*, j'ai remarqué dans l'expedié en forme d'un Arrêt du Parlement, en datte du 10. Juillet 1550. donné entre les habitans de saint Laurens le Minier & ceux du lieu de Casiliac prés de Ganges, qu'il y est fait vœu *d'une vieille transaction en cartipel.*

11. Que la saisie faite sera bon la faire signifier à l'executé,

afin qu'il n'en prétende ignorance, & ne trouble les Sequestres établis; en ce Ressort on y ajoûte l'assignation à voir faire les inquans.

12. Que l'adjudication par decret faite sur un curateur à l'heredité jacente, ou aux biens vaquans, est bonne, pourvû qu'auparavant ait été crié & publié à son de trompe, que s'il y a quelqu'un qui se die ou prétende heritier du défunt, vienne. chap. 9.

13. Que l'attache ou placard, ou copie de la saisie placardée doit être en François pour être entenduë de tous, & à la porte de l'Eglise, plûtôt qu'à la place, parce que tous les Chrétiens vont à la Messe Paroissielle à l'Eglise, & ne vont à la place que ceux qui veulent acheter ou vendre. chap. 10.

14. C'est à la porte de l'Eglise Paroissielle que telles attaches ou placards doivent être mis & affichez, & non aux portes des Eglises Cathedrales, Collegiales, ou Metropolitaines, si ce n'est qu'une d'icelles fut aussi Paroissielle.

15. Que si les biens sont assis, non à la Paroisse principale, ains en l'Eglise annexée à icelle, ou l'Eglise de secours, il suffira de l'afficher à la porte de l'Eglise annexée, comme par icelle l'Eglise Paroissielle étant répresentée.

16. Que si l'heritage crié est sur les limites de deux Paroisses, & ne sçait-on de laquelle il est; si c'est une maison, il la faut reputer être de la Paroisse & l'Eglise vers laquelle elle a son entrée & porte principale; si c'est une terre labourable, de la Paroisse en laquelle a accoûtumé d'être payée la Dixme és fruits excroissans en icelle, si ce n'est une terre labourable ains inculte, ne servant qu'au pâturage, il la faudra mettre à la porte de la plus prochaine Eglise Paroissielle.

17. A faute d'apposition de panonceaux ou armoiries du Roy aux bien saisis, les criées sont nulles chap. 12. & 14. en défaut desquelles armoiries en Languedoc & Guyenne, nous nous contentons de l'apposition d'une Croix de bois.

UNE CROIX DE BOIS] L'u age de mettre une Croix, ou de bois, ou de quelqu'autre matiere, ne doit pas être restraint aux Provinces de Languedoc & de Guyenne; l'Ordonnance du Roy Charles VII. de l'an 1441. en l'article 5. fait foi que cet usage étoit general pour tout le Royaume: elle justifie encore que dans ce tems là on ne mettoit pas seulement une Croix, en signe de saisie; Mais qu'avec la Croix on mettoit *une Baniere apparente*, ou un panonceau dons la suite du temps on se contenta de mettre, ou l'un, ou l'autre ; Et parce que la Croix étoit un signe, duquel on faisoit plus de consideration que d'un brandon d'une baniere & d'un panonceau : C'est de là sans doute que vint la coûtume de s'en servir en signe de ban, d'Arrêt & de saisie, plûtôt que deux autres marques qui furent peu à peu negligées ; jusques là qu'en plusieurs lieux c'étoit une coûtume parmi les Seigneurs Directes, mais sur tout quand outre la Directe ils avoient la Justice, de faire mettre des Croix, pour marquer par là, *ut quis non haberet intrare possessionem, nisi solutis juribus Domini* : ce qui faisoit voir qu'ils avoient droit de saisir (suivant la coûtume de ce Royaume) pour le payement de la censive ; ainsi qu'il est remarqué par *Marcus en ses decisions du Parlement de Dauphiné part. 1. decis. 609. num. 3.*

18. Que l'heritage dés qu'il est saisi ne peut être vendu par le proprietaire, *quia res est sub prætorio pignore l. 2. & 3. C. si in caus. jud. pig. cap. sit* Cap. 13.

ESTRE VENDU] La raison en est, parce que *Pignus prætorium rem ipsam afficit. V. Mayn. liv. 2. cap. 63.* la saisie feodale, à l'égard de laquelle ladite raison cesse, n'empêche pas d'aliener. *V. le Prestre centur. 1. chap. 54.*

19. Que les criées & inquans & affixion des attaches ou placards doivent être faites és jours de Dimanche, & non autres fêtes, à cause de la Messe Paroissielle, à laquelle l'Assemblée du peuple est plus grande. Chap. 16.

20. Les fruits échûs pendant les criées appartiennent au proprietaire, & ne peut l'adjudicataire les demander que du jour de la consignation de la somme de la surdite. Chap. 17.

21. Par l'enchere seule du dernier encherisseur, s'il est fugitif ou non solvable, le précedant encherisseur n'est quitte, ains doit fournir la somme de sa surdite : bien qu'aprés l'adjudication faite au dernier encherisseur, les precedans demeurent quittes. Ch. 21.

FOURNIR LA SOMME] *V. num. 31.*

22. L'oposant à fin de distraire ne peut être depossedé par le Sergent ou Commissaires ni Sequestres, ni par le Juge jusques en fin de cause, si ce n'est que l'acquisition du tiers possesseur fût en fraude du fisc ou des creanciers. Chap. 22.

23. Les Commissaires ou Sequestres doivent bailler à afferme les biens au plus offrant & dernier encherisseur avec proclamation devant l'Eglise, la partie executée appellée, pour éviter les fraix des Commissaires à la lieve de fruits. Chap. 23.

24. Le titre clerical d'un Prêtre peut être saisi, & crié & decreté. Chap. 24.

TITRE CLERICAL] *Revel sur l'usage du pays de Bresse en la remarque 6. & d'Argentré titre des justices art. 44. num. 5. & seq.*

25. La certification des criées doit être faite, non és Parlemens, Chambre des Requêtes, des Aydes, ou autres jurisdictions; mais devant les Juges ordinaires, où les biens sont assis. Chap. 24.

26. Toutes adjudications sont tacitement entenduës à la charge du cens, & autres droits Seigneuriaux, pour lesquels, & arrerages d'iceux, les Seigneurs fonsiers sont preferez à tous autres creanciers, *toto titulo*, *Sine censu vel rel. fund. comp. non. po. C. & ff. De censib.* Chap. 30.

27. Il se faut opposer pour la conservation des servitudes réelles comme si sur la maison venduë par decret le voisin prétend le puits d'icelle être commun, & avoir droit d'entrer & sortir par la porte & courroir d'icelle pour aller puiser de l'eau quand bon lui semble, ou qu'elle est tenuë recevoir ses eaux, ou sujettes aux servitudes *stillicidii*, *tigni immitendi*, *aquaeductus*, *luminum*, *altius tollendi*, & autres semblables servitudes réelles. Chap. 31.

28. Que le mineur n'est restitué envers le decret, soûs le seul pretexte de sa minorité, *nisi fraus intervenerit*, *vel enormis laesio per gl. in l. ff. C. Si aves. urend. pig.* & que *minor regulariter non restituitur si intervenerit tutor vel curator l. fi. C. De fi. instrum. & jure hastae fiscalis*, *sed datur contra tutorem si laesus sit d. l. fin.*

29. Saisie sur saisie ne vaut rien, mais il se faut pourvoir par opposition, & en hypoteque generale ne sont comprins les biens sujets à fideicommis ou restitution, ou en la prohibition d'aliener. Chap. 34. num. 5. & 15.

EN LA PROHIBITION D'ALIENER] C'est-à-dire pendant le tems qu'elle doit avoir éfet, & jusques au dernier substitué, parce que celui-ci pouvant valablement aliener, *l. cum. pater § libertis ff. de leg.* 2°. L'éfet de la prohibition d'aliener doit par consequent cesser en sa personne.

30. Aprés la quinzaine franche, passée depuis les quarante jours, les encheres ne doivent être reçûës Chap. 35. 36. 37. & 38. toutesfois il s'observe le contraire jusques à l'expedition du Decret faite sans dol, ni surprise, ou precipitation.

JUSQUES A L'EXPEDITION] *V. le tit. 1. de ce livre art. 1. §. 13.*

31. La folle enchere a lieu seulement és fermes du Roy, & le dernier encherisseur n'étant solvable, le précedent peut, s'il veut, demander la chose lui être adjugée. 39.

E's Fermes du Roy] On ne suit pas le sentiment de le Maistre, ni de Ranchin *decis. part.* 2. *conclus.* 315. car il est constant dans l'usage du Palais que la folle enchere n'a pas seulement lieu aux baux de fermes du Roy, mais en toutes sortes d'adjudications generalement.

S'il veut] Ce qu'il faut entendre au cas la chose ait été adjugée au dernier surdisant, & qu'ainsi sa surdite ait été acceptée ; car autrement il n'est pas en la liberté du premier encherisseur de se liberer de son enchere, à moins qu'il l'eût faite sous la condition expresse qu'il seroit liberé au cas il se trouvât quelque autre surdisant. Au reste il faut prendre garde qu'au présent article on fait dire à Le Maistre ce qu'il ne dit pas ; il s'en faut bien, puis qu'au *chap.* 20. *de son tr. des criées*, il soûtient conformément à l'usage de ce Parlement, que par l'enchere seule du dernier encherisseur, le premier encherisseur n'est pas quitte, & qu'il ne l'est qu'aprés l'adjudication faite au dernier encherisseur.

32. Les encherisseurs de justice peuvent être contraints par corps à consigner le prix de leurs encheres au Greffe, bien qu'ils s'excusent avoir encheri pour un autre. Chap. 40.

33. Les encheres ne doivent être reçûës, que les encherisseurs ne nomment leurs Procureurs au Greffe, & élisent leur domicile en la maison d'iceux : & si le Procureur encherit, il suffit qu'il répresente celui pour lequel il a encheri. Chap. 41. 42. & 43. par l'Ordonnance art. 9.

34. Les Decrets sont adjugez à la charge des droits & devoirs Seigneuriaux, & fraix de Justice, par l'Ordonnance art. 12. pour les arrerages desquels le Seigneur se doit opposer, étant preferé pour iceux aux fraix des criées, Chap. 44. Toutesfois il s'observe que les fraix de Justice sont préferez : & depuis par un Arrêt parti en toutes les Chambres, & départi les Chambres assemblées, fut dit que pour les arrerages les Seigneurs ne se doivent opposer, Arrêt du 15. Janvier, rapporté par Mr. Maynard, liv. 2. Ch. 36.

35. Pour le droit de Dixme encores qu'il soit infeodé, on n'est tenu s'opposer non plus que l'Eglise. Chap. 45.

36. Des oppositions, afin de distraire des criées ce que quelque jour doit appartenir par substitution, fideicommis, condition, ou autrement, Chap. 46.

37. Le premier creancier n'être preferé, si de son consentement la chose est au second creancier hypotequée : bien est le creancier préferé à tous, quand de ses deniers la chose qui est en criées est acquise. Chap. 48.

De son consentement] Cela est vrai quand le creancier donne son consentement exprés, auquel cas les femmes mémes quelques privilegiées qu'elles soient, renoncent à leur hypotheque. *l. jubemus. C. ad Sc. Velleian.* ou quand le creancier intervient dans un contrat comme partie principale, & non simplement comme témoin. *V. Cambolas livre 5. chap. 25. d'Olive livre 5. chap. 28. Maynard livre 8. chap. 70. Brodeau sur l'art. 21. de la coutume de Paris num. 3. & 4. & sur Loüet litt. N. num. 6. Charondas en ses resp. liv. 7. chap. 217. Bouguier litt. H. n. 8. Ann. Robertus rer. judic. lib. 4. cap. 13. & seq. Mornac ad l. Cajus, ff. de pignor. actio. & Bronchorst centur. 2. assert. 100.*

38. Les preuves, autoritez & raisonnement de cés Aphorismes ou brieves sentences, le Lecteur pourra voir à leur original dudit sieur President le Maistre en son Traité, Des criées, qui est en François & livre commun.

Des Desesperez ou qui se tuent eux mêmes.

TITRE II.

ARR. I.

PAr Arrêt du Parlement de Toulouse Guillaume Valiech charretier, s'étant pendu & étranglé lui-même dans la prison, pendant l'appel de la Sentence de condamnation de la question & torture contre lui ordonnée par le Viguier de ladite Ville; fut ordonné que son corps seroit mis à un carrefour, hors ladite Ville sur quatre pilliers auprés des fourches patibulaires, & ses biens confisquez, la tierce partie d'iceux reservée à ses femme & enfans, & l'execution dudit Arrêt renvoyée audit Viguier. Prononcé le cinquiéme Avril 1571.

SES BIENS CONFISQUEZ.] Quand des desesperez se tuent eux-mêmes, *& sibi letum insontes peperere manu*, leurs biens ne sont pas sujets à confiscation, suivant l'Arrêt rapporté par l'Auteur *au liv. 1. tit. 37. art. 1.* supposé qu'ils se soient tuez *tædio vitæ*, parce qu'en ce cas n'étant coupables qu'envers Dieu, & n'étant pas criminels à l'égard des hommes, il n'est point juste qu'ils soient traitez comme infames, ils laissent aussi leurs biens à leurs legitimes successeurs : mais quand ils se tuent *in reatu*, pour se dérober à la peine, comme en ce cas *pro confessis & pro damnatis habentur*, leurs biens doivent être confisquez, suivant l'Arrêt du present article, & celui qui est rapporté *en la suite de ce Recueil tit. 33. art. 3.* pourtant en ce dernier cas la confiscation n'a pas lieu, s'ils s'étoient étranglez, n'étans pas en prévention pour crime capital, ou si leurs parens justifient qu'ils étoient innocens du crime dont ils étoient accusez : car il est certain que si les parens *parati sunt defensionem suscipere admittuntur leg. 3. & fin. ff. de bon. cor. qui ant. sent. mort. sibi consciu. V. Ferrer. in quæst. 76. Guid. Pap. d'Olive liv. 1. chap. 40. Ann. Robert. rer. jud. lib. 1. cap. 12. & dd. in l. ult. ff. de his qui sibi mort. consciu.* mais quoy que ceux qui se sont tuez par desespoir ne confisquent pas leurs biens, on les prive néanmoins de la sepulture, comme on le faisoit autrefois parmy les payens, Meursius le remarque en son traité *de funere. cap. 13.* où il dit qu'on n'enterroit pas les homicides de soy-même, ni ceux qui étoient morts par naufrage; il est vrai que pour qu'ils ne fussent pas sans sepulture, on leur attachoit au bras ou ailleurs quelque piece d'argent *in pretium sepulturæ*, pour celui qui en prendroit le soin, c'étoit indirectement leur donner sepulture, puisque par ce moyen on la leur procuroit. Nous sommes aujourd'hui plus rigides, quoyque sous la loy de grace, & l'homicide de soy-même est si odieux, qu'on jette à la voirie le corps mort, comme si c'étoit le cadavre d'une bête; il en faut excepter ceux dont il est parlé en ce livre *lit. F. tit. 12. art. 9.*

ARR. II.

LE Mardy 28. Juin 1641. fut plaidée une cause contre les Viguier & Juge, Lieutenant & Procureur de Villeneufve de Berc, & condamnez en grosses amendes, d'autant qu'ils avoient fait pendre le corps d'un pauvre homme, qui en fuyant les Ministres de justice s'étoit precipité du haut d'une maison en bas, & tué.

Depôt, Consignation, & Depositaire.
TITRE III.

ARR. I.

PAr Arrêt de Toulouse le 23. Avril 1554. avant Pâques, en la cause playdée entre les Consuls de Montpelier appellez d'une part, la Cour fit inhibitions à tous Juges & Executeurs d'ordonner aucuns dépôts, consignations és mains de leurs Clercs, parens, ou domestiques: moins entre leurs mains, comme fut jugé contre Foyssac Lieutenant particulier de Montauban, condamné pour ce en 30. liv. d'amende par Arrêt du 23. Aoust 1571.

ENTRE LEURS MAINS] *V. Le traité du reglement des Juges-Mages chap. 5. art. 13.*

ARR. II.

DEpôt pour être valable doit être fait d'autorité de justice, même s'il y a instance pendante en la Cour, comme fut jugé au procés Dentraigues en Janvier 1581.

ARR. III.

PAr Arrêt de la Cour, au rapport de Mr. Ferrandier au procez de Françoise d'Espagne le 5. Juillet 1575. fut jugé que le depositaire seroit tenu rendre la somme depositée en mêmes especes, & de la valeur qu'elles étoient lors que le depost fut fait de certaine somme d'argent, par la loy *Si quis vel pecunias. cum Auth. sequenti. C. Depositi. Boër. decis.* 327. *num.* 18.

LE DEPOSITAIRE.] Le depositaire qui n'exhibe pas les mêmes especes qui lui ont été baillées en garde, doit faire raison des profits & des interêts qu'il faut qu'il ait pû retirer. *l. quintus. ff. depositi. dd. ad l. si quis. C. eod.* le préjugé que rapporte *Louet. lit. Cod. num.* 7. ne pouvant être entendu que d'une consignation de somme sans specification expresse des especes. Le depost a encore ce privilege, que quand le depositaire vivroit aussi long-tems que Mathusalem, on pourroit toûjours agir contre lui, sans qu'il pût opposer aucune prescription; mais son heritier ne pourroit pas être recherché aprés trente ans, si le depost n'étoit plus en nature : la faveur même de l'Eglise ne rend pas la cause de l'heritier du dépositaire moins favorable : en effet le sieur de Castelnau, fameux Avocat de Nismes, ayant été relaxé par jugement de Messieurs des Requêtes de la demande d'un dépost fait entre les mains de son bisayeul, par le Chapitre de ladite Ville, de plusieurs ornemens d'Eglise, le Chapitre acquiesça à ce jugement aprés avoir pris conseil, ces préjugez sont fondez sur la Loy *ubi adhuc. §. interdum. ff. de usucap. & usurpat.* laquelle sert d'exception à la regle générale, qui veut que le dépot ne prescrive point. *l. si duo. §. creditores. ff. uti possid.* Au reste bien que le depositaire soit obligé de rendre en mêmes especes, quoy qu'elles soient surhaussées, & que par ce moyen elles excedent la somme limitée par l'acte de dépost, suivant la doctrine de *May. liv. 3. chap. 31.* on peut dire néanmoins qu'il peut changer les especes *quando est imminens mutatio pecuniæ*, & que les especes déposées doivent être décriées, ou qu'elles doivent diminuer de prix; car enfin, quelque sacré que soit un dépost, ceux au profit desquels il est fait, trouvent en ce cas leur avantage, & la sage précaution du dépositaire qui a veillé pour eux ne doit pas lui porter préjudice, *officium suum nemini debet esse damnosum.*

ARR. IV.

LE depost & consignation de la somme, ou chose deuë ne suffit pour éviter les interests & dépens, ains faut qu'audit effet tout ce que par jugement sera dit être dû soit consigné.

ARR. V.

QUand il est ordonné que certaine somme de deniers sera mise és mains d'un Marchand responsable, si celui qui est pris d'office par le Juge refuse sans cause recevoir le depost, il y peut estre contraint par amendes & par corps si besoin est. Et ainsi se juge.

Dépens.

TITRE IV.

ARR. I.

LA taxe des dépens doit estre faite par le Rapporteur, comme étant le mieux instruit du procez, ou en son absence, maladie, ou autre empêchement, par autre commis par la Cour, comme fut jugé au procez de Pierre Moreau par Arrest à Toulouse le sixiéme Fevrier 1576. arresté le 3. dudit mois.

ESTRE FAITE] *V. l'Ordonnance de 1667. tit. 31. art. 32.*

ARR. II.

PAr Arrest du 22. Decembre 1537. arresté le 19. dudit mois contre Jacques Marchand, fut dit qu'il ne sera taxé pour les exploits

exploits d'un Sergent, sinon que ce qui est accoûtumé d'être payé à un Sergent trouvé sur le lieu, & qu'à celui qui a écrit l'exploit ne sera rien taxé.

ARR. III.

LA Cour a fait inhibition & défense aux parties playdoyans & leurs Procureurs, & à tous autres, ne faire proceder à la taxe d'aucuns dépens, que le Commissaire n'ait esté deuëment commis & deputé, suivant le stile ; & aux Greffiers & leurs Clercs n'expedier aucunes lettres executoires sur lesdits rôles, que l'acte de la taxation ne soit signé par le Commissaire qui aura procedé à ladite taxe, sur peine de quatre mille livres, & de nullité desdites taxes & executoires, & d'estre responsables de tous dépens, dommages & interests aux parties. Prononcé à Toulouse en Parlement le sixiéme Fevrier mil cinq cens septante-six.

ARR. IV.

ENtre Me. Pierre Gase Lieutenant du Juge de la Bernoze appellant du Senéchal de Quercy, ou son Lieutenant à Lauserte, contre la Croix & Motye, entre lesquels la Croix & Motye, y ayant eu quelque petit batement, enquis par autorité dudit Juge, appointez contraires, Motye demandeur auroit fait declaration audit Juge ou lieutenant, qu'il ne vouloit point plaider davantage, car il étoit d'accord avec sa partie: toutesfois ledit Lieutenant ordonne que ladite declaration demeurant écrite, Motye bailleroit sa demande, & articuleroit ses faits: à la premiere audience toutes parties se presentent, & font autre & semblable declaration, disans qu'ils sont d'accord, & qu'ils ne veulent plus plaider. Troisieme déclaration semblable toujours, ledit Lieutenant ordonne qu'il bailleroit sa demande. Quatrieme déclaration, ordonne que les parties contraires articuleront & prouveront : suivant lequel appointement le parties sont si avant plongées en procez, qu'ils font enquêtes principales & objectives sur les salvations, appointé en droit ; la Croix condamné en 25. l. & aux dépens; & cent sols envers les Seigneurs. Dequoi appel relevé pardevant led. Senechal bien appellé, les parties mises hors d'instance, & ledit Gase condamné à rendre tout ce qu'il en avoit pris, dont auroit relevé appel en la Cour, par Arrest de laquelle aprés plusieurs remonstrances du devoir du Juge fut l'appellation, & ce dont estoit appellé mis au néant, lesdites parties mises hors de procez, veuës leurs declarations, & sans despens, & ce qui les concerne ; & au surplus condamne ledit Gase à rendre tous les emolumens, cent cinquante livres d'amende envers le Roi, suspendu par trois mois, & aux dépens de l'appel, & tous dépens, dommages & interests envers lesdites parties.

ARR. V.

CEux qui transigent pendant un procez, si notamment ils n'exceptent que c'est sans préjudice des dépens & interests, ils ne sont après receus à les demander : & ainsi fut jugé le 29. Juillet 1593.

DE'PENS ET INTERETS] On suit la distinction que fait Ranchin. *in quest.* 55. *Guid. Pap.*

ARR. VI.

ARrest en matiere beneficiale, qu'un subrogé ne sera tenu des dépens faits par son predecesseur, entre un nommé Resseguier, & un nommé Rafanelle, donné le 14. jour de Juin 1534.

* NE SERA TENU.] *V. Rebuff. in praxi benific. part.* 2. *tit.* 2. *de subrog. num.* 47. *cum seq. & au tome troisiéme de ses commentaires sur les Ordonnances Royaux tract. de expensis art.* 1. *num.* 31. *& art.* 5. *num.* 59. comme les dépens sont personnels, il est certain que regulierement parlant le subrogé n'est tenu aux dépens que depuis le jour de la subrogation : toutefois l'usage a été contraire en trois cas. *Primò.* Quand le subrogé avoit repris purement & simplement le procez qui avoit été commencé avec son prédecesseur. *Secundò.* Quand il s'agissoit d'un resignataire qui avoit été subrogé aprés la recreance. *Tertiò.* Quand l'action étoit contre un Abbé, par exemple, comme tel, parce que les dignitez ne meurent point, *sed habent successorem.* En ces trois cas on adjugeoit contre le successeur au benefice les dépens faits du tems de son prédecesseur, & cet usage dure encore.

ARR. VII.

PAr Arrest du 15. Decembre 1547. fut dit qu'aux taxes de dépens on ne prendroit sol pour livre, mais seulement selon la grandeur du rôle.

ARR. VIII.

PAr autre Arrest du 24. Juillet. 1552. entre Grandsaigne, & Tauriegue, fut inhibé aux Presidiaux du ressort, de taxer, ni recevoir pour chacune taxe de dépens, que 15. sols, & de députer pour faire lesdites taxes, plus que d'un Commissaire.

ARR. IX.

ENtre Pierre Rabaudy, & les Consuls de Villariez, fut inhibé aux Procureurs de poursuivre taxe de dépens, sans bailler

& communiquer les rôles aux Procureurs qui les pourront tenir trois jours, le 21. Juin 1575.

SANS COMMUNIQUER.] *V. l'Ordonnance de 1667. tit. 31. art. 4. & suivans.*

ARR. X.

PAr Arrêt du 7. Juillet 1571. & 16. Decembre 1585. fut dit que conformement à l'Ordonnance, la taxe & condamnation des dépens, & la liquidation d'iceux seroit faite & poursuivie contre le garieur & évictionaire, & non contre le garanti.

CONTRE LE GARIEUR.] Cela est conforme à l'Ordonnance de *1667. tit. 8. art. 11.* qui a renouvelé la dispositiou de l'article 20. de celle de 1539. ainsi il ne faut pas s'arrêter à la doctrine qu'établit *Boërius en sa decis. 75.* non plus qu'à la distinction que font *Papon liv. 11. tit. 4 art. 13. Bourdin & Fontanon sur ledit art. 20. de l'Ordonnance de François I.* en soûtenant que la sentence ne peut être éxécutée pour les dépens contre le garanti, que lorsque le garant se trouve insolvable; car à suivre le sens de ces Ordonnances, il est certain qu'indistinctement le garant seul doit être éxécuté pour les dépens, dommages & interests, sans aucun recours contre le garanti. La nouvelle Ordonnance le decide même en termes plus forts que celle de l'an 1539. étant conceuë en termes negatifs & prohibitifs; *ne sera faite que contre les garants.*

Dixmes.

TITRE V.

ARR. I.

IL y a reglement de la Cour de l'an 1564. 21. Juin, pour le payement du droit de dixme à la poursuite du Syndic du Diocese, contenant entre autres choses, permission aux Curez, Recteurs & autres Beneficiers d'aller depiquer leur cottité des fruits decimaux, & porter leur vendange, & faire tenir leur vin où bon leur semble.

ARR. II.

PAr Arrêt du 13. Avril 1540. entre le Recteur de Rieupeyroux en Rouërgue & le Doyen de ladite Eglise, fut dit & déclaré, qu'au droit de premices ne sont compris les droits Seigneuriaux, sçavoir les quarts, quints, censives, & directitez de ladite Eglise. Et par autre Arrêt du 22. Mars 1556. entre le Syndic du Chapitre de Beaumont, & le Recteur dudit lieu fut aussi dit & déclare qu'en la quatriéme partie adjugée aux Recteurs, doit être précompté le droit de premice qu'ils ont accoûtumé prendre, non toutesfois les oblations & offrandes.

NE SONT COMPRIS.] Comme le cens dû à l'Eglise est plus noble que celui qui est dû aux Seigneurs; qu'il n'est pas même juste que l'on paye le cens de la dixme, comme cela arriveroit si les droits Seigneuriaux se payoient avant la dixme, & que suivant le droit canon la dixme est deuë *in recognitionem dominii generalis*, lequel s'étend sur tous les fruits universelement, & le doit aussi emporter sur la Seigneurie directe, par toutes ces raisons la dixme s'exige avant les droits Seigneuriaux, même elle est dûë sans deduction du travail, des frais & de la semence. *Cap. ex parte & cap. tua extr. de decim.* ce qu'il faut entendre des decimes prédiales, car il en étoit autrement des personneles, qui se payoient autrefois du negoce qu'on faisoit, & desquelles on déduisoit les frais. *Cap. pastoralis. extr. de decim.* la raison en est qu'à cet égard la dixme se payoit seulement du gain & du profit du negoce qu'on faisoit, ce qui a été dit des droits Seigneuriaux demeure justifié par l'Arrêt rapporté *au traité des droits Seigneuriaux. Chap. 6. art. 15.* au sujet du Champart.

Droit de Premice.] La coûtume de l'exiger est prescriptible dans quarante ans, ainsi jugé par l'Arrêt de la Grand'Chambre donné judiciellement le 7. Decembre 1653. en faveur des habitans de Sauvrac contre l'Abbé du Mas d'Azil.

Arr. III.

Par Arrêt de Toulouse du 16. Mars 1477. executé par Mr. de Lauret premier President au Parlement dudit Toulouse, suivant une precedente transaction entre l'Evêque & les Dioccesains d'Alby, le diziéme du saffran, est ordonné qu'il sera payé de douze un, confirmé par autre Arrêt du 6. Mars 1489. & par autre Arrêt du 7. Septembre 1493.

Transaction.] Quoy que la dixme doive regulierement être payée en espece, toutefois on peut convertir le payement en argent par transaction, & par l'Ordonnance de 1580. art. 29. telles transactions doivent être observées : c'est l'espece de l'Arrêt donné le 30. Juin 1676. au rapport de Mr. Daspe en faveur de Pierre Boissier & du Syndic des habitans du Lieu de Langlade en Vaunage contre Me. Claude Brunel, Vicaire perpetuel dudit lieu; car par cet Arrêt le Syndic & habitans dudit lieu furent maintenus en la faculté de payer le droit de dixme du bétail à laine à raison d'un sol par téte, conformement à une transaction du dernier de Novembre 1639. passée avec le predecesseur dudit Me. Brunel, cette transaction avoit été passée sur une enquête, par laquelle ces habitans avoient prouvé en certaine instance qui étoit pendante au Senéchal de Nismes, que c'étoit une coûtume observée de tout tems audit lieu, de ne payer la dixme du bétail à laine qu'à raison d'un sol par téte, ce qu'on justifioit par trois quittances des années 1598. 1623. & 1637. dont il étoit fait veu audit Arrêt.

Arr. IV.

Extrait des Registres de Parlement.

Entre le Syndic du Chapitre de S. Sernin en Toulouse, demandeur d'une part, & Jean Audric Marchand de Blaignac, Jean Fornilles, Michel Bordes, Raymonde Cabarette, Me. Jacques Rech, Chanoine en l'Eglise Metropolitaine saint Estienne de Toulouse, Damoiselle Jeanne de Chauvet, femme à Me. Pierre Simon de Buet Conseiller du Roy en la Cour, & Commissaire en la Chambre des Requêtes du Palais, défendeurs d'autre, Veu le procez du 13. Juin dernier, Arrêt donné par la Cour le 16. May dernier, requête de forclusion, défauts par ledit Syndic obtenus contre Antoine Peyres, & Antoine Parlieres devant ledit Commiſſaire, joints au principal, & autres productions conſignées en l'inventaire dudit Syndic. Dit a été, que la Cour a condamné & condamne leſdits Audric, Fornille, Bordes, Cabarette, Rech, & de Chauvet, payer audit Syndic de treize tables une, tant de l'ail, oignons, que choux cabus, blancs & rouges, porreaux, & eſpinars, pour le droit de dixme d'iceux fruits excroiſſans dans les jardins & terroir dit de Sardaigne, en la Parroiſſe dudit ſaint Sernin, & hors dudit terroir en ladite Parroiſſe de quinze tables une, d'iceux fruits, & à toutes & chacunes les fois que leſdits terroirs porteront leſdits fruits, & encores la quinziéme partie de la graine deſdits fruits, & auſſi des lins & chanvres, & des bleds, ou fourrages, la quinziéme partie qui provient d'iceux; & en outre de chaque brebis ayant aigneau qu'ils tiendront dans ladite Parroiſſe, un liard; & de dix cochons un pour le droit de dixme, ſuivant la ſentence donnée par le Senéchal de Toulouſe, ou ſon Lieutenant, le 20 Novembre 1551. Sans toute-fois comprendre à ce les jardins clos & fermez, ſervans pour le plaiſir & uſage des proprietaires, deſquels ſuivant la declaration dudit Syndic miſe en ſon inventaire, ne ſera pris aucun droit de dixme; ſi ce n'eſt au cas qu'ils ſoient ſemez de bled, chanvres, ou lins, auquel cas payeront dixme d'iceux grains en la forme ſuſdite, & a condamné & condamne leſdits défendeurs aux dépens envers ledit Syndic, la taxe reſervée: & avant dire droit ſur l'utilité deſdits défauts, a ordonné & ordonne que ledit Syndic fera aſſigner en la Cour leſdits Peyres & Parlieres, pour après y être pourveu, & cependant les a condamnez & condamne aux dépens deſdits défauts envers iceluy Syndic, la taxe d'iceux reſervée. Prononcé à Toulouſe en Parlement le 7. Aouſt. 1603. ſigné, De Malenfant.

Dans les Jardins.] Par Arrêt du 30. Janvier 1670. le Syndic du même Chapitre de S. Sernin fit condamner les Jardiniers de la Ville de Toulouſe à lui payer la dixme des oignons, des apis, & des herbes potageres excroiſſans dans leurs jardins; le Syndic du Chapitre de la Ville de Niſmes fit auſſi condamner celui des Jardiniers par Arrêt du 6. Mars 1640. à lui payer la dixme des hermes & autres choſes qui ſe recueilliroient dans les Jardins, autres toutefois que les clos & ſervans à la ménagerie des proprietaires, à raiſon de douze monceaux ou gerbes une, ou de douze planches ou tables une, ou de douze livres une, ſçavoir de la graine de Marjolaine, de la gainée, du corail, chardon benit, fenoüil doux & amer, de l'ail, oignons, artichaux, poix, febves & autres legumes, du bled de Turquie & d'Eſpagne, millet, naveau, tabac & ſariete. Par tranſaction du 25. May 1642. il fut convenu qu'à la place de la dixme adjugée en eſpece par cet Arrêt, les Jardiniers payeroient pour chaque salmée de terre de leurs jardins six émines de beau bled à la fête de S. Michel. La raison qui assujettit les Jardins au payement de la dixme, est prise de la regle de droit, *subrogatum sapit naturam subrogati*, suivant laquelle il est juste que puisque les lieux qui servent de Jardin produisoient autrefois du bled qui payoit dixme, les fruits excroissans aux Jardins la payent aussi : outre qu'autrement on pourroit frauder la dixme, si les jardins en étoient exempts.

LESDITS TERROIRS.] A propos des terroirs, il ne doit pas être inutile d'observer que quoy que les dixmes personnelles soient abrogées, toutefois le Curé d'Encausse au Diocese de Comenge, se fit maintenir provisionelement au droit *de Reibe*, contre le Curé de Raigades par Arrêt donné en la Grand'Chambre le 12. Septembre 1673. ce droit est une espece de dixme que les Curez exigent en certains lieux dans les Paroisses voisines, à cause des cultures que leurs Paroissiens y font durant toute l'année.

LINS, CHANVRES, BLEDS, OU FOURRAGES.] Il y a Arrêt du 7. Août 1603. au rapport de Mr. de Sabatier en faveur du Chapitre de S. Sernin de Toulouse, qui condamne divers particuliers au droit de dixme du linet, chanvre, bleds & fourrages, comme aussi de la graine desdits fruits. Ces especes sont si sujettes à payer dixme, que quand on les recueilliroit dans des Jardins clos, elles n'en seroient pas exemptes, & sous celles des bleds sont compris, tant le millet ordinaire, témoin l'Arrêt donné au rapport de Mr de Cambolas le 23. Mars 1657. pour Me. Arnaud Bonnefoy, Recteur de Cayrac contre ses Parroissiens, que le gros millet, connu sous le nom de bled d'Espagne, témoin l'Arrêt donné le 5. Avril 1647. au rapport de Mr. d'Olivier en faveur du Chapitre de S. Pierre de Burlats contre les Consuls du lieu de Cabanes.

JARDINS CLOS ET FERMEZ.] Ce qu'il faut entendre *juxtà legitimum modum*, en ce que les Jardins n'excedent pas deux journées d'homme à fossoyer, suivant l'Arrêt donné en l'année 1628. entre le Prieur de Chaix & les Habitans dudit lieu, il fut donné au rapport de Mr. de Lucas le 21. de Juin. Ainsi le Syndic du Chapitre de S. Sernin & le Recteur de Blaignac ayant été maintenus par Arrêt du 8. Mars 1640. au rapport de Mr. de Vedelly, à lever la dixme des artichaux qui croîtroient dans la dîmerie dudit lieu hors des Jardins & dans les champs ouverts, autres que ceux qui serviroient à l'usage domestique des particuliers habitans dudit lieu; Le Syndic du Chapitre demanda l'interpretation dudit Arrêt, & par autre Arrêt du 29. du mois de Juin suivant, la Cour déclara avoir entendu comprendre en la maintenuë portée par le precedent Arrêt, la dixme de tous artichaux excreux, non seulement dans les champs ouverts, mais encore dans les enclos qui excedent la portée des jardins ordinaires & proportionnez aux usages domestiques des particuliers habitans; mais ce n'est pas tout que les jardins clos n'excedent pas deux journées d'homme à fossoyer, il faut encore que cela soit sans abus, car quand ils seroient d'un moindre contenement, & qu'ils seroient joints aux maisons des proprietaires, ils seroient sujets à la dixme si on les semoit de bled, parce qu'on les divertiroit de leur usage naturel qui est de porter des herbes & des fleurs.

Dot & preferance d'icelui.

TITRE VI.

ARR. I.

POur empêcher le privilege & preferance du dot aux creanciers anterieurs suivant les loix, *ubi adhuc. De jure dot.* & la loy, *Assiduis, C. qui poti in pig.* il faut que les créanciers étant avertis du traité de mariage avant le contrat d'iceluy, denoncent par acte public, & notifient leurs debtes & obligations à la future femme, & aux constituans la dot, & en protestent le cas de predecez du mary advenant, afin qu'ils n'en pretendent cause d'ignorance. Et ainsi fut jugé par Arrêt de Toulouse, donné au rapport de Mr. Catel en l'an 1607. pour les creanciers de Calot contre la femme de Fernandy, ayans usé de pareille precaution & notification à ladite de Fernandy & Dulmieres sa mere, avant ledit contrat de mariage. *arg. l. Si fundum. C. de rei vindic. l. Ait prætor. §. Si quis particeps. ff. de edendo. l. Quid in hærede. in verbo (Ipse.) ff. de tribut.* parceque *decipientibus non est subveniendum.*

Denoncent par Acte.] Il suffit que la denonciation soit faite avant les épousailles; si la chose estoit autrement, on éluderoit toûjours le droit que les creanciers ont de denoncer leurs hypotheques, parcequ'il seroit facile de passer les pactes de mariage, & de fiancer en cachette; cette denonciation doit estre faite à la fiancée en personne, ou en domicile par acte de main publique. Et suivant les derniers Arrets (ce qui me paroit un peu extraordinaire) il ne suffit pas qu'elle soit faite en domicile, ou en la personne du pere, lorsque la fille est mineure, il faut qu'elle soit faite à la fiancée personnellement. Il y a mesme plusieurs cas qui equipollent à une denonciation formelle; comme quand les creanciers aprés avoir fait saisir les biens du futur époux en ont poursuivy les inquants avant la benediction du mariage, parceque tels inquants, bien entendu qu'ils ne soient pas perimez, tiennent lieu de denonciation; & en effet on peut dire qu'une denonciation faite par le moyen des inquants est d'un caractere qui la rend & plus publique & plus notoire que celle qui se fait dans une maison entre quatre murailles, ou en personne teste à teste par le simple ministere d'un Notaire, c'est l'espece des deux Arrests donnez en la premiere Chambre des Enquestres de ce Parlement; l'un le 28. Juin 1663. au rapport de Mr. de Lafont en la cause de la Dame d'Aumelas & du Sieur de Bonneval; & l'autre le 15. Mars 1669. au rapport de Mr. d'Avizard, au profit des créanciers du nommé Montfort contre Marguerite de Mazars sa veuve. Le second cas, qu'on a creu équipoller à une denonciation formelle, est à l'égard des enfans d'un premier lit pour les sommes données à leur mere dans son contrat de mariage pour habits, bagues & joyaux, ou pour autre cause, car une seconde femme est censée avoir connoissance d'une telle donation, ne pouvant pas ignorer le premier mariage de son mari; de sorte qu'à cet égard elle ne peut pas joüir du privilege de sa dot au préjudice des enfans du premier lit, veu même qu'à cause du respect qu'ils doivent avoir pour leur pere, sur tout quand ils sont sous sa puissance, on les doit considerer comme ayant les bras liez, & comme étans dans une espece d'impuissance physique à dénoncer l'hipotheque qu'ils ont sur les biens de leur pere. Il y en a Arrêt donné l'onziéme d'Août 1674. en la seconde Chambre des Enquêtes au rapport de Mr. de Jollé en faveur de Jacques Brousse, mari de Loüise Rimbaud, icelle fille de feus Claude Rimbaud & Catherine de Roure, de la Ville d'Aubenas, contre Jeanne Roche femme en secondes nôces dudit Rimbaud; il ne s'agissoit que de 60. liv. données pour bagues & joyaux. La même question s'étant présentée en la Chambre de l'Edit seant à Castelnaudarry en l'instance de distribution des biens de feu Charles Vaudan Sieur de Villeneuve, & Albert Baudan son fils, prétendant que pour la somme de 3000. liv. donnée pour bagues & joyaux à Gabriele de Barnier sa mere, il devoit être alloüé préferablement à Lucresse de Dorgeoise, femme en secondes nôces dudit Sr. de Villeneuve, il intervint Arrêt de partage au rapport de Mr. de Juillard le 23. Juin de l'année derniere 1679. ce partage fait voir que le privilege donné en faveur des enfans de Rimbaud, ne doit pas etre tiré à consequence, & qu'il n'est pas établi sur un usage constant de juger du Parlement.

ARR. II.

PAr Arrest parti en toutes les Chambres, & déparry toutes les Chambres assemblées au mois de Mars 1610. fut resolu que les enfans, ni les heritiers de la femme, ni même le pere recouvrant la dot de sa fille par droit de retour, ne joüissent point du privilege du dot au préjudice des substituez, parce que, *est privilegium personale, & stricti juris*, & que *mortua uxore non amplius censetur dos, sed proprium patrimonium patris, filiorum aut fratrum.*

*QUE LES ENFANS.] Il est certain que si bien presque tous les privileges de la dot soient personnels, les enfans toutesfois en joüissent, *l. assiduis. §. exceptis. C. qui potior. in pign. habeant.* Et suivant la distinction que fait Godefroy sur la Loy *un. c. de privileg. dot.* ainsi l'auteur se trompe quand il dit que les enfans ne joüissent pas du privilege de la dot sur les biens substituez, l'usage est si contraire, que mesme les heritiers étrangers usent de ce privilege, cela est trivial.

ARR. III.

LA dot doit estre restituée en especes reçuës comme valoient lors de la reception & reconnoissance : par Arrest du 22. Mars 1583. entre Molinier Avocat, & Florete Dazalbert veuve.

COMME VALOIENT.] *V. le tit. 5. de ce liv. lit. M. art. 45.*

ARR. IV.

PAr Arrest general prononcé en robes rouges par Monsieur Durand premier President le 13. Septembre 1585. entre Marie de Pellepoix, demandant la repetition de son dot, & le Syndic de l'hôpital de Toulouse substitué aux biens sur lesquels la dot doit estre demandé. La femme fut demise de sa demande, & decis que l'auth. *Res quæ. C. de fidæicommissis*, n'auroit lieu que *inter descendentes, & non inter collaterales*, & aux substitutions faites par les pere ou mere à leurs enfans & descendans d'iceux, & non aux substitutions faites par les oncles, ou autres collateraux, ni aussi par les étrangers.

COLLATERAUX.] Pour que la dot se puisse prendre sur les biens substituez par un ascendant, il faut qu'elle ait été réellement payée, on ne peut même la prendre que subsidiairement en defaut des biens libres du mari; l'augment a le même privilege, c'est-à-dire l'augment coûtumier suivant *Maynard liv. 3. chap. 20.* mais comme deux causes lucratives ne peuvent pas concourir, les interêts aussi de la dot n'ont pas ce privilege; ni selon *Ferrer. in quæst. 96. Guid. Pap.* l'augment coûtumier s'il y a prohibation d'aliener les biens substituez, peut-être est-ce bien le motif de l'Arrest rapporté *en l'art. 20. de ce tit.* & pour que la dot puisse estre considerée comme réellement payée, il faut necessairement que la reconnoissance porte que les témoins numeraires & le Notaire recevant ont veu la realité & la numeration des especes, pieces, autrement la reconnoissance ne passe que pour une sinple liberalité sans privilege de dot, suivant l'usage inviolable du Parlement. Il semble même qu'il faut induire de la *Novel. 39. chap. 1. §. hac igitur.* que l'Empereur refuse ledit privilege à la dot, qui est réellement augmentée pendant le mariage, quoi qu'elle doive avoir davantage que celle qui est simplement confessée : au reste l'Authentique *res quæ* cesse, lors que les biens substituez ont été alienez avant le contrat de mariage : comme aussi lors qu'il y a eu deux ou trois dots distraites, parce qu'autrement *illusoria & inutilis esset substitutio. V. Ferrer. in quæst. 2. Durant. Brod. sur Loüet lit. D. n. 21.* & même à l'égard d'une femme dont la dot consistoit en fonds, qui a été aliené par son mari : la raison en est, que l'action sur les biens substituez n'est que subsidiaire, & que la femme en a une directe contre les acquereurs, des mains desquels elle est en droit de les vendiquer, suivant la loi *Julia de fundo dotali.* ainsi elle ne peut, ni ne doit se servir de l'action subsidiaire sur les biens substituez : si le contraire lui étoit permis, on renverseroit facilement les fideicommis, & il seroit facile de frauder la volonté des testateurs.

ARR. V.

LE 20. Juillet 1592. au procez de la femme de Gayrel Procureur, fut jugé que les habillemens de dueil d'une veuve, & sa pension durant le veuvage, joüissent de mesme privilege de priorité d'hypoteque que le dot, & pour iceux la femme est preferée *omnibus creditoribus, etiam anterioribus*; autrement de l'augment qui n'a hypotheque que du jour des pactes.

HABILLEMENS DU DUEIL.] Ces habits ont le privilege de la dot, parce qu'ils tiennent la place des interêts de la dot, laquelle ne peut pas estre demandée pendant la premiere année de viduité : de sorte que la femme ayant droit de preference pour les interêts de sa dot, comme pour la dot même, il s'ensuit qu'elle la doit avoir aussi pour ses habits de deuil, lesquels doivent être reglez suivant la faculté des biens du mari & la qualité de la veuve; elle peut même se les faire adjuger, quoi que l'heritier du mari lui ait payé sa dot, suivant l'Arrêt donné en la seconde Chambre des Enquêtes, au rapport de Mr. de Vignes le 21. Juillet 1677. en faveur de Marie Raveure contre l'heritier de Vidal Conil son mari.

ARR. VI.

PAr Arrest du 27. Juillet 1591. entre Pierre Dulmieres sieur de Roquettes Gabriel Dulmieres a été jugé que la portion de l'augment gagné par la femme qui ne s'est remariée, appartient en seul à l'enfant par elle institué heritier, encores que nommement elle n'en ait disposé en sa faveur, suivant l'Auth. *Nunc autem. C. de secund. nupt.* interpretant que ce que ladite Auth. dit, *nisi transferat in alios*, ne s'étend point quand elle institue heritier un des enfans. En ces termes la Cour a condamné Pierre à payer à Gabriel heritier de la mere, deux cens livres, pour la cottité de l'augment du dot gagné par ladite de Papus mere, ayant tenu vie viduelle, laquelle cottité la Cour declare appartenir audit Gabriel heritier de sa mere.

* A L'ENFANT.] Il en estoit autrement à l'égard de l'heritier étranger. *Gregor. Tholos. in syntagm. jur. lib. 9. tit. 26. num. 45.* Aujourd'hui sans distinction aucune l'institution d'heritier n'emporte pas élection pour l'augment, il faut en avoir expressément disposé : ainsi on ne suit plus en ce Parlement l'Arrêt rapporté par l'Autheur, ni l'usage du Parlement de Grenoble, qui est conforme audit Arrêt. Les creanciers même d'une femme ou d'un mari survivant & non remarié, n'ont aucune prise sur sa portion virile, s'il ne l'a expressément hypotequée, ainsi qu'il fut jugé en la Chambre de l'Edit le 13. Aoust 1678. au rapport de Mr. Scorbiac en faveur des enfans d'Antoine Lombrad Teinturier de Nismes, & de la nommée Pelouse, contre les creanciers dudit Lombrad. Il y a même ceci de particulier en ce préjugé, que ces enfans se firent encore adjuger la part que leur pere avoit gagnée en la succession aux biens de quelques-uns de leurs freres, decedez après Pelouse leur mere, & après l'instance de distribution des biens dudit Lombrad leur pere introduite, on considera que le tout provenoit de la substance de Pelouse mere de ses enfans, & que Lombrad par un remariage pouvoit aussi tout acquerir à ces enfans, sans que ses creanciers y eussent pû prétendre, ce préjugé ne doit pas pour ce chef estre tiré à consequence.

ARR. VII.

ARrest par lequel la veuve ne peut demander la pension à elle laissée & legat, étant payée de ses dot & augment, entre Pierre Cazeneufve, prononcé le 11. de Janvier 1571. Autre Arrest touchant ce fait entre Marguerite de Durand & Roguiers. Prononcé le 19. Juillet 1571.

NE PEUT.] *V. Surdus de alim. tit 9 quest. 16. à num. 27. ad num. 37.* où il rapporte les sentimens differends de *Signor. cons. 167. & de Natta cons. 140. num. 13.*

ARR. VIII.

ENtre Anne d'Isarn Damoiselle vefve à feu Me. Pierre Roguier, en son vivant Conseiller du Roy en la Cour, demanderesse en interinement de requête du 17. Mars dernier passé, tendant à la fin que Jean Roguier Bourgeois de Toulouse soit condamné & contraint à restituer & payer à Marie Roguier sa mere & femme dudit feu Me. Pierre Roguier & de ladite d'Isarn la somme de mille écus en nom de dot, & neanmoins la décharger d'autre obligation pareille pour ce regard faite à Me. Antoine Alexis d'une part, ledit Jean Roguier défendeur d'autre. Veu les playdoyez du 6. Avril dernier passé, &c. il sera dit que la Cour ayant quant à ce égard à la requête de ladite d'Isarn, a condamné & condamne ledit deffendeur à restituer & payer à ladite Marie Roguier sa niéce dot suffisant, eü égard à la qualité & facultez tant d'iceluy deffendeur, que dudit feu Roguier Conseiller du Roy en la Cour, son fils, & dudit Alexis, ensemble au nombre des enfans dudit défendeur, dont estimation sera faite par trois Bourgeois, & autres ayans de ce connoissance, desquels lesdites parties conviendront dans trois jours devant le Rapporteur du procez, & qu'à faute d'en convenir par luy seront pris d'office, pour, veuë leur relation, estre pourveu sur le surplus des conclusions & requisitions des parties, ainsi qu'il appartiendra, dépens reservez en fin de cause.

ARR. IX.

ENtre Françoise de Ganges Damoiselle vefve à feu Maistre Guillaume Boraigues, en son vivant Me. des Comptes à Montpelier, demanderesse à ce qu'attendu sa pauvreté luy fut adjugée la quatriéme partie des biens du second feu mary, & Jacques & Charles Pelissiers, Arrest prononcé judiciellement le 13. Septembre 1581. par lequel est adjugé à ladite de Ganges, attendu sa pauvreté, la quatriéme partie des biens appatenans à feu son mary.

ARR. X.

LE mary est tenu supporter les frais funeraux de sa femme : si toutesfois elle a d'autres biens que le dot, desquels elle ait fait heritier un autre, son mari n'est tenu de contribuer ausdits frais qu'à proportion dudit dot, eu égard à la valeur des autres biens ; comme si le dot est de mille écus, & les autres biens de la valeur de deux mille, le mari ne payera le tiers desdits frais des honneurs. Et ainsi fut jugé entre Suau & Cazalede sa belle mere le 15. Fevrier 1594.

LE MARY] *Moses maimonides in Halach. ishoth.* où il est traicté *de re uxoria*, rapporte six devoirs principaux du mari que les Hebreux appellent *Thanie cethuba*, comme qui diroit, les conditions ou les appandices de la dot ; le troisiéme desquels est, qu'il doit faire ensevelir sa femme lors qu'elle est morte.

A PROPORTION.] L'un y contribuë pour la part qu'il a en l'heredité comme heritier ; & l'autre pour la part qu'il possede des biens de sa femme. Cela est fondé en droit, *funeris impensa ad hæredes, vel bonorum possessores pertinet. l. si quis sepulchrum §. fin ff. de relig. & sumptib. funer.*

ARR. XI.

SOuvent est venu que le mari ayant gagné le dot en vertu de la coûtume de Toulouse par le predecez de sa femme, laquelle en ses pactes matrimoniaux s'estoit reservé de pouvoir disposer de certaine somme pour son ame ou autrement : neanmoins decedée sans disposer d'icelle, que ses hoirs *ab intestat* demandoient au mari ladite somme ; dequoi par plusieurs jugemens & Arrêts ont été démis, même par Arrêt entre Guillaume Boyer & Jeanne Boissevin, & entre les hoirs de le Croix Gautiere mere d'Austriere femme dudit la Croix le 24. Janvier 1591. parce que la reservation faite d'un cas exclud les autres cas *l. Cùm prætor. C. De judic.*

* S'ESTOIT RESERVE'.] L'usage est aujourd'hui contraire, & les successeurs *ab intestat* profitent des sommes reservées, à l'exclusion des maris dans la coûtume de Toulouse, & des donataires en general, suivant la loy, *si mulier. C. de jur. dot.* & les préjugés de *Maynard liv. 2. chap. 93 d'Olive liv. 3 chap. 28. & de Cambolas livre 5. chap. 1.*

ARR. XII.

LA confession faite par le testateur en son testament d'avoir receu le dot de sa femme, ne sert point de preuve suffisante pour l'hypotheque ou privilege dudit dot, s'il y a des creanciers precedans dudit testateur, & au préjudice d'iceux, ains seulement *habet vim legati l. Cùm quidem §. Decendens. ff. De leg.*

3. Et ledit cas avenant on a accoûtumé de recevoir la femme ou ses heritiers, à prouver le payment dudit dot : Et ainsi fut jugé pour la femme de Bajodoly Huissier du Thrésor, contre Perdriel receveur du Domaine, executer faisant, le 18. Septembre 1591.

DE PREUVE.] Une telle confession ne prouve pas une numeration de la dot, mais induit seulement une donation & une simple liberalité, qui ne peut pas nuire aux creanciers, à cause dequoy dans les instances de distribution le Parlement a accoûtumé, avant dire droit sur l'allocation requise par la femme, ou par ses enfans, préferablement aux autres creanciers, sur les biens du mari, d'ordonner qu'on verifiera par tout genre de preuve, que la somme dont est question, ait été réellement comptée au mari, & cependant par provision que la femme ou ses enfans seront alloüez pour ladite somme & interêts d'icelle, en dernier rang aprés tous les creanciers du mari.

ARR. XIII.

LEs heritiers de la femme étrangere, *& si non sunt ex suis & descendentibus*, en la repetition du dot contre les creanciers, *non gaudent privilegio dotis. l. 1. C. De privileg. dot.*

ESTRANGERS.] Il faut excepter trois cas, suivant lesquels le privilege de la dot n'est pas personnel, mais passe aux étrangers. *Primò*, lorsqu'ils l'ont à titre onereux. *Secundò*, lorsque la femme ou ses enfans sont tenus à la garantie. *Tertiò*, lorsque l'action a été préparée par la femme ou par ses enfans.

ARR. XIV.

EZ Arrêts géneraux du 13. Septembre 1572. entre Jean & Michel Castains, appellans du Senechal de Toulouse, & Jeanne Bonnete, veuve à Etienne Castains, ayant été tuteur, & à cause de ladite tutele, reliquataire ausdits Jean & Michel, fut prononcé l'Arrêt qui s'ensuit.

LA Cour en ce que ledit Senéchal auroit alloüée la veuve en premier lieu avant lesdits pupilles, a mis l'appellation, & ce dont a été appellé au neant : & reformant le jugement a mis & met ladite veuve & pupilles pour le payement de leurs dettes en même ordre & degré pour être payez au sol la livre : parce que c'est un interêt public aussi, que les pupilles soient pourvûs de tuteur, & leur bien leur soit conservé. *l. 4. De privil. cred.* Et parce qu'ils ont expresse hypotheque sur les biens de leurs tuteurs. *l. Pro officio. ff. De administr. tut.*

* PAYEZ AU SOL LA LIVRE.] L'ancien usage du Parlement a été d'alloüer la dot de la femme & le reliqua du pupille, par concurrence au sol la livre; cét usage fut confirmé par l'Arrêt général de l'année 1572. que l'autheur rapporte, & qui pourtant ne fut pas suivi car depuis ce tems-là, jusques en l'année 1628. ou environ, on jugea très-souvent au Parlement que la femme devoit être alloüée préferablement au pupille, laquelle maniere de juger a toûjours été pratiquée par la Chambre de l'Edit, tant qu'elle a duré; mais en ladite année 1628. le Parlement changea de Jurisprudence, & par quelques Arrêts qu'il donna, il regla les allocations de la femme & du pupille par la maxime de droit, *qui potior est tempore potior est jure*, c'est à dire par la datte du tems, sans compter pour rien le privilege de la dot. Il est vrai que depuis ce tems là le Parlement a fait revivre la disposition de la loy *assiduis*, en faveur de la femme qu'il préfere au pupille indistinctement, la decernation de tutele fut-elle de beaucoup anterieure à la constitution de dot; cela s'observe aujourd'hui inviolablement *V. le tit. 4. de ce liv. lit. H. art. 5.*

ARR. XV.

PAr jugement donné en Mars 1593. entre Berot & la Gausie, fut adjugé à ladite de la Gausie non seulement la dot de mille écus, ains l'augment de 500. écus & encore la donation *popter nuptias*, n'étoit point excessive ni excedant les facultez du donnant.

ARR. XVI.

LA Femme recouvre son dot & augment sur les biens de son mari, encore qu'ils soient confisquez, & son mari condamné à mort, voire pour cas & crime de leze-Majesté divine & humaine; & jusques au recouvrement desdits dots & augment, lui doit être adjugé provision competanta, eu égard à sa qualité, & dudit dot & biens : comme fut adjugé par Arrêt à Toulouse pour Marguerite de Senys Damoiselle, femme à Me. Jean Lacuinier Juge d'appeaux du Comté de Foix, condamné à mort & ses biens confisquez pour crime de leze-Majesté, contre le Procureur general du Roy requerant l'execution dudit Arrêt de confiscation. Prononcé à Toulouse le 30. Juin 1567.

SON DOT.] *l. si marito. ff. solut. matrim. quem dos perat.*
ET AUGMENT.] *Novel. 134. cap. ult.*

ARR. XVII.

LA femme n'est contrainte prendre son dot pendant son vesvage pour faire cesser la pension constituée par les pactes, ou leguée par testament, ainsi qu'il fut jugé par Arrêt à Toulouse le 3. Janvier 1575. par lequel la Cour adjugea à Peyronne Dayrolles sa pension tant qu'elle vivra viduellement, & ne voudra retirer son dot. Et par autre Arrêt du 14. Mars 1585. entre Vignaux & Blandinieres veuve de son frere. Et encore par autre du 18. Novembre 1577. entre Monberault & Ysabeau de Mirepoix veuve.

ARR. XVIII.

IL y a diversité d'Arrêts si l'augment est dû d'un dot non payé, ou à proportion seulement de ce qui en aura été payé; car par Arrêt du 22. Decembre 1574. donné au rapport de Mr. F. Sabatier, *non deberi judicatum fuit*, suivant autre Arrêt du 1. Août 1549. entre Marie de Rome & le sieur de la Terrasse, *ex Auth. Sed ea quæ nihil. C. de dot. promiss. & ex l. pen. eod. quia id quod non est, nullum potest producere effectum : & quia dos promissa, dos non est, cùm numeratio sola dotem faciat, dita l. pen.* & suivant l'opinion de Mr. Boyer. Decis. 22. & de Bart. *in l. Iubemus. §. Sanc. C. de sacros. Eccles.*

Toutesfois il y a aussi d'autres Arrêts au contraire, même entre Me. Guillaume Flotté, & Catherine & Marguerite Imberte mere & fille, du 27. Mars 1571. & du 7. Septembre 1574. fondées sur ce que, *fides habita erat de dote*, & qu'il n'avoit tenu qu'au mari qu'il ne s'en fust fait payer.

DOT NON PAYÉ.] *V.* Ferrer. *in qu. 274. Guid. Pap.* & Duranty *Decis.* 77. qui font difference de la dot constituée par la femme, d'avec la dot constituée par le pere, ou par une autre personne ; cette distinction sert encore pour décider la question qu'on fait, si une femme peut repeter sa dot sur les biens de son mari qui ne l'a pas receuë ; Car au premier cas si les debiteurs de la dot ne sont pas venus insolvables par la négligence du mari, la femme étant responsable de sa propre constitution, elle ne peut pas la repeter sur les biens de son mari, même après les dix ans du mariage. Mais au second cas quand c'est une personne tierce qui a constitué, & que le mari ne s'est pas fait payer dans les dix ans, il est responsable de la dot aprés ce tems-là, comme si sa negligence tenoit lieu de reconnoissance à sa femme, suivant l'Arrêt donné en la premiere Chambre des Enquêtes, au rapport du docte Mr. de Burta, le 20. Juin 1674. entre Judith Radil, & le nommé Moreau, cét Arrêt est confirmatif d'un autre qui avoit été donné le 7. du mois de Janvier precedant au rapport de Mr. de Guillermin.

ARR. XIX.

PAr Arrêt à Toulouse du 12. Septembre 1568. arrêté le 10. dudit mois, la femme fut preferée aux creanciers de son mari, non seulement pour son dot & augment, mais pour les interêts d'icelui dot & augment.

* ET AUGMENT.] Cela ne peut être entendu que par rapport aux creanciers posterieurs au contrat de mariage, parce que l'augment ne joüit pas du privilege de la dot, & qu'il n'a hypotheque que du jour du contrat de mariage; encore a-t-on douté si elle devoit être acquise seulement depuis le décez du mari.

* INTEREST D'ICELUY DOT ET AUGMET.] Cela n'est plus en usage à l'égard des interests de l'augment, qu'on alloüe en dernier rang aprés les capitaux de tous les Creanciers.

ARR. XX.

LEs biens sujets à restitution furent déclarez affectez & hypothequez pour le dot seulement, par Arrêt de Toulouse du 23. Mars 1539. arrêté le 6. dudit mois pour Pierre Bompar. Semblable Arrêt pour Marguerite de Ulmo, contre Vernhes le 4. Septembre 1555. Autre du 3. Avril 1577. pour Dufaur veuve, contre Pierre de Camps. Autre du 1. d'Août audit an pour Françoise de Rech veuve contre Dejean. Autre du 23. Fevrier 1580. entre Marie Petite veuve, & de Cousin. Autre du 23. Janvier 1586. entre Jean Alexi & Loüise de Gere.

* LE DOT SEULEMENT.] L'usage est contraire & aujourd'hui on prend l'augment sur les biens substituez. *V. l'observat. sur l'art.* 4 *de ce titre.* Ricard remarque aussi *sur l'art. 95. de la coust. de Paris*, que la femme prend subsidiairement sur un Office son doüaire coustumier, en cas il n'y ait pas d'autres biens sujets à doüaire.

ARR. XXI.

JAçoit que par disposition du Droit l'heritier écrit en se portant pour héritier simple, fasse confusion de ses droits; toutesfois par Arrêt de Toulouse donné le 4. May 1567. entre Calabris & le Syndic de la table S. Michel, a été jugé qu'une femme se portant pour heritiere de son mari, sans faire inventaire, ne perdoit point son dot.

NE PERDOIT POINT SON DOT.] L'Auteur de l'abregé de Maynard *liv. 3. chap. 24.* dit, que le défaut d'inventaire ne nuit pas au mari, se portant pour héritier de sa femme, il fait dire en cela à son Auteur ce qu'il ne dit pas.

ARR. XXII.

PAr Arrest general donné au rapport de Monsieur Catel, prononcé par Monsieur Duranti premier President, le 14. Septembre 1581. à une femme n'ayant point dot suffisant pour se nourrir, jaçoit que le mary eut fait testament, & qu'il eut laissé des enfans, fut adjugée la quatriéme partie des biens de sondit mary, pour joüir en proprieté & usufruit, d'autant que les enfans estoient decedez, par l'Authentique, *Praeterea. C. Vnde vir & uxor.*

LAISSE' DES ENFANS.] *V. Despeiss. tom. 1. part. 1. du mariage sect. 5. num. 25.*

ARR. XXIII.

LE septiéme Juillet mille cinq cens quatre vingts au rapport de Monsieur de Jossé entre Alexandre & Paschai, fut dit que la femme n'est point tenuë faire discution pour la repetition de son dot, & se peut prendre tant sur les biens sujets à restitution, que alienez ; sauf à l'heritier du creancier son recours, lequel fut subrogé en même hypotheque.

Par ledit Arrêt fut aussi dit, que la femme ne seroit tenuë vuider la maison maritale, jusques à l'entier payement de ses dot & augment.

FAIRE DISCUTION.] *V.* La distinction que fait *Cambolas liv. 3. chap. 34.*

Donations.

TITRE VII.

ARR. I.

PAr Arrêt donné en la grand'Chambre une donation a été declarée nulle, *per supervenientiam liberorum*, bien que le donateur eût preveu ces cas, se reservant la faculté de legitimer ses enfans sur les biens donnez : & bien que la fille du donateur fût decedée délaissant son mari heritier, & bien que au contraire le fils du donataire & neveu du donateur fut en partie.

ARR. II.

LE Lundy 12. jour d'Août 1560. un nommé Auriac Juge ou Lieutenant de Milihau, pour s'être fait donner à un pauvre homme viel détenu prisonnier, son bien, afin d'être élargi ; l'adjudication fut cassée sur le champ par Arrêt de la Cour, & lui condamné à rendre les fruits, & ès dépens de la cause, & en trois cens livres, moitié au Roi, & moitié à la partie ; & ce en audience parties oüies.

ARR.

ARR. III.

LEs biens donnez par la mere font retour par le predecez du fils, par Arrêt du 23. Juin 1582.

DU FILS] Ce qu'il faut entendre du fils decedé sans enfans.

Emprisonnement.

TITRE I.

ARR. I.

LE 9. Mars 1534. en audiance, parce qu'un Facteur de Roquette auroit ignominieusement fait prendre prisonniere pour debte, & mener aux Hauts-murats la Dame de Bailac, étant ici à la poursuite de son procez, elle a été élargie, & icelui Facteur condamné en cent livres, & neanmoins mis en son lieu.

Semblable emprisonnement de femme cassé le 22. Juin 1540. avec prohibition expresse de faire tels emprisonnemens.

A ESTE ELARGIE.] Regulierement on ne pouvoit user de commandement d'arrêt ni contre les femmes, ni contre les Prêtres : à plus forte raison ne devoit-on pas user de capture à leur égard : c'étoient des personnes privilegiées en matiere de simples debtes, & l'on ne pouvoit agir contre elles que comme contre ceux qui ne se sont obligez qu'aux biens.

ARR. II.

PAr Arrêt prononcé le second jour d'Avril 1538. avant Pâques, en la qualité d'entre Jacques Fortiat appellant du Juge d'appeaux de Toulouse, & Amans Doillon appellé, est prohibé aux Senéchaux, Viguiers, Juges & Magistrats du ressort, de n'user d'oresnavant, ni souffrir emprisonnememens, ou detention de personne, à la simple requisition des parties, pour debtes civiles, desquelles ne paroîtra par instrumens authentiques contenans soûmission aux rigueurs d'arrestation de personne, excepté contre les debiteurs fugitifs, ou étans en évidente suspition de fuite.

Semblable Arrêt du 16. Fevrier 1543. entre les hoirs de feu Guillaume Carbonneau.

POUR DEBTES CIVILES.] *V. l'Ordonnance de 1667. tit. 34.*

ARR. III.

ENtre Me. Jean Filartigue Prêtre & Prisonnier, & Guillaume Maynieu Boucher de Toulouse le 17. May 1541. la cause plaidée, l'empriſonnement a été déclaré induëment & non de droit fait, & comme tel a été caſſé, & ordonné que ledit priſonnier ſera élargi & mis à pleine délivrance, ſauf audit creancier de pouvoir proceder par execution ſur ſes biens, ou par cenſures Eccleſiaſtiques devant le Juge competant, ſuivant la diſpoſition du droit.

SERA ESLARGI.] Un Prêtre ne pouvoit pas être empriſonné pour debte civile. *V. l'arr. 1. de ce titre & Ferrer. in qu. 91. Guid. Pap.*

ARR. IV.

ARrêt de ne faire conſtituer priſonniere aucune perſonne pour debte civil, ſi la ſomme n'excede dix écus, avec inhibition aux Greffiers de bailler telles contraintes ſur les peines y contenuës. Prononcé le 2. de Janvier 1581.

ARR. V.

ARrêt de ne faire conſtituer priſonnier aucun particulier pour les deniers dûs au Roy par une communauté, prononcé le 25. Septembre 1581. Semblable Arrêt avoit été donné le 1. Avril 1577. Et encores ſur la requête preſentée par le Syndic de la Ville de Toulouſe & conſentement des Gens du Roy, fut ordonné qu'inhibition & deffenſe étoient faite à toutes perſonnes de ne conſtituer ou faire conſtituer priſonnier pour deniers royaux, ni autres debtes aucuns Conſuls, Syndics, & autres qui ſeront deputez & mandez en lad. Ville pour le ſervice du Roy & deffenſe commune ou pourſuites néceſſaires concernant l'état ou conſervation des Villes & Pays, à peine de mille écus, & de tous dépens, dommages & interêts. Le dernier de May 1680.

ARR. VI.

LE 2. Avril 1586. à la redde de Pâques, fut inhibé au Juge-Mage permettre empriſonnement ſur requête, ni autre appointement qu'il ne fût par le Greffier mis le nom de celui qui avoit donné tel appointement, ou fait mettre, & qu'il en eût fait regître, & que ce ne fût pour la ſomme de 30. liv. & au-deſſus.

REDDE.] C'eſt un élargiſſement accordé aux priſonniers detenus pour affaires legeres, en faveur des Fêtes, à la charge par eux de ſe repreſenter toutes fois & quantes. L'uſage en eſt fort ancien dans ce Royaume, où cela ſe pratiquoit vers le huitiéme ſiécle aux Fêtes de la Noël, de Pâques, & de la Pentecôte, comme cela ſe voit dans les Capitulaires de Charlemagne *lib. 6. cap. 107.* apparemment le mot de *redde* tire ſon origine de ce qu'on rendoit la liberté aux priſonniers, *à reddenda libertate.*

ARR. VII.

ARrêt portant inhibition & deffense, tant au Senéchal de Toulouse, qu'autres Senéchaux du Parlement, d'élargir aucun prisonnier sans au préalable deliberation du Conseil, du 8. Juin 1559.

D'ELARGIR AUCUN PRISONNIER.] Par Arrêt des Grands Jours, tenus à Nîmes en datte du 16. Decembre 1666. le nommé Portal fit amende d'honneur les plaids tenans, parce qu'étant Concierge au Château de Pradele, il avoit laissé évader un prisonnier. Il fut en outre condamné à un banissement pour trois ans de la Jurisdiction de Pradele, & en quelques amendes : Si un simple Jardinier de profession, qu'on avoit obligé de servir de Concierge par occasion, fut sujet à ces peines, que ne doit pas meriter en pareil cas un Geolier à titre d'office, qui favorise la fuite d'un prisonnier, soit par sa negligence, soit par sa connivence.

Escoliers.

TITRE II.

ARR. I.

LA Cour avertie qu'aucuns Ecoliers en l'Université de Toulouse, outre le devoir de l'état & honnêté scolastique, ces jours passez s'étoient assemblez par Nations en aucunes Eglises dud. Toulouse,& là contre les prohibitions & deffenses à eux cy-devant faites, élu & creé Prieurs, Sous-Prieurs, Capitaines, Procureurs, & autres Officiers de leurs Nations, & après avec assemblée, & en grand nombre armez à blanc, & embastonnez de plusieurs & divers harnois, avec tambour de Suisse,auroient couru & rodé la nuit par ladite Ville, faisant plusieurs excès & insolence au grand scandale de l'Université, & de la Republique & detriment de leurs études ; pour à quoy obvier & reprimer telles licences, assemblées illicites avec port d'armes, creation desdits Prieurs, Sous-Prieurs, & autres Officiers des Nations & partialitez entre lesdits Ecoliers, & aussi pour faire garder & entretenir les Edits du Roy faits sur le port des armes & Arrêts par lad. Cour donn[illegible] sur le reglement de lad. Université & desd. Ecoliers, & ayant égard à lad. requête sur ce baillée par le Procureur général du Roy. A ordonné & ordonne lad. Cour que seront faites deffenses à son de trompe & cry public par les ruës & carrefours accoûtumez dud. Toulouse,à tous Ecoliers de lad. Université,& autres personnes de quelque état, qualité ou condition qu'il soient, faire telles assemblées des Nations dans les Eglises, Ecoles, & maisons privées, moins créer ni élire Prieurs, Sous-Prieurs, Capitaines, Conseillers, Procureurs & autres Officiers desd. Nations, & à ceux qui seront ainsi élûs soy dire, intituler Officiers d'aucunes d'icelles Nations, accepter telles charges, soy entremettre, ne faire aussi aucunes assemblées avec armes ni autrement, à peine d'être contre eux procedé, comme transgresseurs des Edits du Roy & Arrêts de ladite Cour, & d'être privez des privileges de ladite Université, bannis d'icelle & autre peine arbitraire. Seront en outre faites deffenses, sçavoir est aux Sacristains, Curez & Vicaires des Eglises, Prieurs, Sous-Prieurs des Convents d'icelle Ville, permettre telles assemblées esdites Eglises, Convents, ou Chapitres, & à tous armuriers, de vendre, prêter, ni loüer aucuns harnois blancs, ni autres prohibez ausd. Ecoliers pour faire telles assemblées, & commettre tels excez & insolences en lad. Ville, & aussi à tous manans & habitans dud. Toulouse, loger en leurs maisons aucuns desd. Ecoliers faisant tels excez & insolences, & iceux retirer, ensemble leurs harnois en leurs dites maisons, sur peine, quant ausdits Armuriers, de confiscation desd. harnois, & du banissement de lad. Ville: quant ausd. manans & habitans qui se trouveront loger & retirer iceux Ecoliers avec leursd. harnois, enjoignant tant au Senéchal dud. Toulouse son Lieutenant, Juge criminel, qu'aux Viguier, Capitouls & Juge ordinaire de lad. Ville faire faire icelles défenses, garder & entretenir tant lesd. Edits dud. Seigneur faits sur le port des armes, que ce present Arrêt, & autres cy-devant donnez, informer des transgresseurs, les prendre ou faire prendre au corps, & contre eux proceder selon l'exigence des cas, & en certifier dans huitaine, à peine d'en répondre en leur propre & privé nom, & autre arbitraire. Prononcé à Toulouse en Parlement le 30. jour du mois de May 1556.

V. le Liv. 1. tit. 3.

ARR. II.

IL y a plusieurs Arrêts anciens & modernes, contenans prohibitions de ne faire aucuns Prieurs des Nations, & de prinse de corps contre lesd. Prieurs, entre autres du 23. Decembre 1530. du 3. Fevrier 1535. du 14. May 1565. Comme aussi il y a plusieurs Arrêts contenans les privileges des Ecoliers, entre autres du 13.

Septembre 1470. du premier Fevrier 1479. du 21. Juillet 1486. du 14. Août audit an 1486. & 3. Novembre 1502.

LES PRIVILEGES DES ECOLIERS.] *V. Papon en son recueil liv. 5. tit. 14. per tot.*

ARR. III.

Extrait des Regîtres de Parlement.

ENtre Maistres Pierre Turnel, Gabriel Bedier, & Vincens Guistelip Ecoliers en l'Université de Toulouse prisonniers, appellans des Capitouls dudit Toulouse, & autrement défendeurs & appellez d'une part, & Maistres Jean Embrüeil, Claude Reitaut aussi Ecoliers en ladite Université aussi appellez, & autrement requerans l'interinement de certaines lettres Royaux, pour s'aider de l'appel desdits Bedier Guistelip, & concluans comme appellans, le Procureur General du Roy joint à eux d'autre. Veu par la chambre ordonnée au tems des vacations, le procez desdits Capitoul, ensemble ladite procedure faite en la Cour, dit a été, sans avoir égard ausdites lettres par lesdits appellez presentées, ladite Chambre a mis & met l'appellation desdits Turnel, Bedier, & Guistelip au neant, & a ordonné & ordonne que ce dont a été apppellé sortira effet, avec dépens de la cause d'appel, esquels a condamné & condamne iceux appellans, la taxe reservée : & a prohibé & défendu, prohibe & défend ladite Chambre ausdits Turnel & Guistelip, & à tous autres Ecoliers de ladite Université, faire ni élire Prieurs ou Sous-Prieurs, sous couleur & pretexte des Nations ; moins faire aucuns malgouverns, assemblées illicites avec port d'armes, ni autrement contrevenir aux Edits du Roi, & Arrêts de la Cour sur ce intervenus, sur les peines y contenuës. Et pour les causes & considerations à ce mouvans ladite Chambre a declaré & declare lesdits Turnel, Bedier & Guistelip pour les amendes & condamnations contenuës en la sentence desdits Capitouls confirmée par cet Arrêt, n'avoir encouru note d'infamie. Prononcé à Toulouse en ladite Chambre de Parlement le 17. jour d'Octobre l'an 1560. Du Tournoir, ainsi signé.

Esglantine.

TITRE III.

ARR. I.

Extrait des Regîtres de Parlement.

ENtre le Procureur general du Roi suppliant & demandeur d'une part, & Maître Jean de Villeneuve Viguier, & Capitouls de Toulouse respectivement défendeurs d'autre ; & entre ledit Villeneuve suppliant & demandeur d'une part, & le Syndic de la Ville de Toulouse défendeur d'autre ; & entre Jean Vincens, Jean-Baptiste Vincien, & autres compagnons supplians & demandeurs d'une part, & ledit de Villeneuve Viguier défendeur d'autre ; D'aiga pour le Procureur General du Roi dit, &c. Vignales pour ledit Villeneuve Viguier assistant, &c. Babuty pour lesdits Capitouls assistans, &c. Aliez pour lesdits Vincens & autres compagnons ; &c. & autrement comme est contenu au regître. Apppointé euë deliberation que ledit Viguier & Capitouls mettront les procedures par eux sur ce respectivement faites, & ce que bon leur semblera dans trois jours devers la Cour, pour le tout veu, être ordonné sur different des entreprises par eux deduites, & facultez pretenduës ainsi qu'il appartiendra. Et quant aux autres requisitions du Procureur general du Roi, a fait & fait inhibition & défense aux Capitouls durant à present, ou procurant pour l'avenir telle ou semblables indispositions du tems par sterilité de vivres, ou frequence de maladies, ou autre necessité publique, n'octroyer aucune permission à aucuns bouffons ou bateleurs, ou autres personnes, pour faire en cette Ville ou fauxbourgs aucunes bâteleries, ou autres jeux de farces, ostentations, ou spectacles, ni iceux souffrir ou tolerer en quelque maniere que soit. Et en outre, à ce que les Festes solemnelles ordonnées par l'Eglise à vaquer & entendre singulierement au service, honneur & reverence de Dieu notre Createur ne soient par tolerance d'aucunes coûtumes ou corruptelles prophanées & diverties à jeux & insolences: A fait & fait la Cour inhibition & défense tant aux Capitouls, qu'au Senéchal, & Viguier de Toulouse & leurs Lieutenans, ne permettre ou tolerer pour l'avenir que le jour de la fête de l'Ascension de Nôtre-Seigneur, soit faite aucune assemblée publique, à cause des Mays & fleurs, ou par autre moyen & occasion des jeux & passe-tems publics : & pareillement ne permettre ou tolerer que le jour & Fête de Pentecôte soit faite autre assemblée & jeu public vulgairement appellé du Papegay. Et par ce n'entant la Cour prohiber que lesdits Capitouls ne puissent, si bon leur semble, députer quelqu'autre jour qui ne soit Fête solemnelle, pourveu que ce ne soit aux heures qu'on celebre les Messes & service Divin, & qu'il n'y ait esdits actes aucune dissolution, insolence, ou autre chose des-honnête ; leur enjoignant en outre pourvoir à ce que l'Arrêt par elle donné sur le fait des tavernes, soit gardé & entretenu, & proceder contre les transgresseurs & coupables, suivant icelui, & neanmoins communiquer au Procureur General du Roi la procedure par eux faite sur le meurtre & autres excez par lui narrez, & tant ce qui touche ledit Jean Vincens : Jean Baptiste & leurs compagnons, & interinant quant à ce la requête par eux baillée, a ordonné & ordonne la Cour qu'ils seront élargis & mis à pleine délivrance, & les biens à eux pris recouvrez sans aucune dépense & coûtage, leur faisant inhibition & défense ne s'arrêter à present en Toulouse pour exercer lesdits jeux. Fait à Toulouse en Parlement le 2. jour du mois de Juin 1546.

Des Mays et Fleurs.] Il entend parler de trois Fleurs qui ont donné le nom aux *Jeux Floraux*, lesquels ont pris leur nom de ces trois Fleurs qu'on distribue, de même que cette danse qu'Athenée appelle Ἄνθεμα, parce que dans les divers mouvemens qu'on faisoit en dansant, on avoit accoûtumé de chanter ces paroles πῦ μοι τὰ ῥόδα : πῦ μοι τὰ ἴα πῦ μοι τὰ χαλὰ σέλινα. *Ubi mihi Rosa ? Ubi mihi Viola ? Ubi mihi formosum Apium ?* Et à propos des Jeux de Fleurs, le Lecteur me pardonnera, s'il lui plait, si je fais par occasion une remarque sur un Jeu de Feüilles ; C'est celui que les Grecs appelloient πλαταγώνιον, & duquel *Meursius* parlant dans son traité *de ludis Græcorum*, fait cette réflexion, que le Grammairien Hesychius dans son Dictionaire, sous le mot ἐπλατάγησεν l'appelle tout seul παίγνιον ξύλινον ; c'est-à-dire un Jeu de Bois. *Hesichius seorsim ab omnibus* παίγνιον ξύλινον *[illegible] dicit.* Si ce sçavant homme eût voulu prendre le soin d'examiner le passage qu'il cite, il n'eût sans doute pas parlé comme il fait, parce qu'il eût reconnu que le texte d'Hesychius étoit corrompu. En effet, quoique *Francinus*, *Aldus*, *Schrevelius*, & tous les autres qui ont publié cet Auteur, ont cité ce passage, ayent tous fait la beveuë de *Meursius* ; j'ose pourtant affirmer que deux seules lettres rétablissent fort bien ce passage alteré, en lisant παίγνιον φύλλινον. Ceux qui sçavent que ce jeu se faisoit avec des feüilles de Pavot, entr'autres, ne rebuteront pas tout-à-fait ma conjecture, & conviendront même avec moi, que parmi les anciens Auteurs Grecs que nous lisons, on trouve une infinité de fautes, qui sont souvent causées, ou par une lettre mal formée, ou par une lettre transposée ; C'est ce qui fait dire à tous ceux qui ont publié *Stephanus de Urbibus*, sans excepter *Thomas de Pinedo*, qui le publia l'année avant derniere, avec une version Latine & de grandes notes de sa façon, que Mercure est appellé ἴμβρος au langage des Dieux ὃν ἴμβρόν λέγουσι μάκαρες, & je jurerois que c'est au langage des Cariens qu'il a porté ce nom là ; ce passage devant être ainsi rétabli, ὃν ἴμβραμος λέγουσιν οἱ Κᾶρες, comme je le ferai voir quelque jour *si nobis Deus hæc otia fecerit.*

ARR. II.

EN l'année 1542. l'on ne dicta point à la Maison de Ville au mois de May à l'Esglantine, ains suivant un Arrêt quoique peu de jours auparavant donné, & sans consequence, les trois Fleurs furent apportées par les Capitouls & Bourgeois de ladite Maison, assistant les Religieux des quatre Ordres Mendians en l'Eglise S. Estienne, & aprés avoir été offertes & portées à l'Autel de la Paroisse où fut dite la Messe par Mr. l'Archidiacre Daffis, furent apportées au banc de la Confrerie du S. Esprit, & la Messe dite l'on alla au Convent de la Trinité célébrer la Messe, comme est accoûtumé aucunes années, & cela étoit le Jeudy jour de sainte Croix dudit mois de May, audit an 1582.

EN L'EGLISE S. ESTIENNE.] Pourtant suivant les Loix d'Amour (c'est ainsi qu'on appelloit les établissemens qui furent faits pour les Jeux Floraux) l'offrande des fleurs devoit être faite au Maître Autel de Nôtre-Dame de la Daurade, ou des Prêcheurs, ou des Augustins, ou des Cordelliers, ou des Carmes, selon qu'il seroit jugé plus à propos par les Mainteneurs de ces Jeux.

Enquêtes.

TITRE IV.

ARR. I.

LA Cour fait défenses aux Senéchaux & autres Juges de commettre d'oresnavant la confection des enquêtes és instances principales à leurs Greffiers ou Notaires, ni autres personnes qu'aux Magistrats & Graduez, & autres de la qualité portée par les Ordonnances. Par Arrêt prononcé à Toulouse le 10. Septembre 1587. Entre Bertrand Conegut.

A LEURS GREFFIERS.] *V. l'Ordonnance de 1667. tit. 22. art. 13.*

ET GRADUEZ.] Cette condition doit exclurre les Bacheliers & les Licentiez, de la faction des enquêtes comme n'étant pas proprement de la qualité requise : leur grade est un grade improprement dit, & n'est qu'un acheminement au veritable grade qui est le Doctorat. *V. le traité du reglement des Juges-Mages en l'art. 4. du chap. 5. observ. 2.*

ARR. II.

PAr Arrêt du 28. Juillet 1527. fut dit qu'en Enquête qui se fait dans Toulouse suffit faire assigner le Procureur, pour voir produire témoins.

LE

LE PROCUREUR.] *L'Ordonnance de 1667. tit. 22. art. 7.*

ARR. III.

LE Vendredy 8. May 1592. à la requisition des Gens du Roy & de Buzens, comme Syndic des Procureurs, fut ordonné que l'ancien reglement seroit gardé, & suivant iceluy, qu'il étoit inhibé aux Procureurs requerir aucune reception d'enquête, qu'au prealable le Procez verbal n'ait été communiqué.

LE PROCEZ VERBAL.] Ce Reglement est très-juste, parce que quand on faisoit recevoir l'enquête avant qu'avoir communiqué le verbal, on ôtoit le moyen à la partie, qui deffendoit à l'enquête, de proposer des nullitez, & de fournir des objets. En effet, suivant les Ordonnances Royaux & l'usage de toutes les Cours du Royaume, les reproches baillez posterieurement à la communication de l'enquête, doivent être rejettez. *V. l'Ordonnance de 1667. tit. 22. art. 27. & 29.* & l'Authentique *At qui semel. C. de probat.* L'usage même de ce Parlement est, qu'aprés qu'une partie a fait recevoir son enquête, elle ne peut ensuite être receuë à la continuer, suivant l'Arrêt donné le 24. May 1660. en la premiere Chambre des Enquêtes, aprés partage jugé en la seconde Chambre, au rapport de Mr. de Moyssac, Contretenant le profond Mr. de Burta.

ARR. IV.

LE 29. Avril 1591. fut dit par Arrêt que l'extrait d'une enquête & procez verbal expedié par le Commissaire & Adjoint, l'original de l'enquête & le procez verbal ayant été perdus, ne pouvoient être reçûs en la Cour, encore que la partie eût requis le Commissaire de retenir extrait de l'enquête; mais que le demandeur pourroit refaire son enquête dans le mois, & fut l'appointemen tde reception dudit extrait cassé.

REFAIRE SON ENQUESTE] Pendant les desordres arrivez au mois de Septembre 1651. entre l'Evêque & les Habitans de la Ville d'Alby, Me. Martin Procureur du Roy, ayant été assassiné au sortir de l'Hôtel de Ville par Me. Marc-Antoine d'Assier Avocat, Factionaire de l'Evêque, Mr. de S. Hippolite, Conseiller au Parlement s'étant trouvé à Alby, dressa son verbal à la requête des Consuls, & l'Evêque l'ayant fait perdre par son autorité, le Sr. de S. Hippolite fut contraint de le refaire, *suivant que sa memoire lui dicteroit*, en vertu de deux Arrêts du Parlement. En matiere d'égarement & de perte d'actes, le Greffier, ou celui qui s'en trouve chargé, est punissable quand il y a prêté son consentement; ainsi par Arrêt des Grands-Jours, tenans à Nîmes, en date du 18. Decembre 1666. N. Procureur Jurisdictionel du lieu de S. Geniez, en la Senéchaussée de Rhodés, fut condamné à faire amende honorable, en 2000. liv. d'amende envers le Roy, & au banissement de lad. Senéchaussée pendant cinq ans, pour avoir fait égarer des procedures faites contre certains prévenus de meurtre, qui pour cet effet lui avoient donné 50. loüis d'or, comme il l'avoüa en sa deuxiéme & troisiéme audition, aprés l'avoir dénié dans la premiere. Dans Expilly chap. 69. un Procureur fut condamné en 25. liv. d'amende envers une partie, & en pareille amende envers le Roy, pour avoir imprudemment baillé une Enquête à un passant à lui inconnu, qui ne la rendit pas suivant son adresse.

Estats.

TITRE V.

ARR. I.

ARrêt contenant inhibitions de ne faire aucuns dons en l'assemblée des Etats de Comenge, Riviere-Verdun, & autres de ce ressort, aux sieurs du Clergé, Noblesse, ni autres. Du dernier Decembre 1584.

Evictions.

TITRE VI.

ARR. I.

PAr Arrêt d'entre Massolié Marchand, appellant du Senéchal de Toulouse, & Combes Avocat appellé, fut dit que le creancier n'étoit tenu promettre eviction de l'argent qu'il recevoit de l'acheteur, des biens de son debiteur. Cet Arrêt fut donné avec grande diversité d'opinions.

* PROMETTRE EVICTION.] Cela doit avoir d'autant mieux lieu, que si le creancier avoit lui-même vendu le fonds appartenant à son debiteur, il ne seroit tenu d'aucune eviction, non pas même pour la restitution du prix ; la rubrique du Code y est expresse, *creditorem evictionem pignoris non debere*, sur laquelle rubrique Cujas resout que, *non tenetur creditor de evictione, nec ad pretium emptori restituendum.* Le même est decidé par Faber *Cod. lib* 8. *tit.* 31. *defin.* 4. Ce Parlement a souvent jugé la question fort douteusement, comme cela s'induit des préjugez contraires rapportez par *Cambolas liv.* 3 *chap.* 50. mais aujourd'hui on s'y regle par cette distinction, que le creancier qui subroge l'acheteur d'un fonds appartenant à son debiteur, avec renonciation à la garantie, n'y est pas sujet, ni à aucune restitution de deniers, lorsque le fonds est evincé *jure Domini*, comme en vertu d'une substitution ; au lieu qu'il en est autrement lorsque le fonds est évincé *jure hypothecæ*, & par un creancier anterieur. La question s'y étant présentée entre Sr. Pierre de Barréme, Chanoine de l'Eglise Metropolitaine S. Sauveur de la Ville d'Aix, & Conseiller au Parlement de Provence, appellant d'une Sentence rendue par le Senéchal de Nîmes le 15. Février 1662 & Vidal Lavie Marchand de Beaucaire, la Cour par son Arrêt du 20. Janvier 1663. donné au rapport de Mr. de Burta, en ce que le Senéchal avoit condamné led. Barréme à relever indemne led. Lavie pour les sommes de question, & aux dommages & interêts soufferts par Lavie, mit l'appellation & ce dont avoit été appellé au néant, & reformant, relaxa ledit Barréme de la garantie & condamnation des dépens, dommages, & interêts.

ARR. II.

EN un relief d'appel celui qui est tenu en garantie pour le principal ; n'est tenu des dépens du frivol appel. Par Arrêt du premier Mars 1605.

DU FRIVOL APPEL.] C'est une exception *à l'art. xj. du tit. 8. de l'Ordonnance de 1667.*

Examen à futur.

TITRE. VII.

ARR. I.

ARrêt en Audience prohibitif de non proceder par remede extraordinaire, comme intenter action par examen à futur, où l'on peut user de remede ordinaire, entre Maistre Jean Massé Docteur & Maistre Jean Destang, le quinziéme Mars 1536.

PAR EXAMEN A FUTUR.] Tels examens à futur sont abrogez par *l'Ordonnance de 1667. tit. 13.*

Executions.

TITRE VIII.

ARR. I.

Extrait des Regîtres de Parlement.

ENtre Jean de Fontaines Marchand de Toulouse, appellant du jugement donné par le Senéchal & Magistrats Presidiaux en la Senéchaussée, le 8. Novembre 1589. d'une part, & Mathieu de Cordes Marchand de Limoges, appellé d'autre; la Cour a fait inhibitions & défenses tant audit de Cordes qu'à tous autres qu'il appartiendra, de ne en vertu des lettres de debitis pour sommes contenuës és cedules non legitimement avoüées & reconnuës, faire faire aucunes executions & saisies, & à tous Huissiers & Sergens faires telles saisies à peine de nullité desdites executions, & de repondre aux executez en leur propre & privé nom de tous dépens, dommages & interêts, ledit de Cordes condamné aux dépens, dommages & interêts par led. de Fontaines à raison de lad. execution receus, lesquels & pour cause a taxez & moderez à deux écus.

AVOÜE'ES ET RECONNUES] Cela laisse induire que l'on peut proceder par saisie en vertu d'une cedule averée, mais c'est contre l'usage qui ne permet la saisie qu'aprés une condamnation, l'aveu n'estant que pour donner une hypotheque, & non pas pour porter execution parée. *V. Mainard. liv. 3. chap. 2.*

Exheredation.

TITRE IX.

ARR. I.

EXheredations d'enfant doit être pure & sans condition; tellement que si le pere laisse quelque chose à son enfant, &

veut qu'il se contente, sans pouvoir demander rien plus, & au cas qu'il ne s'en contenteroit l'exherede, il n'est privé du droit de legitime, comme fut jugé par Arrêt à Toulouse en un procez party en toutes les Chambres, au rapport de Monsieur de saint Pierrere le 15. Mars 1580. en faveur de Jean Cominge, contre de Cominge, Vicomte de Bourniquel.

Exoine.

TITRE X.

ARR. I.

LE 28. Novembre 1581. President Monsieur Duranti, la Cour refusa recevoir un Exoine, pource que celui qui le presentoit étoit frere du prevenu.

ARR. II.

PAr autre Arrêt donné en Audience en la grand'Chambre le 14. Juillet 1587. fut dit qu'une femme n'est receuë à porter un Exoine.

Faussaire.

TITRE I.

ARR. I

LE 24. Juillet 1586. Maistre N. Tendron Bachelier és Droits, convaincu d'avoir baillé de fausses lettres de degrez, contrefait le seau de la Chancellerie; contrefait les seings des Regens & Chancelier, fut condamné à être pendu, & executé au Salin.

FAUSSES LETTRES DE DEGREZ] Par Arrêt de la Tournelle, donné au rapport de Mr. de Fraust, Mre. Raymond Imbert de la Ville de Gignac, se fit relaxer de l'accusation qui lui avoit été intentée: pour s'être fait recevoir Avocat au Siege de ladite Ville, sur des fausses lettres de Docteur de l'Université de Cahors: ses moyens de relaxe furent pris, non seulement de ce qu'en ce Siege les simples Praticiens éstoient receus Avocats; mais méme de ce qu'il soûtint qu'il avoit égaré ses lettres de Docteur de ladite Université: outre qu'avant le jugement du procez il avoit eu la precaution d'en prendre en l'Université de Toulouse, lesquelles il remit, & se fit ensuite recevoir Avocat au Parlement: de sorte que s'étant fait relaxer sur ces moyens, & la Cour ayant fondit Arrêt mis les parties hors de Cour & de procez, dépens compensez, elle a par là préjugé qu'on n'est pas censé avoir commis une fausseté de s'être fait recevoir Avocat sur des lettres de Docteur qu'on n'a pas, & qu'on n'est pas méme d'obligation de les remettre, quand on en raporte d'une autre Université. L'adresse qu'Imbert eut d'en raporter de l'Université de Toulouse, fut un coup de partie pour lui, sans quoi il ne pouvoit étre que flétri.

Fausse mesure.

TITRE II.

ARR. I.

LE 25. Juin 1574. Arrêt d'un nommé Bezunieres de Gimont condamné pour avoir vendu à fausse mesure quelque quantité de bled, en deux mille livres, à sçavoir mille pour être distribuées à l'Ordonnance de la Cour, & les autres mille envers les pauvres : que certaines paroles seront rejettées du procés & sans note d'infamie.

FAUSSE MESURE.] Ce crime se commet, à mon avis, en deux manieres, ou en employant de petites mesures quand on vend, *& in tales dardanarios extraordinarie animadvertitur*; la raison en est sans doute, parce que *annonam onerant staterae adulterinae*, aux termes de la Loi 6. §. *ult. ff. de extraord. criminib.* à cause dequoi je remarque qu'aux condamnations qu'on prononce contre ceux qui sont accusez de ce crime : on adjuge presque toûjours une amende envers les pauvres, aparemment comme par forme d'indemnité, ou lors qu'on preste des mesures plus grandes qu'à l'ordinaire. *arg. L. 52. §. majora. ff. de furt.* il est visible qu'en l'un & l'autre cas le crime de faux est compliqué avec celuy de larcin, & partant tres punissable.

ARR. II.

LE Jeudy 27. dudit mois de May audit an 1574. par Arrest au Barreau un Bazochien nommé Bodet substitué de Ganstault Greffier au Senéchal de Toulouse, ensemble un Sergent pour avoir fait quelque antidate, en unes informations faites à la requête d'un Conseiller en la Cour, furent condamnez, sçavoir ledit Bodet à la Galere pour dix ans, à faire amende honorable, & en 300. liv. envers le Roy : & le Sergent a estre banny, privé de son estat de Sergent, en 25. livres d'amende envers le Roy, & tant luy que ledit Bodet declarez inhabiles à jamais exercer office Royal. Et par le même Arrest Mr. de Cathelan Lieutenant particulier au Senéchal de Toulouse, & Maistre Charles Benoist Avocat du Roy audit Senéchal sieur de Sepet ; sçavoir ledit Cathelan en 300. liv. & Benoist en 200. liv. distribuables à l'ordonnance de la Cour. Avec inhibition de ne commettre telles faussetez, ou faire tels & semblables actes à peine de la hart.

EN UNES INFORMATIONS.] On peut punir pour crime de faux en fait d'informations, lors qu'il s'agit d'une antidate, quoique regulierement l'inscription en faux ne soit point receuë contre une information, suivant *Boucot tom. 2. verb. faux. quest. 7.* Au reste, quoi qu'en matiere d'inscription en faux il faille presumer pour l'acte impugné, toutefois celui qui le remet doit produire le protocole, & celui qui a formé l'inscription n'est pas tenu de l'exhiber, parce que la foi dudit acte paroit suspecte dès le moment qu'on l'impugne de faux, bien qu'il le faille executer jusques à ce qu'il ait été declaré tel : Et c'est ainsi que le Parlement le jugea en Audience par Arrêt du mois de Juin 1639. en un appel relevé du Senéchal de Carcassonne, sur la plaidoirie de Maistres Pauliac & Courtois Avocats. *V. Ferrer. in quest. 19. Guid. Pap. Cod. Fab. lib. 4. tit. 18. def. 17. & dd. ad L. ult. C. de fid. instrum.* toutesfois Charondas en ses Pandectes *liv. 4. chap.* 30. est d'un contraire sentiment.

Femmes grosses.

TITRE III.

Arr. I.

LE 11. jour de Decembre 1537. a esté donné Arrêt criminel, contenant instruction à tous Juges & Senéchaux & Sieurs ayans Jurisdiction, où il leur apparoîtra aucune femme non mariée être enceinte, la faire mettre sous seure garde, afin d'eviter les inconveniens qui journellement s'en ensuivent.

A tous Juges.] Lors qu'il s'agit du simple crime de gravidation, qui n'est pas accompagné de rapt ni de violence, les Juges Bannerets en peuvent connoître, de même que les Juges Royaux, mais il faut que deux choses concourent. En premier lieu, qu'il soit arrivé dans l'étenduë de leur Jurisdiction ; & en second lieu, qu'ils soient Juges de la haute Justice : car ceux qui ne le sont que de la moyenne sont incompetans ; ainsi en l'instance qui étoit pendante en la Chambre de l'Edit, entre Mr. le Duc d'Uzez, Izabeau Verdiere de S. Michel près d'Aymargues, & le nommé Petit-Jean, la Chambre par son Arrêt du 7. Août 1670. renvoya la cause devant les Officiers de la haute Justice d'Aymargues, & ôta la punition du crime de gravidation, dont Petit-Jean étoit prevenu, tant au Juge Royal de Galargues, qu'aux Officiers de la moyenne Justice de S. Michel.

Feries, ou jours feriez.

TITRE IV.

Arr. I.

PAr Arrêt du 8. May. 1505. fut prohibé aux Commissaires deputez par la Cour à l'execution des Arrêts, confection d'Enquêtes montrées & veuës figures, de ne proceder la semaine Sainte, ni durant les fêtes & solemnitez, & autres jours feriez, esquels la Cour n'entre point, & de ne faire esdits jours aucuns actes judiciaires sur peine de nullité : bien peuvent oüir les témoins receus à jour non ferié ; en ce aussi n'est comprise l'inquisition secrette, parce qu'il n'est besoin d'y appeller la partie, & pour la punition des crimes en tout temps, on y peut & doit proceder.

V. Le Liv. 2. tit. 7. verb. Inquisitions, & le traité des Juge-Mages. chap. 5. art. 7.

Fideicommis.

TITRE V.

ARR. I.

ARrêt du 14. Août 1586. és Arrêts Generaux prononcez par Mr. le President de S. Jean, entre Me. François du Verger Conseiller au Senéchal de Toulouse d'une part, & Me. Antoine Maret d'autre, fut dit, *Quod jus accrescendi habet locum in fideicommisso universali*, & que la loy, *Placet. De lib. & posthum.* a lieu, encores que *in institutione posthum. certum tempus adjectum fuerit, idque ex verisimili conjectura testatoris.*

V. Liv. 3. verb. Substitution. art. 8.

Fils de Famille.

TITRE VI.

ARR. I.

P*Ater pro filio familias non tenetur nisi in quantum peculio locupletatus est.* Ainsi jugé le 9. Avril 1569. en faveur de Valette, le fils duquel estoit prisonnier pour certaine volerie.

Foires & Marchez.

TITRE VII.

ARR. I.

LE 29. Mars 1591. au rapport de Mr. Melet. Le fait est que Veillac marchand de Toulouse ayant vendu à Charles Laberouse une paire de bœufs aratoires, pour le prix & somme de 19. écus sol, dont une partie fut payée incontinent, & le demeurant étoit payable dans certain tems, avec certaine forme de precaire. Depuis Laberouse mene ses bœufs au marché en Toulouse, & les vend à Majoret, Clerc Commis à la garde des Sacs du Greffe de la Cour, pour la somme de vingt écus sol, laquelle est à l'instant payée. Trois ou quatre mois aprés l'acquisition faite par Majoret, Veillac pour le surplus de la somme qui lui restoit à être payée, fait faire execution sur lesdits bœufs, à laquelle Majoret s'oppose, disant avoir acheté ces bœufs au marché public, & payé & delivré le prix d'iceux au vendeur, que par la coûtume de Toulouse au titre. *De empt. & vend.* on ne peut être recherché de ce qu'on a acheté au marché public, encores que la chose soit furtive. Au contraire Veillac insiste sur la clause de precaire, laquelle empêche la translation de dominité, jusques à l'entier & effectuel payement du prix de la chose venduë, & que la coûtume seroit inique si elle étoit gardée & observée, donnant hardiesse aux larrons & voleurs de derober. Les parties étant appointees contraires, & Marojet ayant verifié son fait, par Arrêt de la Cour, en reformant la Sentence du premier Juge, il est relaxé, & l'execution faite sur lesdits bœufs cassée : sauf à Veillac son recours contre ledit Labereuse. Par cet Arrêt fut jugé que la clause de precaire n'a point lieu en biens meubles, ou qui sont mouvans, & que la coûtume de Toulouse, touchant ce qui est acheté en marché public, devoit être gardée suivant les préjugez, & même l'Arrêt donné au profit de Demoiselle Barthelemie de Fabri, femme à Maistre Jean Barbaria cy-dessus inseré, & ce pour raison des privileges & franchises des foires & marchez. Autre chose seroit de celui qui acheteroit *ab ignoto & transeunte, propter suspicionem criminis. l. In civilem. C. De furtis.*

AYANT VENDU.] *V. Liv. 1. tit. 3. art. 3.*

Fontaine en Toulouse.

TITRE VIII.

ARR. I.

PAr Arrêt du vingt-neuviéme Août mille cinq cens vingt-trois, entre le Syndic de la ville de Toulouse, joint à lui le Procureur general, supplians d'une part, & le Syndic du Chapître saint Estienne dudit Toulouse d'autre : Dit a esté que la Cour pour certaines causes & considerations à cela mouvans, & intherinant quant à ces les requestes desdits supplians, à ordonné & ordonne, que l'eau de la fontaine ou griffon tombant à present, & ayant son cours dans les fossez de la Ville du costé de ladite Eglise Metropolitaine, sera conduite desdits fossez à la place publique, étant au devant de la porte principale d'icelle Eglise, en lieu propre & idoine pour là faire un griffon & fontaine de largeur, & grandeur, & hauteur convenable pour recevoir ladite eau, à l'usage & service tant des Chanoines & habituez de ladite Eglise, que des manans & habitans de ladite

dite cité, & sera le tout fait & entretenu cy-aprés aux dépens desdits habitans, sans que les Chanoines & habituez soient aucunement contribuables, & pour cause.

Foraine.

TITRE IX.

ARR. I.

LE 21. du mois d'Avril 1564. après Pâques, inhibition de traduire hors le Royaume aucun bétail gros ni menu.

Foüet.

TITRE X.

ARR. I.

LE 6. Juillet 1565. au barreau fut prononcé Arrêt qu'un prisonnier de la maison de Ville seroit fustigé avec des verges par un Sergent, & non par l'executeur de la haute Justice, & feroit un tour seulement dans ladite maison de Ville.

Francs-Fiefs.

TITRE XI.

ARR. I.

ENtre le Sindic des trois Estats du païs de Languedoc, appellant du Senéchal de Toulouse, ou de Me. Pierre Rupeson Lieutenant, Pierre de Fogorellier, & Estienne Fauré Commissaires sur le fait des Francs-Fiefs & nouveaux acquests, & requerant l'intherinement de certaines lettres Royaux, les unes datées du 26. Decembre 1491. & les autres du dernier jour d'Octobre l'an 1474. d'une part, & le Procureur General du Roy nostre Sire appelé & deffendeur d'autre. A declaré & declare la Cour lesdits habitans de Languedoc, & leurs successeurs pour le temps à venir, n'avoir esté & n'estre tenus payer audit Seigneur, ses Officiers ou Commis, pour droit des Francs-Fiefs des biens dont ils sont & seront contribuables aux tailles & imposts Royaux, qu'ils auront tenus & possedez de toute ancienneté franches, & desquelles ne se trouvera aucune chose avoir esté payée le temps passé, au Roy ni à son Trésorier; & aussi lesdits habitans n'estre semblablement tenus pour icelles terres, possessions & heritages payant tailles, posé ores qu'elles ne payent censive, payer audit Seigneur aucune finance ou indemnité ; ains les a declarez & declare la Cour de ce estre quittes & exempts, sans que maintenant ni pour le temps à venir, sous ombre des ordonnances faites sur le fait desdits Francs Fiefs & nouveaux acquests, aucune chose leur puisse, pour les choses dessus dites par les Officiers royaux ou Commissaires qui sont ou seront pour le temps à venir, estre demandée en aucune maniere. Prononcé à Toulouse en Parlement le 24. Decembre 1485.

LESDITS HABITANS DE LANGUEDOC.] L'Arrêt rapporté par l'Autheur est conceu pour le dispositif, aux mémes termes que la réponse que fit le Roy Charles VIII. à l'art. 17. de ceux qui furent presentez par les Deputez de cette Province aux Etats généraux tenus à Tours en 1483 mais si le Languedoc est exempt du droit de Franc-Fiefs, il est certain aussi que parmi les Villes du Languedoc il n'y en a point qui en doive étre exempte à plus juste titre que celle de Nimes ; car outre que son exemption est fondée sur les Lettres en Commandement, données à Paris le penultiéme Juillet 1379. par les Commissaires généraux du Domaine, sur un Arrêt contradictoire de la Chambre Souveraine établie en la Généralité de Montpellier, en date du 14. Avril 1660. & sur un Appointement aussi contradictoire donné par le Senéchal de ladite Ville de Nimes le 13. Decembre 1516. D'ailleurs les Habitans de cette Ville justifient par acte, que leurs prédecesseurs avoient acquis ladite exemption en 1144. de Bernard Atho, Comte dudit Nimes, au prix de 4000. sols malgoirés ; le contrat ayant été méme confirmé par les deux Comptes Raymonds, pere & fils, successeurs dudit Atho, par deux actes des années 1184. & 1195. ce qui fait voir que ces habitans ont une exemption qui est incontestable, n'en joüissans pas à titre de privilege, mais à titre onereux, en vertu d'un contrat fait à prix d'argent. De là vient aussi sans doute que la plûpart de nos Rois, depuis la reünion de cette Province à la Couronne à compter depuis Charles V. jusques au Roy heureusement regnant, ont confirmé le privilege desdits habitans par des Lettres patentes ; il étoit juste que joüissans du Languedoc à titre lucratif & par droit de succession, ils ne vinssent pas contre le fait de leurs Auteurs, & qu'ils ne privassent pas leurs sujets du fruit d'un contrat passé à titre onereux ; *privilegium concessum subditis* (disent nos Docteurs) *nec Princeps, nec ejus successores, possunt auferre, si per viam contractus concessum fuerit : secus si per viam gratiæ vel privilegii.* Il étoit juste aussi que je fisse cette observation pour l'interét de ma chere Patrie, *pro quâ bis patiar mori.*

Furieux, Fols, Insez, Melancoliques, & Loups-gareux.

TITRE XII.

ART. I.

LEs Loix tant divines qu'humaines excusent les actes & forfaits commis par les furieux, insensez & melancholiques, presumans n'avoir esté faits par malice, deliberation, ou de guet à pens, ains par une imprudence, ou plûtôt rage & fureur. A cause dequoi de nostre tems à Montauban, T... ste te Avocat, & sa femme, ayant esté tuez par Me. N. de Piscatoribus aussi Avocat, leur voisin, & le plus grand & familier amy qu'ils eussent, estant devenu fol & furieux de jalousie : par Arrest donné sur la relation & rapport des Medecins, ledit de Piscatoribus fut seulement baillé en charge au sieur de Merlanes son proche parent, pour le tenir bien serré, & garder que mal n'en avint, sur peine d'en repondre en son nom, aprés lequel Arrest il a vécu plus de vingt ans enfermé dans une Chambre, ayant toûjours perseveré en sa folie jusques à son trépas.

ARR. II.

EN l'an 1502. un gros paysan près de Fronton, au retour de sa folie, qui avoit grands intervales, tua sa mere à coups de coûteau, sur l'heure qu'elle le vouloit amadoüer & reduire comme elle avoit fait autrefois ; dequoy étant prevenu & prisonnier, aprés avoir été visité par les Medecins, & par eux trouvé insensé, par Arrêt de la Cour fut relaxé & renvoyé aux Consuls du lieu pour prendre garde à sa folie.

ARR. III.

AU rapport de Mr. Me. Mathieu Chalvet Conseiller, & depuis President aux Enquêtes de Toulouse, en l'an 1560. un riche Païsan de Gauarret en Gascogne, qui avoit tué sa mere en colere, bien que depuis il fit de l'insensé, ne répondant rien à propos, ayant apparu à la Cour qu'auparavant l'acte il ne l'étoit aucunement, par Arrêt fut condamné à mort, ne voulant excuser ceux qui deviennent insensez ou contrefont la folie aprés le crime, car si avant le forfait il eût été sanifestement insensé, il n'eût eu d'autre mal que la restrainte.

ARR. IV.

UN autre Païsan prés Nancelle en Roüergue, revenant de quelque lieu hors sa maison, ne trouvant sa femme en icelle, & ayant entendu qu'elle festoyoit les Prêtres du lieu, ausquels elle avoit ce jour fait prier Dieu pour les Trépassez, comme la coûtume en est audit païs ; le mary transporté de colere ou fureur, procedant de jalousie ou autrement, avec une hache trancha la tête à deux de ses petites filles, dont l'aînée n'avoit atteint dix ans, sans pouvoir être émeu des plaintes & amadoüemens plus qu'humains de la puisnée, voyant le spectacle de l'aînée, embrassant son pere à la jambe, sans l'en pouvoir tirer qu'à force, criant toûjours en ces mots : *Ha mi Papa que vous ay jou fayt ?* comme il accorda depuis en son audition : de quoy prevenu, par Arrêt fut condamné à être mis à quatre quartiers, & la teste derniere, & executé.

ARR. V.

SI telles sortes de gens ont rien attenté contre le Prince, Magistrats, Religieux ou Republique, à cause du scandale ils ne sont excusez, ains punis suivant la gravité du forfait : à cause dequoy Egmond de la Fosse jeune Ecolier, Picard, qui avoit furieusement ôté l'Hostie des mains du Prêtre qui chantoit Messe à la sainte Chapelle du Palais de Paris, le jour & Fête solemnelle de S. Loüis, par Arrêt en l'an 1503. fut condamné à être brûlé tout vif, nonobstant les visites des Medecins à ce deputez, qui l'avoient jugé maniaque & sans raison.

AINS PUNIS.] Le nommé Etienne natif de Senlis, qui s'étoit jetté à corps perdu sur Henry IV. le 19. Decembre 1605. lors qu'il passoit à cheval sur le Pont-neuf, fut retenu quelques jours par forme dans la Bastille, mais pourtant il ne fut pas puni de son attentat, parceque dans ses interrogatoires il parut qu'il étoit aliené d'esprit. Le pardon que le Roy lui accorda dans cette veuë, ne doit pas être tiré à consequence ; & il est à croire que s'il eût été jugé dans les formes, sa folie ne l'eût pas fait exempter de la peine qu'il meritoit, témoin, l'exemple du nommé Caboche, rapporté en l'arrest suivant ; il est vrai qu'il avoit tiré l'épée contre le Roy Henry II. au lieu que ledit Etienne étoit sans armes, & qu'il ne fit autre chose que tirer Henry IV. par le manteau, en lui criant, *rends-moi mon Royaume.*

ARR. VI.

UN nommé Drappeaux, insensé, fut brûlé vif, pour avoir fait tomber l'image de Notre-Dame dans la grande Eglise de Paris le 30. Aoust 1548. L'an après un nommé Caboche troublé de son entendement, pour avoir dégainé son épée en pleine ruë contre le Roy Henry II. fut mis en prison, là où il se pendit par les genitoires : ce nonobstant par Arrêt de la Cour prononcé en l'an susdit 1549. il fut condamné à être pendu par le col ; outre lesquels exemples Mr. Ferrier nôtre Medecin en Toulouse en sa Republique, en apporte un autre d'un Espagnol petit compagnon, natif de Remense en Espagne, lequel poursuivant d'amour une Seignore qui méprisoit la vile condition de l'homme, se mit à rêver qu'il seroit bien-tôt Roy, & par consequent digne de ladite Dame. Pour cette folle intention il guéta Ferdinand Roy d'Arragon & de Castille, & le rencontrant se fourra parmi les soldats de sa garde, & donna du tranchant de l'épée sur le col du Roy qui en fut bien malade : cependant sans avoir égard à la relation des Medecins, qui l'avoient trouvé insensé, le pauvre malheureux fut cruellement puni, tenaillé, & couvert d'une couronne de fer ardente, & executé Roy des Fols.

ARR. VII.

IL y a plusieurs especes de fols melancholiques, comme leurs réveries & vaines persuasions sont diverses, le denombrement desquels nous laissons aux Medecins, nous contentans d'alleguer certains prejugez & exemples, & entre autres d'un fol melancholique, qui de nôtre tems courut la plus grande partie de ce Royaume, menant vie fort austere, pieds nuds, vêtu d'une robe assez courte, sans chemise, sans bonnet, trainant une longue perruque sur ses épaules, & une grande barbe jusques à la ceinture qui se faisoit appeller Jean l'Evangeliste, lequel les Echevins de Bourdeaux se contenterent de chasser de leur Ville aprés l'avoir tondu, & fait barbe ras. De là il s'en vint dans Toulouse, où par Arrêt à cause de certaines paroles scandaleuses qu'il avoit hautement & furieusement proferées contre les saints Sacremens, il fut condamné à la perpetuelle prison dans une des tours du Palais, dedans laquelle ayant mis le feu par le moyen de la paille qu'on lui avoit donnée pour se coucher, par Arrêt donné en vacations 1552. il fut condamné à être brûlé vif, la langue coupée aux portes de la prison. Au supplice comme peu à peu le feu le surprenoit, il soufloit les flammes autour de soi, pensant avoir la puissance d'éteindre le feu par la fermeté de sa foi, ou plûtôt réverie & melancholie.

ARR. VIII.

EN l'an 1545. il y en avoit un quasi semblable à celui de qui est parlé en l'article precedant, en la Ville de Grenade près Toulouse, qui se disant le Messie, par le Juge ordinaire du lieu fut condamné à perdre la tête; toutefois la Cour de Parlement jugeant l'appel, se contenta de l'envoyer aux galeres.

ARR. IX.

CEux que nous appellons Loups-garoux sont personnes possedées de l'humeur melancholique, laquelle maladie est appellée par les Medecins lycanthropie; beaucoup d'exemples se trouvent parmi les Autheurs, entre autres nôtre Medecin en sa Republique fait recit d'un pauvre rustique, naturellement enclin à cette humeur melancholique, lequel par la famine qu'il enduroit, & voyoit endurer à sa famille, perdit le sens, & se persuada que devenant loup, par sa chasse & capture feroit bonne chere avec ses gens; pour auquel mieux se transmuer & ressembler il se vêtit d'une peau de loup, & cheminoit devant les hommes à quatre pattes, & ainsi étant devenu loup par fantaisie se mit à hurler, courir les champs, & gâter les passans, principalement les petits enfans qui ne pouvoient faire resistance, il les mordoit, étrangloit & mangeoit, & en faisoit part à ses gens. Ayant continué ce métier quelques années, il fut découvert & trouvé homme, non loup: étant visité, & rapporté des Medecins qu'il étoit parfaitement fol melancholique, fut seulement condamné à tenir prison jusques aprés s'être remis. Tout au contraire Messieurs du Parlement de Dole en la Franche-Comté de Bourgogne, firent cruellement mourir un autre pauvre miserable insensé & fol melancholique qui avoit fait ce mêtier & office de loup, comme un chacun a peu voir par l'Arrêt imprimé en l'an 1574. à Lion, bien que comme dit le même Auteur: *Quæ ratio furiosos palàm savientes excusat, eadem malancholicis, feritate humoris compulsis subvenire debet, quia non est voluntas, sed morbus qui ad talia cogit.* A cause dequoi, jaçoit que par nos loix & commun usage de ce Royaume, ceux qui se tuent eux-mêmes, se precipitent ou desesperent, soient privez de la commune & Chrétienne sepulture; toutesfois les frenetiques, ou ceux qui par l'ardeur & violence d'une fievre, ou impatience & vehemence de douleur font choses semblables, n'en sont privez; comme, non sans diversité d'avis, fut deliberé & arrêté par le Parlement de Paris sur le convoi, & honneur du feu sieur de Saignes Conseiller en icelle, qui poussé d'une semblable impatience causée d'une fievre ardente, se déroba à ses gardes, alla brider & seller son mulet, & aprés se jetter & noyer dans la riviere de Seine en l'an 1577.

Galeres.

TITRE I.

ARR. I.

LE 25. Janvier 1535. par Arrêt, René de Baleftar, pour les crimes & malfaits par lui commis a été condamné à être mis perpetuellement aux galeres, & s'il échapoit, feroit prins & mené à la Conciergerie, & d'icelle à faint George perdre la tête.

Gardiage de Toulouse.

TITRE II.

ARR. I.

ENtre Pierre Torche Marchand de Toulouse appellant du Senéchal, & Jeanne de Cailla veuve à feu Oger Thoron appellez : Dit a été qu'en ce que ledit Senéchal n'auroit declaré le cabal mentionné en ladite reconnoiffance être des biens de la ville de Toulouse & coûtume d'icelle, a mis & met l'appellation, & ce dont a été appellé au néant, & reformant le jugement a declaré & declare ledit cabal être des biens de ladite ville & coûtume d'icelle. Prononcé en Parlement le quatriéme Mars 1575.

Gazailles, Lauzes, ou Loüages de Bœufs.

TITRE III.

ARR. I.

LE Mardy 18. de Juin 1538. de Relenes, plaidant la caufe d'un Marchand de Grenade, fut donné Arrêt par lequel certain contrat de Gazailles d'une paire de bœufs pour un carton de bled chacun an, a été declaré nul, & la partie condamnée en amendes.

* DECLARE' NUL.] Tels contrats font confiderez comme ufuraires. *V. Bertrand. part. 1. conf. 318. & part. 2. conf. 158. Petrus de Ubaldis en fon traité de duobus fratribus. part. 4. quæst. & Vrsius decif.* 108. qui alleguent les raifons par lefquelles ces contrats font reprouvez. Il faut pourtant convenir que pour qu'ils foient ufuraires, ils doivent affujettir le preneur du bétail, outre le *Chaftail*, comme on parle, à ce que plufieurs Coûtumes de ce Royaume appellent *Boage ou Moiffons*, & que les Interpretes nomment *Collaticum & locaticum*, qui font la recompenfe du travail des bœufs, & le prix de leur loüage, & par deffus toutes ces chofes l'affujettir encore au partage du croift. Quand toutes ces chofes ne fe trouvent pas enfemble, les contrats de gazailles ne font pas abfolument reprouvez ; il s'en faut bien, puis qu'ils font fort en ufage, & par confequent permis, ou du moins tolerez ; Toutefois quand ils font paffez en la maniere qu'ils font décrits en la page 33. & fuiv. d'un livre intitulé, *Refolutions de plufieurs cas importans pour la morale*, ils meriteroient double amende, & quelque chofe de pis.

Gens de Guerre.

TITRE IV.

ARR. I.

INjonction aux Consuls & habitans des Villes de recevoir les Capitaines & leurs Compagnies qui leur seront envoyées par le Gouverneur. Prononcé le 26. Octobre 1585.

Gourratiers.

TITRE V.

ARR. I.

ARrêt aux Gourratiers & aux Revendeurs d'acheter aucune marchandise d'aucun Facteur de boutique, sans le faire sçavoir & avertir le Maître, sur peine de la hard, du 17. Fevrier 1535.

Gouvernement.

TITRE VI.

ARR. I.

LE Jeudy 12. Juillet 1565. ont été presentées Lettres patentes du Roy sur l'union de la Ville de Pamiers, au païs de Languedoc, duquel étoit Gouverneur Mr. de Dampville Chevalier de l'Ordre dudit sieur, fils de Mr. de Montmorancy, Pair & Connétable de France.

Graces.

TITRE VII.

ARR. I.

LE Mardy premier jour de Fevrier 1557. requerant le Syndic de plusieurs Villes & Villages des Sevenes être reçû à presenter lettres de grace, en crime d'heresie pour les habitans, fut dit n'être à requerir recevable, mais qu'eux oüis, condamnez par Messieurs qui auront fait la procedure, ou par contumace s'ils s'en vouloient aider, les viendroient presenter en personne : & lors par Messieurs Mansencal & Sabatier, Avocat & Procureurs generaux du Roy, fut allegué un Arrêt donné jadis contre Mr. le Comte de Villars, du 4. Juillet 1452. qui avoit voulu être reçû à presenter des lettres de remission par Procureur, & à ses fins auroient été obtenuës lettres du Roy : toutefois lui fut denié par la Cour.

ARR. II.

UN Juge ne peut dissimuler en l'accusation d'homicide de condamner le convaincu, ores qu'il trouve que l'homicide ait

ait été commis par necessité ou cause raisonnable, & que la loy civile l'ait pardonné, car toûjours il y faut grace & remission du Roi. Ainsi fut jugé par Arrêt donné és grands jours du Puy le 6. Octobre 1548.

Greffiers.

TITRE VIII.

ARR. I.

LE 29. Fevrier 1557. à la Tournelle, fut prononcé un Arrêt prohibitif aux Greffiers, de bailler les procez criminels aux parties, ni à leurs Procureurs.

TITRE II.

ARrêt de consequence pour les Mandians, de n'être mis en qualité, sinon au nom du Procureur du Roy, & à tous Juges, Notaires, & Greffiers, de prendre ou exiger aucune chose desdits Mandians & Religieux, pour les procedures, actes & rapports, & rendre ce qu'ils en auroient pris & reçû. Le 29. Avril 1549.

AU NOM DU PROCUREUR DU ROY.] Parce que les Mendians sont censez morts au monde, & qu'ainsi ils ne peuvent pas agir par eux-mêmes.

ARR. III.

PAr Arrêt prononcé le 3. Mars 1586. entre Antoine Carriere, Notaire, appellant, & Thomas Quallay appellé, la Cour a fait inhibition & deffense, tant audit Carriere qu'autres Greffiers du ressort, d'extorquer promesses & obligations des parties, pour prétenduës peines & vacations, & de s'ingerer écrire les actes & instances où ils seront parties, & faire expedition d'icelles, à peine de nullité & autre arbitraire. Aussi fait inhibition & deffense au Senéchal de Roüergue, & tous autres, d'user en leurs Sentences & Jugemens des clauses & paroles superfluës contre le stil & Ordonnance.

Habillemens.

TITRE I.

ARR. I.

LA Cour sur les remontrances & requeste verbalement faites par le Procureur du Roy, afin d'obvier aux desordres, scandales & confusion, dissolution & corruption de bonnes mœurs, & méconnoissance des personnes d'état & qualité qui procede du desordre & indifferent usage des vêtemens, accoustremens & habits, tant entre les personnes Ecclesiastiques, que les Magistrats, Officiers de Justice, Graduez, Ecoliers & autres personnes de robe longue, portant plusieurs d'eux ordinairement robes, sayons, pourpoints, chausses, manteaux, de diverses couleurs, & chapeaux au lieu de bonnets carrez: dequoy advient qu'on prend souvent les Clercs pour laics, & les laics pour clercs, & l'honneur & la reverence deuë aux personnes Ecclesiastiques ne leur sont rendus, ni aux Magistrats, Officiers & Graduez; A prohibé & deffendu, prohibe & deffend à toutes personnes Ecclesiastiques, de quelque qualité & condition qu'ils soient, & aux Magistrats, Juges, Officiers, & Ministres de Justice de longue robe, & aux Collegiats étudians aux Loix és Colleges fondez dans l'Université de Toulouse, & aussi à tous Etudians és facultez de Theologie, Droit Civil & Canon, Medecine, Philosophie & Arts, de porter doresnavant robes, sayons, manteaux & chausses de couleur rouge, jaune, verd ou bleu, & de porter aussi chapeaux, mesmement dans les Eglises, au Palais & Consistoire de Justice, ni ailleurs dans la Ville, ni autres Villes de ce ressort, sinon en cas de necessité, pour l'injure du temps, ou indisposition de leur personne; Commandant & enjoignant à toutes personnes de la qualité & condition susdite, porter d'oresnavant robes longues, sayons, pourpoints, chausses & bonnets de qualité & façon decente & convenable à leur état & profession, & ce sur peine, quant aux Beneficiers & personnes Ecclesiastiques, de 100. liv. d'amende envers le Roy, & privation de leur privilege Clerical, & autres peines contenuës aux constitutions canoniques; & quant aux Magistrats, Officiers, Graduez & autres Ministres de Justice & robe longue, sur peine & confiscation desdits habits & accoustremens étant de couleur prohibée, & de cent liv. pour chaque fois qu'ils seront deprehendez à ladite contravention; & aux étudians Collegiats en l'Université de Toulouse, & autres du ressort contrevenans à cet Arrêt & prohibition susdite, sur semblable peine de confiscation, de privation de tout droit & privilege de Scholarité: enjoignant au Senéchal, Juge-mage, Juge criminel, Viguier & Capitouls de la Ville de Toulouse, garder & executer, faire garder, observer & entretenir, & afficher cet Arrêt aux portes des Auditoires des Sieges de Justice, & des Eglises & autres lieux publics de ladite Ville, afin qu'aucun ne se puisse excuser par ignorance. Pronocé à Toulouse en Parlement le huitiéme jour du mois de May 1573.

AU PALAIS ET CONSISTOIRE DE JUSTICE.] Il a été jugé par Arrêt donné en la grand'Chambre, au rapport de Mr. de Maran, le 22. Août 1678. qu'un Officier Royal, qui tient ses Audiances, sans être revêtu de sa robe & de son bonnet, étoit amendable; car par cet Arrêt Me. Antoine Froment, Juge de la Ville de Lunel, fut condamné en 50. liv. d'amende envers Me. Charles de Rochemore Viguier, & aux dépens, pour l'avoir assisté sans robe & sans bonnet à tenir l'Audiance, avec inhibitions & défenses de plus s'ingerer à tenir les Audiances sans robe & sans bonnet. Il est inutile d'alleguer le motif de cet Arrêt, puisque personne n'ignore que l'indecence des habits est plus punissable en la personne d'un Officier de Justice que de tout autre. *V. Papon liv. 6. tit. 4. art. 2.* & touchant la decence que les Ecclesiastiques doivent affecter en leurs habits. *V. le même au liv. 2. tit. 6. art. 1.*

ARR. II.

EN l'an 1578. par Arrêt un Ecolier de Bayonne nommé Diversole, fut condamné en 50. écus d'amende, pour avoir fait faire des habits à son laquais couverts de priapes, & autres figures sales & vilaines, avec inhibitions aux coûturiers faire semblables habits.

COUVERTS DE PRIAPES.] Ce seroit bien icy le lieu pour expliquer de quelle maniere il faut entendre ce passage d'Ammian Marcellin. *Hist. lib. 22. est enim Apis bos diversis genitalium notarum figuris expressis maximaque omnium cornicalantis lunæ specie, dextero latere insignis.* Mais cela se fera ailleurs, s'il plaît à Dieu.

Habitation.

TITRE II.

ARR. I.

PAr Arrêt en l'an 1792. entre Saluste del Pech, & sa marâtre, a été jugé, que la femme à laquelle l'habitation de quelque maison est dûë, n'est tenuë payer les tailles ni autres charges, ains c'est l heritier, si ce n'est au cas qu'il y eût outre ladite habitation, loüage ou plus qu'est necessaire pour icelle; auquel cas estimation & visite faite par Experts, elle sera tenuë contribuer ausd. tailles pour led. surplus: *aliud in habitatione legata, aut alia quæ jure actionis non debetur, quia primo casu integra præstari debet.*

* AINS C'EST L'HERITIER.] L'usage de la Cour des Aydes est contraire, & il est constant que c'est la femme & non l'heritier, qui doit payer les tailles de la maison, dont son mari lui a legué l'habitation: ce qui est conforme au Droit en la Loy *Si domus. ff. de usu & habit. V. Guid. Pap. quæst. 541. & Bened. ad cap. Raynutius. verb. cætera bona. num. 42. & seq.*

Hôpitaux.

TITRE III.

ARR. I.

MOnsieur Dalzon Conseiller en la Cour, par son testament legue cinq cens livres aux Hôpitaux de Toulouse, payables cinq ans aprés son trépas : Il decede en Août 1571. en Mars suivant le Syndic des Hôpitaux presente requête à ce qu'attendu la grande necessité desdits Hôpitaux, & grand nombre dés pauvres qu'il y avoit en ladite année, ses filles & heritiers fussent tenus payer ledit legat dans le mois, *& sic ante tempus* : par Arrêt du 18. Mars 1572. Monsieur de Paule President, la Cour attendu la necessité grande des pauvres, ordonna que ladite somme de cinq cens livres seroit payée cent livres chaque an ; ce qui semble être fondé sur la loy *Qu. filium*, §. 1. *ff. Ad Trebell. ubi filio pauperi restituitur hereditas ante tempus.*

ATTENDU LA NECESSITE'. Quoique la volonté du testateur soit une Loi qui doit être executée, toutefois lorsque la necessité se rencontre en quelque chose, elle n'est pas de la Loi, sur tout lors qu'il s'agit de l'interêt des pauvres, dont la cause est toûjours favorable, mais principalement dans une pressante necessité, qui regarde les alimens : cette seule consideration pouvoit excuser David, lors qu'il mangea les pains de proposition.

ARR. II.

LE 7. jour de Janvier 1527. fut donné Arrêt touchant les Hôpitaux de Toulouse & gouvernement d'iceux, mêmement quant au Receveur qui n'aura plus gages:mais un homme de bien de la Ville sera chacun an choisi,qui aura la charge,& pourra tenir un homme sous lui à qui seront taxées ses diettes & vacations.

ARR. III.

LE Lundy 4. Août 1564. sur certaines lettres patentes du Roi, auroit été dit,que l'Hôtel Dieu de Toulouse sur le payement de ses dettes, desquelles y auroit instrument obligatoire ou cedule averée,joüira de même privilege qui est observé sur le payement des deniers Royaux. Ledit Arrêt prononcé au barreau.

ARR. IV.

ENtre François Girardin Docteur ez Droits, Chanoine en l'Eglise d'Aux, & Tresorier en l'Hôtel Dieu de Toulouse, pour l'année courante,suppliant d'une part,& le Syndic dud. Chapitre défendeur. La Cour sans avoir égard aux fins de non-recevoir dudit Syndic, a ordonné & ordonne qu'il joüira durant l'année entiere qu'il demeurera en charge de Tresorier dudit Hôtel-Dieu de Toulouse, des fruits de sa Prebende Canoniale en ladite Eglise Metropolitaine d'Aux, tout ainsi que s'il estoit present & faisoit le service actuel en ladite Eglise, & sans dépens. Prononcé le 3. Decembre 1575.

ARR. V.

LE 23. Aoust 1575. Arrest au barreau contenant injonction à tous Tabellions & Notaires de Toulouse, de faire recherche par leurs livres, notes & protocoles des dispositions & legats faits en faveur des pauvres des Hôpitaux, & en avertir les Officiers afin de s'en prévaloir, & pareille injonction à tous Greffiers du Senéchal, de faire recherche par leurs registres des amendes adjugées ausdits pauvres, afin d'en estre payez.

Hypotheques.

TITRE IV.

ARR. I.

PAr Arrest donné au profit de Mr. Fabry Conseiller en la Cour, contre Audine & Demoiselle Jeanne de Barravy femme dudit Fabry, fut jugé que l'hipotéque pour les amendes & dépens a lieu depuis le crime commis; & suivant ce ledit Fabry fut alloüé pour les dépens & amendes à lui adjugées sur les biens dud. Audine, depuis le temps de l'empoisonnement attenté & conspiré par ledit Audine, devant tous autres dettes, depuis ledit crime par luy contractez.

ARR. II.

PAr Arrêt parti en la grand'Chambre & premiere des Enquêtes, & departy en la seconde Chambre le 21. Juillet 1593. le creancier qui a prêté l'argent pour l'achat d'un Office ou d'un fonds, est preferé à tous autres creanciers, voire à la femme pour son dot sur le prix provenant de la vente de ladite chose achetée de l'argent du creancier.

EST PREFERÉ A TOUS. Il n'y a que les creanciers pour l'exercice & fonction de l'Officier qui doivent être preferez sur l'Office à celui qui l'a vendu, encore n'est-ce qu'au seul cas que les dettes soient pour exercice & fonction dépendant dudit Office: ainsi qu'il fut resolu aux mercuriales du Parlement de Paris, rapportées *en la page 242. num. 10. de l'édition de la Coust. de Paris, publié en l'an 1666. avec les Remarques de Fortin & de Ricard.*

ARR. III.

De même le 24. Octobre 1592. en la Grand'Chambre, une femme d'un Receveur des amendes de la Cour, fut alloüée après le Roi, sauf au fonds acheté de l'argent de son dot.

De l'argent de son dot.] La raison en est, que si bien suivant la Loi *ex pecunia C. de jur. dot.* un fonds acheté par le mari de la dot de sa femme : ne soit pas dotal, il est pourtant consideré comme tel en faveur de la femme, lors que son mari est insolvable, comme au cas de l'Arrêt rapporté par l'Auteur ; appuyé de la doctrine de Cujas *observat. lib. 5. cap. 29.* & c'est au cas de l'insolvabilité du mari qu'il faut entendre la Loi *Res quæ ff. de jure dot.*

ARR. IV.

Le Maistre est preferé *in fructibus fundi* au plus ancien creancier, au rapport de Monsieur Malard, entre Gibert & Rausez, le 9. Novembre 1590. *Jason in §. serviens de ac. Bart. in L. Interdum, qui pot.*

Le Maistre est preferé.] Si pour la rente des maisons les proprietaires sont preferez sur le prix provenant de la vente des meubles du locataire ; suivant l'Arrêt donné en la Grand'Chambre le 26. Juin 1659. au rapport de Mr. de Beauregard, en la cause des nommez Dantezac & Montagnier, à plus forte raison le doivent-ils être sur le prix provenant de la vente des fruits, qui sont provenus de leur propre fonds. De là vient que parce que les fruits proviennent de la semence qui leur donne l'être, celui qui l'a fournie doit être preferé au proprietaire, même du fonds : car outre la force de la raison qui a été alleguée, il est d'ailleurs considerable, non seulement que par la disposition du droit le mot de fruit s'entend *deductis impensis*, mais même que si la semence n'avoit pas ce privilege, il ne se trouveroit personne qui en voulût prêter ou fournir : ce qui tourneroit souvent au préjudice du public.

ARR. V.

Au mois d'Août 1582. rapporteur Monsieur Mainud, entre Pascal contre Pascal, fut jugé és Arrêts generaux à sainte Croix, que le pupille és biens du tuteur est preferé à la femme, après avoir été le procez parti en trois chambres.

* Preferé a la femme.] L'usage est contraire, & la femme a aujourd'hui la preference incontestablement, parce qu'elle a un privilege, au lieu que le pupille n'a qu'une hypotheque, qui est reduite au Droit commun ; & pour laquelle aussi il n'est alloüé que depuis la decernation de tutele. Apparemment l'Arrêt rapporté par l'Auteur en cet Article, suppose une decernation anterieure à une constitution dotale, & un tems auquel on régloit les hypotheques de la femme & du pupille par la priorité du temps. *V. le tit. 6. de ce liv. lit. D. art. 14.*

Coustumes generales de France en Hypotheques.

Il y a trois Coûtumes generales qu'on tient communement en France ; l'une est le mort saisit le vif ; l'autre les fiefs être reduits comme tout autre patrimoine ; & la troisiéme les meubles n'avoir point de suite, laquelle troisiéme ne s'entend lors que les meubles ſont ſeulement ſaiſis & ſequeſtrez, ou baillez en oppignoration ou gage, ains quand ils ſont actuellement vendus ou delivrez à l'acheteur par vente conventionelle, ou par decret & vente judiciaire, comme il a été ſouvent jugé; & même en la grand'Chambre au mois de Novembre 1594. au profit d'un nommé Laboureau contre Berdien & autres.

POINT DE SUITE.] Par Arrêt d'Audience du 14. Janvier 1677. en la grand'Chambre il a été jugé qu'un vaiſſeau eſt un meuble qui n'a pas ſuite. *arg. l. ſi quis de nave ff. de vi & vi arm. & l. vim facit. §. quod in nave ff. quod vi aut. clam.*

ARR. IV.

LEs creanciers du vivant de leur debiteur n'ayant autre moyen de ſe faire payer, peuvent dans le tems de dix ans de l'ordonnance uſer de remede de leſion d'outre moitié de juſte prix contre l'acheteur de leur debiteur, comme l'avons ſouvent jugé & veu juger, & Charondas en ſes Réponſes liv. 9. chap. 25. en met un Arrêt formel du Parlement de Paris.

DE REMEDE DE LESION.] *V. Mayn. liv. 3. ch. 70. & Automne ad L. 2. C. de reſc. ind. venditio.* Regulierement un creancier a droit de ſe ſervir des avantages & des exceptions de ſon debiteur. *L. ſi cui C. de non numer. pecun. & l. 15. ff. de fidejuſſor.* ſur tout quand il n'a pas d'autre moyen de ſe faire payer de ſon debiteur. *V. la ſuite de ce Recueil tit. 63. art. 17.*

ARR. VII.

LE 25. Septembre 1575. fut jugé par Arrêt que le gros des Chanoines & Prebendiers pouvoient être ſaiſis par les creanciers; autres toutefois que les diſtributions quotidiennes & manuelles, & le droit des miches & pains qui ſe diſtribuent chaque jour auſd. Chanoines & Prebendiers, comme il ſe fait en l'Egliſe St. Eſtienne de Toulouſe, pour Jean d'Abatia Chanoine dud. ſaint Eſtienne; conformement à autre Arrêt du 19. Septembre 1554.

LES DISTRIBUTIONS.] *V. l'art. 1. de ce livre ar. 21.*

Jardiniers.

TITRE I.

ARR. I.

PAr Arrêt de la Cour du 27. Novembre 1528. Veuë la requête ſur ce baillée par les Capitouls de Toulouſe, l'avis deſd. Capitouls, des Medecins, & dire du Procureur general, & Arrêt en même fait du 13. Juin 1509. Dit a été que les Jardiniers ne vendront d'oreſnavant hortalice en la place de la Pierre ne ruë d'icelle, & a permis & permet ladite Cour ausd. Capitouls de mettre lesdits Jardiniers pour vendre ladite hortalice és lieux & places plus utiles & moins dommageables à la chose publique, de donner ordre à la police de lad. Ville ensuivant les Arrêts sur ce donnez ; Et a fait inhibitions & deffenses ausd. Jardiniers à peine de cent marcs d'argent de vendre lad. hortalice ailleurs qu'és lieux & places que pour ce seront baillées & assignées par lesd. Capitouls, le tout par maniere de provision.

Jeux & Danses.

TITRE II.

ARR. I.

A Cause de la prise du Roy François premier, fut prohibé ne danser ne faire festins ni banquets, ains que chacun en droit soy eût à rabaisser son état, & que celui qui alloit à trois chevaux se contentât d'aller à deux.

PRISE DU ROY.] La Province de Languedoc s'est toujours faite distinguer des autres Provinces du Royaume, quand il est arrivé quelque malheur à l'Etat : Il seroit facile de dire plusieurs choses sur ce sujet ; mais pour ne pas sortir de mon texte, je me contenterai de remarquer qu'aprés que le Roy Jean fut fait prisonnier à la bataille de Poitiers, les gens des trois Estats de cette Province s'estant assemblez à Toulouse de l'ordre du Comte d'Armagnac, qui étoit Lieutenant du Roy, *ils ordonnerent qu'audit pays, si le Roy n'étoit delivré durant l'année, homme ne femme ne porteroit en habillemens or, argent, ne perles, couleurs de verd, ne gris, robes ne chaperons decoupez, n'autres cointises ; Et que Jangleurs, ne Menestriers ne joüeroient de leur métier durant ledit an.*

ARR. II.

LE Mardy premier jour de Juillet 1544. en Audience la cause plaidée, President Monsieur de Mansencal premier President, a été donné l'Arrêt de l'Emperayre del Jouven de Durenque en Roüergue, *sive* des Goliards, qui prohibe tels Emperayres & Abbez de Malgouvern en toute ladite Senechaussée, sur peine de banissement & confiscation des biens, & autre arbitraire.

L'EMPERAYRE DEL JOUVEN.] Ce sont des réjoüissances comme celles de la *Bachelette* de Lusignan en Poictou, de la Bachelette de Cholet en Anjou, *du Roy de la Bazoche* en Picardie principalement, & du *Roy de Papegay* de Nîmes, laquelle réjoüissance avoit de grandes conformitez avec celle du Roy du Papeguay de la Ville de Gand, dont parle *Sanderus en sa Flandr. illustr.* La plûpart de ces réjoüissances sont aujourd'hui abolies. *V. le Livre 1. verb. Confrairies.*

Inceste.

Inceste.

TITRE III.

ARR. I.

LE 12. jour de Fevrier 1536. a été donné Arrêt criminel, par lequel la mere & le fils pour avoir abusé ensemble, & en participation l'un avec l'autre, ont été condamnez à être brûlez ; Et pour ce que la mere étoit morte les os seroient décharnez & brûlez avec le fils, ce qui a été executé en Toulouse.

LA MERE ET LE FILS.] Le crime d'inceste est si punissable, & d'ailleurs si peu vraisemblable, s'il le faut ainsi dire, qu'il me semble que pour en convaincre quelqu'un, il faut avoir une preuve plus claire que dans la recherche des autres crimes ; la presomption de droit, sur tout étant telle, *ut conjuncti sanguine non præsumantur invicem fornicari*, selon la doctrine de *Menochius l. 5. præs. 17.*

ARR. II.

LE 11. jour de Janvier 1535. fut donné Arrêt par lequel un nommé Salesses accusé d'avoir abusé d'une Religieuse du Monastere de Monastier, fut condamné à être decapité, ses membres affigez en paly sur le chemin dudit Monastere de Villemur, enjoint à l'Evêque de Castres de reformer lesdits Monasteres, ausquels ladite Religieuse fut envoyée pour lui faire son procez.

ARR. III.

JEan Bosc Charpentier habitant de N. en Gascogne, ayant femme & enfans, une nuit venant de la Ville, comme il dit, ne trouvant point sa femme en la maison, étant échauffé du vin va trouver sa belle mere au lit étant assez âgée la connut charnellement, & de ses œuvres faite enceinte, & étans faits prisonniers à la requête de Monsieur le Procureur General, ayant confessé la verité du fait, le Juge *à quo* auroit condamné l'homme à être pendu, & la femme faire amende honorable & assister à l'execution, dequoi étant appellé : La Cour mit l'appellation & ce dont étoit appellé au neant, & pour reparation & punition de l'inceste commis par lesdits prevenus les a condamnez venir un jour d'Audience au parquet en chemise, têtes nuës : tenant la torche en la main, & après être mis & delivrez entre les mains de l'executeur de la haute Justice pour être pendus & étranglez ; & après leurs corps brûlez & mis en cendres, leurs biens confisquez, la troisiéme partie reservée à la femme & enfans.

LA BELLE-MERE.] *V. le titre 4. de ce liv. lit. M. art. 42. & Papon. liv. 22. tit. 9 art. 7.* Quoi que la debauche que Jean Bosc avoit faite, & qui sans doute l'avoit engagé à l'inceste qu'il commit, *venter enim plenus despumat. in libidinem, & proxima sunt ori genitalia*, au langage de S. Jerôme, semblât le devoir excuser, ou du moins faire adoucir sa peine, toutefois l'inceste d'un gendre avec une belle-mere, qui est une espece de mere, donna une si horrible idée, qu'il étoit juste de le punir severement dans quelques circonstances qu'il eût été commis : les flâmes peuvent à peine expier ce crime énorme.

LEURS BIENS CONFISQUEZ.] Touchant la confiscation en fait d'inceste. *V. Cod. Fab. lib. 5. tit. 3. des. 1. & Boër. dec. 264.*

Indignité.

TITRE IV.

ARR. I.

PAr Arrêt general Judiciellement prononcé la veille de la Pentecôte 1590. Une veuve *quæ stuprum commiserat*, ne fut seulement declarée indigne de la succession de son mari, mais aussi l'ayeule de lad. veuve fut declarée incapable d'icelle ; Et les biens adjugez aux plus prochains parens du côté paternel.

Cet Arrêt, avec les raisons qui y ont donné lieu, est rapporté fort au long *au liv. 3. verb. Succession ab intestat. art. 2.*

Injures.

TITRE V.

ARR. I.

IL se trouve plusieurs Arrêts donnez en Audience, en matiere d'injures verbales, par lesquels les parties sont mises hors de Cour & de procez & sans dépens, après avoir icelles declaré ne les avoir dites, ni les vouloir avoüer par leur audition ou procuration, ou en jugement. Et entre autres le 11. Decembre 1570. Entre certaines femmes appellantes du Senéchal de Roüergue. Et le 11. Janvier 1571. Entre Cybaud, & Cousin Lieutenant de S. Sulpice, qui avoit appellé ledit Cybaud en pleine Assemblée de conseil de ladite Ville ladre & faussaire.

NE LES AVOIR DITES.] En fait d'injures legeres, sur tout quand elles ont été proferées en l'absence de la personne injuriée, une déclaration dans la reponse personelle de l'injuriant, comme il tient sa partie pour homme de bien & d'honneur, & qu'il desavoüe l'injure, vaut autant qu'autrefois un *nollem dictum* parmi les Romains ; car sur une telle déclaration on met les parties hors de Cour & de procez : Il y auroit de l'injustice de les engager en une instructive pour de simples coups de langue ; & cela d'autant mieux qu'il est certain que l'action pour injures, *qua agitur ad palinodiam seu revocationem injuriæ*, comme parlent les Docteurs, est civile & non pas criminelle. Quand pourtant les injures sont graves, & qu'elles tendent à diffamer une personne, on s'y prend d'une autre maniere, & les Juges suivant les circonstances ordonnent des reparations proportionnées à l'injure, & qui répondent à la satisfaction que l'injurié en doit raisonnablement attendre; en ce cas même la verité de l'injure n'excuse pas, parce que les veritez en fait d'injures ne sont jamais bien dites; ainsi par Arrêt du Parlement du 15. Decembre dernier 1679. le sieur Denys Paschal, de Nîmes, pour avoir appellé sieur Etienne Ginhoux, Banqueroutier, fut condamné d'aller dans sa maison, où il déclareroit en présence de six Marchands, des amis dudit Ginhoux, & en présence du Syndic des Marchands, pardevant Me. Dalbenas Viguier, qui fut commis pour cet effet, que mal à propos il avoit calomnié & offensé ledit Ginhoux, & qu'il le tenoit pour homme de bien & d'honneur. Cette reparation approche de celle que Fannius fit à Roscius, suivant le témoignage de Ciceron, *domum ultro Roscii adiit, satisfecit, quod temere commisisset agnovit, rogavit ut ignosceret*. Au reste, ces sortes de satisfaction ne sont pas pour tout le monde: & comme les gens de la lie du peuple souffrent moins d'une injure, par rapport à leur condition vile & abjecte, que les autres personnes, on les traite aussi avec moins de ceremonie, & une condamnation de dépens leur plaît infiniment mieux qu'une reparation d'honneur.

LADRE.] Lors qu'on veut faire une compensation d'injures, celle de Ladre fait toûjours tomber la balance du côté de l'injurié, parce qu'outre qu'elle lui peut nuire personnellement, ou pour l'établissement de sa famille, d'ailleurs elle choque & interesse toute la consanguinité.

ARR. II.

LE Mardy 11. Mars 1543. en plaidant certaine cause l'appellant étoit prevenu avoir dit que la Sentence du Senechal de Toulouse, de laquelle il étoit appellant, étoit faussement & méchamment donnée, a été condamné pour la faute & temerité par lui commise aller incontinent au Consistoire dudit Senechal, & se dedire desdites paroles, avec reservation de ses bon nom, fame, & renommée. Ce qu'à été incontinent executé.

V. la suiv. tit. 56. art. 21.

ARR. III.

POur Pâques 1566. fut par Mr. Latomi prononcé Arrêt entre Mr. de Lobens Religieux de Jerusalem & Tresorier de la Religion de Ste. Croix, contre certains des habitans dudit lieu ses sujets, qui l'avoient blessé à un doigt, furent condamnez à faire amende honorable, en banissement & grandes amendes pecuniaires.

ARR. IV.

ENtre Me. Jean de la Tanerie Notaire & Secretaire du Roy demandeur en reparations d'excez & outrages, par Raymond Donadieu jadis son serviteur faits, appellant du Viguier. Fut dit & prononcé le 22. Decembre 1548. qu'il étoit condamné à faire amende honorable tant en l'auditoire dudit Viguier un jour tenant l'Audience, qu'au devant de la maison dudit de la Tanerie fondit Me. & là de genoux, en chemise, tête & pieds nuds, tenant entre ses mains une torche de cire ardente, dire & confesser follement, temerairement & indiscretement avoir outragé sondit Me. qu'il s'en repent, & en crie mercy à Dieu, au Roy, & à la Justice, & audit de la Tanerie, & ce fait sera mis au co[illegible]r en la place publique du Salin, ayant au devant de lui un cartel où seront écrits tels mots, *Serviteur ayant outragé son Maître*, pour là demeurer le tems & espace de trois heures, neanmoins l'a bani, & banit de la Ville, Viguerie de Toulouse pour un an, & l'a renvoyé & renvoye audit Viguier pour faire mettre cet Arrêt à execution, en vertu du Dictum d'icelui selon sa forme & teneur.

UN CARTEL.] L'écriteau est presque toûjours en usage pour ceux qui sont condamnez au carcan, mais il est employé rarement à l'égard de ceux qu'on condamne à mort, à moins qu'ils soient condamnez pour des cas extraordinaires : l'usage en est fort ancien dans ce Royaume : & l'histoire de la Pucelle d'Orleans fait foy, qu'en la mitre qu'on lui fit porter sur la tête lors qu'elle alla au supplice, on y avoit écrit qu'elle étoit *Heretique*, *Relapse*, *& Apostate*, pour dire que c'étoient les motifs de sa condamnation.

ARR. V.

AUtre d'un fils qui avoit battu son pere, lui avoit montré *pudenda* en derision, objecté en le confrontant qu'il avoit tué un homme, ayant été ledit fils nommé Jean Pons fils d'autre Jean, par le Juge de Lendeignes condamné à faire amende honorable, demander pardon, le foüet, & dix ans en galere, appella, fut condamné d'être pendu, & la donation en faveur de mariage faite de la moitié des biens revoquée.

LA DONATION.] Le motif de l'Arrêt fut sans doute pris principalement, de ce que le fils avoit reproché à son pere dans les objets qu'il proposa contre lui, qu'il avoit tué un homme : car il est constant en Droit, que l'enfant qui accuse son pere criminellement, peut être exheredé *Novel.* 115. *cap.* 3. *si eos* 3. ainsi par ce seul motif qu'une fille avoit fait crier son pere à trois briefs jours en vertu d'un decret de prise de corps qu'elle avoit fait laxer contre lui, le Parlement par Arrêt d'Audience, donné en la grand'Chambre le 22. Mars 1665. cassa les informations faites à l'instance de cette fille, & revoqua la donation que son pere lui avoit faite en faveur de son premier mariage, dont en ladite instance criminelle il avoit demandé la cassation & revoquation par ingratitude.

ARR. VI.

LE 23. Decembre 1577. fut prononcé Arrêt judiciellement & solemnellement ès Arrêts generaux par Mr. Bertrand tiers President, contre un nommé Arnaud Bizée qui avoit batu sa mere, outre les injures verbales qu'il avoit souvent dites, lequel pour reparation de ce fut condamné à faire amende honorable en chemise, tête & pieds nuds, portant la hard au col, comme il fit, & en outre à être fustigé & foüeté par la presente cité, & après mis aux galeres pour *6.* ans, & condamné és fraix de Justice. Led. prisonnier étoit appellant du Senechal de Bigorre ou d'Armaignac & habitant de Tarbe. Cet Arrêt peut servir contre les enfans désobeïssans aux peres & meres, & disoit-on que sans la deposition que la mere avoit faite ayant declaré ne lui vouloir faire partie, & le déchargeant tant qu'elle avoit pû, eût été condamné à être pendu & étranglé.

Le Dechargeant.] Quand un pere ou une mere ont une fois mis leurs enfans entre les mains de la Justice pour cause de mauvais traitement, ils ont beau leur pardonner, & les déclarer innocens, ils ne peuvent plus les en tirer, quand il s'agit de quelque injure atroce. *Cod. Fab. lib. 8. tit 33. def. 1.* Expilly *chap. 207.* il est vrai que telles declarations servent à adoucir la peine; & sauvent ordinairement la vie aux prevenus, qu'on se contente en pareil cas de condamner à l'amende honorable, au foüet & aux galeres, ou perpetuelles ou à tems, suivant les circonstances : l'une desquelles, qui a accoûtumé de toucher le plus les Juges, est le bas age des enfans.

Arr. VII.

Le 23. jour de Decembre 1572. par Arrêt au Barreau sur la requête presentée par le Procureur general du Roy, a été prohibé & défendu sur peine de confiscation de biens & d'être severement punis à toutes personnes d'user de Pasquils, & placards diffamatoires, comme est porté par le contenu audit Arrêt, permettant audit sieur Procureur general faire publier monitoire là-dessus jusques à revelation inclusivement.

De Pasquil.] On punissoit les Auteurs des Libelles diffamatoires dans l'ancienne Rome de la bastonade, qui étoit une injure si grande parmi les Romains, qu'elle tenoit lieu de peine capitale. *V. Horat. lib. 2. Epist.* 1. Aujourd'hui la punition est arbitraire, & l'on n'est guere rigoureux qu'à l'égard des Libelles qui choquent, ou les personnes pour lesquelles on doit avoir du respect & de la deference, ou le Prince & l'Etat : en ce dernier cas même on condamne les Imprimeurs à une peine, ainsi par Arrêt du Parlement de Paris celui qui imprima le Livre d'Ysaac Wolmar intitulé, *Bibliotheca Gallo-Suevica*, fut condamné au foüet.

Inquant.

TITRE VI.

Arr. I.

Par Arrêt de la Cour du 29. Août 1528. entre le Syndic de la Ville de Toulouse demandeur, & le Juge-mage, Juge d'Appeaux, Viguier, Juge ordinaire, les Verguiers en l'Auditoire desd. Seneschal, Juge d'Appeaux, Viguier & Juge ordinaire de Toulouse respectivement défendeurs : Fut dit & declaré le droit

& prééminence de tous & chacuns les biens meubles qui se vendent à l'inquant public en ladite cité de Toulouse, non prins toutesfois pour les deniers du Roi, avoir apartenu & appartenir audit Syndic de Toulouse. Et fait défenses audit Juge-Mage, Juge d'Appeaux, Viguier, & Juge ordinaire, & autres de vendre ou faire vendre par leursdits Verguiers, & Sergens, ou autrement, aucuns biens meubles; soit pris de leur mandement, ou autrement vendus volontairement, troubler ni empêcher ledit Syndic en la faculté susdite. Et seront tenus ledit Syndic & Capitouls par le crieur public, faire vendre lesdits biens meubles en la place de la Pierre, autres lieux & place qui sera requise par ceux à qui lesd. biens appartiendront, les jours de Mecredy, Jeudy & Vendredy, au plus disant, tout dol & fraude cessans, en prenant seulement pour le droit de l'inquant 10. deniers tournois pour l. de ceux à qui lesd. biens meubles appartiendront. Sera tenu led. crieur public écrire ou faire écrire par un Notaire les an & jour que lesdits biens se vendront, la qualité & quantité d'iceux, prix & somme, à qui seront vendus & delivrez, en faire registre & le bailler audit Syndic & Capitouls. Défendu aussi audit crieur & aux Sergens, qui auront pris lesdits biens meubles, d'iceux acheter, ni avoir aucune intelligence ou pacte, au moyen desquels lesdits biens ne se puissent vendre librement, & sans fraude, rien prendre, ou exiger des acheteurs, ou de ceux à qui appartiendront lesdits biens, sinon ainsi qu'a esté au criement accoûtumé faire, & sans dépens. Ledit Arrêt fut executé par maistre Jacques de Riviere Conseiller en ladite Cour parties ouyes le 7. Septembre audit an 1528.

Inquisitions.

TITRE I.

ARR. II.

LE Mardy 23. jour de May 1571. plaidée certaine qualité criminelle à la Chambre de la Tournelle, entre Jeanne Soliere & Jacques Vulque appellant du Senechal de Toulouse ou son Lieutenant Juge criminel, Martial Siau appellé. Auroit été entre autres choses par Arrêt inhibé & défendu aux Officiers dudit Siege, & à tous autres du ressort, de ne decreter informations és jours feriez, ni d'user d'antidates sur la peine contenuë aux Edits & Ordonnances du Roi.

E's JOURS FERIEZ.] *V. le liv. 2. tit. Feriés, & le traité du reglement des Juge-Mages chap. 5. art. 7.*

Laine.

TITRE I.

ARR. I.

LE Mardy 26. Novembre 1566. fut prohibé par Arrêt de la Cour de Parlement de Toulouse, d'acheter laine d'aucun autre que des Marchands qui en font trafic, ou de ceux qui ont betail à laine, sur peine de mille livres d'amende.

V. le L. 5. tit. 5. art. 3.

Larrons, coupeurs de bourses dans le Palais.

TITRE II.

ARR. I.

LE 18. Avril 1578. en la Chambre de la Tournelle en tenant l'Audience, furent surprins deux larrons, lesquels ayant mis entre eux deux certain personnage, luy mirent l'un d'eux la main à la poche, d'où il tira un mouchoir dans lequel étoient quelques testons, & soudain ayant jetté par terre ledit mouchoir s'en fuirent tous deux : toutefois ils furent incontinent prins par les Huissiers & menez dans le parquet en Audience; où leur fut fait le procez, eux là condamnez à faire amende honoraire, ce qu'ils firent, & eux conduits à la Conciergerie fut prononcé Arrêt de la condamnation à être pendus & étranglez, ce qui fut fait ledit jour à l'arbre qui est devant le Palais.

A ETRE PENDUS.] Ceux qu'on trouvoit derobans ou dans le Palais du Prince, ou dans celui d'une Cour souveraine, étoient dignes de mort, à cause de l'attentat & du crime consideré en lui même : ce qui avoit lieu pour si petit que fût le larcin. Ce Parlement a beaucoup relaché en certaines occasions de son ancienne rigueur, car par son Arrêt d'Audience qu'il donna en la grand'Chambre le 18. Decembre 1656. il se contenta de condamner au foüet & au banissement pour dix ans du ressort du Parlement, un homme qui fut surpris dérobant dans ladite Audience, il est vrai qu'il ne s'agissoit pas d'un coupeur de bourses, mais d'un homme qui avoit seulement coupé les boutons d'argent du manteau d'un Gentilhomme.

ARR. II.

LE 18. Mars 1581. fut pendu certain personnage à l'arbre qui est devant la sale des Procureurs au Palais, qui quelques jours auparavant avoit coupé quelque bourse dans la Chambre des Requêtes lors de l'Audience, auquel fut fait le procez & condamné à la peine susdite : il appella à la Cour, laquelle confirma la condamnation & procedure, & renvoya le prisonnier aux Capitouls pour faire mettre ladite condamnation à execution, laquelle fut faite lesdits an, mois & jour que dessus.

ARR. III.

ENtre Jean Geste Bourgeois de Toulouse & un sien facteur, procez fut commencé, de ce que par icelui facteur, ledit Geste se trouva derobé : dequoi contenu par sentence des Capitouls fut condamné en Mai 1558. à être pendu, confirmée ainsi fut executé.

Legitimations.

TITRE III.

ARR. I.

PRononçant Mr. du Faur le Mardy 17. Avril aux Arrêts Generaux de Pâques fut terminée une question de l'heredité de feu N. Perier en son vivant Lieutenant particulier du Seneschal de Beaucaire, lequel étant jeune Ecolier venu en ce païs-là de Provence fut marié, 43. ans sont passez avec une Torniere, dot constitué 400. liv. & quelque maison. Le mariage fait, le beaupere trouve moyen de luy faire bailler les plus belles Judicatures des environs, & enfin de recouvrer ledit état : tellement qu'au tems de son decez il étoit riche & opulent, sans toutefois avoir eu aucun enfant de lad. Torniere, laquelle s'absenta une fois de la compagnie dud. Perier ; aprés rappellée, continua à être terrible, inofficieuse, paillarde : tellement que derchef s'absente de la compagnie dudit mary, qui pour son service prend un femme & chambriere en sa maison, ayans demeuré quelque tems ensemble commençant à en abuser, procrea Loüis Perier, lequel fit endoctriner, tint aux Ecoles çà & là ; enfin ne voulant point suivre les lettres, se mit sous la charge de quelque Capitaine, & quelques ans auparavant sa mort luy acheta un cheval, mit en équipage, bailla argent & memoires pour aller au Roy, & obtenir lettres de naturalité & legitimation : ce qu'il fit, enregistrées en la Chambre des Comptes. Revenu au païs ledit Perier pere, étant en ses seigneuries & biens, auroit par plusieurs fois dit & declaré qu'il n'entendoit ny pretendoit avoir autre successeur que ledit Loüis Perier. Pour les troubles

se

se retire en un sien château, volé de tous ses biens meubles, est contraint se retirer dans Beziers où il devient malade, fut mis en la maison d'un sien amy d'ans une chambre fort humide & melancolique, combien qu'il fût septuagenaire, enfin decede sans tester : à cause dequoy ledit Louis troublé par ladite Torniere, qui s'emparoit des fruits, impetre lettres de maintenuë, produit ses lettres de naturalité & legitimation ; icelles veuës obtient joüissance : dequoy appellé en la Cour obtient lettres de retention, sur lesquelles & matiere principale playdée au long par les parties, le Procureur general du Roy aussi oüy consentant à la retention, & icelle requerant partant que besoin est, veu par le consistoire principal & providence de la Cour, les droits du Roy seroient mieux liquidez, & observez, appointé en droit. Le susdit Perier remontre, *quod filius legitimatus, æquiparatur suo, ergo non est locus edicto, unde vir & uxor.* Secondement reprend la susdite declarée volonté du feu pere, & les offices par icelui sa vie durant audit Louis faits. Tiercement l'indignité de ladite Torniere, n'ayant prêté aucuns services ni devoirs deus audit mari, ains articule & prouve les indignitez par elle commises, d'avoir laissé sondit mari, s'en être allée paillarder avec un nommé au procez, ne tenir aucun compte dudit feu mari ni en vie ni à la mort, combien qu'il fût homme d'honneur & de qualité, mêmes qu'elle n'avoit daigné le servir en sa maladie, ayant permis qu'il fût logé en une chambre mal saine, sans avoir été secouru d'Apoticaire ni Medecin : voire luy mort, ladite Torniere ne se ressentant de sa mort, n'auroit daigné lui faire faire les honneurs funebres, ains ledit amy auroit été contraint de les faire à ses dépens, ladite Torniere s'étoit retirée aux champs pour serrer les fruits & autres biens immeubles, sans se mettre en habit de femme veuve, ni porter düeil exterieur, ni interieur en son cœur.

Au contraire ladite Torniere remontre qu'elle avoit usé de toutes les officiositez duës par la femme au mari, servi mêmes lors qu'il fut pillé, ayant icelle Torniere fait devoir d'homme pour sauver la vie à sondit mari, lors que les larrons non contens du bien le vouloient tuer, disant que le tout étoit moyenné par ledit Louis Perier fils, & qu'elle l'auroit fait ensevelir, porté le düeil,

& que ç'avoit été ledit feu mari qui avoit esté disolu & paillard ; ayant laissé ladite Torniere sans en tenir compte, & receu en sa maison la mere dudit Louis qui étoit auparavant une femme abandonnée, & toutefois la cherissoit plus qu'elle ; tellement que pour lui complaire il faisoit banquets & festins à son grand scandale & de tous les habitans, veuë sa qualité ; que ç'auroit esté la cause pour laquelle elle se seroit absentée, ne pouvant souffrir un tel scandale. Remontre en outre que ledit feu Perier, lors qu'il fut marié avec elle, étoit un simple Ecolier mis en nature par son pere, & qu'elle avoit pris grande peine avec ledit sieur Perier à gagner le bien pendant 43. ans qu'ils avoient demeuré ensemble, ce qui devoit être consideré, *arg. l. Qui in provincia* §. *si ff. De ritu nupt.* Sur quoi le preuves respectivement étoient fort ambigues, pour les objets & soutenement respectivement baillez & preuvez ; tellement qu'à peine demeuroit témoins sur la deposition, duquel la Cour se peut fonder pour faire le jugement. Le Procureur general du Roi n'articule, ni prouve rien, prevoyant qu'il n'avoit aucun droit après les collitigeans en leur droit par les preuves repectives, debilité tellement qu'il ne dit rien jusques à la publication & renonciation, & que baillant par écrit remontre en premier lieu pour le regard de Louis les faits par lad. Torniere deduits & prouvez encontre ledit Perier, & iceux employe. Secondement remontre qu'en ladite legitimation y a deux defauts, ou trois, le premier, il n'appert point par acte ladite legitimation avoir été faite du vouloir & exprez consentement du pere, nonobstant les faits pour ce regard deduits, car remontre deux choses ; la premiere, *quod expressus consensus patris desideratur pro forma, ergo intervenire debet principio. arg. l. Si quis mihi bona.* §. *Si alienam ff. de acq. hered.* D'abondant que ledit feu Perier pere, Magistrat docte, sçavoir bien les solemnitez requises ; Secondement remarque une obmission notable faite au rescrit presenté au Roi pour la legitimation, n'ayant en icelui exprimé, *quod fuisset ex coitu adulterino, & procreatus constante matrimonio.* Tiercement le grand scandale qui avoit esté en la paillardise dudit feu pere Magistrat, *in quem omnes intentos habebant oculos*, & que le scandale en seroit plus grand si le bien demeuroit audit fils, *ex complexu nefando procreatus, ut nec alendus sit à patre.* Et pour le regard de la femme les susdites indignitez de n'avoir tenu compte de son mari sa vie durant, dont n'est raisonnable qu'à present elle ait le bien, veu même sa paillardise & méchanceté notoire.

La Cour a adjugé le bien au Roi, sauf mille cinq cens livres qui seroient distraites du bien, & baillées audit Louis pour ses alimens & entretenement, & mille livres qui seroient employées à la nourriture des pauvres des lieux, où ledit feu Perier avoit commis ladite malversation, & le susdit dot & augment à ladite Torniere, sans restitution des fruits ni provision adjugée.

Ex coïtu adulterino.] *V. le liv. 3. verb. succession ab intestat. art. 1. §. à la rigueur.*

LA COUR A ADJUGE' LE BIEN AU ROY.] Cet Arrêt est tres-juridique, moins pourtant pour la raison que Maynard allegue au Liv. 4. c. 1. où il rapporte ce même préjugé (car il est certain que la constitution des Empereurs en la Loy *Cod. und. vir. & uxor*, n'est nullement abrogée en France) que parce que la femme de Loüis Perier l'avoit non seulement quitté & abandonné, mais même parce qu'elle étoit accusée & fort suspecte de malversation. Et supposé que sa malversation ne fût pas justifiée par l'enquête que le bâtard de Perier avoit faite, il suffisoit pour exclurre sa femme de sa succession, qu'elle l'eût abandonné, comme elle avoit fait pendant fort long-tems durant leur mariage. En effet suivant la Loy *Un. §. ut aut. ff. eod.* le marié qui est separé de son conjoint, soit que ce soit d'autorité de Justice, soit que ce soit autrement, pourvû qu'ils ne fussent pas separez volontairement, ne lui succede point : par cette raison il étoit juste que la succession de Perier fût adjugée au Roy, à l'exclusion même de son fils legitime, parce qu'il suffisoit qu'il fût bâtard adulterin pour n'y devoir rien prétendre ; les bâtards de cette nature, soit qu'ils soient legitimez *per subsequens matrimonium*, soit qu'ils le soient *per rescriptum Principis*, ne pouvant pas succeder à leurs parens *Novel. 89. cap. ult.*

Legitime.

TITRE IV.

Deux Arrests par lesquels le supplément de legitime peut estre adjugé au profit de la femme ayant quitté contre la coustume de Toulouse.

ARR. I.

ARrêt d'entre Jean Masade Secretaire, appellant du Senechal de Toulouse, contre Cecile, Gaillarde & Beatrix Masade du 12. Avril 1526.

V. Ferrer. in quæst. 34. Guid. Pap.

ARR. II.

SEntence du Senechal du 1. Juillet 1570. entre Marguerite & Catherine Bretonnes, demanderesses & impetrantes lettres Royaux en maintenuë, & où il y auroit disposition valable du pere, la legitime leur être adjugée, en conferant ce qu'elles ont reçû, ſans avoir égard aux quittances ſur ce faites, comme y ayant été lezées outre moitié de juſte prix & moindre, ſous crainte paternelle : fut dit que les heritiers défendroient. Arrêt confirmatif entre Jean & Nicolas Bretons, appellans du Senéchal de Toulouſe du 27. Novembre 1570.

ARR. III.

CE qui eſt donné par les peres & meres, ayeuls ou ayeules à leurs enfans ou filles en leurs pactes de mariage ou autrement, ou bien legué par préciput & avantage, ne leur eſt imputé en leur legitime ; & ainſi fut jugé entre les enfans de la maiſon de Manſencal le 10. Septemb. 1597. confirmé par Arrêt du 4. Mars 1599.

N'EST IMPUTE'.] Le mot de préciput induit prohibition de rapport, & a le même effet que ſi le rapport étoit interdit expreſſement ; ainſi ce qui a été donné par préciput & avantage n'eſt pas imputable. L'uſage eſt aujourd'hui contraire à l'égard de la dot, ſuivant *Cambolas liv. 2. chap. 16. & liv. 6. chap. 30. ubi. V. de donationibus. Item Barry de ſucceſſ. lib. 16. tit. 6. num. 7.*

ARR. IV.

LE 18. jour de Janvier 1587. au rapport de Mr. Bluſſet, entre Pierre Maſneau appellant du Senechal de Roüergue, contre Catherine de Maſneau appellée. Le fait eſt tel, Catherine de Maſneau eſt demandereſſe en ſupplement de legitime, dit que les biens de feu ſon pere au tems de ſon decez étoient de valeur de plus de trois mille écus, & qu'elle n'a reçû ſinon la ſomme de mille liv. & par ainſi qu'elle ſeroit grandement lezée : Au contraire eſt dit, qu'elle ne fait à recevoir, parce qu'aux pactes de mariage lui étant par le pere conſtituée ladite ſomme de mille livres en doüaire, elle auroit quitté aux biens paternels, qui depuis la quittance & decez du pere étoient 25. ans ou environ, & par ainſi elle ne faiſoit à recevoir, n'étant venuë dans les dix ans portez par l'Ordonnance. Contre cette quittance ladite Catherine obtient lettres Royaux, fondées ſur reverence paternelle, crainte maritale & leſion exorbitante. La Cour par Arrêt ordonna que ſans préjudice des fins de non recevoir ledit Maſnau défendroit ; on trouva que bien que ladite Catherine eût renoncé aux biens & ſucceſſions paternels, toutefois elle n'avoit point renoncé expreſſement au ſupplément de legitime, & par ainſi que l'Ordonnance de dix ans comme étant odieuſe devoit être reſtrainte à ce ſur quoy la quittance avoit été faite, & non pas être étenduë *ad ſimilia* ; car celui qui quitte &

renonce à la succession du pere, *non videtur renuntiare legitima, aut ejus supplemento.*

RENONCÉ EXPRESSEMENT.] Quand on a renoncé expressement au supplement de legitime, il faut se pourvoir dans les dix ans, de la renonciation, & pour lors on ordonne l'estimation des biens par Experts ; mais quand on n'a pas renoncé par exprés on peut demander le suplément pendant 30. ans, parce que la demande s'en fait aujourd'hui, non pas par querelle d'inofficiosité ; mais par action personnelle, dont la durée est de 30. années, & pour lors on a accoûtumé d'adjuger la legitime suivant le nombre des enfans en rapportant. Suivant cette distinction il se juge, qu'une renonciation a l'esperance d'une substitution si la renonciation n'est pas expresse, & s'il n'appert pas qu'en la faisant on ait eu connoissance du testament contenant la substitution, non seulement ne nuit point ; *L. cum proponas. Cod. de pact. L. de fideicommisso. C. de transactio. Ferrer. in qu. 232. Guid. Pap.* mais même n'empêche pas qu'on ne se puisse pourvoir aprés les dix ans contre l'acte de renonciation : suivant l'Arrêt donné le 15. Mars 1655. en la premiere Chambre des Enquêtes au rapport de Mr. de Rudelle, aprés partage, sur un appel relevé d'une Sentence donnée au Senechal de cette Ville de Nîmes.

ARR. V.

LE 3. jour de Juin au procez de Guillaume & Bernard Farenels, appellans du Sénéchal de Carcassonne, contre Jean N. ayant été partis en la premiere Chambre d'Enquêtes ; sçavoir si lors que le supplement de legitime est demandé en argent, si l'estimation des biens hereditaires doit être faite, eu égard au tems du decez du pere, ou bien eu égard au tems present, le procez fut puis aprés departi à la seconde Chambre, & passa à l'avis du Rapporteur que l'estimition devoit être faite eu égard au tems du decez du pere, *argumento ducto à legatis ad legitimam l. In ratione 30. in princ. l. In quantitate. ff. Ad. l. Falcid. l. Quantitas eod. apud. Inst. fac. l. Cùm Quæritur. C. de inoff. testa. l. si ff. Si quid in fraudem patron. l. 3. §. fi. l. Si quis patronum. 44. §. fi. ff. de bon. libert. ut nec augmentum, nec diminutio hereditatis prosit vel noceat filio, qui legitimæ receptionem in pecunia petit.*

V. Despeiss. tom. 2. part. 1. sect. 2. num. 14. & seqq.

ARR. VI.

LE 17. Avril 1575. au rapport de Mr. Bertier fut donné Arrêt entre Jeanne Maronne femme à Mc. Simon Marion appellant du Sénéchal de Toulouse, & Perrete Azemar femme de George du Mas par lequel ont été decidez deux points : le premier que bien que la mere par statut de Toulouse soit forclose des biens assis au gardiage, toutefois elle y a sa legitime, & ainsi depuis a été jugé plusieurs fois : *nam quamvis legitima per statutum minui possit, non potest tamen tolli*, comme il est noté *in Authent. Novissima. C. De inoffic. & in l. Titio centum. §. Titio genero. De condit. & demonstrat.* Secondement s'étant ladite Marone remariée dans l'an du deüil elle ne fut privée de la legitime de sa fille : car bien qu'elle fût privable par le droit, de ce qui lui auroit été laissé par le mari, comme a été jugé par Arrêt du 5. Janvier 1575. entre Perrete Treille, femme à Pierre Carbonnier Marchand de Samathan appellant du Senéchal de Tolouse & Jean Garignac : toutefois la mere n'est privable de la succession de sa fille, par Arrêt donné au rapport de Mr. Fabry, parti en trois Chambres en Août 1579. entre de Jessé & Guillaume de la Mouliere.

Elle a sa legitime.] *V. la suite tit. 63. arr. 10.*

Per statutum minui.] *V. Grassus. §. legitima. quæst. 42. Automne ad L. quoniam in prioribus. C. de inoffic. testam. Boër. decis. 204. num. 12.*

Non potest tamen tolli. *Berengar. Fernand. in L. in quartam*, dispute pourtant si elle peut être ôtée.

Que le droit de legitime ou supplement d'icelle se doit prendre sur les biens en dernier lieu alienez.

Arr. VII.

Entre Marguerite de Fournier Demoiselle, demanderesse en execution d'Arrêt, & liquidations de supplement de legitime par icelui à elle adjugée d'une part, & Pierre Fournier son frere, prisonnier à la Conciergerie depuis le premier Septembre 1571. & N. Bartheze veuve à feu Pierre la Croix mere & legitime administreresse des personnes & biens de ses enfans & dudit feu la Croix deffendeurs d'autre. Veus les plaidez du 21. de Juin dernier, Arrêts donnez entre lesdites parties du 28. Août 1534. & 24. Avril 1538. relation d'Experts, tant de la valeur & estimation des biens de feu Guillaume Fournier quand vivoit Bourgeois dudit Toulouse, du calcul des dettes & achats des rentes deuës audit feu Guillaume fournier du 14. Fevrier 1592. & 5. Janvier dernier, & autres productions des parties, ensemble trois requêtes & un Arrêt de forclusion à produire, inthimées au Procureur de ladite Bartheze. Dit a été que la Cour a ordonné & ordonne que lesdits Arrêts sortiront à effet, & seront executez en ce que restent à executer, & ce faisant a adjugé & adjuge à ladite Marguerite de Fournier, tant pour le supplement de sa legitime dont est question, & fruits d'icelle à elle adjugez par ledit Arrêt du 28. Août 1534. deduit ce qui faisoit à deduire, la somme de huit cent trente-trois écus un tiers, & ce outre & part la somme de neuf cens écus un tiers d'écu quinze sols huit deniers tournois, estans ez mains de Pierre Carriere Bourgeois de Toulouse : laquelle somme de neuf cens écus un tiers d'écu un sol huit deniers tournois sera baillée & delivrée à ladite Fournier suivant led. Arrêt du 24. d'Avril 1538. & à ce faire dans trois jours après l'intimation sera ledit Carriere depositaire contraint par toutes voyes deuës & raisonnables, & par corps si besoin est : deduit toutefois d'icelle somme ce que par ledit Carriere a été payé & delivré du consentement de ladite Marguerite de Fournier : & pour l'autre somme de huit cens trente-trois écus un tiers par cet Arrêt adjugé à ladite de Fournier, lui a permis & permet faire execution sur les biens tenus & possedez par ledit feu son frere non alienez ; & où ne seroient suffisans, lui permet faire execution pour la somme qui reste à payer, faite lad. discution, sur les biens qui ont appartenu audit feu Guillaume Fournier son pere en dernier lieu alienez, & dépens, & pour cause. Prononcé à Toulouse en Parlement le 13. Septembre 1543.

ARR. VIII.

ENtre Guillaume Raymond & Gabriele Girarde le 26. Mars 1543. avant Pâques, la legitime a été adjugée en argent, en reformant le jugement du Senéchal qui l'auroit adjugée en corps hereditaires, pource que certain argent avoit été receu par celui qui la demandoit.

AVOIT ETE' RECEU.] *Cambolas liv. 4. chap. 35. Ferrer. in qu. 487. Guid. Pap.* le legitimaire en repudiant le legat est receu à legitimer en corps hereditaire, tel est l'usage.

ARR. IX.

LEs legitimes d'une Baronie sont contraintes estre prises d'autres biens s'il y en a, que d'icelle Baronie : par Arrêt du 10. Fevrier 1525. entre Anne de Lescure & N. la Guinerie.

V. la suite tit. 63. art. 1.

ARR. X.

LA constitution du dot de quatre mille livres faite à Demoiselle Jeanne de Barravi femme à Maistre Jean Fabry Conseiller en la Cour, ne pouvant suffire au payement des condamnations &

amendes adjugées audit Fabry, il demande pour ce qui reste à payer, & jusques à concurrence lui soit adjugée la cottité qui appartient à lad. femme sur les biens de son pere, tant pour le supplément de legitime, que pour avoir succedé à la part d'un sien frere mort *ab intestat*, qu'il lui soit permis faire execution & poursuite. Par Arrêt donné au mois de Juillet 1588. en ce qui concerne le suplement de legitime, il en est demis, lui adjugeant lesdits droits fraternels.

LE SUPPLEMENT.] *V. la suite tit. 63. art. 17.*

ARR. XI.

IL se juge ordinairement lors qu'il y a baniment és mains du debiteur, ledit baniment ne l'excuse point du cours des interêts, s'il n'est dépoüillé & dessaisi de ladite somme, & icelle consignée réellement és mains d'autres depositaires, à la charge desd. banimens partie appellée: Et ainsi fut par Arrêt jugé entre François Daillon contre Gombauld de Goras debiteur en l'an 1585. & par jugement donné en nôtre Chambre par lequel Salveroque fut condamné payer la pension à la Demoiselle du Pin sa Belle sœur, nonobstant les banimens de la somme principale par lui alleguez.

ARR. XII.

LE 18. Septembre 1590. au procez d'entre Claude Hommager, dit le Capitaine la Platiere, appellant du Seneschal du Puy, contre Marc Aillet appellé. Le fait est que Jean Aillet par son testament en l'an 1572. institue son heritiere universelle Jeanne de Vaux sa femme, & aprez son decez luy substitue Marc Aillet, fils d'un sien frere: Ladite de Vaux étant decedée en l'année 1588. Marc Aillet demande ouverture de ladite substitution: Hommager comme heritier d'icelle de Vaux requiert detraction de la quarte Trebellianique. Au contraire Marc Aillet dit que ladite de Vaux ayant joüi de l'heredité du testateur par l'espace de treize ou quatorze ans, il faut imputer les fruits par elle perceus, & par ainsi qu'il n'y a lieu de detraction: & ainsi fut jugé.

ARR. XIII.

EZ Arrêts generaux prononcez le 16. Avril 1580. est ordonné que les neveus *qui tenent primum gradum non imputant fructus in quartam.*

LES

LES NEVEUS.] C'est-à-dire que le petit-fils dont le pere est predecedé à l'ayeul qui a fait le testament; ce que l'Auteur exprime aussi par ces mots, *qui tenent primum gradum. V. la suite de ce Recüeil tit. 59. arr. 6. & tit. 63. arr. 12.*

ARR. XIV.

CEtte question a reçû plusieurs jugemens contraires : car plusieurs Arrêts se trouvent, par lesquels les filles ayant quitté, ou nées & mariées aux lieux où la coûtume vient à forclore les filles mariées par le pere, ont été forcloses *etiam à legitima* ; comme fut jugé par Arrêt prononcé judiciellement en faveur de Bernard du Laur contre ses sœurs.

Le même fut jugé en païs de Droit écrit, sçavoir est à Alby, le 14. Fevrier 1646. en Audience entre Marie Descarlian, contre Jean Descarlian. Toutefois à present l'on tient que nonobstant la coûtume & quittance, pourvû qu'il soit allegué lesion notable, elle peut demander supplement de legitime, *etiamsi concurrant consuetudo & pactum de non succedendo juratum* : comme fut jugé le 25. Juin 1567. entre Chabanel Procureur en la Cour & curateur de Geraud & Jean Roberts.

ARR. XV.

POur la legitime lors qu'elle est adjugée aux filles mariées, nonobstant leur quittance, il y a aussi diversité d'Arrêts, si ce doit être en deniers ou en corps hereditaires ; car par led. Arrêt du 25. Juin 1567. la legitime est adjugée en corps hereditaires, avec restitution depuis le decez du pere. Le même avoit été jugé autrefois l'an 1497. pour Astrugue Bonne.

Par autre Arrêt entre les mêmes parties, donné le 30. Août 1519. la legitime fut adjugée en deniers ; comme aussi par Arrêt du 8. May 1561. entre Jean de saint Etienne.

ARR. XVI.

PAr autre Arrêt du 18. Juin 1574. entre Antoine Bode & Anne Clauselle mariez, la legitime fut adjugée en corps hereditaires ou argent, au choix de la fille, nonobstant la quittance avec restitution de fruits. Le même avoit été jugé le 14. Novembre 1573. avec adjudication d'interêts au denier quinze, entre Jean Bories.

AU DENIER QUINZE.] *V. la suite de ce Recüeil tit. 63. arr. 1.*

Lettres de Grace.

TITRE V.

ARR. I.

LE 13. & 15. Decembre 1575. en Audience, requerant un nommé Daudon Seigneur de Surmegre être reçû à presenter certaines Lettres de grace, le restituant au prealable en entier envers certains défauts contre lui obtenus, auroit été ordonné qu'il ne seroit reçû à les presenter sans refonder les dépens & consigner les amendes esquelles il avoit été condamné par Arrêt de la Cour, & le Jeudy 20. dudit mois ayant fait apparoir de ladite consignation les auroit presentées.

LES AMENDES. | *V. Despeisses. Tom. 2. part. 1. des matieres criminelles tit. 13. sect.* ti *num. 7. & seqq.* de même que l'Ordonnance du mois d'Août 1670. *tit. 17. art. 19.*

ARR. II.

UNe pauvre femme d'auprés de Baigneres étant en sa maisonnette avec deux jeunes filles, sur la minuit est requise par un dit le Capitaine Alias de luy ouvrir; elle dit que son mary n'y étoit point, qu'elle n'ouvrira pas sa maison: elle est forcée par un Capitaine armé d'un corps de cuirasse, accompagné de six autres portant petrinaux; la mere est saisie, le Capitaine veut prendre par force une des filles, laquelle se cache sous le lit, la mere qui entend le cri de sa fille échape de la main de ceux qui la tenoient, & court voir le Capitaine qui faisoit ses efforts de tirer la fille de dessous le lit: la mere prend le coûteau qu'elle portoit à la ceinture & le tuë; les autres effrayez s'enfuyent laissans leurs petrinaux. Les Consuls de Baigneres se transportent sur le lieu, trouvent le Capitaine tout armé, sa bourse pleine d'argent, les fenêtres & toits de la maison rompus, enquierent contre la femme, & ordonnent qu'elle sera mise à la question; elle releve appel en la Cour, & obtient lettres de grace, les vient presenter sans fers. La Cour sur le champ à la requisition de Monsieur de Malias Avocat General, ayant égard aux lettres, casse ladite procedure, & met la mere & les filles en pleine liberté, oste la main du Roy & tous autres empêchemens mis sur leurs biens; enjoint aux Consuls faire enquerir contre les complices du meurtry, & en certifier la Cour dans le mois. Cet Arrêt est d'exemple, pource que l'on ne voit point les gens du Roi consentir à l'enterinement des lettres de grace, mais le fait fut trouvé remissible sur le champ.

AYANT EGARD AUX LETTRES.] Jeanne Cucuronne, demeurant aux champs, fut attaquée par quatre hommes, lesquels la pressant de son honneur, elle cria aux voisins; sur quoi trois prirent la fuite, & ayant attrapé Pierre Lafont, du lieu de Montfa qui étoit le quatriéme, elle le tua. La femme du mort en ayant porté plainte, Cucurone avoüa le meurtre en la maniere qui vient d'estre representée : & ayant été condamnée par les Officiers ordinaires des lieux, elle releva appel en la Chambre de l'Edit, lors séant à Castres, sur le jugement duquel appel il fut dit par Arrêt du 22. Mars 1611. qu'elle auroit lettres de grace; les ayant euës, elle les presenta le même jour en Audience, en laquelle oüys Juliard pour l'impetrante, Maltret pour la deffenderesse, & Mr. l'Avocat General Rozel (des memoires duquel j'ai tiré ce prejugé) la Cour enterinant lesdites lettres, ordonna que l'impetrante joüiroit de l'effet d'icelles, & ce faisant la mit hors de Cour & de procez, luy enjoignant de se retirer chez elle.

ARR. III.

LE treiziéme jour du mois d'Aoust 1540. un porteur de grace a été debouté en Audience de l'effet des lettres & condamné à perdre la tête. Et de même un autre le 24. Novembre 1542.

*EN AUDIENCE.] Par la nouvelle Ordonnance du mois d'Août 1670. les lettres de grace doivent être presentées à la verité, mais pourtant ne doivent pas être enterinées en Audience; cela s'induit des *articles 21. & 26. du titre 16.*

ARR. IV.

LE dixiéme jour du mois de Decembre l'an 1577. Catel & Gay ont presenté leurs lettres de grace sur le meurtre commis en la personne d'un fils unique du Procureur Grandon : & sept ou huit jours auparavant appellée la qualité, avoit été dit qu'ils payeroient les dépens contumaciaux, & provision avant les presenter.

SUR LE MEURTRE.] Les Lettres de grace, pardon & remission n'ont effet, s'il n'est intervenu quelque meurtre, suivant les maximes generales du Palais & de Chancellerie. Je trouve dans les memoires de feu Mr. l'Avocat General Rozel, que le nommé Marchant ayant donné un coup de poignard à un homme qui ne mourut pas du coup, fut conseillé de prendre des lettres de grace, de l'effet desquelles il fut demis en Audience par Arrêt de la Chambre séant à Castres du 13. Juin 1610. sans préjudice des confessions, resultant d'icelles, & il fut ordonné qu'il se feroit oüir.

ARR. V.

LE Mardy 23. jour du mois de Fevrier 1580. sur une presentation de lettres de grace presentées par un Paysan de Blagnac, auroit été ordonné qu'avant que ledit prisonnier fût receu à presenter lesdites lettres de grace, il payeroit à la veuve du meurtry la provision ordonnée, & les dépens des défauts.

ARR. VI.

VEndredy 17. jour du mois d'Avril 1450. entre Messire Pons Guillaume, Chevalier, sieur de Clermont, demandeur &

requerant l'enterinement de certaines lettres de remission d'une part, & le Procureur General du Roi, & Guiraut Jourdain deffendeurs d'autre : il sera dit que la Cour n'obtempere point aux lettres Royaux impetrées par ledit sieur de Clermont, pour être receu par Procureur à presenter lesdites lettres de remission, & qu'il les viendra presenter & en requerir l'enterinement en personne si bon lui semble.

Maisons, Edifices & Bastimens.

TITRE I.

ARR. I.

PAr Arrêt à Toulouse du 8. May 1528. fut dit que quand le voisin n'a moyen ou volonté de bâtir il est tenu de bailler terre ou place à son voisin qui veut bâtir, lequel est tenu de la prendre, & ne peut rien demander de la construction d'icelle, jusques à ce, & à proportion seulement que led. voisin s'en voudra aider, & alors par la moitié des fraix seulement.

ARR. II.

A La requête du Syndic des Capitouls, la Cour donna Arrêt le 8. Juin 1529. que les maisons étans au Faux-Bourgs & barris de sainte Catherine de Sauzat, où habitoient vagabonds & gens sans aucun aveu & de mauvaise vie, fussent demolies & abbatuës, pour les grands inconveniens & scandales qui journellement avenoient aux habitans de la Ville, & detriment de la chose publique.

FUSSENT DEMOLIES.] *Ex iis insidias vicinitas reformidare poterat. L. ædificia. C. de operib. public.*

ARR. III.

LA muraille mitoyenne est estimée, ayant égard au tems que le voisin s'en veut servir, par Arrêt du 15. Mars 1582. en Audience en la grand'Chambre.

AU TEMPS.] *V. la suite tit. 42. arr. 6.*

Marchands.

TITRE II.

ARR. I.

LE 4. Decembre 1585. au procez de Pierre Malecoste contre Arnaud Bertrand, marchands trafiquans en laine, de la Ville de Limoux, fut arrêté & conclu sur le rapport de Mr. Papus, qu'un Marchand trafiquant mineur de 25. ans ne peut être restitué en entier envers les contracts & oblgations par lui faites, concernans le fait de sa negociation. *L. Quod si minor. 25. §. Non semper. ff. De minor. 25. annis.*

CONCERNANT LE FAIT DE SA NEGOCIATION.] Si un Marchand mineur ne s'est pas oligé pour fait de marchandise, il peut se faire relever, comme aussi lorsqu'il s'est obligé pour marchandises, s'il l'a fait en qualité de caution d'autruy.

ARR. II.

Extrait des Registres de Parlement.

VEuë la requête du Procureur General du Roy, la Cour enjoint aux Senéchal, Capitouls de Toulouse & autres Senéchaux, Gouverneurs, Baillifs, Viguiers & Juges du ressort d'icelle, de chacun en son endroit, faire publier & proclamer par les Villes & Villages de leurs jurisdictions respectivement, prohibition, par laquelle soit prohibé & défendu à tous Marchands & autres personnes de quelque qualité & condition qu'ils soient, ne falsifier ni corrompre les marchandises, comme saffran, pastel, laines, draps, huiles, & autres quelconques en quelque maniere que ce soit, sur peine de confiscation de biens & autres que de droit: & en outre aussi leur enjoint sur peine de suspension de leurs états, s'enquerir de ce qui aura été fait au contraire, & proceder contre les coupables selon l'exigence des cas. Prononcé à Toulouse en Parlement le 25. jour de Janvier l'an 1641.

Marguilliers.

TITRE III.

ARR. I.

ENtre le Syndic des manans & habitans de la Ville de Grenade, & Me. Jean Cabaut, Antoine Dessis, &c. la Cour a renvoyé à l'Archevêque de Toulouse ou son Official, pour faire le procez sur les concubinats, dissolutions, insolences, lubricitez, mentionnées és inquisitions, & faire telle punition & reparation que le cas le requiert, & ensuivant les saints Decrets: & neanmoins enjoint au Juge de Verdun ou son Lieutenant, & aux Consuls de Grenade chacun en son endroit, proceder contre les concubines, & femmes dissoluës, entretenuës par les Prêtres, & icelles punir; & a ordonné sans préjudice de la jurisdiction Ecclesiastique, que les deniers provenans des aumônes & oblations des parroissiens au bassin intitulé, *pour les ames du Purgatoire*, & aussi les deniers & émolumens desdits Confreres destinez pour le service divin, seront distribuez par les Bailes & Ouvriers ; à la fin de leur année rendront compte de leur administration aux Bailes de l'année suivante & Consuls de lad. Ville, sans que pour les vacations d'icelle reddition soit taxé aucun salaire ; & fait inhibition de créer aucun Abbé de Malgouvern ou autre titre semblable. A Toulouse le 11. Fevrier 1592. en Audience.

Mariages, & des femmes remariées.

TITRE IV.

ARR. I.

LA femme qui se remarie dans l'an de deüil, est privable de l'heritage & succession de son mari, *etiam extantibus liberis, & proximioribus defertur*: comme fut jugé au rapport de Mr. Rudelle au procez de Peyronne Treille, qui fut parti en toutes les deux Chambres des Enquêtes, & après departi en la grand'Chambre, le 5. Janvier 1575. *idque ratione publicæ honestatis*, & pour l'ingratitude que la femme commet envers son mari, laquelle il n'est vraisemblable qu'il eût voulu faire heritiere, s'il eût pensé devoir si-tôt oublier la memoire d'icelui, *l. 4. ff. de admi. leg.* & de cet avis est la Glose *in C. si. de secund. nupt. Cynus & Bald. in l. fi. C. eod. & Benedict. in verbo. Qui cum alia contraxit*, bien qu'il semble que *Boerius decis. 286. Panorm. Innoc. Host. & Præpos. in d. cap. fi.* ayent tenu le contraire.

ARR. II.

PAr même raison elle doit être privée de l'heritage & succession de son fils, *etiamsi alii filii non extent* : comme fut jugé par Arrêt à Toulouse, au rapport de Mr. G. Sabatier entre Etienne Laval & Peyronne Stelliers, le 15. Janvier 1582. Pour l'augment, il en a été jugé de même pour même raison, bien qu'il n'y ait point d'enfans dudit mariage, comme se rendant une femme qui commet un tel acte plein d'ingratitude, indigne de toutes les liberalitez & bienfaits de son mari, & ce au rapport de Mr. Caumels, au profit d'Arnollet, contre de Puy-Laurens, en la seconde Chambre des Enquêtes le 24. Janvier 1576.

Arr. III.

La prohibition par la loy *Hac Edictali. C. de ſecund. nupt.* que la femme ne puiſſe plus donner à ſon ſecond mari qu'à un de ſes enfans du premier lit *& contra*, a non ſeulement lieu en la proprieté, mais en l'uſufruit : comme il a été jugé au Parlement de Toulouſe, pour la Mothe Procureur en la Cour, contre du Pin Procureur du Roi en la Senéchauſſée de Toulouſe.

Arr. IV.

La difficulté a été fort grande, *num. ſi filio minus legitima portione relictum ſit, id quod mulieri relictum eſt veniat computandum, habito reſpectu legati, aut legitimæ portionis; Baldus hanc quæſtionem movet in l. Hac edictali, eamque dubiam eſſe exiſtimat, attamen legitimæ rationem habendam eſſe ait*; & ainſi fut jugé à Toulouſe au procez de Guerin, contre Couſin, au rapport de Mr. Ambeſy, contretenant Mr. F. Sabatier.

Legitimæ rationem habendam.] Cela ſe juge ainſi aujourd'hui, & la legitime de l'enfant du premier lit, quoi que reduite à moins qu'à ce à quoy elle le porte par le legat du pere, ſert de regle & de meſure pour la liberalité faite à la ſeconde femme. *V. Mayn. liv. 3. chap. 74. & liv. 9. chap. 11. Ferrer. in q. 16. Durant. Cambolas en ſon tr. des ſecondes nôces. num. 22.* Et ſi bien Maynard eſt contraire à lui même, lors qu'il eſt d'un autre ſentiment *au chap. 31. dudit liv. 9.* on en découvre la cauſe dans Cambolas *liv. 4. chap. 18. num. 3. V. l'art. 9. de ce titre.*

Arr. V.

Queſtion, *Num mulier quæ ſecundò nupſit, extantibus liberis, uno ex eis mortuo, unà cum liberis ſuperſtitibus ſuccedat in proprietate & uſufructu, an vero in uſufructu tantum, etiam in legitima.* La diſpute en fut grande en la premiere & ſeconde Chambre des Enquêtes, tellement qu'il y eut partage, & enfin Arrêt donné en Juillet 1576. en faveur de Jean Tillety tuteur de Lizette de Vaure, contre la Croix ſa mere, donné au rapport de M. Maynier, contretenant Mr. Jeſſé. *Benedict.* a traité de cette queſtion *in verbo & uxorem nomine ad Adelaſiam. num.* 83.

* L'Arrêt rapporté en cet article ne decide pas nettement la queſtion propoſée ; autrement il ſeroit contraire à l'uſage s'il faloit le rapporter à l'uſufruit, duquel un mariage n'exclud point. Il faut même uſer de diſtinction pour ce qui regarde la ſucceſſion en la proprieté ; car ſuivant *Mayn liv. 9. ch. 30.* ſi les enfans decedez n'étoient pas conjoints d'un & d'autre côté avec les ſurvivans, les peres & les meres, quoi que remariez leur ſuccederoient, & quand les enfans ſeroient conjoints de tous côtez, les ſecondes nôces ne priveroient pas non plus de la ſucceſſion *ab inteſtat*, à l'égard des biens aventifs.

ARR. VI.

LE 7. Août 1584. par Arrêt donné au rapport de Mr. Massas, fut jugé que la mere qui est privée de la succession de son fils, pour s'être remariée dans l'an du deuil, est aussi privée de sa legitime sur les biens de sondit fils decedé.

DE LA SUCCESSION.] Quoi que cette succession fût acquise à la mere avant son second mariage, selon *Mayn. liv. 3. chap. 87.*

ARR. VII.

EN faveur du Procureur General, prenant la cause pour les Religieux de saint François, à Toulouse en Audience le 12. Août 1572. fut jugé que la mere s'étant remariée, *intra annum luctûs*, étoit privée de l'usufruit des biens contenus au testament de son mari & de la legitime par la substitution pupillaire comprise en la compendieuse, *Generalibus verbis facta.*

ARR. VIII.

LA mere qui malverse pendant la viduité, perd la succession de ses enfans, bien que tous les enfans soient predecedez, & qu'il n'y ait que prochains parens lignagers du pere : comme fut jugé par Arrêt donné au rapport de Mr. Donjac, pour Natonien, contre Salveroque, le 2. Janvier 1578.

QUI MALVERSE.] Mais il faut avoir précisement & formellement prouvé la malversation; car autrement la veuve n'est pas privée de la succession de ses enfans : ainsi qu'il fut jugé en la seconde Chambre des Enquêtes le 12. Septembre 1674. au rapport de Mr. de Juliard, en faveur de Marie Campannone femme en secondes nôces du nommé Bounalier, laquelle fut maintenuë aux biens de ses enfans, & de feu Jean Bousquet son premier mari, contre autre Jean Bousquet, neveu de sondit premier mari. *V. les arr. 14. & 25. & la suite tit. 41. arr. 7.*

ARR. IX.

IL est certain que par la loi, *Hac edictali.* Le mari se remariant ne peut donner à sa femme, *plusquàm uni ex liberis prioris matrimonii minus habenti :* mais à sçavoir s'il pourroit faire telle donation à l'un de ses fils ou filles de sa femme de son precedent mariage; la resolution est que non; car ce seroit *in fraudem legis D. l. Hac edictali. in verbo (fraude cessante) l. Si plures §. In arrogato ff. De fals. Auth. Quibuscumque C. De sacros. Eccles.* & ainsi fut jugé à Toulouse au rapport de Monsieur Donjac le 18. Janvier 1578. contre Paule de la Font, femme du Vicomte de Larboustar le même Arrêt fut jugé la prohibition de ladite loi ne s'estendre à la substitution pupillaire, comme par exemple : Si le pe-

re

re à qui il est prohibé de donner plus à sa seconde femme qu'à un des enfans de son premier lit, fait heritier un des enfans descendans de ce second mariage, & où il decederoit en pupillarité, lui substituë sa mere; à sçavoir si telle substitution vaudra, & si la prohibition de ladite loi s'étend à icelle, & bien qu'il semblât qu'elle ne valût pas par les raisons & lieux ci-dessus alleguez, *& ex l. Si is qui ex bonis ff. De vulg. subst.* toutefois par ledit Arrest il fut jugé au contraire, parce que, *mater ab intestato erat successura: idque ex sententia Cumani Alexand. & Iason. in d. l. Si is qui ex bonis.* Par le même Arrêt fut aussi decis ces mots de la loi, *Hac edictali*, (*cui minus relictum*) s'entendre & rapporter à la legitime, *etiam si pater addiderit dictionem taxativam: quia magis ex consuetudine tabellionum, quàm ex voluntate testatorum adjiciuntur.*

La Substitution Pupillaire.] *D'Olive est d'un sentiment contraire au liv. 3. chap. 14. V. Durant. en sa decis.* 41. où il limite la question.

Rapporter a la legitime.] *V. l'observat. sur l'art. 4. de ce titre, & Barry de success. part. 1. lib. 1. cap. 9. num. 35.*

Arr. X.

La mere qui se remarie dans l'an du deuil, perd & n'est admise à la succession des enfans de son precedent mari, à la memoire duquel elle a fait ce tort, comme fut jugé au rapport de Mr. Donjac le 12. Avril 1580. en faveur d'Antoine Ganac contre Garrigues.

Arr. XI.

Par Arrêt general prononcé és Arrêts de la Nôtre-Dame d'Août l'an 1581. par Mr. le President du Faur, arrêté le 21. Juillet precedent, entre Gaillarde de Durnal, & Antoine de la Ruë, tuteur de Jeanne de Ragouse, fut jugé que la femme se remariant dans l'an du düeil, bien qu'elle fût moinde de 25. ans, & qu'elle se remariât dix mois passez après le trépas de son mari, & par consequent hors de la crainte *turbationis sanguinis*, neanmoins elle étoit privable de l'augment qui lui étoit d'ailleurs acquis par le statut ou coûtume.

Arr. XII.

Filius donare causa mortis potest, patre authore, novercæ: & quod datum est, non subjacet dispositioni legis, Hac edictali. Ita judicatum in placitis Pentecostes 1. Iunii. 1582.

Patre authore.] C'est à dire du consentement du pere. *V. la suite titre 40. art. 6.*

Arr. XIII.

Uxor secunda à marito instituta sub conditione fideicommissi, in favorem liberorum secundi matrimonii, non potest turbari à filiis primi matrimonii : & hoc casu dispositio legis. Hac edictali non habet locum, comme fut jugé par Arrêt au rapport de Monsieur la Bessede le 25. Mai 1582. pour Catherine Bone, *per l. Cogi* §. *Hi qui solidum ff. Ad Trebell. l. Cum dotem ff. Ad l. Falcid. l.* 1. §. 1. *ff. Si quis aliq. test. probib. l. Papinianus.* §. *Meminisse ff. De inoff. test.*

Par le même Arrêt fut jugé, *ea quæ patri obveniunt ex dispositione avi vel aliorum parentûm ipsius mariti, aut ab extraneo, contemplatione mariti vel uxoris restituenda esse filiis atque in his dispositionem legis habere locum, idque argumento legis Generaliter.* §. *Nec interest C. De secund. nup. auth. in donatione C. de secund. nuptiis* §. *Si verò expectet De nuptiis coll.*

Arr. XIV.

EN l'an 1581. en Fevrier, en jugeant le procez de Lupe, il fut fort disputé au Parlement de Toulouse, *Num mater ob stuprum commissum post mortem mariti, successione filii privata proximiores ex parte matris admittantur ad successionem filii, an verò parentes ex parte patris, licet remotiores* ; & enfin par Arrêt il fut jugé, *eos qui ex parte patris reperiuntur, etiam uno gradu inferiores, præferri, exclusis parentibus ex parte matris proximioribus* : & la raison est, parce que *hæc privatio inducitur ob injuriam, illatam marito*, de laquelle les parens du mari sont offensez, & non ceux de la femme : *& ideo illius debet deferri commodum privationis.*

V. La suite de ce recueil tit. 41. arr. 7. & 25. & l'arrest 8. du present titre.

Arr. XV.

UNe femme exige & reçoit des heritiers de son mari bientôt après son trepas, les legats à elle faits en son testament, après se remarie dans l'an du düeil ; à sçavoir si à cause de telle indignité les heritiers peuvent repeter lesdits legats, & bien qu'il semblât que non, *quod suum consecuta esset, & quod civilis ratio non pariat conditionem. l. Iulianus ff. De condict. indeb.* toutesfois par Arrêt du Parlement de Toulouse du 12. Juillet 1582. fut jugé, que les heritiers du mari pourroient repeter lesdits legats, *idque ex d. l. Iulianus, quod nec civiliter nec naturaliter debita essent*, à faute de la volonté du testateur, n'estant vrai-semblable que le mari lui eût fait tels legats, si ce n'est à la charge de mener vie honnête & viduelle & d'observer les loix introduites en faveur des mariages.

VIE HONNESTE ET VIDUELLE.] Il est certain que la veuve qui se remarie perd le legat que son mari lui avoit fait, à condition de demeurer en viduité, quoi que son mari n'ait point laissé d'enfans : parce qu'en se remariant elle va contre la volonté du testateur, qui n'est censé avoir fait le legat que sous la condition de la vie viduelle. Mornac sur le titre du Code *de indict. viduit.* cite deux Arrêts qui confirment cette doctrine. Ainsi par Arrêt d'Audience donné en la grand'Chambre de ce Parlement au mois de Juin 1654. l'heritage de Michel Caissac fut adjugé à Jacques Caissac son frere, contre Marguerite Despuech sa veuve, qui avoit été instituée heritiere, *vivant viduellement*, à la charge de rendre l'heritage avant son decez à Catherine Caissac leur fille : le motif de l'Arrêt fut, que cette fille étant decedée avant la remission du fideicommis, & ainsi sa mere ne pouvant pas s'approprier l'heritage de son mari, comme ayant succedé à sa fille, elle s'étoit renduë indigne de la succession de son mari par ses secondes nôces, entant que contraires & choquants la volonté du testateur, qui ne l'avoit instituée que sous la condition de vivre viduellement. Ces préjugez justifient, contre le sentiment de quelques anciens Docteurs de ce Royaume, que l'Authentique *cui relictum. C. eodem.* est suivie & non abrogée.

ARR. XVI.

La mere ayant aprés le decez & an du deüil de son mari malversé, pourvû que ce soit sous promesse de mariage, & icelui aprés solemnellement accompli, n'est privable de la succession de ses enfans decedez en pupillarité, & pour ce regard ne lui peut être rien objecté. *Cap. Tanta est vir. Ext. Qui filii sint legitimi.* Comme aussi la mere ayant administré la tutelle de ses enfans, & aprés les avoir fait pourvoir de tuteurs, s'étant remariée sans rendre compte, si elle est moindre de 25. ans pourra néanmoins succeder à sesdits enfans decedez en pupillarité. *l. 2. C. si avers. delict.* ainsi que l'un & l'autre cas furent resolus & jugez par Arrêt au mois de Decembre 1587. au rapport de Mr. Jessé, pour Damoiselle N. de Carpentier, contre Azemar Viguier d'Alby son beau-frere.

N'EST PRIVABLE.] L'autheur cite un préjugé contraire *au liv. 3. verb. succession ab intestat. arr. 2.* & Despeisses authorise celui qui est rapporté au present Arrêt par la raison qu'il allegue *au tom. 1. part. 1. du mariage. sect. 5. num. 32.* Et par une consultation authentique dont il y fait mention, *cujus pars magna fuit. V. l'arr. 25. de ce titre.*

POURVOIR DE TUTEURS.] Par la Loy *omnem C. ad Sc. Tertyll.* La mere est privée de la succession de son enfant, si elle s'est remariée, étant tutrice de ses enfans, *antequam tutorem alium fecerit ordinari* ; jusques là même que, parce que l'Empereur ajoûte en cette loy les termes suivans, *eique quod debetur ex ratione tutelæ gestæ persolverit*, quelques Docteurs ont cru, qu'il ne suffit pas à la mere d'avoir demandé un tuteur pour ses enfans, ni d'avoir rendu compte : mais qu'il faut encore avoir prêté le reliqua. Quoi qu'il en soit, une mere pensant à des secondes nôces, sans avoir fait pourvoir de tuteur à ses enfans étant censée les abandonner, puisqu'elle les laisse sans administrateur : il est juste aussi qu'elle soit punie de l'injure qu'elle leur fait, en la privant de leur succession, suivant l'Arrêt donné le 18. Août 1655. en la premiere Chambre des Enquêtes, au rapport de Mr. d'Assezat, en la cause de Pierre Coustol contre Jeanne Guerin, femme en secondes nôces du nommé Verniere du lieu de Vendemian. Mais cette jurisprudence n'a pas lieu, lors qu'il n'y a point d'autres enfans survivans du premier lit; auquel cas la femme n'est pas privée de la succession *ab intestat* de leur frere predecedé : Et ne doit pas même être reduite à un simple droit de legitime, suivant le temperament qu'on a souvent pris en pareil cas, sur le fondement de la doctrine de Faber *Cod. lib. 6. tit. 32. def.* 1. Ainsi le Senéchal de Nimes ayant seulement adjugé à Marguerite Vialade, veuve de Pierre Martin, & mariée en secondes nôces avec Etienne Suc, la legitime d'un de ses enfans du premier lit decedé en pupillarité : & elle en ayant relevé appel en la Chambre, la Sentence du Senéchal fut cassée par Arrêt du 23. Decembre 1634. au rapport de Mr. Jaussaud, & lad. Vialade fut maintenue en la possession des biens de ses enfans, contre Charles Martin, cousin de ces enfans : il y avoit cela de particulier en l'espece de la cause, qu'outre que Vialade avoit fait un espece d'inventaire des effets délaissez par son premier mari, d'ailleurs Charles Martin avoit été present à son second contrat de mariage avec Suc : mais sans ces particularitez sa cause n'en eût pas été moins bonne. C'est sans doute le même préjugé qui est rapporté par l'abbreviateur de Maynard *liv. 6. chap. 19.*

ARR. XVII.

LE 13. May 1589. sur le rapport de Mr. Massas, étant Mr. Catel contretenant, au procez d'entre du Mas & Segala, fut jugé, que la femme s'étant remariée *intra annum luctûs*, ne pouvoit constituer à son mari en doüaire, ni lui laisser par testament, si ce n'est la troisiéme partie de ses biens, suivant la loy premiere *C. de secun. nupt.* Et ce fut le premier Arrêt donné en cette matiere, dont j'aye souvenance, en la Cour. Et est à noter que cette remariée dans l'an du deüil, n'avoit point d'enfans du premier mari, & celle qui controversoit sa succession & l'heredité, étoit une sœur de lad. femme.

LA TROISIE'ME PARTIE.] C'est suivant la Novel. 22. *cap. si qui verò 22. versic. 1. si enim :* & les autres deux tiers de l'heredité doivent appartenir aux successeurs *ab intestat. Mayn. liv. 3. chap. 89. d'Olive liv. 3. chap. 12. & Joannes de Garronibus en son traité de secundis nuptiis*, sont de ce sentiment.

ARR. XVIII.

LA femme qui en ses pactes de mariage se reserve la faculté de pouvoir disposer en œuvres pies ou autrement de certaine somme ou quotité de son dot, si elle meurt *ab intestat*, ou sans disposer de lad. somme, icelle apartient, & est acquise au mari, & non aux heritiers *ab intestat* de lad. femme, en vertu de la coûtume de Toulouse : comme fut par nous jugé aux Requêtes, & depuis sur l'appel confimé par Arrêt au mois de Novembre mil cinq cens huitante-huit pour Barbaria contre Segla.

V. le tit. 6. de ce livre lit. D. arr. 11.

ARR. XIX.

LE 19. May 1589. sur le rapport de Mr. Hebrard, étant Mr. Gallus contretenant, fut jugé une femme ayant constitué en son dot à son mari la somme de mille écus, & cent écus pour les robes & bagues, qu'elle avoit privilege sur tous les creanciers du mari pour la repetition de mille écus de dot, mais non pas pour les cent écus des robes & bagues, parce que ces cent écus n'augmentoient pas les pactes de mariage, pour raison desquels cent écus elle fut alloüée suivant son ordre, & aprés les creanciers qui étoient precedans à son hypoteque. Et combien que cette somme de cent écus eût été employée en robes & bagues pour la femme, ce néanmoins les cent écus ne lui furent abjugez ; & par là appert que les sommes contenuës ez pactes de mariage, si elles ne sont expressément baillées en dot, n'ont point privilege de dot.

ARR. XX.

PAr Arrêt du 28. Janvier 1579. au rapport de Mr. Ferrier entre Peyrasse Juge-Mage de Cahors & la femme de Chomier Lieutenant, il a été jugé que la femme pour être remariée à l'ennemi capital de son premier mari, ne perd le legat qu'il lui avoit laissé.

ARR. XXI.

LA femme fiançant un autre dans l'an du deüil, par parole de present, perd son legat à elle fait par son premier mari, comme il a été jugé, bien qu'en la loy *Solet. ff. de his. qui not. infam.* soit dit que, *mulier virum cum luget, intra id tempus sponsam fuisse non nocet.*

ARR. XXII.

LE Mardy 5. de Janvier 1575. Arrêt au Barreau d'une nommée la Treille, par lequel, pour s'être remariée dans l'an du deüil de son mari, a été privée de la succession de certains biens, & aussi d'un legat de la somme de mil livres.

ARR. XXIII.

LE 5. Janvier 1575. fut prononcé Arrêt au rapport de Mr. Rudelle entre Peyronne Treille appellante du Senéchal de Toulouse contre Domenge & Antoinette de la Neute, par lequel une femme qui s'étoit mariée en secondes nôces dans neuf mois après le decez de son mari, fut privée de l'institution faite à son profit & de l'augment.

ARR. XXIV.

LE 14. Fevrier au rapport de Mr. Resseguier entre François d'Arbieu Seigneur de Bondy, Marguerite, Jeanne & Paule d'Arbieu enfans de feu Olivier d'Arbieu, & Antoinette de Beauville & Marie de Jas fille de feu Arnaud de Jas, quand vivoit Seigneur de Sequadeux, & de Jeanne de Beauville impetrans & demandeurs en maintenuë des biens qui ont appartenu à feu Jean de Beauville Seigneur de Romat, & à Manaut & Bernard de Beauville ses enfans, & de feuë Paule de Lupe mariez &c. d'une part, & Oger de Lupe Seigneur de Castillon, Louis Labal Seigneur de Coisseils, fils & heritiers de feuë Jeanne de Lupe, soy disans succeder comme plus prochains aux biens & successions desdits feus Jean Manaut & Bernard de Beauville pere & fils deffendeurs d'autre, & entre le Procureur General du Roy aussi demandeur en adjudication desdits biens d'une part, & lesdits d'Arbieu, de Jas, de Lupe & Labal défendeurs d'autre: veu les Arrêts de la Cour &c. Enquêtes &c. dit a été que la Cour &c. attendu l'incontinence & malversation de lad. feuë de Lupe, mere desdits Manaut & Bernard durant son veuvage resultant des enquêtes & actes du procez, a maintenu & gardé, maintient & garde lesdits d'Arbieu & de Jas en la possession & jouïssance de tous & chacuns les biens qui ont apartenu ausdits feus Manaut & Bernard de Beauville, & à eux advenus par le decez dudit feu Jean de Beauville leur pere ou d'ailleurs, sauf à distraire d'iceux le dot par ladite feuë Paule de Lupe apporté audit feu Jean Beauville son mari, auquel, ensemble en tous les autres biens à ladite feuë de Lupe d'ailleurs venus & appartenans, qu'au moyen desdits feus de Beauville ses mary & enfans, a maintenu & maintient lesdits Oger de Lupe & Labal. De cet Arrêt on peut colliger, premierement que la mere pour la malversation pendant son veuvage, soit durant ou aprés l'an de dueil, est privable de la succession legitime de ses enfans, aux biens desquels elle ne doit succeder, soit qu'ils leur soient obvenus de la succession de leur pere, *cujus memoria vidua tantam injuriam fecit*, soit que d'ailleurs ils leurs fussent acquis. En outre elle perd l'augment, ensemble tout ce qui luy étoit obvenu *ex hæreditate & ex substantia & patrimonio mariti* : toutefois son dot luy doit être rendu & restitué, pareillement tous les biens qu'elle a d'ailleurs, qui par le moyen de ses mary & enfans lui doivent demeurer & être conservez, desquels aussi elle peut librement disposer. Secondement tout ainsi que la mere pour avoir malversé en viduité est privée des biens de ses enfans, soit qu'ils viennent & procedent *ex successione patris aut aliundè*; aussi les parens d'elle en doivent être exclus, encore qu'ils soient plus proches en degré de parenté des enfans, *de quorum successione agitur*, laquelle succession doit être adjugée aux parens des enfans *ex parte patris eorum*, combien qu'ils se trouvent en degré plus éloigné que les parens maternels, ou bien même degré que les maternels comme en ce fait ici, qu'Oger de Lupe & Louis de Labal fils de Jeanne de Lupe, combien qu'ils pretendissent devoir succeder à Manaut & Bernard de Beauville, comme plus proches parens : néanmoins ils en furent exclus, parce que leur parenté venoit de la part de Paule de Lupe mere desdits Manaut & Bernard, & la succession fut adjugée à d'Arbieu & de Jas, fils d'Anthoinette & Jeanne de Beauville *ex parte patris, quamvis essent in remotiori gradu*, & faite separation des biens de la mere d'avec le biens des enfans: ceux-ci furent adjugez aux parens paternels des enfans, ceux-là (c'est à sçavoir les biens de la mere) aux parens maternels: Et faut observer que Paule de Lupe avoit survécu à Manaut & Bernard de Beauville ses enfans, comme on peut colliger des paroles dernieres de l'Arrêt, auquel, ensemble tous les autres biens obvenus & appartenans à ladite feuë de Lupe, qu'au moyen desd. feus de Beauville ses mari & enfans &c. Troisiémement par cet Arrêt pour l'indignité de la mere & incapacité des parens maternels; les biens ne furent point adjugez au Procureur General, ains aux parens paternels, *quia in his quæ ad correctionem morum spectant, fisci ratio non est habenda*; jaçoit que d'Arbieu & de Jas fils d'Atoinette & Jeanne de Beauville, ne fussent point *ex decem personis enumeratis in l.* I. *C. de secund. nupt. juncta ibi glossa, neque ex quatuor decem personis enumeratis in l. Si quis incesti. C. de incest. nupt.* Là où les collateraux qui sont hors le troisiéme degré, ne sont point admis à la succession. Et toutefois en ce fait ici d'Arbieu & de Jas, lesquels ne pouvoient estre à tout rompre cousins germains de Manaud & Bernard de Beauville, & par consequent *in quarto gradu consanguinitatis*, sont admis à la succession, exclus le fisque, ce qui est contraire aux susdites Loix. *l. 1. C. de secund. nup. l. Si quis incest. C. eod.*

Arr. XXV.

PAr Arrêt general prononcé la veille de sainte Croix 1604. par Monsieur le premier President de Verdun, une femme remariée en secondes nôces, ayant malversé avant icelles, bien qu'après l'an du düeil de son premier mari, fut privée de l'augment & de tous les avantages qu'elle avoit eu de sondit premier mary, & mêmes de la succession de son fils du premier mariage.

Bien qu'après l'an.] Maynard est contraire *au liv. 4. chap. 2.* de même que l'Auteur *en l'arr. 16. de ce titre.*

Arr. XXVI.

PAr autre Arrêt general prononcé ladite veille de sainte Croix 1604. par ledit premier President de Verdun, les enfans d'un second mariage demandans retranchement du dot constitué à une des filles dudit premier mariage, disans n'y rester rien pour eux, en furent démis.

Retranchement.] *V. La suite de ce recueil tit. 63. arr. 14.*

Arr. XXVII.

LE troisiéme Decembre *au guet*, au rapport de Monsieur Persin, une femme pour s'être remariée dans l'an de düeil, ayant fait nôces un jour seulement avant que l'an fût revolu & expiré, fut privée du legat que son premier mari lui avoit laissé en son testament; & l'occasion pourquoi elle s'estoit hastée d'un jour, estoit le Samedy avant l'Avent: que si elle n'eût épousé ce jour là, il lui auroit convenu attendre jusques après la fête des Rois.

Un jour seulement.] *Suivant Maynard liv. 3. chap. 93. & Cambolas en son traité des secondes nôces num. 13.* Une veuve se peut remarier dans le douziéme mois, ce qui est improuvé par Despeisses *tom. 1. du mariage, part. 1. sect. 5. num. 33. vers le milieu.* Apulée *miles. lib. 8.* appelle les mariages faits dans l'an du düeil *immaturitas nuptiarum.*

Arr. XXVIII.

LE 3. Decembre mil cinq cens septante-neuf, entre Jeanne Barutelle appellante de certains arbitres contre N. appellé, plaidant Chastillon avec Got Procureur pour l'appellant, demandant

demandant ſucceder à la fille, & Malard avec du Perret pour l'appellé, diſant ladite Barutelle ne devoir ſucceder, pour ce qu'elle ſe ſeroit remariée en ſecondes nôces quatre mois aprés le decez de ſon mari, ſans faire pourvoir de tuteur à ſadite fille ; & pour ſa replique ladite Barutelle diſoit eſtre moindre, comme on pouvoit juger à ſa ſeule inſpection, à raiſon de laquelle minorité elle étoit excuſable, la Cour auroit receu ladite Barutelle à prouver ſa minorité ; & pour être procedé au ſurplus renvoye les parties devant le Senéchal.

APPROUVER SA MINORITE'.] *Malè* Suivant l'Arrêt rapporté par l'Auteur *en la ſuite tit. 41. art. 4.* parce qu'il s'agiſſoit d'une veuve qui s'étoit remariée dans l'an de düeil, & laquelle ne pouvoit pas s'excuſer au pretexte de ſa minorité. S'il eût été ſeulement queſtion du deffaut de proviſion de tuteur, l'interlocutoire eût été juridique, ſuivant l'Arrêt rapporté par l'Auteur *en ce liv. verb. mineur. tit. 9. arr. 2.* la raiſon de difference eſt établie ſur la diſtinction que fait Maynard *liv. 3. chap. 91.* où il veut qu'au premier égard la veuve delinque *in committendo*, au lieu qu'au ſecond égard elle fait faute ſeulement *in ommittendo.* *V. l'arr. 11. de ce titre.*

ARR. XXIX.

ARrêt par lequel a été jugé qu'une marâtre ne peut pas avoir és biens de ſon mari, quoi qui lui ait été legué, ſinon comme il aura été laiſſé par ſondit mari à une des filles du premier mariage. Donné le vingt-quatriéme jour du mois de Juillet mil cinq cens & cinq, entre un nommé Charlot, & un nommé de Catel.

ARR. XXX.

PAr Arrêt prononcé le 13. Janvier mil cinq cens quatre-vingts ſix, entre Maiſtre Guillaume Carnejac curateur és cauſes de Jean Barnabé d'une part, & Barthelemie de Perets d'autre : A été dit qu'avant dire droit ſur la privation requiſe dud. Carnejac aud. nom de la ſucceſſion de Jean Mauvis fils de ladite de Perets : enſemble du legat à elle laiſſé par ſondit mari, ledit curateur prouvera que ladite de Perets a fait nôces & conſenti au mariage avec Arnaud Panſe, & icelui fiancé par parole de preſent dans l'an aprés le decez de ſondit mari.

ARR. XXXI.

ARrêt du 12. Septembre 1598. par lequel eſt jugé que les pactes de mariage, bien que ſignez par les parties & témoins, s'ils ne ſont retenus par Notaire, n'ont point d'hypotheque que depuis l'aveu d'iceux au préjudice des autres pactes de depuis l'aveu d'iceux au préjudice des autres pactes de mariage ; bien que posterieurs retenus par Notaire : si que la seconde fille de Marignac fut préferée sur les biens de son pere pour le dot à elle constitué en ses pactes de mariage retenus par Notaire à sa sœur aînée qui n'avoit que de pactes de mariage non instrumentez, bien que precedens en datte.

N'ONT HYPOTHEQUE.] V. *Automne en sa conference sur la Loi 7. ff. de pact. dota. lib.*

ARR. XXXII.

ARrêt par lequel le fils demandant à son pere la joüissance des biens qu'il lui avoit donnez lors du mariage dudit pere s'étant reservé les fruits, en fut demis. Il y avoit eu un semblable Arrêt peu devant entre Albaret Lieutenant de Gourdon & son fils, prononcé le troisiéme Septembre 1609.

ARR. XXXIII.

DOnation en faveur de mariage ne fait retour au pere donnant par mort civile *si donatarius verè supervixit* : par Arrêt general de la Cour du cinquiéme Juin 1579.

PAR MORT CIVILE.] V. *Cambolas liv. 1. chap. 41. d'Olive liv. 5. chap. 8.* c'est la mort naturelle qui doit donner lieu au retour, entr'autres raisons, parce qu'outre qu'un condamné ne peut pas être consideré comme privé de l'esperance de la restitution, les graces des Princes étant toûjours ouvertes à leurs sujets, *semper datur locus Clementiæ Principis*, d'ailleurs le Donateur peut mourir avant le Donataire ; ainsi le droit de retour peut cesser. Il en est de même en matiere de substitutions ; parce que le substitué peut mourir plûtôt que l'heritier grevé, & par son predecez le fideicommis être rendu caduque, *atque ita fideicommissum intercidere. L. statius florus. §. Cornelio Felici. ff. de jure fisc.* pour ne pas alleguer la raison prise de la grace que peut accorder le Prince, laquelle remet les choses en leur premier état, & fait comme ressusciter celui qui étoit mort civilement ; non plus que la raison prise (à l'égard de ceux qui sont condamnez par défaut) de ce qu'ils peuvent purger la contumace, & se faire rehabiliter : témoin l'Arrêt de l'année 1666. par lequel Demoiselle Esperance de Tremoulet, femme de Jacques de Beringuier sieur des Barbuts, du lieu de S. André de Valborgne, fut declarée irrecevable quant à present en la demande d'ouverture de substitution ; qu'elle faisoit des biens de Pierre de Tremoulet son pere, par la mort civile de René de Tremoulet sieur de Blauzac son frere, condamné à mort pour divers crimes, laquelle substitution lui fut seulement declarée ouverte par autre Arrêt du 6. Mars 1671. après que ledit sieur Blauzac fut decedé.

ARR. XXXIV.

L'Authentique, *Res quæ. C. Comm. de leg.* a lieu és biens sujets à restitution, qui descendent du côté de la mere : par Arrêt du cinquiéme jour du mois de Mars 1586.

ARR. XXXV.

MOnsieur de Paulo second President, le 28. Mars 1564. prononçant les Arrêts generaux d'entre Jean Polillon fils de

Pierre, appellant du Bailliage de Gevaudan, contre Guillaume Pollilon appellé, l'Edit des enfans qui se marient sans congé & licence de leur pere fut employé aud. Jean; tellement que la donation faite par ledit Guillaume audit feu Pierre en contemplation de mariage la 3e. partie, *fuit revocata*, parce que led. Jean *defuncto patre superstite avo, donante ipso inscio duxerat uxorem*, ayant été depuis le trépas de son pere, nourri & entretenu en la maison, combien qu'il se fût marié du vouloir de sa mere, *quæ jam convolverat ad secunda vota.* Vray est que pour les peines & travaux exposez par ledit Jean, fut par les mêmes Arrêts dit qu'il seroit payé de salaire moderé, qui seroit taxé par prud'hommes & Experts depuis le tems qu'il étoit apte à gagner; fut fondé ledit Arrêt *super potestate patris*, & l'affaire ayant été consultée avec les plus doctes de Toulouse & Paris, fut trouvé qu'ainsi devoit être fait.

Arr. XXXVI.

Arrêt entre Messire Jean Buisson, &c. & Guyon de Tavoines, par lequel la Cour pour la contrevention aux Edits du Roi aux mariages clandestins, condamne ledit Tavoines en mil livres d'amende, & au surplus declare Catherine de Buisson, pour s'être mariée sans le sceu de son pere & mere, decheuë & privée de toutes donations, substitutions & autres dispositions, mettant en liberté lesdits pere & mere, de pouvoir faire disposition en liberté. Prononcé le dernier de May 1560.

Sans le sceu de son Pere et Mere.] A la rigueur il n'y avoit que le consentement des peres, à cause qu'ils ont les enfans sous leur puissance, qui fût necessaire pour la validité des mariages parmi les Romains, ce qui a fait remarquer que ce n'est pas sans sujet que l'Empereur Justinien avoit placé la définition du mariage dans ses instituts après le titre *de patria potestate*, toutefois & l'honnéteté & la raison civile, & l'équité naturelle exigerent ensuite le consentement des meres, les loix y sont expresses. Parmi les Chrétiens, sur tout dans le quatriéme siécle leur consentement ne fut pas seulement de précepte & de bienséance, mais il fut encore de nécessité : ainsi S. Augustin se trouvant pressé pour bénir un mariage, *facerem*, dit-il en l'Epître 133. *sed mater puellæ non adest, & tu scis ad nuptias contrahendas voluntatem ejus esse necessariam.* Les Ordonnances de nos Rois y sont formelles, témoin l'art. 40. de celle de Blois, celle méme du feu Roi de l'année 1639. porte par exprés declaration de nullité des mariages, qu'on contracteroit sans le consentement des meres. Il est vrai que cette rigueur n'a pas lieu à l'égard des meres qui viennent à malverser aprés la mort de leurs maris, quand méme leurs enfans auroient été instituez héritiers par leurs peres sous la condition de se marier du consentement de leurs meres : comme il fut jugé entre des parties de Villeneuve-les-Avignon, par Arrêt du Parlement de l'année 1638. donné les Chambres assemblées au rapport de Mr. de Resseguier, contretenant Mr. de Guillermy; la Cour ayant préjugé que la désobéïssance d'un enfant qui se marie sans le consentement de sa mere contre la volonté de son pere, expressement contenuë dans son testament, n'est pas punissable en ce cas, une mere qui malverse devant être traitée comme une étrangere, ou du moins comme une personne indifferente. Au surplus les enfans peuvent si peu se dispenser d'avoir le consentement de leurs peres & de leurs meres, que s'ils se marient sans l'obtenir, & contre leur gré, ils peuvent être exheredez suivant les Ordonnances Royaux, comme il a été jugé quelquefois, quoi qu'il fût question d'une mere qui avoit convolé en secondes nôces, l'injure qu'elle avoit faite à la mémoire de son premier mari par son remariage, & le tort qu'elle pouvoit avoir aussi fait à son fils, n'étant pas un pretexte assez plausible pour le dispenser de son devoir & du respect qu'il devoit à sa mere. La mort civile même n'ôte rien sur ce sujet du caractere qui fait considerer les personnes à qui on doit la naissance; aussi par Arrêt de ce Parlement prononcé en robes rouges le 14. Août 1673. après y avoir eu partage en toutes les Chambres, qui fut vuidé les Chambres assemblées, le contrat de mariage d'une fille qui s'étoit mariée sans le consentement de son pere, condamné à mort par défaut, fut cassé.

ARR. XXXVII.

ENtre Catherine de Mynut Damoiselle, veuve de feu Maître Pierre de Malenfant, vivant Conseiller du Roy en la Cour, tant en son nom propre, que de ses enfans & dudit feu de Malenfant, demanderesse en cas d'excez pour raison de meurtre commis en la personne de feuë Anne de Malenfant sa fille, le Procureur General du Roi, joint à elle d'une part, & Me. Pierre de Fourviere, Notaire & Secretaire du Roi, prisonnier en la Conciergerie défendeur d'autre; veu le procez, charges, informations, auditions & réponses dud. de Fourviere baillez, ensemble l'enquête des faits contraires par ladite de Mynut, conclusions & requisitions du Procureur General du Roi, & autres productions & procedures faites en la matiere: Dit a esté que pour les cas resultans, la Cour a condamné & condamne icelui de Fourviere à être mis aux Galeres du Roi, pour en icelles servir ledit sieur par cinq ans; & au surplus en cinq cens liv. tournois d'amende envers le Roi: applicables à la reparation du Palais; en quatre mil liv. tournois envers lad. de Mynut à son nom propre, à ce comprise la somme de deux mil. liv. à elle cy-devant adjugée par provision, & aux dépens de la cause, la taxe reservée. Néanmoins declare la Cour led. de Fourviere privé du profit & utilité des pactes de mariage faits & passez entre lui & ladite feuë Anne de Malenfant sa femme, & le condamne en outre à rendre & restituer à ladite de Mynut, au nom de ses enfans, ce qui se trouvera avoir été reçû par lui du dot de sa feuë femme. Prononcé à Touloulose en Parlement le vingt-uniéme jour d'Avril 1559. aprés Pâques.

UTILITE' DES PACTES.] *V. l'observ. sur le tit. 7. du liv. 1. art. 4.* touchant l'Arrêt du sieur de Vulson, que j'ay rapporté, & que j'ay trouvé dans les mémoires de feu Mr. de Rozel Avocat general en la Chambre.

ARR. XXXVIII.

LE doüaire est privilegié lors que la femme l'exige sur son mari ou ses heritiers, & non point quand une fille l'exige sur son pere ou ses heritiers. Par Arrêt du 9. Septembre 1589.

ARR. XXXIX.

UNe veuve ne peut être contrainte pendant sa viduité, à reprendre ses dot & augment. Par Arrêt du 1. Mars 1590.

Cet article doit être entendu au cas de *l'arr. 17. du tit. 6. de ce livre lit. D.*

ARR. [illegible]

LE 17. Janvier 1586. au rapport de Mr. Ferrier, une tante fut condamnée à consentir à l'insinuation de certaine donation par elle faite à sa niéce en contemplation de mariage, bien que les quatre mois pour insinuer, suivant les Ordonnances, fussent passez, & que ladite tante alleguât quelques causes d'ingratitude à l'encontre du mari de sadite niéce.

FUSSENT PASSEZ.] Maynard est contraire *au liv. 7. chap. 93.* mais sa doctrine n'est pas suivie.

ARR. XLI.

LEs biens donnez par le pere ou mere au fils en contemplation de mariage, & après étans revenus au donnant par droit de retour sont affectez & hypothequez subsidiairement au payement du dot reçû par le fils & de l'augment d'icelui. Par Arrêt du 6. Mars 1590.

ARR. XLII.

LE premier Avril 1586. par Mr. Paulo presidant fut prononcé l'Arrêt, qu'une femme après avoir marié sa fille avec un certain, par parole de present, sa fille publiquement observé ce qui convenoit pour ce regard: advint que la mere présupposant sa fille ne vouloir sondit fiancé, le print pour mari, & en a eu deux enfans; neanmoins par les Officiers, ladite femme fut condamnée à mort: appel relevé, par Arrêt fut condamnée *ob violatam publicam honestatem*, à faire amende honorable, tant au present Parquet que sur le lieu, & ce fait, fustigée; & pour connoître s'il y a mariage, renvoyée à l'Ecclesiastique.

ARR. XLIII.

LE 30. Juin 1575. Arrêt au Bureau entre Me. Etienne Grandon, Procureur & curateur de Guillemette Tabarde & Marie de Bertier, contenant entr'autres choses, qu'une nommée Bigosse baillera cautions de rendre l'augment à sa fille en cas de predecez.

BAILLERA CAUTION.] Il s'agit d'une femme qui s'étoit remariée, & que les secondes nôces assujettissoient au cautionnement. Sur quoy *V. Cambolas au traité des secondes nôces art. 28. & suiv.*

ARR. XLIV.

LE 6. du mois de Juin 1575. au rapport de Mr. Toupignon, au procez d'entre Raymond Fons marchand Espicier de Toulouse, & Catherine de Boisset femme à Jean Topier, & autres creanciers dudit Topier, fut jugé que la femme peut repeter son dot pendant la vie de son mari, s'il tombe en pauvreté, mais non pas l'augment, combien que par la disposition du Droit il semble que la repetition compete aussi bien pour l'augment que pour le dot: toutefois on reserva à la femme l'hypotheque pour son augment, sur les biens du mari alienez pour le payement des autres créanciers, avenant le cas de predecez du mari: & fut ordonné que du prix provenant de la vente des biens dud. Topier, distraits au préalable les fraix de justice, au profit de ceux qui les avoient exposez, seroient payez les creaniers dud. Topier: & entr'autres ladite de Boisset sa femme, de la somme de cent écus de son dot, à la charge de bailler par elle bonnes & suffisantes cautions, d'icelle rendre aux autres creanciers dudit Topier, avenant le predecès d'elle: & faute de bailler caution, qu'icelle somme de cent écus seroit mise és mains d'un Marchand seur & responsable pour la tenir au profit desd. mariez, & de la rendre quand & à qui seroit ordonné, c'est à sçavoir si le mari predecede, de la rendre à la femme; au contraire si elle vient à predeceder, de la rendre aux creanciers du mari, sans préjudice toutefois à icelle de Boisset, de son hypotheque sur lesd. biens adjugez par decret par ledit Arrêt pour la somme de cinquante écus sol de son augment; advenant qu'elle survive à sondit mari. Quelques-uns furent d'avis d'ordonner le même de l'augment que du dot, toutefois le contraire fut conclu à cause de certain préjugé en un Arrêt prononcé en robes rouges par feu Monsieur Duranty premier President.

POUR REPETER SON DOT.] L'usage est d'ordonner, lorsque les biens du mari sont en distribution, que la dot de la femme sera mise entre les mains d'un Marchand seur & responsable, pour en prendre les interéts pendant la vie du mary, *ut se sunique alat. l. ubi adhuc C. de jur. dot.* car c'est dans ce sens qu'on explique cette Loy. De là vient que cette col-location de dot, qui se fait pendant le mariage, ne donne aucun droit sur la proprieté à la femme, parce qu'elle ne se fait que pour asseurer les cas dotaux ; aussi comme il faut établir de la difference entre la dot qui se repete pendant la vie du mari *quatenus ver-git ad inopiam*, & celle qui se repete après la dissolution du mariage par la mort du mary : de là méme il s'ensuit que la collocation ne produit pas le méme éfet que la repetition finale de la dot, laquelle a lieu sans contredit dès le moment que le mariage cesse, parceque la dot changeant délors de nature, & prenant une autre qualité, devient une dette ordinaire, au payement de laquelle, la femme peut contraindre les creanciers de son mari. Mais quoique la collocation de la dot ne soit que comme une espece de dépôt ordonné pour la seureté de ce méme dot, & qu'elle excluë regulierement la femme de la repetition finale, toutefois pour certaines considerations pressantes, les Cours Souveraines peuvent permettre aux femmes des discutez de retirer leur dot.

NON PAS L'AUGMENT.] Autrefois on jugeoit que le mari ayant discuté, la famme pouvoit aussi bien repeter l'augment que la dot, à la charge de mettre le tout ès mains d'un Marchand, pour le tenir au profit des mariez & de leurs enfans, & de rendre l'augment au profit de qui il appartiendroit, le cas de restitution écheant. Aujourd'hui il se juge d'une autre maniere, car si bien la femme d'un discuté peut demander, lui étant en vie, d'étre allouëe pour son augment ; on n'a pourtant accoûtumé de l'allouër qu'à la charge que la som-me donnée en cas de prédecès, sera mise entre les mains de personne solvable, pour l'inte-rét étre mis au profit des creanciers du mari jusqu'à son decès ; cet usage est inviolablement observé dans le Palais, & si la femme predecede, les creanciers ou le bailliste retirent la somme ; au contraire si elle survit, elle la retire comme lui appartenant en cas de survie suivant ses pactes de mariage.

ARR. XLV.

EN Septembre 1582. au rapport de Monsieur Jessé à Toulouse, fut donné Arrêt entre Maistre Antoine Ciron & Joseph Cabrerolles, que la constitution du dot faite en écus és pactes de mariage, doit étre adjugée comme les écus valent au temps desd. pactes, & non au temps que le payement est requis ou de la destinée solution : & par le même Arrêt les interêts furent adjugez au denier quinze depuis la destinée solution, bien qu'ils excedassent la somme principale, car il y avoit vingt ans de la destinée solution : *ubi lex unica De sent. quæ pro eo quod inter profer.* fut entenduë & limitée *in suo casu*, & jugé que les prétendus interêts n'estoient proprement interêts: ains fruits du dot ayans cause onereuse, d'autant que le mari porte les charges. *l. Pro oneribus. C. de jure dot.*

COMME LES ECUS VALENT.] *V. la suite tit. 61. arr. 5.*

ARR. XLVI.

PAr Arrêt general donné au rapport de Monsieur Maynard, prononcé par Monsieur Bertrand, fut jugé que le pere peut substituer à son fils, même aux biens qu'il lui a donnez en faveur de mariage, pourveu qu'il lui substituë *unum ex liberis*, & qu'il dise expressément & fasse mention desdits biens donnez en ladite substitution *per legem. Sequens Quæstio.*

DONNEZ EN FAVEUR DE MARIAGE.] Quoique dans les principes de Droit une donation parfaite, *nec modum*, *nec conditionem recipiat*, toutefois il est certain que suivant l'usage de ce Parlement, les biens donnez en faveur de mariage peuvent être substituez par le pere qui a fait la donation; cette faculté ayant même été accordée à la mere par l'équité des Arrêts, selon Cambolas *liv.* 1. *chap.* 35. *&* *liv.* 6. *chap.* 13. mais une telle substitution n'est bonne que sous trois conditions cumulatives. *Primò*, que la substitution ne soit pas conceuë vaguement en termes generaux, mais qu'elle soit par exprès *&* *nominatim* des biens donnez, parce que ces biens étans *extra causam bonorum*, ne peuvent pas venir en la restitution du fideicommis, *nisi sint expressa in substitutione. L. Lucis* §. *maritus. ff. ad Trebell. L. sequens quæstio. ff. de leg.* 2. *Secundò*, que la substitution soit faite en faveur d'un des descendans du donateur, frere ou sœur indifferemment du donataire, mais non d'un enfant du donataire: quoi que la principale raison qui a donné Lieu à ces substitutions, soit la conservation des biens dans la famille, laquelle se rencontre aussi bien en substituant les enfans du donataire qu'en substituant ceux du donateur, & quoi que même l'ayeul puisse substituer ses propres enfans à ceux du donataire predecedé. *Tertiò*, que la substitution soit faite au cas le donataire decede sans enfans, ce qui suppose que la substitution est faite sous la simple condition *si sine liberis*, & sans qu'on en puisse induire que le donataire est chargé de rendre à ses propres enfans: aussi est-il certain que lorsque le donataire a des enfans, on ne peut pas le charger de substitution, non pas même en faveur d'un de ses enfans; la raison en est, que la faculté de substituer aux biens donnez, est un passe droit, que ce Parlement a accordé aux peres, pour leur donner la consolation de pouvoir conserver leurs biens dans la famille tandis qu'il y aura des enfans; de sorte que ce passe droit ne peut être étendu: En effet, le donataire ayant laissé des enfans, il a été prejugé par deux celebres Arrêts, qu'en ce cas le pere ne pouvoit pas substituer aux biens donnez en faveur des petits-fils; le premier de ces Arrêts est du 18. Janvier 1651. il fut donné entre Geraud Mieulet & Pierre Guy, appellans du Senéchal de Toulouse, & Bernard & Marguerite Sandoin, enfans de Pierre, intimez. L'autre est du 22. Février 1652. par lequel les biens donnez par François Bonnet à Jean son fils en faveur de son mariage avec Magdelaine Martel, furent declarez exempts de la substitution contenuë au testament du donateur, par la survivance de Blanche Bonnet, fille de Jean, donataire, & la substitution fut reduite aux seuls biens reservez par le donateur. Cela justifie que deslors que le fils donataire a laissé des enfans, la substitution s'évanoüit par leur existance. Il en est pourtant autrement lors que le donataire predecede son pere, laissant un enfant à lui survivant; car en ce cas, à cause du predecez du donataire, l'ayeul peut substituer aux neveux. *Cambolas d. chap.* 13. *&* *Olive liv.* 5. *chap.* 16. On peut encore substituer les biens donnez en deux cas, sçavoir quand lors de la donation le donateur s'est par exprès reservé de le pouvoir faire, & quand cette reserve se trouve, il n'est pas necessaire que l'on dispose specialement des biens donnez: cela est vrai indistinctement, & sur tout lors qu'il s'agit de conserver les biens dans une famille illustre; ainsi nous suivons la doctrine qu'établit *Fontanella de pact. nupt. claus.* 4. *gloss.* 5. *num.* 64. & nullement celle de Cancerius,

pi

ni de ses Sectateurs, qui nonobstant ladite reserve, veulent qu'une disposition generale ne suffise pas pour comprendre les biens donnez. Le second cas est, lors que le donateur dispose des biens reservez en faveur du donataire, parce que le donataire prenant ces biens reservez par une nouvelle liberalité du donateur; il est certain que s'il l'accepte, il ne peut plus diviser la donation du testament *arg. L. Imper. §. si cent. ff. de l. 2.* & que les biens donnez entrent dans le fideicommis, *quia hæres judicium defuncti agnovit*, à quoi est conforme la doctrine de Maynard *liv. 6. chap. 5.* Cela reçoit d'autant moins de difficulté (quoique Cujas *consult. 20.* & Fusorius *qu. 631.* ayent crû que les biens donnez ne pouvoient être chargez de substitution, nonobstant que le donataire fût institué par le donateur) que l'on ne peut pas douter qu'un testateur ne puisse comprendre dans une substitution, non seulement ses propres biens, mais aussi ceux de son heritier. *L. unum ex familia. §. si rem tuam. ff. de leg. 2. peregrin. de fideicom. art. 33. num. 5.* Au reste comme les fiefs dans une famille noble ont des privileges particuliers, on peut à leur égard substituer les biens donnez avec progrez de substitution, quoique parmi les personnes plebées cela n'ait pas lieu, suivant l'Arrêt du *16.* Avril *1666.* donné au rapport de Mr. Olivier en la seconde Chambre des Enquestes, entre Noël Blanc, & Blanche Comtesse, car outre que la substitution, selon le droit municipal de cette Province, se peut faire en l'étendant & la perpetuant à toute la descendance du donataire: d'ailleurs elle se peut faire au cas le donataire & ses enfans meurent sans enfans: c'est-à-dire qu'en cas d'extinction de toute la branche du donataire on peut audit cas substituer *in casum si sine liberis*, pourveu qu'on le fasse en faveur des autres enfans du donateur, freres ou sœurs du donataire, ce qui fait voir qu'en ces deux cas differens on peut substituer, quand il s'agit des fiefs, & entre personnes nobles, sans qu'il soit necessaire que les trois conditions cumulatives cy-devant rapportées, concourent pour rendre la substitution bonne & valable.

ARR. XLVII.

UN pere pourvoira au mariage d'une sienne fille dans deux mois, & lui constituera dot suffisant. Par Arrêt prononcé le 13. Août 1587. contre un pere Conseiller au Senéchal de Toulouse.

ARR. XLVIII.

UNe femme avoit fait execution pour son dot sur tous ceux qui avoient acheté de son mari; un des acheteurs; sçavoir le premier, disoit qu'elle se devoit prendre avec le dernier, *ut evitaretur judiciorum circuitus*, disant en outre, que comme la loy a voulu que les creanciers se prinsent avec le debiteur, & non avec le tiers possesseur; de même a voulu que le debiteur mort, *bona esset possessoris ratio à simili*, disant Robert Avocat, Dispania disoit pour la femme, que s'il est loisible à la femme, *experiri contra quemlibet creditorum insolidum. l. Moscus. ff. De juri fisci argum. l. Solent judices. ff. de alim. & cib. legat. mult. multò magis contra omnes pro parte*: & ainsi fut jugé.

ARR. XLIX.

L'Authentique *Res quæ C. Comm. de legat.* a lieu non seulement au dot, mais aussi en l'augment, par Arrêt du 6. Mars 1588.

Mariniers.

TITRE V.

ARR. I.

PAr Arrêt du 2. de Septembre 1550. sur la requête présentée par le Syndic des Marchands frequentans les rivieres de Garonne, Tarn, Lavairon & autres navigables, est faite inhibition & défense à tous Maitres Bateliers, gouverneurs & conducteurs de bateaux sur les rivieres de ce ressort, de ne vendre ou trafiquer aucune des choses à eux commises & delivrées pour conduire par icelles rivieres, ni permettre qu'aucun les emporte sans l'exprés vouloir de ceux qui les ont baillées, sur peine d'être punis comme larrons, affronteurs & infracteurs de la seureté & liberté publique du navigage. Et pareillement a icelle Cour prohibé à toutes personnes, de n'acheter ou prendre aucune desdites choses ou marchandises en maniere que ce soit, sans le vouloir de ceux qui les ont baillées, & ce sur peine d'être aussi punis corporellement comme larrons & receptateurs de larcins.

Mays.

TITRE VI.

ARR. I.

LE Lundy 5. Juin 1542. a été donné Arrêt criminel prohibitif, de ne porter vendre arbres qu'on appelle Mays, sinon que les vendeurs les ayent pris en leur bien propre.

MAYS.] *A Maio mense*, de là aussi tire son nom la rejoüissance que les Romains appelloient *Maiuna*, parce qu'on la celebroit aux calendes du mois de May, à cause dequoi elle est qualifiée *ἡ τῇ πρώτῃ τοῦ Μαΐου πανήγυρις. can. 62. in Trulo.* C'est de ce même mois que tire son origine *la Maieque* dans le Bearn, dont il sera parlé sur le *traité des droits Seign chap* 14. Au reste, il ne sera sans doute pas hors de propos de remarquer, au sujet de l'Arrêt, rapporté par l'Auteur, que suivant Roulliard *en son hist. de Melun. pag.* 364. le Roy Philippe le hardy, par ses Lettres données à Paris l'an 1281. après la Feste S. Nicolas d'hyver, abolit la mauvaise coûtume qu'on avoit : d'aller faire du dégat dans les bois appartenant à l'Abbaye de Barbeau, sous pretexte d'y aller prendre *le May, ou l'arbre que l'on plante devant quelque hôtel le premier jour de May.*

ARR. II.

Extrait des Regîtres de Parlement.

LA Cour veu le procez fait par les Capitouls de Toulouse ou leur Assesseur à Jean de Villemont prisonnier en la Conciergerie, attendu l'aquiescement & declaration faite par ledit prisonnier, qu'il n'entendoit avoir appellé de la Sentence desd. Capitouls, par laquelle pour son demerite étoit condamné au foüet, a permis & permet ausdits Capitouls faire mettre leurdite Sentence à execution, selon sa forme & teneur : & a ordonné lad. Cour, qu'icelui Villemont en faisant le cours ordonné par lad. Sentence en signe de son mesfait, d'avoir coupé & derobé le bois verd dont est question, portera en ses mains une branche de bois verd ; neanmoins les prohibitions & défenses de ne porter arbres verds appellez Mays en Toulouse, ni en autres lieux pour planter ez ruës publiques ni ailleurs, si ce n'est de leur bois propre, ou ayant aveu de ceux à qui ils appartiendront. Prononcé à Toulouse en Parlement le 3. de Juin 1532.

Medecins.

TITRE VII.

ARR. I.

PAr nos Loix Civiles & Canoniques la forme de guerir les maladies avec charmes & caracteres est reprouvée, (parce qu'aucuns ont opinion que cela ne se peut faire sans l'aide des Demons) *in tit. De malef. & mathem. C.* toutefois Mr. Ferrier nôtre Medecin en Toulouse en sa Republique non encore imprimée, qu'il m'a communiquée, soûtient que cela se peut faire sans l'aide & invocation des Demons, alleguant l'autorité de Galien, qui témoigne en avoir veu de grands effets, qui l'avoient contraint de changer d'opinion en ses vieux ans ; car auparavant il pensoit que ce ne fussent que Fables. Alexandre Trollian fait grand cas de cette palinodie de Galien, & recommande la vertu des paroles pour guerir les malades. Octavianus Atius & Avicenna Medecins de nom en usent, comme font bien les Praticiens qui sont venus depuis. Les experiences en sont si frequentes qu'on n'y peut contredite qu'en niant ce qui se voit tous les jours, comme écrit led. Ferrier, lequel dit la cause bien recherchée ne pouvoir être autre que la force de l'imagination & persuation de pouvoir faire ce qu'on a entrepris, à laquelle faut ajoûter l'esprit du patient, croyant & consentant, à tout le moins non resistant ; car autrement l'agent sera frustré si le patient resiste; comme qui voudroit faire attirer le festu à l'ambre ou le fer à l'aimant, ne se pourroit faire sans les approches & consentement naturel des sujets : retenez le festu, retenez le fer, l'attraction ne se pourra faire. C'est aussi pourquoi en toutes personnes les paroles & caracteres ne peuvent être éfectuez: ce qui se voit aux incantations des douleurs de dents ; si le patient croit que par tels moyens il puisse guerir, la douleur cessera ; s'il n'en croit rien ou qu'alentour de lui soient des gens qui s'en mocquent, l'operateur n'avancera rien, & s'en retournera confus sans rien faire.

ARR. II.

Extrait des Registres de Parlement.

VEu le procez fait par le Gouverneur de Montpellier ou son Lieutenant, à Claude Jouve, dite Calendre, femme empyrique s'entremélant de l'art de Chirurgie & Medecine, prisonniere en la Conciergerie, appellante dud. Gouverneur ou son Lieutenant, & elle oüie en sa cause d'appel ; dit a été, bien jugé par ledit Gouverneur ou sondit Lieutenant, & mal appellé par ladite prisonniere appellante, & la renvoye la Cour audit Gouverneur, pour faire mettre sa Sentence à execution selon sa forme & teneur : Et eu égard aux conclusions & requisitions du Procureur general du Roy, à qui ledit procez a été communiqué, ladite Cour a prohibé & deffendu, prohibe & deffend à toute sorte de gens de quelque qualité & condition qu'ils soient d'entreprendre d'exercer l'art de Medecine, n'y Chirurgie, administrer aucuns breuvages ou medicamens, s'ils ne sont graduez, connus & approuvez par la faculté de Medecine en l'une des Universitez fameuses de ce Royaume, & ce sur peine de banissement des lieux & Provinces esquels ils se trouveroient pratiquans, & autre arbitraire, & telle que de droit, & aux Apoticaires eux entreprendre de dispenser aucunes receptes & ordonnances ni en prendre par Medecin ou Chirurgien en ce qui concerne l'art de Chirurgie, connuës & approuvées ; lesquelles receptes & ordonnances iceux Medecins & Chirurgiens seront tenus signer de l'an, jour & mois, & mettre le nom de celui pour lequel ils les ordonnent, tant la premiere fois qu'au reïterement d'icelles ordonnances, & ce ſur les peines que deſſus. Et a enjoint & enjoint lad. Cour au Chancelier, Recteurs & Docteurs Regens des Univerſitez de ce reſſort en la faculté de Medecine, viſiter chaque année une fois pour le moins, appellez avec eux un ou deux Bailes du mêtier d'Apoticaire, diligemment & fidellement, ſans faveur, ſupport ou acception de perſonne, les drogues & compoſitions des boutiques des Apoticaires, & rejetter & épandre celles qu'ils trouveront être gâtées & corrompuës; ou autrement faites contre les regles & ordonnances de l'art de Medecine. Et auſſi leur a enjoint & enjoint pour plus amplement pourvoir à l'avenir aux fraudes, abus & malverſations qui journellement ſe commettent par leſdits Apoticaires & Empyriques, au grand danger & détriment de la ſanté & vie des hommes; faire & dreſſer articles concernant le reglement & l'ordre deſdits Apoticaires, Medecins, Chirurgiens, pour iceux communiquez audit Procureur General, & veus par la Cour, y être pourvû ainſi qu'il appartiendra, ce que leur a enjoint faire dans deux mois & l'en certifier, à peine de mille liv. à chacun deſd. Chancelier, Recteur & Docteurs Regens & autre arbitraire. Prononcé à Toulouſe en Parlement le troiſiéme jour de Juille l'an 1558.

AUCUNS BREUVAGES ET MEDICAMENS.] Par Arrêt donné contre le Syndic des Apoticaires de Montpellier, le 12. Juillet 1663. en la premiere Chambre des Enquêtes au rapport de Mr. de Rudelle, le nommé Jean Matte, dit la Faveur, fut maintenu en la Faculté d'exercer la Chymie, vendre & debiter toute ſorte d'Eſſence, Eaux, Huyles & autres choſes dépendans dudit Art, méme de tenir boutique ouverte avec écriteau, contenant les nom, qualité & vertu de ces choſes, tant dans Montpellier, qu'aux autres Villes & Lieux du reſſort du Parlement, avec défenſes à tous les Apoticaires de le troubler, à la charge de tenir regître du poiſon qu'il vendroit, & des perſonnes qui le prendroient. La Cour des Monoyes auroit pû connoître de cette cauſe.

ARR. III.

LE quatriéme jour de Janvier 1499 fut mis par la Cour, *lecta publica'a & regiſtrata*, à certains privileges octroyez à l'Univerſité de Montpellier en la Faculté de Medecine, Docteurs Regens, & Suppoſts d'icelle, par leſquels privileges entr'autres choſes, eſt prohibé à toute perſonne pratiquer en Medecine en Languedoc, ſans être approuvé de ladite Univerſité, ſur peine de deux marcs d'argent, l'un appliqué au Roy, l'autre à la commodité de ladite Univerſité, & que les étudians ſont en protection & ſauvegarde du Roy.

ARR. IV.

LE Mardy vingt-uniéme de Novembre 1562. a été prohibé par Arrêt ou enjoint à tous Magistrats & Juges de ne permettre à aucun user de l'Art de Medecine & de Chirurgie, sans être approuvé.

ARR. V.

LE seiziéme Juin 1553. veuë la requête baillée par Maistre Jean Escuron, est ordonné que nul ne sera receu à pratiquer en Medecine en Toulouse, qu'auparavant il n'ait soutenu conclusions publiques, & qu'on ait enquis de ses mœurs & experience par dictum.

ARR. VI.

Extrait des Registres de Parlement.

SUr la requête ce jourd huy verbalement presentée, tant par le Procureur General du Roy que Capitouls de Toulouse, la Chambre séant en vacations, attendu la manifeste connoissance des fraudes, abus & malversations qui journellement se commettent és drogues, medicamens & compositions necessaires à la subvention des malades, & entretien de la santé, & des inconveniens & scandales qui aviennent au moyen de ce tous les jours, & suivant les Arrêts sur ce donnez, a enjoint aux Recteur & Docteurs Regens en la faculté de Medecine, Magistrats, Capitouls, Consuls & autres Administrateurs des Villes de Toulouse, Montpellier & autres de ce ressort, de tout incontinent & sans delay faire exacte visite & perquisition desdites drogues, compositions & medicamens, étant au pouvoir des Grossiers, Apoticaires, Chirurgiens, Barbiers, & autres qui le tiendront publiquement ou privement en vente, jetter ou brûler drogues n'étant de qualité requise selon l'Art, ou autrement punir ceux qui auront commis lesdites fraudes, des peines de droit, & autres selon l'exigence des cas, ordonnances, status, établissement des Universitez en ladite faculté de Medecine. A enjoint aussi & enjoint ausdits Grossiers, Apoticaires & autres, de tout incontinent & sans delay faire fidelle exhibition desdites drogues & medicamens, toutes & quantes fois qu'ils en seront requis, sans rien cacher, distraire ou occulter, à peine de confiscation de corps & de biens, & ausdits Magistrats, Administrateurs publics, & Sergens de ladite faculté à faute de faire ladite visite presentement, & de là chaque année, & tant de fois qu'il sera necessaire, & d'en certifier la Cour à huitaine aprés la feste de S. Martin prochainement venant, à peine de privation de leurs privileges, & à chacun d'eux de mille livres tournois d'amende, applicable à la reparation du Palais. Prononcé à Toulouse en ladite chambre de Parlement, séant audit temps de vacations le 20. Octobre mil cinq cens cinquante-sept.

Mesures anciennes de la Ville de Toulouse, & environ d'icelle.

Mesure visitée en ce pays touchant les terres.

L'Arpent contient 24. perches carrées.
La perche 14. pans carrez.
Item l'arpent contient 4. mezeillades ou pugnerades.
La mezeillade ou pugnerade 2. pogesats.
Le pogesat 4. boisseaux.

Il faut noter que l'arpent vieil n'estoit que de trois mezeillades ou pugnerades.

Meubles.

TITRE VIII.

ART. I.

Extrait des Registres de Parlement.

ENtre Maistre Gilles de la Mote Procureur en la Cour, heritier avec benefice d'inventaire de feu Pierre Garlet suppliant & demandeur en deux requestes; la premiere du 29. Decembre dernier, à ce que Demoiselle Jeanne de la Court, veuve dudit feu Garlet, fut tenuë de remettre les deniers de l'heredité dudit feu Garlet; la seconde du sixiéme Fevrier dernier, à ce que la recréance lui fût baillée des argent non monnoyé, armes, marchandises, grains, vins, vestemens, garderobes & papiers trouvez dans iceux, & autres fins contenuës esdites requestes, & autrement impetrant & requerant l'enterinement de certaines lettres Royaux du treiziéme dudit mois de Fevrier dernier, pour estre maintenu esdits biens, & à ce que l'or, argent monnoyé ou non monnoyé, marchandises, arquebuses, & autres harnois, vêtemens dudit feu

Garlet, tableaux, cedules, instrumens, garderobes destinez à la conservation d'iceux bleds & vins qui appartenoient audit feu Garlet au tems de son decez lui soient adjugez, & autres fins contenuës ausdites lettres, & aussi deffendeur d'une part, & ladite Jeanne de la Court, veuve dudit feu Pierre Garlet, deffenderesse, & aussi suppliante & demanderesse en deux requestes, l'une du cinquiéme Janvier, l'autre du douziéme Fevrier derniers, tendans à ce que la recréance de tous les biens meubles qui ont été trouvez en l'heredité dudit feu Garlet lui fût baillée, & que ledit feu de la Mote fût tenu de payer ce qui seroit necessaire pour les fraix de la celebration des Messes de l'année du deüil dudit Garlet, & autrement impetrant & requerant l'enterinement de certaines lettres Royaux du trentiéme du mois de Mars en desaveu du consentement fait par son Avocat, & autres fins y contenuës, d'autre. Veus les plaidoyez des quatriéme de Mars dernier, & premier du treiziéme jour du mois d'Avril, testament & codicilles dudit feu Pierre Garlet des trentiéme d'Octobre & vingt-troisiéme Novembre 1584. dires par écrit baillez respectivement par lesdites parties, ensemble les requestes remonstratives par eux baillées, ordonnées être mises au sac par ordonnance de la Cour. Dit a été que la Cour sans avoir égard aux lettres obtenuës par ladite de la Court, & enterinant quant à ce les lettres obtenuës par ledit de la Mote, l'a maintenu & gardé en tous & chacuns les biens, noms, droits, actions, grains, vins & marchandises qui appartenoient audit feu Garlet, aux conditions & charges contenuës au testament dudit feu Garlet: Et neanmoins a ordonné & ordonne que tout l'or, l'argent, & monnoye qui se trouvera en l'heredité dudit feu Garlet, sera baillée audit la Mote, pour être employé aux honneurs funebres, payement des legats dudit Garlet, sans préjudice de l'usufruit des maisons & autres biens immeubles laissez par ledit Garlet à ladite de la Court sa femme audit testament, declarant à icelle de la Cour appartenir en proprieté tous les meubles à elle laissez par son mary ausdits codicilles, c'est à sçavoir l'or & l'argent non monnoyé, garderobe, harnois, vestemens dudit feu Garlet, tableaux & autres meubles, excepté l'or & l'argent monnoyé, & marchandises, & autres choses susdi-

tes

tes, & en outre aussi appartenir à lad. de la Court les deux chevaux & bêtail à laine, & pourceaux de la metairie qu'il avoit au lieu de Ceil, suivant ledit testament ; & sera tenu ledit la Mote payer à ladite de la Court les cent soixante sestiers de blé, suivant led. testament, cent sestiers de la metairie de Grisolles & soixante de lad. metairie de Ceil, & seize pipes de vin, sauf à précompter ce qu'elle en a receu, à la charge que lad. de la Court sera tenuë de payer le pain & vin de l'offrande de l'année du deüil, & sans dépens. Prononcé à Toulouse en Parlement le 12. Avril 1585.

TABLEAUX.] *V. Marie Ricard sur la Coust. de Paris art. 6.*

DROICTS, ACTIONS.] *V. Quarré p'aid.* 10.

L'OR ET L'ARGENT MONNOYÉ.] *V. Ricard ibid. en ses remarques sur l'art. 89.*

MEUBLES.] Ce mot qui répond au *suppellex* des Latins, ne se peut rapporter qu'aux meubles meublans, & ne peut pas comprendre les effets mobiliaires qui ont un nom separé. *L. 2. & l. Labeo. ff. de suppell. leg.* Il en est autrement quand on entrevoit par exemple qu'un testateur n'a pas voulu seulement leguer ses meubles meublans, mais encore generalement tous ses autres effets qui se peuvent mouvoir. Ce qui a fait dire fort judicieusement à du Fresne en son *Journal des Audiences tom. 1. liv. 1. chap. 16.* qu'en ces sortes de legats il se faut plûtôt arrêter à l'intention vray semblable du testateur, qu'à aucune autre interpretation : En effet, il y a une infinité de textes dans le Droit qui font foy, que lors qu'il faut expliquer ce qui est compris en termes ambigus dans un legat, ou ce qui n'y est pas compris, il faut moins prendre pied sur la commune façon de parler, que sur la volonté presumée du testateur. Et il est bon de remarquer sur ce sujet, que la plûpart du temps on juge de cette volonté, entr'autres moyens, par la disposition que le testateur fait, comme par maniere de reserve, d'une espece d'effets mobiliaires, ou en faveur de l'heritier, ou en faveur d'un des legataires, car pour lors on peut dire que le legataire des meubles en general a droit de demander toutes les autres especes des effets mobiliaires ; *prohibitio unius caeterorum est inclusio. arg. l. cum prator. ff. de judic.* Ce fut aussi sur cette maxime, que par Arrêt donné le 13. Août 1665. au rapport de Mr. de Puymisson, un legat de meubles, *qui sont dans la maison*, comprenoit les grains, parce que le testateur avoit dit que les papiers & promesses *qui sont dans la maison*, appartiendroient à son heritier.

ARR. II.

Extrait des Registres de Parlement.

ENtre Pierre Thoron marchand de Toulouse, appellant du Senéchal de Toulouse ou son Lieutenant d'une part, & Jeanne du Cayla, veuve à feu Oger Thoron, mere de feuës Marie & Catherine Thoron, filles & heritieres dudit feu Oger appellé d'autre. Veu le procez, libelle appellatoire, contredits, salvations, requeste d'icelle du Cayla, ordonnée être mise au sac, reconnoissance du premier de Juin 1565. & autres procedures desd. parties. Dit a été que la Cour en ce que ledit Senéchal n'auroit declaré le cabal mentionné en ladite reconnoissance être des biens de ladite Ville de Toulouse & coûtume d'icelle, a mis & met lad. appellation & ce dont a été appellé au neant, & reformant le jugement ; a declaré & declare led. cabal être des biens de lad. Ville de Toulouse & coûtume d'icelle, & en tout le surplus met ladite appellation au neant, & ordonne que ce dont a été appellé sortira à éfet, sans dépens. Prononcé à Toulouse en Parlement le 4. Mars 1575.

Mineurs.

TITRE IX.

ARR. I.

AU mois de Decembre 1587. par Arrêt un pupille ayant obtenu lettres Royaux, fut relevé pour n'avoir bien & deuëment fait insinuer une donation faite en sa faveur, & à cette occasion controversée; en jugeant lequel fut resolu les pupilles être restituables, *non tantùm ab omissa, sed etiam à malè facta insinuatione.*

ARR. II.

AUx mois & an que dessus, au procez pendant en la Cour, entre Azema Viguier d'Alby, contre Demoiselle N. de Carpentier sa belle-sœur, ladite de Carpentier ayant obtenu lettres Royaux pour être relevée comme moindre de 25. ans de ce qu'elle se seroit remariée sans rendre compte ni prêter le reliqua : fut par Arrêt receuë à prouver sa minorité, jugeant en consequent que verifiant la minorité, elle étoit restituable, *& sic de cateris minoribus. Bar. l. 2. C. si advers. delict.*

V. le tit. 4. de ce liv. verb. Mariages arr. 28.

ARR. III.

LE 15. Octobre 1548. par Arrêt prononcé és grands jours tenus au Puy, auroit été dit qu'une dette ne doit être baillée à un mineur de vingt-cinq ans, ayant curateur, sans l'autorité d'icelui, autrement n'est la dette payée, sauf à lui deduire ce qui apparoîtra avoir été employé au profit dudit mineur.

ARR. IV.

ENtre Estienne de Clause, mineur d'une part, & Bernard Seré marchand de Toulouse, & autres Creanciers dud. de Clause : Arrêt donné le vingt-cinquiéme d'Août mille cinq cens quarante-deux, par lequel fut prohibé à tous Marchands de ne contracter avec que mineurs sans la licence de leurs tuteurs, curateurs & autres administrateurs.

ARR. V.

AU rapport de Mr. Marion le 1. de Février 1586. il fut conclu qu'on n'auroit point égard à certaines lettres Royaux impetrées par Antoinette de David en cassation de la procedure faite pardevant le Senéchal contre elle, sans qu'il lui fût pourveu de curateur. La Cour en jugeant le procez trouva que ladite David avoit été très-bien deffenduë pardevant le Senéchal, & par ainsi ne voulut la Cour point casser la procedure, bien que par les actes on vit qu'elle étoit moindre. *L. Quod si minor.* 24. §. *Non semper L. Non omnia.* 44. *ff. De minor.*

POURVEU DE CURATEUR.] On est aujourd'hui plus exact, & les poursuites qu'on fait contre des mineurs sans leur avoir fait pourvoir de curateur, quand ils n'en ont point, ou sans avoir fait appeller le curateur, quand ils en ont un, sont nulles. *L. ait Prætor.* §. *non solum. ff. de minorib.* Le Parlement a accoûtumé de les casser par voye d'appel, quand même elles seroient autrement bien faites, & qu'au fonds les Sentences seroient justes, le seul défaut d'avoir été poursuivies contre des mineurs, sans leur avoir été pourveu de curateur, suffit pour les faire casser: témoin l'Arrêt donné en la seconde Chambre des Enquêtes au rapport de Mr. E. Catelan, en faveur des Durands, appellans d'un Jugement des Requêtes, contre le Syndic de Layrac: car quoique ce Jugement fût au fonds très-juridique, il fut neanmoins cassé par la raison qui vient d'être alleguée. Le Parlement même est si rigide sur ce point, que sur ladite nullité il a quelque-fois cassé en Audience des Arrêts donnez par écrit. Il a pourtant préjugé par son Arrêt d'Audience donné en la Chambre de la Tournelle, le 13. ou le 15. Mars 1675. contre Pierre Albert de Vaux, que Guillaume Tournier quoy que sourd & muet de naissance (& qu'en cet état il n'eût pas peu tester en Jugement comme deffendeur, sans avoir été pourveu d'un curateur pour sa deffense,) l'avoit pourtant peu faire en qualité de demandeur en excès, parce que les actes & que les procedures qu'il avoit fait, sans ministere du curateur, tournent à son avantage. Il fut encore préjugé en cette cause, qu'après lecture faite au prevenu de son audition, il n'est plus recevable à décliner, quand même le Juge qu'il approuve seroit incompetant. *V. la suite de ce recüeil. tit. 33. arr. 1.*

ARR. VI.

LE 7. Août 1586. sur un partage entre Mr. Fabry Rapporteur & Mr. Maynard contrerenant, par contract de vente, est porté, que N. majeur de vingt, &c. mineur de vingt-cinq ans, vend à N. une metairie pour le prix entre eux accordé, est convenu que le vendeur étant fait majeur, ratifiera cette vente par lui faite. Etant majeur il ne ratifie point, parce qu'il n'en est par requis, mais au bout de vingt-cinq il se rend demandeur en desistant contre son acheteur, & à lettres Royaux en rescision de ce contrat de vente, fondées sur ce que lui étant moindre, il auroit vendu cette metairie sans decret, que le contract portoit sur le front son vice, qu'il y avoit lesion excedant la moitié du juste prix: Au contraire l'acheteur insistoit aux fins de non-recevoir, fondées sur l'Ordonnance du Roy François I. 1539. par laquelle après les trente-cinq ans ne sont receus les mineurs à demander cassation de ce qu'ils ont fait, ou n'étoit que pendant leur minorité le demandeur avoit passé au tems de l'introduction de l'instance, non-seulement les trente-cinq ans, mais encore quarante ans & davantage. Mr. Maynard étoit d'avis, sans avoir égard aux fins de non-recevoir, que l'acheteur deffendroit, Monsieur Fabry, à l'avis duquel conclud de relaxer l'acheteur par fins de non-recevoir.

Monnoyes.

TITRE X.

ARR. I.

NOus Jean Constans & Jean Bon, Gardes hereditaires pour le Roy en la monnoye de Toulouse, Experts pris d'office par Mr. Me. Antoine de la Coste Conseiller du Roy en sa Cour de Parlement, Commissaire en la Chambre des Requêtes en cette partie deputé pour proceder à la verification de ce que le denier d'or depuis l'année 1463. jusques en l'année 1577. pourroit valoir suivant son appointement du quatorziéme du present mois de Janvier portant notre pouvoir, & autre prestation de serment par nous devant led. sieur de la Coste, fait en date du dix huitiéme dud. mois de Janvier, donné à la poursuite de Me. Joseph Disarny Secretaire du Roi d'une part, Loüise Andrinée, Catherine Hebrarde, Pierre Garry, & Pierre Millet d'autre, remis devers nous par led. Disarny, & après que par nousdits Constans & Bon, Gardes, a été bien & deuëment verifié en Dieu & en conscience, sur les livres des Archifs de la monnoye. Disons & attestons qu'en l'année 1463. le denier valoit suivant l'Ordonnance du Roy, supputation faite de l'écu qui valoit en lad. année vingt-sept sols & six, la somme de deux sols trois deniers, & en l'année mil cinq cens trente-un & trente-deux, led. écu au soleil valoit la somme de quarante sols, & en l'année mil cinq cens trente-huit par Ordonnance du Roy Henry du vingt-troisiéme Janvier aud. an, jusques en l'année 1549. lesd. écus furent mis à quarante-cinq sols, & depuis par Ordonnance du Roy Charles, du dix-septiéme jour d'Août 1561. furent mis à prix de cinquante sols, & le denier d'or, à raison de cinquante sols valoit la somme de dix-neuf sols:& depuis par autre Ordonnance du Roy Henry III. du vingt - deux Septembre 1574. les écus furent mis à cinquante-huit sols, & le denier d'or valoit vingt-un sol neuf deniers : & encore du depuis, par autre Ordonnance de l'année 1577. les écus furent mis au prix de soixante sols. A raison dequoy, supputation faite de l'écu & denier, led. denier d'or valoit comme il vaut encore de present, la somme de vingt-deux sols six deniers, comme de ce plus à plein attestent lesd. Ordonnances, actes & registres de lad. monnoye. En foy & témoin de ce, avons écrite la presente de nostre main propre, témoins nos seings manuels cy mis accoûtumez. Fait à Toulouse dans le Bureau de lad. monnoye, le 22. jour de Janvier 1600.

L'ESCU QUI VALOIT.] *V. Brodeau sur Loüet litt. R. num. 12.*

ARR. II.

LE Mardy 2. de Septembre 1449. &c. entre Raymond & Arnaud, Resseguiers freres, &c. appellans des sires Jean Gencian & Gautier Viviez, Generaux, Maistres des Monnoyes, Commissaires en cette partie; & de Me. Dorde Givraut leur Commis d'une part, & lesd. Gencian, Viviez & Givraut appellez, & le Procureur du Roi inthimé d'autre: il sera dit qu'il n'y a point de desertion; & qu'il a été mal procedé & exploité par led. Me. Dorde Givraut, & bien appellé par lesdits appellans : & ordonne la Cour, que leurs biens pris par led. Givraut leur seront rendus & sans dépens.

BIEN APPELLÉ.] Cet Arrêt est anterieur à l'Edit de Souveraineté de la Cour des Monnoyes du mois de Janvier 1551. par lequel, & suivant même l'Arrest du Conseil privé, donné à St. Germain en Laye le 5. Septembre 1555. Les Sujets du Roy peuvent être tirez des ressorts des Parlemens : Il est vrai que les appellations des jugemens des Deputez de ladite Cour doivent ressortir aux Parlemens quant à la Jurisdiction cumulative.

ARR. III.

LE sol Tolza vaut deux sols six deniers tournois.

Les deux deniers Tolzas cinq deniers tournois.

Item le denier Tolza vaut quatre pogez.

Le pogez deux pites.

Le denier tournois deux oboles.

Ce que dessus, a été extrait par Mr. de la Porte Conseiller en la Cour, d'un protocolle de Cedes qu'il vit és mains de feu Bonety Notaire de Toulouse.

Faut toute-fois noter qu'en certains vieux memoires de la Seigneurie de Fenoüillet, feu Mr. Reynier Conseiller aussi, lui a dit avoir observé que le pogez est évalué à sept deniers tournois: partant il est besoin d'en faire plus ample & plus curieuse recherche.

POGEZ.] Il faut distinguer le Pogez du Pogeze, & du Pogezat. Le *Pogez* est une monnoye évaluée à deux Pites, & souvent marquée dans les anciens compois pour moins qu'un denier & maille. Le *Pogezat* est une espece de mesure, qui emportoit quatre boisseaux, & le *Pogeze* s'exigeoit sur le pied d'une poignée de bled ou d'autre grain: Il est vrai que les anciennes reconnoissances confondent la plûpart du tems le *Pogezat* avec le *Pogeze*. Pour ce qui regarde le *Pogez*, il y en a eu de deux sortes, sçavoir le commun évalué comme cy-devant. Les anciennes lieves de Mr. le Marquis de Calvisson en parlent en ces termes: *Item 29. solidos. 6. denarios & pogeziam*. Et le *Pogez* d'argent, qui étoit évalué dans les memoires de la Seigneurie de Fenoüillet, dont parle l'Auteur, a sept deniers tournois. Il y a un vieux manuscrit des œuvres des Poëtes Provençaux, qui étoit dans la Bibliotheque du Cardinal Mazarin, où l'on lit les vers suivans, lesquels insinüent qu'il y avoit des Pogez d'argent, comme en effet il y a des reconnoissances qui le portent textuellement.

Peyre Cardinal del Pucy.

Manhs baros vey en manhs lucy qu'ey estan,
Plus falsamens que veyres en anelh,
Et qui per fis los ten falh atretan,
Cun qui un lop vendrio per anelh.
Quar els non an, ny de ley, ny de pés,
Anforon fac à ley de FALS POGE'S:
On par la cros & la flors en redon,
E' noy trobôm Argent quan la reson.

Ce n'est pas d'aujourd'hui, suivant ces vers, qu'on a reconnu des Nobles de faux aloy & de la qualité des diamans du Temple; la vanité a été de tous les tems & de tous les siecles, avec cette difference neanmoins qu'elle est aujourd'huy insupportable. *Difficile est satyram non scribere. V. le tr. des dr. Seign. ch. 34. art. 3.*

Il est aussi à noter que ce dessus a lieu, quand aux instrumens, faisant mention de la monnoye de Toulouse, est ajoûté, forte monnoye: car s'il y a simplement Toulouse, la valeur seulement est doublée, & un denier Tolza vaut deux deniers tournois, & ainsi des autres.

ARR. IV.

UN franc d'or vaut, selon ce qui a été trouvé en aucuns livres anciens, vingt-quatre sols.

Un mouton d'or vaut quinze sols cinq deniers tournois.

Un denier Tolza	ij. deniers.
Un denier Tolza forte monnoye vaut	ij. deniers & demy.
Un gros forte monnoye	i. sol v. deniers.
Un sol Tolza	ii. sols.
Un sol Tolza forte monnoye	ii. sols vi. deniers.

Il ne faut s'informer combien vaut un gros d'or.

Pierre de Mailles Garde de la Monnoye de Toulouse pour le Roy nôtre Sire institué. A tous ceux qui ces presentes lettres verront, salut. Sçavoir faisons & attestons par ces presentes, à la requisition & poursuite de Me. Jean Carnejac Procureur en la Cour de Parlement avoir cherché ez archifs de lad. monnoye dud. Toulouse, & trouvé que l'an mille quatre cens vingt-cinq, le franc d'or à cheval étoit de la valeur & prix de ving sols piece, & se forgeoient & monnoyoient en lad. Monnoye de Toulouse, & à ce avoient cours & se mettoient : & en l'an mille quatre cens quatorze, lors valoit le marc nonante-six livres tournois, & ce pour faire lesdits francs d'or à cheval, en avoit au marc de Paris septante-neuf, & aprés ledit an ne valoient que cinquante écus dor vingt cinq sols l'écu, & y avoit septante pieces au marc, qui étoit d'aloy de vingt & trois carras & demy, comme nous avons trouvé par lesdits archifs & registres de lad. Monnoye. En foy & témoignage dequoy avons depeché le present attestatoire signé de notre main audit Carnejac : à Toulouse le vingtiéme jour de Fevrier l'an 1568.

ARR. V.

BEzan d'or est une ancienne espece de monnoye d'or, dont la rançon du Roy saint Loüis fut payée, lorsqu'il étoit detenu des Sarrazins, & chacun Bezan pouvoit valoir cinquante livres tournois de nostre monnoye. Indice des droits royaux.

ARR. VI.

LA valeur du Gros est de dix-huit deniers, la valeur de la Perge à la mesure de Toulouse, fut trouvée en un titre du sieur de Montfaucon de l'an 1533. qui étoit de vingt-quatre lattes, & chacune latte étoit de seize pams de long & de quatorze de cap, & lesdits pams mesure de canne.

LA VALEUR DU GROS.] *V. d'Olive liv. 2. chap. 10. & l'arr. 8. de ce titre.*

ARR. VII.

AU pays de Languedoc on a toûjuurs interpreté & estimé le sol Tolza, ou denier Tolza simplement sans dire sorte monnoye ; ledit sol a vingt-quatre deniers, & ledit Tolza a deux deniers & maille : toutefois en jugeant le procez entre le Seigneur de Lernac & Periez son emphiteote, avons trouvé par plusieurs anciennes contestations des Consuls dud. Lernac & de Pybrac, &

par plusieurs reconnoissances de l'Hôpital saint-Jâques de Toulouse,& voire par des jugemens du Senéchal dudit Toulouse,& deux Arrêts, que ledit sol Tolza simplement étoit estimé deux sols & demy, & à proportion ledit Tolza deux deniers & demy.

ARR. VIII.

AU mois de Decembre 1607. en jugeant le procez du Syndic du College de Maguellonne, contre Viguier marchand, acheteur de la maison du sieur de Pinsaguel, au coin de la place de la Pierre en Toulouse; trouvâmes la maison faire cinq Gros d'oublie aud. College, & la valeur dud. Gros par les anciens acquêts & payemens être estimez à un sol trois deniers le Gros.

ARR. IX.

L'An 1602. le 17. Septembre en jugeant le procez du Chapitre saint Estienne de Toulouse, demandant un Marmotin d'or aux Carmes de Toulouse, & avons trouvé par rôle de payement dud. Marmotin faits par lesd. Carmes, qu'en l'an 1525. led. Marmotin valoit quarante-cinq sols.

ARR. X.

EN jugeant un procez du Chapitre de saint Sernin en Toulouse, contre une Bouffarde en nôtre Chambre le 19. Avril 1605. trouvâmes un instrument de reconnoissance de l'an 1541. dans lequel le mouton d'or étoit appretié à quinze sols.

ARR. XI.

PAr un ancien acte du 26. Février 1477. produit en nostre Chambre, nous avons veu être deû à l'Abbé de S. Antoine de Viennois cinquante moutons d'Or de pension annuelle par le Commandeur de Millau, de valeur chaque mouton de quinze sols six deniers.

ARR. XII.

PAr des titres anciens du pays d'Armaignac & Sentences du Senéchal de Lectoure, avons trouvé en notre Chambre que le sol Morlas valoit deux sols six deniers tournois, & le denier Morlas quatre deniers tournois.

LE SOL MORLAS.] *V. l'Hist. de Bearn. de Mr. de Marca liv. 4. chap. 16.*

Notaires.

TITRE I.

ART. I.

ENtre le Syndic des Notaires royaux du nombre reduit en Toulouse, suppliant en reglement le Procureur General du Roy joint à luy, & autrement icelluy Procureur General suppliant & requerant l'intherinement de certaines lettres patentes d'une part, & M. Guillaume Petoy, Ponce Boisset, Thomas Fargues, Nicolas Ferrier, Pierre Meric, Jean Radulphy Notaires, soy disans matriculez en la Senechaussée de Toulouse, & le Juge-Mage en lad. Senéchaussée, assignez & deffendeurs d'autre. La Cour euë deliberation, ayant quant à ce égard aux requêtes dudit Syndic, lettres & requisitions du Procureur General, a fait & fait inhibition & défense au Juge-Mage & autres Officiers & Magistrats de la Senéchaussée de Toulouse, de recevoir aucun en la charge de Notaire, sans au préalable avoir été enquis & informé de ses vie, mœurs, suffisance & capacité. Et même inhibition fait la Cour à ceux ausquels ont été baillée lettres de matricule, resider ni retenir contrats ailleurs qu'ez lieux à eux destinez, & moins s'ayder cy-aprés de leur matricule, ni retenir aucun acte public, sans obtenir au préalable lettres du Roy, icelles présenter & avoir été receus ainsi qu'il appartiendra, & ce sur peine de faux & autre amende arbitraire. Enjoint en outre la Cour aud. Juge-Mage, proceder à la deuë reduction du nombre, tant desdits Notaires que Sergens royaux necessaires en cette Ville & Senéchaussée de Toulouse, & informer des abus & indeuës exactions qu'ils commettent ordinairement en leurs charges; punir & châtier exemplairement ceux qu'il trouvera coupables, & avertir ledit Procureur General dans un mois prochain du devoir qu'il y aura fait, sur peine de quatre mille livres & autre arbitraire. Prononcé à Toulouse en Parlement le 19. jour de Novembre 1571.

QU'EZ LIEUX A EUX DESTINEZ.] Il y a une vingtaine d'années que par Arrêt il fut défendu au nommé Frejefon, Notaire du lieu de Ginibrieres, de contracter hors de son distroit, aussi est-il certain qu'à l'expedition des Notaires du Châtelet de Paris, d'Orleans & de Montpellier, qui peuvent contracter par tout le Royaume, les autres ne peuvent & ne le doivent faire, que dans leur ressort; parce que leurs provisions, qui sont leur titre, bornent l'exercice de leur charge à cela; Et qu'ainsi il n'est pas juste qu'ils le portent plus loin, à cause du préjudice qu'ils causent au tiers, usurpant les droits des autres, & souvent passans des actes contraires à l'usage du pays dans lequel ils vont contracter sans vocation legitime. C'est en partie par les mémes raisons; mais principalement parce que les Seigneurs des lieux n'ont point de Jurisdiction au delà de leurs Terres, que les Sergens par eux commis ne peuvent exploiter valablement que dans l'étendue de leurs Seigneuries, suivant l'Arrêt du Parlement prononcé en l'Audience de la grand'Chambre le 14. Juillet 1678. entre sieur d'Entraygues, & Me. Bousquet Prêtre; car par cet Arrêt il fut defendu au Sergent, que le sieur d'Entraygues avoit commis dans sa Terre, d'exploiter hors ladite Terre. Il fut même préjugé que comme les Sergens des Seigneurs sont des personnes à vendre & à engager pour eux, & par consequent capables de tout entreprendre à leur consideration, ils ne pouvoient pas aussi exploiter pour eux: En effet pour cette seule raison la Cour par sond. Arrêt cassa un exploit fait par le Sergent du sieur d'Entraygues, & à son instance contre ledit Bousquet.

ARR. II.

LE 4. Juin 1569. par Jugement Presidial à la requisition de l'Avocat du Roy, fut inhibé & défendu à tout Notaire Royal de ne dépecher aucunes lettres à la rigueur du petit séel de Montpellier, ni mettre l'obligation que ce ne soit du consentement & requisition des parties; & aprés leur avoir declaré l'impetration, neanmoins enjoint à Chapelle de tenir le tablier en sa maison en une seule part & non en plusieurs.

ARR. III.

LE quatriéme jour du mois d'Aoust, mille cinq cens quarante-sept, fut prononcé un Arrêt, par lequel est enjoint de mettre au vray le lieu où habitent les parties poursuivant les actes qu'on en fera.

ARR. IV.

L'Onziéme Novembre 1571. en Audience à la requête du Syndic des Notaires de Toulouse, fut donné Arrêt par lequel fût faite inhibition & défense à tous matriculez, d'exercer la charge de Notariat aprés l'an, sans avoir expresse provision du Roy.

ARR. V.

ARrêt prohibitif de ne contracter avec prisonnier sur peine de nullité, prononcé à la Tournelle entre le Procureur General du Roy, demandeur en cas d'excez, & Catherine de Faysan Damoiselle de l'Artigue-dieu deffenderesse, Simon Mainier marchand, Maître Guillaume Rozier Notaire, & Astorg de saint Laurens prisonnier à la Conciergerie & défendeur d'autre; par lequel le contrat passé avec ledit prisonnier, est declaré nul & de nulle efficace & valeur, veuë la confession dudit Mainier: & pour la faute par lui commiſe d'avoir contracté avec un priſonnier dans la Conciergerie condamné en cent écus petits, & iceluy Rozier en vingt-cinq livres, & tiendront priſon juſques à la fin du payement, & qu'ils ayent ſatisfait, ſans pour ce avoir encouru note d'infamie. Et a fait la Cour inhibition & défenſe audit Mainier & autres perſonnages & marchands, de ne paſſer & faire tels contrats illicites, & à tous Notaires de ne les recevoir, ni autres contrats quelconques dedans la Conciergerie, ſans licence de la Cour, ni auſſi dedans les autres priſons avec les priſonniers detenus en icelles ſans licence & permiſſion des Juges, par autorité deſquels ils ſont detenus en icelles, ſur peine de mille livres d'amende & autre arbitraire.

V. Ranchin in queſt. 253. Guid. Pap. Aufrer. in deciſ. 400. Cap. Toloſ. Marcus deciſ. 377. part. 2. Barthol. & dd. ad. l. qui in carcerem. ff. de eo quod met. Cauſ. Bone arr. 64. & le titre 7. de ce livre lit. D. arr. 2.

LIVRE TROISIÉME.

PATVRAGES.

TITRE I.

ARR. I.

IL eſt défendu par l'Ordonnance de trois Etats du pays de Languedoc, de mettre bêtail ez bois taillis, olivetes, vignes & prez foſſoyez, ſans permiſſion des proprietaires d'iceux : tellement que le poſſeſſoire ne peut être formé pour ce faire ; dont ayant le Viguier de Beziers appointé les parties en ce fait contraires, par Arrêt donné le 27. Novembre 1554. entre Pierre & Georges Guirandis habitans de ſaint Pons de Thomieres, la procedure fut caſſée, & les inhibitions fortifiées.

De ce fait y a Arrêt general donné par la Cour de Parlement à Toulouſe le 16. Novembre mille cinq cens trente-quatre. Il y a auſſi autre Arrêt particulier du ſeptiéme Juin mille cinq cens quarante-huit.

DE METTRE BESTAIL.] On appelle cela *le Vet* des vignes, préds, & olivetes, du mot latin *Vetare*, c'eſt-à-dire deffendre ; à cauſe que pendant le temps deſigné par l'Edit du Vet, ces fonds ſont en deffenſe, & qu'il n'eſt permis d'y faire dépaiſtre aucun beſtail.

ARR. II.

Extrait des Regîtres de Parlement.

ENtre Helaine Vinſague apellante du Viguier de Toulouſe ou de ſon Lieutenant, le Procureur du Roi nôtre Sire joint à elle d'une part, & Jean Douay dit Roſeau le jeune appellé & arrêté d'autre : Deborderia pour l'appellant dit, &c. Deyga pour le Procureur general dit, &c. Comme eſt contenu au regiſtre de ladite Cour : ſurquoi euë deliberation, la Cour pour certaines cauſes à cela mouvans, a mis & met l'appellation ſimplement au néant,

& a renvoyé & renvoye les parties pardevant ledit Viguier ou son Lieutenant, auquel enjoint promptement & diligement proceder tant à la verification du pretendu abord, que des larcins, adultere & malversation d'icelle Vinsague & de Pellissier prisonnier, & punition des delinquans selon l'exigeance des cas, les dépens dudit appel reservez en fin de cause. Et en outre enjoint lad. Cour aux Capitouls de Toulouse, qu'à la meilleure diligence, solicitude & industrie que faire se pourra, pourvoient & donnent ordre tant par proclamations, inhibition à son de trompe & cry public, que par bonnes diligences, inquisitions, punition & castigations, qu'aucunes personnes de quelque qualité que soient n'entrent ez vignes d'autruy, jardins, vergers ou champs garnis d'arbres fruitiers, pour d'illec prendre, cueillir, ou emporter fruits ou bois, soit sous couleur d'arracher ou cueillir herbes, ou autrement, en quelque maniere que ce soit, ou sur peine d'être coporellement punis selon la gravité des cas. Et semblable injonction fait la Cour aux autres Juges & Consuls ayans exercice de jurisdiction, chacun en son endroit : & aussi anjoint ausdits Capitouls que promptement & exactement ils avisent & pourvoient à ce que gens dissolus, malvivans, d'abjecte & vile condition habitent ez environs de ladite Ville, faux-bourgs d'icelle, & desdites vignes, vergers & jardins : & aussi pourvoient à la prohibition de la vente des raisins verds ou meurs dudit Toulouse, faux bourgs & environs, jusques aprés les vendanges entierement parachevées, & procedent contre les infracteurs & trangresseurs, à telle punition & correction condigne, qu'elle soit exemplaire aux autres. Fait à Toulouse en Parlement le 23 jour d'Août, l'an 1547.

ARR. III.

Extrait des Registres de Parlement.

VEuë la requête présentée par le Procureur General du Roy, la Cour a ordonné & ordonne qu'il sera faite inhibition & défense à cry public à tous ceux qui ont prez, & qui prétendent avoir faculté de mettre & faire paître le bêtail en iceux prez situez ez environs de Toulouse, trois lieuës à la ronde d'icelle Ville, qu'ils ne mettent ni souffrent ou permettent être mis aucun bâtail gros ou menu d'icy au mois d'Octobre prochainement venant, sur peine de vingt-cinq livres pour chacune contravention, & autre arbitraire contre les Maîtres dudit bêtail, & de prison contre les gardiens & conducteurs d'iceux ; à ce que par la pluye, qui par la grace de Dieu pourra cy-aprés survenir, l'on puisse faucher & recueillir du foin pour la nourriture des chevaux : & enjoint aux Capitouls & autres Juges & Officiers des lieux & territoires, étans dans lesdits environs de trois lieuës, faire chacun en son endroit publier à cry public, observer & garder lesdites inhibitions, & punir les transgresseurs & infracteurs d'icelles, le tout par provision par la necessité presente ; & sans préjudice des Arrêts contenans autres speciales inhibitions, quant aux prez esquels y auroit saules ou pupliers, ou autres arbres plantez pour la commodité du chauffage. Prononcé à Toulouse en Parlement le 23. jour de May 1556.

ARR. IV.

LE huitiéme jour de Mars 1569. Arrêt au Barreau entre un nommé Aspect Licencié, & certains autres, contentant permission à luy de faire curer ou nettoyer certain fossé, & de mettre la terre devers son côté, couper les buissons & hayes sans toucher aux racines. Inhibition & défense aux parties respectivement, de mettre leur bêtail l'un en la possession de l'autre.

ARR. V.

Extrait des Regîtres de Palement.

VEuë la requête baillée à la Cour par le Syndic du païs de Languedoc, tandant à ce que certaine deliberation faite par les gens de trois Etats du païs, en l'Assemblée tenuë à Montpellier, le 26. Octobre 1532. sur la défense de mettre d'oresnavant aucun bêtail ez vignes, olivetes, prez, bois, taillis, ou plantez de nouveau, & vergers d'arbres fruitiers, sans licence & permission de celuy à qui ils appartiendront, fut par la Cour authorisée, & à icelle garder, entretenir & observer, fussent contraints tous ceux qui seroient à contraindre par tout ledit pays, excepté ez lieux auxquels y auroit special contrat sur la faculté de mettre ou faire paître led. bêtail, ensemble les plaidoyez sur ce faits, requisition du Procureur General du Roy tendante à mêmes fins. La Cour, attendu que ladite deliberation tend notoirement au bien, profit & utilité dudit pays, pour plusieurs justes causes & considerations à cela mouvans, a autoriſé & autoriſe ladite deliberation; & ce faiſant a fait & fait inhibition & défenſe à tous habitans dudit païs, de quel état ou condition qu'ils ſoient, de ne mettre ou faire mettre d'oreſnavant en chacun temps bêtail gros ou menu ez vignes, olivetes, jardins, vergers d'arbres fruitiers, prez, ſans licence & permiſſion expreſſe de ceux à qui appartiennent ou appartiendront leſdites vignes, olivetes, prez, & vergers, à la charge toutefois que ceux à qui appartiennent, ou appartiendront leſdits prez ez lieux où il y a neceſſité ou ſterilité de bois, ſeront tenus ez lieux aptes & convenables, planter & entretenir à toûjours, ſuffiſant nombre de ſaules, peupliers ou autres arbres accommodez & aptes à porter bois à chauffer. Et pareillement a fait & fait ladite Cour inhibition & défenſe aux mêmes habitans, de ne mettre ou faire mettre beſtail, gros ou menu ez bois qui ſont, ou ſeront plantez de nouveau tant qu'ils ſeront en danger d'être gâtez en leur naiſſance ou croiſſance, ni auſſi ez bois taillez de trois ans aprés la coupe; excepté toutefois aux lieux où ſe trouvera y avoir contrats ou tranſactions ſur l'entrée ou pâturage du bêtail. Et a enjoint & enjoint à tous les Senéchaux, Baillifs, Juges, Capitouls, Conſuls, & Magiſtrats dudit païs, leurs Lieutenans, & chacun d'eux reſpectivement, de chacun en ſa Senéchauſſée, Bailliage, Jugerie ou Juriſdiction, faire publier à ſon de trompe ce preſent Arrêt, & icelui faire garder, entretenir & obſerver en leurſdites Senéchauſſées, Bailliages & Juriſdictions par multation de peines & amendes, & arreſtation de perſonne, ſi beſoin eſt, & par toutes autres voyes & manieres deuës & raiſonnables. Prononcé à Toulouſe en Parlement le 6. jour de Novembre 1534.

Contrats ou Transactions.] L'Arrêt rapporté en cet article fut donné en conſequence de la deliberation des Etats de Languedoc du 26. d'Octobre 1532. Mais ayant été repreſenté en l'Aſſemblée des mêmes Etats quelques années aprés qu'on rendoit inutile le fruit de cet Arrêt, à cauſe des grands inconveniens que cauſoit l'exception, & la reſerve des lieux où il ſe trouvoit qu'il y avoit des contrats ou des tranſactions au ſujet de l'entrée ou du pâturage de bêtail, il fut priſe une ſeconde déliberation le 15. Decembre 1636. qui leva la reſtriction & la modification portée par la premiere déliberation à raiſon de ladite reſerve. Enſuite dequoi le Syndic de la Province pourſuit Arrêt au Conſeil d'Etat le 26. de Septembre 1637. qui homologue & autoriſe cette ſeconde déliberation des Etats, & conformement à icelle rend generales, & ſans aucune exception, les défenſes portées tant par ladite premiere déliberation, que par l'Arrêt du Parlement donné en conſequece. Le Syndic pourſuivit encore un autre Arrêt au Parlement le 26. Octobre 1637. en la chambre ſéant en vacations, par lequel la ſeconde déliberation des Etats fut autoriſée & ſans avoir égard à l'exception portée par ledit premier Arrêt, laquelle fut levée & ôtée, inhibitions & défenses furent faites à tous habitans de la Province, *sous quelque pretexte, convention ni exception que ce fût, de mettre ou faire mettre, amener ny autrement faire dépaistre aucun bestail gros & menu, ez vignes, olivetes, vergers d'arbres fruitiers, prez, & bois plantez de nouveau, ou taillis sur les peines portées par le premier Arrest.* Mais quoi que par ce dernier Arrêt les Transactions, qui permettoient de faire depaistre le bestail dans le fonds de la qualité de l'Edit du Vet, ne doivent de rien servir, il en est pourtant autrement de celles qui sont fondées sur un ancien usage, & suivant lesquelles il n'est permis de faire dépaistre qu'aprés les fruits levez; parce que pour lors les proprietaires ne peuvent souffrir aucuns dommages & interêts. Ainsi Antoine Melon, Syndic & Consul du lieu de Calvisson en l'année 1657. ayant obtenu en Parlement Arrest sur requête, portant deffenses aux habitans du Consulat de Calvisson de faire dépaistre leur bétail, dans les vignes & olivetes, de toute l'année, en consequence de l'Edit du Vet: Et ayant même par un autre Arrêt du 24. Septembre de ladite année 1657. fait démettre quelques particuliers habitans dudit lieu de l'opposition par eux formée envers cet Arrêt sur requeste; parce que ces particuliers, pour fonder la requête civile qu'ils presenterent contre ces Arrêts remirent certaine transaction passée le 27. Fevrier 1644. entre les Consuls & habitans dudit lieu, portant *qu'on jouiroit des mesmes facultez que par le passé*, & qu'il ne fut pas denié que les habitans joüissent de la faculté de faire dépaistre leur bétail dans les vignes, & olivetes les fruits levez; par autre Arrêt d'Audience donné en contradictoire défense le vingt-troisiéme de Novembre en la même année 1657. les susdits Arrests furent cassez, & les parties remises en l'état qu'elles étoient avant iceux.

ARR. VI.

Extrait des Regîtres de Parlement.

ENtre Frere Georges de Manas Religieux de saint Jean de Hierusalem, Recteur de Gimbrede, appellant du Senéchal d'Armagnac ou son Lieutenant d'une part, & Pierre de Vaut pour le Syndic des Consuls & habitans dudit lieu de Gimbrede appellé d'autre. Dumaynial pour les appellans dit, &c. De la Chapelle pour ledit appellé, &c. Deigua pour le Procureur General du Roy dit, &c. & autrement, comme plus à plein est contenu au registre de la Cour. Sur quoy euë deliberation: la Cour, pour certaines causes & considerations à cela mouvans, a mis & met l'appellation simplement au néant, & a ordonné & ordonne que ce dont a été appellé sortira à effet: attendu le dire des parties, évoquant tant que besoin seroit les instances qui seroient introduites devant les Senéchaux de Toulouse & d'Armagnac entre lesdites parties, a fait & fait inhibitions & défense audit appellé & autres habitans dudit lieu de Gimbrede, de ne en aucun tems mettre, ou faire mettre & souffrir leur bêtail aux vignes dudit appellant, & contrevenir en aucune maniere à l'Arrêt donné par la Cour, confirmatif de la deliberation faite par les gens des trois Etats du pays de de Languedoc, sur le fait des pâturages, & prohibition de mettre bêtail aux vignes & autres possessions. Lequel Arrêt la Cour entendu sortir à effet par le ressort d'icelle : & au surplus a converti & convertit les attentats mentionnez esdites inquisitions en excez, & sur lesquels proceder a renvoyé & renvoye les parties pardevant le Senéchal d'Armagnac ou son Lieutenant, & sans dépens. Prononcé à Toulouse judiciellement en Parlement, le Lundy 13. Juillet 1545.

Arr. VII.

CHarles par la grace de Dieu Roy de France, au premier de nos Sergens ou Huissiers sur ce requis, salut. Veuë par nôtre Cour de Parlement seant à Toulouse, la requeste à elle presentée par Maître Jean Cortial Procureur en nôtre dite Cour, ensemble deux Arrêts par icelle donnez touchant les pâturages, le tout sous le contreséel de nôtre Chancelerie attaché. Nous de l'Ordonnance de nôtred. Cour écrite au pied de lad. requeste, mandons & commandons par ces presentes faire les inhibitions & deffenses portées, tant par icelle, qu'Arrêts susd. aux manans & habitans du lieu de Seysses, & autres qu'il appartiendra, de ne mettre, faire mettre ou permettre être mis aucuns bœufs, vaches, chevaux, jumens, ânes, ânesses, porceaux, moutons ni brebis ez vignes ou vergers, tant dud. suppliant, qu'autre, à peine de confiscation dudit bêtail & autre arbitraire; leur faisant aussi pareilles deffenses de ne rompre les clôtures ou hayes desdites vignes & vergers, moins en emporter les buissons servans à iceux, & n'y entrer aucunement, cüeillir herbe, ou dérober le verjus ou raisins d'icelle, à peine du foüet : enjoignant, tant au Vicaire dudit lieu de Seysses d'anoncer lesdites inhibitions au prône de l'Eglise, que aux Consuls dudit lieu par cry public ez lieux accoûtumez, afin que personne n'en puisse prétendre cause d'ignorance, & de tels exploits certifieras nôtre dite Cour. Et au surplus mandons aussi & commettons par ces presentes au premier nôtre Magistrat, ou toy Huissier sur ce requis, enquerir diligemment, secrettement & bien, de & sur la contrevention ausd. Arrêts & susd. inhibitions, & l'inquisition que sur ce aurez faite, renvoyez feablement close à nôtre dite Cour, pour icelle rapportée & veuë être ordonné contre les coupables ainsi qu'il appartiendra. Mandons en outre & commandons à tous nos Justiciers & Sujets à ce obéïr. Donné à Toulouse en nôtre Parlement le 15. jour du mois de Juin l'an de grace 1590. & de notre regne le premier.

ARR. VIII.

Extrait des Regîtres de Parlement.

SUr la requête judiciellement faite par Deygua pour le Procureur Général du Roy, la Cour euë deliberation, ayant égard à ladite requête, & attendu les Arrêts sur ce faits, & la notoire commodité publique qui proviendra de l'observation d'iceux, a enjoint & enjoint à tous Juges, Magistrats, Consuls, Seigneurs Jurisdictionels, chacun en son endroit, faire publier par proclamation publique én leurs distroits & jurisdictions, faisans commandement à tous habitans planter ou faire planter tant au long des chemins, qu'en autres lieux & endroits commodes ez environs de leurs terres, prez & autres possessions, ormes, ou autres arbres commodes & convenables, selon la qualité desdites terres, en maniere qu'à la prochaine saison chacun en son endroit, execute & accomplisse par effet ledit commandement sur peine de cent livres contre chacun delayant ou negligeant de ce faire, faisant inhibition & deffense à tous de n'arracher ou couper lesd. arbres, sur peine du foüet & autre peine corporelle. Et en outre enjoint ausd. Magistrats, Juges, Consuls & Seigneurs jurisdictionels faire diligemment & sans dissimulation aucune, executer, entretenir & observer ce dessus par les peines & contraintes susdites, & toutes autres deuës & raisonnables. Et specialement enjoint aussi aux Capitouls de Toulouse faire faire lesd. proclamations, & promptement executer le contenu d'icelles dans le Gardiage de cette Ville, & au Syndic du pays de Languedoc faire diligences, porter le dictum de cet Arrest par les Senechaussées & Villes privilegiées dud. Païs aux fins susd. Fait à Toulouse en Parlement le 17. Juillet 1554. *Paillardise.*

TITRE II.

ARR. I.

Extrait des Regîtres de Parlement.

L'An 1525. le 24. jour d'Août une nommée N. a été brûlée avec un chien au pré de sept deniers.

Avec un Chien.] En fait de crime de luxure abominable, qu'on appelle *bestialité*, à cause qu'il se commet avec les bêtes, on a accoûtumé de faire mourir la bête du même supplice dont on punit la personne qui a commis le crime. Cela se fait sans doute *propter facti horrorem, quamvis animal brutum peccare non possit*, pour me servir des termes qu'employe *Lyranus in Genes. cap. 9. vers. 5.* traitant un autre sujet. Le canon, *mulier. 4. caus. 15. qu. 1.* en allegue un autre raison, qui tombe dans le même sens.

Pamiers.

TITRE III.

Arr. I.

Le Jeudy 12. Juillet l'an 1565. ont été presentées lettres patentes du Roi sur l'union de la Ville de Pamiers au gouvernement du pays de Languedoc, & lors Mr. Dampville fils de Mr. le Connêtable étoit Gouverneur du pays de Languedoc.

Pauvres.

TITRE IV.

Arr. I.

Extrait des Regîtres de Parlement.

La Cour ayant égard à la requête du Procureur Général du Roi, & attendu la notoire & évidente sterilité de bleds, & autres grains, cherté d'iceux, & grand nombre de pauvres mendians, pour obvier aux desordres, miseres & calamitez que les famines communement apportent, & pourvoir à la nourriture & subvention desdits pauvres, a ordonné & ordonne que la sixiéme partie des deniers provenans des arrentemens des fruits decimaux des benefices tenus par les Archevêques, Evêques, Abbez, Prieurs, Curez, Religieux de saint Antoine, qu'autres Personnes Ecclesiastiques de ce ressort, déduites les décimes qu'il leur convient payer au Roy, sera employée & distribuée par le titulaire possesseur du benefice, son Vicaire ou Fermier appellez, & present le Seigneur Jurisdictionel & Consuls dudit lieu aux vrais pauvres du lieu, pour leurs alimens & nourriture, sans dol, fraude ou acceptions d'aucunes personnes, & c'est pour cette année tant seulement, & sans consequence; exhortant lesdits Archevêques, Evêques, Abbez, Prieurs, Curez, & autres personnes Ecclesiastiques, & tant que besoin est, leur enjoignant entendre & vaquer soigneusement, chacun en son endroit, à la misere & subvention des pauvres étans en leurs Diocéses, Benefices & Parroisses, & ce faisans observer le commandement de Dieu, saints Decrets,

Ordonnances du Roy, & Arrêts de la Cour. Et semblable injonction a fait & fait à tous Magistrats & Officiers du Roy, aux Seigneurs des lieux, Syndics, Consuls, & autres administrateurs publics, de promptement & diligemment pourvoir chacun en sa Jurisdiction & distroit, à la nourriture, entretenement & subvention des pauvres mendians, & autres miserables personnes, & les contenir ez lieux esquels sont habitans, sans leur permettre d'aller vaguer & courir ailleurs, & pour ce faire se cottiser les premiers entr'eux, & montrer l'exemple, & après cottiser aussi & imposer sur les autres habitans, manans & residans en lieux bien aisez, justement & raisonnablement telles sommes qu'ils aviseront, pour icelles employer & distribuer aux vrais pauvres du lieu, sans dol ni fraude, appellé à ladite distribution le Curé du lieu, son Vicaire ou fermier : & contraindre les refusans ou delayans à payer la somme, ou sommes esquelles ils auront été cottisez, par saisies de leurs fruits, & autres voyes de droit, commettant à l'execution de cet Arrêt, tant pour le regard de ladite sixiéme partie, que personnes layes, en vertu du dictum d'icelle, le premier Magistrat Royal ou son Lieutenant, ausquels & chacun d'eux enjoint proceder tous autres affaires postposez à la réelle & effectuelle execution de cet Arrêt ; leur enjoignant d'en certifier la Cour dans un mois, à peine de suspension de leurs états, & autre amende arbitraire : & aux Procureur & Avocat du Roy, & aux Seigneurs, Syndic & Consuls des lieux, faire les diligences & poursuite pour l'execution de cet Arrêt, sur peine de cinq cens livres chacun, applicables aux alimens & nourriture des pauvres desdits lieux, le tout par provision & sans consequence. Prononcé à Toulouse en Parlement, le dernier jour du mois de Juillet 1562.

LA SIXIE'ME PARTIE.] Quand les pauvres d'un lieu vont du plein vol au Parlement pour y demander une portion des fruits contre les fruits prenans, afin de pouvoir subsister, on leur adjuge souvent par provision la sixiéme portion des fruits. Les Ecclesiastiques sont plus obligez que les autres à ces contributions, *quidquid habent Clerici*, dit saint Thomas, *pauperum est*, c'est ce qui faisoit sans doute dire à Jean Juvenal des Ursins, Evéque de Beauvais, dan l'Epistre qu'il avoit fait dessein en l'année 1433. d'envoyer aux Etats tenus à Bloys par Charles VII. *vous étes plus tenus* (en parlant aux Ecclesiastiques.) *à faire les œuvres de charité que les autres.* V. Maynard *liv.* 2. *chap.* 2. *&* 3. Expilly, *chap.* 6. Duranty *quest.* 107. Et l'Ordonnance du Roy Henry II. du 9. Août 1557.

Arr. II.

Extrait des Registres de Parlement.

SUr la requeste presentée par le Procureur General du Roi, tendant à fin que pour la notoire sterilité des grains avenus l'année dernierement passée, laquelle a porté une cherté presque insuportable en tout ce ressort, & aussi pour le nombre infini de pauvres de tous âges & sexe, qui chassez par la faim du lieu de leur naissance & habitation se retirent en la presente Ville, les aucuns d'iceux étans valetudinaires, atteints de maladies contagieuses, qui pourroient sur le commencement de ce Printemps apporter une dangereuse infection en ladite Ville; ce fut le bon plaisir de la Cour pourvoir, tant à ce que lesdits mendians fussent alimentez durant ce temps calamiteux de cherté, que sur la police & retraite desd. mendians remedier à la santé d'icelle Ville. La Cour ayant égard à ladite requête & requisition du Procureur General, a ordonné & ordonne que par les Magistrats, Juges, Seigneurs Jurisdictionels, Officiers, Capitouls, Consuls des Villes, lieux bourgs, bourgades & villages du ressort, appellez les Evêques ou leurs Vicaires, Abbez, Prieurs, Recteurs, Curez & autres personnes Ecclesiastiques, qui ont accoûtumé prendre les fruits decimaux esdits lieux, sera diligemment, tous autres affaires postposez, fait rôlle & verification de tous les mendians, & autres personnes de leur Jurisdiction étant notoirement pauvres, sans aucune fraude, dol, ou déguisement pour ce fait. Quant à ceux qui seront valides, & pourroient commodement supporter le travail, les employer aux reparations publiques, s'il y a lieu, autrement leur donner moyen de vivre, en travaillant selon leur pouvoir & force. Pour le regard des malades ou ne pouvans aucunement travailler pour l'indisposition de leurs personnes ou âges, leur distribuer l'aumône, telle que sera par eux avisé être necessaire pour leur nourriture, & qu'à ces fins tant les personnes Ecclesiastiques prenans fruits ausdits lieux, que tous autres indifferemment, seront moderement selon leurs qualitez & facultez cottisez par mois de telles sommes que leurs biens & facultez pourront honnêtement porter, pour subvenir à la necessité & nourriture desdits pauvres. Et leur a fait & fait ladite Cour inhibition & défense, de ne permettre ou souffrir, que lesdits pauvres viennent & demandent l'aumône ailleurs qu'aux lieux de leur habitation & demeure : Et afin que ladite aumône soit départie & distribuée avec l'ordre & fidelité qu'il appartient, elle a ordonné & ordonne qu'en chacune desdites Villes, lieux & endroits sera faite élection d'un, de deux ou de plusieurs personnages, selon la grandeur des Villes & lieux, qualifiez, de bonnes mœurs, integrité, suffisans & capables pour faire ladite exaction & recepte des susdits deniers, & iceux ou du pain qui en sera acheté, distribuer & départir fidellement aux susd. pauvres. Neanmoins a enjoint & enjoint ladite Cour aux Capitouls de la presente Ville, faire vuider ladite Ville à tous pauvres mendians, valides, étrangers, dans trois jours à peine du fouet, leur aumônant au préalable quelque chose pour leur passage, le tout par maniere de provision durant ladite necessité, jusques à la prochaine cuillette des fruits, & que autrement en soit ordonné. Prononcé à Toulouse en Parlement le sixiéme jour du mois de Fevrier l'an mil cinq cens soixante-douze.

ARR. III.

Extrait des Registres de Parlement.

VEuë la requête baillée par le Procureur General du Roi aux fins contenuës en icelle ; la Cour entherinant quant à ce ladite requête, a ordonné & ordonne qu'en ensuivant le mandement du Roy & Arrêts donnez par ladite Cour, tous gens d'Eglise exempts & non exempts de Toulouse, sans avoir égard aux requêtes par eux sur ce baillées & procedures des Commissaires à ce deputez, & aussi tous les Officiers dudit Toulouse, tant ressortissans sans moyen à la Cour de ceans, qu'autre, & leurs Lieutenans, Bourgeois, Nobles, Marchands & autres habitans dudit Toulouse privilegiez, cottisez pour la nourriture & aliment des pauvres, seront tenus payer les sommes cottisées pour les termes ja écheus, & arrerages de l'année passée ; & aussi pour les termes à venir : & à ce seront contraints lesdits Officiers & gens d'Eglise, par le Senéchal de Toulouse ou son Lieutenant, que la Cour a commis & commet quant à ce, sçavoir est le lays par prise, suivant vendition & exploitation de leurs biens, & aussi arrestation & detention de leurs personnes si besoin est, & declarations de peines : & les gens d'Eglise exemts,& non exemts sans préjudice toutefois de leur privilege & exemtions en autre chose, par prise & saisie de leur temporel & fruits de tous benefices : Et aussi si besoin est par l'Archevêque de Toulouse ou son Vicaire, & par censures Ecclesiastiques, jusques à invocation du bras seculier, & par toutes autres voyes deuës & raisonnables : Et les Bourgeois & autres habitans de Toulouse par les Capitouls de ladite Ville, par les voyes & contraintes susdites,nonobstant oppositions ou appellations quelconques faites, ou à faire, relevées ou à relever, & sans préjudice d'icelles. Et a ordonné & ordonne la Cour que le present Arrêt sera executé avec le dictum d'iceluy. Prononcé à Toulouse en Parlement judiciellement le dixiéme jour du mois de Mars 1538.

ARR. IV.

Extrait des Registres de Parlement.

SUr la requête presentée par le Syndic du Clergé de la Province de Languedoc, à ce qu'inhibitions & défenses soient faites à tous Syndics, Consuls, & Marguilliers des Villes, Lieux, Parroisses & Communautez des Diocéses de ladite Province, de ne contrevenir aux Edits du Roy, Ordonnances & Arrêts de la Cour concernant les reglemens faits sur la nourriture des pauvres,& ce faisant prendre ou faire prendre, saisir & arrêter aucune quotité des fruits decimaux des particuliers benefices d'icelle Province,ni proceder à aucune afferme d'iceux fruits, sauf à eux se pourvoir par devers les Evêques Diocésains : & néanmoins casser toutes saisies qui pour ce regard pourroient avoir été faites, & octroyer ausd. beneficiers la recreance des fruits saisis, & des contreventions enquis par le premier Magistrat Royal : La Cour a fait & fait inhibitions & défenses à tous Syndics, Consuls, Jurats, & Marguilliers des Diocéses de ladite Province de Toulouse, & autres qu'il appartiendra, de faire saisir ni arrêter de leur authorité privée aucune quotité des fruits decimaux des particuliers benefices des Diocéses de lad. Province, sous prétexte de la nourriture desdits pauvres, ni proceder à aucune afferme de la sixiéme partie desdits fruits, à peine de cinq cens écus, sauf ausdits Syndics, Consuls, & Marguilliers à se pourvoir pour la nourriture desdits pauvres, pardevant les Evêques Diocésains, pour par eux être ordonné suivant les saints Decrets, Ordonnances Royaux & Arrêts sur ce donnez; Et sur le refus desdits Evêques y être par la Cour pourveu & ordonné ainsi qu'il appartiendra. Neanmoins a ordonné & ordonne que des contreventions faites ausd. Arrêts & Ordonnances sera enquis par le premier Magistrat Royal, pour l'inquisition veuë, être procedé contre les coupables ainsi qu'il appartiendra. Prononcé à Toulouse en Parlement le 15. jour de Juillet l'an 1556.

SE POURVOIR PAR DEVERS LES EVESQUES.] Comme la Taxe des pauvres est originairement venuë des Evêques, & prevenuë de leur jurisdiction, le Parlement dans cet égard a accoûtumé de renvoyer aux Evêques Diocesains les pauvres qui viennent de plein vol en la Cour demander une portion des fruits, pour avoir moyen de subsister. Il y en a Arrêt donné en la Grand'Chambre le 22. May 1659. au rapport de Mr. de Frezals, contre le Syndic des pauvres de Cenas, en faveur du Chapitre de Lectoure comme fruit prenant dudit lieu: car par cet Arrêt une Ordonnance de Mr. d'Olivier, qui adjugeoit à ces pauvres le sixiéme des fruits, fut renfermée, & les parties furent renvoyées devant l'Evêque Diocésain. Ce n'est pas que quelquefois, suivant l'exigeance des cas; le Parlement ne connoisse en premiere instance de la demande des pauvres, & à cause qu'ils sont favorables en tout sens; sur tout dans les occasions pressantes; outre que dans les principes du Droit, ils peuvent aller de plein vol aux Parlemens, *tot. tit. Cod. quand. Imper. int. pupill. vel vidu. vel ali. misë pers. agnosc.* quand il s'agit de pourvoir incessamment à leur necessité. Dans laquelle veuë aussi le Parlement leur adjuge provisionnellement le sixiéme des fruits, quand il juge qu'il doit connoître en premiere instance de leur demande.

ARR. V.

Extrait des Registres de Parlement.

ENtre le Syndic des Recteurs & Regent de la Compagnie de Jesus, étably en la Ville de Lyon, Prieur du Prieuré de Tence, appellant de la Sentence donnée par le Senéchal du Puy, ou son Lieutenant, le 19. jour du mois de Fevrier 1585. & autrement impetrant & requerant l'entherinement de certaines Lettres Royaux, pour être reçeu à conclurre comme appellant de l'Ordonnance donnée par les Bailly & Juge de Vellay le 22. de Fevrier 1584. & autres fins y contenuës en sa requête du 2. jour du mois de May dernier, d'une part: & Jacques Boyer, Claude Marcon, Antoine Veron, & autres Syndics des pauvres dudit Tence, appellez & défendeurs, d'autre: Veu le procez playdez le 26. Août 1585. dernier jour du mois d'Avril dernier, & neuviéme jour de ce mois de Juin, libelle appellatoire dudit appellant, ladite requête par lui presentée ledit jour 2. May, contenant l'offre y mentionnée

née, requêtes remonstratives desdits appellez, & autres productions des Parties : Dit a été, que la Cour ayant quant à ce égard ausd. Lettres, a mis & met lesdites appellations,& ce dont a été appellé, au neant, & pour certaines causes & considerations à cela mouvans, a retenu & retient la connoissance de la cause & instence principale, en laquelle a condamné & condamne icelui Sindic desdits Recteur & Regens à mettre annuellement és mains des Consuls dudit lieu de Tence, la huitiéme partie des fruits decimaux qu'il prétend & perçoit audit Prieuré & Paroisse de Tence, deduits auparavant d'iceux, fruits toutes charges, tant ordinaires qu'extraordinaires, pour être icelle huitiéme partie employée par lesdits Consuls, appellé le Vicaire de ladite Eglise, à la nourriture & entretenement des Pauvres dudit Lieu & Paroisse, & sans dépens de l'instance, & pour cause. Prononcé à Toulouse en Parlement le seiziéme jour du mois de Juin l'an 1686.

ARR. VI.

BRef Apostolique octroyé à Raymond de Château-Pers lay, pour être preferé aux biens de Landoire, laissez aux pauvres en payant par ledit de Château Pers ce qui s'en trouveroit en vente. *folio eod. lib. 3. ordinat.*

Peine de verges.

TITRE V.

ARR. I.

LE quatorziéme Juillet 1568. arrêt au barreau, qu'une femme y nommée sera batuë de verges par autre que par l'executeur de la haute Justice.

V. Le liv. 2. lit. F. tit. 10. arr. 1.

Peremption d'instance.

TITRE VI.

ARR. I.

LE seiziéme Février mille cinq cens huitante-sept, Ferrieres avec N. dit que Caussade sa partie a instance pendante en la Cour contre N. de S. Geri, en laquelle instance l'an mil cinq cens quarante-quatre y eut appointement en droit, requiert que partie adverse reprenne ou delaisse : Bertier pour ladite de S. Geri dit n'être tenu, d'autant que l'instance est perimée par quarante ans en la Cour de Parlement ; car toutes actions sont prescrites. *l. properandum & l. fi. ff. De judiciis* : car les jugemens des procés dependent de l'office des Juges, *& officium judicis prescribitur*, Ferrieres dit que depuis que l'appointement en droit y est, l'instance n'est point perimée en la Cour. §. *Ad hac de appellat. & intra quæ tempora in Novell. Authen. Sed & Lis. De temp. appellat Boërius in consuetudines Bitur.* §. 23. *De jurisdict.* La Cour ordonna que la partie de Bertier reprendra ou delaissera.

Autant que l'instance est perime'e] Si Bertier n'eût pas opposé la peremption, il est certain qu'au cas même l'instance dont il étoit question, eût été perimée, elle eût continué son cours, parce que quand on reprend une instance sans protestation, on ne peut plus dire qu'elle soit perimée, & que *mortua sit lis.*

Que l'Appointement en droit y est] L'usage de ce Parlement est, que si la cause a été concluë par Arrêt ou par Expedient, ou qu'elle ait été mise au rôlle, elle ne perime pas dans les trois ans, mais elle dure trente ans sans peremption ; à plus forte raison quand la partie a produit, qu'elle a fait faire les forclusions, que le procez a été distribué, & qu'il a été remis entre les mains du Rapporteur, en sorte qu'il ne dépend que de lui de le juger, auquel cas nulle negligence ne peut être imputée à la partie ; mais quoi qu'un Arrêt de clausion empêche l'effet de la peremption, il n'en est pas de même des autres Arrêts, par lesquels la Cour prononce sur le differend des parties, parce que gisans en execution, il depend des parties d'agir, & en ce cas les Arrêts interlocutoires sont sujets à peremption : Il est vrai qu'il faut encore sur ce sujet user de distinction ; car si l'Arrêt interlocutoire ne contient que des chefs interloquez, il perime dans trois ans ; mais s'il contient quelque chef par lequel on ait jugé diffinitivement quelque point du procez, ce chef diffinitif protege pendant trente ans le tems de l'interlocutoire. Ce fut suivant cette distinction qu'il fut donné Arrêt en la grand'Chambre le 19. Janvier 1656. au rapport de Mr. de Viguerie entre le Sindic des Religieux de Layrac, & Mre. Delfat Curé dudit lieu ; d'où il resulte, par rapport au second cas de cette distinction, que quoi que regulierement, *quot capita, tot sint sententiæ* ; toutefois un Arrêt interlocutoire, qui juge diffinitivement quelque chef, est regardé comme un acte indivisible à l'égard de la peremption. Au reste, il y a aussi un cas auquel un Arrêt, quoi qu'il ne soit pas interlocutoire, est pourtant consideré comme tel, & de cette nature est un Arrêt qui ne feroit que confirmer un Jugement interlocutoire, parce que cette confirmation est de même nature que le Jugement, c'est à dire interlocutoire, & par consequent l'Arrêt sujet à peremption ; outre que *jus sumitur non à confirmante, sed à confirmato.*

Peste.

TITRE VII.

Reglement en tems de Pestilence.

Est enjoint à tous les habitans de cette Ville de Toulouse, de quelque qualité & condition qu'ils soient, dés qu'en leurs maisons quelqu'un sera surpris de la maladie, en faire avertir le Capitoul du quartier par leur dixenier, à peine de cinq cens écus & autre arbitraire.

Est inhibé à tous forains & habitans, revendeurs & revenderesses, porter dedans la ville de Toulouse, faux-bourgs & gardiage, ni vendre à l'inquant public, ou autrement aucuns habillemens & meubles vieux & ayans servi ; ensemble aux fermiers de l'inquant & leurs commis, proceder à aucuns inquans de vieux habillemens & meubles, sans permission des Capitouls, à la peine que dessus.

Pareillement est enjoint à tous habitans & proprietaires des maisons de ladite Ville, faux-bourgs & gardiage, faire cheminées & privez necessaires en icelles: où à ce faire ils seroient negligens, est permis aux locataires faire apeller les proprietaires, aux dépens des loüanges, lesquels n'étans suffisans pour le remboursement, les proprietez desdites maisons leur sont declarées affectées & hypothequées pour le surplus; comme aussi leur est enjoint tenir lesdites maisons nettes, même lesdits privez, pigeoniers, étables, ensemble les ruelles ou cantons, chacun en son endroit, sur semblable peine.

Est aussi très-étroitement inhibé à tous habitans, leurs serviteurs & servantes, repandre, jetter de nuit & de jour par les fenêtres, galeries ou autrement les eaux sales & corrompuës ou autres immondices ni charognes aux ruës, ruelles ou cantons, fossez & autres endroits de ladite Ville & faux-bourgs d'icelle, ni porter les ordures ou pailles des maisons aux voiries & terroirs du dehors des portes de ladite Ville, mais les porteront ou feront porter à la riviere, ou enterrer. Comme aussi est inhibé à toutes personnes d'aller faire leurs ordures aux renforts des murailles de ladite Ville, haut & bas, à peine du foüet.

Finalement est enjoint à tous habitans faire des feux par les ruës dans la Ville, Fauxbourg & Gardiage chacun devant sa maison, comme la nuit approchera, & sur la Diane à la pointe du jour, pour la purgation de l'air ; bien pourront trois ou quatre voisins de même ruë assembler le bois destiné pour leurs feux particuliers, & en faire ensemblement un feu plus grand, pour avoir plus d'efficace à purger l'air. Fait au Consistoire le 14. Avril 1587.

ARRI.

LE 12. Juin 1559. à la requisition de Mr. Deygua Avocat general, fut enjoint aux Officiers de Cahors de pourvoir à la flagrante peste, qui par permission de Dieu y étoit, & ce faisant pourvoir aux malades de bons Chirurgiens & autres choses necessaires, comme vivres ; & pour ce faire fut permis au Senéchal ou ses Officiers de pouvoir cottiser ce qu'ils verroient être à faire pour l'entretien, & autres affaires des pauvres malades.

ARR. II.

CEux qui de guet-à-pens & par artifice sement la peste, sont punissables capitalement;à cause de quoi plusieurs étans decouverts en Albigeois & Quercy,qui en faisoient de même en l'an 1559. furent condamnez à mort : & en même temps dans Toulouse ayant été convaincus de cas semblable, certains des-infecteurs publics, par Arrest de la Cour furent condamnez à être brûlez tous vifs à petit feu. Apollonius Thianeus en fit lapider un déguisé en pauvre homme qui faisoit cet office dans Ephese. Autrefois les Juifs ladres furent punis pour tels malefices,prevenus aussi d'empoisonner les puits, dequoi Arnaud de Villeneufve fut accusé en son temps : Et en l'an 1563. se presenterent au Roy certains Italiens qui promettoient faire mourir tous les Huguenots de peste, qui fut cause que peu aprés les villes de Montpellier, Nismes, Aiguemortes & autres Villes huguenotes se voyans seules en même-temps affligées de peste, sans qu'il y eût aucune Ville Catholique infectée, firent courir le bruit & publierent que c'étoit l'execution de la promesse desdits Italiens.

En l'an 1581. les Parisiens ayant apperçu que la peste s'augmentoit dans leur Ville par la méchanceté de telles gens qui semoient la peste par le moyen de certaines pourritures, emplâtres & autres infections, obtinrent permission du Roy de tuer sans forme de procez, ceux qui seroient trouvez commettans tels actes, pour servir de terreur aux autres ; pour lesquels découvrir & attraper est bon de constituer par toutes les Villes & Villages, ruës & ruelles des grandes Villes, certains surveillans tant de jour que de nuit.

Est à remarquer que les Maîtres de cet art [comme a été verifié] pour se garder eux mêmes d'être surpris de la peste, se font des ulceres à la peau, sur la region du cœur, avec herbes caustiques, voulant par ce moyen donner exhalation au venin qui va toûjours droit au cœur ; ce que j'ay appris des Medecins être un souverain remede, preservatif & curatif de la peste : pourveu qu'il soit choisi des moins curatifs, & sans autre venenosité.

QUI SEMOIENT LA PESTE] Comme les nommez *Lentilles & Caddoz*, si fameux dans le siecle passé, lesquels semoient & entretenoient la peste, en faisant des poudres empestées par l'attouchement, soit des malades, soit des linges infectez qu'ils laissoient tomber dans les rues & dans les maisons. Le premier mourut dans le tourment de la question en 1545. & l'autre avoit été quinze ans auparavant, & en 1530. tenaillé, décapité & écartelé.

ARR. III.

ARREST prononcé le vingtiéme jour du mois d'Aoust mille cinq cens quarante-neuf, auquel tems y avoit grande peste en Toulouse, prononcé contre ceux qui en temps de peste refusoient & dénioient passages, logis, vivres & autres choses necessaires aux passagers, contenant icelui Arrest injonction à tous Consuls, Juges, Magistrats & autres, de pourvoir ausdits passans. Est cy-aprés inseré.

ARR. IV.

Extrait des Registres de Parlement.

LA Cour dûëment avertie qu'au moyen & occasion du bruit & danger de peste, les Consuls & habitans de plusieurs Villes & Villages du ressort d'icelle, ont inhumainement par trop étrange & barbare cruauté, & par grande méconnoissance de Dieu & de la loy naturelle, denié, refusé & prohibé passage, vivres, alimens & toute façon de sejour pour repaître en quelques lieux que ce soit prés ou loin d'icelles Villes & Villages, aux passans allans & venans tant à pied qu'à cheval, dont se sont ensuivis grands scandales & execrables inconveniens par la grande faute & rudesse d'iceux Conseuls, Magistrats, Officiers desdites Villes & Villages ; Et veuë aussi la Requête sur ce baillée par le Procureur general du Roy a enjoint à tous Juges, Consuls, Officiers & habitans des Villes & Villages du ressort, sur peine de banissement du Royaume & confiscation des biens, quant aux Juges, Consuls & Officiers : & quant aux autres habitans qui seront trouvés coupables desd. inhumanitez, sur peine du foüet, & d'être mis aux galeres du Roy pour trois ans de chacun en son endroit, comme a chacun d'eux appartiendra diligemment pourvoir & donner ordre qu'aux allans, venans & passans soit le plus commodement que faire se pourra, pourveu de vivres & alimens necessaires pour eux & leurs chevaux, & des lieux convenables pour repaître de jour & loger de nuit en payant raisonnablement par iceux passans; sans pourtant faire indûës & excessives exactions, extortions ou pilleries, ni autrement user contr'eux de telles & semblables rudesses, empêchemens & inhumanités, qu'ils ont fait par cy-devant: & ordonne en outre que desdites cruautez, inhumanitez & brutales méconnoissances sera enquis, pour l'inquisition vûë y être pourveu & ordonné comme de raison. Pononcé à Toulouse en Parlement le 20. jour du mois d'Aoust 1549.

ARR. V.

ARREST du douziéme Fevrier mille cinq cens huitante-cinq. Mallard pour les Bailes des Maîtres Chirurgiens de la presente Ville dit, Que les Chirurgiens commis & établis pour la necessité de la peste en Toulouse, auroient presenté requête aux Capitouls, à ce qu'ils joüissent du rang & préeminence entre ceux de leur College suivant le temps de leur reception; & neanmoins qu'il fut enjoint ausdites parties les mettre en élection des Bailes, comme les autres Maîtres, ce que lesdits Capitouls ont ordonné par leur Sentence, de laquelle lesdits Maîtres sont appellans en la Cour; premierement, parce que encore que le rang & préeminences soient données suivant les temps de la reception. *l. 1. ff. De albo scribendo*: toutefois lors que entre ceux de même degré & profession y a disparité, ils ne doivent joüir de même prerogative. *Capitol. in Pertinare. Iussit eos qui Praeturas non gessissent &c.* Il y a grand differend entre les appellans & parties adverses sur une particuliere maladie, par ainsi celui qui connoît le total est plus digne d'honneur que celui qui connoît le particulier. Secondement *obstat l. Placet & l. Parabolam C. De Episc. & cler.* Or Turnebus écrit que *Parabolam* sont ceux qui sont Barbiers de la Peste. Tiercement la coûtume, parce que lesdits Barbiers de la peste n'ont jamais tenu rang entre les Maîtres Chirurgiens, & n'ont été mis en élection des Bailes. Benoist pour les Barbiers de la peste dit, Qu'attendu que les parties ont été examinez en l'art de Chirurgie, leur est permis de l'exercer,

& sont destinez pour les maladies tres-dangereuses & contagieuses, & ont gages de la Ville, conclud les appellans n'être recevables. Le Procureur general du Roy dit, être raisonnable qu'il y ait difference entre ceux qui sont plus suffisans que les autres, & qu'attendu que les Barbiers de la peste, ne sont examinez si exactement que les autres, ne seroit raisonnable qu'ils fussent Bailes : mais pour le regard de tenir le rang selon le temps de leur reception il est raisonnable. Par Arrest la Cour en ce que lesdits Capitouls ont ordonné, que les Barbiers de la peste seroient mis en élection pour être Bailes, a mis & met l'appel, & ce dont a été appellé au néant ; & au surplus a ordonné que ce dont a été appellé sortira à effet, & cependant que lesdits Barbiers de la peste joüiront de leur preference, selon le temps de leur reception.

TORNEBUS ESCRIT] *Adversar. lib.* 13. *cap.* 23. on peut encore voir *Joannes Franciscus à Ripa* dans son traité *de peste num.* 34. où il explique ce qu'il faut entendre par *Medicus Parabolanus.*

ARR. VI.

Extrait des Registres de Parlement.

AUjourd'hui en faisant par Maître Mederic de Gascons, Docteur, & Arnaud de Corvon Bourgeois, Capitouls de cette Ville de Toulouse, la thede des pestiferez en la maniere accoûtumée, a été par eux dit & denoncé en la Cour, que ces jours la peste étoit survenuë és personnes de la maison de la Ville, & déja y étoient morts de ladite maladie deux prisonniers, un qui à present l'avoit : & pource que esdites prisons étoient detenus plusieurs prisonniers, tant criminels, que pour dettes civiles, dont les uns n'étoient detenus par leur ordonnance, ains d'autres Magistrats de la Ville, ils étoient en grande perplexité d'y donner ordre, ce qu'il étoit besoin faire promptement ; veu que lesdits prisonniers étans en grand nombre s'étoient mutinez, & deja avoient essayé rompre & briser les prisons, & se jactoient y mettre le feu si on ne les tiroit de là ; à cette cause en auroient bien voulu avertir la Cour, à ce que pour éviter plus grand inconvenient, & obvier au danger present, plaise ordonner ce qu'en telle & si dangereuse necessité lui sembleroit être expedient. Sur quoi aprés avoir fait retirer lesdits Capitouls, la Cour euë deliberation, attendu l'évident danger & peril, a permis & permet ausdits Capitouls, en ce qui concerne les prisonniers detenus pour dettes, ou legeres amandes pecuniaires, proceder à leur élargissement desdites prisons, en baillant par eux cautions, ou saisissant leurs biens, jusques à la valeur des dettes, s'ils en ont, sinon avec telle caution qu'ils pourront bailler, à la charge quant à ceux qui sont habitans de cette Ville, de se retirer dans leurs maisons, & là demeurer enfermez comme infects, sans en sortir, ni aller par la Ville jusques à ce qu'autrement en soit ordonné, sur peine d'être brûlez, à la charge aussi que cessant le danger, seront remis en prison jusques à suffisante satisfaction, ainsi qu'il appartient : & quant à ceux qui ne sont de cette Ville, detenus pour dette civile, est enjoint ausdits Capitouls donner ordre de les faire retirer, sans se mêler aucunement avec les habitans des lieux où ils se retireront, sur la peine que dessus. Et au regard des prisonniers detenus pour crimes & malefices, meritans peine corporelle, est aussi enjoint ausdits Capitouls les remüer en quelques lieux non infectez, pour être detenus en seure garde, jusques à ce qu'ils seront expediez. Fait & dit ausdits Capitouls à Toulouse en Parlement, le 10. Septembre 1557.

ARR. VII.

Extrait des Registres de Parlement.

SUr la requête & remontrance ce jourd'hui verbalement faite, tant par le Procureur general du Roy, que Capitouls de Toulouse, la Chambre seant au temps de vacations ordonnée par le Roy, attendu l'évidente necessité, scandales, inconveniens, & notoire negligence des Magistrats & Officiers du ressort, Consuls & administrateurs des Villes & Villages, Gentilshommes & Seigneurs jurisdictionels d'iceux : A enjoint & enjoint à chacun en son endroit, jurisdiction & distroit, de promptement & diligemment donner ou faire donner l'ordre necessaire à la cure, secours & traitement des malades pestiferez, & preservation des sains, en faisant sur ce administrer toutes choses necessaires pour la subvention du pauvre peuple, & à ces fins faire residence sur les lieux de leurs Jurisdictions & administrations, & ce sur peine, quant ausdits Magistrats & Officiers, de priva-

tion

tion de leurs Offices, & quant ausdits Seigneurs temporels de privation de leurs Jurisdictions, & d'être declarez inhabiles de toute administration publique. Et en outre aussi enjoint ladite Chambre à tous les Prelats du ressort, leurs Vicaires & autres Officiers, & aussi aux Curez, Prieurs & Vicaires des Parroisses chacun en son endroit, dûëment & diligemment pourvoir ausdits malades & administration des saints Sacremens de l'Eglise, sepulture & autres remedes spirituels, selon les saints Decrets, sur les peines contenuës en iceux, & de saisissement de leur temporel. Et au surplus a ordonné & ordonne que des negligences, scandales, inconveniens & inhumanitez susdites, sera enquis par le premier des Magistrats du Ressort, leurs Lieutenans, ou Huissiers de la Cour, & chacun d'eux premier sur ce requis en vertu du dictum du present Arrêt, pour l'inquisition faite, rapportée & vûë, y être ordonné ainsi qu'il appartient. Prononcé à Toulouse en ladite Chambre de Parlement le 5. Octobre 1557.

ADMINISTRATION DES Ss. SACREMENS] Suivant l'Arrest du Parlement de Bretagne rapporté par *Frayn. en son Plaidoyer* 4. & prononcé contre les habitans de la ville de Rennes, le salaire des Prêtres qui administrent les Sacremens en temps de peste, doit être payé par les habitans.

ARR. VIII.

Extrait des Registres de Parlement.

VUë la requête presentée par les Bailes des Maîtres Chirurgiens de Toulouse, aux fins en icelle contenuës; ensemble la réponse du Procureur general du Roy, auquel ladite requête a été montrée; la Cour, attendu la notoire & urgente necessité de la surintendance & bonne diligence requise à la subvention des malades pestiferez, & à la preservation, moyenant la grace de Dieu de tel & si perilleux danger, a enjoint & enjoint aux Capitouls de Toulouse, bailler ou faire bailler & délivrer aux Chirurgiens élus pour visiter & panser lesdits malades pestiferez, à chacun d'eux à raison de trois cens livres tournois par an durant le tems du danger, qu'ils seront actuellement vacans & entendans audit service; & pour le tems auquel n'y aura danger, & qu'ils ne seront actuellement audit service, leur sera baillée la somme de cent livres par an. Prononcé à Toulouse en Parlement le sixiéme Septembre mille cinq cens cinquante-sept.

ARR. IX.

Extrait des Registres de Parlement.

LA Cour entendu la requête verbalement faite par les Capitouls de Toulouse, & icelle interinant, a fait & fait inhibition & deffense à tous Magistrats, Officiers, Sieurs, Bailes, Sindics, & autres habitans des Villes, Villages & lieux du ressort d'icelle Cour, de quelque qualité & condition qu'ils soient, de donner d'oresnavant trouble ou empéchement, directement ou indirectement aux Vivandiers, Voituriers, Marchands & autres, d'apporter, conduire & charrier vins, & autres denrées & marchandises en la Ville de Toulouse pour la provision d'icelle, ni refuser l'entrée des Villes & marchez ausdites fins, & sous couleur & pretexte de ce qu'iceux Vivandiers, Voituriers & autres, auroient porté bled & autres vituailles dans icelle Ville, leur prohiber & empécher eux retirer en leur domicile & habitations qu'ils ont ausdites Villes & Lieux; ains, tant que besoin est, leur a enjoint & enjoint ladite Cour leur pourvoir promptement & diligemment à ce que lesdits Vivandiers, Voituriers & autres ayans amené & conduit audit Toulouse bleds, vins, & autres denrées, soient bien & favorablement reçûs, traitez & gardez d'oppressions, injures & violences: Et semblablement leur a enjoint & enjoint de pourvoir & donner ordre à ce que toute maniere de gens, allans & venans de ladite Ville de Toulouse, soient logez, reçûs, nourris & traitez esdites Villes & Villages selon l'état, qualité & condition des personnes, en portant certificat signé de l'un desdits Capitouls, & de leur Notaire, de n'avoir été logez en lieu ou maison où y ait eu aucun danger de peste, & ce sur peine de quatre mille livres à chacun des contrevenans en leurs propres & privez noms, de bannissement du Royaume, & confiscation de biens, quant ausdits Juges, Consuls, & Officiers; & quant aux autres Habitans qui y seront trouvez contrevenans & coupables, sur peine du foüet, & d'être mis aux galeres du Roy pour trois ans, & autres peines arbitraires: enjoignant ausdits Capitouls faire expedier ledit certificat à tous ceux qui en auront besoin, sans aucun coût; & ordonne la Cour que des contraventions sera enquis par le premier Magistrat Royal sur ce requis en vertu du dictum de cet Arrêt, pour l'inquisition rapportée & vûë être ordonnée ainsi qu'il appartiendra. Prononcé à Toulouse en Parlement le 18. Août 1557.

ARR. X.

Extrait des Registres de Parlement.

ENtre Maître Jean-Louis Cathelan, Docteur Avocat en la Cour, appellant de Maître Bernat d'Assezat Conseiller du Roy en ladite Cour, & Commissaire par elle en cette partie deputé, d'une part; & les Consuls du lieu d'Auzeville, appellez, d'autre: & entre ledit Cathelan, Maître Jaques Brondel Procureur au Senéchal de Toulouse, Guillaume Bertier, Bernard Balard, Louise de Rossignol, femme à Jean de l'Estevenie Ecuyer, & Pierre de la Coste Bourgeois de Toulouse, impetrans Lettres pour être reçûs à opposition envers l'Ordonnance de la Cour, d'une part, & lesdits Consuls d'Auzeville défendeurs d'autre; Veus les Playdez, Ordonnance dudit d'Assezat du 8. Août 1590. appointement de la Cour mis au pied de la requête desdits Consuls, portant permission d'imposer & cottiser la somme de deux cens écus, pour le remboursement des fraix exposez à l'occasion de la contagion du 20. Avril mil cinq cens nonante; griefs dudit appellant, dire par écrit, & autres productions desdites Parties: Dit a été, que la Cour a mis & met l'appellation, & ce dont a été appellé au neant; & amendant ladite Ordonnance, ayant égard quant à ce à ladite opposition, a ordonné & ordonne que ladite somme de deux cens écus sera imposée & exigée tant seulement sur les Manans & Habitans audit lieu, & sur les Bienstenans, & non habitans és maisons ou metairies, desquels ladite contagion seroit survenuë, declarant tous autres Bienstenans, & non Habitans, bien qu'ils ayent maison ou metairie en la Jurisdiction dudit Auzeville, ausquels ladite contagion n'est survenuë, exempts de ladite contribution, sans dépens, & pour cause. Prononcé à Toulouse en Parlement le vingtiéme jour du mois de Septembre mil cinq cens nonante-un.

ARR. XI.

VUës les inquisitions faites à la requête du Procureur general du Roi contre les Capitouls de Toulouse, & autres ayans charge quant au fait de la peste, sur le desordre fait, & negligences qui sont en ladite Ville, s'il y avoit grand danger de peste : La Cour par son Arrêt prononcé à Grenade où elle s'étoit transferée à cause dudit danger, le septiéme Septembre 1529. ordonna qu'il seroit plus à plein enquis ; & cependant fut enjoint aux Capitouls de faire residence en ladite Ville de Toulouse, suivant les Arrêts sur ce donnez : neanmoins, & sur peine d'être declarez inhabiles desormais à tenir aucun état & charge publique, & de doux mille livres en leur nom propre, de pourvoir à la police & autres choses concernant ledit danger de peste, comme s'ensuit.

1. Que les pestiferez & autres infects de la maladie n'aillent par les ruës, ni ne se mêlent avec les autres sains.

2. Qu'aux malades frappez dans les maisons, soit pourveu d'alimens necessaires, & de Chirurgiens, & autres choses requises, sans qu'il soit permis aux Chirurgiens & Commis d'en rien prendre, afin que sous cela ne soient lesdits malades abandonnez, ains servis & secourus aux dépens de la Ville, sauf à les récouvrer de ceux qui ont moyen de les reconnoître.

3. Les maisons des pestiferez seront fermées à la clef, & ladite clef baillée à personne feable.

4. Que les Prêtres commis à confesser les infectez, ayent maison & habitation en lieu notoire & ruë connuë de ladite Ville, afin de les avoir quand bon semblera aux malades, & garder que lesdits Prêtres ne se mêlent avec les sains.

5. Que le Capitaine de la peste ne mene de jour les pestiferez hors la Ville, & que sous couleur d'un qui sera frappé, les autres ne soient menez à l'Hôpital, ains pourveu de les mettre en autre lieu éloigné des sains.

6. Que l'Hospitalier saint Sebastien donne ordre que les malades, & autres y étans, soient bien traitez, & leur soient administrées toutes choses qui seront ordonnées par les Medecins & Chirurgiens, sans rien extorquer des malades de fait, ni promesse à l'avenir.

7. Que ceux qui seront mis aux tours, n'aillent converser aux bordes & autres lieux avec les sains.

8. Les Capitouls iront par la Ville chacun jour, & és endroits

où est la peste, pour entendre les abus & malversations de ceux qui administrent les vivres, & des Barbiers.

9. Suivront aussi les portes de la Ville, & pourvoiront à ce que les Etrangers infects, ni leur bagage, n'entrent.

10. Les habillemens & choses infectées ne seront nettoyées à la riviere és lieux où on prend de l'eau, ni aux environs, mais donneront ordre, quant à ce lesdits Capitouls, en la forme & maniere contenuë en l'Arrest sur ce donné.

11. Que les maisons infectes soient nettoyées bien & avec soin par gens experts & feables.

12. Que les ruës soient nettoyées trois fois la semaine, ensemble les fauxbourgs & tours des fossez, aux dépens de qui appartiendra.

13. Sera fait feu par les ruës chacun jour, de matin & de soir.

14. Que les corps morts de peste seront mis dans une bierre ou autrement, afin qu'ils ne portent infection, & enterrez de nuit, portans les faissiers au devant une torche allumée pour être vûs, & les sains gardez d'infection.

15. Pourvoir aussi que les corps morts soient promptement ensevelis.

16. Que les malades ne couchent de nuit par les ruës & sur les tabliers : ains ceux qui seront malades de la contagion, seront retirez aux hôpitaux, & les autres qui n'en seront malades soient mis & jettez hors la Ville.

17. Que les vagabonds & femmes dissoluës seront jettées hors la Ville & Fauxbourgs.

18. Pourvoiront lesdits Capitouls que les jeux qu'on fait aux tavernes cessent, ensemble toutes danses & assemblées qui pourroient porter infection.

19. Enjoint de punir les Barbiers & Capitaine de la peste, & autres qui ayans de ce charge, auront commis abus, fausses relations, & qui auront differé de visiter les pestiferez, sans avoir prealablement argent.

20. Enjoint aussi au Vicaire, & autres Officiers de l'Archevêque & Recteur de la Ville de Toulouse, de continuer les prieres & oraisons autrefois ordonnées, & faire sonner les cloches du matin, à midy & sur le soir.

21. Au Sénéchal, Viguier, & leurs Lieutenans de tenir la main tant qu'ils pourront, à l'execution dudit Arrêt, à peine de suspension.

Poëtes de l'Eglantine en Toulouse.

TITRE VIII.

ART. I.

LE troisiéme jour de May 1580. jour de sainte Croix, pour ce que audit mois, ou commencement d'icelui n'auroit point été dicté à l'Eglantine à la maison de Ville, comme avoit été accoûtumé, à cause des grands troubles procedant des Huguenots, les fleurs furent données & apportées en la Compagnie de trois Capitouls, avec procession de quatre Couvents, accompagnez de certain nombre de Bourgeois & autres Habitans de la Ville, de lad. maison de la Ville en l'Eglise S. Estienne, & mises sur l'Autel de la Paroisse, & aprés demi Messe, lors de l'offrande, offertes par Mr. le Conseiller Papus, plus ancien Conseiller de la Cour, & Docteur en la gaye science, & l'un desdits trois Capitouls avec ledit sieur Papus; & aprés avoir été en ladite forme & maniere offertes, furent apportées au banc & table de la Confrairie de Notre-Dame de l'Assomption, & données à ladite Confrairie, & davantage l'argent employable au banquet & festin accoûtumé, être fait à cause de ladite Eglantine ou fleurs, fut donné aux pauvres.

DICTE' A L'EGLANTINE] Anciennement le mot de *dicter* étoit consacré à la Poësie; ainsi en vieux langage du païs *Dictator* ou *Dictador*, vouloit autant dire que *Trouveraire*, ou Poëte; & *lo gay saber de dictar*, designoit la même chose que *la gaye science*; De là est venu qu'on a dit dans la suite des temps *dicter* simplement, ou *dicter aux Jeux Floraux*: c'est dans ce même sens que Pierre Abbé de Cluny, surnommé le Venerable, employe le mot de *dictamen*, en parlant des vers des Poëtes Tolosains, en l'Epistre 13. du livre 4.

Nuper me Robertus ad haec dictamina traxit,
Per quem misisti carmina multa mihi.

Le mot de dicter derivoit de celui de *dicté* ou *dictier*, ou *dictiez*, c'est-à-dire Discours & Sentence, ou dit notable. Jean Villani dit dans ce sens *en ses Chroniques de Florence liv. 9. chap. 135.* en parlant d'un ouvrage du Poëte Dante, *che ornato appare d'alto dittato, e di belle razioni Philosophice.* C'est dans le même endroit où il appelle ce Poëte, *Nobilissimo dicitore in rima*, aprés l'avoir qualifié de *sommo Poeta, e Filosofo, e Retorico perfetto, tanto in dittare, versificare, come in arenga parlare.*

Posthumes.

TITRE IX.

ARR. I.

MAître Jean Daffis Avocat general au Parlement, ayant été massacré en la Conciergerie par les seditions & tumultes émus en Toulouse en l'an 1589. il laissa sa femme enceinte, laquelle deux ou trois mois aprés fit abort d'un fils qui fut jugé par relation des Medecins, de quatre mois seulement, lequel aprés avoir été baptizé mourut: la mere, ou ses heritiers demandent la succession d'icelui; les hoirs dudit Daffis insistent au contraire, *quid juris?* Par Jugement de nôtre Chambre donné en Novembre 1591. la mere en fut excluse, parce que tel part n'étoit vital. *per l. Vxoris ab ortu. C. De post. hæred. instit.*

V. Maynard *liv.* 5. *chap.* 77. & Cambolas *liv.* 4. *chap.* 40.

Potiers de terre.

TITRE X.

ARR. I.

ARrest portant permission de porter pots de terre par la ville de Toulouse à ceux qui sont Maîtres, pourveu qu'ils soient visitez par les Maîtres Bailes dudit mêtier. Prononcé le neuviéme jour d'Aoust mille cinq cens quatre vingts-quatre.

Prescription en matiere criminelle.

TITRE XI.

ARR. I.

AUx Arrests generaux de la veille de la sainte Croix 1608. par Arrest general prononcé par Monsieur de Verdun premier President, ledit Arrest donné Chambres assemblées ayant été parti en toutes les Chambres, fut dit que la loy *Querela*, *n'avoit de lieu en ce Parlement, & que les crimes ne se prescrivoient par vingt ans.

* N'AVOIT LIEU] L'usage est contraire, & aujourd'hui dans le ressort de ce Parlement le crime, l'accusation criminelle, la reparation civile, & tout ce qui en depend, prescrit dans vingt ans, suivant la Loy *Querela. Cod. ad leg. Cornel. de fals.* La Sentence même de condamnation à mort, est sujette à cette prescription, excepté quand elle a été executée figurativement, parce qu'une telle execution proroge l'action jusqu'à trente ans.

Presence à cause d'étude.

TITRE XII.

ART. I.

Extrait des Registres de Parlement.

ENtre Maître Pierre Laboerie Chanoine en l'Eglise Cathedrale de Rieux, appellant du Jugement donné par les Commissaires tenans les Requêtes du Parlement, le dernier jour du mois de May dernier, d'une part, & le Syndic de ladite Eglise Cathedrale appellé, d'autre. Veu, &c. dit a été que la Cour a mis & met l'appellation & ce dont a été appellé, ensemble le Jugement du quatriéme Janvier dernier, au neant; & sans avoir égard aux requêtes dudit Syndic, par lui presentées devant lesdits Conseillers & Commissaires tenans lesdites Requêtes, le quatriéme Janvier & neuviéme de May dernier; ordonne que ledit Laboerie, pour le temps de cinq ans, à commencer du jour qu'il a été congedié par ledit Chapitre pour étudier en l'Université de Toulouse, ou autre, jouira annuellement de l'entiere grosse des fruits de la Chanoinie & Prebende pendant ledit temps de son étude, enjoignant aud. Sindic la lui faire délivrer par les Cellerier & Tresorier dudit Chapitre, aux termes accoûtumez chacune année durant sondit étude, sur peine de mille livres; qu'à faute de ce faire, & en son refus, lui sera declarée, moitié envers le Roy & moitié envers Laboerie pour ses dommages & interêts, à la charge que ledit Laboerie de six en six mois pendant ledit temps de son étude, sera tenu de porter audit Chapitre attestatoire de son étude des Regens & Docteurs desquels sera auditeur, & sauf audit Sindic de pouvoir poursuivre & demander le recouvrement des fruits pris par cy-aprés par ledit Laboerie pendant sondit étude, au cas qu'il se marieroit, ou ne voudroit être de la profession Ecclesiastique, & sans dépens, & pour cause. Prononcé à Toulouse en Parlement le 29. jour du mois de Juillet 1577.

DES FRUITS DE LA CHANOINIE] Ce qu'il faut entendre des gros fruits, & non des distributions manuelles, parce qu'elles ne sont dûës qu'aux Presens. *cap. licet de Præb. & dignit. cap. cætero de Cleric. non resident. V. la suite de ce Recueil tit. 48. art. 2.*

LE RECOUVREMENT DES FRUITS] C'est par rapport à ce recouvrement, & à la restitution cution des fruits, aux cas exprimez dans l'Arrest rapporté par l'Autheur, que les Chanoines étudians sont obligez de bailler caution.

Predicateurs.

TITRE XIII.

ARR. I.

Extrait des Regîtres de Parlement.

ENtre Messire Loüis Cardinal d'Est, Archevêque d'Aux, suppliant & demandeur en la cause renvoyée par Arrest de la Cour d'une part: & le Procureur general du Roy prenant la cause pour le Syndic des Religieux du Couvent des Freres Prescheurs de Toulouse, le Syndic des Consuls, Manans & Habitans du lieu de saint Salvy audit Diocése, Maître Urbain de la Garniere, Prêtre, Recteur dudit lieu; Messire Charles Bastard de Bourbon, Prieur du Prieuré saint Orens dudit Aux, & le Syndic dudit Monastere de saint Orens, respectivement assignez & deffendeurs d'autre: Du Bourg avec de la Motte pour ledit Cardinal Archevêque, & Fortis avec Palatin pour ledit Messire Charles, &c. Durdes avec d'Andrea pour le Syndic dudit Monastere de saint Orens, &c. Garrigues pour ledit Garniere Recteur, & Valiech avec de Fontanier pour le Syndic des Consuls, dudit lieu de saint Salvy, & du Bourg & Durand pour le Procureur general du Roy, commis esdits Registres. La Cour eüe deliberation, faisant droit sur l'instance renvoyée en Jugement, a condamné & condamne tant lesdits Prieur & Religieux dudit Prieuré, Couvent de saint Orens de la Ville d'Aux, que la Garniere Recteur dudit lieu de saint Salvy, à rembourser audit Cardinal Archevêque la quottité qui les concernera sur la somme de quatre-vingts livres tournois par lui avancée pour le payement du salaire de Biliere Religieux & Prêcheur dudit lieu de saint Salvy en ladite année mil cinq cens soixante-seize, & ce suivant le département fait par led. Cardinal ou ses Vicaires generaux; ce qu'ils feront dans quinzaine aprés l'intimation de cet Arrest, à peine du double, qui sera à faute de ce faire contre le refusant declaré. Et en outre ladite Cour ayant quant à ce égard à la requête presentée par ledit Cardinal, a ordonné & ordonne que par cy-aprés tous Beneficiers & autres prenans & percevans les fruits decimaux dans ledit Archevêché, seront tenus contribuer à la nourriture & salaire des Prêcheurs qui seront commis pour instruire le peuple, prêcher & annoncer la parole de Dieu és jours de Dimanches, Fêtes solennelles, Avent & Carême par ledit Archevêque, ou ses Vicaires generaux, és lieux & Paroisses dudit Diocése, où ils prennent & perçoivent fruits decimaux, chacun pour sa quottité, & suivant le départe-ment qui sera fait par icelui Archevêque ou ses Vicaires generaux, appellez lesdits Beneficiers, & autres prenans fruits decimaux, en sera la levée, exaction & recouvrement des sommes à quoi monteront lesdits départemens faits à la poursuite & diligence dudit Cardinal, auquel la Cour pour le réel & effectuel payement, a permis & permet faire prendre & saisir les fruits appartenans ausdits Beneficiers: & neanmoins contraindre leurs Fermiers par toutes voïes dûës & raisonnables, & par arrest & emprisonnement de leurs personnes si besoin est; enjoignant au surplus ladite Cour aux Consuls & habitans desdits lieux & Parroisses pourvoir & accommoder lesd. Prêcheurs d'habitation & service requis & necessaires selon leur état & qualité, & donner aide, faveur, secours & main forte à l'execution desdites saisies de fruits, & autres contraintes, dont il conviendra audit Cardinal user contre lesd. Rentiers, pour l'execution dudit Arrest; le tout sans préjudice de la demande & congruë portion faite par led. de la Garniere Recteur, pour laquelle poursuivre il pourra si bon lui semble se retirer devant son Juge competant, & sans dépens desdites instances. Fait & dit à Toulouse en Parlement le dix-huitiéme jour du mois de Juin l'an mil cinq cens soixante sept.

LA COUR] Quand il s'agit du salaire d'un Prédicateur le Juge d'Eglise n'en peut pas connoître sans abus.

POURVOIR D'HABITATION] Les Fruits prenans sont tenus au payement du salaire, & les Habitans à fournir le logement au Prédicateur. Ceux-cy sont même tenus de fournir la maison Presbyterale à leur Curé, & de la faire reparer si elle est fort ruinée; car à l'égard des menuës reparations, c'est le Curé qui les doit faire. Il y en a Arrêt donné en la grand'Chambre au rapport de Mr. de Boutaric le 19. Janvier 1670. entre les Habitans de Monrestour & Mre. Sabazan, Curé dudit lieu. Par cet Arrêt il fut aussi préjugé que les Paroissiens doivent payer à leur Curé le loüage d'une maison, jusques à ce que la maison Presbyterale soit faite.

Prêt. Lettre de Change.

TITRE XIV.

Arr. I.

PAr Arrest du quatriéme Août mil six cens onze, de la Chambre de l'Edit à Paris, est prohibé à toutes personnes ausquelles n'est permis par les Ordonnances de bailler argent par remises ni lettres de change, de ce faire, sur peine de confiscation des sommes, & autres portées par lesdites Ordonnances.

Ni Lettres de Change] Comme il n'est point de matiere plus commune que celle des Lettres de change, il ne doit pas être inutile d'observer en cet endroit qu'elles ne conservent pas leur rigueur, à l'égard du change & rechange, lorsqu'elles descendent d'un simple prest, quoi que fait par un Marchand, si le debiteur n'est pas négociant, ou autrement si le prest ne regarde pas le fait du negoce. En effet, Jean Audifret, Marchand de Nismes, ayant obtenu Appointement en défaut à la Bourse commune de Toulouse le 25. Septembre 1675. qui condamne Noble Antoine de Langlade, Conseigneur de Clarensac, à lui payer dans trois jours la somme de 443. liv. contenuë en trois Lettres de change, avec le change à raison de deux pour cent par payement, depuis le jour du protest jusques à l'effectuel payement, autrement contraint par corps; le sieur de Clarensac se pourveut par requête en retractement; allegua que cette somme ne provenoit pas du negoce, conclud à son renvoi devant ses Juges naturels, & à ce que la Compagnie se declarât incompetante: Par autre Appointement du 27. du mois de Novembre suivant, sans avoir égard aux fins de non proceder il fut ordonné que le suppliant deffendroit, & en refus n'y avoir lieu de retractement, mais que le precedent Appointement sortiroit à effet. Le sieur de Clarensac ayant relevé appel au Parlement, il en fut démis avec dépens par Arrêt contradictoire du 6. du mois d'Octobre 1676. au rapport de Mr. de Caulet, donné en la Chambre séant en vacation, contre lequel Arrêt s'étant pourveu par requête civile, il conclud subsidiairement à être dechargé de la contrainte par corps, du change & réchange, portez par lesdits Appointemens de la Bourse, & par Arrêt contradictoire du 1. de Juin 1677. playdans Tartanac & Duval, & oüis Mr. de Maniban pour le Procureur general, le sieur de Clarensac fut démis de sa requeste, & ordonné que le precedent Arrêt sortiroit à effet, à la charge que la condamnation du change, portée par l'Appointement y mentionné n'auroit lieu que pour le premier change, & pour les interêts du premier change échu, dépens compensez.

Prévôts des Maréchaux, & leur Jurisdiction.

TITRE XV.

Arr. I.

LEs Prêtres étans trouvez en habit Presbyteral en leurs habitations, & non en crime flagrant, ne sont point sujets à la jurisdiction des Prévôts, bien qu'ils soient prevenus du crime de leze-Majesté, & a été ainsi jugé par Arrest de la Cour de Parlement de Toulouse au rapport de Monsieur Sabatier en Janvier l'an mil cinq cens huitante, pour Jean Martin contre le Syndic Samales.

V. la suite de ce Recüeil titre 56. Arr. 6.

Procureurs ad negotia.

TITRE XVI.

ARR. I.

LE second jour de Janvier mil cinq cens quarante-deux Arrêt prohibitif aux Seigneurs de ne faire Procureurs en leurs négoces gens d'Eglise.

Prodigues.

TITRE XVII.

ARR. I.

LA declaration de prodigalité faut que soit faite par justice devant le Juge competant, & avec connoissance de cause, sçavoir par inquisition précedente, & la partie appellée ; car bien que la prodigalité ait été reprouvée & condamnée par toutes nations & en tout temps, & que les prodigues ayent été privez de tous droits & privileges que les autres ont, par infinies loix des Romains ; toutefois d'autant que c'est un jugement d'importance, *Nam si quis me uti re mea prohibeat, injuria teneatur. l. 13. §. Si quis me ff. De injur.* il est requis certaine solemnité pour la declaration d'un prodigue : *neque ipso jure fit. l. C. de Curat. furio.* & ainsi faut qu'elle soit faite par le Juge avec connoissance de cause, *ut docet Paulus lib. 3. Sent. tit. 5. idque probat notabilis textus cap. Veritatis. De dol. & contum ext. & hoc modo Pompeïus Prætor Urbanus Q. Fabio Maxim. paternis bonis interdixit*, comme recite *Valere Maxime liv. 3. chap. 5.* A cette cause par Arrest donné en Audience du 27. Septembre 1570. une declaration de prodigalité de Jean de Montfaucon faite solemnellement par le Juge-Mage de Castelnaudary du matin au soir, fut cassée ; & ordonné qu'il seroit enquis de ladite prodigalité, & permis cependant audit Montfaucon arrenter ses biens.

ARR. II.

LE vingt-sixiéme jour du mois d'Août 1542. Arrest par lequel est faite inhibition aux Marchands, Corratiers & autres, de contracter avec les enfans mineurs & prodigues declarez, sans licence & autorité des pere & mere, tuteurs ou curateurs, ou autorité de justice, entre Pierre Ferrieres, François & Jean la Cause, & Pierre de saint Marc.

Rapeau. Lettres de rapeaux.

TITRE I.

ARR. I.

LE Lundy vingt-quatriéme Juillet mil cinq cens septante-deux en Audience entre un nommé George de Montfaucon de Borderia son Avocat, auroit requis que sa partie, attendu qu'il est de l'âge de quatre-vingts & dix ans, être reçû à presenter ses lettres de rapeau par Procureur; toutefois la Cour auroit ordonné que ledit Georges viendroit en personne les presenter dans trois semaines.

ARR. II.

LE vingt-uniéme Juillet mil cinq cens soixante-huit, par Arrest au barreau les lettres de rapeau de ban presentées par un nommé Rigail, interinées, & ordonné qu'il en joüira; lui faisant neanmoins inhibition & deffense de s'ingerer d'user jamais de son office de Notaire, ni d'autre office Royal, d'où peut être recüeilli que le Roy ne veut ni entend que sous prétexte dudit rapeau de ban, il soit pourveu aux honneurs ni office Royal.

Rapt.

TITRE II.

ARR. I.

EST memorable un fait jugé au Parlement de Toulouse par Maître Antoine Guibert de la Coste Conseiller en icelle, d'une fille de vingt-deux ans trouvée enceinte, & par son audition forcée violentement, concevant en ce conflit. On trouvoit étrange qu'une fille ou femme violée à toute force, peut concevoir si promptement, toutefois les Medecins consultez dirent que cela se pouvoit faire, & qu'en tel cas *voluntas cogi potest non natura, quæ semel irritata jungi voluptate fervescit, rationis & voluntatis sensum amittens*, & que cela se voyoit clairement aux chats & autres chagrins animaux, qui en criant, gratignant & mordant resistent à l'acte, & néanmoins conçoivent.

ARR. II.

LAurens Cotuli Compagnon Masson, demeurant serviteur avec Pierre de Moulins, commet rapt, & malverse avec Marie de Moulins fille de sondit maître, sous couleur de mariage :

dequoi accusé, par le Juge ordinaire il est condamné à mort. Ayant appellé en la Cour de Parlement il se rend impetrant Lettres de grace, disant avoir accordé avec ladite Marie la prendre à femme. Par Arrest du 18. Janvier 1558. il est debouté de l'effet de ses Lettres de grace, & condamné à perdre la tête, ce qui fut executé à saint George à Toulouse. Ledit Arrest est fondé sur ce que *Raptor non debet nubere raptæ ; & rapta à principio non videtur postea concensisse in matrimonium, sed potius in stuprum. Can. Placuit. 36. q. ult. Et quia in atrocibus criminibus in his quæ sunt mali exempli authoritas Regis non excusat. Can. nullus ibid. & Can. Omne 25. q. 1.*

SOUS COULEUR DE MARIAGE.] Contre les raps qui se commettoient ἐπ' ὀνόματι συνοικεσίου, *nomine Matrimonii* ; il faut voir le Canon 27. du Concile de Chalcedoine, & les remarques que fait là-dessus le docte *Bovcregius*.

ARR. III.

LE semblable fut jugé au Parlement de Paris, moy étant lors Conseiller en icelui, d'un Clerc qui avoit engrossé la fille d'un des sieurs Présidens és Enquestes d'icelle, lequel bien que allegant promesse de mariage, & que la fille soûtint le vouloir à mary ; & qu'elle avoit passé l'âge de 25. ans, & qu'en consequent lui étoit permis par la Loy *Qui liberos ff. De ritu nupt.* veu la negligence & peu de soin de son pere, de choisir & prendre mary ; neanmoins il fut condamné à être pendu, & l'executant le bourreau à la place de saint Jean en Greve par une émotion populaire fut recouvré, & le gibet coupé, & le bourreau fort offensé par la pratique de certains Clercs du Palais ses compagnons, en l'an mil cinq cens quatre-vingts trois.

PASSÉ L'AGE DE 25. ANS.] Il n'en faloit pas davantage pour mettre le Clerc à couvert du crime de rapt, si on eût consideré seulement l'âge de la fille, car il est certain qu'une fille majeure ne peut pas proprement être dite ravie, du moins à l'égard du rapt de l'Ordonnance, & non à l'égard du droit ; mais outre que cette fille étoit encore sous puissance de pere, d'ailleurs la qualité de domestique jointe à la bassesse de la naissance du Clerc, lui attirerent la peine qu'on lui fit subir comme coupable de rapt.

ARR. IV.

PAr Arrêt de la Cour de Parlement donné le dix-huitiéme de Janvier mil cinq cens cinquante-huit, un qui avoit violé quelque fille commise en sa garde, fut pendu, nonobstant que la violée consentît & requît le violateur à mary, suivant la disposition de la Loy *In l. un. C. de rapt. virg. In verbo* [*Nec sit facultas contra*] *Cap. fin. De rapt. virg.*

Ravissement de biens.

TITRE III.

ARR. I.

ARrêt que *in ablatis violenter stabitur juramento partis*, entre l'Evêque & Chapitre de Carcassonne, & un nommé Belissant, donné le 11. jour de May 1536.

Autre Arrest semblable que *in ablatis stabitur juramento partis*, entre Maître Michel de Pontaut, un nommé Planquet & autres Chanoines de Beaumont : donné le vingt-uniéme jour de Janvier mil cinq cens dix-neuf.

Reintegrement.

TITRE IV.

ARR. I.

HEnry par la grace de Dieu Roy de France & de Navarre ; au premier des Huissiers de notre Cour de Parlement, ou autre nôtre Huissier & Sergent sur ce requis, salut. Sçavoir faisons, que sur la plaidoirie faite en la Cour entre Maître Jean de Garaut sieur de Cumiers & de Montesquieu, Conseiller & Tresorier general de France au Bureau des Finances établi à Toulouse, demandeur en requête de renouvellement du délai du 21. Juin dernier, d'une part ; & Demoiselle Gabrielle de Rochefort, femme autorisée par justice au refus d'Arnaud de Roux, sieur de Sabarde son mari, deffenderesse & demanderesse en deux requêtes par elle presentées à nôtre dite Cour le vingt-neuviéme Juillet & ving-troisiéme Août ensuivant, tendantes à fin que toute Audience soit deniée audit de Garaut, jusques à ce que ledit Arrest de reintegrande donné au profit de ladite de Rochefort le quinziéme Juillet audit an, soit entierement executé, d'autre. Après que Talon pour ledit Garaut, Tubœuf pour ladite de Rochefort ont été oüis, & que notre dite Cour par Arrêt du vingtneuviéme Août dernier auroit ordonné qu'elle verroit lesdites requêtes & informations, & en delibereroit : Vûes icelles requêtes, & informations faites à la poursuite de ladite de Rochefort, procez verbaux de rebellions des deuxiéme Aoust & quatorziéme

Octobre 1600. & autres jours ensuivans faits par Maître Jean Catel & Jean de Rossel Conseillers au Siége Presidial de Toulouse; autres requêtes de lad. de Rochefort des sept & dix-septiéme Septembre & vingt-deuxiéme Novembre audit an: requête dudit Garaut du quatorziéme desdits mois & an : conclusions de notre Procureur general, & ce qui a été mis pardevant le Conseiller à ce commis : oüi son rapport, & tout consideré, Nôtre dite Cour, sans s'arrêter aux requêtes dudit de Garaut, a ordonné & ordonne que dans deux mois après la signification du present Arrêt faite à personne ou domicile, il fera executer ladite reintegrande, & jusques à ce qu'icelle de Rochefort soit remise en possession des terres mentionnées audit Arrest du 16. Juillet, toute audience sera deniée audit de Garaut ; & ayant égard aux conclusions de nôtre Procureur general, a ordonné & ordonne que Mathieu de Rochefort, & le nommé du Boyer seront ajournez de comparoir en personne en icelle nôtre dite Cour, & pour être oüis & interrogez sur le contenu esdits procés verbaux & informations, pour ce fait & communiqué à notre dit Procureur general, & conclusions par lui prises, être ordonné ce que de raison ; & dès à present condamne ledit de Garaut és dépens de ladite de Rochefort tels que de raison. Te mandons & commettons par ces presentes, qu'à la requête de ladite de Rochefort tu mettes ce present Arrest à dûë & entiere execution selon sa forme & teneur; contraignant à ce faire & souffrir tous ceux qu'il appartiendra. Commandons à tous nos Justiciers, Officiers & Sujets, à toi ce faisant obéïr. Donné à Paris le 9. Decembre 1600. & de nôtre regne le douziéme.

AUDIENCE SERA DENIE'E] *V. l'Ordonnance de 1667. tit. 18. art. 4.*

ARR. II.

Extrait des Registres de Parlement.

ENtre Maître François Paillaissa Prêtre & Recteur de Beduer, demandeur en excès, & requerant l'utilité de certains défauts & ajournemens à trois briefs jours lui être adjugez, le Procureur general du Roy joint à lui d'une part, & François Louis de Lostanges, sieur de Beduer, Marc de Cornely Sieur de Camboulie, un nommé la Garde, autre Larroussier, fils d'autre Larroussier

Larroussier, autre le Capitaine Malber, autre nommé le Capitaine Tic, autre Laverdure Suisse, autre Mene Fauconnier dudit de Lostanges, ajournez ausdits trois briefs jours, & défaillans, d'autre : Veu le procez, charges & informations, resomptions d'icelles, Arrests de la Cour des dix-neuviéme Avril mil six cens onze, & second de May dernier, autres Arrests dudit Conseil Privé du Roy, des un & troisiéme Decembre, & troisiéme Fevrier dernier, desd. ajournemens à trois briefs jours du dernier Fevrier, dernier défaut tillet du dix-neuviéme Juin, plaidoïez du cinquiéme du même mois de Juin dernier, demande sur l'utilité d'icelui ; requête remonstrative ordonnée être mise au sac le quatriéme du present mois, & autres productions par ledit Paillassa faites, ensemble le dire & conclusions du Procureur general du Roy. Dit a été que ladite Cour a declaré & declare lesdits deffauts & ajournemens à trois briefs jours avoir été bien & dûement faits, poursuivis & entretenus, & d'iceux a adjugé & adjuge tel profit & utilité audit Paillassa demandeur, qu'elle a condamné & condamne pour les cas resultans dudit procez lesdits de Lostanges, Cornely, la Garde, Larroussier, Tic, Laverdure, Malber & Mene défaillans, à le reintegrer des fruits decimaux & revenus de ladite Cure de Beduer à lui pris & perceux en l'année mil six cens onze, ou la legitime valeur d'iceux ; telle qu'il baillera par declaration : sur quoi ledit Paillassa sera creu à son serment ; & en outre en trois mil livres d'amende, moitié envers le Roy, & moitié envers ledit Paillassa demandeur pour ses dommages & interêts, en laquelle reintegration des fruits & amandes lesdits défaillans seront contraints par toutes voyes dûës & raisonnables, & par corps, le solvable pour l'insolvable, sans préjudice audit Paillassa de la plus ample restitution des fruits par lui pretendus ; pour raison dequoi ladite Cour a reçû & reçoit ledit Paillassa à plus à plein articuler, prouver & verifier lesdits faits concernans ladite expoliation & trouble à lui donné, mentionné en sadite requête, pour ce fait lui être dit droit ainsi qu'il apartiendra ; faisant ladite Cour inhibitions & défenses ausdits défaillans, & à tous autres, de ne troubler ni empêcher ledit Paillassa en la possession

& joüiſſance de ladite Cure, fruits, profits, revenus & émolumens d'icelle, à peine de la vie, & aux Parroiſſiens d'icelle Parroiſſe, de ne payer le dixme à autre qu'audit Paillaſſa demandeur, ou à ſes Fermiers & agens, ſur peine de cinq cens livres, & autre arbitraire, & des contraventions en ſera enquis par le premier Magiſtrat Royal. Si a fait & fait trés-expreſſes injonctions & commandemens à tous Senéchaux, Gouverneurs, Prevôts, leurs Lieutenans, Conſuls, Capitaines & autres Officiers du reſſort, & autres ſujets du Roy, de tenir la main à l'execution du preſent Arreſt, prêter aide, faveur & main forte ſi beſoin eſt, à peine de ſuſpenſion & privation de leurs charges, & de répondre audit Paillaſſa de tous dépens, dommages & interêts. Si a condamné & condamne leſdits défaillans aux depens de la cauſe envers ledit Paillaſſa demandeur, la taxe reſervée. Prononcé à Toulouſe en Parlement le 7. Juillet 1612.

TROIS MIL LIVRES D'AMENDE] *V. la nouvelle Ordonnance tit. 18. art. 6.*

Religieux.

TITRE V

ART. I.

LE Mardi 5. Avril 1605. aux Arreſts generaux de Pâques, par Arreſt prononcé par Monſieur de la Terraſſe, entre l'Abbé de Lezat, & le Sindic du Monaſtere, demandans reſpectivement la dépoüille d'un Religieux trépaſſé, ladite dépoüille fut adjugée audit Sindic, à la charge d'icelle employer aux reparations d'icelui Monaſtere, ou achat d'ornemens Eccleſiaſtiques.

LA DEPOÜILLE D'UN RELIGIEUX] Si l'Abbé de Lezat eût été Abbé Commendataire, la dépoüille du Religieux lui eût été adjugée à l'excluſion du Sindic du Monaſtere, ſuivant l'uſage de ce Royaume.

Rentes.

TITRE VI.

ART. I.

PAr Edit du Roy Henry II. du 26. Juin 1554. publié le 20. Novembre audit an, les rentes aſſiſes ſur maiſons des Villes cloſes, furent declarées rachetables au denier quinze: & ainſi a été jugé par pluſieurs Arrêts, même pour une rente aſſiſe ſur une maiſon en la ruë du Salin en Toulouſe, en faveur de Moncelly Procureur, contre Salvy Foreſtier le 28. jour de Novembre 1562.

ARR. II.

Extrait des Registres de Parlement.

ENtre le Sindic du Clergé de la Province de Toulouse, & des Dioceses de Commenge & Conzerans, suppliant & demandeur à ce que les Lettres patentes du Roy données à Paris le vingt-troisiéme Mars mil cinq cens septante-cinq pour le regard de la réponse faite au seiziéme article des remontrances dud. Sindic, en ce qui concerne le rachat des cens & rentes foncieres appartenans audit Clergé sur les maisons, édifices, jardins, marêts & places vuides situées en la ville de Toulouse, fauxbourgs d'icelle, & autres Villes desdites Provinces & Dioceses, ensemble les cinquante-sept, cinquante-huit & cinquante-neuf articles d'autres Lettres patentes données à S. Maur des Fossez le vingt-troisiéme Juin mil cinq cens quatre-vingt-six, concernant le rachat desdits cens & rentes foncieres soient verifiées és registres de la Cour, pour par led. Sindic joüir de l'effet & contenu en icelles d'une part; & les Sindics du païs de Languedoc & de la ville de Toulouse, opposans & défendeurs, & le Procureur general du Roy aussi défendeur d'autre. Veu les plaidez du 28. Juillet mil cinq cens quatre-vingts-cinq, lesdites Lettres patentes & articles contenant ledit achat desdits cens & rentes foncieres, Arrest de la Cour donné entre lesdits Sindics du Clergé & Sindics du païs de Languedoc & de ladite ville de Toulouse, du trentiéme Janvier mil cinq cens septante-sept: autre Arrest donné sur le registre desdites Lettres du vingt-troisiéme Juin 1586. pour le regard des autres articles y contenus, que desdites cinquante-sept, cinquante-huit & cinquante-neuf du douziéme Septembre dernier, extrait de deux autres Lettres patentes du feu Roy Henry II. octroyées audit Sindic du Clergé de ladite ville de Toulouse pour le fait du rachat desdits cens & rentes foncieres, données à Paris au mois d'Octobre mil cinq cens cinquante-six, & au mois de Février mil cinq cens cinquante-huit: autre extrait de Lettres patentes du Roy Charles dernier decedé, octroyées audit Clergé à même effet, du dix-septiéme Septembre mil cinq cens soixante-neuf; extrait d'autres Lettres patentes dudit feu Roy Henry second, octroyées au Sindic de la ville de Toulouse pour ledit rachat desdites cens & rentes foncieres appartenans audit Clergé, données à saint Germain en Laye le neuviéme Septembre mil cinq cens cinquante-trois ; extrait de la deliberation de ladite Ville de Toulouse du deuxiéme Octobre suivant ; extrait de Lettres patentes données sur ladite deliberation du vingt-sixiéme Juin mil cinq cens cinquante-quatre, publiées & registrées en la Cour le vingtiéme Novembre suivant ; autre extrait de Lettres patentes octroyées audit Syndic de la Ville de Toulouse par le feu Roy Charles, du vingt-huitiéme Juillet mil cinq cens soixante-trois ; Arrest sur la publication & registre d'icelle, donné entre le Syndic de ladite Ville, & le Syndic du Clergé du vingt-sixiéme Avril mil cinq cens soixante-quatre ; dires par écrit desdits Syndics du païs de Languedoc, & dudit Clergé, inserez aux plaidoyez dudit jour vingt-huitiéme Juillet mil cinq cens soixante-quinze ; dire par écrit dudit Sindic de la Ville, requête dudit Syndic du Clergé & de la Ville ; ensemble les dire & conclusions du Procureur general du Roy sur ce baillez par écrit. Dit a été, que la Cour ayant quant à ce égard à ladite requête, dire & conclusions dudit Procureur general du Roy, a ordonné & ordonne nonobstant chose dite & alleguée au contraire par lesdits Syndics du païs de Languedoc, & de la Ville de Toulouse, que les Lettres patentes dudit jour vingt-troisiéme de Mars mil cinq cens septante-cinq, pour le regard de la réponse faite au sixiéme article des remonstrances dudit Clergé, concernant le rachat des cens & rentes foncieres appartenans audit Clergé, sur les maisons, édifices, jardins, marests, & places vuides situées en la Ville de Toulouse & fauxbourgs d'icelle, & autres villes desdites Provinces & Dioceses ; ensemble le cinquante-septiéme article desdites Lettres patentes du vingt-troisiéme jour de Juin mil cinq cens quatre vingts six, concernant aussi le rachat desdits droits Seigneuriaux, cens & rentes foncieres, seront registrées aux registres de ladite Cour, pour par le Syndic du Clergé joüir de l'effet & contenu ausdites reponses au cinquante-septiéme article pour les droits & devoirs Seigneuriaux, cens & rentes foncieres audit Clergé, appartenans, non encore effectuellement rachetées ; & sans avoir égard au surplus de ladite requête, en ce qui concerne le registre requis desdits cinquante huitiéme & cinquante-neuviéme articles desdites dernieres Lettres, ordonne ladite Cour n'y avoir lieu du registre & verification requise d'iceux, & sans dépens de ladite opposition, & pour cause. Prononcé à Toulouse en Parlement le neuviéme jour du mois de Mars, l'an mil cinq cens quatre-vingts huit.

ARR. III.

RENtes ou pensions annuelles imposées sur certaines pieces, par achat ou autre contrat, que par emphiteose, bail ou infeodation de piece, sont rachetables à perpetuité, pour le prix & sommes qui sur elles sont imposées, comme a été jugé par plusieurs Arrêts au Parlement de Toulouse, même entre noble Gaspard de Flamin, Seigneur dudit lieu, mon oncle, d'une part, & Bernard Bonail licencié, & Jean Correge d'autre du 8. Avril 1551. Entre Maître Jacques des Mazes, & le Syndic des Prêtres du lieu de Seyrac, du 27. May 1551. Entre Hugues, & Guillaume Terondels, & Anne & Antoine Clausols du 24. May 1563. Entre le Syndic de l'Abbaïe de Bonaval, & Maître Estienne Bonnail Conseiller en la Cour, du dernier Aoust 1563. Entre Alexandre & Jean Azemar freres, & François Douillon sieur de Roquette du 30. May 1564. Entre Pierre Sicard & Bernard de Lamy Conseigneur du Cuq, du 7. Mars 1567.

ARR. IV.

LE 17. Avril 1544. en Audience de relevée ordonné par Arrest, que certaine rente achetée par le Chapitre de Lectoure, à raison de dix pour cent, seroit reduite à raison d'une livre de pension annuelle pour quinze livres d'achat, & seroit rachetable à perpetuité, entre certains Prêtres de Lectoure & Fraissine, lesquels sont aussi compris audit Arrest.

ARR. V.

PAr Arrest prononcé le neuviéme Mars mil cinq cens quatre vingts-huit, sur le rapport de Monsieur Resseguier, entre le Syndic du Clergé de la Province de Toulouse & des Dioceses de Commenge & Conzerans, suppliant en enterinement de certaines lettres patentes du vingt-troisiéme Mars mil cinq cens septante-cinq, & le Syndic du païs de Languedoc & de la ville de

Toulouse opposans : dit a été, qu'ayant égard à ladite requête, dire & conclusions du Procureur general du Roy, & chose deduite ou alleguée, nonobstant lesdites Lettres pour le regard du rachat des rentes foncieres appartenans audit Clergé sur les maisons, édifices, jardins & places vuides, situées en la ville de Toulouse & fauxbourgs d'icelle, seront registrées au registre de la Cour, pour joüir icelui Sindic du contenu en icelles. Cet Arrest est cy-dessus inseré au long.

ARR. VI.

ARrest du treize Juin mil cinq cens treize, entre de Levis & de Montcamp, & de Joyeuse, par lequel la livre de rente en censive est estimée trente-sept livres dix-sept sols, & de revenu à vingt livres, eu égard au temps de l'an mil quatre cens soixante-quatre sans justice.

ARR. VII.

LE douziéme Février mil cinq cens nonante-cinq, au rapport de Monsieur la Coste, fut jugé une rente constituée à prix d'argent n'être rachetable, encore qu'on ait cessé à payer icelle par deux ans, entre Fredaud & Guibhel, non plus que d'une pension constituée, ou d'une rente fonciere: parce que *facta est perpetua ab alienatio sortis.* Et parce que par aucun Edit ni Ordonnance faite sur la Constitution desdites rentes telle chose n'est permise, nonobstant les Arrests du Parlement de Toulouse, car ils parlent des rentes constituées en espece de bled & vin, reduites par lesdits Arrests en argent, & aussi par provision, jusqu'à ce qu'autrement par le Roy en soit ordonné, s'en étant aprés ensuivi Edit du Roy verifié, ne contenant ladite faculté.

D'UNE RENTE FONCIERE] Il est bon d'avertir que d'Olive *au chapitre 1. du livre 2.* a avancé une fausse doctrine en soûtenant que la nouvelle rente, établie avec tous droits Seigneuriaux sur un fonds allodial, par celui qui le possede & qui le retient devers soi, devoit être jugée fonciere : car il est certain qu'elle ne peut être jugée que volante, quoy que *nomine tenus*, elle puisse être qualifiée rente fonciere, cette qualité étant donnée aux simples cens, sans la qualité d'emphyteose, qui neanmoins ne laissent pas de se resoudre en constitution de rente. Et ce qui rend même d'Olive moins excusable est, que l'Arrêt qu'il allegue pour appuyer son sentiment, dit precisement le contraire de ce qu'il met en avant ; j'ay pris le soin d'en avoir un extrait, qui fait foy, que Jean Brouzet Bourgeois de la ville de Sauve, ayant relevé appel d'une Sentence donnée par le Senéchal de Montpellier au profit de Joseph d'Avillens, sieur de Masarbal, il demanda par Lettres incidentes d'être reçû à demander cassation & rejection de certaines reconnoissances, comme aussi à faire le rachat de la rente imposée sur certaine metairie de Falcon, par acte de l'an 1458. duquel acte il remit un extrait; sur quoy par Arrêt du dix-neuviéme du mois d'Août 1634. il fut ordonné avant faire droit sur l'appel & lettres de Brouzet, en ce qui concernoit la rente d'un sétier bled froment, faisant partie des quatorze quartes bled portées par ladite Sentence, & dû sur le mas de Falcon, dont mention étoit faite en l'acte du 2. d'Octobre 1458. que dans trois jours après la signification de l'Arrêt, le registre, duquel l'extrait dudit acte avoit été tiré, seroit remis, pour ce fait être ordonné ce qu'il appartiendroit; & en tout le surplus sans avoir égard ausdites lettres, l'appellation fut mise au neant, & ordonné que ce dont avoit été appellé sortiroit à effet, à la charge que la condamnation des arrerages adjugez par ladite Sentence audit d'Avisens, n'auroit lieu que depuis l'introduction de l'instance. Or que cet Arrêt fasse contre l'intention d'Olive; c'est ce qui s'induit de ce qu'il fut ordonné que le registre, duquel l'extrait produit avoit été tiré, & où la constitution de rente étoit inserée, seroit remis. Il est constant que c'étoit pour voir si l'original étoit conforme, car autrement on n'auroit pas eu égard à la demande en rachat de ladite rente; & sans passer par cet interlocutoire l'on auroit declaré la rente fonciere, & condamné Brouzet aux arrerages depuis vingt-neuf ans; & d'effet la condamnation de la rente ne fut adjugée que depuis l'introduction de l'instance. Il est donc vrai de dire que ladite rente ne fut pas declarée fonciere, mais volante & constituée à prix d'argent.

ARR. VIII.

ENtre Jean Renaud appellant comme d'abus des Presidiaux de Carcassonne, contre Thomas Savel appellé, par Arrest prononcé le neuviéme Février 1561 sur l'emprisonnement fait en la personne dudit Renaud pour le pied d'un cartonage & arrerages declaré abusif, ordonné que ledit Renaud seroit élargi avec dépens; l'appellé privé des arrerages, sauf à faire execution comme il appartient.

Requête Civile.

TITRE VII.

ARR. I.

SUr les remontrances faites par les gens du Roy, de ce que sous pretexte de l'Ordonnance faite à Moulins, par laquelle est porté que les Lettres en forme de requête civile obtenuës contre les Arrests donnez sur productions au Conseil, ou procez par écrit, ne seroient plaidées en Audience publique, que premierement elles n'ayent été communiquées aux gens du Roy ausd. fins, & comme plus à plein est contenu en ladite Ordonnance; de peu de temps en çà l'on auroit pris coûtume communiquer aux gens du Roy tous les procez & productions des instances des requêtes civiles, pour bailler par écrit; jaçoit que le Roy n'y ait interêt, sinon pour requerir l'amende, & qu'il n'y ait aucune ordonnance qui le porte ainsi, à quoi ils ne pourront vaquer pour la grande multiplication de telles instances de requêtes civiles, & affluences d'autres infinis affaires d'importance, dependans de leur charge, desquels ils seroient distraits par ce moyen. Outre que de là provient grand retardement & longueur en l'expedition desdites causes, & procez de requêtes civiles, & interêts des parties plaidans. La Cour eu égard ausdites remontrances, & pour autres considerations à ce la mouvans, a ordonné & ordonne que d'oresnavant ne sera faite communication aux gens du Roy des procez desd. instances de requêtes civiles, & ils ne seront chargez bailler par écrit en icelles, sinon en cas qu'il seroit allegué faute des Juges, qui auroient assisté & opiné ausdits Arrests donnez & intervenus en même fait & cause, & entre même partie, ou bien és causes & matieres où le Roy auroit interêt autre, que pour requerir l'amende indicte par les ordonnances contre les impetrans de telles Lettres, au cas ils en seroient demis, ou bien en faits ausquels en autres instances & qualitez, il est besoin & de coûtume selon les ordonnances & stile, faire communication aux gens du Roy; neanmoins ordonne aussi que les impetrans desdites Lettres seront tenus faire exprimer en icelles la date desdits Arrests, esquels pretendront avoir contrarieté, & tous les faits & moyens qu'ils presupposeront avoir pour être restituez en entier contre les Arrests. Et ne pourront iceux impetrans sur la presentation desdites Lettres par leurs plaidoyez, ou autrement en instances qui sur ce seront introduites les deduire, & ne sera eu égard à autres points ou moyens de restitution en entier, sinon à ceux qui seront compris & mentionnez esd. Lettres.

COMMUNICATION AUX GENS DU ROY] *V. l'Ordonnance de 1667. tit. 35. art. 34.*

ARR. II.

MOnsieur l'Avocat general Durand auroit remontré à la Cour que c'étoit un grand scandale à la Justice de voir les Requêtes civiles autant frequentes que les Lettres d'appel, ce qui provenoit de l'avarice des Procureurs & Avocats, qui sans grande deliberation conseilloient les impetrations de telles Lettres; occasion dequoi requier inhibition & deffense être faite aux Procureurs, de ne minuter ni mettre aucunes Lettres de Requêtes civiles sur le le ſeau, ſans qu'au prealable icelles fuſſent conſultées par les Avocats, & qu'au jour de la preſentation ils euſſent en main la conſultation pour l'exhiber s'ils en étoient requis.

La Cour a fait inhibition & deffenſe aux Procureurs mettre aucunes Lettres en retractement d'Arreſts ſur le ſeau, qu'elles n'ayent été conſultées par les Avocats, & en ayent la conſulte ſignée en main. Si a enjoint auſſi aux Avocats bien & fidellement en ce conſulter leurs parties & garder leur ſerment. Or les requêtes civiles étoient en ce temps ſi odieuſes, que ſi par la lecture d'icelles elles étoient trouvées inciviles, les impetrans en étoient démis avec dépens & l'amende envers le Roy.

CONSULTE'ES PAR LES AVOCATS] La nouvelle Ordonnance ſe trouve conforme en l'art. 13. du tit. 35. Elle veut même que la conſultation ſoit ſignée de deux Avocats, & de celui qui aura fait le rapport. La même precaution a été priſe pour empêcher la frequence des appellations comme d'abus; car par l'Edit d'Henry IV. verifié en 1606. il fut ordonné qu'aucun ne ſeroit reçû à plaider un appel de cette nature que ſon Avocat ne fût aſſiſté de deux autres à la plaidoirie: & parce que cet Edit ne fut pas *in viridi obſervantiâ*, le Clergé en l'année 1635. s'étant plaint au Roy de la multitude des appellations comme d'abus, le feu Roy en ſa réponſe au ſeiziéme article du cayer qui lui fut preſenté pour cet effet, ordonna entr'autres choſes, que l'appellant rapporteroit une conſultation des Avocats pour reconnoître ſi l'abus étoit tel qu'on le preſuppoſoit. Il faut encore prendre garde, que les Avocats qui auront ſigné la conſultation, laquelle doit être attachée aux lettres de requeſte civile, ſoient non ſeulement du même Parlement où a été donné l'Arreſt, contre lequel on ſe pourvoit, mais même qu'ils ſoient du nombre des anciens. La premiere condition s'induit viſiblement de l'art. 30. dudit titre 35. & cette induction ſe tire doublement; car outre qu'il y eſt parlé de l'uſage de les faire trouver en Audience, on doit encore declarer leurs noms; ce qui fait voir qu'ils ne doivent pas être des perſonnes inconnuës, autrement ſi ces Avocats étoient d'un autre Parlement, leurs noms & leurs ſeings pourroient être également inconnus & ſuppoſez; outre que bien ſouvent chaque Parlement a ſa maniere de juger, & qu'ainſi il faut conſulter des Avocats qui ayent connoiſſance de l'uſage qu'il faut ſuivre, & qui pourroit être inconnu à des Avocats étrangers. Pour ce qui regarde la ſeconde condition, elle eſt fondée ſur ce que l'âge avancé des Avocats leur ayant dû acquerir des lumieres & des connoiſſances que les jeunes ne peuvent pas avoir à cauſe qu'ils ont moins d'experience, leur capacité doit être d'un aſſez grand poids pour perſuader, ou du moins pour faire preſumer aux Juges qu'il y a quelque lieu de recourir au remede extraordinaire de la requête civile. Au ſujet duquel remede il y a encore deux conſiderations à faire; la premiere qu'autrefois les requêtes civiles n'étoient guere bien reçuës contre les Arrêts contradictoires donnez en Audience publique, *nihil erat in rebus publicè judicatis innovandum*, & elles n'étoient regulierement reçuës que contre les Arrêts donnez par écrit, ce que l'art. 61. de l'Ordonnance de Moulins ſemble autoriſer. La ſeconde conſideration gît, en ce que les matieres criminelles & les requêtes civiles ont toûjours été regardées comme des monſtres dans le Palais, quand mêmes elles ſeroient fondées ou ſur ſurpriſe ou ſur nullitez intervenuës en l'Arrêt, & quant au fonds il s'agiroit d'un aſſaſſinat. Ainſi le nommé Lauſerouge Procureur en ce Parlement, & accuſé de ce crime, ayant été relaxé parce qu'il eut l'adreſſe de ſuppoſer une inquisition à la place de la veritable, la partie civile ayant produit la veritable inquisition dans les suites, & aprés s'être pourvûë contre l'Arrest de relaxe de Lauserouge, elle eût beau faire valoir le moyen de requête civile qu'elle tiroit de ladite supposition; Par autre Arrest donné en l'année 1628. en la Chambre de la Tournelle, aprés y avoir eu partage en Audience, elle fut demise de sa requête, sauf qu'il seroit enquis de la supposition. Ce même Parlement, une douzaine d'années aprés, donna un pareil Arrest en l'Audience de la même Chambre le 18. May 1639. Me. Parisot plaidant; il étoit aussi question en l'espece de la cause d'un assassinat. Le Parlement de Paris a été plus severe que celui de Toulouse dans sa maniere de juger. *V. le Journal des Audiences liv. 5. chap. 26. Le Journal du Palais tom. 2. page 548. Les Docteurs sur la Loy 1. ff. de quæst.* & la distinction que fait sur ce sujet, entre relaxer une partie, & mettre les parties hors de cour & de procez, le President Faber *Cod. liv. 9. tit. 2. en la premiere note sur la defin. 4.*

ARR. III.

LE vingt-sixiéme Octobre 1590. au rapport de Monsieur Ambés fut jugée une Requête civile. Le fait est que le sieur de S. Germain ayant relevé appel du Senéchal du Puy, son libelle appellatoire est baillé en communication à Belhomme Procureur de l'appellé, lequel poursuit le jugement du procez, si que la Cour sans voir ledit libelle appellatoire met l'appellation au neant, avec dépens. Sur ce est fondée la requête civile dudit sieur de S. Germain; & bien qu'au fonds il ne fût point bien fondé, & la Cour eût jugé le mêmes, encore qu'elle eût vû le libelle apellatoire; ce neanmoins lesdites Lettres en forme de Requête civile furent interinées, & les parties remises en l'état qu'elles étoient auparavant ledit Arrest; & pour la faute & contravention au stil commise par led. Belhomme, il fut condamné aux dommages & interêts soufferts par sa partie, & en deux écus d'amende envers le Roy.

SANS VOIR LE LIBELLE] J'ay trouvé dans les memoires de Mr. l'Avocat general Rozel, que le 15. Mars 1610. le procez pendant en la Chambre entre le nommé Vincent Marchand de profession, & le nommé Blanc hôte de Gignac, fut reveu, à cause qu'on avoit oublié une piece par la faute du Greffier, & qu'il fut attesté par Monsieur d'Ouvrier, l'un des Juges, qu'à Toulouse un procez ayant été jugé, où le Rapporteur avoit oublié d'extraire la principale clause d'un testament, étant ensuite l'Arrest dressé mais n'étant pas signé, ni n'ayant pas été prononcé, le procez fut verifié & reveu par les mêmes Juges, & qu'on jugea le contraire de ce qui avoit été deliberé.

Rescision de Contrats.

TITRE VIII.

ARR. I.

AU mois de May 1591. au rapport de Monsieur Catel. Le fait est qu'aprés l'invasion de la ville de Cahors faite par le

Roy de Navarre en l'an 1580. les Prieur & Religieux Chartreux d'icelle Ville étans faits prisonniers furent contraints bailler tant pour leur délivrance que pour garder que les édifices de leur Monestere ne fussent ruinez, comme furent les autres Convents, qui ne voulurent rien donner ni promettre aux Heretiques, étant la Ville remise en l'obéïssance du Roy par le moyen de l'Edit de paix, aprés que les Catholiques furent de retour en icelle, les Prieur & Religieux du Couvent des Chartreux de Cahors pour se pouvoir acquitter desdites sommes qu'ils auroient empruntées à interêts de l'avis des principaux Habitans de ladite Ville, & par permission & consentement tant de l'Evêque de Cahors que du Prieur de la grande Chartreuse, General de leur Ordre, baillent en arrentement perpetuel & à nouveau fief à Giron ou Jerôme Adine Bourgeois dudit Cahors, la fôrêt & metairie appellée d'Arbrelong prés le lieu de Vaillac en Quercy sous le cens & rente perpetuelle de soixante quartes froment, & vingt quartes avoine, mesure de Cahors, & trente-cinq écus annuellement, le tout porté audit Couvent aux dépens dudit Adine, avec droit de lods & ventes, acaptes & rierecaptes, jusques à la somme de quatre écus, & autrés droits Seigneuriaux; & pour les entrées icelui Adine promet bailler la somme de deux mille écus sol pour acquittement des obligations contractées par ledit Couvent. Suivant ce contrat Adine paye ladite somme de deux mille écus aux Creanciers dudit Monastere, & paye aussi ladite rente convenuë depuis le bail qui fut fait en l'année mil cinq cens huitante-un, jusques à l'année mil cinq cens nonante, qu'étant actionné pardevant Messieurs tenans la Chambre des Requêtes en condamnation de ladite rente pour icelle année 1590. il impetre Lettres Royaux en cassation & resolution dudit contrat de bail à nouveau fief, disant qu'il a été lezé outre moitié de juste prix; car il dit que ladite forêt & metairie au meilleur temps & fertilité ne sçauroit rendre plus haut de deux cens livres, où la rente qu'il s'est chargé de payer revient à quatre ou cinq cens livres. Au contraire le Syndic des Chartreux insiste à fins de non recevoir. Par Jugement est ordonné que sans préjudice desdites fins il deffendra: dequoi ayant ledit Syndic relevé appel, par Arrest l'appellation & ce dont avoit été appellé sont mis au neant, & ledit Sindic est relaxé. Doncques la Loy 2. *cod. de rescind. vend.* n'a point lieu en contrats d'infeodation ; si l'Emphiteote sous pretexte de lezion se pouvoit départir du contrat, il faudroit donner même faculté au Seigneur direct, ce que toutefois on ne fait pas, & ne seroit pas recevable le Seigneur qui demanderoit cassation du contrat *ex cap. lesionis* ; à moindre raison l'Emphiteote, lequel si la rente est trop grande & excessive, est quitte en guerpissant & faisant délaissement du fonds. *Gl. in* §. *Omnes filii in verbo* (*Omnes*) *ibi, vel si gravari sentit, relinquat feudum si de feudo defuncti contentio sit. In usibus feudorum.*

Impetre lettres royaux] Les dix ans accordez par les Ordonnances Royaux courent utilement, nonobstant l'impetration des lettres Royaux, si elles n'ont pas été signifiées pendant ce temps là ; parce que la seule impetration ne suspend pas le cours de la prescription, mais bien l'exercice de l'action en restitution, ce qui ne peut pas se faire sans la signification, laquelle introduit l'action. Le Parlement de Grenoble a même jugé par son Arrêt donné au rapport de Mr. de la Pierre le 18. Decembre 1669 en faveur de Mre. Gaillard Guiran, trés-docte Conseiller au Presidial de cette Ville, contre Claude Ravanel du lieu de Mandüol Magdelaine de Clement & Marie Ravanel, que l'interpellation pour le rescisoire n'étoit pas un moyen legitime pour interrompre le cours du rescindant ; quoy que plusieurs Docteurs de ce Royaume ayent pretendu, que comme le rescindant interrompoit la prescription à l'égard du rescisoire, celui-cy de même l'interrompoit à l'égard du rescindant ; à l'exemple des actions personnelle & hipothecaire, qui étans compatibles, interrompent l'une pour l'autre la prescription, *quasi videatur actor jus omne suum in judicium deduxisse. L. si ex multis. C. de Annal. exceptio.*

Le Seigneur qui demanderoit] Il en faut excepter l'Eglise & le Mineur, qui peuvent se faire restituer en entier pour un contrat d'infeodation. *V. la suite tit. 68. arr. 1. le traitté des droits Seigneuriaux chap. 1. art. 32. & Maynard liv. 3. chap. 62.*

Retour.

TITRE IX.

Arr. I.

LE 26. Juin mil cinq cens huitante-deux, par Arrest à Toulouse fut ordonné que la dot constituée par la mere retournoit à ladite mere, la fille premourant sans enfans, bien que ladite fille eût fait testament, *idque ex leg. 2. cod. de bon. quæ liber. quæ licet vulgo interpretetur de patre, habet etiam locum in matre quæ dotem constituit.*

Retournoit] Dans le ressort de ce Parlement le droit de retour n'est pas limité au pere seul ; mais il a été étendu à tous les ascendans, aux meres, freres, sœurs, oncles & tantes de sang. On pourroit même soûtenir à l'égard de la dot qui fait retour, que quoi que regulierement le mary ait l'an pour rendre la dot, consistant en argent; toutefois cela devroit souffrir exception au cas d'une telle dot, parce que le retour se fait *per consolidationem*, & que celui qui a droit de retour est plus favorable que la femme, ou ses heritiers, qui repetent la dot. Sur cette matiere il y a eu des Arrêts contraires une infinité de fois, & il seroit bon qu'il s'en donnât un general, pour sçavoir avec certitude quel parti il faut tenir; quoi qu'il ne faille pas dissimuler que Despeisses n'est pas le seul Docteur qui tienne, que le mary à l'an contre celui qui demande le retour.

ARR. II.

A Eté parti en trois Chambres si la dot constituée par la mere est sujette à retour, decedant la fille sans enfans; & a jugé qu'oüy *per l. Quod scitis cod. de bon. quæ liber.*

Revendeurs.

TITRE X.

ARR. I.

LA Cour fait défense aux Revendeurs de Toulouse de se trouver aux inquans publics, ni y faire aucune surdite par eux ou par personnes interposées, ou aux Inquanteurs leur tenir la main, sur peine du foüet, par Arrest du quatriéme jour de Decembre l'an mil cinq cens quatre vingts-sept, entre Antoine Benezet & Gaudé.

ARR. II.

ARrest du quatorziéme Fevrier mil cinq cens cinquante, contenant prohibition aux Revendeurs & Revenderesses de vendre aucuns merlus, merlusse, saumon, tonine ni autres poissons moüillez és ruës & places publiques ou maisons privées, ni ailleurs qu'aux lieux à ces fins ordonnez & destinez.

V. le Livre 1. *tit.* 29.

Rigueurs.

TITRE XI.

ARR. I.

ARrest en Audience entre Maître Laurens Tabard & Pagés le douziéme Juillet mil cinq cens quarante-trois, par lequel le Notaire pour avoir expedié Lettres de rigueur pour trois livres, est condamné en amende, & inhibition de ne dépecher telles Lettres ou autres contrarians aux Ordonnances, & qui ne soient signées du Juge; & c'est suivant l'Ordonnance faite sur le fait de la Justice au païs de Languedoc, par laquelle est prohibé n'exposer clameur pour moindre somme que de dix livres.

QUE DE DIX LIVRES] C'est suivant l'art 104. des Ordonnances que Charles VIII. fit à la requête des gens des trois Etats de cette Province, & qui furent publiées le 27. Avril 1490. depuis lequel temps on observe exactement en la Cour du Juge des Conventions Royaux de Nismes, qui est un Juge de rigeur, qu'un creancier ne peut pas exposer clameur pour moindre somme que de dix livres.

Rivieres.

ARR. XII.

ARR. I.

Extrait des Registres de Parlement.

ENtre Maître Antoine de Paule Conseiller du Roy en la Cour, suppliant & demandeur d'une part; & Maître Rigaud Ouvrier Avocat en la Cour, deffendeur d'autre, Drulhe pour ledit de Paule, &c. Vedel pour ledit Ouvrier, & de Teronde pour Messire N. Cardinal de Medon Archevêque de Toulouse, &c. Deigua pour le Procureur general du Roy, comme à plein est contenu esdits Registres: La Cour euë deliberation, sans préjudice de l'Arrest, & sans retardation de l'execution d'icelui, auquel est enjoint audit de Paule & autres proprietaires dudit moulin, obéïr entierement dans un mois prochainement venant, à peine de Confiscation d'icelui moulin, ayant égard à la requisition du Procureur general du Roy, & attendu l'évidence du dommage & incommodité publique avenant ordinairement par les inondations & debordemens de ladite riviere de Giron, à faute de suffisante largeur & profondité des canaux d'icelle riviere, & des écluses des moulins situez sur icelle riviere: a ordonné & ordonne que tous ceux qui tiennent de preds & terres sises au long de ladite riviere, seront tenus faire élargir & profonder le canal principal du cours & passage de l'eau és lieux & endroits, & en la maniere qu'il sera avisé être expedient par experts, qui à ce seront élûs par le Commissaire à ce deputé, y appellez ceux qui tiennent lesdites terres & preds; ausquels la Cour enjoint de faire diligemment ledit élargissement & profondeur chacun à l'endroit de sesdites terres & preds, ausquels pour supporter partie des frais necessaires audit ouvrage, sera faite contribution par les prochains voisins & ayans terres contiguës, & rapportans commodité dudit élargissement, de telle somme & quottité raisonnable, que par lesdits experts sera justement taxée selon la quottité des terres, & commodité revenant à ceux qui tiennent lesdites terres, & voisins, lesquels élargissemens & approfondissemens dûëment faits soient cy-aprés par ceux qui tiennent lesdites terres, maintenus & entretenus en l'état qu'il appartient. Et pareillement enjoint aux autres proprietaires & tenanciers des moulins situez sur ladite riviere, de reduire les écluses, canaux & paissieres d'iceux moulins en tel état que par ce moyen les chemins, les passages publics, & les terroirs prochains ne soient gâtez, empêchez ou incommodez: Et d'autant qu'en la riviere de Lers aviennent aussi tels ou plus grands dommages & incommoditez notoires à cause de semblable faute, negligence & empêchemens, fait la Cour pareille injonction que dessus aux tenanciers & proprietaires des terres & preds au long de ladite riviere de Lers, & aux proprietaires des moulins situez sur icelle: enjoignant aussi aux Capitouls de Toulouse, en ce qui est dans le Gardiage de la Ville, executer diligemment & faire accomplir & entretenir ce dessus. Et en outre en ce qui concerne autre requisition faite par le Procureur general du Roy, pour raison de la contravention à l'Arrest donné par la Cour contenant l'autorisation de la deliberation faite par les gens des trois Etats du païs de Languedoc, sur le fait des pâturages, a fait & fait inhibition de ne contrevenir audit Arrest, & ne mettre ou faire mettre aucun bêtail és preds sans licence & permission expresse de celui ou ceux à qui appartiennent lesdits preds & terres, à la charge qu'ils seront tenus y faire planter nombre suffisant de saules, peupliers, ormes & autres arbres pour la commodité du chauffage: faisant inhibition à tous de ne les faire couper ou arracher, sur peine du foüet & autre peine corporelle; Et enjoint aussi ausdits Capitouls & autres Juges, Consuls & Magistrats, faire faire lesdites injonctions & prohibitions respectivement par proclamation publique, & les faire entretenir & observer chacun en son endroit. Fait à Toulouse en Parlement le treiziéme jour du mois de Février mil cinq cens cinquante-trois.

Sequestres.

ARR. I.

SUr le rapport entre le Sindic du Clergé du Diocese de Toulouse, la Cour fait deffenses à tous Receveurs, Commis & exacteurs des deniers Ecclesiastiques, d'iceux mettre és mains des Sequestres, que ne soint Catholiques, & ceux qui qui y ont été mis leur seront ôtez. Prononcé le 24. jour du mois de Janvier l'an 1584.

Serment.

TITRE II.

ARR. I.

LE vingt-sixiéme Novembre mil cinq cens nonante, au procez de Florie & Gorson appellans du Senéchal du Puy contre Louïs Valet, fut jugé que la partie qui a deferé le serment decisif, peut revoquer la declaration *re integra*, & le prouver par témoins suivant la Loy *Si quis jusjurandum. C. de reb. cred.*

ARR. II.

DU Jeudi aprés Pâques dix-septiéme Avril mil cinq cens soixante-un, *debitor qui cautionem debiti penes se habebat*, fut condamné, *quamvis honestæ vitæ esset*, à jurer sur le fait que le creancier lui mettoit sus, sçavoir comment il n'avoit point payé, combien que le billet fût *penes ipsum debitorem*; & Mansencal President remontra, *quod quamvis præsumptio sit pro debitore quod solverit, si penes ipsum cautio debiti reperiatur, hoc intelligendum est si nec vi nec dolo penes debitorem cautio illa esset, dicatur.*

Penes ipsum debitorem] Quand méme le billet se trouveroit rompu en divers endroits; parce que le debiteur peut l'avoir fait lui-méme pour en faire induire une deliberation en sa faveur. Il est vrai que ces circonstances servent de presomption pour le debiteur; mais outre que la presomption doit ceder à la verité, laquelle se découvre par le serment, qui est comme le pre'oir de la conscience; d'ailleurs il est certain que le creancier peut prouver que le billet est tombé, sans son fait, entre les mains de son bebiteur, & qu'il lui a été enlevé, de sorte que pouvant étre admis à une telle preuve, pourquoi seroit-il exclus de la delation du serment.

ARR. III.

LE cinquiéme jour de Mai mil cinq cens quatre vingts-six, au rapport de Monsieur Massas fut conclu qu'aprés qu'une qu'une partie a fait son enquête, il n'est recevable à deferer le serment à sa partie des faits sur lesquels il enquête. *arg. l. 2. Ext. de probat.*

* N'EST PAS RECEVABLE.] Il est certain que cet article est mal conçû, & que l'Auteur a voulu dire, que celui qui a fait son enquête n'est pas tenu de jurer sur les faits sur lesquels il a enquêté; que cela ne soit, l'Auteur établit le préjugé qu'il rapporte sur le chapitre second *de probatio*, qui decide seulement, suivant le sommaire qu'on en a fait que *actor qui planè probavit non potest compelli jurare*, à cause qu'il a son intention fondée sur les dépositions de ses témoins, *nec desunt legitimæ probationes, & causa est satis liquida*, ce qui le doit exempter de la prestation du serment qui lui est deferé par le deffendeur à l'enquête. S'il faloit concevoir la chose d'une autre maniere, outre que la consequence tirée de la disposition dudit chapitre second, seroit prise à contre-sens; d'ailleurs on tomberoit dans ce sentiment erroné, que le demandeur, qui n'a pas peu prouver son fait, ne pourroit pas deferer le serment à sa partie, ce qui est contraire au bon sens, & même à l'esprit de la Loy, laquelle veut qu'en défaut de preuve on puisse deferer le serment, *arg. l. tutor. l. cum de indebito. §. in omnibus l. eum qui ff. de jurejur. l. ult. Cod. de fideic. ubi argumenta & testimonia deficiunt* [disoit autrefois Donatus sur l'Hecyra de Terence *Act. 4. Sc. 4. ibi jurejurando opus est, & id est*, ajoûte-t'il, ἀτεχνῶς πίστις: sur quoi l'on peut voir Fachinæus *controvers. lib. 1. cap. 19.* & Boerius *decis. 9*. quoiqu'il en soit, & pour revenir à ce qui a été cy-devant établi, que celui qui a prouvé par une bonne enquête le fait par lui mis en avant, ne doit pas être tenu de jurer, on peut demander, si nonobstant cette doctrine, qui est très-veritable à l'égard du serment decisoire, s'il s'en faut tenir à ce que dit Masüer sur sa pratique de Ferrarius, *in forma juramenti quod præstatur à parte parti. §. quoniam mixtorum remedium verb. justæ causæ.* On peut obliger celui qui a fait son enquête, de jurer cathegoriquement, c'est ce qui ne souffre point de difficulté dans l'usage de toutes les Cours de ce Royaume depuis la publication de l'Ordonnance de François I. de l'an 1539. qui porte en l'article 37. que les parties pourront en tout état de cause, se faire interroger l'une l'autre: car quoi que l'on peut alleguer que cela doit être entendu *habilis potentia*, c'est-à-dire si l'état de la cause n'y fait pas obstacle, & qu'il permette qu'on puisse faire jurer, comme lors que celui à qui le serment est deferé, n'a pas fait son enquête: toutefois il est constant qu'il faut indistinctement subir l'interrogatoire. *Primò*, parce que l'Ordonnance ne distingue point. *Secundò*, parce qu'elle parle de toutes les parties en ces termes, *l'une l'autre. Tertiò*, parce qu'il est considerable que dans les articles immediatement precedens, elle parle de la fonction des enquêtes, & par-là elle fait induire que l'intention du Legislateur étoit que nonobstant les enquêtes faites, les parties pourroient se faire interroger l'une l'autre, laquelle induction me paroit d'autant plus forte, qu'il est encore à observer que cet article 37. commence ainsi, *Et neanmoins permettons, &c.* comme si le Legislateur avoit voulu dire, quoi que les parties ayent enquêté, nous voulons neanmoins qu'elles se fassent interroger l'une l'autre.

ARR. IV.

ARrest de consequence de ne recevoir serment decisoire pour le debiteur, où il y a instrument, garantie & dette, laquelle n'est faite deposite; prononcé entre Antoinette de Costin veuve de feu Jean Dariole Chevalier sieur de Rossillon, appellant du Senéchal de Quercy au Siege de Rossillon d'une part,

& Maître Robert de Gontaut Prieur de saint Lienard appellé ; le Mardy 7. jour du mois de May l'an 1588. de relevée en Audience.

POUR LE DEBITEUR] On ne doit pas obliger un creancier de jurer sur la verité de l'obligation, & si le contenu en icelle est dû, pourveu qu'elle porte réelle numeration des especes, & que le debiteur les a reçûës au veu du Notaire & des témoins numeraires de l'acte ; la raison en est, qu'outre qu'il faut toûjours presumer pour le contrat, d'ailleurs le contrat *est probatio probata* ; c'est ainsi que la question a été souvent jugée. Il est vray que souvent aussi on ordonnoit d'office que le Notaire, ensemble les témoins numeraires, seroient oüis pardevant le Commissaire, qui à ces fins seroit deputé ; mais par la même raison qu'un creancier n'est pas tenu de jurer au cas cy-dessus exprimé, il s'ensuit qu'il y est tenu, lors que l'obligation ne contient qu'une simple confession d'avoir cy-devant reçû, ou lors qu'elle a été passée *ob turpem causam*, quand même en ce dernier cas elle seroit conçûë pour argent réellement prêté.

ARR. V.

DArdaillon Procureur à la Cour, étant obligé par instrument envers Lazare Germinot en vingt-deux écus ; soûtient n'en avoir reçû que vingt, requerant que ledit Germinot soit tenu jurer sur ledit fait : ledit Germinot insiste au contraire, veu son contrat. Par notre Jugement ordonnons que ledit Germinot levera la main, le huitiéme Novembre mil cinq cens nonante-trois. Il en appelle. Par Arrest du 23. Mars mil cinq cens nonante-quatre, le Jugement est reformé, sans dépens, & dit n'y avoir lieu de jurer ; à quoi la Cour fut émûë, vûë la modicité de la somme & qualité dudit Germinot Docteur & Avocat ; outre la foi & autorité du contrat.

ARR. VI.

LE septiéme jour du mois de Mars mil cinq cens septante-trois à la Tournelle, Arnaud Seres defere le serment à N. Perés Marchand de cette Ville, pour vuider le differend qui étoit entr'eux à jurer sur les reliques de saint Antoine, en l'Eglise de saint Bertrand de Lezat. Perés offre jurer en l'Eglise saint Antoine pré Montardi en Toulouse : le Senéchal de Toulouse ordonne que le serment sera fait en Toulouse ; Seres est appellant ; Broderia pour ledit appellant dit, que suivant la Loy Perés doit jurer *eo modo quo delatum est aut referre.* Terlon pour l'appellé dit que Lezat est loin de cette ville sept lieuës, & que c'est autant que le serment soit fait en cette Ville. Durand Avocat general, dit qu'attendu les dangers du chemin, l'appel est mal fondé. La Cour a mis l'appellation simplement au neant, & sans dépens.

Arr. VII.

LOrs qu'on use de condamnation, au préalable le demandeur purgé par serment sur la verité des choses demandées, si c'est par simple purgation sur les Evangiles, il faut qu'il se fasse avant la prolation du jugement; mais si la purgation est solennelle sur le *Te igitur* & croix du livre Messel en quelque Chapelle, il faut que ce soit après la remise dudit jugement, afin que la partie condamnée le sçache, ou pour y assister, ou pour se pourvoir contre ledit jugement par appel, retractement ou autrement.

Serruriers.

TITRE III.

Arr. I.

PAr Arrest du septiéme Decembre mil cinq cens septante-un en Audience, fut dit que Jean Oudet & Jean Robert compagnons Serruriers, dans six mois prochains feroient leur chef-d'œuvre, autrement & ledit delai passé leur étoit inhibé de tenir boutique dans Toulouse.

Servitudes.

TITRE IV.

Arr. I.

LE voisin est tenu permettre à son voisin passer par sa terre, pour la culture de ses terres, en lui payant le dommage qui lui sera fait par le moyen dudit passage à ladite terre, lors qu'elle sera ensemencée, & non autrement; comme fut jugé par Arrest à Toulouse le neuviéme jour du mois d'Aoust mil cinq cens soixante-quatre au procez d'Antoine Caminade de Villeneuve.

Passer par sa terre] C'est-à-dire quand il ne peut pas passer ailleurs. *V. la suite tit. 75. art. 1.* Or la necessité du passage est si favorable, qu'aux termes de la Loy *Sed etsi* §. *unic. ff. de condict. indeb.* si un homme ayant deux pieces de terre contigues en vend une libre sans s'aviser qu'il faut necessairement qu'il passe par celle-là pour aller à l'autre, qu'il se reserve, comme ne pouvant pas passer ailleurs, son erreur n'empêche pas de demander le droit de passage à celui à qui il avoit vendu la terre libre, tout de même que si dans le contrat de vente il avoit par exprès excepté ce droit de passage.

ARR. II.

Es Arrests generaux du vingt-troisiéme Decembre mil cinq cens septante-deux, entre le Syndic des Augustins, requerant que certains particuliers voisins & aboutissans audit Couvent, fussent tenus fermer les fenêtres par eux faites, aïant aspect sur ledit Couvent ; fut ordonné que la maisons de ceux qui ne pourroient recevoir de clarté d'ailleurs que dudit Couvent, les fenêtres seroient restraintes à telle mesure & hauteur que par lesdites fenêtres ne pourra être reçû que clarté ; & les autres qui pourront recevoir clarté d'ailleurs seront du tout fermées : declarant la Cour n'entendre pour cela empêcher lesdits Religieux ne pouvoit fermer lesdites fenêtres en bâtissant contre ladite muraille.

ARR. III.

COnformément à autre Arrest donné pour les Religieuses du Couvent de sainte Claire de Toulouse, contre Maître N. Aragon Prêtre de la Dalbade, par lequel ledit Aragon fut condamné à fermer les fenêtres répondans sur ledit Couvent; sur quoi la Loi *Eos ff. De servit.* semble faire à propos, & que *servitus ædificio publico imponi non potest. l. Præscriptio. C. de operib. pub.* étant certain que *Ecclesia publicum ædificium est l. Basilicam C. eod.*

REPONDANS SUR LE COUVENT] Cela s'observe ainsi, quand même il y auroit une ruë entre deux ; mais on n'est pas obligé de fermer les fenêtres, pourveu qu'on y fasse tout contre, ou une niche, ou quelqu'autre chose qui empêche de porter la vûë dans le Couvent : & pourvû qu'on éleve la muraille des Religieux lors que l'on peut porter la vûë pardessus cette muraille, & voir ce qui se passe chez eux. François d'Aix en ses remarques sur les Statuts de Marseille liv. 3. chap. 1. tâche de deviner la raison par laquelle les Religieux ont ce droit-là.

ARR. IV.

LE seiziéme jour du mois de Mars mil cinq cens septante-un, Arrest au barreau d'un nommé Sereyer, & certains autres, contenant entr'autres choses, que les y nommez seront tenus bailler chemin pour aller à une fontaine puiser d'eau, de telle largeur & espace que deux personnes puissent aller de front l'un à côté de l'autre.

BAILLER CHEMIN] Cela doit être entendu *civili modo*, c'est-à-dire en baillant passa-

ge per partem minus damnosam : car la raison, la justice & l'équité veulent également que les servitudes naturelles, qui naissent de la situation des fonds par la necessité qu'il y a de donner passage, soient imposées avec le moins d'incommodité qu'on peut causer au proprietaire du fonds assujetti : ce qui fait que le proprietaire, à cause qu'il a établi la servitude par necessité, peut toûjours changer le passage d'un lieu en un autre, comme Cæpola le prouve *tract. de servit. præd. rustic. capit.* 1. pourveu que ce ne soit pas avec l'incommodité d'autrui. *arg. leg.* 2. *§. penult. ff. de relig. & sumptib. funer.*

Serviteurs & Servantes.

TITRE V.

ARR. I.

BIen qu'il soit permis de tancer & corriger ses serviteurs & chambrieres. *l. unica C. De emendat. ser. l. Aut facta ff. De pœnis.* Toutefois vient en consideration, *quod non sumus conservi Dei nostri*, comme dit saint Ambroise en quelqu'une de ses Epîtres, & en consequent les maîtres doivent exercer charité & misericorde, & non rigueur envers leurs serviteurs & servantes, comme nous voulons que nôtre Dieu & Maître en exerce envers nous, *ut qua mensura mensi fuerimus, eadem remetiatur nobis.* A cette cause il y a peines établies contre les maîtres rudoyans & maltraitans leurs serviteurs, même du temps de Moyse. *Exod.* 20. *cap.* & depuis par les Romains *in l.* 2. *ff. De his qui sunt sui vel al. jur. ubi Umbricia relegata fuit, quod servos malè tractasset.* A cause dequoi la veuve de Maurus en Toulouse, présupposant sa chambriere lui avoir dérobé un chauderon, au mois d'Octobre mil cinq cens septante-deux, l'auroit fort battuë nuë, avec une courroye de bougette ; en dedain ou chagrin dequoi elle se se seroit allée pendre & étrangler au grenier : pour raison dequoi ladite de Maurus ayant obtenu & presenté Letres de grace en la Cour, icelles plaidées en Audience, pour la difficulté ; La Cour ne les voulut enteriner, ains appointé au Conseil le vingt-huitiéme Janvier 1573.

MAITRAITANS LES SERVITEURS.] Autrefois dans l'ancienne Rome les Esclaves, quelques sujets qu'ils fussent à leurs Maitres, qui originairement avoient sur eux droit de vie & de mort, pouvoient les obliger de les vendre à d'autres Maitres, suivant la constitution de l'Empereur Antonin, *[illegible] videtur [illegible] dominorum.* Dans ce Royaume même, quelque dépendance qu'il y eût autrefois des sujets à leurs Seigneurs, toutefois s'ils en étoient maltraitez, ils pouvoient se soustraire de leur domination, en se faisant *Bourgeois du Roy*, comme cela étoit permis par l'Ordonnance de Philippe IV. de l'an 1302. C'est par les mêmes motifs, que quoi que les enfans soient sous la puissance de leur pere, ils peuvent pourtant s'en tirer quand ils en sont extremement maltraitez, mais sur tout quand il se rencontre qu'ils le sont par la marâtre que leur pere leur a donné par un second mariage. C'est précisement l'espece d'un Arrest d'Audience qui fut donné en la grand-Chambre de ce Parlement le dernier de Janvier 1675. contre le nommé Rege, Procureur des Gabelles de Roüergue, aux deux enfans duquel, âgez d'environ vingt ans, il fut permis de se separer de lui, & de se mettre entre les mains d'un oncle paternel; auquel effet leur pere fut condamné de leur fournir annuellement cent livres à chacun de pension pour leur nourriture. Cet Arrest est d'autant plus singulier, qu'il n'eut pour motif que le mauvais traitement que ces enfans soûtenoient qu'ils souffroient de leur marâtre, sans pourtant qu'ils le justifiassent que par ce qu'en dit leur oncle, qui étoit present en Audience; ainsi cette raison, que l'Empereur Antonin fit tant valoir en faveur des Esclaves (*Dominorum interest, ne auxilium contra sævitiam, vel intolerabilem injuriam denegetur iis, qui justè deprecantur,*) est aujourd'hui generale pour toutes les personnes qui sont sous la puissance d'autrui, lors qu'elles en sont maltraitées.

Substitutions.

TITRE VI.

ARR. I.

LORS que les substituez sont des descendans, ils doivent être saisis des biens ausquels ils sont substituez avant qu'être procedé aux détractions, parce qu'ils sont plus favorables que les heritiers, s'ils sont étrangers; & autant favorables si lesdits heritiers sont aussi des descendans; & parce qu'en ladite qualité de descendans ils en sont saisis par la coûtume generale de France, qui dit que la mort saisit le vif; & ainsi a été jugé par Arrest à Toulouse du dix-septiéme Avril mil cinq cens nonante-huit, en faveur des substituez de la maison de Morillon ou Sauvensin en Roüergue, par lequel est expressement ordonné qu'au préalable la substituée renduë effectuellement possesseresse des biens substituez, seroit procedé aux detractions des quartes, & le même par autre Arrest du dix-septiéme Avril mil six cens trois, entre Gabriël & Guillaume de la Roque; ce qui doit avoir lieu quand la moitié des biens est substituée, car s'il n'y avoit qu'une petite quantité, il ne seroit raisonnable.

DOIVENT ESTRE SAISIS] Autrefois quand le substitué étoit des descendans du testateur, la liquidation du fideicommis se faisoit entre ses mains, & il étoit mis en possession dès le decez de l'heritier grevé; mais quand le substitué étoit une personne étrangere, la liquidation se faisoit entre les mains des heritiers de l'heritier grevé, suivant la distinction de Ferrerius, *in quæst 496. Guid. Pap.* Aujourd'hui ceux-ci joüissent indistinctement à concurrance des imputations & detractions à faire sur les biens substituez, jusques à ce que *detractis sine distrahenda.* C'est ainsi qu'en Juin 1674. la question fut jugée en faveur de Demoiselle Catherine de Legal, veuve du sieur de Langlade Avocat de Nismes, contre sieur Maurice Baudan, comme mari de Demoiselle Françoise de Lavere de la Boissiere.

ARR. II.

LEs biens sujets à restitution, outre les cas portez par l'Autentique, *Res quæ C. de fideicomm.* peuvent être vendus pour la redemption de l'institué prisonnier de guerre, s'il n'a autres moyens propres. A cause dequoi ayant été feu Astorg prisonnier de guerre, pris à la prise de Castanet près Toulouse, en l'année mil cinq cens nonante-cinq, & n'ayant moyen de payer la rançon d'autres biens que sujets à restitution, les substituez s'opposans à ladite vente, & icelle empêchans : par Arrest furent condamnez, & contraints y prêter consentement, pour n'y avoir dette plus privilegiée, ni plus favorable que pour le rachat d'un homme.

POUR LA REDEMPTION] Il a été préjugé par Arrest du Parlement de Grenoble du 9. May 1636. en la cause évoquée des Pichots, & qui confirme une Sentence donnée au Senéchal de Nismes, que l'alienation des biens du fideicommis est valable, pour faire le prix de la rançon de celui qui en est chargé, au cas même d'un debiteur qui pouvoit sortir de prison en faisant cession de biens. *V. Ranchin Decis. part. 4 conclus. 1. Peregrin. de fideic. art. 42. num. 90. & Alexand. ad L. Marcellus §. res quæ. ff. ad Trebell.*

ARR. III.

IL s'observe & jugé par les Arrests, que *spes substitutionis transmittitur in liberos : primi gradus* tant seulement, & non aux autres enfans ou personnes, qui sont *in remotiori gradu*, par la doctrine des Docteurs, *in l. 1. C. de his qui contra aper. tab. per l. is qui C. De actionib. & obligat. & rationem l. si in personam. C. De fideicommiss.*

V. les Notes sur Olive liv. 5. chap. 23.

ARR. IV.

LE huitiéme Juillet mil cinq cens quatre vingt-sept, par Arrest au fait de Coffolent & Turquat fut resolu que pour l'ouverture de la substitution faite, au cas que l'institué decederoit sans enfans ou sans faire testament, si le substitué est des descendans du testateur, il suffit que l'une ou l'autre des conditions soit avenuë *ut locus sit substituto, favore liberorum* : mais s'il est des collateraux ou étrangers, il faut que l'une & l'autre des conditions soient ensemble avenuës & accomplies, *quia tunc alternativa [aut] resolvitur in conjunctam*, suivant le texte de la Loi, *Generaliter. C. de inst. & subst.* Et suivant ce nous ayans jugé en la Chambre des Requêtes au procez de Romengous sur l'appel du jugement y ayant eu partage, au rapport de Monsieur Maynard, Monsieur Cyron contretenant, nôtre jugement fut confirmé le dix-septiéme Aoust 1587. & encore par un autre Arrest en May 1589. sur autre partage, étant rapporteur Monsieur Hebrard, & contretenant Monsieur Caulet, en faveur de Gauthier & Philippes Col, contre Jean Terres.

Arr. V.

LA difficulté a été grande en ce fait : *Mævium filium meum heredem ex dimidia facio, & ex altera dimidia Seium; & si unus ex his decesserit sine liberis, superstitem substituo, uno ex his mortuo relictis liberis, qui postea superstite altero filio moriuntur. An substitutus admittatur, & ita conditio sine liberis hanc interpretationem recipiat, vel liberi sine liberis.* Surquoi en Fevrier 1575. meu procez, & icelui parti en la seconde Chambre des Enquêtes, & aprés departi en toutes les Chambres de la Cour de Parlement de Toulouse; Rapporteur Monsieur Babut, contretenant Monsieur Caumels, fut arrêté que la substitution étoit finie par la naissance des enfans survivans au decez de celui à qui la substitution étoit faite.

La Substitution etoit finie.] Ainsi l'on ne suit pas le sentiment de ceux qui comme Fernand *in Gloss. Axiomat 7. ad l. ult. C. de posthum. heredib. instituend.* croyent que lors que le substitué est enfant du testateur, il est admis au fideicommis, comme si la condition *si sine liberis* avoit lieu, non seulement à l'égard de l'enfant de l'heritier; ce que je crois être veritable au cas de l'Arrest rapporté par Maynard liv. 8. chap. 91. où lors que le testateur a fait plusieurs degrez de substitution, ou même quand il y a vocation de mâles avec prohibition d'aliener, & de distraction de quarte.

Arr. V.

NUm fideicommissarius consentiendo alienationi rerum subjectarum restitutioni, videatur remittere fideicommissum, la resolution est *eum, in cujus favorem factum est fideicommissum, si consentiat alienationi rerum subjectarum restitutioni fideicommissum remittere, dummodo major sit* : comme fut jugé par Arrest donné au rapport de Mr. de Jossé à Toulouse, le vingt-cinquiéme Juillet mil cinq cens septante-cinq, en faveur des heritiers de Cabot contre Codersy, *Ex l. Quoties. C. de fideicommiss. l. Codicillis. §. 1. De leg. 1. l. Nihil §. 1. & l. Si fundum. C. eod. De leg. & quia creditor sive expressè sive tacitè consentiat* alienа-

alienationi remittit pignus. l. Si in venditione §. *Sine. Quib. mod. pig. vel hypot. sol.* De mêmes *qui alium de jure suo litigare. l. Sæpe.* §. *Cùm res. ff. De re judic.* bien que la Loy *Titia.* §. *Lucia Titia. De leg.* 1. semble au contraire.

Fideicommissum remittere [Barry en son traité des successions. *part.* 1. *lib.* 8. *cap.* 2. *vers. undecimus casus*, rapporte les distinctions & les limitations que les Docteurs ont fait sur cette matiere.

ARR. VII.

SUbstitution faite par un gendarme étant à la guerre, à son fils pupille, au cas qu'il decederoit sans enfans, le fils decedant hors l'âge pupillaire, *non dicitur directa, sed habet vim fideicommissi, & ideo filius aut ejus hæres legitimam & quartam detrahit, quia, ex quo ad tempus mortis refertur, non ad certum tempus, dicitur compendiosa, non directa militaris, de qua in l. Centurio. quæ est interpretanda in suo casu nempe quando ad certum tempus*; ainsi que fut jugé à Toulouse au rapport de Monsieur Maynard le 17. Janvier, entre Sudoris & Sudoris.

ARR. VIII.

AU mois de Juin 1585. au rapport de Monsieur Forez, fut jugé par Arrest *in substitutione fideicommissaria jus accrescendi locum habere : & gloss. in Cap. Raynaldus. De testam. Ent.*

In substitutione fideicommissariâ] Mais il faut supposer deux choses ; *primò*, qu'il s'agisse d'un fideicommis universel, comme au cas de l'Arrest general rapporté au liv. 2. *verb. fideicommiss. Secundo.* que les substituez soient conjoints, *verbis, vel re.*

ARR. IX.

IL y a de la controverse *num substitutio obmissa probari possit per minorem numerum testium, quam eorum qui fuerint in testamentis* ? La resolution est que non, *cùm eadem sit substitutionis quæ institutionis ratio*, n'étant autre chose que *secunda aut sequens institutio* ; & suivant l'avis de Bartole *in l. Cum præponebatur. De leg.* 2. *& in l. Errore. C. De testam. & Oldrard. Consilio* 297. & ainsi fut jugé par Arrest à Toulouse au rapport de Monsieur Josse pour Moulet, contre Boniers en Janvier 1583. bien que Guido Pap. en la quest. 504. ait dit *duos testes sufficere* : mais cela doit être entendu és testamens où suffisent, ou bien où n'ont intervenu que deux témoins.

ARR. X.

PAr Arrest prononcé en robes rouges par Monsieur du Faur President és Arrests generaux de la Pentecôte, le 8. Juin 1585. entre Gruel & autres, fut jugé *substitutionem pupillarem conservari hodie, ex Authent. Ex causa. C. de lib. præt. interveniente posthumi præteritione à patre facta.*

Posthumi præteritione] La preterition du posthume ne peut pas faire que la substitution pupillaire en soit moins valable, puisqu'il est certain qu'en general une telle substitution est toûjours bonne, quoi que le testament soit rompu par preterition, & méme par exheredation. *D D. ad Auth. ex causa. C. de liber. præter. Cujac. ad l. filio præterito. ff. de injust. rupt. & irrit. fact. testam. & Ferrer. ad quæst. 529. Guid. Pap.*

ARR. XI.

PAr resolution *cum quæritur de legato vel fideicommisso relicto, vel feudo concesso alicui ex descendentibus masculis*, ou sous cette condition, *si sine liberis masculis, generaliter tenendum non est non includi nepotes ex filia, quia qualitas masculinitatis videtur adjecta gratia conservandæ agnationis. Joan. Andr. in sequendo opinionem Richardi Malumbræ in addit ad Speculat sub finem tit. de testib. & ita refert magnos doctores Italos consuluisse, Matth. Mathesil. in notabil. 130. & Petrus de Ancharam. Consil. 336.* Quoi que Barde Paulus Castrensis, & quelques autres ayent soûtenu le contraire *in l. 1. C. de donat. insert.* disant que sous le nom des mâles sont contenus les neveus enfans des filles : mais cette doctrine reçoit deux limitations ; l'une & premiere *quando fideicommissum relinquitur, vel feudum conceditur à fœmina*, car il ne se peut dire que la testatrice ait fait mention *de masculis conservandæ agnationis causa* : parce que *masculi ex ea descendentes non sunt ejus agnati, quia agnati sunt cognati per virilis sexus cognationem conjuncti. l. 2. §. Agnati ff. De suis & legit. hæred.* ce qui a émeu Balde *in l. 1. C. Quando non potent*, de dire *fœminas nullos habere agnatos descendentes : nec in dubio censenda est fœmina proprium sexum odio habuisse : quin imo verbum, masculis, in concessione vel testamento fœminarum accipi debet secundum qualitatem personæ qua contrahit vel testatur. l. Quæ conditio. ff. De condit. & demonstr. & l. Plenum. §. æquitas. ff. De usu & habit.* L'autre & seconde raison quand la concession ou substitution ou fideicommis *fiunt alicui masculo qui sit agnatus ipsius testatoris : nam si factæ fuerint filiæ, quam pater hæredem instituit, nepos masculus, quem filia testatoris reliquit superstitem ex filia sua excludit substitutum sub hac conditione si sine liberis masculis, ut Angelus consuluit contra Piam substitutam, quem sequitur Corneus Cons.* 246. *& in l.* 1. *C. De cond. insert. & hujus decisionis ratio est, quia non potest dici quod in hac substitutione testator de masculis fecerit mentionem, ratione conservandæ agnationis, quia masculis ex filia nec testatori, nec ipsi filiæ sunt agnati. Igitur consideravit solum sexum masculinum & progeniem filiæ : quæ ratio locum habet etiam in nepote masculo ex filia, ergo etiam ille nepos debet excludere substitutum.* Sur quoi on pourra voir Socin *in l. Gallus* §. *nunc de leg. ff. De lib. & posth.* Et François Mantica rapporte lesdites limitations *de conjectur. ultim. volunt. lib.* 11. *tit.* 15. *num.* 4. *& Andr. Tiraquell. in tractat. De jure primog. q.* 13. *sub finem. & amplissimè Socin. junior. in Consil.* 2. *vol.* 3. où il traite un fait du tout semblable, & enfin après avoir examiné les raisons d'un côté & d'autre, il conclut que *Nepos masculus ex filia testatoris, etiamsi substituta esset filia testatoris, quia eam dilectionem quam habuit testator erga filiam institutam, eamdem censetur habere erga descendentes ex ea, ut ex text. in l. Cum avus, ff. De condit. & demonstrat. & l. cum acutissimi. cod. De fideicommiss. & ibi not. per Bald. num.* 5. & n'ai encore trouvé aucun Jurisconsulte quelconque qu'au cas susdit ne suive cette opinion, fors Benedictus Capra, qui en certain Conseil rapporté par ledit Mantica, a consulté au contraire, lequel je n'ai encore veu.

SONT CONTENUS LES NEVEUS] C'est une regle constante en matiere de fideicommis, & sur tout de ceux qui sont faits en ligne directe, que les enfans mis en condition, sous la qualité de mâles sont censez dispositivement appellez, parce que les mâles sont en la disposition. C'est ainsi que la question fut jugée en la Chambre, par Arrest donné en 1654. au rapport de Mr. de Prohenques, en faveur du Baron de la Roche pour la substitution des biens de Christophle de Laudun. Et c'est ce qui ne reçoit aucune difficulté quand les enfans mâles des substituez ont été dispositivement appellez, auquel cas on ne peut pas dénier que les mâles des filles ne soient exclus, par cette raison que le testateur n'a pas tant eu égard à la masculinité, comme on parle; c'est-à-dire aux personnes des mâles appellez, qu'à la descendance & à la ligne masculine, *agnationis conservandæ gratiâ*; auquel égard on ne peut pas dire que le fils de la fille, laquelle est *extra agnationem*, fasse défaillir le fideicommis. Il est vrai que la raison, prise de la conservation de l'agnation, cessant, les enfans mâles des filles de l'heritier grevé font défaillir le fideicommis fait en faveur des mâles ; ce n'est pas que pour établir cette doctrine on doive tirer aucune consequence, comme font la plûpart de nos Docteurs, de la disposition de la Loy 1. *C. de conditio. insert.* car quoi que dans l'espece de cette Loy il s'agisse d'une institution faite de mâle à mâle, c'est pourtant sans vocation expresse de mâle, mais seulement sous la condition *sine liberis*, laquelle est bien differente de la condition *sine masculis*, comme le remarque fort bien *Ferrer. in quæst.* 458. *Guid Pap.* mais quoi que dans la These generale l'enfant mâle de la fille, comme tel, *tanquam masculus ex fœmina*, ne fasse pas défaillir le fideicommis, où l'on convient que la masculinité a été apposée *agnationis conservandæ gratia*, & qu'elle a été affectée ; il y a pourtant une exception à faire, au cas de la femme qui s'est mariée *in agnatione* ; car pourveu qu'elle soit morte au temps de l'évenement du fideicommis, son enfant mâle le fait défaillir, & exclut le substitué : la raison en est, que par ce moyen on satisfait pleinement à la volonté du testateur, puis qu'on conserve les biens dans l'agnation, de même que les nom & armes dans la famille. Jason qui soûtient à cor & à cry ce sentiment en son Conseil 142. ne se contente pas de l'appuyer de treize raisons, mais il avance même qu'il doit être suivi, quand en plus fort termes le testateur auroit ordonné, *ut bona sua perpetua conservarentur in familia. V.* Expilly *chap.* 226.

Vel feudum conceditur] V. le titre *qui feud. dare poss. versic. hoc autem notandum, & ibi gloss.* de même que Fusarius *quæst.* 404.

ARR. XII.

IL est certain qu'on peut quitter & remettre par accord, pacte ou convention, l'espace & droit non échû de la substitution & future succession, *l.* 1. *l. Cum proponas. C. De pactis l. De fideicommisso. C. De transact.* mais le doute a été si l'on peut ceder & transporter à un autre ladite esperance & droit à échoir de substitution. Plusieurs de nos Docteurs, & entre iceux Guid. Pap. q. 242. ont tenu pour l'affirmative : toutefois l'opinion contraire semble plus raisonnable, *quia id pactum cogitationem mortis hæredis instituti continet, ideòque turpe est l. stipulatio hoc modo concepta. ff. De verb. obligat. l. ult. C. De pact. l. Ex eo C. De inutil. stipul.* & comme il est dit *in l.* 2. §. 1. *ff. De vulg. substit. turpe est de hæreditate viventis cogitare.* laquelle raison & consideration cesse quand on quitte & remet ledit espoir substitution : car au contraire par telle quittance & pacte *mortis cogitatio tollitur d. l. De fideicomm. C. De transact.*

De hæreditate viventis) *in l. ult. C. de pact.* qualifie un tel pacte *pactum tam triste & funerarium.*

ARR. XIII.

JEudy 11. Juillet 1577. étant en Audience Monsieur le Duc de Montpensier Prince : au haut bout du côté de la main droite Monsieur le premier President, en second lieu, Monsieur de Joyeuse avec intervale d'environ deux places, Monsieur l'Archevêque de Vienne, pource qu'il a été Conseiller en Cour souveraine, & qu'il est Conseiller du privé Conseil, Monsieur l'Evêque de Lombez, après lui le Comte de Carmaing, fut plaidée la cause d'entre Jeanne Deschamps, veuve à feu Antoine Roussel, quand vivoit Marchand de Toulouse, impetrant Lettres Royaux en évocation d'incident formé pardevant un des Sieurs de la Cour, à la Requête du Sindic de l'Hôtel Dieu, pour raison des biens dudit feu Roussel, lequel par son dernier & valable testament du mois de Juillet 72. ayant sa femme enceinte, auroit institué le posthume, fut mâle ou femelle : & où ledit posthume viendroit à deceder avant qu'il eût l'âge pour disposer, vouloit que tout son bien fût vendu & distribué, sçavoir quatre cens livres pour faire un portail à la Chapelle de l'Assomption Nôtre-Dame en l'Eglise S. Estienne de même façon & parure que celui de la Daurade : le surplus aux pauvres de l'Hôpital, mariage des pauvres filles, & aux Religieux de l'Observance de saint François. Par son Codicille ayant confirmé ladite disposition, & augmenté la pension laissée à ladite Deschamps, à laquelle par le susdit testament, il avoit legué, outre ses dot & augment, deux cens livres : ladite Deschamps au mois d'Août suivant, ayant procréée une petite fille, laquelle seroit decedée deux ans aprés, dans lesquels deux ans les Marguilliers & Regens de ladite Chapelle du revenu d'icelle avoient fait le susdit portail de même parure que celui de la Daurade, ayant le susdit Sindic de l'Hôtel Dieu été averti dudit trépas, presenté requête en la Cour, obtient Commissaire un des Sieurs : à cause dequoi ladite Deschamps avoit obtenu Lettres Royaux, par lesquelles il étoit mandé que s'il apparoissoit dudit testament & trépas avenu, qu'en évoquant ledit incident ladite Cour adjugeât à ladite Deschamps la legitime, qui est la troisiéme partie de tout le bien ; veu que les parties sont d'accord qu'il n'y avoit eu qu'une fille, & rapportoit à cet effet outre les raiſons communes la loy, *Lucius. ff. De vulga. ubi vulgaris quæ continet pupillarem l. Iam hoc jure ff. eod. non excludit matrem facit lex Humilitatis. cod. De impuber. ubi ſubſtitutio exemplaris quæ introducta fuit ad inſtar pupillaris non excludit matrem*, moins *pupillaris*. Si étoit employé que par le ſuſdit teſtament étoit dit que ſi ledit poſthume venoit à deceder devant l'âge de pouvoir diſpoſer, que ſon bien fût diſtribué, leſquelles paroles *non poſſunt ſubvenire ſubſtitutioni pupillari, quæ complectitur etiam bona filii. l. Sed ſi plures. §. Ad ſubſtitutos*, le mot *diſtribuatur* étant plûtôt oblique, ou du moins commun. Toutefois au contraire fut repreſenté que la ſubſtitution *habebat formulam pupillaris, quæ nominatim facta ſub ea conditione* s'il decedoit avant l'âge de pouvoir teſter, qui eſt autant que s'il eût dit *in pupillari ætate, qua durante non licet teſtari §. 1. Quib. eſt per. fac. teſtam. vel non*. Secondement fut rapporté le privilege *cauſæ piæ & cò expreſſè pertinere. cap. Si pater*: étant certain que *cauſa pia æquiparatur filio: at qui proprium excludere vult, alium habet in conſilio quàm Auguſtinum: eò pertinet lex Precibus in verſiculo ſin autem*; Joint que ledit teſtateur auroit legué à ladite femme deux cens livres, & qu'elle n'eût autre choſe ſur ſes biens: & fait codicile par lequel auroit ſeulement augmentée la penſion. Pour le regard du legat fait à ladite Confrairie étoit repreſenté qu'avant le trépas dudit poſthume le portail avoit été fait. *Huc pertinet l. Quibus teſtamento ff. De condict. indeb.* Toutefois par Arreſt ladite Deſchamps fut demiſe, & declaré n'y avoir lieu de legitime, & au ſurplus que ledit legat ſortiroit à effet aux charges y contenuës, & ſans dépens.

* N'Y AVOIR LIEU DE LEGITIME] S'agiſſant d'une ſubſtitution, à la verité pupillaire expreſſe; mais conçûë en termes generaux & non exprès, la mere ne ſeroit pas aujourd'hui privée de la legitime, ſelon l'Arreſt de Cambolas livre 2. chap. 2. & ch. 42. quoi qu'à la rigueur du droit elle le dût être, comme le prouve Cujas ſur la Loy *precibus Codice de impuber. & aliis ſubſtitut.* & ſuivant le chapitre *ſi pater de teſtam. in 6.*

ARR. XIV.

BIen que pluſieurs Nations & Provinces particulieres, fondées en Coûtumes, n'ayent admiſes ni pratiqué les ſubſtitutions: toutefois elles ont été introduites pa le Droit Romain, pour plusieurs bonnes raisons, mêmes pour conserver plus longuement le nom, armes & biens en la famille, & pour éviter que pour la prodigalité, delit & desastre des fils ou heritiers meritans confiscation, les biens ne soient perdus & consommez, si par le moyen des substitutions n'y étoit pourveu. Bien est vrai que comme par nos Ordonnances elles sont limitées jusques à trois degrez; aussi seroit bon de les limiter & restraindre jusques à certaine quantité de biens, excedans pour le moins deux mille écus, voire dix mille livres; parce que tels biens, deduites les charges & reparations, le revenu ne merite la peine, frais & temps qu'on employe à l'ouverture, poursuite & adjudication desdites substitutions.

A TROIS DEGREZ] A l'entendre par rapport à l'Ordonnance d'Orleans de l'an 1560. & comptant l'institution d'heritier, comme faisant un degré, l'Auteur ne se trompe pas, parce que par cette Ordonnance les substitutions sont restraintes aux deux degrez outre l'institution; mais comme elle est abrogée pour ce chef par l'Ordonnance de Moulins de l'an 1566. qui est aujourd'hui en usage, il est sans doute qu'au lieu de limiter les substitutions à trois degrez, il les faut étendre jusques au quatriéme degré, outre l'institution; ainsi dans l'usage les substitutions perpetuelles, quoi que non bornées expressement par le testateur, le sont pourtant par l'Ordonnance de Moulins, & ne peuvent pas aller au-delà du quatriéme degré. Il y en a une infinité d'Arrests de ce Parlement; entr'autres celui qui fut donné au rapport de Monsieur Dupuy en la seconde Chambre des Enquêtes, le 7. Janvier 1658. entre les nommez Novaille & Sevin.

Succession ab intestat.

TITRE VII.

ARR. I.

LE 15. May 1570. sur le rapport de Monsieur Ambés, au procez d'entre Catherine de Bazus veuve à feu Odet de Gestes, & de saint Marcel demanderesse d'une part; & Catherine de la Tour femme à Savaric Dencausse & de la Bastide, heritiere à feu Jean de la Tour son frere, défenderesse d'autre. Le fait est que Françoise de saint Pasteur mere commune desdites parties aprés le decés de feu N. de Bazus sieur d'Espernan son premier mari, duquel elle avoit eu ladite Catherine de Bazus demanderesse, convole à secondes nôces avec François d'Espagne & de la Bastide, lequel en l'année 1556. étant mandé par le Roy aller en Piémont, fait testament, & par icelui institué son heritier le posthume, qui naîtra de ladite de saint Pasteur sa femme lors enceinte. Le posthume fut mâle, & eut nom Barthelemi; étant decedé François d'Espagne en ce voyage : ladite de saint Pasteur sa veuve contracte troisiémes nôces avec Simon de la Tour puîné de la maison de Lieux, duquel mariage elle eut Jean & Catherine de la Tour.

En l'année 1565. Simon de la Tour decedé, depuis & en l'année 1572. au mois de Fevrier Barthelemi d'Espagne va aussi de vie à trépas de 15. à 16. ans sans avoir fait aucun testament ni autre disposition de ses biens : au moyen dequoi Françoise de saint Pasteur comme plus proche pour lui succeder *ab intestat* recueillit l'entiere heredité d'icelui, & en joüit jusques à son decez, lequel fut en l'année mil cinq cens septante-neuf, aprés avoir par son testament fait & institué son heritier universel Jean de la Tour son fils, du tiers mariage ; lequel est mis en instance pardevant le Senéchal de Toulouse par ladite Catherine de Bazus, en délaissement de tous & chacuns les biens ayant apparteuu à feu Barthelemi d'Espagne. Dit que ladite de saint Pasteur n'auroit pû succeder audit feu Berthelemi son fils, d'autant qu'aprés le decez de François d'Espagne son second mari auroit cohabité charnellement avec ledit Simon de la Tour, sans qu'il y eût entr'eux mariage contracté, comme aussi ils n'en pouvoient contracter, tant pour ce qu'ils étoient cousins remüez de germain, comme étans enfans de deux cousins germains, qu'aussi parce que ledit Simon de la Tour étoit aussi cousin remüez de germain du feu sieur d'Espernan pere de ladite de Bazus, & premier mari de ladite de saint Pasteur : tellement qu'à raison de ladite parenté & alliance ils ne pouvoient être conjoints licitement par mariage, & que pour raison de cette cohabitation incestueuse ladite saint Pasteur s'étoit renduë incapable de la succession *ab intestat* dudit feu Barthelemi d'Espagne son fils, & consequemment ledit Jean de la Tour comme incestueux en étoit aussi incapable. Au contraire Jean de la Tour ou Catherine de la Tour sa sœur germaine & heritiere (car Jean est decedé pendant ce procez) dit & soûtient y avoir eu mariage entre ses feus pere & mere, contracté & solemnisé publiquement en face de l'Eglise, & qu'ils avoient obtenu dispense de Nôtre S. P. de ladite parenté & alliance : de laquelle s'étant saisis ladite de Bazus aprés le decez de la-

dite

dite de saint Pasteur l'auroit adirée avec plusieurs autres titres & documens de la maison de la Bastide. Le Procureur general joint à l'instance requeroit ladite succession de feu Barthelemi d'Espagne, être abjugée au Roy, tant par l'incapacité desdits de la Tour incestueux, que par l'indignité de ladite de Bazus, pour avoir taxé l'honneur & renommée de ladite saint Pasteur sa mere, la diffamant d'avoir commis inceste & mené vie lubrique. Le Senéchal ayant relaxé ladite de la Tour défenderesse, par Arrest l'appellation & ce dont avoit été appellé fut mis au neant, & reformant ladite Sentence lesdites parties sont appointées contraires en leurs faits, &c.

Les Enquêtes respectivement faites, la Cour declara ladite de Bazus demanderesse avoir succedé audit feu Barthelemi d'Espagne son frere uterin *ab intestat* en une troisiéme partie de tous & chacuns les biens dont il étoit maître, Seigneur & possesseur au temps de son decés, & condamna ladite Catherine de la Tour lui en laisser la possession vuide : & quant au surplus des biens, ladite de la Tour défenderesse fut relaxée. Il resultoit de l'Enquête de ladite demanderesse, & de certains autres actes produits au procez, de la parenté & alliance entre ledit Simon de la Tour & de saint Pasteur cy-dessus mentionnées ; c'est à sçavoir qu'ils étoient *in tertio gradu cognationis & affinitatis*, dequoi ils n'avoient point été ignorans : car mêmes du vivant de feu François d'Espagne second mari, iceux de la Tour & saint Pasteur se nommoient entr'eux cousins.

De l'autre Enquête resultoit au contraire que leurs épousailles & nôces avoient été faites par le Vicaire du lieu publiquement & solemnellement en face de l'Eglise, & avoient depuis cohabité & vêcu ensemble comme vrais mariez, & comme tels reconnus par leurs parens communs, & qu'ils avoient obtenu dispense de nôtre saint Pere trois ou quatre ans aprés la solemnisation de leur mariage : toutefois il n'y avoit aucune preuve de la perte & égarement d'icelle. Sans doute ce mariage pretendu étoit incestueux; parce que les mariez n'avoient ignoré l'empêchement procedant de la parenté & alliance qui étoit entre eux *in gradu prohibitto* ; & qu'ils ne l'ignorassent point, on le peut facilement connoître : premierement parce que auparavant leur conjonction, & mêmes pendant la vie dudit François d'Espagne, ils se nommoient cousins : secondement les maisons d'Espagne & de la Tour étoient proches & voisins, à cause duquel voisinage François d'Espagne & Simon de la Tour se frequentoient ordinairement, & se visitoient entr'eux fort souvent, comme ont de coûtume les Gentilshommes de Gascogne. Il n'est pas croyable que ceux qui étoient si proches voisins, & qui se frequentoient, ignorassent la parenté & alliance qui étoient entr'eux. Troisiémement le degré de parenté & alliance est si proche [étant & de parenté & alliance cousins remüez de germain] que de vouloir persuader & faire croire qu'ils en fussent ignorans, il est hors de dissimilitude. Quatriémement d'avoir envoyé à Rome querir la dispense, comme le défendeur presuppose, cela montre assez être venu à leur notice & connoissance le susdit empêchement : & quant à la dispense on estima qu'ils n'en avoient eu aucune; que s'il y en eût eu la défenderesse l'auroit produite, & que ladite de Bazus l'eût adirée, il n'y avoit pas de preuve. L'on trouva fort affectée la déposition des temoins qui disoient l'avoir vûë ou lûë, ce qui debilitoit fort leur foi : & puis nôtre saint Pere n'a pas accoûtumé octroyer telles dispenses à ceux qui sont parens ou alliez au troisiéme degré comme étoient ceux-cy, si ce n'est aux Princes & grands Seigneurs.

Tellement qu'il faut conclurre ou qu'il n'y a point eu dispense de ce mariage, ou que pour l'obtenir plus facilement, si tant est que nôtre saint Pere l'ait octroyée, on lui aura celé le degré, auquel cas pour le vice & subreption, elle seroit nulle & invalable. Est considerable que la défenderesse n'allegue point que cette dispense ait été fulminée par l'Evêque ou son Vicaire general ou Official; ce qui neanmoins est requis & necessaire, pour faire qu'elle ait vertu & efficace de valider ce mariage. La fulmination des dispenses est ordonnée tant pour connoître de la subreption & obreption, que pour enjoindre aux impetrans, *pro contractu illicito matrimonio* certaine penitence : & sans la fulmination les dispenses sont inutiles.

Pour ces raisons il fut jugé que Françoise de saint Pasteur

pour avoir contracté ce mariage incestueux, s'étoit renduë incapable de la succession de Bartelemi d'Espagne son fils, & par conséquent qu'elle n'en avoit pû disposer au profit de Jean de la Tour ni d'autre quelconque : neanmoins on a fait succeder *ab intestat* Catherine de la Tour, tant de son chef que comme heritiere de Jean de la Tour son frere en deux tiers de l'heredité, comme freres uterins dudit Bartelemi & de ladite de Bazus aussi sa sœur uterine en l'autre tierce partie.

A la rigueur toute cette heredité appartenoit entierement à ladite de Bazus : car ladite de saint Pasteur, à l'instant même qu'elle commença à commettre cet inceste, se rendit incapable de la succession de sondit fils d'Espagne, & par même moïen les enfans procréez dudit inceste comme venans *ex radice infecta*, en tout aussi rendus incapables ; & délors le droit a été acquis à ladite de Bazus, à laquelle ne pouvoit être fait préjudice, & ne pouvoit ce droit lui être ôté *per dispensationem subsequentem* quand il y en auroit eu. Premierement la pretenduë dispense ne fut obtenuë, ainsi que la défenderesse même articuloit par ses défenses, que quatre ans aprés la solemnisation du mariage entre la Tour & saint Pasteur, pendant lequel temps Jean & Catherine de la Tour avoient été procréez. Il est certain que telles dispenses obtenuës *Post contractum matrimonium illicitum*, portent seulement permission de pouvoir cohabiter ensemble à l'avenir, & ordonnent certaine penitence pour la cohabitation precedente ; mais elles ne rendent legitimes les enfans procréez *ante impetrationis dispensationem*, sinon qu'il soit nommement exprimé en icelle : & c'est la difference *inter liberos susceptos ex simplici fornicatione ab iis qui matrimonio possunt conjungi, & eos qui concepti sunt ex incestu, id est, ab iis qui propter consanguinitatem aut affinitatem prohibentur nuptias invicem contrahere :* car ceux qui sont procréez *ex simplici fornicatione* peuvent être rendus legitimes, sans aucune dispense *per subsequens matrimonium. Cap. Tanta est vis. Ext. Qui filii sunt legit.* là où ceux qui viennent *ex incestu, seu matrimonio incestuoso* ne sont point faits legitimes *per dispensationem subsequentem, nisi de eorum legitimatione in litteris dispensationis nominatim caveatur* : la raiſon, parce que la diſpenſe *non retrotrahitur* pour valider ce qui eſt paſſé, & n'a force que pour l'avenir. Secondement les legitimations obtenuës de ſa Sainteté par ceux leſquels il n'a point de juriſdiction temporelle, les peuvent bien rendre habiles pour les choſes ſpirituelles, mais non pour les ſucceſſions & autres choſes temporelles, pour auſquelles être rehabilité & fait capable, il faut obtenir legitimation du Roy. Troiſiémement ceux qui ſont legitimez *ex reſcripto Principis* ne ſont point pour cela rendus capables des ſucceſſions *ab inteſtat in præjudicium liberorum legitimorum* ſi ce n'eſt que la legitimation fût faite de leur conſentement, *arg. l. 1. §. Merito ff. Ne quid in loco pub. fiat.* Combien que par ces conſiderations Catherine de Bazus fût bien fondée à demander l'entiere ſucceſſion de Barthelemi d'Eſpagne : neanmoins on fait ſucceder avec elle Catherine de la Tour, tant en ſon nom que comme heritiere de Jean ſon frere : la raiſon pour ne les declarer point inceſtueux, fut que Simon de la Tour & de ſaint Paſteur avoient épouſé ſolemnellement & publiquement en face de l'Egliſe, & avoient vêcu depuis enſemble comme mari & femme l'eſpace de huit ou neuf ans, au vû & ſçû de tout le monde, & du conſentement de leurs parens communs ſans aucune contradiction, étans eſtimez de tous comme vrais mariez, & leurs enfans étans auſſi eſtimez legitimes. Cette opinion ou erreur commune, combien qu'elle ne puiſſe point ſervir aux mariez, pour les décharger de l'inceſte par eux commis ſciemment : ce neanmoins doit ſervir aucunement à leurs enfans, leſquels juſques à cette heure avoient été tenus & reputez *opinione vulgi & communi errore* pour legitimes, *arg. l. ult. ff. de ritu nupt.* Si on les eût privez de la ſucceſſion de Barthelemi d'Eſpagne, c'eût été en effet autant comme ſi on les eût declarez bâtards, illegitimes & inceſtueux : ce que la Cour favorablement ne voulut point faire, aimant mieux conniver & diſſimuler ce fait auquel on ne pouvoit point remedier : parce que l'un & l'autre deſdits mariez étoient decedez, que de mettre ſur les enfans une telle tache & note, conſideré que Catherine de la Tour étoit mariée avec Savaric Dencauſſe, lequel ne l'auroit pas paravanture priſe en mariage s'il eût été averti qu'elle étoit *ex inceſto coitu* ; & ſi aujourd'hui on l'eût declarée telle, cela auroit engendré quelque noise en leur mariage; *cavendum est ne matrimonium benè conveniens turbetur.* Et bien que Catherine de la Tour demandât cette succession *ex capite* de Jean son frere, lequel comme heritier testamentaire de ladite de saint Pasteur sa mere presupposoit avoir succedé *ab intestat* audit Bathelemi d'Espagne, au moyen dequoi il sembloit, veu que ladite de saint Pasteur étoit excluse de cette succession, que ces enfans y étoient nais aprés l'incapacité par elle encouruë pour raison de l'inceste en devoient être aussi exclus, comme venans *ex radice infecta*; ce neanmoins fut jugé le contraire. Il est vrai que ce n'a pas été en la forme & maniere que Catherine de la Tour desiroit; car elle vouloit qu'on declarât que ladite de saint Pasteur avoit succedé audit Barthelemi d'Espagne, & qu'elle avoit pû disposer de cette succession en faveur de Jean de la Tour. Mais cette voie ne fut point suivie, car on fit succeder Catherine & Jean de la Tour immediatement audit Barthelemi d'Espagne, *remota persona patris* pour son incapacité. Et quant à ladite de Bazus, il lui étoit objecté qu'elle étoit indigne de cette succession, pour avoir accusé sa mere d'inceste *arg. l.* 1. *ff. De his quib. ut indig. auf.* neanmoins d'autant que ce qu'elle en faisoit étoit, *non ut crimen matri inferret, sed rerum suarum defendarum gratiâ*, elle n'étoit point renduë indigne, *arg. l. Hi tamen* §. *Liberi ff. de accusat.* où il est permis aux enfans pour la conservation de leurs droits, soit en défendant ou agissant *de facto parentum queri*: autrement il seroit loisible à un pere ou mere qui auroient des enfans bâtards, de les preferer en leur succession aux enfans legitimes, sans que ceux-cy s'en pûssent plaindre car il est impossible qu'ils s'en plaignent sans découvrir la turpitude & honte de leurs parens; *laudandi quidem sunt filii qui injuriam parentum ferre, quàm turpitudinem eorum revelare malunt, sed tamen qui queruntur non sunt vituperandi*, ni être censez indignes.

Appointe'es contraires] Ce que l'on ne peut pas faire par action directe, on le peut faire par exception; ainsi l'heritier, qui ne peut pas intenter l'action d'adultere, est pourtant recevable à oposer par exception à une femme mariée le crime d'adultere commis avec le testateur. L'enfant méme est reçû à opposer à sa mere le crime de supposition de part, & quant à son préjudice elle veut faire heritier l'enfant incestueux, il peut l'accuser d'inceste; en effet, il n'arrive que trop souvent que les enfans d'un premier lit sont reçûs à verifier par exception l'impudicité commise par leur mere avec le second mari pendant l'an de deüil, pour la faire priver des avantages qu'elle avoit reçûs de son premier mari : Sur quoi l'on peut voir ce que disent les Docteurs sur la Loy *Hi tamen* §. 1. *ff. de accusationib.* ainsi il est vrai de dire qu'il faut faire difference de l'accusation, soit de supposition de part, ou d'adultere, soit d'inceste, d'impudicité ou d'autres choses de cette nature, d'avec l'exception qui vient de ces crimes; & certes fort justement, parce que l'accusation tend à fin criminelle pour la punition de tels crimes, au lieu que l'exception ne tend qu'à fin civile en deffendant; & il est encore vrai de dire avec la Glose sur la Loy 3. §. *Pupillus. verb. agendo. ff. de negot. gest exceptio quandoque plus operatur quam actio, multa enim consequimur excipiendo, quæ agendo non consequeremur.*

ESTRE RENDUS LEGITIMES] *V. le liv. 2. verb. Legitimations.*

ART. II.

LE 26. Mai 1590. au rapport de Monsieur Melet étant contretenant Monsieur Catel. Le fait est qu'Antoinete Bertrande faisant demande des biens & succession de Bertrand Rossignol son fils, decedé en pupillarité, tenus & possedez par Marguerite Rossignol grande tante dudit Bertrand Rossignol, & lui étant objecté & prouvé par nombre suffisant de témoins, que durant son veuvage elle auroit été renduë enceinte des œuvres d'un nommé Roussiac, combien qu'elle soûtint que ce auroit été sous promesse de mariage, lequel auroit été depuis contracté : ce neanmoins par Arrest du dernier de Juin 1589. Marguerite Rossignol fut relaxée, & la demande à elle faite par ladite Bertande, & consequemment on jugea que ladite Bertrande pour avoir malversé pendant la viduité étoit indigne de la succession de son fils. Envers cet Arrest Françoise Bertrande mere de ladite Antoinete Bertrande, & ayeule dudit Bertrand Rossignol, obtient Lettres en opposition, disant que la succession dudit Bertrand Rossignol *exclusa matre ejus*, lui apartient comme ayeule, *per text. in l. 2. §. ult. ff. Ad SC. Tertul. l. si quis incesti, in fi. cod. de incest. nupt.* sans que l'indignité de sa fille & mere dudit Rossignol lui puisse porter préjudice, *arg. l. 1. §. fi. ff. De bonor. poss. contra tab. l. 4. §. Si deportatus. ff. De bon. Ribert. l. 2. §. Fratris ff. Si quis aliq. test. prohib. vel coeg.* joint qu'elle est *ex decem personis enumeratis in l. 1. cod. De sec. nupt. & d. l. Si quis incestis*, où Marguerite Rossignol n'est *neque ex dictis decem personis*, *nec ex sexdecim enumeratis in d. l. Si quis incesti*, car elle est grande tante, c'est à sçavoir sœur de l'ayeul paternel dudit Rossignol, de la succession duquel est question, nommée par les Jurisconsultes, *proavita.*

Au contraire, il est dit & allegué par Marguerite Rossignol, que la mere étant excluse de la succession de son fils par la lubricité; aussi l'ayeule maternelle & autres parens du côté de la mere en doivent être exclus, & que la succession appartient aux parens paternels, parce que l'injure que la veuve fait en malversant & vivant lubriquement, à la memoire de son mari defunt, redonde jusques aux enfans qu'elle a eu d'icelui; & consequemment aux parens du mari, comme à ceux qui se doivoient ressentir de cette injure. Si la mere étoit privée de la succession de ses enfans par incapacité, *veluti si deportatus esset, aut. ex alia causa*, que pour sa malversation, lors l'ayeule maternelle seroit preferée en la succession de ses neveus, à tous leurs parens collateraux, paternels ou maternels, exceptez les freres du deffunt. Et à ce propos peuvent servir les Loix, *jura libertorum.* 4. *& l. Qui contra is. ff. De jure patro.* où *si patronus jura libertorum amiserit*, la question est; sçavoir si les enfans du patron auront perdu ce même droit. Il faut distinguer, que si le patron perd ce droit pour avoir fait tort & injure à son affranchi, *veluti si adegit eum ad jusjurandum*; lors la faute du pere fera préjudice à ses enfans, *d. l. Qui contra is ff. De jure patro.* Que si le patron est privé de ce droit, non pas pour aucun tort ou injure qu'il ait faite à son affranchi, mais pour avoir commis aucun crime capital, *veluti si sit reus perduellionis* en ce cas *jura libertorum liberis patroni salva erunt dict. leg.* 4. *D. de jure patro.* Aussi fait à ce propos la *gloss. in* §. 1. *in verbo* (*Vassalli*) *si vassallus feud. privet. cui defer. in usib. feudor.* ou quand le Vassal est privé du Fief; si c'est pour crime, *feudum defertur agnatis ejus*; si c'est pour avoir fait injure à son Seigneur, il est appliqué au Seigneur, *exclusis ejus agnatis.* Aussi les Interpretes tiennent que ce qui a été à la femme venant *ex liberalitate mariti* pour avoir contracté secondes nôces *intra annum luctus*, doit être baillé *decem personis ex parte mariti*; parce que à ceux-cy redonde l'injure, & que les parens du côté de la femme n'y peuvent rien pretendre. *l. Si se-*

quens. is. in princ. ff. Ad S. C. Syllan. facit quòd matre exclusa, & reliqui ex linea matris venientes censentur exclusi. A cela étoit repliqué par l'ayeule, que s'il étoit question de la succession du mari, en ce cas *exclusa ejus vidua*, il faudroit appeller les parens du mari tant seulement, & exclurre les parens de la femme; parce que ceux-cy ne sont rien au mari, pour lui pouvoir succeder: mais en ce fait ici il ne s'agit pas de faire succeder la femme au mari, ains il est question de la succession du fils, c'est à sçavoir de Bertrand Rossignol, lequel n'avoit point de parens plus proches aprés sa mere, que son ayeule. Par Arrest, sans avoir égard ausdites Lettres en opposition, presentées par ladite Françoise Bertrand ayeule, de l'effet & enterinement desquelles elle est démise & deboutée, & ce faisant ladite Marguerite Rossignol est relaxée des fins desdites Lettres & sans dépens. Lors donc que la mere est renduë indigne de la succession de son fils, pour avoir vêcu lubriquement en viduité, pareillement l'ayeule maternelle, & consequemment tous les parens du fils, *ex parte matris*, en doivent être exclus, & la succession doit être adjugée aux parens paternels du fils, encore qu'ils soient en degré plus éloigné que les maternels; voire même combien que les parens paternels soient au quatriéme degré, & ne soient point *ex sexdecim personis enumeratis in d. l. Si quis incesti. C. De incest. nupt.* & que le fils tandis qu'il y a des parens paternels n'y peut rien pretendre. Cet Arrest fut prononcé en robes rouges le huitiéme Juin mil cinq cens nonante, avant veille de la Pentecôte par Monsieur le President du Faur.

Si les parens étoient exclus de telles successions pour être en degré plus éloigné, la malversation des veuves demeureroit impunie; parce que les parens du côté du mari, s'ils n'esperoient en rapporter pofit, ne feroient aucune poursuite contre elles; & quant aux parens de la veuve, ils n'en feroient aussi aucune poursuite, pour ne des-honorer leur race: & moins encore en feroit poursuite la mere de la veuve, pour ne des-honorer sa fille.

SOUS PROMESSE DE MARIAGE] *V. le liv. 2. verb. mariages. art. 16.*

ARR. III.

SUr l'interpretation de la Coûtume de Toulouse, contenant que les meres ne peuvent succeder à leurs enfans, fut donné Arrest le 24. Mai 1588. au rapport de Monsieur Ouvrier, au procés d'entre Ysabeau & Françoise de saint Aignan, appellantes du Sénéchal de Toulouse, contre N. Desbaldit appellée, par lequel la Sentence du Senéchal fut confirmée, laquelle adjugeoit tous & chacuns les biens ayans appartenu à N. de saint Aignan, fils de ladite Desbaldit decedé *ab intestat*, qui sont hors du Gardiage à ladite Desbaldit mere : & outre ce lui fut adjugée la legitime sur tous & chacuns les biens qui sont dans le Gardiage : & fut dit que la mere n'étoit point tenuë imputer à la legitime les biens qu'elle perçoit hors le Gardiage, suivant plusieurs Arrests donnez en semblable fait.

HORS DU GARDIAGE.] S'agissant d'une succession *ab intestat*, la Coûtume de Toulouse n'a lieu que dans le Gardiage, & non dans la Viguerie. *Cambol. liv. 6. chap. 47. n. 1. V. l'article suivant, & la suite de ce recueil tit. 63. art. 10.*

ARR. IV.

PAr la Coûtume de Toulouse, les meres sont forcloses de la succession de leurs enfans, non toutefois de la legitime, laquelle leur est adjugée & declarée être la troisiéme de tous & chacuns les biens avenus à l'enfant, tant par le moyen du pere que d'ailleurs, comme a été jugé par plusieurs Arrests, même le 18. Avril 1565. arrêté le 28. Mars précedent, & le 14. Août 1564. arrêté le 1. Mars entre Germaine Escorne. Mais parce que la Coûtume est locale, sur ce naissent deux difficultez ; l'une si lad. Coûtume s'entend seulement des biens de la Ville & Gardiage, ou de la Ville & Viguerie ; l'autre si la mere aura la legititime sur les biens de la Ville & Gardiage, & au surplus des biens assis hors le Gardiage sans rien rapporter : lesquelles difficultés ont été décises aprés grande dispute, par Arrest donné au rapport de Mr. Assezat le 21. Août 1574. entre Dominique & Blaise Mingevilles, dit de Castris, appellant du Senéchal de Toulouse, & Gilles Maurin appellé d'autre, par lequel la legitime des biens de la Ville & Gardiage fut adjugée à la mere, qui fut declarée la troisiéme partie desdits biens assis en la Ville & Gardiage, lesquels furent adjugez aux prochains du côté du pere, & tous les autres biens assis hors la Ville & Ressort de la Coûtume à ladite mere, sur laquelle distinction des biens de la Ville & Gardiage, & hors d'icelle y a grande difficulté sur les dettes & cabal: & par Arrest donné le 4. Mars 1575. entre Pierre Thoron, le contenu au précedent Arrest fut en tout confirmé; & au surplus declaré que ledit cabal dudit Thoron habitant en Toulouse, étoit des biens de la Ville de Toulouse. Le même aussi fut jugé par Arrest entre saint Aignan & Desbaldit.

LA TROISIE'ME DE TOUS] *V. d'Olive liv. 3. chap. 9. & 10.* où il fait voir en quel cas la cottité de la legitime de la mere doit être reglée au tiers du tout ou au tiers du tiers.

DE LA VILLE ET VIGUERIE.] *V. la note sur l'art. précedent.*

SANS RIEN RAPPORTER] *V. l'article précedent.*

SUR LES DETTES ET CABAL] *V. Cambol. liv. 6. chap. 47. num. 2.*

ARR. V.

EN la succession des ayeuls ou ayeules à leurs neveus ou niéces, & ainsi des bisayeuls, la regle *Paterna paternis, & materna maternis*, n'a point de lieu, ains succedent également à leursdits neveus d'où qu'ayent procedé, & de quel côté que soient venus les biens, ou de pere ou de mere; sauf que s'il y a d'un côté deux ayeuls ou ayeules, & de l'autre côté un seul, les deux n'en auront qu'autant qu'un; & ainsi fut jugé par Arrest entre N. de Cambolas ayeule maternelle, & de Gaubert ayeule paternelle.

N'A POINT LIEU] En païs de Droit écrit; *secus* en païs de Droit coûtumier; neanmoins la maxime (*paterna paternis, materna maternis*) n'est pas si generalement rejettée dans le païs de Droit écrit, qu'elle n'y ait bien lieu entre freres & sœurs uterins ou consanguins, & non germains, *qui in cæteris, quæ non profecta sunt à patre, nec matre, utique succedunt. L. de emancipatis §. cùm enim & pater. C. de legit. hæredib.*

QU'AUTANT QU'UN.] *Licet sit dispar eorum numerus, pariter succedunt Auth. defuncto. C. ad Sc. Tertulian.*

ARR. VI.

LE onziéme Decembre mil cinq cens nonante au rapport de Monsieur Ambez, fut jugé que non seulement la mere pour s'être remariée *intra annum luctus*, & sans faire pourvoir de tuteur à ses enfans, étoit privable de la succession d'iceux decedez en pupillarité, mais aussi les enfans d'elle du second mariage & freres uterins des trépassés, la succession desquels fut adjugée à un oncle paternel comme plus proche, *exclusa matre & fratribus uterinis*: Donques si la mere se trouve indigne, & ceux aussi qui descendent d'elle, sont incapables de la succession.

ARR. VII.

LE 23. Mars 1587 és Arrêts generaux prononcez par Mr. de Paule, feu Bertrand inſtitua ſon fils, & où il decederoit en pupillarité ou ſans enfans, ſubſtituoit les plus prochains du grain, led. enfant meurt majeur de 24. ans, faiſant une ſœur germaine de ſon pere, & un frere de ſondit pere qui n'étoit que conſanguin; led. oncle veut ſucceder également avec la tante : elle dit qu'elle eſt plus prochaine du teſtateur, parce qu'elle lui étoit ſœur *ex utroque latere*, & que cette ſucceſſion doit être reglée *ut ab inteſtato* : toutefois la Cour jugea qu'ils ſuccederoient également, parce qu'il n'étoit pas queſtion de ſucceder au teſtateur, ains au fils, pour le regard duquel ceſſe la diſpoſition de l'authentique (*ceſſante*) *ut notat Paulus Caſtrenſ. in authent. Poſt fratres de ſuis & legit. hæred.* La difficulté de ce fait étoit qu'il étoit queſtion de ſucceder au fils *per fideicommiſſum*, auquel cas *non hæredi, ſed teſtatori.*

SUCCEDEROIENT EGALEMENT] L'Auteur rapporte un Arrêt contraire au liv. 4. tit. 5. *verb. teſtam. art.* 12. conforme à celui qui eſt remarqué par Maynard liv. 5. chap. 52. & n'étoit qu'il allegue que le Parlement eut pour motif, *qu'il n'étoit pas queſtion de ſucceder au teſtateur, mais au fils*, dans laquelle vûë il ſeroit ſoûtenable par la raiſon tant de la Loy premiere, que de la Loy troiſiéme. *C. de legit. hæredib.* qui veulent que ceux qui ſont en même degré, quoi qu'ils ſoient procréez de divers parens, ſuccedent néanmoins également *ab inteſtat*, il eſt ſans doute que cette conſideration ceſſant, l'Arrêt ne ſeroit nullement juridique, à moins que l'heritier du teſtateur fût decedé en pupillarité, auquel cas à la verité les plus proches parens de l'heritier, & non ceux du teſtateur, euſſent été appellez, parce qu'en la ſubſtitution Pupillaire, *ſi ante pubertatem deceſſerit filius, ipſi filio fit heres ſubſtitutus*, comme dit l'Empereur Juſtinien *inſtitut. de pupill. ſubſtit. in princip.* V. l'observation ſur le ſuſdit art. 12. du tit. 5. du l. 4.

ARR. VIII.

R*Egula, Qui ex utroque latere conjuncti, præferuntur his qui ſunt ex uno tantum latere conjuncti, non habet locum ultra fratres & fratrum filios. §. Si vero. De hæred. & Falcidia in Authenticis & Bartolus in l. 2. §. Legitima De ſuis & legit. & Paulus Caſtrenſis in Authent. Poſt fratres. De legit. hæred. C. & in corpore via ſumitur.*

ULTRA FRATRUM FILIOS] Dans l'uſage la multiplicité des liens n'eſt pas conſiderable, on ne regarde que la proximité du degré : il en faut ſeulement excepter la ſucceſſion des freres, auſſi bien que de leurs enfans en premier degré, ſuivant la Novelle 18. la faveur des freres, & des fils des freres eſt ſi grande, que même dans le païs de Droit coûtumier, lorſque le privilege du double lien ſe trouve introduit par quelque coûtume en faveur des freres germains, on l'étend toujours à leurs enfans, ſi la coûtume n'y reſiſte pas.

ARRESTS NOTABLES DU PARLEMENT DE TOULOUSE.

LIVRE QUATRIE'ME.

Tailles.

TITRE I.

ARR. I.

Extrait des Registres de Parlement.

ENTRE Noël de Rigade, Pierre Monna, & Dominique Cassang, Antoine Monna, & Guillaume Belot Consuls du lieu de Beaumont en Lezadois en l'année 1587. appellans de la Sentence donnée par le Senéchal de Toulouse ou son Lieutenant, le 8. de Mars dernier, & autrement défendeurs d'une part, & Me. George de Caulet Conseiller du Roy en la Cour, & Arnaud Pellapoix Bourgeois, Geraud Mandinelli, Denis Amortion & Bertrand Cazenauve habitans dud. Toulouse appellez, impetrans & requerans l'interinement de certaines Lettres Royaux pour s'aider dudit appel, & autres fins y contenuës, d'autre; Et entre le Sindic, Consuls, Manans & Habitans dud. lieu de Beaumont en la presente année mil cinq cens quatre vingts-huit, impetrans & requerans l'enterinement de certaines Lettres Royaux, pour être joints à lad. instance d'appel relevé par lesd. Sindic & Consuls de lad. année mil cinq cens huitante-sept, & pour être reçûs à conclurre comme appellans de lad. Sentence, en ce que par icelle avoit été ordonné que la quatriéme partie des sommes cottisées, seroit imposée sur les Manans & Habitans dud. lieu; & autres fins y contenuës, d'autre part; & lesd. de Caulet, de Pellapoix, Mandinelly, Amortion, & Cazenauve deffendeurs, d'autre. Veu le procez plaidez des dixiéme Juin, vingt-sixiéme Aoust derniers, griefs, contredits desd. parties, extrait de l'alivrement dud. lieu de Beaumont, & autres productions desd. parties; ensemble le dire & conclusions du Procureur general du Roi sur ce baillé par écrit. Dit a été, en interinant, quant à ce, lesd. Lettres par lesd. Sindic, Consuls, Manans & Habitans dud. lieu de Beaumont presentées, la Cour les a joints & joint en lad. instance en l'état, & au surplus a mis & met lesd. appellations, & ce dont a été appellé, au neant; & sans avoir égard à la cottisation & departement fait par lesd. Consuls le onziéme May mil cinq cens quatre vingt-sept, produit au procez, a ordonné & ordonne qu'il sera procedé à nouvelle cottisation & département fait par lesd. Consuls, distrait & separé sur les Manans, Habitans & Biens-tenans dud. lieu & Consulat de Beaumont, sçavoir de la somme de deux cens cinquante-trois écus cinq sols & onze den. à laquelle reviennent les sommes mentionnées aux Mandes des quatriéme Decembre mil cinq cens quatre vingts-six, & vingt-septiéme Fevrier mil cinq cens quatre vingts-sept; ensemble des frais de la levée desd. sommes & façon dud. livre, & par autre livre ou cayer separé, sera fait autre departement & cottisation sur les Manans & Habitans, & Consulat dudit lieu, tant seulement de la somme de cent vingt-trois écus un sol tournois, à laquelle revient, tant la somme de cent écus contenuë en la Sentence de permission dud. Senéchal du vingt-septiéme Avril mil cinq cens quatre-vingts-sept ; que les sommes dûës pour le privilege du sel, chaperons des Consuls, Sergent, Dixenier, & frais de l'horloge,& aussi des frais de la levée de lad. somme & façon dud. cayer & livre ; de la contribution desquelles charges & frais : lad. Cour a declaré & declare led. Caulet & autres habitans dudit Toulouse exempts & dechargez par le present & pour l'avenir, & ordonne que lesd. Consuls seront tenus rendre & precompter sur lesd. cottisations qui seront faites suivant cet Arrest, ce qui se trouvera avoir été par eux levé au moyen des cottisations cassées, outre & par dessus lesd. sommes de trois cens septante-six écus onze deniers, qu'il leur est permis de cottiser, & droits de levée d'icelles sommes, & façon desd. livres à ceux qui se trouveront les avoir payez, revenans lesd. sommes excessivement cottisées à la somme de trente-neuf écus quatorze sols trois deniers ; & en ce qui concerne les droits de la quatriéme partie des sommes à imposer, prétenduës pour lesd. Caulet, Pellapoix & autres leurs adherans, devoir être posées sur les industries, cabaux, & cappages dudit Consulat. La Cour a ordonné que les parties seront sur ce plus amplement oüis, diront & produiront ce que bon leur semblera dans quinzaine après la fête de saint Martin d'Hiver, dans lequel delai les livres anciens desd. cottisations, seront remis devers elle, pour ce fait être dit droit ; & cependant par provision, sans préjudice du droit desdites parties, ordonne que lesdites impositions seront faites au sol la livre, le fort portant le foible, sçavoir des quatre parties, les cinq faisant le tout, sur le fonds & biens ruraux dudit Lieu & Consulat ; & la cinquiéme partie restante sur les cabaux, industries & cappages desdits Manans & Habitans, faisans trafic & negotiation audit Lieu. Ordonne en outre ladite Cour, que lesdits Consuls, & autres, qui ont été cy-devant depuis dix ans dudit Lieu, rendront compte, & prêteront le reliqua sur ledit Lieu, pardevant le plus prochain Magistrat Royal, des cottisations & impositions faites à icelui Lieu, ensemble des émolumens & revenus d'icelui : à laquelle reddition de compte deux desdits Biens-tenans audit lieu & Consulat habitans de Toulouse, pourront assister si bon leur semble. Et a fait ladite Cour inhibition & défense ausdits Consuls, de mêler les cottisations aux deniers Royaux, & autres qu'il leur conviendra imposer & cottiser par mandement & commission du Roy, de ses Lieutenans generaux, ou par deliberation des Etats, avec les deniers à imposer pour les affaires municipaux, & autres cottisations extraordinaires concernans particulierement le fait dudit Lieu, & de ne ausdites cottisations concernans le fait particulier dudit Lieu, garde d'icelui, privilege du sel, Greffier, Dixeniers, horloge & droits de chaperons, cottiser lesdits Biens-tenans en ladite ville de Toulouse ou autrement, outre & par dessus ce qui leur sera commandé par lesdits mandemens, & par permission à eux octroyée suivant les Ordonnances du Roi, Arrest sur ce donnez par la Cour, & le droit de levée d'icelles sommes & façon des livres, sur les peines portées par lesdites Ordonnances & Arrest: & a condamné & condamne ledit Rigade, Monna, Cassangs, Antoine Monna & Bellot en leur propre & privé nom aux dépens faits en l'instance devant ledit Senéchal envers ledit Caulet, Pellapoix, Mandinelly, Amorrion, & Cazenauve en ce que chacun d'eux concerne, la taxe reservée, & sans autres dépens concernans les instances jugées, les autres de l'instance à juger d'entre le Sindic & Consuls, ledit Caulet & ses adherans, reservez en fin de cause. Prononcé à Toulouse en Parlement le 13. jour de Septembre 1588.

ARR. II.

Extrait des Registres de Parlement.

ENtre Maître Pierre de Caulet, Conseiller du Roy en la Cour de Parlement seant à Toulouse, & Demoiselle Marie de Lerm mariés, appellans des impositions extraordinaires faites en la ville de l'Isle en Albigeois, depuis l'année 1587. & autres fins y contenuës, & aussi requerant l'interinement de ses Lettres Royaux venans en cause, pour être reçus appellans du compeziement de censive qu'ils possedent en ladite Ville du 13. de ce mois d'une part, & les Sindic & Consuls de ladite Ville intimés & défendeurs d'autre: Veu le procez, & imposirions desquelles est question, lesdites Lettres Royaux; plaidoyez du 7. jour de Juillet dernier & quatorziéme de ce mois, griefs d'appel, reponse à iceux, & autres productions des parties; Dit a été, que la Cour en ce que lesd. de Caulet & de Lerm ont été compris aux impositions faites en ladite Ville depuis l'année mil cinq cens quatre vingts sept jusques à present, pour les deniers municipaux concernant l'utilité particuliere des Habitans residans en ladite Ville, a mis & met l'appellation & lesdites impositions au neant, a retenu & retient la connoissance de la cause & matiere principale, en laquelle a dechargé lesdits Habitans desdites impositions faites depuis ladite année jusques à present, sans pouvoir repeter le payement pour ce regard, sçavoir pour l'enterinement des Predicateurs, Secretain, Maître d'Ecoliers, Portiers, ou ordinaires, robes & livrées Consulaires, reparation des fontaines, horologe, frais de peste, des procez & autres affaires qui regardent l'utilité particuliere des Habitans residans en ladite Ville, ensemble pour le logement des Soldats & étapes & impositions faites pour icelles étapes & passage tant seulement: & pour le surplus des autres impositions, elles sortiroient leur plein & entier effet; & à ces fins lesdits appellans contribuëront pour les biens ruraux à toutes impositions tant ordinaires qu'extraordinaires avec les Habitans contribuables de ladite Ville. Et avant faire droit sur lesdites Lettres Royaux du quatorziéme de ce mois, ladite Cour a ordonné & ordonne que les parties diront & produiront dans trois mois tout ce que bon leur semblera, & cependant par maniere de provision lesdits de Caulet & de Lerm contribuëront à toutes impositions ordinaires & extraordinaires, desquelles ils ne sont déchargez pour raison de six sêtiers six razes bled froment, & deux sêtiers avoine de cens annuel qu'ils ont en ladite Ville & terroir d'icelle, & plus grande quantité qu'ils se trouveront tenir & posseder, & ce suivant la verification qui en sera faite par le Commissaire à ce deputé. A fait & fait inhibition & défense pour l'avenir ausdits Consuls de bailler pour le droit de levée que vingt deniers pour livre: & en cas qu'il ne se trouveroit personne qui veüille prendre ladite levée à vingt deniers pour livre, lesdits Consuls procederont à l'élection d'un Collecteur par tour & ordre, suivant les Arrests de la Cour, & procedant au département desdits deniers à toutes impositions comprendront ceux qui ont cabal & industrie. En outre ordonne ladite Cour que les deniers Royaux & autres ordinaires mandez par les Estats & assiette

assiette, seroient mis en un cayer à part, & les autres deniers municipaux en un autre; leur faisant inhibition & défense d'iceux mélanger sur peine de cinq cens écus d'amende & autre arbitraire en leur propre & privé nom, & de contrevenir au present Arrest: ains le faire garder, observer & entretenir selon sa forme & teneur, sur peine de tous dépens, dommages & interêts. A condamné lesd. Consuls envers ledit sieur de Caulet & de Lerm aux dépens de la cause d'appel, la taxation reservée. Fait & prononcé à Montpellier le troisiéme jour du mois d'Octobre 1599.

LES DENIERS MUNICIPAUX] Pour sçavoir à quelles impositions doivent être sujets les habitans forains d'un lieu, & desquelles aussi ils doivent être dechargez. V. Ranchin. *in quæst.* 87. *Guid. Pap. les Arrests de Philippi art.* 34. *&* 132. *& la suite de ce recueil tit.* 76. *arr.* 6.

ARR. III.

ENtre Pierre Favarel Marchand de Cordes appellant du Senéchal de Toulouse, contre le Sindic des Jurats du lieu de Soeilles; dit a été que la Cour a mis & met l'appellation & ce dont a été appellé au neant, & en emendant le Jugement a declaré & declare n'y avoir lieu de comprendre l'appellant en la cottisation faite pour la poursuite de l'appel entre eux. Prononcé le quinziéme jour du mois de Mars mil cinq cens septante-cinq.

Pareil Arrest entre mêmes Parties le vingt-quatriéme jour de Février 1577.

POUR LA POURSUITE DE L'APPEL.] Ceux qui ont procez contre une Communauté, doivent être exempts de contribuer aux frais exposez en la poursuite de ce procez, suivant le sentiment de Bald. *in l.* 1. *ff. ad leg. Rhod. de jact.* & tel est l'usage

ARR. IV.

SAmedi huitiéme de Mars mil quatre cens quarante-huit vûe par la Cour la requête des Capitouls de Toulouse, par laquelle ils requeroient la somme de neuf cens livres, &c. de l'émolument du quart du vin, leur être livrée en baillant cautions, pour l'employer aux reparations de la Ville, selon la teneur des Lettres par le Roy sur ce octroyées. La Cour a ordonné conformément à ladite requête.

ARR. V.

PAr Arrest du 20. Decembre 1589. est prohibé aux Consuls des lieux de cottiser les Bientenans pour raison du passage & logis des Compagnies des Soldats ou Gendarmes, & les

Consuls de Lerm condamnez à rendre à Maître Pierre Varés Conseiller au Senéchal de Toulouse, quatorze écus qu'ils l'avoient contraint payer pour cette occasion.

ARR. VI.

LE 4. Janvier 1575. Arrest au barreau entre certains nommez Morge, & Albin de Montaudran contre un nommé Fernet Fermier de l'impost du vin, contenant que les demi vins & arrieres-vins ne payeroient point aucun impost, & que lesdits Morge & Albin auroient la recreance des biens à eux, à cause de ce pris & saisis.

ARR. VII.

PAr Arrest du 9. jour de Mars 1581. en Audience, le bail fait par les Consuls d'Alby à lever les deniers royaux & municipaux à deux sols pour livre, fut cassé, & lesdits Consuls pour l'abus & contravention aux Ordonnances & Reglemens condamnez en vingt écus d'amende en leur propre & privé nom, & Dumas qui avoit pris à lever lesdits deniers, constraint de rendre lesdits cent écus, & tout ce qu'il auroit pris plus que vingt deniers pour livre, suivant les Ordonnances & reglemens.

ARR. VIII.

ESt inhibé aux Consuls & habitans de Grenade & autres lieux du ressort, sans permission du Roy faire aucunes impositions ou nouvelles exactions d'aucuns bleds, vins, marchandises, ou denrées pour le passage d'icelles. Arrest prononcé le vingt-neuviéme Mars mil cinq cens huitante-cinq, veuë la requête presentée par le Procureur General du Roy, deliberation du vingt-septiéme jour d'Avril 1587.

ARR. IX.

BIen que les directes & rentes foncieres ne soient sujets à autres charges qu'aux droits du ban & arriereban : toute-fois en aucunes Villes du païs d'Albigeois, comme à l'Isle, & Cordes, par coûtume & possession ancienne, lesdites rentes foncieres sont cottisées pour les tailles: & ainsi fut jugé pour le Sindic de la Ville de Cordes contre le Sindic du Chapitre d'Alby le 4. Avril 1593.

RENTES FONCIERES SONT COTTISE'ES.] *V. Despeisses tom. 3. en son traité de Tailles art. 14. sect. 1. num. 46. & suivans.*

Arr. X.

LEs Capitouls de Toulouse ayans ordonné que de chaque pourceau qui seroit vendu au marché, seroit payé un sol pour le salaire de celui qui écrivoit, les Marchands forains relevent appel en la Cour : est dit par Arrest avoir été mal ordonné par lesd. Capitouls, leur faisant inhibition & défense de permettre être rien pris ni exigé pour la vente qui se fera des pourceaux. Prononcé le vingt-huitiéme jour du mois de Juillet 1583.

Arr. XI.

POur les tailles, subsides ni autres deniers imposez sur une Ville ou Village, les particuliers habitans ne peuvent être constituez prisonniers par les receveurs, & ont été souvent les emprisonnemens cassez, & les habitans élargis par plusieurs Arrests ; mêmes le douziéme Octobre mil cinq cens septante-cinq, pour le Sindic des habitans de Cailus de Bonnette, & les neuviéme Juillet mil cinq cens septante-cinq pour Pierre de la Coste, & le premier d'Août audit an pour Pierre Gervais, & encore auparavant le 30. Mars 1574. pour Pierre Ansenar.

Constituez prisonniers.] On ne pouvoit pas être emprisonné pour dettes publiques. *L. nemo. C. de exactorib. tributor. lib. 10. V. le [illegible] 2. lit. E. tit. 1. art. 5.*

Taverniers, ou Cabaretiers.

TITRE II.

Arr. I.

LE Vendredy 7. Decembre 1576. en Audience à la grande Chambre sur la presentation de certaines lettres de grace & pardon a été prohibé & défendu à tous Taverniers & Cabaretiers de ne bailler cartes ni dez à ceux qui mangeront & boiront dans leur maison à peine du foüet.

Arr. II.

Extrait des Registres de Parlement.

VEu le procez fait par les Capitouls de Toulouse à Jean Malfaictes dit Breganson prisonnier en la Conciergerie appellant desdits Capitouls, ensemble l'acte de question baillée audit Malfaictes suivant l'Arrest de la Cour, & oüi en icelle : dit a été que pour la reparation & punition des crimes & malefices commis par ledit Malfaictes & resultans dudit procez, la Cour l'a condamné & condamne à être delivré entre les mains de l'executeur de la haute justice, lequel lui fera faire le cours par les ruës & carrefours accoûtumez de Toulouse, monté sur un chariot la hart au col, & l'amenera à la place publique saint Georges, & là sur le pilory lui tranchera la tête, & mettra son corps en quatre quartiers; ses biens confisqués, la tierce partie reservée à ses femme & enfans s'il en a, & sera ladite tête portée au lieu de Balma, & là affichée à un pal qui sera planté en quelque place & lieu éminent dudit Balma, & ses autres membres portez & affichez en diverses parts, tant à la croix de Montrabé, qu'au devant la taverne dite del Magister, prés de la riviere de Lers, & entre les deux ponts sur lad. riviere. Et en outre d'autant que par led. procez & autres informations, & aussi par évidence des faits est apparu à ladite Cour plusieurs meurtres, aggressions, détroussemens & autres malefices, insolences & dissolutions avoir été n'agueres commises és logis & tavernes étans à demi lieuë ou une lieuë prés cette ville de Toulouse par aucuns vagabonds & dissolus de divers états, qui se retiroient & assembloient esdites tavernes avec femmes dissoluës qu'ils menoient avec eux, & là faisoient les entreprises & conspirations, & prenoient les occassions & moyens d'executer & accomplir plusieurs excez, crimes & malefices és environs de lad. Ville tant de nuit que de jour: a ordonné & ordonne la Cour que d'oresnavant depuis les Lieux & villages de Fenoüillet jusques à Toulouse, Gafelaze jusques à Toulouse, Castelgenest jusques à Toulouse, Castelmouron jusques à Toulouse, Montrabe jusques à Toulouse, Balma jusques à Toulouse, Fonsegrives jusques à Toulouse, Montaudran jusques à Toulouse, saint Agnan jusques à Toulouse, Maure-ville jusques à Toulouse, la Croix jusques à Toulouse, Portet jusques à Toulouse, Villeneuve jusques à Toulouse, Cugnaux jusques à Toulouse, Plaisance jusques à Toulouse, Tournefeueille jusques à Toulouse, saint Martin du Touch jusques à Toulouse, Cornebarrieu jusques à Toulouse, Blaignac jusques à Toulouse, n'y aura aucun logis ou taverne, & celles qui se trouveront de present seront ôtées, faisant inhibition & défense à tous ceux qui esdits lieux & villages tiendront logis &

tavernes, ne souffrir, tolerer, ou dissimuler jeux de cartes prohibez, ni insolences & dissolutions être faites dans leursdits logis, tavernes, ni autrement contrevenir à l'Arrest donné sur le fait desdites tavernes sur peine de confiscation des maisons : & à cause que lesdits lieux de Montaudran, saint Martin du Touch, sont les plus prochains de cette dite ville de Toulouse, esquelles plus facilement tels personnages vagabonds & dissolus se transportent de nuit ou de jour, ordonne la Cour qu'aucun ne pourra cy-aprés tenir logis ou tavernes esdits lieux qui ne soit resîdant, possede maison, & autres biens, meubles & immeubles esdits lieux, & qui de ce fassent deuëment apparoir pardevant les Capitouls de cette dite ville de Toulouse, & outre ce bailleront bonnes & suffisantes cautions devant lesdits Capitouls, de ne contrevenir aux inhibitions & défenses dessusdites, & autres mentionnées audit Arrest, à la charge de répondre & satisfaire des fautes & malefices qui seront commis en leurs Logis & tavernes contre lesdites inhibitions & défenses : Et enjoint la Cour ausdits Capitouls mettre incontinent cet Arrest à execution par tout le gardiage de ladite Ville. Prononcé à Toulouse en Parlement le sixiéme jour de Novembre l'an 1548.

Teinturiers.

TITRE III.

ARR. I.

LE vingt-troisiémo d'Avril 1572. Arrest au barreau, entre les Bailes des Teinturiers de Thounis en Toulouse, & un nommé Maillol, Constanson, & autres Teinturiers en soïe, contenant inhibition ausdits Teinturiers en soye, de ne faire ledit mêtier, sans au préalable faire acte d'experience, & à tous ceux dudit mêtier respectivement, commandement & injonction de garder & observer les statuts dudit mêtier.

Témoins.

TITRE IV.

ARR. I.

PAr l'Ordonnance du Roy François, publiée en l'an mil cinq cens trente-neuf art. 165. est ordonné qu'aux depositions des inquisitions, recolées toutefois par autorité de justice, sera eu tel égard comme s'ils avoient été affrontez en jugeant le procez. Sur quoi par deliberation de la Cour, les Chambres assemblées, le Vendredi second jour du mois de Janvier audit an 1539. interpretant led. article, sçavoir si contre un défaillant & fugitif est de necessité que les témoins soient recolez auparavant le jugement ou Arrest, ou bien si ce mot *recolez* se rapporte *ad vim & effectum probationis*; fut dit que cela demeuroit à l'arbitre des Juges, qu'où ils verroient être expedient faire ledit recolement ou non, le pourroient faire, ou bien passer outre au jugement: parce qu'il avenoit souvent qu'aprés qu'à la requisition du demandeur tel recolement étoit ordonné, les parens & amis du Prevenu défaillant, procuroient la fuite & absence des témoins confrontables, dont plusieurs crimes demeuroient impunis, auquel propos le premier jour de Decembre 1559. en la qualité appellée en Audience, pour raison du meurtre du Sr. de Camparnaut, contre le Sr. de Peguillan & autres défaillans, requerant la veuve du meurtri la resomption des témoins de l'inquisition, la Cour declara qu'en ce qui concernoit les inquisitions faites par l'un des Conseillers d'icelle n'y auroit lieu de resomption: & quant aux autres inquisitions n'étans faites par Conseillers de la Cour, ordonna lad. resomption.

* A L'ARBITRE DES JUGES] Suivant la nouvelle Ordonnance du mois d'Août 1670. pour les matieres criminelles, les témoins doivent être indispensablement recolez en leurs dépositions, & le recolement vaut confrontation à l'égard des prevenus défaillans; ainsi il ne dépend plus de l'arbitre des Juges d'ordonner, & de faire le recolement ou non.

ABSENCE DES TEMOINS CONFRONTABLES] Par la Declaration du Roy donnée à S. Germain en Laye le 18. de Novembre de l'année derniere 1579. il a été ordonné qu'à l'avenir lors qu'un accusé condamné par contumace se representeroit, & qu'on ne feroit point comparoir les témoins dans les délais prescrits à l'effet de la confrontation és procès, esquels elle auroit été ordonnée, les Juges ne pourront prononcer l'absolution de l'accusé, mais seulement qu'il sera mis hors des prisons à sa caution juratoire de se representer toutes fois & quantes qu'il lui sera ordonné pour subir la confrontation, & être ensuite procedé au Jugement diffinitif du procez, sans que l'Arrêt ou Sentence qu'aura obtenu un accusé, puisse lui servir de justification ou d'absolution diffinitive, quand ledit Arrest ou Sentence seront intervenus sans confrontation prealable des témoins, lors que ladite confrontation aura été ordonnée. Par la même Declaration, qui n'a été donnée que pour empêcher la collusion d'entre les parties civiles & les accusez, dans l'étendue du ressort de ce Parlement de Toulouse, où elle fut registrée le troisiéme de Janvier de la presente année 1680. il est porté qu'aucun accusé contumacé pendant la tenue du Parlement ne pourra poursuivre sa justification, ou absolution, en la Chambre des Vacations, à peine de nullité. On ne pouvoit rien ordonner de mieux pour punir la contumace d'un accusé, & pour remedier à l'impunité des crimes; mais la raison prise de la contumace cessant, il est juste qu'un accusé obtienne enfin son relaxe, faute par la partie civile d'avoir fait venir dans les delais prescrits les témoins accarables, l'accusation seule ne doit pas être un prétexte à le faire pourrir en prison, *accusatio crimen desiderat*; l'évenement ayant sur tout justifié une infinité de fois que les innocens sont souvent injustement accusez; ainsi la partie civile doit être d'autant mieux obligée de produire dans ces délais les témoins pour être confrontez, qu'il est certain que la confrontation est ce qu'il y a de plus important en matiere criminelle, les accusez n'ayans le plus souvent aucun autre moyen de se deffendre, & de reprocher les témoins; aussi quand l'accusateur neglige d'en produire, on doit présumer que c'est une adresse pour empêcher qu'une fausse déposition ne soit détruite par des reproches pertinens. Il est pourtant certain cas auquel la partie civile ne doit pas être reçûë à les produire, comme lors qu'au recollement ils ont declaré qu'ils ne connoissoient pas le prévenu; & quand au préjudice de cette declaration le Juge a passé outre à la confrontation, sa procedure n'est pas seulement cassable pour ce chef, mais même il doit être condamné à rendre & restituer les émolumens qu'il en a reçûs; comme cela fut ordonné par Arrêt du 24. May 1662. donné en la Chambre au rapport de Mr. de Theron, en faveur des sieurs Jean Salvaire, Jean Calvin, les nommez Pontier, Viala & Maynadier, contre le Commissaire qui avoit procedé à leurs confrontemens en l'instance criminelle qui leur avoit été intentée par Claude Dassas, sieur de Laroque. Par cet Arrêt inhibitions & deffenses furent faites à tous les Officiers du ressort de la Cour, de faire des confrontemens aux prévenus, si les témoins declarent au recolement ne connoître pas les prevenus, à peine de suspension de leurs charges, & autre arbitraire.

* FAITES PAR UN DES CONSEILLERS D'ICELLE.] Aujourd'huy cette distinction n'est plus d'usage, suivant l'Ordonnance du mois d'Août 1670. qui porte en l'art. 4. du titre 15. que les témoins seront recolez, quoi qu'ils ayent été ouis pardevant un des Conseillers des Cours souveraines; car c'est ce qu'emportent ces mots, *nos Cours*.

ARR. II.

Le 9. Juin 1576. au barreau, Arrest contre un nommé Garrigues condamnatoire de deux cens livres pour avoir varié en une déposition, applicables à la reparation du Palais, sans note d'infamie : la variation qu'on disoit être est, qu'il avoit dit une fois avoir fiancé quelque fille par paroles de present, & après avoir dit par parole de futur.

ARR. III.

Le dixiéme Février 1579. en Audience plaidée certaine qualité d'entre, &c. fut dit que de ce que le Juge-Mage de Toulouse ayant oüy certains témoins en l'absence de son Ajoint lors malade, auroit ordonné que lesdits témoins seroient recolez par ledit Adjoint, comme fut fait : la Cour par son Arrest auroit ordonné qu'il avoit nullement & mal procedé & ordonné, & bien appellé, & la cause renvoyée au Senéchal contre, &c. & l'appellé condamné és dépens.

V. la suite de ce recueil tit. 46. art. 2.

ARR. IV.

LE 2. Janvier 1567. fut au tablier des Ribbes prononcé un jugement, que Maître N. Rivest Clerc & Solliciteur en la presente Cité, lequel en une instance pour neuf livres auroit attiré certains faux témoins, fut condamné au foüet & aux galeres pour dix ans, & amende honorable & pecuniaire, confirmé par Arrêt, & executé le 15.

ARR. V.

LEs témoins confrontables sont si privilegiez, qu'en allant ou venant, ou sejournant, ou s'en retournant pour être confrontez, ils ne peuvent être arrêtez ni constituez prisonniers pour dettes, ni crimes ; & s'ils le sont, la Cour a accoûtumé de les élargir en leur baillant le chemin pour prison, & à la charge de s'aller presenter & rendre aux prisons du Juge d'autorité de qui ils auroient éte faits prisonniers : & ainsi se juge ordinairement à la Tournelle, & nous le jugeâmes en nôtre Chambre le 20. Avril 1592.

ARR. VI.

UN Expert accordé par une des Parties en un procez, peut neanmoins être oüi en témoin pour l'une ou l'autre des Parties au même Procez, bien qu'il semblât affidé, & qu'il semblât avoir été Juge, parce qu'ils ne sont ni Juges, ni Arbitres, ains comme témoins subsidiaires de ce qui n'est de la connoissance des Juges.

ARR. VII.

QUand un témoin oüi moyenant serment, se dedit après par acte public extrajudiciel, on n'a point égard audit acte ; parce que *non juratus*, il a faite ladite declaration, & ainsi s'observe.

SE DEDIT PAR ACTE] Les Declarations extrajudicielles ne peuvent pas faire foy en Jugement, veu même qu'elles ne sont pas accompagnées de serment, *non creditur testi, nisi jurato L. jusjurandi C. de testib.* ainsi la deposition faite d'autorité de Justice doit prevaloir à telles declarations, qui laissent toujours induire qu'elles ont été faites par faveur ; comme une seconde deposition contraire à la premiere, fait presumer que le témoin a été suborné. D'ailleurs il est sans doute qu'il faut ajoûter plus de foy au Greffier qui a reçû l'information, qu'au témoin qui declare par un acte extrajudiciel avoir deposé autrement qu'il n'est écrit.

Arr. VIII.

La femme ne deposera contre le mari, Arrest en vacations, le vingt-sixiéme Octobre mil cinq cens quarante-six, vûë la requête baillée par Forette de Masa.

Ne deposera] C'est-à-dire qu'elle ne pourra être contrainte de deposer; car autrement il est certain que les mariez sont dans la liberté de deposer l'un contre l'autre, n'y ayant aucune Loy qui le leur deffende. *V. Cod. Fab. lib. 4. tit. 15. definit. 1.*

Arr. IX.

Le 12. Mars 1592. par Jugement des Requêtes entre Baron & Morgues, fut dit que Baron se feroit oüir cathegoriquement sur les objets par ledit Morgues baillez contre les témoins de l'enquête de Baron: ce qu'on dit avoir été ainsi jugé les Chambres assemblées.

Oüis cathegoriquement] La réponse cathegorique est toujours permise, & en tout état de cause; ainsi elle peut être exigée au sujet des objets baillez par la partie qui deffend à une enqueste, parce que celui qui a fait oüir les témoins peut avoüer les objets, & qu'ainsi la verité se pouvant tirer de sa bouche par moyen de sa réponse cathegorique, sa partie est relevée de la preuve des objets qu'elle a proposez; l'Ordonnance même étant generale pour toutes matieres, tant civiles que criminelles, il semble qu'on ne doit pas douter qu'aux affaires non simplement criminelles, mais où il s'agit d'accusation capitale, l'accusé ne soit en droit de faire subir l'interrogatoire à la partie civile; comme cela fut pratiqué dans cette celebre procedure qui fut faite en ce Parlement contre le faux Martin Guerre; car il en resulte, que Arnaud du Thil qui étoit l'accusé, fit répondre Bertrande de Rols, qui étoit sa partie civile, & femme du veritable Martin Guerre.

Arr. X.

Le second jour de Mars mil cinq cens dix-neuf en Audience fut prononcé Arrest entre certains faux témoins d'un Maître Pierre Cajarre, & furent condamnez à faire amende honorable en chemises la hart au col, & les aucuns être foüettez, & les autres avoir les levres coupées & fenduës; plusieurs autres Arrests ont été donnez en ce Parlement contre plusieurs faux-témoins, & le tout en matiere beneficiale.

Arr. XI.

Es Arrests generaux de la Pentecôte, prononcez par Monsieur Latomy le Vendredi 12. Mai 1559. entre Molinier, Lieutenant du Juge de Verdun au Siege de Beaumont de Lomaigne demandeur en excès, injure, calomnie & subornation de témoins d'une part; & Olivier Licentié Avocat, & substitué du Procureur general du Roy audit Siége; ledit Olivier fut condamné à faire amende honorable en plein parquet, tête nuë, avec une torche allumée entre ses mains, ce qui fut là executé, & en amendes pecuniaires, & banni du Royaume pour dix ans.

Testament.

TITRE V.

ARR. I.

L'An 1571. & le 4. Decembre fut prononcé un Arrest en la grand'Chambre à Toulouse entre Antoine de saint Jean, par lequel le testament fait par le Chevalier d'Honnoux, decedé au Siege de Poitiers, fut declaré valable en faveur dudit Jean neveu, fils du frere, *præterito Antonio patre* & l'heritier maintenu, detraite la troisiéme partie des biens au profit dudit Antoine pere, laquelle lui fut adjugée.

FUT DECLARE' VALABLE] Le motif de l'Arrêt fut sans doute le privilege du testament militaire, suivant lequel le testateur peut se dispenser d'instituer ses pere & mere. *L. Testamentum C. de inoffic. testam.* & quoy qu'ils soient preterits le testament n'en est pas moins valable, en prenant leur droit de legitime sur les biens délaissez par leur fils. *D. leg. & leg. de inofficioso C. eod.*

ARR. II.

PAr Arrêt interlocutoire du 7. Août 1587. & dépuis par autre diffinitif le 26. Janvier 1588. en jugeant le procez de du Plantier & Castellis appellans, & Guillemette de Malgast, Jean & Raymond Pages appellez, furent prejugées deux choses; l'une que la clause codicillaire étenduë, & au long apposée à un testament, entre autres effets pouvoit couvrir le vice de preterition des ascendans, parce qu'en vertu d'icelle, *venientes ab intestato censentur rogati restituere hæreditatem hæredibus in testamento scriptis*; l'autre qu'un Notaire ne peut étendre la clause codicillaire qui est par abregé sur la cede, pour couvrir le vice de preterition des ascendans, & moins par consequent des descendans. Toutefois il se trouve Arrest contraire du 8. May 1589. sur le rapport de Mr. du Pin, étant contretenant Mr. Fabry, par lequel fut resolu & jugé que la clause codicillaire peut bien suppléer au deffaut de solemnité; mais non pas au deffaut de volonté, disant qu'un testament nul, *ex causa præteritionis*, ne pût être valable par la clause codicillaire.

NUL *ex causa præteritionis*] Mais bien que l'Authentique *ex causa C. de liber. præter.* parle de la preterition, ce n'est pourtant que par rapport à celle de la mere, qui valoit exheredation: Aussi convient-on que de quelque maniere qu'elle soit conçûë, elle ne soûtient pas un testament nul par preterition, mais seulement celui qui est nul par exheredation, suivant l'opinion de Cujas *in d. Auth.* de Ferieres *in qu.* 425. *Guid. Pap.* & de Fachinæus *controvers. lib. 6. cap. 77.*

ARR. III.

BIen que la clause codicillaire entre autres effets rende valable un testament, *alioquin ruptum etiam agnatione posthumi*, suivant la glose *in l. Ex ea* §. 1. *ff. De testam.* toutefois cela a lieu quand l'heritier institué au testament *est unus ex suis*, & des descendans; autrement s'il est étranger ou des collateraux: car la clause codicillaire ne peut valider un testament rompu *agnatione posthumi*, pour faire que l'enfant du testateur qui aura été preterit, ayant succedé à son pere *ab intestat*, soit chargé en vertu de cette clause, rendre l'heredité de son pere à l'heritier institué au testament, s'il n'est de la qualité susdite; comme il fut jugé sur un procez parti le 5. Juin 1587. entre Arnaud Dariac, & les filles de feu Pons Dariac, au rapport de Monsieur Senaux étant Mr. Maynard contretenant, par la Loy 1. *C. De codicill.* sur ces mots *codicilles ad testamentum pertinentes non valere*, nonobstant l'Authent. *Ex causa C. De liber. præt.* car il est dit là, *institutionem irritam esse*, nonobstant aussi la Loy, *Placet* 5. *ff. De liber. & posth.* parce qu'elle parle, quand le posthume, *qui est ex suis*, est institué: auquel cas le testament demeure, *quamvis plures posthumi nascantur*, parce que, *omnes instituti censentur.* Est aussi besoin que ladite institution ne soit particuliere, parce que *potius legati, quam institutionis naturam saperet. l. Quoties C. De hæred. instit.*

Fut aussi resolu par le même Arrest, & jugé que le progrez d'une substitution ne cesse point pour l'interruption des degrez, lors qu'il appert de la volonté du testateur, comme il faisoit au fait dudit procez.

Et par autre Arrest donné au rapport de Mr. Blusset en la seconde Chambre des Enquêtes, au mois de Fevrier 1575. fut aussi resolu, *testamentum in quo filius est preteritus per clausulam codicillarem sustineri, ut saltem habeat vim fideicommissi*, pour Bachelier contre Faure: *qui paria sunt rogare venientes ab intestato, vel clausulam codicillarum apponere, Doct. in l. Ex testamento. C. De fideicommiss. at si rogati essent venientes ab intestato, tunc filius prate-*

ritus teneretur hæreditatem restituere. l. Si quis instituatur si legitimus. D. de hæred. instit. Deinde quotiescumque testator dicit, Si non valeat jure testamenti, valeat jure codicilli; idem est hac si diceret: Si institutio non est valida jure directæ institutionis, saltem valeat jure indirectæ, qua de causa ex clara & aperta voluntate testatoris, vertitur in restitutionem fideicommiss. Et c'est la commune opinion rapportée par Bartole, *in l. 1. cod. de jure codicil. facit l. Quærebatur ff. De testam. milit. l. Posthum. ff. De injust. l. Generaliter §. Ex testamento. de fideicomm. libert.* Et la raison est, parce que ce seroit hors de toute raison & équité de penser *testatorem voluisse præferre extraneum hæredem scriptum filio, quem unum natum aut conceptum forte ignorabat. l. Cum acutissimi. cod. de fideicomm. l. Cum avus ff. De condit. & Demonstrat.*

RENDRE VALABLE UN TESTAMENT] *V. Ferrer. in q. ult. Guid. Pap. & Despeisses tom. 2. part. 1.* des Testamens *sect. 4. num. 133.*

Saltem habeat vim fideicommissi] Pour comprendre cela il faut sçavoir que la clause Codicillaire *flectit. institutionem in fideicommissum*, & que lors que l'enfant est preterit, le testament est nul pour ce qui est de l'institution hereditaire directe; mais que par la force de la clause codicillaire l'institution est convertie en fideicommis *quasi rogati videantur venientes ab intestato hæreditatem restituere*; de sorte que les fideicommis étans conservez *Auth. ex causa C. de liber. preter.* par une suite de cette raison les enfans preterits qui peuvent impugner le testament & demander la succession *ab intestat*, sont obligez à l'instant de la rendre à l'heritier comme substitué, sauf à distraire la legitime ou la quarte à leur choix.

ARR. IV.

UNe femme instituée heritiere par son mari, est chargée de rendre l'heredité aprés son decez à ses enfans, & donnée tutrice à iceux par sondit mari, est privable, tant de l'heredité que de la tutelle pour sa malversation, par Arrest du 27. Janvier mil cinq cens nonante.

ARR. V.

ARrest par lequel est dit être permis aux Habitans de Languedoc de tester, encore qu'ils ne soient du Royaume, le 16. Août 1577.

V. la suite de ce recueil tit. 9. verb. Droit d'Aubaine.

ART. VI.

ARrest de consequence de n'expedier un testament durant la vie du testateur, fut prononcé le N. jour du mois de N.

l'an 1575. entre Demoiselle Marie Jalaberte, femme de Maître Guillaume Thomas, Conseiller & Magistrat en la Senéchaussée de Toulouse, appellant de Mr. Maître François Vignaux, Conseiller du Roy en la Cour, Commissaire à ce deputé d'une part, & Maître Jean Fabry, Lieutenant du Juge de Carmaing appellé d'autre.

Arr. VII.

JAçoit que par le droit l'heritier soit tenu de faire les honneurs funebres, & payer les legats : Si toutefois le testateur avoit legué l'usufruit de tous ses biens à un, & institué un autre en la proprieté d'iceux: si l'heritier se declare tel avec le benefice d'inventaire, il ne pourra être contraint à payer de son patrimoine lesdits legats & impenses funebres, ains lui sera loisible vendre du fonds de ladite heredité, jusques à concurrence desdits legats, impenses, & autres charges hereditaires ; nonobstant l'opposition & contredit de l'usufructuaire, pour ne recevoir diminution de son usufruit: & par ce moyen tous se ressentiront des charges hereditaires, & l'heritier pour la diminution de son fonds, & le legataire pour la diminution de son usufruit, mais beaucoup plus l'un que l'autre, comme est raisonnable. Et ainsi fut jugé au rapport de Mr. F. Sabatier en la premiere Chambre des Enquestes à Toulouse, en faveur de Jean Gouts, & Marguerite de Lerm, ce dernier de Decembre 1575. suivant autre Arrest semblable donné auparavant en la premiere Chambre d'Enquestes, contre une veuve d'un Senéchal d'Armaignac pour lors allegué, *per l. fi. §. Sin autem æs alienum. C. De bon. quæ lib. & l. usufructu bonorum & ibi Alexand. ff. Ad. l. Falcid. Guid. Pap. Decis.* 541.

Art. VIII.

PAr Arrest general prononcé en l'an mil cinq cens soixante-sept avant Pâques entre Jean Villelle & autres, un testament fait en faveur des enfans du second lit, contenant legat d'une piece de terre de valeur de six livres au profit des enfans du premier lit, fut declaré nul, & le testateur declaré être decedé *ab intestat.*

* De valeur de six livres] Autrefois les Legats, tenans lieu de legitime, qui consistoient en somme modique, n'étoient pas seulement regardez comme derisoires, mais même donnoient lieu à la nullité du testament, tout de même que si les legitaires avoient été preterits. Ce fut sans doute le motif de l'Arrêt rapporté par l'Auteur, conformement à la doctrine de Ferrieres *in quæst.* 450. *Guid. Pap.* à moins que la consideration des secondes nôces du testateur, jointe à la modicité de la somme, y eut doné lieu. Quoy qu'il

en soit, on ne suit plus aujourd'huy cette Jurisprudence dans ce Parlement, le legat ne fût-il que de cinq sols, comme en fait foy l'Arrêt de Cambolas liv. 2. chap. 15. & cela suivant les principes de Droit *in §. sed hæc ita Instit. de inoff. testam.* en ces mots, *si quantulacumque res ei fuerit relicta*, d'autant mieux qu'on peut demander un supplément de legitime. Il en seroit neanmoins autrement si le pere, sans leguer aucune somme à son fils *nominatim*, s'étoit contenté de leguer par une disposition vague & generale, la somme de cinq sols à chacun de ses parens, comme au cas de Maynard liv. 5. chap. 11. car pours lors le fils seroit preterit

ARR. IX.

LE pere qui en contemplation de mariage a donné ses biens ou partie d'iceux à son fils, ou a promis en iceux l'instituer son heritier après son trépas, ou ses enfans; à sçavoir *si postea testamento possit filium fideicommisso gravare, vel etiam filios masculos tantum ei substituere & fœminas excludere*, & bien qu'il semble ne le pouvoir faire *per l. Donatio. cod. de donat. & l. Sequens quæstio ff. De leg.* 2. Toutefois la resolution est qu'il le peut faire, comme fut jugé par Arrest en la seconde Chambre d'Enquêtes au rapport de Mr. Rudelle, en faveur de Vallade, en Juillet mil cinq cens septante-huit suivant l'opinion de Monsieur Boyer *Decis.* 204. *arg. l. Filii §. Filia ff. de l.* 2. *juncta doctrina Bart. & Guid. Pap. Decis.* 613. *& Capel. Tolos.* 453. *quod ea pacta sint odiosa, & contra communes juris regulas, cum pactis hæreditas dari non debeat. l. Hæreditas. cod. de pact. convent.*

V. le Livre 2. lit. M. tit. 4. art. 46.

ARR. X.

JEan Cussac ayant fait deux Testamens, par lequel il fait une sienne fille nommée Jeanne Cussac heritiere, fait un autre testament par lequel il institue François Cussac son neveu *ex fratre*, & par même testament revoque tous testamens faits par cy devant, & appose la clause codicillaire. Après le decez du testateur la fille soutient ledit testament dernier être nul & invalable, attendu que n'y a expresse & particuliere derrogation aux precedens testamens, par lesquels elle est instituée heritiere, à sçavoir quel des deux est le valable.

Par Arrest donné au rapport de Monsieur Maynard à Toulouse arrêté en Février, & après prononcé en robes rouges és Arrests generaux de Pâques, le vingt-un Mars mil cinq cens huitante-un fut dit que ladite Cussac fille étoit maintenuë en vertu des premiers testamens, à la charge de payer les legats pies contenus au dernier testament pour plusieurs raisons: entr'autres *quod testamenta facta in favorem filiorum habeant vim clausulæ derogatoriæ*, & par consequent ne peuvent être cassez, qu'aux subsequens n'y ait expresse & particuliere clause derrogatoire à iceux, *per ea quæ notantur, in l. Si quis in princip. ff. de leg. 3.*

N'Y A EXPRESSE DEROGATION.] Lors qu'il s'agit d'un testament entre en-
fans & descendans, la Loy *si quis 22. ff. de leg. 3.* n'a pas lieu, à moins qu'il soit revoqué par
exprez & specialement par un second testament. *Auth. hoc inter C. de testam.* & cela même
quand le premier testament ne contiendroit aucune clause derogatoire, parce qu'elle est sous-
entenduë aux testamens qui sont faits entre enfans, bien qu'elle n'y soit pas exprimée. La
faveur des enfans est même si grande, que quoy que regulierement pour revoquer un testament conceu avec clause derogatoire, il faille en faire mention dans le dernier, il n'en est
pourtant pas de même à l'égard des testamens faits *inter liberos*, qui sont presumez contenir
clause revocatoire des autres testamens faits en faveur des étranger; outre que la clause
derogatoire n'a proprement lieu que dans le cas où l'on peut raisonnablement douter de la
volonté du testateur; de sorte que le bon sens & la raison voulans qu'on presume en faveur
des enfans, la revocation de la premiere volonté d'un pere qui a disposé en faveur d'un étranger, il s'ensuit qu'il n'y a pas necessité d'assujettir à la clause revocatoire les derniers testamens faits *inter liberos*; & cela ne peut être exigé que lors que les premiers sont aussi faits
en faveur des enfans, parce que pour lors la faveur étant égale il en faut demeurer aux termes du droit commun. *V. Maynard liv. 5. chap. 19. & 20. Durany quæst. 92. & Julius Clarus*
Testamentum quæst. 98.

ARR. XI.

PAr Arrest general prononcé par Monsieur le premier Président Daffis à Toulouse le quatorziéme Septembre mil cinq cens soixante-sept, un testament fait par une mere, duquel appa-roissoit par la deposition du Juge & Greffier, pardevant lesquels elle avoit declaré ses heritiers les enfans mâles, & donné aux filles certaine somme pour leur doüaire & legitime: & requis ledit Juge & Greffier le rediger par écrit, lequel étant redigé par écrit, n'auroit été recité, ains sans recitation & publication seroit allée de vie à trépas, fut trouvé & declaré bon & valable par ledit Arrest.

N'AUROIT E'TE' RECITE'] Sur cette matiere on suit le sentiment de Barthole *in*
leg. fideicommissa §. 1. ff. leg. 3. & non pas celui que soûtient Ranchin sur la quest. 538. *Guid.*
Pap. & qu'il n'eût sans doute pas soûtenu s'il n'eût pas confondu les principes sur lesquels
roule la decision de la question; car il est certain qu'il a pris pour testament imparfait *rat o-*
ne voluntatis, celui qui ne l'est que *ratione solemnitatis*. En effet, il est sans doute qu'un testament d'un pere entre ses enfans est bon sans témoins & sans autre formalité; les testamens
de cette nature n'en requierent point d'autre que la declaration de leur volonté, qui sert de
loy inviolable entre les enfans, *quibuscumque judiciis & conjecturis, quacumque scriptura ma-*
nifesta lit. 1. de Famil. ercisc. dans le Code Theodosien, laquelle Loy est rapportée par Justinien
en son Code sous le même titre *in l. 26.* Il est vrai que ces Loix 1. & 26. ne parlent que des

dispositions des peres, & que dans cet égard il semble que l'Arrest rapporté par l'Auteur, regardant le testament d'une mere, ne seroit pas soûtenable; mais il faut remarquer *pro judicato* que Theodose & Valentinien en la Loy *Hac consultissima. §. ex imperfecto. C. de testam.* ont étendu ce privilege aux dispositions des meres, *parentibus utriusque sexus*, ou comme dit Justinien *Novel.* 107. *in præfatio. matribus & ascendentibus utriusque naturæ.* Au reste les enfans étans les heritiers presomptifs de leurs peres & meres, qui ne voit que pour les declarer tels les solemnitez requises aux testamens ordinaires ne sont pas necessaires à leur égard? C'est aussi ce qui fait subsister les testamens olographes en leur faveur, la seule declaration de leurs peres & meres ayant force d'une disposition revêtuë des solemnitez ordinaires: Et cette faveur des enfans leur est même si personnelle, qu'outre qu'une telle declaration n'empêcheroit pas que le testament ne fût soûtenable à l'égard des étrangers, suivant l'Arrest donné en la seconde chambre des Enquêtes au rapport de Mr. de Boutaric le 5. de Janvier 1664. en la cause d'un nommé Manson contre Pierre Maistre, d'ailleurs il est constant que quoi que le testament olographe soit bon du pere à l'enfant, il n'en est pourtant pas de même de celui que l'enfant fait en faveur du pere, s'il n'a pas été rendu nuncupatif par la suscription & par la solennité des témoins, suivant l'Arrest donné en l'Audience de la grand'Chambre le neuviéme de Fevrier 1671. en la cause de Niquel contre Manene, & par là le Parlement a préjugé qu'en fait de dispositions testamentaires des enfans, tant les peres que les meres, sont considerez comme des étrangers dans ledit égard.

ARR. XII.

DU cinquiéme jour du mois de mil cens une femme institüe son mari en la troisiéme partie de ses biens, & és deux autres parties ses enfans, lesquels elle subitüe l'un à l'autre, & s'ils decedent, substituë le plus proche de parenté: les enfans decedent *vivente patre*, lequel se remarie, & à des enfans du second lit; aprés le decez du pere, la sœur uterine de la testatrice, demande la succession des enfans, disant qu'elle leur est substitué en vertu de ces mots, *le plus proche de parenté*: La dispute fut grande entre Monsieur Josse Rapporteur, & Monsieur Maynard contretenant, à sçavoir si ces mots (de la parenté) doivent être entendus des parens des fils heritiers, ou des parens de la mere testatrice: enfin fut conclu & arrêté qu'ils devoient être entendus de la parenté de la testatrice. *l. Cùm ita* §. *In fideicommisso. ff. de leg.* 2. & par Arrest les biens furent adjugez à la sœur uterine de la testatrice.

V. l'observation sur l'art. 7. du titre dernier du liv. 3. où l'Auteur rapporte un Arrêt contraire à celuy-cy, quoy que lors que le testateur ne s'est pas determiné pour ses parens, ni pour ceux de son heritier, il soit certain *in dubio* que le fideicommis doit appartenir aux plus proches parens du testateur, à l'exclusion de ceux de l'heritier, excepté au cas d'une substitution pupillaire.

ARR.

ARR. XIII.

ENtre Pierre de Montmejan demandeur en maintenuë à raison des biens de feu autre Pierre son ayeul, contre de N. Montmejan défendresse, & autrement demanderesse en semblable maintenuë de tous lesdits biens dudit feu de Montmejan son pere, comme decedé sans faire testament, du moins valable; ledit Montmejan neveu representoit sondit ayeul & pere de la deffenderesse avoir fait testament, & par icelui l'avoir institué heritier, & sa partie adverse avoir legué simplement certaine somme de deniers, ledit testament en bonne & dûë forme; A quoi la défenderesse repliquoit que sondit feu pere lors dudit testament avoit un sien fils pere du demandeur, & toutefois n'étoit fait mention audit pretendu testament, *& proinde ex cod. præteritionis irritum manere, idque sufficere, l. si post mortem. §. fi. de bon. poss. contra tab.* à quoi ledit neveu fils de l'enfant preterit representoit que sondit pere *nunquam fuit conquestus, & proinde approbatione illud reconvalescere benignitate juris, nec obesse d. l. si post mortem*, ils viennent *de bonor. possessione agitur, quæ defertur à prætore, qui non potest ipso jure hæredem facere. §. Quos de bonor. poss.* Et à ce que la défenderesse aussi deduisoit qu'il avoit vêcu sans se pouvoir aider de la Loy 3. *de inoff. testam.* répondoit telle perseverance *animi judicium demonstrare*: & de fait par Arrest de la Cour du huitiéme Janvier mil cinq cens septante-sept fut ledit neveu soûtenu & maintenu en la possession & joüissance de tous les biens, nonobstant la préterition de sondit pere, aprés avoir été parti en toutes les Chambres.

ARR. XIV.

LE neuviéme Février mil cinq cens nonante au rapport de Mr. Marion, étant contretenant Monsieur Raymondi, Barthelemi Bonet de la ville du Puy âgé de quinze ans, étant frappé de peste, fait testament l'onziéme Octobre mil cinq cens huitante-sept, par lequel il institue ses heritiers universels André Pinguet & Catherine Dorone. Le quatorziéme jour du même mois il fait autre testament, & par icelui institue heritiere Claude Laurence fille de Barthelemi Laurens, lequel auroit été tuteur dud. Bonet, & n'avoit point encore rendu compte de la tutelle. Etant decedé

Bonnet, il y a procez pour son heredité entre ladite Laurence d'une part, & lesdits Pinguet & Dorone d'autre : auquel procez Marie Chapote est jointe. Laurence demande la succession en vertu du dernier testament ; Pinguet & Dorone en vertu du premier : Chapote presupposant que ni l'un ni l'autre testament n'est valable, demande à succeder comme étant le plus proche *ab intestat*. Par Arrest Pinguet & Dorone instituez heritiers au premier testament, furent maintenus : la raison, parce que Laurence instituée au dernier étoit incapable, comme étant fille du tuteur, & le testament fait en sa faveur étoit nul, suivant l'ordre, & par consequent ne pouvoit avoir revoqué valablement le premier testament : car pour faire que le premier testament soit valablement revoqué, il faut que *ex posteriori testamento adiri possit hereditas. l. 1. ff. De injusto rup. §. Posteriore Instit. Quib. mod. test. infirm. l. Proxime ff. De his quæ in testam. dolent. &c. l. Cum quidam ff. De his quæ indign. D. Si quis aliq. test. prohib. vel cong.* les autres à Chapote comme venant *ab intestat*, & estimoient que ni Laurence ne pouvoit rien pretendre à cause de l'Ordonnance, ni Pinguet & Dorone, *quod non haberent supremam voluntatem* : toutefois il passa que le premier testament étoit bon & valable, & n'étoit point revoqué par le dernier, *ex quo non poterat adiri hæreditas*, à cause de l'incapacité de Laurence, nonobstant la Loy *Cum quidam.* en ce qu'elle adjuge l'heredité au fisc : car ce que Papinien en rapporte est suivant le droit ancien lequel a été depuis corrigé. Cet Arrest fut prononcé judiciellement par Monsieur de Saint Jean, President aux Arrests generaux de Pâques.

FURENT MAINTENUS.] Suivant les nouveaux Arrêts de préjugé, tant du Parlement de Paris que celui d'Aix, rapportez dans le Journal du Palais du 2 Juin 1672. & du 26. Janvier 1673. les Testamens revocatoires de tous autres, quoique declarez nuls par l'incapacité des heritiers instituez, empêchent pourtant l'execution des precedens, faits en faveur des personnes capables : en sorte que les premiers Testamens ne reprennent pas leur force, & la revocation subsiste toûjours pour donner lieu à l'ouverture de la succession *ab intestat*. Le motif en est sans doute, qu'il suffit que les derniers Testamens, tout nuls qu'ils sont, servent pour marquer une volonté contraire à leur premiere disposition, en faveur des successeurs *ab intestat*, pour qu'il soit censé que les Testateurs ont voulu qu'on induisit de leur seconde disposition, une espece d'indignité tacite & presumée en la personne des premiers heritiers par eux instituez, selon le cas de la Loi *cum quidam ff. de his quæ ut indign. aufer.* mais quoique la faveur des legitimes successeurs *ab intestat*, inspire un esprit de preocupation, par cette raison qu'en parlant pour eux, & en souhaitant que les biens du Testateur, dont ils sont les plus proches parens, leur soient conservez, on soûtient les droits du sang & de la nature : Toutefois le Parlement de Toulouse n'a pas accoûtumé de suivre la maniere de juger de ces deux dont les Arrests ont été ci devant remarquez, lors qu'il est question d'un testament nul par l'incapacité des personnes instituées, comme sont les enfans des tuteurs, selon l'Arrét rapporté par l'Auteur, conforme à celui de Maynard liv. 8. chap. 50. l'un & l'autre fondez, non seulement, sur la maxime vulgaire, *non præstat impedimentum quod de jure non sortitur effectum*; mais même sur ce que le premier Testament puisse être valablement revoqué : il faut que *ex posteriori hæreditas adiri possit*, ce qui ne peut pas être au cas de l'institution d'heritier faite d'une personne incapable. Et en effet, il est certain que pour pouvoir dire que le Testateur s'est départi de sa premiere disposition, il faut supposer que la seconde, qui la revoque puisse valoir, & non autrement, suivant la Loy *Si jure ff. de legat.* 3. car bien que ladite Loy *Cum quidam*, semble détruire cette supposition en ces termes : *quamvis institutio non valeret*; il faut pourtant remarquer avec Cujas en l'interpretation qu'il donne de cette même Loy [dont plusieurs prétendent que la disposition n'est pas même bien claire, ni assez étenduë] qu'il faut encore supposer, en l'espece qu'elle contient, que l'heritier institué par le premier Testament s'étoit rendu indigne de l'heritage du Testateur. Au reste touchant la revocation des premiers Testamens, soit par declaration de contraire volonté, devant nombre suffisant de Témoins, suivant le cas proposé au §. *ex eo autem instit. quib. mod. testam. infirmant.* soit par de seconds Testamens imparfaits & moins solemnels; l'on peut voir Ferrieres *in quest.* 200. *Guid. Pap.* Maynard *liv.* 5. *chap.* 23. Duranti *deci.* 60. Cambolas *liv.* 6. *chap.* 29. le President Faber *Cod. lib.* 6. *tit.* 5. *defin.* 29. Mornac *ad l.* 8. *ff. de pecul. & DD. ad l.* 6. *Cod. Theodos. tit. de Testam.*

ARR. XV.

L'Onziéme jour d'Octobre mil cinq cens nonante, au rapport de Monsieur Caulet en un procez, par appel relevé du Senéchal de Bigorre, auquel étoit question d'un testament qu'on pretendoit avoir été fait par un pestiferé au lieu de Rabastens en Bigorre, & que par icelui le défunt avoit institué ses heritiers universels deux freres uterins qu'il avoit avec un sien oncle, lequel ayant mis en instance les freres du défunt, soûtenans n'y avoir point de testament, les parties furent appointées contraires. L'oncle fait oüir deux témoins, à sçavoir un homme & une femme, lesquels deposent avoir servi le défunt en sa maladie, & que voulant faire testament ils appellerent par la fenêtre de la maison plusieurs personnes, les priant de vouloir être témoins, mais aucun ne voulut arrêter : à cause dequoi le deffunt ne pouvant recouvrer d'autres témoins, auroit declaré en leur presence sa volonté; c'est qu'il faisoit ses heritiers ses deux freres & son oncle : Ce neanmoins le Senéchal sans avoir égard à la requête de l'oncle, maintient les deux freres *ab intestat*, dequoi l'oncle releve appel en la Cour, où par Arrest l'appellation est mise au neant, & fut jugé que le témoignage d'un homme & d'une femme n'étoit point suffisant pour prouver un testament d'un pestiferé.

Testament d'un pestiferé.] Il y faut cinq témoins, d'Olive liv 5. ch. 3. toutefois *Cùm tanta vis est morbi, ut urbs deserta sit*, un Testament fait devant quatre Témoins a été jugé valable en ce cas, suivant l'Arrêt rapporté par Ferrieres *in qu.* 543. *Guid. Pap.* Il faut pourtant supposer qu'il ne s'étoit pas pû trouver un cinquiéme Témoin; ainsi quoique suivant l'Arrét de Cambolas au liv. 3. chap. 46. il ait été prejugé qu'un Testament nuncupatif étoit bon avec six Témoins & le Notaire, bien que dans l'ordre regulier un Notaire faisant sa fonction, ne puisse pas bien faire celle de Témoin: il est certain neanmoins que le Parlement casse aujourd'hui les Testamens faits avec moindre nombre de Témoins que de sept, outre le Notaire, pourvû que dans les lieux où ils sont faits, on puisse trouver nombre suffisant de personnes capables de porter témoignage, suivant l'Arrét qui fut donné entre Demoiselle Anne de Rouviere & Jacques Viala, le 28. Fevrier 1670 en la seconde Chambre des Enquêtes, au rapport de Mr. J. Cathelan. Mais pour revenir aux Testamens faits en temps de peste, leur faveur est si grande, à cause de la difficulté qu'il y a de trouver des Témoins, que quand il est impossible pour remplir le nombre de ceux qui sont requis, de les trouver tous, autrement qu'en prenant un Religieux profés, en ce cas la necessité prévaut à la consideration qu'on feroit en une autre conjoncture de temps; qu'un Religieux étant mort civilement au monde, est incapable de porter témoignage. En effet, le Parlement a fait subsister un Testament fait en temps de peste, signé par un Religieux, comme Témoin, par Arrét d'Audience donné en la grand'Chambre le 18. Janvier 1667. en la cause de Ginesteux contre Aubrespin.

Furent appointe'es contraires. De tout temps le Parlement a admis la preuve d'un Testament, ou d'un Codicile verbal, fût il question d'un heritage de valeur de cent mille livres, & quelque rigueur qu'ait la nouvelle Ordonnance, lors qu'il s'agit d'une somme qui excede cent livres, avec tout cela le Parlement n'a pas changé pour ce chef son ancienne forme de juger, comme en fait foi l'Arrét qu'il donna en la grand'Chambre le 21. Fevrir 1670. au rapport de Mr. de Madron, en la cause d'Estienne Galien contre Pierre Dirac. Il est vrai que la disposition de l'art. 5. du titre 20. de l'Ordonnance, ne semble pas contraire à cette maniere de juger.

Arr. XVI.

DU 23. jour de Decemb. 1580. és Arrêts generaux prononcez par Mr. de S. Jean sixiéme President. Le fait est qu'en l'année 1571. Vidal Brunet natif & habitant de Cazeres s'en va en la vallée d'Aram en Espagne; là il commet plusieurs meurtres & voleries: il est saisi & condamné à mort avec dépens: avant être executé, le Juge lui permet faire testament, par son testament institüe ses heritiers ses freres & sœurs, legue au Couvent des Augustins en lad. contrée 200. liv. pour prier Dieu pour son ame; lesd. heritiers & Sindic desd. Religieux ayans trouvé un de ladite ville de Cazeres être debiteur envers ledit feu Brunet en certaine quantité de grains & argent, le font executer: il est condamné par le Juge de Larieux, ce qui demeure confirmé par le Sénechal do

Toulouse ; appel en la Cour, Monsieur le Procureur general du Roy étoit averti que ledit Brunet avoit été executé à mort, presente requête à la Cour pour être reçû opposant envers l'execution faite par lesd. heritiers & Sindic, fonde son opposition en deux moyens ; le premier, *qui ad mortem damnati sunt testari non possunt. l. Ejus.* §. 1. *de testam. quia servi pœnæ dicuntur, qui autem liber. non est testari non potest. l. Filius familias ff. de testam.* le second, que par la generale coûtume de France qui a confisqué le corps confisque le bien. *Boërius Decis.* 263. *Bened. in verbo* (*& uxor*) en consequent ayant ledit Brunet été condamné à mort, *hoc jus, tacitè inest sententiæ* : au contraire lesdits défendeurs, alleguans que ledit Brunet auroit été condamné par un Juge, qui est hors de ce Royaume, & pour crime commis hors iceluy, & par ainsi que telle sentence ne pût avoir lieu és biens qui en ce Royaume, sans avoir veu ledit procez, pour sçavoir s'il auroit été bien condamné. Secondement, que la confiscation est deuë pour la poursuite que le Seigneur a faite au condamné. *Bartol. in l. Si finita* §. *De dam. infect.* Or le Roy ni son Procureur Géneral n'a point faite de poursuite ; donc il n'y peut avoir lieu de confiscation au profit du Roy. Tiercement par ladite Sentence il n'est point porté que les biens seroient confisquez, ains a été permis que le Juge que ledit Brunet ait testé. Quatriémement vient en consideration la faveur de la cause pie, qui est le legat fait aux Réligieux. Cinquiémement il n'est pas toûjours veritable que les biens soient confisquez au Roy, ains à autre. *l. uni De raptu virg. l. unic. de ea quæ se propr. sern. conjunx.* mêmes que les peines en France sont arbitraires, nonobstant la premiere raison, parce que la Coûtume de France est telle, *ut confiscato corpore, bona confiscentu* A cecy fait ce qui est noté en la Loi 1. *De summa Trinitate* : la seconde raison encore moins, car la vraye cause de la confiscation est, aux fins que les personnes soient retirées de mal faire, craignant de laisser leur posterité pauvre ; autrement il y a des personnes qui ne laisseroient pas de mal faire si elles pensoient être quittes pour leur seule vie. A ce qui est dit quatriémement, *fiscus & pia causa pari passu ambulant, itaque* *utendum est communibus regulis juris.* Au cinquiéme, quand la confiscation est adjugée à autre, c'est en contemplation grande de l'injure qui lui est faite. Donc la Cour ayant meurerement pesé les raisons, & voyant que les fraix exposez par lesdits freres avoient été faits pour la liquidation des biens ; & d'ailleurs ayant égard d'autre part à la pauvreté desdits Religieux.

La Cour vous dit que le Procureur general du Roi y fait bien à recevoir comme opposant, declare tous & chacuns les biens qui ont appartenu audit Brunet au temps de son decez acquis & confisquez au Roy, distraits d'iceux les fraix exposez par lesdits heritiers, ensemble la somme de deux cens livres, laquelle pour aumône la Cour adjuge ausdits Religieux aux fins de prier Dieu pour l'ame des meurtris par ledit Brunet.

V. la suite de ce recueïl tit 23. art. 6.

ARR. XVII.

Du sixiéme Decembre mil cinq cens huitante-un, Monsieur Daffis Avocat general dit être suppliant à ce que les Sindics des pauvres de Villasavary & de Fanjaux, soient maintenus en tous les biens de feu Jean Girot suivant son testament, duquel il appert, retenu par Notaire non vitié ni rayé. Fortis pour Jean Girot frere du testateur, dit & met par fait veritable que ledit testateur étoit fils de famille lors qu'il testa ; *itaque non potuit testari neque testamentum ejus valere, quamvis posteà juris sui factus fuisset. l. Filius familias. ff. De testamentis, quamvis testatus fuerit ad pias causas, quia sine consensu patris illud testamentum non valet Cap. Licet. De sepultur. in sexto, ut notatur in l. 1. C. De sacrosanct. Eccles.* or il est croyable qu'il étoit fils de famille, s'il n'appert avoir été emancipé *l. Si filius ff. de probat. nec nudo consensu emancipatio fit l. Si cognitio. C. De emancipat.* En outre il est mis par fait que ledit testateur étoit furieux, & offre le prouver ; mais encore il en appert par le testament que feu Pierre Girot pere du testateur avoit fait en l'an   par lequel il atteste & declare sondit fils être dépourveu de son sens, qui est un témoignage suffisant, *l. si ff. curat fur.* Troisiémement ledit pere avoit voulu par son testament que si sondit fils venoit à deceder sans enfans ou sans faire testament, les biens retournassent audit deffendeur son frere, & partant *fideicommisso locum esse*. Monsieur l'Avocat general répond que *quamvis filii familias testari non possint, tamen fideicommissum relictum valebit, si sui juris factus fuerit. l. 1. §. Si filius. ff. De leg. 3.* & que la raison est parce que *fideicommissum solo nutu relinqui potest, non observata testamentorum solemnitate*, & qu'il étoit à presumer qu'il n'étoit pas fils de famille, parce qu'on trouvoit quelques contrats faits entre le pere & le fils, comme aussi il n'étoit pas à presumer qu'il fût furieux, puis qu'on voyoit qu'il avoit fait un si bon acte que d'avoir laissé ses biens aux pauvres, allegant sur ce plusieurs belles autoritez sur la faveur des causes pies.

Monsieur Duranti avant que prononcer l'Arrest auroit remontré que le testament fait en vertu des causes pies par un fils de famille est valable seulement *factus sui juris Bald. in l. 1. cod. De sacros. Eccles.* & que le témoignage du pere disant le fils être insensé, ne fait point de preuve. *l. Ea quæ ff. Ex quib. cau. infam. notat Nicolaus Boërius Decis.* 23. & par l'acte fait par ledit testateur on pouvoit juger qu'il étoit en son bon sens, *etenim ex qualitate actus gesti illa præsumptio esset, ut de Sophocle traditur apud Cicer. De Senectute.*

La Cour appointa les Parties en leur faits contraires, pour les prouver dans le mois, & cependant adjugea ausdits Sindics des Hôpitaux la joüissance de tous les biens que led. feu Girot possedoit, à la charge de les tenir sous la main du Roy & de la Cour.

DISANT LE FILS ESTRE INSENSÉ.] Comme on ne presume ni le delict, ni le crime, on ne presume pas aussi l'imbecillité d'une personne; car outre que par une allegation malicieuse on peut faire tort à une personne bien sensée; d'ailleurs *plerique dementiam fingunt*, & c'est à cause de cela qu'on ne donne jamais un curateur à une personne qu'on soûtient imbecille ou en fureur, qu'après un examen exact, & avec grande connoissance de cause: Ainsi la femme de Me. Dulcians, Conseiller au Sénéchal de Toulouse, l'ayant soûtenu imbecille sur le fondement d'un rapport de deux Medecins, le Parlement, pour sçavoir s'il le faloit faire pourvoir d'un curateur, ordonna par son Arrêt d'Audience donné en la grand'Chambre le 14. Mars 1665. qu'avant dire droit les parens dudit Dulcians s'assembleroient dans certain delai, pour sçavoir son état, & que la deliberation prise par les parens, veuë & rapportée il y seroit pourveu ainsi que de raison.

Transmission, & du droit d'icelle.

TITRE VI.

ARR. I.

LA difficulté est grande *num spes substitutionis ad suos liberos transmittatur.* comme par exemple : *Filios meos Petrum & Joannem hæredes facio, eòsque invicem substituo si sine liberis decesserint*, & au cas que tous deux meurent sans enfans, *Seium hæredem instituo. Evenit Petrum relictis liberis decessisse Joanne superstite, qui postea sine liberis decessit, & ita locum fecit substitutioni, Controversia nascitur inter filios Petri & Seium substitutum quis præferatur.*

D'un côté est allegué, *substitutionem esse personalem ac non transmitti. l. Si ex plurib. ff. De suis & legit. hæred. l. Qui liberos. ff. De vulgar.* Au contraire est allegué le §. *in novissimo, juncto §. Sin autem. l. un. C. De cad. toll. nam cum sit eadem ratio hæreditatis non aditæ, atque fideicommissi conditionalis & hæreditas non adita transmittatur in liberos, merito idem dicendum in fideicommisso conditionali, idque beneficio legis Theodosianæ; maximè cùm plus juris dicatur habere in fideicommisso conditionali, quàm in hæreditate non adita, ut constat ex eo, quod hæreditati non aditæ non possit renuntiari. l. 11. §. Decretalis. De success. edicto, fideicommisso verò possit. l. 1. C. De pactis.*

La resolution est, *multùm interesse an substitutus sit de liberis, aut non*; au premier cas *si substitutus sit de liberis ita ut potiorem gradum teneat, quàm filii qui petunt jus substitutionis, tunc filii non admittuntur, aliàs substitutum jure representationis, excludunt*, comme fut jugé par Arrest en Toulouse, en faveur de Catherine de Touges contre Arnulphe de Seysses, dit de Peyregué, le dix-neuviéme Fevrier mil cinq cens septante-cinq, au rapport de Monsieur Raymondi, y presidant Monsieur Daffis premier President, lequel le vingt-troisiéme Decembre mil cinq cens soixante-trois, aux Arrests generaux de Noël en avoit prononcé un, par lequel *spes substitutionis excluso substituto ad filios transmissa fuerat*, & le même fut jugé au rapport de Monsieur Jossé le vingt-huitiéme Fevrier mil cinq cens septante-six, en faveur de Prierre Vidal contre Pierre Carné; &

& encore le même étant rapporteur le sixiéme Février mil cinq cens quatre-vingts-deux, en faveur de Marestang contre Marestang. Mais l'accord & conciliation desdits Arrests depend de la distinction susdite, suivant laquelle fut encore donné autre Arrest au rapport de Monsieur Filere le dernier Avril mil cinq cens septante-six, entre Guillaume Malsollé contre Noguiers ; car bien que *vulgo receptum sit spem substitutionis non transmiti, illud limitatur in filiis, & cum agitur de successione ascendentium gl. in l. Is cui De act. & oblig. & in l. in personam. C De fideicomm. Socin. in l. Hæredes mei §. Cum ita ff. Ad Trebell. Philipp. Decis. consil.o 397. Bened. in pupillari. subst. in verbo (absque liberis) n.* 117. Ce qui se doit encore entendre *substituto magis dilecto existente, nam eo casu substitutus præferri debet transmissario ; quia cum transmissarius veniat ex tacita & præsumpta voluntate testatoris, institutus verò habeat expressam & apertam dispositionem testatoris, meritò est præferendus*, suivant le texte à ce exprés, *in l. Hæredes mei. §. Cum ita ff. Ad Trebell.* & suivant les Arrests susdits : *si verò substitutus sit minus dilectus vel solum quasi æque, tunc substitutus non est præferendus* ; & ainsi fut jugé au rapport de Monsieur Ambez par Arrest le seiziéme Avril mil cinq cens quatre vingts-quatre, au procez de Gizet.

LA DIFFICULTÉ EST GRANDE] Aujourd'huy cette difficulté cesse, suivant l'usage du Parlement ; car quoi que regulierement la transmission du fideicommis conditionnel ne puisse pas se faire avant l'évenement de la condition, lors que le fideicommissaire est predecedé à celui qui étoit chargé de la restitution du fideicommis. *L. unic. §. Sin autem. de Caduc. Tolland. inter alia. C. de condit. & demonstr. & l. hæred. mei §. cum. ita ff. ad Sc. Trebel.* Toute fois ce Parlement, par une maxime d'équité, & contre la rigueur du Droit Romain, a reçû la transmission en faveur des descendans du substitué, qui est aussi descendant du testateur, contre les étrangers, pour empêcher par ce moyen que les biens soient portez dans une famille étrangere au prejudice des descendans. Cette Jurisprudence est autorisée par les Arrêts qui sont rapportez par Maynard liv. 5. chap. 33. 35. & 36. Oliv. liv. 5. chap. 23. Cambolas liv. 2. ch. 10. & Fernand sur la Loy *Si unquam C. de revocand. donatio.* Sur quoy il est à observer, que quand les enfans recueillent par droit de trasmission le fruit de la substitution à laquelle leur pere étoit appellé, ils le font par un droit presonalissime, & s'il faut ainsi parler ; c'est-à-dire par un droit inherant à leur personne, & qui ne leur acquis que par leur seule qualité des descendans, ce qui fait que quand ils seroient heritiers de leur pere avec charge de rendre les biens qu'ils ont acquis du chef de leur ayeul par droit de transmission, ne viennent pas en la restitution du fideicommis fait par leur pere : En effet, ne recueillans pas les biens de l'ayeul en vertu d'un droit hereditaire, ni par la disposition testamentaire de leur pere, il est vrai de dire qu'ils ne peuvent être chargez en qualité d'heritiers de leur pere que de rendre ce qu'ils ont pris *judicio testatoris*, sans y envelopper les biens provenans de la subs-

Tt

titution de l'ayeul, dont ils ne sont prevalus que par la trasmission. Au reste, quelque faveur que les descendans puissent avoir à l'egard des étrangers, cela n'empéche pas qu'ils en soient privez, lors qu'il y a quelque enfant du testateur qui peut recueillir de son chef comme étant substitué & étant appellé sans le secours de la transmission; ainsi qu'il fut jugé au rapport de Mr. J. Cathelan en la seconde des Enquêtes le 29. d'Août 1656. la Cour ayant ouvert une substitution au profit d'un oncle, à l'exclusion de ses neveux quoi que leur pere fût le second appellé à la substitution, & plûtôt que cet oncle, qui n'étoit que le troisiéme appellé. Au sujet duquel Arrêt on peut voir Fernand *tract. de success. convention. cap. 9. num.* 8. §. *contrariam. & §. 6.* mais bien que ce prejugé, qui se trouve conforme à celui qui est rapporté par Olive, prefere l'oncle, fils du testateur, au neveu, fils du premier substitué, il n'en doit pourtant pas être de même quand les neveux se trouvent eux-mêmes appellez au fideicommis de leur propre chef, comme quand ils sont chargez du fideicommis en faveur d'un tiers, ou qu'ils sont dispositivement appellez par la double condition, *si sine liberis & liberi sine liberis*; la raison en est, qu'en l'un & l'autre de ce cas *sunt sibi hæredes judicio testatoris*; car si bien les petits fils du testateur, comme remplissans seulement le second degré, doivent être censez *minus dilecti*, cette consideration doit pourtant cesser lors que leur ayeul a marqué sa predilection pour eux par une volonté expresse & indubitable, en les appellant dispositivement plûtôt que leurs oncles. Cette doctrine est appuyée de ce que dit *Benedict. in cap. Raynut. verb. si absque liberis moreretur 2. ubi de pupill. sub tit. num.* 119. & l'on peut même tirer consequence de la difference que Brodeau sur Louet *lit. F. num.* 2. fait de la substitution conditionnelle, avec la graduelle & perpetuelle.

Jure ræpresentationis excludunt] Quoi que regulierement le droit de representation n'ait pas lieu en fait de substitution & de fideicommis, sur tout entre collatereaux; il a pourtant lieu entr'eux lors que le testateur dont la volonté doit servir de Loy, l'a voulu par exprés; ce qui fut ainsi jugé au Parlement par Arrêt du mois de Septembre 1636. donné en la premiere des Enquêtes au rapport de Monsieur de Segla en la cause d'Aleman.

ARR. II.

COmbien que suivant la commune resolution *spes fideicommissi conditionalis non transmittatur etiam in liberos proprios glos. & DD. in l. un. cod. De is qui ant. ap. tab.* toutefois en ce Palais on juge le contraire, c'est à sçavoir que *fideicommissum conditionale defuncto fideicommissario ante conditionis eventum transmittitur in liberos*, & par ainsi *non extinguitur mortuo fideicommissario ante conditionis eventum*, quand le fideicommissaire est fils du testateur, & qu'il laisse des enfans, suivant l'opinion de la glosse de la Loy *Is cui ff. de oblig. cod. de fideicomm. & act. l. Si in personam.* & ainsi fut jugé par Arrest au procez de Baillies & Mainardy le quinziéme Juin mil cinq cens quatre vingts-neuf.

ARR. III.

LE cinquiéme Septembre mil cinq cens quatre vinges-six, au rapport de Monsieur Vignaux : le fait est que Jourdain Ayral d'Alby ayant deux enfans, Antoine & Jeanne, fait testament en l'année mil cinq cens vingt-neuf, par lequel est institué son heritier universel ledit Antoine; & où il viendroit à mourir sans enfans, lui substituë ladite Jeanne; & où ladite Jeanne ne seroit en vie au tems du decez dudit Antoine, lui substituë les enfans de ladite Jeanne. Il est avenu que Jeanne est decedée plûtôt qu'Antoine, & a laissé trois enfans, c'est à sçavoir Barthelemy, Michel & Jean Revelats, Jean Revelat est aussi decedé plûtôt qu'Antoine Ayral heritier dudit Jourdain, laissant deux enfans: après Antoine decede sans enfans, & par son decez l'ouverture est faite de ladite substitution; mais la question fut entre Barthelemy & Michel, d'une part, & les enfans de Jean; car Michel & Barthelemi disoient être admis à la substitution pour une troisiéme partie, *jure transmissionis.* Par Arrêt la substitution contenuë au testament dudit feu Jourdain Ayral est declarée au profit, tant desdits Barthelemi & Michel, que desdits enfans de feu Jean Revelat. Voici un fait auquel le transmissaire est appellé au fideicommis conjointement avec le substitué.

CONJOINCTEMENT AVEC LE SUBSTITUE'] Cela ne se pratique plus; car lors qu'un enfant, ou petit-fils du testateur, vient de son chef à la substitution sans transmission, les transmissaires n'y peuvent pretendre aucune part. *V. l'observation sur l'art. 1. de ce titre* d'Olive *liv. 5. chap.* 23. Ferrieres *iu quest.* 550. *Guid. Pap.* & Maynard *liv. 5. cap. 33.*

Trebellianique.

TITRE. VII.

ARR. I.

ENtre le Sindic des Prêtres obituaires de l'Eglise saint Pierre en la ville de Cahors, appellant du Senéchal de Quercy au siege principal, & Giron Adme marchand dudit Cahors appellé, d'autre; Dit a été que la Cour a mis & met l'appellation & ce dont a été appellé au neant, & reformant le Jugement, sans avoir égard aux offres faites par ledit appellé, a declarée & declare la substitution contenuë audit testament, être ouverte au profit dudit Syndic appellant, & suivant ledit testament a maintenu definitivement icelui Syndic en la possession & joüissance des biens contentieux entre lesdites parties, sous les charges y opposées, sans detraction de quarte Trebellianique, distraite toutefois au profit dudit Adme, tant sur lesdits biens; qu'autres laissez par ledit testament, & Jean & Antoine de Vignaux & son fils, la legitime duë à iceluy Antoine, ensemble les fraix funeraux, & autres charges hereditaires payées par ledit Antoine. Prononcé le ving-sixiéme Fevrier mil cinq cens septante-cinq.

SANS DETRACTION DE QUARTE.] La faveur de la cause Pie donna lieu à cela, parce que l'heritier chargé de rendre à l'Eglise ne peut pas distraire la quarte trebellianique; fut-il enfant du Testateur, mémes en premier degré; ce qui est conforme à la Novelle 131. cap. 12. & à l'Aut. *Similiter C. ab leg. falcid.* qui en a été tirée. *V. l'art. 3. de ce titre.*

ARR. II.

TRebellianique ne peut être prohibée, *etiam à patre*, par codicille, par Arrêt au rapport de Monsieur Maynard, le jour du mois d'Août mille cinq cens quatre vingt-quatre.

PAR CODICILE.] Plusieurs Docteurs ont crû que par un privilege qui étoit special aux enfans du premier degré, la détraction de la quarte trebellianique ne pouvoit pas leur être prohibée. Quelques autres, du nombre desquels sont Hotoman, Cujas & Faber ont voulu prendre un milieu; car en soûtenant que la prohibition de la quarte étoit permise à l'égard des enfans du premier degré; ils ont limité leur opinion au cas où les enfans en pouvoient distraire deux à titre successif; mais ils ont voulu que quand ils n'en pouvoient distraire qu'une; la prohibition ne devoit pas avoir lieu. Dans ce Parlement on ne s'arréte pas à ces distinctions, & quoi que la Loy *Si ut allegas. C. ad leg falcid.* porte une decision contraire à une telle prohibition, neanmoins il est certain que dans l'usage on ne peut pas distraire la quarte; quoi qu'on soit enfant du Testateur, pourvû que la détraction ait été expressément prohibée; en quoi l'on suit la doctrine de Barthole *ad Auth. sed cum testator C. eod.* & la Novelle 1. *cap.* 2. qui decide textuellement, que quand le Testateur a prohibé par exprès la détraction de la quarte, *necessarium est Testatoris valere sententiam.* C'est ce qui n'a jamais reçû de difficulté au Palais à l'égard des Testamens; mais on a douté s'il en devoit être de même des Codiciles, c'est-à-dire, si lors que la prohibition trebellianique avoit été omise par le Testament, elle pouvoit être faite par un Codicile aux enfans du Testateur. L'Arrêt rapporté par l'Auteur au present article, justifie qu'en l'année 1584. le Parlement avoit accoûtumé de juger que la trebellianique ne pouvoit pas être prohibée par Codicile; il est pourtant certain qu'il observe aujourd'hui le contraire, suivant la disposition de la Novelle préalleguée, où l'Empereur ordonne au §. *quia verò cap.* 4. que ce qu'il avoit auparavant ordonné, & par conséquent audit chap. 2. doit avoir lieu *in omni ultima voluntate*; ce qui sans contredit comprend les Codiciles, aussi bien que les Testamens.

ARR. III.

LA Trabellianique ne se distrait contre les pauvres par les enfans: par Arrêt en audience le seziéme jour de Mars mil cinq cens huitante-six.

V. l'art. 1. de ce titre.

Tuilliers.

TITRE VIII.

ARR. I.

Extrait des Registres de Parlement.

ENtre Dominique Fargues Tuillier de Toulouse, appellant des Capitouls dudit Toulouse d'une part ; & le Sindic de la ville & cité de Toulouse d'autre ; Haraudel pour ledit appellant, dit que sa patrie est un pauvre Masson chargé de femme & enfans, qui a été contraint recourir à la Cour de ceans pour le tort & grief que lesdits Capitouls lui ont fait, le travaillent induëment sur ce qui a été deferé de trois choses : la premiere, que les moules avec lesquels il fait la brique, n'étoient correspondans à ceux de la maison commune : la seconde, qu'il tient plusieurs tuilleries ; & la troisiéme, qu'il a baillé de la brique mal cuite, pour l'edifice du College ordonné en Toulouse pour l'instruction des arts : Sur quoi lesdits Capitouls ont fait faire visite par Experts pris à plaisir, sans appeller la partie. Pour le regard du dernier, il trouve par la relation étant au procez faite par trois Massons, ayans visité, comme ils disent, la brique destinée pour l'édifice du College ; qu'ils rapportent un millier mal cuit : & quant aux moules, ils disent qu'ils outrepassent la mesure de la Ville : & quant à la pluralité des tuilleries, il a été oüi & a remontré qu'il tenoit en arrentement trois tuilleries, pour satisfaire à l'obligation, en laquelle il étoit constitué de fournir brique, tant pour la construction du Palais, que du pont saint Subran, & d'icelui College : par ainsi veuë la necessité, il étoit excusable ; qu'il y en avoit d'autres qui en tenoient plusieurs en arrentement, donc ledit Sindic pretendant pour ce être faite transgression à l'Ordonnance desdits Capitouls faite en l'an mil cinq cens cinquante trois, par laquelle est prohibé ausdits tuilliers tenir plus qu'une tuillerie, auroit fait donner assigation à sadite partie, & contre lui fait proposition pour raison desdits cas. Quant aux moules, la défense étoit manifeste, parce qu'il n'y avoit fraude ou contravention aux statuts ; ains pour ce qu'il étoit plus avantageux que la mesure de la Ville, ce qui redondoit à son préjudice. Et quant au second auroit remontré la necessité qu'il avoit ausdites fabriques, & qu'au cas il ne les tiendroit à sa main, elles demeureroient en chomage ; ce qui ne lui pouvoit être imputé à aucune faute ou delit. Et au surplus auroit remontré qu'il n'auroit été appellé à la visite de la brique dudit College comme il étoit requis, pour verifier si la tuille trouvée être mal cuite auroit été par lui fournie, laquelle visite a été faite à la poursuite de Bernard Aiguesplas, qui a conçû haine contre sadite patrie, de ce qu'il lui a fait demander certaine somme de deniers dûë audit Fargues, pour avoir fourni certaine brique pour la Ville, & dont il a reçû l'argent qu'il detient, dit que par Sentence desdits Capitouls, sadite partie a été condamnée pour la pretenduë contravention faite aux statuts, en dix milliers de brique, applicables à la fabrique de ladite Ville, dont il s'est porté pour appellant, & a relevé son appel, & icelui fait exploiter audit Sindic, qui pretendant que c'étoit un fait de police, a voulu faire executer ladite Sentence, nonobstant l'appel, à cause dequoi sadite partie a presenté requête à ce que inhibitions lui fussent faites d'attenter, & pourveu sur la reparation des attentats, à laquelle les inhibitions susdites ont été ordonnées : & au reste deputez Commissaires ; Et sur ce, ledit Sindic appellé, auroit requis que ladite Sentence fut declarée executoire, & sa partie insistant au contraire, veu qu'il n'étoit question de fait de police comme dit est, & que ce n'étoit un jugement provisionnel, ains deffinitif : lesdits Commissaires auroient renvoyé les parties en Audience. Si requiert ledit incident être retenu, & en l'appel conclud avoir été nullement, abusivement, & mal procedé & jugé, & bien appellé, & ladite Sentence cassée, & ce qui en est ensuivi par attentat ; l'appellant doit être relaxé des fins du procez, & autrement pertinement demandant dépens. Deborderia pour ledit Sindic : dit qu'anciennement étoit enjoint à ceux qui avoient charge ou administration de la Republique, de bien commander, & aux sujets de fidellement & diligemmnent obeïr aux commandemens ; ce qui a été bien mal observé de l'endroit dudit Fargues, comme il remontrera cy-aprés : car lesdits Capitouls, & le Conseil de la Ville pour obvier & pourvoir à trois fraudes, que les Massons ou Tuilliers commettoient au fait de la brique, auroient fait certains statuts l'an mil cinq cens cinquante-trois. En premier lieu, que chacun tint sa tuillerie bien pourveuë de brique, & qu'un n'en eut plusieur pour faire passer les acheteurs par ses mains, & par ce moyen rendre plus chere la brique, justement auroit été ordonné que ne seroit permis en tenir par chacun sinon une. Si est ce que ledit Fargues ladite année mêmes y avoit contrevenu, & pour ce condamné en amende aplicable à la fabrique du pont : & pour obvier à la seconde fraude, qui étoit commise en la proportion de la brique, fut arrêté & ordonné que les moules seroient reduits à l'eschantillon & forme qui a été proposée. Et en troisiéme lieu a été ordonné qu'elle seroit bien cuite : dit que Fargues a commis en ce, trois fautes, qui demeurent duëment verifiées par le procez, mêmes par sa confession, cottée lettre G. il a confessé qu'il tient quatre tuilleries après l'inhibition & condamnation contre lui intervenuës, comme dit est ; sçavoir celle de Monsieur Jean de Bermoy arrentée à cent trente livres, celle de Pierre Gargas à septante livres, autre de Raymond Condom à saint Subran, de soixante livres, & une quatriéme qui est sienne propre ; & c'est la premiere contravention ausdits statuts. Et pour le regard de l'échantillon, il n'y a contrevention ; mais bien pour ce qui est du troisiéme statut; car ayant ledit Fargues vendu de la brique pour la construction dudit College, au lieu d'être bien cuite, resulte par relation des Experts sur ce élus, du consentement des parties, que si ladite brique demeure un jour à la pluye, elle est detrempée & renduë inutile, & qu'à cause de ce un arnoult dudit édifice seroit tombé, comme il avoit été rapporté à la Maison de Ville par Bernard Aiguesplas Bourgeois, & commis à ladite fabrique, qui est homme d'honneur & de qualité. Et par lesdits Experts a été verifié que c'étoit de la brique dudit Fargues. S'il y a transgression à ce que dessus, ledit Fargues a encore delinqué en autre endroit : car ayans les Capitouls mis taux à la brique, qui est de six livres pour millier, icelui Fargues par ambition & avarice grande l'a venduë sept livres ; dit qu'il a été autrefois appellé en jugement pour semblable contrevention en l'an mil cinq cens cinquante-trois, auroit été condamné en deux milliers de brique, & depuis étant relâché, a été prevenu pour les transgressions susdites, ensemble certains autres exerçans ledit mêtier de tuillier, & le procez mis en droit : par Sentence lesdits prevenus ont été condamnés en amende, entre autres icelui Fargues a été condamné en dix milliers de brique applicable à la reparation dudit College : & bien que les autres condamnez ayent acquiescé & obéï à ladite Sentence ; toutefois ledit Fargues se montrant rebelle & protervе, s'est porté pour appellant en la Cour, à laquelle & à la grand'Chambre ledit Sindic auroit presenté requête, à ce qu'il lui fut permis faire executer icelle Sentence, attendu qu'elle concernoit le fait de la police ; si a été declaré par la Cour qu'elle n'entendoit empêcher ladite execution sans préjudice dudit appel ; après laquelle declaration icelui Fargues, pour empêcher, auroit presenté requête à la Chambre criminelle, & obtenu Commissaires deux des Conseillers d'icelles, pour pourvoir sur la reparation des attentats, & sur le rapport fait dudit incidant, a été ordonné qu'elle seroit jointe en l'instance principale. Si conclud en l'appel, que ledit Fargues ne fait à recevoir comme appellant : & ou & quand il a été bien jugé & ordonné, & que disant droit sur ledit incident, doit être declaré n'y avoir attentat, & ledit Fargues, condamné en l'amende du faux attentat ; & en outre requiert inhibition & défense être faite, tant à icelui Fargues qu'autres Tuilliers de la ville & gardiage de Toulouse de ne tenir qu'une tuillerie pour homme, ni autrement contrevenir à l'Ordonnance faite par les Capitouls sur le taux de tuille & brique : autrement conclud pertinement, & demande dépens, dommages & interêts, & une amande de cinq cens livres. Haraudel dit, que les Experts qui ont faite la visite & relation susdite, n'on été élus, ou accordez par sa partie, ains lesdits Capitouls les ont pris d'office, comme est porté par ladite relation de laquelle il a fait lecture. De Mansencal pour le Procureur general du Roy dit ; Que ce seroit chose de pernicieux exemple & mauvaise consequence, si après avoir fait plusieurs Statuts & Ordonnances pour le bien public, il étoit permis les enfraindre comme ledit Fargues a fait, car prevoyans les Capitouls les inconveniens & monopoles qui s'en pourroient ensuivre, si un seul tenoit plusieurs tuilleries comme faisoit ledit Fargues, ayant quatre tuilleries, qui *dedit causam edicto* auroient ordonné en l'an mil cinq cens cinquante-trois, qu'inhibitions étoient faites ausdits tuilliers de ne tenir chacun d'eux qu'une tuillerie, pour éviter qu'il n'y eût monopole, & que la brique fut à meilleur marché : toutefois ledit Fargues auroit pris en arrentement trois tuilleries à grand prix contre la prohibition des Capitouls, & a vendu la brique à plus haut prix qu'il n'est porté par la taxe qui est de *6.* liv. Dit que les Capitouls aïans verifié la contravention faite par ledit Fargues audit an mil cinq ces cinquante-trois, l'auroient condamné en deux milliers brique, à quoi il auroit acquiescé & satisfait, mais n'auroit obeï au reste, car il n'auroit fait delaissement des trois tuilleries par lui arrentées ; ains les a depuis tenuës, comme il a confessé. Parquoi en ce qu'il est appellant, conclud qu'il n'est recevable, & de tant ne seroit suffisamment condamné, ledit Procureur du Roy requiert être reçû à conclurre comme appellant *à minori*, & ce faisant conclud pertinemment comme appellant, & qu'emendant le jugement, ledit Fargues pour reparation desdites fautes & contraventions ; consideré mêmement qu'il est relaps, doit être condamné en l'amende de deux mil livres envers le Roy, & en autre requiert être enjoint ausdits Capitouls faire entretenir l'Ordonnance par eux faite ; sauf à faire moderation à prix raisonnable du taux de la brique, faite verification & estimation par Massons & Experts des frais & travaux qu'il convient exposer pour faire icelle brique : & leur soit aussi enjoint faire continuer la coustruction dudit College, ou que telles autres. La Cour euë deliberation retenant l'incidant renvoyé par lesdits Commissaires, & sans avoir égard à la requête dudit Fargues, declare qu'il ne fait à recevoir comme appellant, & l'a condamné és dépens de la cause d'appel, la taxe reservée, & en outre en dix livres tournois d'amende envers le Roy, & en cinquante livres pour être employées en la construction dudit College : & ayant égard aux requisitions sur ce faites par ledit Sindic & Procureur general du Roy, a fait & fait inhibitions & défenses audit Fargues, & tous autres ayans ou tenans tuilleries dans le Capitoulat & gardiage de cette ville de Toulouse, tenir en proprieté ou autrement pour soy ou pour autres personnes directement ou indi-

Vu

rectement plusieurs tuilleries, mais une seule sans accession ou conjonction d'autre en tout, ou en partie ; & ce sur peine de confiscation d'icelles tuilleries dans ledit gardiage, les délaisser réellement, excepté une seule sans fraude, & ce dans trois jours prochainement venans sur même peine. Et en outre enjoint aussi ausd. Capitouls promptement & diligemment reduire & moderer le prix desdites tuilles, ainsi qu'il sera trouvé raisonnable, obvier aux fraudes & monopoles à ce contraires : Et pour la faute commise par le Procureur dudit Fargues ayant baillé requêtes en reparation d'attentats mentionnez au playdoyé après l'appointement donné en la grande Chambre sur la requête presentée par ledit Sindic, le condamne en cent sols tournois d'amende applicable au service de la Chapelle du Palais. Fait à Toulouse en Parlement, le neuviéme jour de Fevrier mil cinq cens cinquante-six.

ARR. II.

DU vingt-troisiéme jour du mois d'Avril mil cinq cens septante-sept en audience des Requêtes : Entre Belin Bourgeois de Toulouse suppliant à ce qu'inhibition fut faite à Monsieur de Resseguier de continuer le bâtiment d'une tuillerie, que ledit Resseguier faisoit bâtir au lieu de Castelmauron, tout joignant une belle vigne dudit suppliant, soûtenant que la fumée de ladite tuillerie lui endommageroit les raisins, & ledit sieur de Resseguier défendeur, fut ledit suppliant démis de sa requête, & sans dépens.

LA FUME'E ENDOMMAGEROIT.] *V. L. sicut §. Aristo. ff. si servit vendicet.*

Tuteurs & Tuteles.

TITRE IX.

ARR. I.

ANciennement par le Droit des Romains, il n'y avoit que deux sortes de personnes, qui fussent contraints de demander tuteurs aux pupilles, sçavoir les meres & les affranchis, *idque intra annum*, & ne le faisant point, les meres étoient, comme indignes, privées de la succession de leurs enfans pupilles, & les affranchis punis extraordinairement, *tanquam desertores obsequii. l. 2. ff. Qui pet. tut. & l. 2. C. eod. & l. Matres. C. Ad. S. C. Tertull.*. mais par la constitution de Theodose, *etiam agnatis imposita est necessitas petendi tutores pupillis, quod si facere distulerint post annum, omnis sive ab intestato sive jure substitutionis successio instar matrum illis denegatur l. Etiam C. De legit. hæred.* & depuis étant par la constitution de Justinian ôtée la difference, qui étoit anciennement *inter agnatos & cognatos, id onus incumbet proximioribus sive agnati sive cognati, sint. Barth. in d. l. 2. ff. Qui pet. tut.* Toutefois aujourd'hui en France telles peines ne sont pratiquées contre les meres ou plus prochains parens : mais les Juges les mulctent & chatient és amandes pecuniaires, ayant égard à la faculté de leurs biens, & à l'interest & dommage que peuvent recevoir les enfans par telle faute, & le plus souvent les contraignent d'administrer, & prêter autorité quand il est requis : & ainsi a été jugé nommément contre le frere par deux Arrests de cette Cour de Parlement, l'un donné en Audience president feu Monsieur Mansencal, & l'autre au Conseil contre Monsieur du Pin Conseiller en la Cour : & ordinairement en nôtre Cambre lors qu'il y a procez intenté contre les pupilles non pourveus de Tuteur, nous avons accoûtumé de prefixer un ou deux délais pour le plus à la mere, pour leur faire pourvoir de Tuteurs, autrement & à faute de ce faire ordonnons qu'il sera procedé en ladite instance avec elle, comme mere & legitime administreresse de ses enfans.

*TELLES PEINES NE SONT PRATIQUÉES.] L'Arrêt rapporté par d'Olive *liv. 3. chap. 5.* est contraire, aussi bien que la doctrine de Fernand, *ad Novel. 118. num. 25.* Et la disposition du Droit, tant en la Loy *si minoris & l. ult. ff. qui pet. tutor.* qu'en la Loy *sciant C. de legit. hæredib.*

ARR. II.

C'Est une maxime, que tous les Juges doivent curieusement observer, de ne donner Tuteur qui ne soit *ejusdem municipii*, afin d'obvier aux dépens & frais qui se feroient pour l'aller & venir *textus est in l. Etiam ff. De tutel. & l. 3. ff. de tutor. dat. ab his*, ce que nos Cours de France ont entendu du plus prochain parent, & en deffaut de parens le plus prochain voisin : ne pouvant toutefois être contraints les voisins, que lors qu'il n'y a parent idoine & suffisant ; & ainsi l'observons.

DU PLUS PROCHAIN VOISIN.] Cela peut avoir deux motifs ; Le premier, de ce que les voisins, de même que les parens, sont sensés avoir connoissance des affaires qu'ils ont les uns & les autres ; ce qui doit faciliter l'administration, outre l'attachement qu'inspire le voisinage. Et le second, de ce que de tout temps les voisins ont fait les fonctions des proches parens. Ainsi je remarque dans l'ancienne Loy, que ce furent les voisines de Ruth qui imposerent le nom à Obed, & dans l'Evangile de saint Luc *cap*. I. *vers*. 59. que les parens & les voisins de Zacharie lui imposerent aussi conjointement son nom.

ARR. III.

LA maxime du Droit, *Quandiu testamentariæ tutelæ locus est, cessat legitima*, n'est point observée en ce ressort : ains au contraire les tuteurs testamentaires qui ne sont ni parens ni aliénez des pupilles, peuvent justement requerir que la tutelle soit decernée aux parens ou alliez, *quia ubi successionis est emolumentum, ibi & tutelæ onus esse debet facit l. Qui testamento ibi si legitimum tutorem habenti tutor datus est testamento, non est ibi necessaria excusatio. ff. De excusat. tut.* & ainsi a été par plusieurs Arrêts jugé, & même au fait de Pegurier Procureur en la Cour, qui avoit par son codicille laissé tuteurs à ses enfans Gregoire aussi Procureur, & Catala Marchand, lesquels en furent déchargez, & inquisition faite des plus proches parens, Pegurier autre Procureur & cousin des pupilles, chargé par Arrest du treziéme Janvier mil cinq cens huitante-huit à suite d'autre Arrest donné l'année mil cinq cens huitante-sept precedant, par lequel du Verger & Cousin Marchands, laissez tuteurs par Vernes Marchand en son testament, furent dechargez pour n'être parens, ni alliez des pupilles, & la tutele fut decernée à Viguerie Bourgeois leur oncle : Sur quoi il y a eu deux formes de proceder ; la premiere par inquisition, lors que les tuteurs testamentaires disent simplement que les pupilles ont des parens ou des voisins plus proches, sans en nommer aucun ; alors on ordonne qu'il sera enquis des plus proches parens ou voisins : auquel cas les testamentaires, s'ils sont dechargez, ne sont point tenus de la mauvaise administration d'autres qui auront été donnez, *quia ad nominationem eorum dati non fuerunt* ; la seconde quand les tuteurs testamentaires nomment les plus proches parens, alliez ou voisins, lesquels on ordonne que seront appellez : auquel cas les testamentaires à cause de lad. nomination, sont tenus de la mauvaise administration des autres subsidiairement envers le pupille

LES TUTEURS TESTAMENTAIRES.] Aujourd'hui les tuteles sont datives en

France, & les Testamentaires ne peuvent produire leur effet *ipso jure*, pour imprimer la qualité de tuteur legitime, qu'entant qu'elles sont confirmées par le Magistrat avec connoissance de cause. Or on les appelle datives, parce qu'elles dépendent, non pas absolument de la volonté du testateur, ni de la disposition de la Loy Romaine ; mais principalement de l'Office du Juge, aprés avoir pris l'avis des parens des pupilles.

SONT TENUS.] Les nominateurs d'un tuteur sont responsables de sa dation, & sont tenus de supporter chacun sa portion des frais qui se font, suivant l'Arrêt donné au rapport de Monsieur F. Cathelan, le 21. Juillet 1668. en la cause de Barthelemy Reboul, contre Jeanne de Lanel & Bibes.

ARR. IV.

PAr jugement de nôtre Chambre du 25. Avril 1591. au lieu de Me. Jean Rochefort Docteur & Avocat, & tuteur d'autre Jean de Rochefort, fut dit qu'il seroit pourveu d'autre tuteur audit pupille, parce que led. Rochefort tuteur, par Arrêt de la Cour aud. an, auroit été condamné à faire amende honorable la hart au col, & banni de la Ville & Senécchaussée où ledit pupille, & la plus-part des biens étoient assis. *per l. Licet C. Quando tutor. hab. tut. dar.*

BANNI DE LA VILLE.] Ce qu'il faut entendre d'un bannissement à perpetuité, car quand il n'est qu'à temps, la charge du tuteur ne prend pas fin & pendant son exil on substitue un curateur, suivant Cujas *ad l. tutor petitus. §. ult. ff. de excusat. tutor.*

ARR. V.

LE huitiéme Juillet au rapport de Monsieur Trelon, Pierre Astorgi Marchand de Toulouse étant decedé *ab intestat*, délaissant deux enfans pupilles ; l'un du premier mariage ; l'autre du second, Maître Helic Astorgi Avocat, frere du deffunt, est donné tuteur à l'enfant premier, & la veuve du deffunt nommée Jeanne Chaussonne, est donnée tutrice à son fils, à la charge de bailler bonnes & suffisantes cautions, & ce par le Sénéchal de Toulouse ou son Lieutenant, de la Sentence duquel ayant relevé appel ladite Chaussonne : Par Arrêt, en ce que le Sénéchal l'auroit chargée de bailler cautions, l'appellation & ce dont, &c. sont mis au neant, & amendant lad. Sentence, la Cour declare n'y avoir lieu de bail de cautions. Il étoit allegué, & en resultoit par les actes, que lad. Chaussonne étoit insolvable, n'ayant autres biens sinon la somme de cent écus par elle constituée en dot aud. feu Astorgi; ce neanmoins on estima que de contraindre une mere de bailler cautions de l'administration de la tutele de ses enfans, outre que c'est contre le droit, ce seroit un moyen pour forclorre les meres de la tutele de leurs enfans, avenant qu'elles ne trouvassent point cautions.

ETOIT INSOLVABLE.] La pauvreté ni l'insolvabilité, soit de la mere, soit de l'ayeule, quoi qu'elles ne soient pas même tutrices testamentaires, ni nommées par les parens, ne les obligent pas au cautionnement, ces personnes n'y étans pas sujettes à cause de leur caractere. Godefroy en ses notes marginales, sur la Loy *de Creationibus. C. de Episcop. audient.* allegue que c'est le sentiment de Rebuffe. *tract. de Sentent. provision. art. 3. gl. 2. num. 8.* pour ce qui regarde en general les tuteurs testamentaires, il est certain qu'ils ne sont pas tenus de cautionner; parce que *fides eorum, & diligentia ab ipso testatore approbata est. instit. de satisd. tutor in princip.* même en France, tels cautionnemens ne se pratiquent pas aux tuteles datives, à cause que se decernans *ex inquisitione*, & sur la nomination des parens, sont les nominateurs tenus, & sont en effet cautions subsidiaires des tuteurs. *V. l'observ. sur l'art. 2. du titre 19. en la suite de ce Recueil.*

ARR. VI.

LE vingt-septiéme jour de Septembre 1544. entre Claude de S. Cyriac & Jean Treuque, Arrest prohibitif au Juge ordinaire de Toulouse de ne decerner tutelles, ni pourvoir de tuteurs à personnes non étans de sa jurisdiction, au moyen des instances, & sous couleur des qualitez qui s'introduisent devant lui par dictum.

ARR. VII.

LE dernier de Juin 1576. Arrest en plaidant certaine qualité de la veuve de feu du Puy Conseiller du Roy en la Cour, en la Chambre des Requêtes, Messieurs de Buet & Bertier Conseillers, du Bourg & Rudelle Avocats, furent en Audience déchargez de la tutelle poursuivie par ladite veuve.

CONSEILLERS ET AVOCATS DE'CHARGEZ.] Ennodius dit, *nota proximitate sociari Causidicum & Senatorem. V. l'art. 9.*

ARR. VIII.

LE 28. Avril 1578. en Audience, plaidée certaine qualité sur la dation de tuteur à une fille du feu sieur de Pauliac, frere du Conseiller, ledit sieur Conseiller laissé par son frere tuteur honoraire de lad. fille, sa niece en fut déchargé en pleine audience.

EN FUT DECHARGE'.] Si le pere de la pupille eût aussi été Conseiller comme il étoit frere de Conseiller, le tuteur, tout Conseiller qu'il étoit, n'eût pas pû se faire décharger. *arg. l. Spadonem. §. scire oportet. ff. de excusat. tutor.*

ARR. IX.

LE 30. Juillet 1579. en Audience la cause de la tutelle des enfans de Monsieur Rochon, quand vivoit Juge-Mage de Toulouse, contre Maître Jacques Vedrines Procureur en la Cour, & le Syndic des Procureurs, & autres Parties y nommées, plaidée, a été appointé à mettre, &c.

APPOINTÉ À METTRE.] A moins que la qualité de Syndic des Procureurs du Parlement, dont Vedrines étoit revêtu, eût donné lieu à l'Appointement à mettre, il n'y avoit pas apparence que la Cour eût pris ce reglement, s'il n'eût été simplement que Procureur, à cause que les Procureurs ne peuvent pas au pretexte de leur emploi, se faire décharger de la tutele qui leur est décernée. Maynard liv. 9. chap. 49. & Duranti *quest.* 34. confirment cette doctrine. Les Avocats même, quoique leur ordre soit le seminaire des dignités, ne peuvent pas prétendre à la décharge d'une tutele, s'ils ne sont du nombre de ceux *qui gloriosæ vocis confisi munimine laborantium spem, vitam, & posteros defendunt* : & en effet, la Loy *Sancimus. C. de Advocat. divers. judic* sur laquelle est établie l'exemption des Avocats, parle textuellement de ceux *qui Advocationis exercent officium*; c'est aussi sans doute par rapport à ceux-là que doit être entendu l'Arrêt rapporté en l'art. 7. de ce titre.

ARR. X.

ON n'a point accoûtumé d'adjuger salaire aux tuteurs pour leurs peines & vacations ; si ce n'est au cas qu'ils fussent pauvres, *& soliti operas suas locare* ; bien leur est permis s'il y a tant de procez & affaires qu'ils ne puissent suffire d'y mettre un solliciteur ou negociateur, & la dépense moderée leur est alloüée si lesdits procez ou affaires le requierent, & ainsi a été souvent jugé.

V. la suite de ce recueil tit. 79. art. 2.

ARR. XI.

LE 4. Decembre 1559. deux ayans contracté societé de tous biens, avoient accordé que ou l'un predecederoit l'autre, que le survivant seroit tuteur des fils du défunt ; le cas avenu, le survivant réfuse prendre la charge, & fait appeller des plus prochains, qui par Arrêt furent contraints prendre la charge ; le President declara que les pactes ne valoient rien, *quia facta contra jus publicum, cum tutela sit juris publici*, déchargeant un qui étoit proche parent du défunt qui se nommoit Licery, pour ce qu'il étoit Capitoul.

APPELLER DES PLUS PROCHES PARENS.] La nomination d'un tuteur sans l'assemblée des parens ne vaut rien, par cette raison que *[illegible] præsentia [illegible] alios trahere in eus sententiam*, c'est ainsi que la Chambre de l'Edit le préjugea par son Arrêt du 19. Fevrier 1653. en la cause de Mre. Monteau, Medecin de la ville de Montauban.

ARR. V.

LE 13. Septembre 1571. és Arrests generaux prononcez par Monsieur Bertrandi, un tuteur nommé Jean Grataze pour avoir été trouvé par les Capitouls couché en chemise avec sa pupille Naudete de Cassé, de 10 à 11 ans, toute nuë dans un lit, étant appellant de la Sentence des Capitouls qui l'avoient condamné à être mis en quatre quartiers ; la Cour, au prealable avoir apparu & visite faite par deux Barbiers & deux Sages-femmes ladite pupille être pucelle, & n'avoir été deflorée, le condamna à faire amende honorable en Audience en chemise, teste nuë, la hart au col, & une torche ardente en la main & aux galeres pour dix ans, & en cinq cens livres envers ladite pupille pour son mariage, & en cent livres à la reparation de la Ville.

ARR. XIII.

LE 15. Février 1592. Maître Jean Maurel Notaire & Secretaire de la Cour, fut déchargé de la tutelle testamentaire des enfans de Mr. Richard ses neveux à cause de sondit Office.

SECRETAIRE DE LA COUR.] Il est juste que les Secretaires soient déchargez des tuteles à cause du service assidu qu'ils rendent à la Cour. Les Secretaires du Roy, Maison & Couronne de France & de ses Finances, en sont exempts, suivant les privileges accordez à leur College ; & parcequ'ils étoient conçûs en termes generaux, & qu'ils ne parloient que d'une exemption de *toutes charges & servitudes quelconques*, ils obtinrent une Declaration du Roy Henry IV. le 23. Decembre 1594. verifiée au Grand Conseil le 25. Octobre 1603. par laquelle le Roy, en interpretant lesdits privileges, declara qu'ils étoient exempts de toutes charges de tuteles par exprès. En effet, deux ans aprés que cette Declaration fut donnée, & avant qu'elle eût été verifiée, Camille de Ramereu, l'un desdits Secretaires, se fit decharger d'une tutele par Arrêt du même Grand Conseil, en date du trentiéme Juillet 1596. lequel servit encore de reglement general en ce que défenses furent faites de ne plus élire à l'avenir ledit Ramereu pour tuteur ni curateur, ni les autres Conseillers-Secretaires du Roy, Maison & Couronne de France. Or depuis que ladite Declaration a été verifiée on n'a plus douté du privilege des Secretaires, tant de ceux qui sont à la suite du Roy & du Conseil, qu'en la Chancelerie de France, Cours Souverraines & Chancelleries ordinaires établies en icelles ; & quand on les a voulu charger d'une administration tutelaire contre leur gré, ils s'en sont facilement fait décharger.

ARR. XIV.

LE 29. Juillet au rapport de Mr. Mation, Pierre Capmas tuteur des enfans de Molinier, est condamné au nom que procede envers Me. André Thierry Prêtre. Capmas est actionné *ex causa judiciali*, lequel répond qu'il n'est point tuteur, & que Thierry doit dresser son action contre Molinier, lesquels étant assignez, disent que bien que leur tutele ait pris fin, toutefois Capmas n'a point rendu ses comptes, disent qu'il doit payer cette partie, offrant la lui tenir en compte. Il est ordonné par le Senéchal que Capmas payera ledit Thierry, ou saisira des biens meubles exploitables, sauf audit Capmas à mettre en ligne de compte ce qu'il auroit payé audit Thierry : De cette Sentence Capmas est appellant

appellant en la Cour. Au jugement de ce procez nous fumes partis, aucuns étoient d'avis avec Monsieur le Rapporteur de confirmer la Sentence du Sénéchal, autres avec Monsieur Hebrard reformer, & ce faisant relaxer ledit Capmas, sans préjudice aud. Thierry de son action envers lesdits Moliniers ; il passa à cet avis à la seconde Chambre ; la raison peut être prise de la loy 3. *ff. De compensat. & l. Si stipulatus 16. in princip. ff. De fidejussor. interest nostra potius non solvere, quam solutum repetere.* Donques la Loy 4. §. *Tutor ff. De re judic. l. Cum quædam 26. §. Invenimus. Cod. de admit. tut. l. fi. ff. Si quis cautio l. 1. Cod. Quan. ex fac. tutor vel mag.* & autres semblables ont lieu, *etiamsi rationes adhuc non reddiderit tutor vel curator.*

N'A POINT RENDU SES COMPTES.] Il est vrai que l'office de la tutelle dure jusques à ce que le tuteur ait rendu compte, & qu'il ne finit pas plûtôt, quoy que le pupille ait atteint l'âge de puberté ; neanmoins cela ne doit pas être entendu au pied de la lettre, mais seulement *quantum ad ea quæ sunt connexa priori tutelæ. Lege tutor post puberem. C. arbitr. tutel. & leg. si. tutor post pubertatem. ff. de tutel. & rationib. distrab.* ainsi après que le pupille est devenu pubere ses creanciers ne peuvent pas agir contre les tuteurs, comme tels ; à moins qu'ils eussent commencé leurs poursuites avant la puberté du pupille, parce que quoy qu'à cet âge-là la tutelle soit promptement finie, cela n'est pourtant pas à l'égard des affaires dependantes de l'administration des tuteurs, & commencées avant la puberté ; car à cet égard les tuteurs *perseverare debent in administratione connexa.*

ARRESTS NOTABLES DU PARLEMENT DE TOULOUSE.

LIVRE CINQUIÉME.

Tailles.

TITRE I.

Université de Toulouse.

TITRE I.

AR les Statuts de l'Université de Toulouse faits en l'année 1310. enregistrez f. 1. desd. Statuts est contenu.

Premierement que le Recteur de l'Université sera élu par les Regens, Docteurs, Bacheliers & Ecoliers en la maison du Chancelier, ou en l'Eglise saint Jacques, suivant l'élection, ou option d'un desdits lieux qui sera faite par ladite Universitez.

2. Que nul ne peut être Recteur qui ne soit Regent, & actuellement lisant.

3. Que la Rectorie ne durera que trois mois f. 2. p. 2.

4. Qu'en l'absence du Chancelier au jour assigné pour l'élection du Recteur, il sera procedé à icelle par les autres Regens de l'Université, lequel éleu prêtera serment és mains du Recteur immediatement predecesseur f. 3. p. 1.

5. Que le Recteur en son absence, pourra créer & commettre Lieutenant *unum quem de omnibus Doctoribus vel magistris duxerit eligendum*, lequel avant qu'exercer ladite Rectorie sera tenu prêter le serment és mains du Chancelier ou vice-Chancelier, & en leur absence d'un des Docteurs Regens d. l. f. 3. p. 1.

6. Que les Conseillers de l'Université ne peuvent substituer aucun, *sed quod vox & officium absentium durante absentia pertineat ad præsentes.*

7. Qu'il se dira une Messe annuele des morts aux Jacobins, ou autre lieu que par l'Université sera avisé, par un Prêtre, qui pourra être mis & démis par le Chancelier f. 4.

8. Que les Bedeaux, avenant vacation, seront alternativement élus par le Chancelier & Université, sans qu'esdites élections ledit Chancelier soit tenu appeller Université *& e contra*; à la charge que le Bedeau éleu par ledit Chancelier prêtera le serment és mains du Recteur *& è contra* f. 4. p. 2.

9. Item, quod Baccalaurei licentiandi jurabunt Cancellario quod non erunt in auxilio vel consilio scienter; nec favorem præstabunt per quæ jura Cancellarii possint subverti vel diminui.

10. Que le Recteur ni Regens *collectam nullatenus faciant, nisi de licentia Domini Episcopi, Vicarii vel Officialis Tolosani, excepta causa luminarium & aliarum piarum causarum: & tunc usque ad summam lx. librarum Turonensium parvorum in toto anno.*

11. Que les Conseillers de ladite Université jureront, entre autres choses, de tenir les déliberations secrettes, *nisi redundare possent in læsionem Domini Episcopi, vel suæ Ecclesiæ Tolosanæ.* f. 6. p. 2.

12. Par autre Statut fait en l'an mil trois cens treize est ordonné *inter cætera*, Que le Recteur & Regens seront tenus se trou-

ver chaque Dimanche à la Messe aux Jacobins, & ne se pourront départir d'icelle *antequam finiatur* Agnus Dei, *nisi petita venia à Rectore* fol. 8. p. 1.

13. Qu'avenant le trépas d'aucun Regent, tous les autres seront tenus se trouver aux obseques, *& procedant bini, ordine debito servato, videlicet primo ordine praecedentibus Magistris in Theologia; secundo lectoribus; tertio Doctoribus in Decretis; quarto legum Doctoribus; quinto Magistris in Medicina; sexto in Legica; septimo & ultimo in Grammatica in ordine Magistrorum. Post hos autem succedat Baccalaurei ordine prioritatis inter ipsos servato, secundum facultatem cujuslibet, prout est de Doctoribus & Magistris ordinatum inter Doctores & Baccalaureos ejusdem facultatis antiquiores praecedant. Post hos Scholares prout à Bedellis ordinati fuerint f.* 9.

14. Que pareillement toute l'Université sera tenuë se trouver aux obseques des Ecoliers: mais afin que par trop grande frequence desdites obseques les lectures ne fussent interrompuës, il a été ordonné *quod dicti magistri lectores, procurator & Syndicus in duas partes dividantur, & quod vicissim seu alternis vicibus interesse Scholarium funeribus teneantur; quarum una vocetur, pars pietatis, altera pars comparationis: & cum Scholaris aliquis decesserit, Bedellus ita clament: Talis de tali natione obiit, & mandatur ex parte Rectoris parti pietatis, ut intersit funeribus.* fol. 9.

15. Que *Rector assumetur de Magistris actu ordinariè legentibus; primus de Doctoribus legum, actu legentibus, usque ad Dominicam primam Januarii; secundus de Grammaticis Magistris, actu legentibus, usque ad primam Dominicam Aprilis; tertius de Doctoribus Decretorum, actu agentibus, usque ad primam Dominicam Julii; quartus de Doctoribus in Logica actu legentibus, usque ad primam Dominicam Octobris*, à la charge que l'année suivante entre les Docteurs Civils & Canoniques *ordo convertatur; videlicet in principio unius alterius anni primus Rector de Canonistis creetur, & idem ordo conversus de Grammaticis & aristis: quae alternatio perpetuò observetur.* fol. 9. p. 2.

16. Le pouvoir du Recteur consiste à assembler l'Université avec le Conseil d'icelle, interdire les leçons, ordonner des vacations *indicere pœnas in statutis contentas contra rebelles Universitati, & violatores privilegiorum*; ordonner *de libris, hora, & modo legendi*, le tout *habito consilio Universitatis, aut majoris partis* fol. 10. pag. 2.

17. Qu'il y aura trois clefs *in arca magna Universitatis*, l'une desquelles sera tenuë par le Recteur, l'autre par un des Theologiens des Jacobins, l'autre par l'un des Procureurs de l'année precedente f. 11. p. 2.

18. Que dedans ladite arche seront les privileges, status, documens, titres, argent commun, & le séel de l'Université enicelle enchaîné : que rien des choses susdites ne sera tiré de ladite arche; sauf un extrait desdits privileges, & statuts, qui sera gardé par le Recteur ibid.

19. Que les graduez és autres Universités ne pourront lire, ni disputer aux études sans licence du Recteur. f. 15.

20. *Item statutum quod nullus Baccalaureus legat vel repetat cum oppositis & quæsitis cùm illud debeat Doctoribus specialiter reservari. ibid.*

21. *Decretum, ordinariè legendum, & Doctores decretum legentes, præferendos Doctoribus Decretales legentibus.*

22. Par la Bulle du Pape Innocent IV. adressée *Universis Magistris & Scholaribus Tolosanis* entre autres choses est dit : *Si quod absit, vobis vel injuria, vel excessus inferatur enormis, utpote mortis, vel membri mutilationis : & si aliquem vestrum incarcerari contigerit, nisi, congrua monitione præmissa, infra quindecim dies fuerit satisfactum, liceat vobis usque ad satisfactionem condignam suspendere lectiones fol. 9.*

23. Par la même Bulle est porté que les biens des Ecoliers decedans *ab intestat* en Toulouse, doivent être par l'Evêque, & un des Regens deputez par l'Université inventoriés, & mis en depôt en seure garde, pour être conservez & delivrez à ses parens à jour certain & competant suivant la distance des lieux, que aprés en être avertis ils pourront venir. Que si aud. tems quelqu'un d'iceux, ni Procureur pour eux *non comparuerit, ex tunc Episco*

pus & Magister bona ipsa pro anima defuncti prout expedire viderint, erogabunt; nisi forsan ex aliqua justa causa venire nequiverint successores, & tunc erogatio in tempus congruum differatur. Datum Lugduni x. Cal. Octob. Pontificatus nostris anno tertio.

24. Par la Bulle du Pape Urbain successeur dudit Innocent adressée à ladite Université est dit *inter cætera; Ut scolares Theologiæ studiis insistentes, ac universi Magistri Tolosæ commorantes, beneficiorum ac præbendarum suarum proventus, ac si in Ecclesiis, in quibus eadem obtinent, residerent integrè percipiant, exceptis quotidianis distributionibus.*

25. *Sancimus præterea, quòd nulli Magistri, Scolares vel Clerici, ac servientes eorum, si, quod absit, contigerit eos in quorumque maleficio deprehendi, ab aliquo laïco judicentur, vel etiam puniantur; nisi forsitan judicio Ecclesiæ condemnati, seculari curiæ relinquantur: & ut laïci teneantur studentibus in causa qualibet coram Ecclesiastico judice respondere. Datum Lugduni xii. cal. Octob. Pontific. anno 3. f. 2. p. 2.*

26. Par les Statuts faits en l'an 1323. Regnant Charles Roy de France & de Navarre par B. de Turre, Prieur de Rabastens, & Recteur de l'Université, les Regens Medecins sont excusez de se trouver à la Messe de l'Université, à cause de l'empêchement des malades f. 23. p. 2. art. 1.

27. De tout le jour aprés la sepulture du Docteur Regent, & dés l'heure d'icelle n'y doit avoir leçon ni dispute en aucune Faculté de l'Université : *Ergo* le matin avant ladite sepulture on y peut avoir f. 25. p. 2. art. 7..

28. *Quando aliquis licentiabitur in Theologia vel in jure Canonico vel Civili, nullus legat illâ horâ, nec postea de tota die illa; nec etiam quando aliquis faciat suum solemne principium in aliqua facultate f. 27. p. art. 11.*

29. *Statuimus quòd nullus in Missa universitatis sedeat in sedibus Doctorum, nisi sit prælatus, qui propter honorem suæ prælationis poterit, & debebit cum dictis Mag. consedere art. 6. f. 25.*

30. Que les disputes ne pourront durer qu'un jour art. 23. f. 32.

31. Que nul Bachelier, ni Ecolier, ne pourra lire par concurrence avec le Docteur Regent art. 24. f. 32. p. 2.

32. Que nul Regent en aucune Faculté, Religieux, Chanoine ni Curé étudiant en ladite Uuiversité ne pourront faire aucun filleul ou baptisailles, *in civitate Tolosana, nec in continentibus ædificis seu baptistis, nisi in casu necessitatis vel periculi eminentis, nec aliquis prædictorum sit vel vadat cum aliis filiolos facientibus*: neanmois prohibé aux autres Ecoliers, faisans lesdits filleuls, ne faire convoy plus haut que de dix, eux y compris, art. 36. f. 33.

33. Au banc de la Messe de l'Université la seance doit être telle; sçavoir le Recteur assis à la chaire du milieu, *nisi Cancellarius præsens esset*: à son côté dextre, premierement les Theologiens, secondement les Canonistes, tiercement les Civilistes selon leur antiquité; sauf, qu'entre les Canonistes celui qui lit ordinairement le Decret, est preferé aux autres de la faculté: à son côté senestré premierement les Medecins, secondement *Magistri in artibus*, tiercement *Magistri in Grammatica*, art. 29. f. 34. p. 2.

34. *Bedelli vacantur servi Universitatis*, f. 54. p. 2.

35. Par les Statuts de l'an mil trois cens septante-quatre est entre autres choses prohibé aux Bacheliers de ne faire festin ni mener les hautbois à leur Baccalaureat, ni premiere leçon, & prohibé aux Regens de ne les accompagner par la Ville allant faire le convoi pour assister audit Baccalaureat.

ARR. I.

Le quatorziéme du mois d'Aoust, mil quatre cens vingt-six, à la requête du Procureur general, par Arrest, fut ordonné qu'il étoit défendu au Recteur de l'Université de Toulouse,& aux Bedeaux de n'expedier aucune matricule, que prealablement il n'apparut au Docteur Regent que l'Ecolier avoit étudié six mois auparavant en ladite Université, & après le Docteur Regent lui signera ladite matricule, & ce fait il l'apportera au Matriculeur, pour icelui Ecolier décrire & enregistrer en ladite matricule, & après les portera séeller au Recteur de lad. Université, & icelles séellées les portera au Bedeau pour les signer & y mettre: *Ad mandatum*, ou *Ex mandato Domini Rectoris*, avec inhibitions &

défenses, tant au Recteur que Docteurs Regens d'en expedier aucune qu'en la forme susdite, sur peine de faux, & amende arbitraire, & être privez de tous honneurs, privileges & libertez de ladite Université.

ARR. II.

PAr Arrest du treiziéme Septembre mil quatre cens septante donné entre les Docteurs Regens & le Syndic des Etudians en l'Université, a été faite taxe des degrez de Bachelier, Licence, Doctorat, & de tout ce que les Officiers de ladite Université doivent prendre des Ecoliers, & fut le degré de Licence taxé à dix écus, & le Doctorat à trente.

ARR. III.

LE premier jour de Fevrier mil quatre cens septante-neuf, par Arrêt donné entre le Syndic des Ecoliers, & Docteurs de l'Université de Toulouse, la forme de la matricule des Ecoliers est prescrite, avec inhibitions & défenses ausdits Ecoliers de n'accepter aucunes cessions, à peine de deux cens livres, si ce n'est au cas de l'Ordonnance.

ARR. IV.

PAr Arrêt du vingtiéme Juillet mille quatre cens huitante-six entre le Procureur General du Roy, & le Syndic de la Ville de Toulouse, fut enjoint aux Docteurs Regens de lire en leurs propres personnes, de n'y commettre aucun substitut, à peine d'être privez de leurs Regences, ni de lire en lieux privez, & que les émolumens seront distribuez également, sauf que les trois du Decret, qui ne pourront prendre que pour deux, avec inhibitions de ne prendre argent d'aucun Ecolier, comme aussi ausd. Ecoliers de leur porter tout honneur & reverence sur peine de prison.

AUCUN SUBSTITUT.] *l. ult. ff. de excusat. tutor. & l. 1. §. ne autem. C de cadu. Tollend.* pourtant un Docteur veteran *per substitutum profiteri potest. l. nullus qui nexu C. de decur. lib.* 10.

ARR. V.

ARrest des privileges & conservations de l'Université du septiéme Septembre mil quatre cens nonante-neuf, & du même

même jour autre Arrest de reglement de l'Université de Caors.

ARR. VI.

LE vingt-troisiéme Decembre mil cinq cens trente a été donné Arrest touchant l'Université de Toulouse, Confrairies & maisons d'icelle.

ARR. VII.

PAr Arrest du grand Conseil donné à Paris le cinquiéme Août mil cinq cens trente-un, le Sindic des Capitouls de Toulouse fut condamné aux dépens de l'execution faite sur les biens de Me. Pierre Daffis, & Jean de Boissons Docteurs Regens en l'Université de Toulouse pour raison de certaine taxe pour l'entretenement des hôpitaux, & iceux Docteurs declarez exemts de telles charges.

Et par Arrest dudit Grand Conseil du vingt-un Février mil cinq cens trente-trois confirmé, lesdits Capitouls s'étant pourveus par autre requête contre le Sindic des Docteurs Regens.

ARR. VIII.

ARrest du quatriéme Juillet mil cinq cens trente-trois, concernant le reglement du rang des Colleges de Toulouse; le premier saint Martial; le second Foix; le troisiéme Maguelonne; le quatriéme Perigord; le cinquiéme sainte Catherine; le sixiéme saint Raymond; le septiéme Narbonne.

ARR. IX.

PAr Arrest du Grand Conseil donné entre le Sindic des Docteurs Regens, & les Capitouls de Toulouse, le vingt-neuviéme Août mil cinq cens trente-quatre lesdits Docteurs Regens furent declarez exemts de toutes charges.

ARR. X.

LE sixiéme Juillet mil cinq cens trente-six, un Sergent fut condamné à être pendu, & autres foüettez devant les Etudes, pour avoir meurtri là devant un Ecolier, en faisant quelque exploit.

ARR. XI.

LE cinquiéme Juillet audit an, fut donné Arrest *super electione Doctorum Regentium facienda.*

ARR. XII.

LE vingt-deuxiéme Mars mil cinq cens trente-huit, par Arrest fut prohibé aux Docteurs Regens de ne postuler en la Cour, ni d'autres Juges inferieurs.

DE NE POSTULER.] Ni de s'ingerer aux fonctions judiciaires. *Olive liv. 1. chap. 34. V. l'art. 22. de ce titre.*

ARR. XIII.

LE sixiéme Janvier mil cinq cens trente neuf, par Arrest fut ordonné que l'élection du Recteur de l Université seroit faite par le Chancelier & Docteurs Regens à l'assistance de deux Sieurs de la Cour.

ARR. XIV.

LE trente Janvier mil cinq cens trente-neuf, entre les Docteurs Regens de Cahors & le Raporteur du Senéchal, fut dit par Arrest, que les Docteurs Regens precederoient tant en l'auditoire dudit Senéchal, que tous autres actes publics.

ARR. XV.

LE vingt-quatriéme Avril mil cinq cens trente-neuf par Arrest, fut prohibé de lire la sainte Ecriture, és Ecoles de Grammaire, ni lieux privez.

ARR. XVI.

LE quatorziéme May mil cinq cens quarante à la requête du Syndic de l'Université, par Arrest Pierre Treillaton natif de Bordeaux, fut condamné à être pendu devant la grand porte des Etudes, pour y avoir mis le feu, & ses complices en amende.

ARR. XVII.

LE quatorziéme May mil cinq cens quarante, par Arrest a été prescrite la forme de l'examen de ceux qui se veulent faire graduer.

ARR. XVIII.

LE quinziéme May mil cinq cens quarante, Arrest fut donné concernant la reformation de l'Université, & autre sur le brûlement des Etudes.

ARR. XIX.

LA forme de proceder à l'élection des nouveaux Docteurs Regens fut prescrite par Arrest du dix-huitiémé Mars mil cinq cens quarante trois, sçavoir que ceux qui veulent pretendre ausdites Regences, doivent prealablement répondre par trois jours publiquement sur la Loy & Chapitre, qui leur sera baillée par le Chancelier & Commissaire à ce deputez.

V. Le journal du Palais du 11. Janvier 1674.

ARR. XX

LE cinquiéme May mil cinq cens quarante-cinq entre la Devese Ecolier matriculé, fut donné Arrest concernant le privilege de scolarité, & declaré qu'il ne s'étendoit point aux actions purement réelles.

AUX ACTIONS PUREMENT RE'ELLES.] Le privilege de Scolarité *solam personam afficit*; & cela parce que, *personæ conditio locum facit beneficio.*

ARR. XXI.

LE douziéme Septembre mil cinq cens quarante-sept par Arrest furent maintenus les Docteurs Regens en certains privileges contenus en certains Edits obtenus du Roy.

ARR. XXII.

LE vingt-deuxiéme Mars mil cinq cens quarante-huit fut prohibé par Arrest de postuler aux Docteurs Regens.

V. L'art. 12.

Arr. XXIII.

Le vingt-uniéme Juin mil cinq cens cinquante-trois, par Arrest fut ordonné, que Maître Martin Rosset Docteur Regent en Canon sur certaines Lettres patentes, qu'il avoit obtenuës du Roy, concernant faculté d'obtenir la premiere Regence vacante en Civil, & ordonné qu'il répondroit publiquement en Civil.

Re'pondroit publiquement.] V. Les articles 32. & 38.

Arr. XXIV.

Le septiéme Février mil cinq cens soixante-huit Arrest touchant l'Université de Toulouse, concernant beaucoup de choses.

Arr. XXV.

Le dix-huitiéme Novembre mil cinq cens soixante-six, fut donné Arrest de reglement concernant les lectures de l'Université.

Arr. XXVI.

Le vingt-huitiéme Janvier mil cinq cens soixante-neuf par Arrest, Monsieur Cabot le jeune fut subrogé au lieu de Monsieur Rosset jusques à ce que l'on eut pourveu à la Regence.

Arr. XXVII.

Le vingt-troisiéme Octobre mil cinq cens septante en audience Bertrand Perreri Docteur Regent étant Recteur, pour avoir fait certain reglement concernant les lectures, fut condamné en cent livres d'amende; & pour certaine immodestie par lui commise aprés la prononciation dudit Arrest, en autres cent livres.

Arr. XXVIII.

Le dernier Juillet mil cinq cens septante-deux entre le Procureur du Roy, & les Docteurs Regens concernant reglement de l'Université.

Arr. XXIX.

ARrest fut donné en Avril mil cinq cens septante-deux entre les Docteurs Regens sur la distribution de certaine somme de deniers, & sur la forme des lectures

Arr. XXX.

LE trente Decembre mil cinq cens septante-quatre Arrest fut donné entre les Docteurs Regens touchant leurs gages.

Arr. XXXI.

ARrest du quatriéme Mars mil cinq cens septante-cinq, concernant le reglement des Colleges.

Arr. XXXII.

PAr Arrest du dix-huitiéme Août mil cinq cens huitante deux fut inhibé & deffendu, tant au Chancelier que Docteurs, de ne recevoir aucuns en Regences vacantes, sans avoir prealablement répondu publiquement.

V. L'article 23.

Arr. XXXIII.

PAr Arrest du dernier Avril mil cinq cens quatre vingt-quatre, fut cassée l'élection faite de deux à une Regence par les Docteurs de Montpellier, à la charge qu'ils partiroient également les gages, jusques à la premiere vacante, qui devoit être baillée à un d'iceux.

Arr. XXXIV.

PAr Arrest du vingt-quatriéme Juillet mil cinq cens huitante-six, Pendron Official de Toulouse fut condamné à être pendu, pour avoir falsifié les seaux du Chancelier & seings du Recteur, Docteurs Regens, & pour avoir expedié lettres de Licence & Doctorat.

V. le liv. 2. lit. F. tit. verb. faussaires art. 1.

Arr. XXXV.

LE neuviéme Decembre mil cinq cens nonante-sept, entre Bertrand du Faur Bachelier, & Jean Arque Prêtre, fut donné Arrest de reglement, concernant les matricules & Baccalaureat.

ARR. XXXVI.

LE vingt-sixiéme jour du mois d'Août mil cinq cens septante, par Arrest au Barreau, Messieurs les Docteurs Regens de l'Université de Toulouse, interinant certaines Lettres patentes du Roy, ont été declarez exemts des deniers Royaux ordinaires, prononcé contre le Sindic de la Ville.

EXEMPTS DES DENIERS ROYAUX.] Les Tailles étant réelles en cette Province de Languedoc, & nul office, nul employ, nulle charge, nulle condition ni dignité n'en exemptans personne, il y a apparence que les Docteurs Regens de l'Université de Toulouse ne sont pas pour ce chef-là traittez plus favorablement que les autres; quoy que l'Arrêt rapporté par l'Auteur eût pour fondement des Lettres Patentes du Roy, qui les declaroit exempts des Deniers Royaux ordinaires ou extraordinaires. Les Officiers du Parlement avoient bien une pareille exemption par les privileges que le Roy Louis XI. & Charles VIII. leur avoient accordez, aussi bien qu'aux autres Officiers de la Province; mais ladite exemption fut revoquée par l'Edit de François I. du 18. Juin 1535. Et quoy qu'un de nos Roys eût accordé aux Professeurs de Medicine de ne pas payer la Taille, toutefois ils y furent condamnez par l'Arrêt de la Cour des Aydes de Montpellier du 17. Février 1541. rapporté par Despeisses *tom.* 3. *tr. des Tailles tit.* 2. *art.* 14. *sect.* 1. *num.* 9. l'on peut dire qu'en Languedoc la Taille, non plus que la mort, n'épargne personne.

ARR. XXXVII.

LE quatriéme Juillet mil cinq cens septante cinq, Arrest pour l'Université contre le Sindic de la Ville de Toulouse, concernant le payement des tailles & autres subsides cottisables.

Ordonnances faites touchant les Universitez. 171. lib. 2. ord.

Les patentes de creation & dejection des Colleges & Universitez en toutes Facultez en la ville de Nismes, 151. l. 4. ordinat.

Provision en faveur des Docteurs Regens de l'Université de Toulouse, fol 13. lib. 10. ord. nat.

Imposition & assignation des gages pour les Docteurs Regens de Toulouse, fol. 204. lib. 8. ordinat.

Autres lettres par lesquelles le Roy François premier declare les Universitez de Toulouse, de Cahors, & Montpellier n'être comprises és privileges octroyez à Messieurs les Cardinaux, en ce que tous procez meus, & à mouvoir pour raison de benefices étants à la collation, ou presentation desdits Cardinaux, doivent être traitez au Grand Conseil fol. 117. lib. 5. ordinat.

Les Docteurs étoient Comtes & Illustres, ayant Regenté durant vingt ans, & n'avoient affaire de Lettres pour être Conseillers du Prince; ils étoient francs de toutes charges, ne pouvoient être condamnez à mort sans être degradez, & autres privileges remarquez par Bartole, *in l. 1. de dignit.* Duret sur les Ordonnances de Blois. §. 93.

ESTOIENT COMTES ET ILLUSTRES.] Cela est conforme à la disposition de la Loy *unic. C. de Professor. qui in urbe Constantinop. lib.* 12. Sur quoy il faut voir ce que dit VVesembecius *Consil.* 40. où il prouve que les Professeurs en Droit depuis vingt ans se sont acquis par une si longue profession les titres de Comtes & d'Illustres. Au sujet duquel dernier titre l'on peut dire, que parce que suivant la Loy *Omnes C. ut dignit. ordin. servet. lib.* 12. ceux qui parmi les Romains étoient connus sous le nom de *Viri illustres*, avoient le privilege de se servir du *Cingulum militare*. C'est de-là sans doute que plusieurs ont soûtenu avec Barthole *in l. Medicos C. de Profess. & Medic. lib.* 10 que les Docteurs étoient en droit, en tant qu'ils tenoient le rang de personnes Illustres de porter les armes en tout tems & en tout lieu. *arg. leg. jubemus C. de Praeposit. sacr cubicul. lib.* 12. *V.* l'art. 41. touchant les privileges accordez aux Docteurs Regens de l'Université de Toulouse, de faire des Chevaliers.

ARR. XXXVIII.

PAr Arrest de Toulouse du dix-neuviéme Avril mil six cens deux, est inhibé au Chancelier & Docteurs Regens de l'Université de Caors, de recevoirs aucun Docteur Regent sans disputes publiques, suivant les Ordonnances & Arrests.

Il ne se trouve point qui fut le premier qui institua les Universitez du Droit; le premier des Empereurs fut Constantin, qui donna immunitez, priviles, gages & émolumens aux Docteurs enseignans les Loix, comme il se lit au dixiéme livre du Code; & depuis Theodose, Valentinian & Honorius Empereurs dresserent des Ecoles publiques du Droit; ainsi que nous lisons és onziéme & douziéme livres dudit Code: ce que long temps aprés fut ensuivi de Justinien, lequel, remettant l'Empire, remit les Professeurs des Loix, qui ne furent de durée, survenans les Lombards, qui firent nouvelle police & nouvelles Loix. Les Franconiens aussi tenans les Gaules avoient changé ce qui étoit de l'Empire Romain; & depuis que l'Empire fut transferé aux Allemans, les loix & polices furent changées, jusques à l'Empereur Lothaire Saxon, lequel à l'instigation de VVernerius ou Irnerius, qui avoit trouvé les Pandectes & Code de Justinien, dressa lectures & Ecoles publiques de Droit, & ordonna les trois degrez, de Bachelerie, Licence & de Doctorat, conformément aux Lytes & Prolytes de Justinien. Ce que depuis a été suivi, continué & augmenté par les autres Empereurs, & mêmes par l'Empereur Frederic, lequel en l'an mille cent cinquante-huit octroya plusieurs beaux privileges aux Ecoliers étudians esdites Universitez de Droit. *in Auth. Habita. C. Ne filius pro patre*, laquelle très-loüable institution doit être en seul attribuée aux Romains; car il ne se lit point que les Egyptiens, Chaldéens, Grecs ni autres Peuples ou Republiques, en ayent eu; aussi n'ont-elles été onques si bien reglées ni policées par la Republique Romaine.

SANS DISPUTES PUBLIQUES] V. l'art. 23. & l'art. 32.

ARR. XXIX.

Extrait des Registres de Parlement.

SUr la requête presentée à la Cour par le Sindic des Docteurs Regens des Facultez Civile & Canonique en l'Université de Toulouse, tendant à ce que sans avoir égard à autre requête presentée par Maître Bernard de la Poincte Grammairien, lui fut faite défense ensuivant l'Arrest sur ce donné le huitiéme Juillet mil cinq cens soixante-six de s'ingerer à la charge de Recteur de l'Université: & neanmoins, veu la longue & grande diligence dont ledit de la Poincte a usé en ladite charge, soit aussi faite inhibition au Tresorier de l'Université ne lui payer ni delivrer aucuns salaires, gages ou autres émolumens dûs & destinez à ceux qui servent actuellement és Professions dont ils ont charge: & veu ledit Arrest, &c. La Cour a ordonné & ordonne que lesdites Parties, ensemble le Procureur General du Roy, seront plus amplement oüies, & pour ce faire en viendront en jugement au premier jour aprés la Fête des trois Rois prochainement venant, pour ce fait être par la Cour pourveu, tant sur ce qui concerne led. de la Poincte, que autres Regens de lad. Université pour ce regard, comme il appartiendra: Et cependant a fait & fait inhibition & défense audit de la Poincte de poursuivre ou s'ingerer à la charge de Recteur de l'Université à la peine aud. Arrest contenuë:

nuë : & a enjoint & enjoint la Cour tant à lui, qu'à tous autres Regens de ladite Université se porter tant és Ecoles du Droit, que d'ailleurs à la Ville & actes publics, qu'avec habit décent, propre, & convenable à leur profession, & porter le chaperon des Regens, comme de tout temps leurs predecesseurs avoient accoûtumé, à peine de cinq cens livres, privation de leurs droits, & autre arbitraire. Prononcé à Toulouse en Parlement le trentiéme Decembre mil cinq cens huitante-quatre.

ARR. XL.

LE Samedi vingt-sixiéme jour du mois d'Aoust mil cinq cens septante par Arrest au Barreau, Messieurs les Docteurs Regens de l'Université de Toulouse & Bedeaux d'icelle, interinant certaines Lettres patentes du Roy ont été declarez exempts des deniers Royaux ordinaires, & ordonné qu'ils seront rayez des rôlles, ledit Arrest prononcé contre le Syndic de la Villle.

V. l'Article 35.

ARR. XLI.

ANno Domini millesimo, quingentesimo, trigesimo tertio die Veneris, prima mensis Augusti Rex Franciscus primus hujus nominis Francorum Rex in suo novo ingressu in hanc urbem magnificam Tolosanam, concessit florentissimæ illius Universitati nobile & egregio Blasio Aurioli Doctore Regente pro ea orante, privilegium creandi milites, & die lunæ prima mensis Septembris immediate sequente dictus Auriolus fuit factus primus miles, sub Domino Petro Daffis, Doctore Regente, legum Comite, servatis solemnitatibus in statutis militaribus contentis.

Creandi milites] Personne n'ignore que l'honneur de Chevalerie se confere aux hommes de robbe longue, qu'on appelle aussi *Chevaliers des Loix* ; ce que nos Rois ont fait infailliblement à l'imitation des Empereurs Romains, qui vouloient que les Professeurs en Loix qui avoient exercé leur charge vingt ans, fussent faits Chevaliers. *Vid. tit. de Profess. qui in urb. Constan. inop. docent. merue. Comit. C. lib. 12.*

Oratio Blasii Aurioli ad patrem.

MAjorum gloriam [*ut Marius apud Salustium*] *posteris quasi lumen est, neque bona eorum, neque mala in occulto pa-*

titur : hanc ego ſententiam [*Patres ampliſſimi*] *crebro ipſe mecum animo reputans , nihil ei turpiùs exiſtimavi qui claris natalibus ortus ſit , quàm ſingulari quadam ignaviâ & ſocordiâ à majorum virtute degenerare : nihil contra honeſtiùs quàm inter ſuorum claritatem ſuâ induſtriâ & virtute ſplendere : nam quantò præclarius eſt majorum nobilitati accedere , ſi eorum virtutem & res præclarè geſtas imitemur , quàm induſtriâ noſtrâ novam parere , tantò certè turpiùs eſt veteris alicujus proſapiæ hominem deſidia , & hujus generis flagitiis acceptam à majoribus gloriam obſcurare ; in quo , quoniam , mea quidem ſententia , hoc aſſecutus videor , ut generi meo , rebus aut pace , aut bello præclarè , atque laudabiliter geſtis ſatis illuſtrato tenebras ipſe non offuderim : dandam quidem mihi eſſe operam putavi , ut per omnia , quoad à me fieri poſſeat , & meorum virtutem ita imitarer , ut eam aſſecutus , ipſis par eſſe contenderem ; tantùm abeſt ut generis radiis ſolùm elucere ſatis eſſe ex ſtimarim : Quià verò plures ex majoribus meis legum Comitatu , quo tu Pater ornaris amantiſſime , & equeſtri illa litteraria dignitate in toga cohoneſtatos anteà fuiſſe video , ut Raymundum & Ludovicum patruos meos , æquum honeſtumque facturus mihi videor , ſi non legum Comitatus , quoniam & nondum legitimum illud tempus viginti annorum , iis ſcilicet qui hoc titùlo ornari cupiunt præſcriptum juri interpretando impenderim , equeſtribus tamen inſignibus , quæ in hoc novo Principis noſtri Chriſtianiſſimi , ac læto fœlicique in hanc novo Principis noſtri Chriſtianiſſimi , hac læto fœlicique in hanc urbem ingreſſu nobis hujus Academiæ Toloſanæ , conſcriptis Profeſſoribus intogatos conferre privilegio eſt conceſſum ; omnium primus ornandum me præberem , ut qui Academiæ & Univerſitatis ut Regem noſtrum inclytiſſimum oratione excipiens facie ad faciem , ut ita dicam , cum eo agens inter cætera hoc jus faciendi equites ordini noſtro nuſquam antea conceſſum ab eo impetraverim. Te itaque pater , optime , rogo , ut enſe primum , ſecundo loco cingulo , deinde auratis calcaribus , poſtremo torque aureo atque annulo , quæ inſignia ſunt equeſtria , ornandum me cures , quibus non pro rerum prophanarum occupatione ſed pro Eccleſiæ tantùm , ac fidei Chriſtianæ litterariæque militis jure conſervando , in quam jampridem conſcriptus ſum , uti jure optimo mihi liceat. Dixi.*

Oratio Petri Daffis patris, ad Blasium Auriolum filium.

Non erit alienum ab hoc instituto (Patres spectatissimi) ut à quibus initiis hæc, quâ de nunc agitur, equestri dignitatis, in tantum honoris locum progressa sit, paucis, strictimque paulo altiùs primùm repetamus: Hanc igitur, ut alias plerasque à Romana illa repub. initium cæpisse ei dubium minus erit, qui populum Romanum in tres ordines fuisse divisum, equestremque medium inter Senatorum amplissimum & plebeium extitisse non ignorat: ex quo ordine qui erant, quòd equo publico meandi jus haberent, equites dicebantur: cujus olim, ut nunc etiam, erat insigne annulus aureus; sed alia hodie adduntur, ut calcar aureum, torques, ensis cum cingulo quod rectè balteum appellabimus in quo non ità multùm ab illo veteri Romanorum more abhorremus: nam, quòd olim apud illos ob pulcherrimum aliquod facinus torquibus aureis ab Imperatoribus milites donabantur, id certè nostra ætate observari licet videre, ut qui præclarè rem in acie gesserint, equestri dignatione aut à Rege aut Regis legato, belli scilicet Imperatore afficiatur: Cujus decoris ex insignibus torquem aureum esse dicimus. Posteà verò hoc annulorum jus, quod eorum qui equo mererent proprium erat anteà, in togatos etiam conferre, sed eos tantum, qui ipsi ingenui quadraginta sestertia, qui equestris erat census, aut ipsorum patres aut avi haberent, & judicia, quæ non solùm erant Senatorum coram equitibus communicari cœperint, unde profectò ortum crediderim ut togati hoc tempore ea dignitate donentur, quod ex principis privilegio interdum videmus ut paulò ante in latissimo ac faustissimo Regis nostri Christianissimi in hanc urbem aditu, te fili charissime postulante eo jure annulorum, hoc est faciendi equites, quod vulgò dicunt potestate, regia benignitate donata est hæc nostra Tolosanæ Academiæ Universitas. Quamobrem certè omnium primus hujus equestris dignitatis insignibus, quam prudentia tua consecuti sumus, quibus ut ais, non in occupandis rebus prophanis, sed in sacris ab omni injuria vindicandis utamur, merito quidem donari postulas, ut qui, ex Presbyteris primus, in Toloſana Cancellaria Referendarii munere olim donatus es. Quis item neſcit te tui nominis primum de jure ſcripſiſſe; nullus ſiquidem eſt alius juris interpres, qui Blaſius nuncupetur: actu etiam primus es, qui arte oratoria Lingua Gallica ſcribi poſſe docueris, quod ſcilicet ſcribendi genus ante te nemo cognoverit. Adeſto igitur fili, & his inſignibus primus ornare, ut nullo honoris & gloriæ loco non primus ſis. Hoc ego enſe te dono, quo pro republica ſtrenuiſſimè depugnes, qui ex hoc cingulo pendet, quo ideò te cingo, quod cinctos eos eſſe oportet, quos libido omnium minimè, maximè verò continentia ſtrenuitatis parens, ut ſunt equites, decet. Calcaribus his equum in hoſtem viriliter concitabis; hic verò torquis, quem collo tuo circumdo nihil aliud monet, quàm te ità fortiſſimum eſſe debere, ut à rebus ſuo loco fortiter gerendis nullius periculi errore revocari poſſis. Annulus porrò hic, præcipium, & ut dixi, antiquiſſimum hujus ordinis inſigne, tua, tuorumque ſtemmata, ut quidem in eo ſculpta ſunt, repreſentat: ineſt enim ficus arbor, qui ſupereſt avis quam vulgo Auriolum vocamus, utriuſque arboris & volucris cùm naturam conſidero, florem fructui ſimilem, id quod in alia arbore reperiri non eſt, ſtudiorum tuorum flori, ſolidam iſtam doctrinam ſimilem fore jam à puero tibi portendiſſe interpretor. Avem autem Auriolum in fronde pendenti nidificantem, neque ob id opus ſuum viventorum labefactare pertimeſcentem, nihil aliud prædicere ſuſpicor, quàm conſtantem firmanque tuam eruditionem invidiæ flatibus loco numquam moveri poſſe.

Juramentum Equitis, una manu Rectorem, altera Cancellarium tenentis: patre verò formam juramenti tenente.

EGo Blaſius Auriolus utriuſque juris Doctor in hac quàm florentiſſima Toloſana Univerſitate, unus ex conſcriptis Juris Canonici Profeſſoribus, equeſtribus donatus juro Regi noſtro Chriſtianiſſ. ejuſque ſucceſſoribus fidelitatem; vobis deinde Reverendiſſimis in Chriſto Patribus, & Dominis; dominis inquam Rectori, & Cancellario obedientiam antiquioribus equitibus honorem & reverentiam me ſemper dum vixero præſtiturum; atquæ hujus noſtræ Univerſitatis commoda ita procuraturum, ut quoad à me fieri poterit, ejus privilegia sim conservaturus; utque ex animo loquor, ita velim Deus Optimus Maximus me adjuvet.

Declaratio Patris ad filium militem.

ET *nos Petrus Daffis Doctor Regens in legum facultate in hac Tolosana Universitate, authoritate, regia nostræ Universitati concessa, nobisque ab ea hic commissa, te Nobilem ac Reverendum virum Dominum Blasium Auriolum, ejusdem Universitatis in Canonicus facultate Doctorem Regentem, concessis tibi à nobis equestribus insignibus: sic debito juramento per te præstito, te inquam filium nostrum declaramus Equitem, cum omnibus privilegiis, honoribus, authoritatibus praeminentiis aliis equitibus concessis, quibus suo loco, & tempore, ut tibi liceat in nomine Patris & Filii & Spiritus sancti. Amen.*

Publicatio Bedelli in Scholis in prima Campana, de mane.

HOdie *hora nona de mane, nobilis & Egregius Vir Dominus Blasius Auriolus Doctor Regens in hac Univesitate, insignia militari suscepturus est ideò ab hac hora in anteà per totam diem non legetur in Scholis.*

Bedelli registratio.

ANno *Domini millesimo, quingentesimo, trigesimo tertio, die lunæ prima mensis Septembris, Nobilis & egregius Vir Dominus Blasius Auriolus utriusque Juris Doctor, & in facultate Canonum Regens, effectus est miles virtute privilegii die prima Augusti ejusdem anni Universitati Tolosanæ concessi, sub Reverendo Patre Domino Petro Daffis, utriusque Juris Doctore, in facultate legum Regente, & legum Comite, servatis solemnitatibus institutis militaribus contentis.*

Scholæ Tolosanæ incendium.

NOva *incredibilis, & inaudita clades anno supra millesimum quingentesimum quadragesimo, & die Aprilis quarta decima apud Tolosam accidit: cum enim ad cohibendam Scholasticorum quo-*

rundam petulantiam, qui paulò ante ex scholis aulam unam ingressi, reliquos pro arbitrio auditores, Hispanos præsertim ensibus feriebant, pedibusque insolenter conculcabant, sacrosancti Senatus arresto decretum est, ut ensis unus ad eminentius scholarum ostium affigeretur, ibique perpetuò maneret. Id Senatusconsultum, magna civium Tolosanorum ac satellitum copia, cum præscripto die executum esset, Scholastici plus quàm per esset molestè ferentes celeberrima nostra tria Gymnasia, majorum cura studioque composita, diruerunt & devastaverunt; Cathedrasque & scamna omnia minutatim confregerunt, neque his contenti scholam unam Arnaldo Ferrerio, & mihi Joanni Coraso dicatam incenderunt, atque ita, incredibile dictu, excusserunt, ut ne gymnasii quidem vestigium appareat, similiterque de reliquis actum fuisset gymnasiis; nisi fabrorum & opificum, qui, ut incendiorum curam habeant præmio quotannis donantur, diligentia, obviàm itum fuisset. Cæterum ea res tam impia, nefaria & crudelis popularem tumultum ita concitavit, ut furentes cives per vicos & plateas congregati uno consensu trucidandos esse, & jugulandos scholasticos omnes acclamarent, accictique cives ad eam civitatis partem, qua scholares degere solent accurrentes, gladiis cædebant: iis verò malis & illud additum est, quòd unum diserti cujusdam causidici nondum puberem factum filium obtruncaverunt, Mucrone crudeliter confoderunt. Fertur item trecentos plus minus scholasticos portam unam civitatis dirupisse & violasse, atque invito etiam tumultuante populo ad horam noctis, circiter decimam exiisse, sicque salvos esse factos complures, etiam fugientes sub aqua demersisse aliquot dies posteà compertum est: ex iis verò qui Tolosæ demorati sunt deprehensi & in vincula conjecti plus minus centum fuerunt, & brevi, præter septem, è vinculis liberati omnes: illorum autem unus cum se incendium fecisse sponte professus esset Senatus arresto crucifixus est, reliquis vel relegatis, vel pœna pecunioria irrogata; in absentes autem, qui tanti fuerant authores facinoris, ita animadversum est, nempe eorum exusta fuit effigies, arrestoque sancitum ut quocumque in futurum vel tempore vel loco comprehenderentur, vivi concremati debitas tam nefarii sceleris pœnas luerent. Quo tempore cùm ego Joannes Corasus utriusque Juris Doctor, atque in sacratissima legum Civilium censura

Regens, Rector essem ad posteritatis memoriam hæc scribere volui 1540.

De Coras Regens, idemque Rector.

ANno Domini millesimo, quingentesimo, trigesimo quinto, & die vigesima quarta mensis Junii à prandio, Dominus Joannes à Boissonne utriusque Juris Doctor, legum in Academia Tolosana Professor ordinarius, de Jure Civili responsurus centum conclusiones ex amplissima substitutionum materia disputando sustinuit, quibus Consiliari in tanto certè numero, quantus vix anteà visus est, interfuerunt, unà cum Dominis Regentibus, & aliis magnæ authoritatis viris: quo tempore ego Matthæus à Paco utriusque Juris Doctor, & in Jure Pontificio Regens eram secundò Rector Universitatis Tolosanæ: & quoniam dictus à Boissonne sententiam Lanceloti Politi Doctoris ultramontani tam in tribus locis taxaverat, ipse idem Lancelotus Politus, qui relicta Juris Civilis Professione Divi Domini regulam ante viginti annos professus fuerat, ætate jam septuagenarius, jubente Senatu, scripta sua, magna certè tum gratia, tum eloquentia defendit; in quo certamine quanquam validissimè utrimque pugnatum est. Academiæ tamen nostræ suus honor non modo conservatus, sed magna quoque accessione actus est. Hæc ego ad posteritatis memoriam scripsi.

Velleian.

TITRE II.

ARR. I.

UNe femme ayant cautionné ou s'étant obligée pour autrui, bien qu'avec serment elle ait renoncé au Velleian, neanmoins elle en peut être aprés relevée & restituée en entier, parce que *dum renuntiat decipitur, l. Doli §. Diversum ff. De novat. l. Interdum ff. De minorib. & eadem facilitate qua fide jubet, eadem exceptioni renuntiat*; Et d'ailleurs *promissio non potest plus operari, quàm solutio. l. fi. ff. Ad l. Falcid. at mulier quæ solvit. repetit. l. Qui exceptionem ff. De cond. indeb.* Et suivant ladite opinion fut donné Arrest à Toulouse en faveur de Françoise de la Treille en l'an mil cinq cens septante-huit.

PEUT ESTRE RELEVE'.] Ainsi la disposition du chap. *ex rescripto extr. de jurejur.* n'a pas lieu au préjudice de Velleian, quelque force que puisse avoir le serment; car il est visible qu'on ne l'exige de la femme que pour mieux l'engager au cautionnement: de sorte que comme elle est en droit de se faire relever d'un cautionnement pur & simple, à plus forte raison en doit elle être relevée quand il est accompagné d'un serment, qu'on ne lui fait prêter que pour tacher de faire fraude à la Loy. Au reste les femmes sont si favorisées lors qu'elles intercedent pour autrui, qu'elles le sont même lors qu'on les induit à accepter des cessions des dettes contractez par leurs maris insolvables; parce qu'on regarde de telles cessions comme des cautionnemens indirectes: aussi s'en font-elles facilement relever, quoique dans l'acte de cession on ait affecté de coucher que la femme a pris la cession en augmentation de ses hypoteques, pourveu qu'il paroisse tant soit peu qu'elle a été induite à passer l'acte, car pour lors on considere ladite clause comme une précaution qui rellent son dol. Toutefois quand on ne peut pas présumer que la femme ait eté induite, il est certain qu'elle peut valablement prendre cession d'un creancier de l'hoirie de son mary en augmentation de ses hypoteques, & pour lors elle ne peut pas se prévaloir de la faveur de Velleian. Le Parlement l'a ainsi préjugé par l'Arrêt qu'il donna l'onziéme de Septembre 167. en faveur de Laurens Berard Bourgeois de Beaucaire, contre Damoiselle Marguerite de Bienfait, veuve de Me. François Poltret Avocat de ladite Ville. Cet Arret confirme la Sentence que le Senéchal de Nimes avoit donné le 18. Juin 1672.

Usufruit.

TITRE III.

ART. I.

PAr Arrest donné en Audience le vingt-septiéme Mars mil cinq cens septante-un, entre Noble Pierre Goulard sieur Proprietaire, & Dame N. de la Motte usufructuairesse de la place de l'Isle, fut dit que la creation des Officiers de ladite place appartenoit à lad. de la Motte usufructuairesse, *quia jurisdictio est in usufructu. Oldrad. consil.* 124. *Bart. in l. si. ff. Soluto matrimonio.*

LA CREATION DES OFFICIERS.] Il y a deux cens ans précisément que le Parlement adjugeoit au proprietaire & à l'usufruitier conjointement la faculté de créer les Officiers: suivant l'Arrest rapporté par Bened. *ad cap. Raynut. verb. cætera bona. num.* 32. Mais depuis plus d'un siécle on juge que la creation des Officiers appartient à l'usufruitier en seul; on n'observe pas même la difference que fait Loyseau de la nomination & de l'établissement des Officiers avec les provisions & l'institution; comme si le premier appartenoit seulement à l'usufruitier, & si les provisions & l'institution dépendoient du proprietaire, il suffit que la jurisdiction soit *in fructu*, pour que l'usufruitier soit en droit de disposer des Officiers à sa volonté pour tout; jusques-là qu'il dépend de lui de destituer ceux que

le

le proprietaire avoit établis, conformement à l'usage du Parlement de Bretagne remarqué par Belordeau en ses Contrevers. ism. 1. lit. D. chap. 65. sauf au proprietaire, aprés l'usufruit fini, de destituer à son tour, si bon lui semble, ceux que l'usufruitier avoit établis. La doctrine de Loyseau me paroit pourtant fort juste, l'institution étant un droit honorifique.

ART. II.

PAr la Loy le pere est usufructuaire des biens de son enfant, lequel n'est pas fini par le mariage dudit enfant; bien est vrai que le pere est tenu d'assigner pension & meubles à son enfant pour ses nourriture & entretenement, suivant la faculté desdits biens au dire des proches parens, comme fut jugé par Arrest à Toulouse le premier jour de Février mil cinq cens septante deux, entre Antoine Austry appellant du Senéchal de Quercy, & Antoine Austry son fils.

FINI PAR LE MARIAGE] Le mariage n'emancipe pas; ainsi le pere se conserve toujours l'usufruit, quand même il se seroit remarié, soit qu'il s'agisse des biens maternels, soit qu'il s'agisse des biens adventifs, & quoi que dans le païs Coûtumier l'usufruit des adventifs appartienne au fils; il est vrai que dans le ressort de ce Parlement le pere n'a pas l'usufruit des biens donnez à sa fille en contemplation de mariage *& ab extraneo causâ dotis*, selon l'article suivant, & l'Arrêt de Mayn. liv. 2. chap. 73.

ART. III.

LE pere n'a point l'usufruit *in iis quæ donantur filiæ ab extraneo causâ dotis. l. 2. §. 1. l. Caius. ff. Soluto matrim. quia actio pro dote adventitia filiæ, non patri competit. d. §. 1. & qui habet actionem, rem habere dicitur. Bart. Jason & alii DD. in d. §. 1. l. 2. & in l. Placet*; & ainsi je l'ai trouvé jugé par un Arrest allegué sans date au procez d'entre Cossier & Cossiere, pere & fille.

Causâ dotis] V. l'article precedent, *& nota*, que la consideration de la dot cessant l'usufruit des biens de la fille appartiendroit incontestablement au pere, à cause de la puissance qu'il a sur ses enfans; jusques-là que quand une personne leur auroit donné ses biens, ou les auroit instituez en iceux par testament, & chargé quelqu'un de l'administration, le pere se feroit neanmoins maintenir en Justice en la joüissance desdits biens, à moins que le donateur ou le testateur lui eût expressement prohibé ladite administration, parce qu'on présume que l'usufruit des biens acquis aux enfans appartenant aux peres de plein droit, ni le donateur ni le testateur, n'ont pas entendu les priver de l'administration de ces biens, en la donnant à un autre, puis qu'ils ne l'ont pas expressément prohibée; les peres sur tout étans les seules personnes legitimes pour l'administration des biens de leurs enfans. Cela fut ainsi jugé par Arrêt d'Audience de l'année 1673. donné en faveur de Pierre Filhon, d'Aymargues, & David Lafoux, de St. Hypolity, comme peres de Françoise de Filhon & de Pierre

Lafoux, heritiers instituez par Annete Filhon, contre Pierre Bastide Notaire dudit lieu de S. Hyppolity.

Vicaire créé en la Cour pour le Jugement d'un Clerc.

TITRE IV.

ARR. I.

PAr Arrest du dix-neuviéme Février mil cinq cens nonante-un, est dit qu'il sera procedé par confrontement de témoins contre Maître Geraud d'Aurebe Prêtre de main, comme avec le Vicaire que l'Archevêque de Toulouse créera étant Conseiller Clerc en ladite Cour, pour l'instruction & jugement du procez; & n'ayant le sieur Archevêque voulu créer Vicaire, par autre Arrêt du vingt-cinquiéme Mai mil cinq cens nonante-un, est dit, qu'attendu les reïterez Appointemens intimez au Vicaire general, a procedé avec ce l'instructive & jugement du procez avec un des Conseillers Clercs de la Cour.

Semblable Arrest prononcé le vingt-huitiéme Août mil cinq cens nonante-un, entre Frere Laurens & Raymond Commandeur de la Selve, & Me. Pierre Gelade Chanoine de Ville-franche de Roüergue.

CRE'ERA] Il n'y a que les Cours souveraines qui puissent ordonner de la sorte. *Papon liv. 1. tit. 5. art. 51.*

AVEC UN DES CONSEILLERS DE LA COUR] Le Parlement de Paris est plus rigide, car en refus par l'Evêque de vouloir deleguer un des Conseillers Clercs de la Cour pour assister à la faction de la procedure contre le Prêtre qui est accusé, il ne se contente pas d'en nommer un d'Office, comme fait le Parlement de Toulouse; mais il contraint l'Evêque d'obeïr par saisie de son temporel. Maynard au chap. 25. du liv. 1. en rapporte deux préjugez.

Usures & contrats usuraires, achats de rentes excessives, reduction & moderation d'icelles.

TITRE V.

ARR. I.

PAr Arrest general du cinquiéme Avril mil cinq cens quarante-six, avant Pâques en Toulouse, arrêté le vingt-sixiéme Mars precedant, les rentes volantes furent taxées à raison de soixante livres le carton.

Arr. II.

INterêts conventionnels au denier dix, furent cassez par Arrest du Parlement de Toulouse le douziéme jour du mois de mil cinq cens quarante-deux, entre le Sindic des Habitans de Tarbe, & autres, avec inhibition à tous Juges dautoriser tels contrats.

Au denier dix] Un interêt excedant la taxe des Ordonnances, *non potest cadere in conventionem*, en tant que reprouvé & usuraire, & en Justice on le reduit toûjours *ad legitimum modum*, en imputant l'excedant sur le sort principal; quelque contrat qu'on ait passé, il en faut excepter les maritimes, *nihil enim tam capax est fortuitorum quam mare*; de méme que les traitez faits avec le Prince, lequel étant au-dessus des Loix, & ne pouvant pas dire qu'il ait été lezé, peut par consequent stipuler un interêt, suivant que l'état des affaires du Royaume l'y oblige, sans qu'il puisse venir contre son fait [illegible] contrat de prêt passé par un Souverain n'est jamais sujet à la restitution en entier, s'agit-il d'un emprunt comme celuy que fit le Roy Henry II. en l'année 1555. qui prit de l'argent des Banquiers à raison de quatre pour cent par foire. On excepte encore les stipulations entre Marchands, & avec les Partisans.

Arr. III.

PAr Arrest de la Cour à Toulouse du vingt-sixiéme Novembre mil cinq cens soixante-six, sur l'appellation verbalement plaidée en Audience par Mr. Durand, lors Avocat, plaidant pour André Carriere, curateur donné à Jean de Bachelerie, contre Daubouisson Marchand de Carcassonne, les contrats de laine faits par ledit Daubouisson furent cassez, & le prix adjugé aux pauvres; & en outre fut faite inhibition & défense à toutes personnes d'acheter laines d'autres que Marchands trafiquans, ou de ceux qui ont bêtail portant laine, à peine de quatre mil livres, & autre arbitraire.

V. Le livre 2. verb. Laine.

Arr. IV.

LE quatorziéme Août mil cinq cens soixante-sept, és Arrests generaux, Antoine Barde pour avoir baillé argent à usure à vingt & quarante pour cent, fut condamné à faire amende honorable, banni du lieu de son habitation pour cinq ans, les sommes & interêts confisquez partie au Roy, & partie aux pauvres, & reparation du Palais.

SOMMES ET INTERESTS CONFISQUEZ] On a quelquefois porté la confiscation plus loin, quand il a été question d'une usure excessive, & dont faisoit métier, car on a en ce cas confisqué les biens des usuriers. C'est ce qui fut pratiqué contre les Italiens en 1254. sous Loüis IX. en 1300. sous Philipe le Bel, & en 1347. sous Philipe de Valois; aprés que par la recherche qui fut faite des usures par eux commises, on eut découvert que pour deux cens quarante mil livres ils avoient tiré profit en peu d'années de vingt-quatre millions & quatre cens mil livres, s'il en faut croire l'Histoire. Il est vrai qu'ayant été chassez de France, leur bannissement perpetuel hors du Royaume suffisoit pour donner lieu à la confiscation de leurs biens.

ARR. V.

LE neuviéme Novembre mil cinq cens cinquante-huit, veu le procez fait à Maître François de Marsac Bachelier, & Michel Hydriard Marchand de Toulouse, prévenus d'usures, lesdits Marsac & Hydriard ont été condamnez chacun en quinze cens livres d'amende, & à rendre à ceux de qui ils avoient extorqué, & neanmoins bannis; c'est à sçavoir ledit Marsac perpetuellement du ressort; & icelui Hydriard par cinq ans de la Sénéchaussée: Enjoint à tous Magistrats proceder contre telle maniere de gens *per dictum* au Greffe Criminel.

ARR. VI.

LE dix-huitiéme Mars mil cinq cens quatre vingts-un, un nommé Doumayron habitant de Toulouse, pour usures manifestes fut condamné à être pendu; & par Arrest de la Cour, cassée ladite condamnation à mort, fut seulement condamné en douze cens écus d'amende.

Au Parlement immediatement, par Jugement des Requêtes un nommé la Roche Medecin de Toulouse, fut aussi condamné pour usures en 1200. liv. d'amende, & acquiesça à lad. condamnation.

A ESTRE PENDU] *An improbus fœnerator extrà ordinem criminaliter puniri possit. Bronchorst* ἐναντιοφανῶν *centur. 2. assert. 85.*

ARR. VII.

LE huitiéme Avril mil cinq cens quatre vingts-un, un nommé Cousin fut par Arrest de la Cour condamné pour avoir commis usures, en six cens écus d'amende.

Arr. VIII.

Usuræ si duplicent sortem extingunt debitum. l. un. cod. de sent. quæ pro eo quod inter. prof. l. Si non sortem ff. De condict. indeb. & en cela est abrogée la Loy *Usuræ. cod. De usuris per Novell.* 138. *& plene Alciat. lib.* 1. *Parerg. cap.* 33. Et ainsi a été jugé en plusieurs affaires en la Cour, entre Teissier & Carcagnac, entre Hebrard & Dardenet, Davillon & du Pin, & autres.

* *Extinguunt debitum.*] Il faut excepter de cette regle generale les interêts baillez à rente ou pension, à cause qu'il ne dépend pas du creancier de retirer son capital quand bon lui semble. Les interêts des dots & des legitimes, parce qu'ils tiennent lieu d'alimens. Les interêts payez par une caution, à cause qu'il n'en profite pas. Les interêts du prix d'une vente de fonds, parce qu'ils tiennent lieu de fruits. Les interêts payez en divers temps, quoi qu'étans accumulez ils excedent le principal; surquoi *vide l'observation suivante*, & finalement les interêts deûs d'autorité de Justice par Sentence, ou par Arrêt de condamnation, à cause que le debiteur condamné ne doit pas profiter de sa contumace.

Est abrogée la Loy *Usuræ*] Quoy que dise l'Auteur, & quoy que dise Despeisses au tome 1. part. 1 du prest, sect. 3. n. 25. il est certain que suivant l'usage de ce Parlement la Loy *Usuræ C. de usur.* n'est pas abrogée, & que les interêts, lors qu'il ont été payez en divers temps, & à mesure que le terme du payement tomboit, ne peuvent ni être reputez ni être imputez sur le sort principal, quoy qu'ils l'excedent. Ce qui a donné lieu à Despeisses de suivre un sentiment contraire, est la doctrine tant de Cujas, que de Dumoulin, qui ont creu que ladite Loy du Code avoit été corrigée par la Novel. 121. mais l'usage de ce Parlement resiste à cette doctrine.

Arr. IX.

Il est observé qu'on n'adjuge point interêts d'argent dû pour prêt de Marchandise, parce qu'ordinairement les Marchands en prêtant survendent les Marchandises, & seroit faire double profit, si ce n'est qu'il y ait eu condamnation, auquel cas *ex die judicati*, on adjuge lesdits interêts au denier quinze, *propter moram & contumaciam debitoris, qui non paruit*, & si ce n'est aussi que le prix eût été fait de Marchand à Marchand, faisant trafic de même Marchandise, auquel cas aussi pour l'entretenement du commerce on adjuge les interests au denier douze, suivant les Ordonnances.

Au denier quinze] Ces interêts furent ensuite adjugez au denier seize, suivant l'Ordonnance d'Henry IV. du mois de Juillet 1601 & suivant les nouvelles Ordonnances de Louis XIII. en l'art. 151. depuis quelques mois la liquidation de ces interêts se doit faire d'une autre maniere; car par la Declaration que le Roy heureusement regnant, donna à Fontainebleau dans le mois de Septembre dernier 1679. qui fut registrée au Parlement le 15. du mois de Novembre suivant, tels interêts doivent être reglez au denier dix-huit.

POUR L'ENTRETENEMENT DU COMMERCE] Le commerce est si favorable, que l'Ordonnance d'Orleans, qui en l'article 60. permet aux Marchands de prendre l'interest au denier douze, n'a été corrigée pour ce chef ni par l'Ordonnance du mois de Juillet 1601. ni par la Déclaration du mois de Septembre 1679. les Marchands sont aussi privilegiez en matiere d'interest, pour faciliter & pour entretenir le commerce. *L. eos qui 26. C. de usur. & ibi DD.*

ARR. X.

Extrait des Registres de Parlement.

ENtre Demoiselle Astrugue de Viguier, veuve à feu Philippe Resti, mere & legitime administreresse des personnes & biens de Pierre Resti son fils, appellant de certaine Ordonnance donnée par Maître Jean Maynial Conseiller du Roy en la Cour, & Commissaire executeur d'Arrest à ce par elle deputé, d'une part, & Demoiselle Jeanne de Pelissier, veuve à feu Robert le Comte, mere & legitime administreresse de ses enfans, & dudit feu le Comte, appellée d'autre; Ferrieres avec Valriviere pour l'appellant, & Gay avec Miget pour l'appellée, comme esdits Registres. La Cour euë deliberation, met l'appellation au neant, & ordonne que ce dont a été appellé sortira à effet, à la charge toutefois de precompter pour ladite de Pelissier sur les interêts à elle adjugez, ce qui se trouvera avoir été pris & reçu pour lesdits interêts outre & pardessus le denier quinze; declarant neanmoins ladite Cour qu'il sera permis & loisible à ladite de Viguier audit nom, retirer les sommes mentionnées audit Arrest, en baillant au prealable bonnes & suffisantes cautions, qui se rendent principaux payeurs suivant icelui Arrêt, & sans dépens de ladite instance d'appel. Fait à Toulouse en Parlement l'onziéme Mai mil cinq cens quatre vingts-quatre.

OUTRE ET PARDESSUS.] Il n'en est pas de même de l'acquereur à pacte de rachât, qui n'est pas tenu d'imputer sur le capital en cas de rachât, ce en quoi les fruits de sa jouissance se trouvent exceder les legitimes interêts du prix de son acquisition, quoi que les fruits les excedent de beaucoup, suivant l'Arrêt donné le 22. Mai 1665. en la seconde Chambre des Enquêtes, au rapport de Monsieur de Laues, entre Pujol & le nommé Nicolas, du lieu de Poussan.

ARRESTS NOTABLES DU PARLEMENT DE TOULOUSE.

LIVRE SIXIÉME.

Achats & Ventes.

TITRE I.

ART. I.

CEUX qui sont en Communauté de biens, ne peuvent vendre aucune piece, ni portion d'iceux, tant petite soit elle, sans le sçû & consentement des autres qui y ont part : comme il fut jugé en la seconde Chambre des Enquêtes en l'an mil cinq cens septante-huit.

NE PEUVENT VENDRE.] L'Arrêt rapporté par l'Auteur semble contraire à la disposition de la Loy *Falso C. de comm. rer. alienatio.* suivant laquelle quand une chose appatient par indivis à plusieurs [*pluribus, ut singulis*, comme dit Balde *ibid.*] chacun a la liberté de vendre la part qu'il a en la chose. Automne en sa Conference, concilie l'Arrêt avec la Loy, en disant, qu'autre chose est contracter communauté, auquel cas il insinuë que doit être rapportée l'espece de l'Arrêt; & autre chose avoir des biens en commun, qui est le cas de la Loy; c'est-à-dire, que la vente n'est pas libre au premier cas, suivant cette distinction, mais qu'elle l'est au second. On pourroit établir cette distinction d'une autre maniere, & dire qu'au premier cas on ne peut pas vendre sans le consentement de ceux qui ont part à l'indivis; mais qu'au second on le peut faire, *non tantum socio, sed etiam extraneo*, pourvû que ce soit *ante inceptum judicium communi dividendo*, suivant l'esprit de cette Loy; mais outre que la distinction que fait Automne, concilie d'autant plus mal l'Arrêt & la Loy, que l'un & l'autre sont également au cas de la communion des biens; & que quand on auroit contracté une communauté, on ne seroit pas moins libre de vendre & de transporter le droit qu'on y auroit. Il est certain d'ailleurs que l'Arrêt supposant la vente d'une piece des biens qui sont en communauté, il doit être entendu dans le sens de la definition treiziéme du President Faber au tit. 27. du 3. Liv. de son Code, suivant laquelle l'associé ne peut pas vendre sans le consentement, ou contre le gré des autres, *si agatur de vendendis rebus singulis*; car autrement il n'y a pas difficulté qu'il ne puisse vendre la portion qu'il a en la chose commune, même *post motam controversiam*; si mieux on n'aime dire, que le motif de l'Arrêt peut être pris de ce que les associez devant être preferez en la vente de la chose commune à un étranger, suivant la doctrine de Mornac sur la Loy 1. *C. de comm. rer. alienat.* l'un d'eux ne peut pas vendre contre le consentement & au préjudice des autres qui ont droit de preference.

ARR. II.

ENtre deux, ou plusieurs acheteurs d'un même fonds, celui qui en aura le premier la réelle & actuelle possession est preferable aux autres, & y a été mainteu par Arrest donné à la Tournelle à Toulouse, le neuviéme Decembre mil cinq cens nonante-deux, entre un Raysac, Sambre & autres, par les Loix *qui actionem, D. de reg. jur. l. si ea res, §. fin. D. de act. empt. l. sive autem. §. si duobus. D. de Public. in rem act.*

LA RE'ELLE POSSESSION.] Il ne sert de rien au premier acheteur d'avoir pris possession par acte civil de constitut, de precaire, ou autre semblable, si le second acheteur a la possession réelle & actuelle, *animo enim & corpore possessio acquiritur*; ce qui fait que la possession réelle est la veritable possession, & a la preference. *L. quoties. C. de rei vindic.* Cela souffre pourtant diverses limitations rapportées par Ferrer. *in qu.* 112. *Guid.* l'ap. par Despeisses tom. 1. part. 1. sect. 5. n. 25. & Brodeau sur Loüet, *lit. V. num.* 1. mais la preference pour la vente n'empêche pas que le premier acheteur ne soit preferé au second, pour l'hypoteque, dans une distribution des biens du vendeur, pour le remboursement du prix qu'il lui avoit payé.

ARR. III.

LEs ventes qui sont faites, à la charge que le prix d'icelle sera employé en fonds, ou mis entre mains de Marchand seur & responsable, n'empêchent pas que les autres creanciers du venditeur, precedans à ladite vente, ne se puissent prendre à ladite somme ou piece, ainsi que bon leur semblera, comme n'ayant rien

rien peu être fait par lesd. contractans au préjudice desd. creanciers anterieurs. Ce qui toutefois n'a lieu à l'endroit des creanciers posterieurs à lad. vente non privilegiez : parce que *ea conditione cum nec aliter empturus* : & pour autant que *Conventio partium est quodammodo pars pretii. l. si ea lege. De contrah. empt.* & ainsi fut resolu en la Chambre, le vingt-troisiéme Juin mil cinq cens nonante-deux sur le jugement du Procez du Syndic des Religieux de saint Eulalye, contre de Pira, acheteur à cette condition, & plusieurs creanciers dudit Syndic.

Adultere.

TITRE II.

Arr. I.

EZ Arrests generaux de la veille de Nôtre-Dame d'Aoust mil cinq cens huitante-deux une femme adultere ayant institué son paillard heritier, ses biens furent adjugez au fisc, suivant la Loy *Claudius D. de his quib. ut indign.*

V. le tit. 40. de ce liv. art. 10. Maynard liv. 3. chap. 14. & 15. le Journal du Palais tom. 3. pag. 73. & suiv.

Affermes.

TITRE III.

Arr. I.

LEs Rentiers ne sont tenus consigner s'ils alleguent n'avoir pû joüir ; par Arrest du dix-huitiéme Decembre mil cinq cens septante pour Jean Boulet.

Ne sont tenus consigner.] Sauf devant un Juge de rigueur, devant lequel un Fermier ne peut être reçû à la preuve de non-joüissance, sans avoir deposé pour un préalable.

ARR. II.

EN l'affaire de Giscard, Bourgeois de Castelnaudarri, Malbuisson & Margueritte d'Amiel mariez, au rapport de Monsieur Fabry, sur les Fêtes de la Noël, de l'an mil cinq cens huitante-neuf, fut jugé que la recision de ventes & contrats, n'a point de lieu aux arrentemens qui ne peuvent être rescindez.

AUX ARRENTEMENS.] Pourveu qu'ils soient au-dessus de dix ans.

ARR. III.

LE dix-septiéme Septembre mil cinq cens nonante-neuf, fut jugé par Arrest donné au rapport de Monsieur de Bonet, que l'expresse hypotheque de la chose, n'empêche que le locataire ne soit tenu de vuider.

V. Ferrer. in qu. 480. Guid. Pap.

ARR. IV.

LE rentier ne peut quitter l'arrentement occasion des invasions de l'ennemi, sauf à lui demeurer aux cas fortuits; par Arrest donné en Audience, au fait de l'Archevêque de Toulouse, le dernier Juin mil cinq cens septante.

NE PEUT QUITTER.] Il peut quitter la chose loüée pendant la guerre; mais il doit revenir quand elle a cessé.

Amendes.

TITRE IV.

ARR. I.

CLaude Alquier, Gentilhomme, prisonnier à la Conciergerie pour ses dettes, presente requête contre Pierre son fils, à ce qu'il lui soit permis exposer en vente les biens par lui donnez au contrat de son mariage, au premier fils qui en descendroit. Sur la plaidoirie fut remontré que les choses qui sont inalienables de soi, le peuvent être pour juste cause. Secondement la puissance du pere sur les biens. Que tel empêchement du fils est ingratitude. Par Arreſt donné en Audience, la vente eſt permiſe au pere pour payer ſes dettes. La principale raiſon fut, parce qu'il ne pouvoit ſortir de priſon, ſans faire ceſſion de biens, & qu'il étoit Gentilhomme. A même occaſion fut permis au pere vendre les biens maternels de ſes enfans; par Arreſt du ſecond Avril mil cinq cens ſeptante-un.

La vente permise au Pere.] *Brodeau ſur Loüet litt. A. num. 9. §. 9. Chenu ſur Papon liv. 7. tit. 1. art. 3.*

Arr. II.

Le onziéme May mil çinq cens quarante, par Arreſt auroit été dit, que certaine amende donnée par Monſieur Maſſebrac Juge d'appeaux Metropolitain de Toulouſe, ſeroit retorquée contre les opinans, & ce d'autant qu'il avoit été contraint prononcer ſon ordonnance *juxta illorum opinionem.* Et le même jour en Audience, ſur un appel du Lieutenant de l'Inquiſiteur, pour ce qu'il fut dit qu'il y avoit abus, & qu'il l'amenderoit, fut auſſi dit, d'autant qu'il étoit Religieux, que l'amende ſeroit retorquée, & payée par les opinans.

V. le traité du reglement des Juges-Mages. chap. 1. art. 11.

Arr. III.

Portant inhibitions aux Bailles, ou Viguiers de n'être Juges, & rentiers des amendes & confiſcations.

Arreſt prononcé au Greffe criminel, le troiſiéme Novembre mil cinq cens quarante-quatre, veu le procez de Maître Jean Ayral, Notaire de Peyruſſe en Roüergue, appellant du Baille, ou Chaſtellain dudit lieu, contre le Procureur du Roy.

Arr. IV.

Le dix huitiéme Novembre mil cinq cens ſoixante-quatre, Maître Claude Alis Prêtre élargi des priſons, ou étoit detenu à la requête du Receveur des exploits ou amendes: en faiſant au préalable, réel & effectuel delaiſſement de ſes biens, meubles &

immeubles, & baillant cautions de ne donner empêchement directement ni indirectement à la vente d'iceux.

A r r. V.

Declaration faite par le Roy Loüis, son intention être, que les dons qu'il a faits & fera des amendes, ne puissent avoir lieu; sinon que prealablement les frais de la poursuite de ses droits soient pris & payez sur lesdites amendes & exploits, fol. 86. *lib.* 1. *Ordinat.*

A r r. V I.

Les prevenus de même crime, condamnez ensemble en même somme, ou chacun d'eux en semblable somme, doivent icelle payer le solvable pour le non solvable : mais s'ils sont condamnez en amende dissemblable separement, il en est autrement : car chacun doit aussi separement payer son amende, & en seul, sans qu'on se puisse dresser aux autres, *& sic observatur.*

Pour le non solvable.] Ce que l'Auteur rapporte est conforme à l'usage; mais quoique entre les prévenus de même crime condamnez ensemble en même somme, ou chacun d'eux en semblable somme, la condamnation solidaire ait lieu en ce Parlement pour les amendes, si ce n'est lorsque l'Arrêt specifie la portion de chaque condamné; il en est neanmoins autrement quand parmi ces prévenus il y en a qui sont défaillans, & d'autres qui se sont remis; car en ce cas la condamnation n'est solidaire qu'à l'égard d'un des défaillans pour les autres qui le sont aussi, ou qu'à l égard d'un de ceux qui sont remis pour les autres qui sont aussi remis : que s'il est vrai en general qu'en fait de crimes, les amendes doivent être supportées solidairement par tous les complices, cela est hors de doute lorsqu'il s'agit d'un crime concerté; mais comme les qualitez d'un demandeur en excès & d'un prévenu sont differentes, & que la condamnation solidaire a pour un de ses principaux motifs, l'horreur & la punition des crimes; aussi quoique les dépens adjugez au demandeur en excès soient solidaires, ceux qui sont adjugez au prévenu contre lui ne le sont pourtant pas; comme il fut jugé en la Chambre de la Tournelle, par Arrêt donné au rapport de Monsieur de Gramond le 12. Avril 1677. en la cause de Me. Pamies Procureur. Au reste, il a été préjugé par Arrêt donné en la Grand'Chambre le 9. Septembre 1661. au rapport de Mr. de S. Hipoly, en faveur de Loüis Gillet Notaire, contre François Vaquier du lieu de Sainte Gabelle, que les dépens frustratoires soufferts par celui qui soûtient un acte impugné de faux, & avoüé bon par l'impugnant, après que la verification en avoit été ordonnée par un autre Arrêt précedent, sont solidaires. Cet Arrêt est de d'autant plus grande consequence, que Vaquier s'étant pourvû par lettres contre icelui, il en fut démis par autre Arrêt du 22. Mars 1664. avec dépens. Il est vrai de dire suivant ces deux derniers Arrêts, que si la condamnation est solidaire pour des dépens, qui ne procedans que d'un désistement d'inscription en faux, ne doivent être considerez que comme purement civils; elle le doit être sans nulle difficulté, lors que l'acte impugné de faux a été declaré bon par une relation d'Experts, parce que pour lors l'inscrivant en faux doit être consideré comme criminel : quoique'il en soit, il ne doit pas être inutile de remarquer qu'en l'espece de ces Arrêts, il s'agissoit d'un Notaire, & par consequent d'une personne publique, contre qui il n'étoit pas juste qu'on portât impunement une accusation de faux, sa justification se devoit faire distinguer de celle d'une personne privée.

Appellations.

TITRE V.

ARR. I.

LE sieur Evêque de Rodez ayant fait depêcher à un Prêtre son *forma dignum*, pour y avoir obmis *examinato & idoneo reperto*, il en fut appellé comme d'abus. La Cour le vingt-neuviéme Janvier mil six cens six declara y avoir abus, & condamna l'Evêque en cent sols d'amende, & la Partie aux dépens.

AYANT FAIT DEPE'CHER.] Quand l'Evêque est dans son Diocése, autre que lui ne peut conferer le Benefice, ni accorder le *Visa*, parce ce sont des actes qui émanent de sa propre personne, & son Vicaire n'a droit d'y pourvoir qu'en cas d'absence hors du Diocése, suivant l'Arrêt donné au Grand Conseil le *16.* Avril *1666.* en la cause de Me. Romieu, contre Me. Fieau, Prêtres.

ARR. II.

DEs appellations comme d'abus, les Parties ne se peuvent accorder, ni remettre à Arbitres, parce que les Gens du Roy y ont interêt : néanmoins le vingt-sixiéme Novembre mil six cens quatre, une Sentence arbitrale d'un appel comme d'abus, après avoir été communiquée aux Gens du Roy, fut confirmée.

Y ONT INTERE'T.] On ne peut rien faire ni poursuivre en matiere d'appellation comme d'abus à l'insçû des Gens du Roy, parce que l'appellation comme d'abus n'étant reçûë en France que quand il y a contravention aux Decrets de l'Eglise, & aux Ordonnances Royaux, ou quand il s'agit d'une entreprise sur la Jurisdiction Royale, il est visible qu'elle est toûjours employée à des sujets publics ; à cause dequoi, & que l'abus par consequent est du droit public, la desertion d'appel ou le desistement, n'y a pas lieu ; ainsi les Gens du Roy étans *vindices publici*, ils ont toûjours interêt aux appellations comme d'abus. C'est par une suite de cette raison, qu'aux causes qui regardent l'Estat & le Public, les Arrêts de défaut de congé, de même que ceux qui sont rendus sur le consentement des Parties, ne sont d'aucune consideration, si les Juges n'ont pas pris une connoissance parfaite des questions au fonds par le veu des pieces, & si Mr. le Procureur General n'a pas été oüy. C'est ce qui fut relevé au Parlement de Paris par Mr. Talon Avocat General, dont le seul nom fait son éloge, & qui ayant conclu à la cassation de deux Arrêts de congé, donnez en la cause de Sœur Henriette-Marie de Montevenne, Religieuse Professe de l'Abbaye Franche Nôtre-Dame-aux-Bois, demanderesse en Requête Civile contre les Arrêts de Congé, contre elle rendus en Audience les 26. Juillet 1659. & 17. Avril 1663. d'une part; & Dame Elizabeth du Chatelet & autres, défendeurs; le Parlement donna Arrêt suivant ses conclusions le 2. d'Août 1664.

ARR. III.

Abus ne peut être confirmé ni autorisé par aucun laps de tems : ainsi jugé par Arrest de Toulouse du quatriéme Avril mil cinq cens huitante-trois, entre le Syndic des Prebendiers, & le Syndic des Chanoines de l'Eglise Collegiale Saint Gaudens; par lequel certains statuts faits en l'an mil trois cens soixante-six, & en consequent puis deux cens dix-sept ans, furent declarez nuls & abusifs, faits contre les Canons & saints Decrets, comme tels cassez.

ARR. IV.

Le titre *De appel. non recip.* n'est reçû en France, parce qu'il faut appeller de toutes Sentences, bien qu'elles soient nulles *ipso jure*; par Arrest du troisiéme Juin mil cinq cens huitante-trois, suivant lequel Guillaume Boyer Juge de Lodeve, fut suspendu de son Office pendant trois mois, & condamné en trois écus d'amende, pour avoir fait donner le foüet à Marguerite Aurelone, nonobstant l'appel par elle interjetté, & sans deferer à icelui, & n'eût été que la Cour trouva ladite appellante coupable, & meritant le foüet, l'amende eût été plus grande.

Comment doit être puni un Juge qui ne defere à l'appel d'un condamné à mort, Boërius Decis. 153.

V. les art. 7. & 10.

ARR. V.

De plusieurs appellans l'un étant decedé, cela n'empêche qu'on ne doive plaider, sans faire appeller l'heritier : pourveu que celui qui est en vie soit l'originaire appellant, & celui qui est decedé seulement impetrant pour s'aider de l'appel; & ainsi a été jugé en l'Audience de la grand'Chambre le vingtiéme Decembre mil cinq cens nonante-huit.

POUR S'AYDER DE L'APPEL.] Il est autrement à l'égard des défendeurs suivant l'Arrest de *Papon liv. 8. tit. 16. arr. 2.* car l'un d'eux mourant, on ne peut rien poursuivre valablement, sans avoir fait appeller ses successeurs, pour reprendre ou pour delaisser l'instance. L'Ordonnance de 1667. *en l'art. 2. du tit. 26.* n'use d'aucune distinction, & veut que les jugemens intervenus, depuis le decès de l'une des Parties, soient nuls, s'il n'y a reprise, ou constitution de nouveau Procureur.

ARR. VI.

LE onziéme Mars mil cinq cens nonante-neuf fut plaidé un appel de dény de Justice, par la Mothe Avocat, fondé sur ce que le procez étoit en droit puis un an, & plus, apporta l'Ordonnance, qui veut que dans quatre mois soit fait droit, représenta que Monsieur Borrassol rapporteur lui avoit declaré, que les parens de la Partie adverse Conseiller, ne lui permettoient de le rapporter; ains lui avoient tiré souvent de dessus le bureau; fut répondu que ce n'étoit la forme, qu'il y falloit trois requisitions. *Auth. statuimus. Cod de Episc. & Cler.* L'appellation fut mise au neant, & enjoint de faire bonne & briéve justice, sans dépens

* TROIS REQUISITIONS.] Aujourd'huy il n'en faut que d'eux, suivant l'Ordonnance de 1667. en l'art. 4. du tit. 25.

ARR. VII.

BIen que par l'Ordonnance du Roi Loüis XII. soit permis & enjoint aux Juges inferieurs de mettre à execution leurs Sentences de condamnation à mort, ou mutilation de membres, si le condamné n'est appellant : toutefois cela n'est observé au Parlement de Toulouse; par Arrest duquel du quinziéme Mai mil cinq cens nonante-six donné contre le Juge de Beaucaire, qui en avoit ainsi usé, & fait executer un homme à mort par lui condamné, & non appellant, lui fut inhibé, & à tous autres Juges inferieurs du ressort, de ce faire; & ains de renvoyer le condamné avec ses charges & procedures en la Cour de Parlement, encores qu'il n'en eût appellé.

V. les art. 4. & 10.

ARR. VIII.

EN un appel de taxe, si la taxe des articles n'est retranchée d'un tiers, l'appellant est condamné aux dépens, encores qu'il y ait quelques articles mal taxez & reformez. Arrest contre Monsieur de Castres de l'an mil cinq cens nonante-neuf.

* RETRANCHE'E D'UN TIERS.] Aujourd'huy on ne doit pas regarder en un appel de taxe, si la taxe des articles est retranchée d'un tiers, pour que l'appellant soit condamné aux dépens. Au contraire on doit condamner l'appellant en autant d'amendes, qu'il y a des trois chefs d'appel, sur lesquels il est condamné, à moins qu'il soit appellant des articles croisez par un moyen general. L'Ordonnance de 1667. qui le veut ainsi en *l'art 31. du tit.* 31. n'est pas pourtant pour ce chef *in viridi observantia*, il s'en faut bien, & les Cours souveraines usent toûjours de leur ancien droit.

Inhibitions en vertu des Lettres d'appel relevé avant aucun acte fait par le Commissaire, ne sont considerables.

ARR. IX.

PAr Arrest du treiziéme Février mil cinq cens huitante-cinq en la grand'Chambre, Président Mr. Duranti fut l'appellation interjettée par N. de Monsieur Calmels executeur d'Arrest, mise au neant; bien que ledit Commissaire eût procedé après la signification des Lettres d'appel : pour autant que lesdites Lettres furent trouvées obtenuës avant que ledit sieur Calmels fît ladite commission presentée, du moins avant qu'il partît de cette Ville.

ARR. X.

PAr Arrest prononcé en Audience en Toulouse le quatriéme Mars mil cinq cens septante-cinq fut di, qu'un appellant de la gehenne ne pouvoit renoncer à son appel : la Loy ayant été tant soigneuse de la vie des hommes, qu'elle a voulu que si le condamné à peine corporelle ne veut appeller, il soit permis à un tiers d'en appeller. *l. notandum. D. de appellat.* A plus grande raison celui qui a une fois appellé de telle peine ne peut revoquer son appel.

V. les art. 4. & 7. Ferrer. in qu. 14. Guid. Pap. & l'Auteur en ses Parlemens liv. 13. chap. 59. art. 51.

Sentence arbitrale.

TITRE VI.

ARR. I.

LE dix-huitiéme Février mil cinq cens nonante au rapport de Monsieur de Hautpoul fut jugé, qu'une Sentence arbitrale donnée

donnée entre un Moindre n'étoit nulle ; Que anciennement les Moindres ne pouvoient compromettre ; pource qu'il n'étoit pas permis d'en appeller ; mais aujourd'hui cela cesse.

CELA CESSE] Suivant la disposition du Droit Romain on ne pouvoit pas être appellant d'une Sentence arbitrale *l. 1. C. de recept. arbitr.* pourveu qu'elle ne fût pas donnée *ultra diem compromisso comprehensum* ; de même que suivant les Canons 98. & 123. du Concile de Cartage, les Ecclésiastiques ne pouvoient pas appeller des Jugemens rendus par les Evêques & par les Juges dont ils avoient convenu, avec promesse d'executer *quidquid alte vel basse ducerent ordinandum*, comme portent les anciens actes de compromis qu'on passoit dans ce Royaume, pour exprimer le pouvoir absolu qu'on donnoit aux arbitres ; & par cette même raison que l'appel d'une Sentence arbitrale donnée en consequence d'un compromis, n'étoit pas reçû, le compromis fait par un mineur étoit aussi nul, & il se faisoit facilement restituer en entier. *L. si minor. 34. §. minoris. ff. de minorib.* mais aujourd'hui qu'on est reçû à l'appel d'une Sentence arbitrale, on ne s'arrête pas à cette nullité sans grief, dit Maynard liv. 8. chap. 80. Il n'y a qu'un cas auquel cas il semble, suivant l'esprit l'Ordonnance de 1667. en l'art. 22. du tit. 29. que les Mineurs ne peuvent pas compromettre, sçavoir lors qu'il s'agit d'une reddition de compte de l'administration qui a été faite de leurs biens, ce qui n'a été introduit qu'en leur faveur.

Arbres.

TITRE VII.

ARR. I.

LE dix-septiéme du mois de Juillet mil cinq cens cinquante-quatre, par Arrest fut enjoint de faire planter des arbres le long des chemins, terres & possessions des habitans du ressort de la Cour.

Le present Arrêt est rapporté au long sur l'art. 8. du tit. 1. du liv. 3. l'Ordonnance de Blois en l'art. 356. exige, que pour éviter les usurpations des chemins publics, on les borde d'arbres.

Archevêque de Toulouse.

TITRE VIII.

ARR. I.

DEliberation sur l'entrée de l'Archevêque de Toulouse, en l'Eglise saint Estienne, le septiéme Mars mil cinq cens vingt-deux, dix-neuf Decembre mil cinq cens deux.

Droit d'Aubaine.

TITRE IX.

ART. I.

PAr privilege octroyé par les Rois aux habitans de Toulouse, tout étranger venant habiter en Toulouse, & vivant Chrétiennement, & Catholiquement, est reputé être appellé, comme de la grace de Dieu, & peut disposer librement de ses biens au profit de qui lui plaira; voire d'un inconnu, sans pouvoir être retiré ni empêché de ce faire par le droit d'Aubaine, pratiqué en France, & qui n'a lieu en Languedoc, & moins en ladite ville de Toulouse. Les Toulousains en outre ayant lettres Royaux, & patentes és Archifs de leur maison de Ville, qu'ils appellent commune, & au livre blanc d'iceux, par lesquelles le Roi Loüis XI. à plein certifie des choses susdites, icelles publiées en Parlement à Toulouse le sixiéme Aoust mil quatre cens septante-six, confirmées & ratifiées par le Roy Charles VIII. par autres lettres publiées le sixiéme Juillet mil quatre cens huitante-quatre auroit declaré par Edit perpetuel & irrevocable ledit droit d'Aubaine n'avoir lieu dans Toulouse, ni en tout le païs de Languedoc, & que tous forains & étrangers de quelques païs qu'ils soient, nais & venus, residans & arrêtez esdits lieux de Toulouse & autres villes & endroits dudit Languedoc, étoient habiles à acquerir, disposer & ordonner de leurs biens à leurs plaisir & volonté, tant entre-vifs qu'à cause de mort; de même sorte & maniere qu'ils feroient s'ils étoient nais audit païs, & étoient reputez pour vrais originaires & regnicoles, sans ce que pour ledit droit d'Aubaine le Roy ni ses Officiers y puissent mettre ni donner aucun empêchement, & duquel furent lesdits étrangers délors declarez exempts & quittes, hors qu'ils n'eussent lettres de naturalité; par lesquelles autrement les étrangers nais ailleurs, sont mis dispensativement au rang des nais au païs des vrais & originaires François. Et ainsi a été jugé & dit par Arrest de nôtre Cour és derniers temps, au profit d'un nommé Guiraudet, contre le Procureur du Roy, au rapport de Monsieur Maynial, en la seconde Chambre des Enquêtes, au mois de Decembre mil cinq cens huitante, & auparavant & depuis y avoir eu pluſieurs prejugez de la même Cour, à ce principalement ou incidement conformes: & de même furent habilitez les ſuſdits à tenir les offices & benefices, comme choſe dependante ou conſequente deſdites habitations; & de ce que leſdits étrangers ſont reputez pour regnicoles, à la charge de vivre Chrêtiennement: d'où s'enſuit que les Juifs n'y ſont compris, comme contraires au Chriſtianiſme, & en eux reſidans à Toulouſe & ailleurs audit païs de Languedoc a lieu le droit d'Aubaine, par lequel le Roi leur ſuccede univerſellement, encore qu'ils euſſent enfans nais, & qui fuſſent regnicoles, pour être hors de commerce & de la ſocieté des Chrêtiens. Et il y a auſſi pluſieurs préjugez de ladite Cour, à Toulouſe, comme nous avons ſouvent entendu des plus anciens & experimentez en icelle, contre certains Juifs, qui d'Avignon ſeroient venus demeurer en quelques endroits voiſins de Languedoc, & y acquis & trafiqué, & après decedez, delaiſſans enfans qui ne leur auroient herité quant aux biens dudit Languedoc, ains le Roy ſuccede univerſellement par le droit d'Aubaine, nonobſtant que les Conſuls, manans & habitans de la ville d'Avignon prétendent par aucuns privileges à eux octroyez par les Rois de France, ſingulierement par lettres patentes du Roy Loüis XII. du huitiéme Mai mil quatre cens ſeptante-neuf, être declarez naturels regnicoles, leur être permis tenir & poſſeder en France tous biens, tant meubles, qu'immeubles, noms, droits & actions, & en diſpoſer, tenir offices, benefices, dignitez, joüir de tels & ſemblables privileges, droits, exemptions, franchiſes & libertez, dont joüiſſent les originaires du Royaume, ainſi qu'il eſt atteſté & recité par Bacquet au traité qu'il a fait & aſſemblé du droit d'Aubaine comme Monſieur Maynard l'a auſſi remarqué.

N'a lieu en Languedoc.] Le droit d'Aubaine n'a pas lieu en Languedoc, parce qu'il eſt regi par le Droit Ecrit, ſuivant la diſpoſition duquel en l'Authentique *omnes peregrini. C. comm. de ſucceſſio.* les étrangers *de rebus ſuis liberam ordinandi habent facultatem*; ainſi on auroit beau dire en Languedoc que la faction des teſtamens étant de droit civil, ne doit être permiſe qu'aux citoyens; puiſque cette Province reconnoiſt pour droit civil ladite Authentique en matiere de teſtamens. *V. Maynard liv. 4. chap. 57.*

Le Roy Loüis XI.] Les Officiers de ce Roy ayans voulu établir le droit d'Aubaine en Languedoc, les Eſtats du païs s'en plaignirent au Roy, qui par ſes Lettres patentes du mois de

Juillet 1475. permit *à tous étrangers demeurans en Languedoc, de tester, ordonner, disposer de leurs biens, meubles & immeubles, par testament ou autrement.*

Ratifiées par Charles VIII.] Les Estats de Languedoc ayans porté leur plainte en l'Assemblée des Estats generaux du Royaume, convoquez en 1483. à Tours, de ce qu'on avoit essayé d'introduire le droit d'Aubaine dans ladite Province; le Roi Charles VIII. par son Edit donné à Tours au mois de Mars en la même année 1483. declara *par Edit, Statut, & Privilege irrevocable, que d'oresnavant, & ensuivant la nature dudit païs de Languedoc, & ordre de Droit Ecrit, n'y aura lieu, n'y s'y prendra ne levera plus aucun droit d'Aubainage sur les Estrangers*, depuis le Registre duquel Edit on a vécu en Languedoc sous cette Loy.

N'eussent Lettres de naturalité.] Le Roy Loüis XIV. heureusement regnant, a voulu par l'Edit qu'il donna au mois de Mars 1669. pour l'affranchissement du Port de Marseille, verifié au Parlement d'Aix le 9. du mois d'Avril suivant, que les Marchands étrangers étans entrez audit Port, *ne soient sujets au droit d'Aubaine, ni qu'ils puissent être traitez comme étrangers, en cas de decez, lequel arrivant, leurs enfans, heritiers, ou ayans cause, pourront recueillir leurs biens & successions, comme s'ils étoient vrais & naturels François.*

Contraires au Christianisme.] Quand les Sujets du Roy ont quitté le Royaume pour cause de Religion, en temps de trouble, comme ç'a été pour cause necessaire & involontaire, leurs enfans, quoi que nais hors du Royaume, n'en ont pas moins été considerez regnicoles, & n'ont pas eu besoin de prendre des Lettres de naturalité, pourveu qu'ils soient revenus en France en la forme de l'article 70. de l'Edit de Nantes. Sur quoi on ne sçauroit trouver mauvais que je fasse part aux curieux d'un fragment d'une Lettre que l'illustre Mr. Gillot Conseiller au Parlement de Paris, écrivit le 28. du mois de Janvier (sans autre datte) à Isaac Casaubon lors de sa retraite en la ville de Geneve; l'original m'en a été donné par Me. Jacques Formy, Docteur en Medecine de la ville de Nismes, & digne rejetton du celebre Samuël Petit son ayeul maternel. Elle est conçuës en ces termes: *J'ai veu par une lettre que vous écrivez à un de vos amis, que vous desirez une Lettre de naturalité, ou une declaration pour assurer l'état de votre famille, & éviter le soubçon d'Aubaine, nous avons jugé icy en nôtre Cour de Parlement pour enfans nais où vous êtes, desquels les Peres & meres d'Orleans s'y étoient retirez, que l'on ne peut leur objecter la Nativité, & sont revenus en France partager les biens de leurs parens, comme nais en France, retirez seulement pour la rigueur des Edits, &c.*

Habitant de la ville d'Avignon.] Ils sont censez regnicoles, & vrais sujets de Roy, en effet le Comté d'Avignon doit être consideré comme une partie demembrée de la Provence, dont le Saint Siege n'est en possession qu'à titre d'engagement, le Pape ne le tenant qu'à ce titre de la Reyne Jeanne, depuis le 4. Juin 1348. Et ne pouvant par consequent être jamais separé de la Provence incommutablement, pendant que la Couronne subsistera. *V. Chopin de dom. franc. l. 1. t. 12. 9. Bacquet du droit d'Aubaine chap. 7. n. 14. Gregor. Tholos. in Syntagm. lib. 42. chap. 8. num. 25. du Puy des droits du Roy pag. 397. & seqq. & Mourgues sur les Statuts de Provence pag. 409.*

Autoriſations judiciaires.

TITRE X.

ARR. I.

LA femme ne peut auſſi agir criminellement, ni ne peut contracter ſans l'autorité du mary, comme il a été dit par un Arrêt du vingtiéme Janvier mil cinq cens ſeptante-ſept, donné en l'Audience pour Monſieur de Lateraſſe Maître des Requêtes, diſant n'être tenu conteſter avec ſa ſœur, femme de Monſieur Villeneuve, Préſident de Bordeaux, qu'au préalable elle ne fût autoriſée par ſon mary, fut dit qu'elle ſe feroit autoriſer; *Quia mulieres non habent legitimam perſonam ſtandi in judicio, l. Maritus C. de procurat. Ne fœminæ perſequendæ litis obtentu in contumeliam matronalis pudoris irreverenter irruant, l. Sancimus, C. de recept. olim quod Romanos, mulieres ſub perpetua agnatorum tutela erant.* Le même fut ordonné le cinquiéme Decembre mil cinq cens huitante-un, contre Jean Emblard appellant du Senéchal, contre ſa femme, à la charge toutefois qu'il ne ſeroit tenu d'aucune condamnation de dépens, au cas qu'elle fût jugée contre ſa femme: Mais ſi la femme eſt marchande publique, comme à Paris, Orleans & autres Villes du Païs Coûtumier, elle eſt reçûë, & peut agir en jugement pour les cauſes qui concernent la marchandiſe.

AGIR CRIMINELLEMENT] Elle peut pourtant être pourſuivie criminellement, ſans être authoriſée.

SANS L'AUTORITE' DU MARI] Auſſi eſt-il conſtant que Papon erre, lors qu'il dit *au liv. 7. tit. 1. art. 15.* qu'en païs de droit écrit les femmes ne ſont pas ſous la puiſſance de leurs maris, & qu'elles peuvent convenir & être convenues ſans leur authorité.

SE FAIROIT AUTHORISER] La Cour authoriſe la femme, en deffaut, ou refus du mari, de la vouloir authoriſer, car il n'y peut pas être contraint, quand même il ſeroit viſible qu'il n'auroit aucun juſte ſujet de refus.

ARR. II.

Par la Coûtume de France la femme ne peut être appellée en jugement civil, tant pour ſes biens dotaux, deſquels le mary eſt Seigneur, *leg. doce ancillam, cod. de rei vindicat.* que auſſi pour autres choses sans l'autorité de son mary, sinon qu'il fût question de ses biens paraphernaux, *l. hac l. cod. de pact. convent.* Ainsi a été jugé par Arrest du dix-neuviéme Avril mil six cens cinq plaidans Ferrieres & Martres Avocats, pour Messieurs de Fay, Tarabel & Jessé.

Bâtards.

TITRE XL.

ARR. I.

EN France, & par tout ailleurs en la Chrêtienté, les bâtards, ores que legitimez par le Prince, ainsi qu'il appartient, ne peuvent faire préjudice aux substituez, sous la condition, sans enfans, comme il fut jugé à Toulouse par Arrest de Bottevin, conformément à deux Arrests de Paris, recitez par Charondas livre 5. de ses Réponses chap. 44. & liv. 9. chap. 38.

SANS ENFANS] A plus forte raison quand la condition est conçuë, *si sine liberis et legitimo matrimonio procreatis*; ou sous la condition, *s'il decede sans enfans naturels & legitimes*, ou sous la condition, *s'il decede sans enfans nais legitimement.* Sur quoy l'on peut voir les limitations & les distinctions que font *Ranch. & Ferrer. in quæst.* 482. *Guid. Pap. Fusarius quæst.* 408. *& seq. Antonin Tessaurus decis.* 196. *Decius consil.* 365. 425. *&* 557. Il en est autrement lors que le bâtard a été legitimé *per subsequens matrimonium*; auquel cas il est compris en la clause *si sine liberis arg. l. cum quis. & l. seq. C. de natur. liber.* cela fut méme jugé par Arrêt du Parlement de Paris, prononcé en robbes rouges, & rapporté par *Peleus quæst.* 36. en la cause de la succession de Foix, contre le Comte de Carman V. Maynard *liv.* 5. *chap.* 79. & Papon *liv.* 28. *tit.* 3. *arr.* 5. le mariage subsequent efface la tache qu'avoit imprimé une naissance impure. Outre que le temps d'une legitimation de cette nature se joignant avec celui de la conception, comme s'il n'y avoit eu aucun autre temps entre-deux, on suppose par cette fiction que les bâtards legitimez par mariage subsequent, n'ont jamais été legitimes : car c'est dans ce sens qu'il faut prendre le chapitre *tanta est vis. qui fil. sint legit.*

ARR. II.

Sur un procez parti en la premiere Chambre des Enquestes à Toulouse, & départy en la seconde, par Arrest judiciellement prononcé le vingt-troisiéme Decembre mille cinq cens huitante-cinq Hercule de Furno, fils de Jean de Furno bâtard, fut declaré incapable, non seulement du legat à lui fait par son feu ayeul naturel : mais de la substitution par icelui à son profit faite, au cas Marguerite sa fille naturelle, & legitime viendroit à deceder sans enfans. Et par autre Arrest rapporté, & raisonné par feu Monsieur

Corras en ses Commentaires sur la Loy *hæres instituta cod. de impub. num.* 5. & Président Monsieur de Mansencal premier President, auroit au contraire été declaré le pere naturel ne pouvoit être institué par son fils bâtard ; par cette raison, *quod omnis concubitus damnatus inducat in persona tam filii, quàm patris incapacitatem successionis. Auth. ex complexu cod. de incest. nupt.*

DU LEGAT] *V. Maynard liv.* 5. *chap.* 29. *Bened. ad cap. Raynut. verb. & uxorem. nomine Adelesiam decis.* 5. *num.* 133. *Brod. sur Loüet lit. D. num.* 1. *Automne ad* 5. *Pater naturalis. L.* 41. *ff. de legat.* 3. *& le Liv.* 1. *tit.* 15. *art.* 4.

MAIS DE LA SUBSTITUTION] Les enfans legitimes d'un bâtard ne pouvans pas être instituez par leur ayeul, ne peuvent pas être substituez par une suite de cette raison. *Maynard liv.* 9. *chap.* 35. *& Duranti quæst.* 20. quand même l'ayeul n'auroit pas des enfans legitimes, & quelque induction qu'on puisse tirer de la Loy derniere. *C. de naturalib. liber.* qui est expliqué par Duranti. *ibid. num.* 7.

Beneficiers.

TITRE XII.

ARR. I.

ARrest de la residence des Ecclesiastiques, du troisiéme Janvier mil cinq cens septante-deux, du trentiéme Juillet mil cinq cens septante-six, du douziéme Juin mil cinq cens septante-sept, du treiziéme Novembre mil cinq cens huitante-deux, les Chambres assemblées du vingt-troisiéme Août mil cinq cens huitante-trois.

Touchant la residence des Ecclesiastiques, & au sujet des Benefices qui la requierent. *V. Mayn. liv.* 1. *chap.* 60. *le Journal du Palais du* 16. *Août* 1674. *l'Edit de Melun art.* 27. *l'Ordonnance de Loüis XIII. en* 1629. *art.* 11. *Claude-Henris tome* 1. *ch.* 2. *q.* 9. *& Cambol. liv.* 6. *chap.* 41. la residence est d'une si étroite obligation, que j'ose dire qu'un Evesque *in partibus infidelium*, ne pourroit pas s'en dispenser, si la Religion venoit à être établie dans le lieu dont il se qualifie Evesque.

Bleds.

TITRE XIII.

ARR. I.

ARrest prohibitif à tous Consuls d'empêcher d'apporter les grains des habitans de Toulouse dans la Ville, du vingt-quatre Juillet mil cinq cens soixante-deux.

V. le Liv. 1. tit. 19. & Papon liv. 6. tit. 1. arr. 6.

Boulangers.

TITRE XIV.

ARR. I.

ARrest que les Boulangers ne pourront tenir four en leur maison, ni autres maisons de la Ville, ni y cuire pain pour vendre, & leur est enjoint faire bonne pâte, de bon bled, & bonne blancheur. Entre les Bailles des Fourniers, le sixiéme May mil quatre cens nonante-sept.

V. le Liv. 1. tit. 19. arr. 3. & tit. 21.

Bouchers.

TITRE XV.

ARR. I.

PAr Arrest du douziéme Octobre mil cinq cens cinquante-quatre un Boucher pour avoir vendu la chair pardessus la taxe faite par les Capitouls, fut condamné en vingt-cinq livres d'amende : avec inhibitions à tous Bouchers contrevenir à la taxe.

V. le Liv. 1. tit. 20.

ARR. II.

PAr autre Arrest du troisiéme Janvier mil cinq cens cinquante-huit un Baille de Bouchers pour avoir survendu la chair de brebis, & donné permission aux autres Bouchers de ce faire, disant avoir permission des Capitouls, ce qui n'étoit pas pourtant, fut condamné à être mis au collier devant la boucherie, où il faisoit ladite vente, avec un écriteau contenant ces mots ; *Pour avoir survendu la chair, & supposé le nom des Capitouls.*

Brevets.

TITRE XVI.

Arr. I.

Reglement pour les Brevets des Presidiaux.

LE Lundy sixiéme Avril mil cinq cens septante-six Arrest au barreau, entre le Sindic du lieu de Fos, & autre Sindic de quelque autre Village, concernant la jurisdiction des Consuls esdits lieux; contenant en outre privation du rapport du Rapporteur du procez au Senéchal de Toulouse, pour n'avoir produit le Brevet, & extrait du procez par lui fait suivant l'Arrest de reglement, & que l'argent dudit rapport sera employé en œuvres pies à l'Ordonnance de la Cour.

Cabarets, & Tavernes.

TITRE XVII.

Arr. I.

PAr Arrest du trentiéme May mil cinq cens cinquante-sept fut enjoint aux Capitouls de Toulouse, de faire executer autre Arrest donné sur le fait des Cabarets & Tavernes le neuviéme Octobre mil cinq cens quarante-cinq, & proceder à la reduction des Cabarets & Tavernes, tant au Bourg saint Cyprien, que autres faux-Bourgs de Toulouse, au nombre moderé: & pourvoir à ce que iceux Cabarets ne soient tenus en lieux dangereux, & ausquels il y eût faculté de commettre malefice, ni par personages suspets, notez ou diffamez de crime ou malefice, & qui soient cautionnés & réponsables des delits, qui se commettroient en leurs Cabarets, & Tavernes, & ce dans le mois, sur peine de s'en prendre ausdits Capitouls en leur propre & privé nom.

V. le Liv. 4. tit. 2. *verb* Taverniers. art. 3.

Capitouls.

TITRE XVIII.

ARR. I.

ENtre le Sindic de ſaint Cyprien, & la Garde Capitoul, eſt dit, qu'il ira reſider à ſaint Cyprien, du dix-ſeptiéme Janvier mil cinq cens trente-huit.

V. l'art. 4.

ARR. II.

Capitouls & Famille aſſiſteront à l'execution des Criminels.

LE vingt-un Juin mil cinq cens huitante-huit vuidant le Regiſtre eſt dit, que deux Capitouls avec leurs chaperons & livrées aſſiſteront avec leurs Familles au Juge Criminel pour l'execution d'un Criminel condamné par Arreſt de la Cour, comme executeurs de l'Arreſt d'icelle par permiſſion de la Cour.

Avec leurs Chaperons.] Les Grands Jours tenans à Niſmes en l'anée 1666. & le Sr. de Leſcure Prieur de Servierete, ayant été condamné à mort par Arreſt du 13. Decembre, les Conſuls furent obligez d'aſſiſter à l'execution avec leurs chaperons; Mr. de Malenfant Greffier en ladite Cour, y fut en robe rouge, accompagné d'un Officier du Preſidial, & des Officiers Royaux.

ARR. III.

LE vingt-cinquiéme Novembre mil ſix cens quatre, la Cour ordonne qu'il ſeroit ſurcis à l'élection des Capitouls, leur prohibant faire icelle, juſques à ce que autrement en fût ordonné.

ARR. IV.

ARreſt, par lequel eſt deffendu aux Capitouls de Toulouſe, de ne partir durant l'année de leur Capitoulat, & enjoint d'y faire reſidence continuelle. Prononcé le vingt-uniéme May mil quatre cens huitante-ſix.

V. l'art. 1.

ARR. V.

ARreſt ſur l'élection des Capitouls à faire pour cette fois par les Capitouls vieux, le Senechal & le Viguier avec les

Conseillers de leurs Cours, present le second President & deux Conseillers de la Cour, du vingtiéme Decembre mil quatre cens nonante-sept.

ARR. VI.

Du rang des Capitouls aux Processions generales.

DU premier Decembre mil cinq cens trente-sept Chambres assemblées, és Processions generales les Capitouls marcheront aux côtez du pavillon de l'Eglise de saint Estienne, avec les Assesseurs, & Verguier tant seulement, & les aubois marcheront au milieu de la ruë à l'endroit des Chantres de ladite Eglise.

ARR. VII.

ARrest de reglement des Processions, du vingt-un Juin mil cinq cens trois, où les Capitouls vont devant le poile, & autre du sixiéme Juin mil cinq cens vingt-huit.

ARR. VIII.

ARrest sur l'ordre & rang que les Capitouls de Toulouse ont accoûtumé, & doivent garder és Processions & obseques. Prononcé sur la requête verbalement faite par le Procureur general du Roy, le dix-neuviéme May mil cinq cens septante-huit.

Charivaris.

TITRE XIX.

ARR. I.

ARrests prohibitifs des Charivaris, du dix-huitiéme Janvier mil cinq cens trente-sept, du onziéme Mars mil cinq cens quarante-neuf en audience, entre Jean Espertinguet, & Jean Bosc, du neuviéme Octobre mil cinq cens quarante-cinq, du sixiéme Fevrier en audience mil cinq cens quarante deux, & au mois de Mars avant Pâques mil cinq cens cinquante-un.

ARRESTS PROHIBITIFS] Quoy que les Charivaris soient fondez sur une trés-ancienne coûtume, ils ne peuvent pourtant pas être autorisez, parce que une telle coûtume est abusive, & contre les bonnes mœurs. Au commencement ils ne furent vrai-semblablement en usage que contre les femmes qui se remarieroient dans l'année de deüil, ce qui les faisoit supporter ; mais par abus ayant été employez dans la suitte du temps pour faire injure aux personnes qui convoloient en secondes nôces, de quelque sexe qu'elles fussent, comme par là on blâmoit les secondes nôces, qui ne peuvent être blâmables que dans l'esprit d'un Montaniste, ils furent aussi prohibez par divers Arrests des Cours souveraines dans les ressorts desquelles on les pratiquoit ; mais sur tout ils furent prohibez à cause des extorsions que les Chefs & les Abbez de la Jeunesse commettoient en exigeant des personnes remariées certain droit qu'on appelloit *la Pelote* en Provence, ce qui fait dire à Chassanée en ses Commentaires *sur la Coutume de Bourgogne rubr. 6. tit des enfans de plusieurs lits. vers. adverte. quidam hoc anno Domini* 1518. *fuerunt vocati in Curiâ supremâ Parlamenti Burgundiæ, ad requestam Procuratoris Generalis, propter extorsiones in dicto Charivary factas* ; & quand ces extorsions étoient justifiées, non seulement on declaroit les auteurs *justement attaints & convaincus d'assemblée illicite, extorsions, violences, & Charivari, mentionnez au procez* ; mais même on les condamnoit en une amende envers le Roy, & à la restitution des sommes exigées, avec deffenses d'user à l'avenir de pareilles extorsions, sur peine de punition corporelle, ensemble aux dépens, le tout solidairement ; comme cela s'induit de l'Arrest du Parlement de Paris rapporté par Brodeau en ses Commentaires *sur la coust. de Paris art. 37. num. 17.*

Charivaris] C'est le mot dont on se sert ordinairement, d'où les Auteurs Latins on fait *Charvarium*, & *Carivarium*. Les Provenceaux disoient *Charavils*, comme en font foi les Statuts de leur Province Les Tolosains disent *Chaillibari*, d'où apparemment l'Auteur des remarques du Droit François *verb. Injures num.* 8. *& seq.* a dit par corruption *Calinari*, ou peut-être *Callivary*, on disoit aussi *Chavaric* dans le bas Languedoc par un mot abregé de Charivary ; ainsi il est porté par les privileges de la ville de Nimes *privil.* 12. *que en ladite Cité ne pourra être fait Chavaric, quand aucun des Habitans se marie en secondes nôces.* Plusieurs Auteurs graves, & sur tout parmi les Jurisconsultes, n'ayans pas trouvé qu'il fût indigne d'eux de rechercher l'etymologie de ce mot, on ne doit pas trouver mauvais que je dise ce que j'en pense. Je dis donc que Brodeau perd le titre de *judicieux* [qu'on a accoûtumé de lui donner au Parlement de Paris, quand on le cite] lors qu'il veut *loc. cit. num.* 18. que ce mot tire son origine de κάρα & βαρύχειν, par rapport à la coûtume usitée aux nôces des Romains, de jetter des noix dans la ruë, pour que le bruit qu'elles faisoient en tombant, & celui des jeunes enfans qui les ramassoient en chantant des chansons lascives, dérobassent la connoissance de partie de ce qui se pouvoit faire dans la chambre des nouveaux mariez lors de leur premiere entreveuë, *quando illa multa tam jocosa fiebant* ; car à tirer la chose de si loin [outre que cela n'a nul rapport avec l'injure qu'on pretend de faire aux secondes nôces par le Charivary] il seroit aussi vrai de dire, que ce mot derive plûtôt, comme quelques-uns l'ont creu, des danses lascives des Corybantes, qu'on imite souvent en faisant le Charivary & cela sur ce que l'on pourroit alleguer que c'étoit la coûtume des Grecs, lors qu'ils celebroient leurs nôces, de faire des danses au son des cymbalas : d'où vient cette deffense du Concile de Laodicée ὅ δεῖ χριστιανοὺς εἰς γάμους ἀπερχομένους, βαλλίζειν ἢ ὀρχεῖσθαι. Ceux qui ont voulu faire venir ce mot de χαρυβαρέω ont assez bien imaginé la chose ; mais s'il ne faut qu'imaginer quelque rapport pour donner l'etymologie d'un mot, pourquoy ne pourroit-on pas mieux dire que Charivary derive du mot Chaldéen *charifot*, qui signifie *probrum, ignominia*, ou de l'ancien mot latin *Caribari*, qui dans les vieux Auteurs & dans les anciens Glossaires, vaut autant que *probra injicere, illudere, obrectare* : ou qu'en prononçant Challibari avec les Toulousains, il tire son origine du mot Grec χαλυβρίζειν, c'est-à-dire se joüer & se mocquer de quelqu'un ; puis qu'au fonds les Charivaris [ou *Chalmaris* encore, & *Charevaris*] ne se font pas dans une autre veuë. Pour venir à la plus vrai-semblable origine, il me semble qu'elle a été trouvée par ceux qui ont creu que *Charivarium* avoit été dit pour *Chalybarium* ; parce qu'en effet on n'y employe ordinairement que des sonettes, des poesles, des chauderons, & autres telles batteries de cuisine faites de metail *ex chalybe* : de là vient aussi que les Italiens disent *la scampanata*, que

Adriano Politi explique par *lo ſtrepito di Compacnacci, o d'altri ſtrumenti che fanno i contadini alle ve dove quando ſi rimaritano.* Et Farinacius en ſa pratique criminelle *part. 3. qu. 105. §. 93.* traite *de faciente viduis ſcampanatas.* Au reſte, Joannes de Carronibus en ſon traité des ſecondes nôces ſur la Loy *Hac edictali*, appelle le Charivari, *Capromaritum*; peut-être pour marquer que les perſonnes qui paſſent à des ſecondes nôces, ſur tout les femmes, peuvent être accuſées de quelque intemperence, & d'avoir la laſciveté des boucs. Peut-être fait-il alluſion à la coûtume de quelques Villes de Languedoc, où pour faire le Charivari on ſe ſert des plus longues cornes qu'on puiſſe trouver, pour en faire autant ou plus de bruit qu'on en fait autrement avec des chauderons, ou peut-être encore qu'en ſe ſervant des cornes, on pretend rendre le Charivari plus injurieux, à cauſe du miſtere qu'elles renferment.

Cautions.

TITRE XX.

ARR. I.

LE vingtiéme jour de Juin mil cinq cens vingt, en élargiſſant certains priſoniers à la Requête de Veza Abbé d'Aunes contre Hebrard, a été dit, que d'oreſnavant ſera mis en élargiſſement, que les fermances & cautions, cautionneront de payer toute choſe.

Femme reçuë pour caution.

ARR. II.

DU Samedy vingt-ſixiéme Mars mil quatre cens quarante-ſix, aujourd'huy Demoiſelle Alix, veuve du feu ſieur de Mirepoix s'eſt conſtituée caution, & promis payer pour Todette de Verviellés ſa Demoiſelle, ce que ſera ordonné par la Cour, tant aux Commiſſaires qui ont vaqué à l'interroger, comme aux Huiſſiers pour leur garde, durant le temps que ladite Todette a été priſonniere.

S'eſt conſtituée caution] La femme qui fit ce cautionement le pouvoit faire valablement dans deux égards. *Primò*, parce que le Velleien n'a pas lieu en caution judiciaire, *judicatum ſolvi, aut judicio ſiſti.* Papon liv. 7. tit. 1. art. 11. en cite un Arreſt. *Secundò*, parce que ſuivant la coûtume de Toulouſe, ſi tant eſt que cette femme y fût ſujette, elle pouvoit cautioner, le Velleien n'y étant pas obſervé.

ARR. III.

PAr Arreſt du vingt-ſeptiéme Janvier mil cinq cens huitante-trois, Cazanove, Chanoine de S. Sernin en Toulouſe, fut relevé & reſtitué en entier d'un cautionnement qu'il avoit fait pour un ſien frere priſonnier, à cauſe de ſa minorité, & d'icelle ayant fait apparoir, bien que lors dudit cautionnement il fût Prêtre.

De sa minorité] La minorité ne pouvant pas être prouvée par un baptistaire attesté & signé en la forme qu'il faut, ni par la declaration du pere de l'enfant couchée dans son livre de memoires, peut être prouvée par témoins, suivant l'Arrest donné le 2. Mars 1675. en faveur du nommé Lagarde, contre Mr. le Procureur General, conformement à l'article 14. du tit. 20. de l'Ordonnance de 1667.

Il fut Prêtre] Il y a un autre prejugé dans d'Olive liv. 4. chap. 15. on jugeoit pourtant la question autrefois d'une autre maniere en ce Parlement, suivant l'Arrest rapporté par *Ferrer. in qu.* 88. *Guid. Pap.* dont le sentiment n'est pas suivi. *V.* Mayn. liv. 3. ch. 37. & le Canon. 20. des Apostres, suivant lequel le Clerc qui se rendoit caution meritoit d'être deposé. Κληρικὸς ἐγγύας διδοὺς, καθαιρείσθω.

Arr. IV.

PAr Arrest du dernier de Mars mil cinq cens huitante-trois en la Grand'Chambre, après partage fait en icelle, & départi en la premiere des Enquêtes, entre un du Puy, Bandinelly, & Vitalis fut dit que le payement fait par la caution au creancier principal est acquise à ladite caution, l'action, ou subrogation en icelle, sans autre subrogation ni cession, & est telle caution alloüée au même rang, & date que le creancier principal.

Sur autre subrogation] Le caution, qui paye le creancier, entre & succede en sa place, sans aucune subrogation, *tacito juris intellectu, & legis potestate*, la Loy suppleant au deffaut du creancier; ainsi l'on peut dire que la cession est inherente au payement de caution; il a même cet avantage, que s'il n'a pas renoncé dans l'obligation au benefice d'ordre, il ne peut être contraint qu'aprés la discussion du debiteur principal, & l'exception de n'avoir renoncé au benefice d'ordre, quoy qu'à la verité dilatoire, & qu'ainsi elle d'eût être opposée *in limine litis* avant la contestation de la cause, peut être pourtant opposée, à cause de la faveur du caution, *in quacumque parte litis, etiam in causa appellationis*, tout de même que si elle étoit purement peremptoire. *Ferrer. in qu.* 94. *Guid. Pap. d'Olive liv.* 4. *chap.* 22. encore faut-il que pour que le creancier ait prise sur le caution qui n'a pas renoncé, il fasse vuider la distribution des biens du debiteur, qu'il la poursuive jusques à un bail & mise en possession de ces biens, c'est-à-dire jusques à ce que l'insuffisance des biens paroisse; car c'est un abus de croire qu'une Ordonnance d'allocation soit une parfaite discussion, puisqu'elle ne dépoüille pas le debiteur de ses biens. Il y en a Arrest du 9. Fevrier 1666. donné au rapport de Mr. de Maussac, en la premiere Chambre des Enquestes, entre Boisionade Receveur de la Ville d'Agen, & Me. Cambon, Conseiller au Presidial de la même Ville, par lequel Arrêt il fut ordonné qu'avant dire droit le creancier feroit vuider la distribution des biens de son debiteur.

Alloüée au même rang] Même pour les interêts payez dans le temps du cautionement, & non pour ceux qui ont été payez par le caution, *post dimissum creditorem*. D'Olive liv. 4 chap. 21. Boné Arr. 101.

Ceſſion de biens.

TITRE XX.

ARR. I.

CEſſion de biens n'eſt reçuë aprés une condamnation diffinitive par Arrêt ; ainſi que fut jugé par Arrêt du mois de Mars mil cinq cens nonante-cinq, comme auſſi quand il y auroit eu du côté du ceſſionaire dol & fraude , comme d'une tutelle, depoſt & adminiſtration publique : car en ce cas les tuteurs pour les deniers pupillaires , dont ils ſont redevables , les depoſitaires des biens de Juſtice , receveurs & adminiſtrateurs publics , comme Hôpitaux , Maladeries , & autres ſemblables , ne ſont recevables à ladite ceſſion , comme par pluſieurs Arrêts dudit Parlement de Toulouſe a été ſouvent jugé.

Condamnation diffinitive] Il faut encore que la condamnation ſoit contradictoire , aux termes de l'art. 3. de la coûtume de Paris ; & ceux-là ſe trompent qui croyent que le répy [qui approche de la ceſſion des biens par pluſieurs rapports qu'ils ont enſemble] peut être obtenu contre les Sentences , *à quibus appellari poteſt* , comme ſont celles des Juges ſubalternes , ſe fondans ſur ce que dit Faber en ſon Code *l.* 1. *tit.* 9. *deſin.* 4. puiſqu'il ne veut dire autre choſe ſi ce n'eſt que le repy n'a pas lieu pour dette adjugé ſur confeſſion , ou par jugement acquieſcé ; parce qu'un jugement de cette nature paſſant en force de choſe jugée , l'appel n'en peut pas être reçû , c'eſt dans ce ſens que ſans diſtinction de Jugement donné en Cour Souveraine ou en Cour Subalterne , il faut expliquer ces termes de ladite definition , *Cùm de eo debito agitur , quod deſcendit ex ſententia , quæ tranſivit in rem judicatam , & à qua non poſſit appellari.*

Les Dépoſitaires des biens de Juſtice] Toutefois une femme mariée étant depoſitaire des biens de Juſtice , peut faire ceſſion. *Bouguier lit. C. num.* 3.

Ceſſion des droits litigieux.

ARR. II.

UNe ceſſion faite aux Religieux des droits litigieux , fut déclarée valable par Arreſt du vingt-quatriéme Février mil cinq cens ſeptante-un , contre le Procureur General , prenant la cauſe pour les Cordeliers , contre la femme de Bories.

ARR. III.

LE vingt-deuxiéme Mars mil cinq cens cinquante huit à la redde, un homme qui s'étoit rendu impetrant Lettres en ceſſion de biens fut admis contre un creancier qui lui avoit prêté ſix cens livres pour ſortir des priſons où il étoit detenu , à la Requête d'un

Gentil-homme, pour certaines calomniations & amendes indictes, à raison de ce, dont l'Avocat de partie adverse faisoit grande instance, disant que d'autant que la dette descendoit d'une communauté, de tant que l'argent étoit appliqué à payer, & demeurer d'accord avec celui que ledit debiteur avoit calomnié, qu'il ne devoit point être admis *ad suplicata*.

Droit de Chapelle.

TITRE XXI.

ARR. I.

EZ Chapelles non spiritualisées, le Pape ne doit mettre la main, & ses provisions ne sont reçuës. Arrêt du quatriéme Fevrier mil cinq cens quarante-quatre.

Non spiritualisées] Ce sont les Chapeles qui sont fondées par les Laïques, non approuvées par l'Evêque Diocesain, & qui n'étans pas spiritualisées eu benefices, ne sont que des Oratoires privez.

Ses Provisions ne sont reçuës] Au contraire l'on peut apeller comme d'abus de l'execution de telles Provisions; parce que les Chapelles privées, & non spiritualisées, ne peuvent pas être conferées en titre de Benefice, & que les Provisions Apostoliques ne peuvent être impetrées que pour benefices, ou pour choses qui participent de leur nature. *V. Perez de Lara. tract. de Anniv. &c. l. 2. c. 1. n. 39. & Ferrer. in qu. 187. Guid. Pap.*

ARR. II.

LE Cardinal Strossy fut condamné payer au Chapitre de Beziers la somme de sept cens livres pour le droit de Chapelle & ornemens, le dixiéme Juin mil cinq cens soixante-sept. Le même a été jugé pour le Sindic du Chapitre S. Sernin, contre l'Abbé, soûtenant qu'il n'y avoit coûtume; & fut dit qu'il payeroit led. droit de Chapelle au dire d'Experts, suivant la qualité des personnes, & decence de l'Eglise, le quatorziéme Août mil cinq cens huitante-sept, & en l'année mil cinq cens nonante-un au rapport de Mr. Assezat, le Comte de Carmaing, comme heritier de Messire Paul de Foix, Archevêque de Toulouse, fut condamné pour le même droit, en trois mille écus envers le Chapitre S. Estienne, bien qu'il n'eût jamais joüi, & qu'il n'apparût de Coûtume.

Châteaux rasez.

TITRE XXII.

ARR. I.

LE Jeudy vingt-troisiéme Decembre mil cinq cens soixante-huit, Arrest que les Châteaux de Frauconville, & Saussens, de de tant qu'ils ne servoient que de receptacle & retraite pour les Huguenots, qui faisoient une infinité de maux, seroient rasez, & mis à terre.

Seroient rasez.] Ainsi par Arrest du Parlement de Paris en datte du 24. Avril 1624. & executé le 27. du même mois, il fut ordonné que toutes les maisons des nommez Bouteville, le Comte de Pontgibault, le Baron de Chantail, & des Salles, pour la contravention aux *Edits* des duëls par eux faite le jour de Pâques, seroient démolies, rasées, & abbatuës, & les fossez comblez, avec deffenses à toutes personnes d'y rebâtir ni édifier. Quelquefois, & suivant les circonstances, on a usé des deux temperamens; car où l'on a ordonné que la maison dans laquelle le crime a été commis, demeureroit deserte, avec deffenses à toutes personnes d'y habiter; & c'est ainsi que Sance Ramires, Roy d'Arragon, l'ordonna vers la fin du onziéme siécle par le jugement qu'il prononça contre Garcia, fils d'Aznar Athon, pour avoir tué dans la nuit & dans sa maison, le Comte Centulle, dont il étoit Vassal. *Hist. de Bearn par de Marca liv.* 4. *chap.* 20. *num.* 1. où l'on a ordonné le rasement de partie du Château, dans lequel le prévenu faisoit sa residence, ou dans lequel il avoit commis le crime suivant le cas, ainsi par Arrest des Grands Jours de Nismes, donné au rapport de Mr. Delong le 26. Janvier 1667. il fut ordonné entr'autres choses, que deux Tours du Château du Comte de Cheylus seroient rasées.

Confiscations.

TITRE XXIII.

Arr. I.

On demande si quelqu'un est condamné pour crime par lui commis en un païs où confiscation a lieu, & par Sentence ses biens confisquez; sçavoir, si les biens qui seroient en une autre Province, où les biens ne peuvent être confisquez, le seront. Par Arrest du treiziéme Fevrier mil cinq cens huitante-huit, donné à la Tournelle, fut dit que non.

Fut dit que non] à quoi est conforme Maynard liv. 8. chap. 86. & les biens non sujets à confiscation appartiennent aux successeurs. *V. l'art.* 6. *du present titre.*

Arr. II.

La publication de l'Edit en faveur de Monsieur le Chancelier de France, par lequel le Roy lui donne toutes les confiscations dépendant de falsification de seaux, fut faite le vingt-deuxiéme Novembre mil cinq cens quarante-sept en audience.

Chancelier de France.] Brodeau sur la Coûtume de Paris tit. 183. num. 27. rapporte tout ce qui se peut dire sur ce sujet; il y a seulement à ajoûter, que les confiscations dont il s'agit, ne commencerent d'être adjugées aux Chanceliers, que du temps de Pierre d'Orgemont, qui fut fait Chancelier de France par voye de Scrutin, sous le Roy Charles V. le 20. Novembre 1373.

Eee

ARR. III.

AU Parlement de Toulouse n'y a point lieu de confiscation de biens pour le simple homicide de soi-même, si ce n'est au cas que celui qui s'est desesperé & tué, fût accusé & prevenu de crime capital ; auquel cas en étant convaincu, la confiscation y échet & a lieu ; ainsi jugé par Arrest en la Chambre criminelle, entre le Seigneur de Badens & Beuqueran, le vingtiéme Juillet mil six cens.

V. le liv. 1. tit. 37. art. 1.

ARR. IV.

LEttres & Edit du Roi François premier, qu'en cas de leze-Majesté, ou felonie, les confiscations seront au Roy entierement ; nonobstant aucunes substitutions, *fol. 155. lib. 4. ordinat.*

Edit du Roy.] C'est l'Ordonnance de Villiers-Costerets du mois d'Aoust 1539. art. 7. & 8.

Ou feloni..] Touchant la distinction qu'on fait sur ce sujet, *inter feudum avitum, & feudum paternum. V. le Journal au Palais tom. 4. pag. 148. seqq.*

Seront au Roy.] *V. dans les Opuscules d'Antoine Loisel pag. 232. & suiv.* Le Plaidoyer de Mr. du Mesnil Avocat du Roy, pour prouver qu'en crime de Leze-Majesté Divine & humaine, le Roy confisque le fief, *omisso medio* & sans charges.

Nonobstant substitutions, & sans distinguer *inter venientes ab intestato, aut ex testamento*, comme presque tous les Docteurs ont fait sur la Loy *quisquis C. ad leg. Jul. maj st.* car l'Ordonnance du Roi, qui est une Loy inviolable, n'use d'aucune distinction. On ne s'arréte pas méme à ce que les substituez, fussent-ils enfans, pourroient dire, que n'y ayant à leur égard qu'incapacité, & non indignité, les biens leur doivent être deferez ; & il faut remarquer que la peine est irremissible, quand le crime de Leze-Majesté est joint à celui de Felonie.

V. Ferrer. in qu. 341. Guid. Pap.

ARR. V.

EN l'an 1566. Jean Pomiez étant condamné à mort, & ses biens confisquez, pour avoir tué sa femme, par Sentence du Juge ordinaire, ladite Sentence confirmée par Arrest avant l'execution dudit Arrest pour certaines considerations differée, le condamné meurt. Le Seigneur Justicier demandant la confiscation, en est démis ; par Arrest donné en la grand'Chambre, sur le partage fait à la Tournelle ; parce que le corps ne se trouvant confisqué ; qui est le principal, les biens qui est l'accessoire ne le pouvoient être.

Ne le pouvoient être] Les raisons en sont touchées par Maynard au liv. 4. chap. 52. où il rapporte le même Arrest. Et en general il est certain qu'un prévenu mourant avant la prononciation de sa condamnation à mort, la confiscation des biens n'a pas lieu, tant par la raison de la Loy *Cùm principalis de reg. jur.* prise de la dependance que l'accessoire a du principal, que parce qu'audit cas le prévenu *integri status decedit*, & qu'ainsi ses biens passent à ses heritiers. *D D. ad leg. 2. ff. de bon. cor. qui ant. sentent. mort. sibi consciver.* que si Maynard au liv. 8. chap. 88. rapporte un Arrest contraire, il faut remarquer qu'au cas de cet Arrest il s'agissoit d'un prévenu, qui dans sa réponse personnelle avoit confessé le crime qui faisoit le sujet de sa prévention, ce qui devoit tenir lieu de condamnation; auquel cas *sententia ferri poterat declaratoria delicti, cum publicatione bonorum*, à moins que l'heritier en revoquant la confession, eût prouvé l'innocence du défunt. *Peregr. de jur. fisci. lib. 4. tit. 5. num. 36. V. Aufrer. in decis. 150. Capel. Thol.*

ARR. VI.

VItal Brunet, habitant du ressort du Parlement de Toulouse, est condamné à mort en Espagne, pour un meurtre par lui commis audit païs, auquel les confiscations n'ont point de lieu. Ses parens en France veulent succeder à ses biens, comme n'étans confisquez; le Procureur General du Roy s'y oppose, disant les biens étans en France appartenir au Roy, suivant la coûtume generale du Royaume, que qui confisque le corps, confisque les biens. Par Arrest general du 23. Decembre mil cinq cens huitante lesdits biens sont confisquez au Roy, distraits au préalable les frais, en faveur de celui qui en avoit fait les poursuites.

Est condamné.] Cet Arrest, avec les raisons sur lesquelles il fut donné, sont rapportées au long par l'Auteur au liv. 4. tit. 5. *verb. testam. art.* 15. où il faut remarquer que pour conserver le legat pie, fait au Convent des Augustins de la vallée d'Aram en Espagne, le Parlement l'adjugea par forme d'aumône à ces Religieux, afin de prier Dieu pour l'ame de ceux que le prévenu avoit fait mourir; sans quoi ils n'en eussent pas pû profiter, quelque favorable que fût la cause pie, & quelque permission que le Juge eût donné audit prévenu de tester. *Duranti qu. 27. num. 1.* & *d'Olive liv. 5. chap. 7.*

Sont confisquez au Roy.] Cet Arrest qui est rapporté au liv. 4. *verb. testam. art.* 15. ne doit pas être tiré à consequence, parce que les Sentences ne pouvant pas operer plus que leurs termes ne portent, comme dit Charond. *en ses observat. verb. condamné*; il est certain que la confiscation qu'elles ordonnent, ne peut pas s'étendre aux biens du condamné qui sont dans une autre Province, excepté lorsqu'il s'agit de crime de Leze-Majesté. Sur quoi l'on peut voir Ricard en son tr. des Donations [de l'Edit. *in folio.*] *part. 1. num. 262. & suiv.* Ferrerius *in qu. 341. Guid. Pap.* & Chopin *de Doman. Franc. lib. 3. cap. 12. num. 25.*

Collation.

TITRE XXIV.

ARR. I.

EN la cause de M. Germain Vareclay, par Arrest du septiéme Juillet mil cinq cens cinquante-huit fut jugé que collation necessaire entre Collateurs qui conferent alternativement fait tour.

Commissions.

TITRE XXV.

ARR. I.

LA Cour fait dessenses aux Senéchaux, & autres Juges de commettre d'oresnavant la confection des enquêtes ès instances principales, à leurs Greffiers ou Notaires, ni autres personnes que aux Magistrats ou Graduez, & autres de la qualité portée par les Ordonnances Royaux. Arrest prononcé le dixiéme Septembre mil cinq cens huitante-sept, entre Bertrand Conegut.

A leurs Greffiers] Où à leurs substituez, suivant l'art. 1. du tit. 46. de ce liv. *V. le liv. 1. verb. Enquête art. 1.*

Ou Notaires.] Ils ne peuvent pas aussi faire des enquêtes principales. *l'art. 9. dudit tit. 46.*

ARR. II.

PAr Arrest donné en la grand'Chambre, au mois de Janvier mil cinq cens septante-deux, fut dit qu'un Senéchal ne peut commettre ou subroger autre, qu'un Officier de son ressort, & que l'adresse au premier Magistrat Royal s'entend & se rapporte à celui qui est de la Senéchaussée, sans pour ce moyen en pouvoir être pris & choisi d'autre Senéchaussée.

De son Ressort] Quand l'enquête se doit faire dans l'étenduë de son Ressort.

Au premier Magistrat.] Cela est vrai, quoique l'adresse au premier Magistrat Royal portée par la commission, semble pouvoir être entenduë de quelque ressort que soit le Magistrat, ou de quelque ressort que soit le Gradué quand la Commission s'adresse au premier Docteur gradué. *Arg. cap. Statutum 11. de rescript. in 6. V. l'art. suivant.*

Arr. III.

LE cinquiéme Mars mil cinq cens trente-sept en la grand'-Chambre, la Cour vuidant le Registre, entre M. Gaspard Alemand, a ordonné, qu'en ce que l'enquête desdites Parties aura besoin être faite au païs de Dauphiné, & ailleurs dans le Royaume, la commission sera dressée à M. Jean Robert Conseiller du Roy en ladite Cour, Commissaire à ce deputé, lequel entant que ladite enquête convient être faite à Rome, & autres lieux hors du Royaume, & terres du Roy, pourra subroger le premier des Auditeurs de la Rote, & autres Magistrats que besoin sera, & chacun d'eux.

Pourra subroger.] Regulierement quand une procedure est commencée par un Commissaire, elle doit être achevée par le méme Commissaire, *arg. l. si mandavero. ff. mandat.* au cas pourtant de l'Arrest rapporté par l'Auteur il en est autrement, jusques-là que quoique le Juge delegué ne puisse pas subdeleguer. *l. à judice Cod. de judic. & leg. prætor. vers. si post causam. ff. de vacat. muner.* par cette raison que *nihil proprii delegatus habet, sed vice & munere delegantis fungitur*, il le peut quand il en a pouvoir du Juge qui commet. Au reste, quand au cas de l'article second de ce titre, le Senéchal ne peut pas commettre un Officier qui soit hors de son Ressort, c'est entr'autres raisons, parce que si tel Commissaire delinquoit en sa charge, il ne pourroit pas être puni ni mulcté par le Commettant, pour être hors de son Ressort & de sa Jurisdiction.

Commutation de Toulouse.

TITRE XXVI.

Arr. I.

LE dixiéme Février mil cinq cens cinquante-deux Arrest prononcé au barreau sur les Lettres patentes du Roi, portans permission aux Capitouls de Toulouse, de lever & prendre certains deniers de l'entrée du vin, des marchandises & autres denrées y declarées durant dix ans, pour iceux deniers être employez à la construction du Pont sur la Riviere de Garonne.

Congruë portion.

TITRE XXVII.

Arr. I.

LEs Recteurs ou Curez ne sont tenus imputer en leur congruë portion les distributions quotidiennes, ni les offrandes

& Anniversaires volontaires, comme il fut jugé par Arrest de l'an mil cinq cens quarante-trois au profit du Recteur de la Chapelle, contre le Syndic de la Chapelle Nôtre-Dame de Beaumont en Roüergue.

voir page 414

LES DISTRIBUTIONS.] Les Curez ou Vicaires ne sont pas tenus d'imputer ce qu'ils prennent *extra jus Ecclesiæ*, comme sont les offrandes, les distributions quotidiennes, & les anniversaires volontaires : mais ils sont tenus d'imputer à leur portion congruë, ce qu'ils prennent du droit propre & certain de l'Eglise, comme sont les revenus certains & ordinaires. *V. Fevret de l'abus tom. 2. liv. 6. chap. 1. num. 12. Mayn. liv. 1. chap. 29. Rebuff. de congr. portio. num. 86.*

Conseil general.

TITRE XXVIII.

ART. I.

PAr Arrest du 2. Octobre mil cinq cens vingt-cinq, dit a été que la Cour a enjoint au Vicaire General de l'Archevêque de Toulouse, Recteur & Docteurs Regens de l'Université, & à tous autres habitans & residans en Toulouse ; & aussi aux Magistrats si besoin est, d'eux trouver en tous les Conseils generaux qu'il sera besoin convoquer & assembler pour le bien & profit de la chose publique, & y faire leur devoir, comme bons Citoyens & loyaux Sujets du Roy : enjoignant aussi aux Capitouls de ladite Ville que ausdits Conseils ils appellent ledit Archevêque ou son Vicaire General, que ledit Recteur Syndic & Docteurs Regens, & tous autres qu'il appartiendra, ainsi & en ladite forme qu'a été accoûtumé faire par le passé.

EN TOUS LES CONSEILS.] Par Arrest du 14. Janvier 1643. au rapport de Mr. de Torreil, il fut ordonné que Me. Antoine de Salvanie Recteur de la Ville d'Auterrive, seroit appellé en toutes assemblées publiques & particulieres qui seroient faites dans lad. Ville, concernans les affaires de lad. Ville, enjoignant à ces fins aux Consuls d'icelle de l'y appeller, à peine de 4000. liv. d'amende & autre arbitraire, ausquelles assemblées la Cour maintint ledit Recteur au droit & privilege de tenir place & rang, immediatement après le Magistrat qui y présideroit, & Consuls de ladite Ville. Le Parlement donna encore Arrest au rapport de Mr. le Noir le 29. Aoust 1657. par lequel il fut ordonné que Me. Jacques Gally Recteur de Levignac, seroit appellé aux Assemblées & Conseils ordinaires & extraordinaires, generales & particulieres, soit pour l'élection Consulaire, impositions, cottisations, don gratuit, emprunts, deputations, reparations, poursuite de procez, reddition de comptes, & autres Assemblées qui se feroient audit Lieu, où il auroit voix deliberative ; comme aussi à la distribution des aumônes, auquel effet la Cour ordonna que les Mandemens seroient signez, tant par ledit Gally que par les Consuls, faisant inhibitions & défenses, tant ausd. Consuls, que Marguilliers dud. lieu, de distribuer les aumônes, qu'au prealable ledit Gally n'eût signé les Mandemens à peine de 1000. liv. & autre arbitraire ; & sur même peine audit Gally de distribuer lesdites aumônes sans le consentement & aveu desdits Consuls.

Consignation.

TITRE XXIX.

ARR. I.

PAr Arrest de la Cour de Parlement de Toulouse, donné au rapport de Monsieur Jossé, entre Raymond Vialar appellant du Senéchal de Toulouse, & Jean de Valiech appellé le vingt-sixiéme de Janvier mil cinq cens septante-cinq, fut confirmée la consignation ordonnée par le Senéchal de Toulouse en vertu d'un instrument garantigié : nonobstant que le debiteur eut obtenu lettres en rescision de contrat, fondées sur minorité, *Ex l. satis apertè. C. ad l. Cornel. de fals. est enim presumendum pro contractu iterim, cùm sit probatio probata cap. suscitata. De integr. restit. Guid. Pap. q.* 225. *Rebuff. in tract. de restitut. artic.* 1. *gl.* 1.

LETTRES EN RESCISION.] Lors qu'il s'agit d'un contrat portant execution parée, on n'en peut pas suspendre l'effet ni éviter la garnison de main, quelque impetration qu'on puisse faire, parce que pendant le cours du procez *omnia in suo statu manere debent. L. unic. C. in integr. restit. postul. ne quid novi fiat*; outre qu'il faut toûjours s'en tenir au contrat jusques à ce qu'on ait prouvé les faits qu'on allegue pour l'aneantir. *L. cum precibus. C. de probat.* à cause dequoi il le faut entretenir jusques à ce qu'il soit declaré nul. *DD. ad L. Satis aperte. C. ad leg. Cornel. de fals.* c'est pour cela qu'on ordonne la consignation, à la charge par le creancier de tenir la somme sous la main du Roy & de la Cour, & comme depositaire de Justice; mais il faut que la somme soit liquide, & que l'obligation ne soit ni barrée ni rayée, ni rompuë; il faut même qu'elle porte realité, quand on la veut debattre par exception, *non numeratæ pecuniæ*; autrement la garnison de main n'auroit pas lieu, non plus qu'au cas d'une obligation consentie notoirement par un fils de famille, qui n'auroit pas demeuré dix ans hors de la maison de son pere, parce que la validité d'une telle obligation dépend de la preuve que le creancier doit faire, comme la somme y contenuë a été employée utilement & pour cause necessaire.

ARR. II.

Consignation prohibée és mains des Clercs, ou parens.

Est fait inhibitions à tous Juges & executeurs, d'ordonner aucuns dépôts ou consignations és mains de leurs Clercs, parens, ou domestiques. Par Arrest du vingt-troisiéme Avril mil cinq cens cinquante-quatre.

Vide Liv. 2. tit. 3. verb. Dépost. art. 1.

Consuls.

TITRE XXX.

ARR. I.

ARrest de consequence & de reglement sur le Consulat de Château-sarrazin, d'entre le Syndic de Château-sarrazin, & Varnelos, prononcé en Audience le second Juin mil cinq cens cinquante-un, portant aussi prohibition de ne mettre en afferme les taillles & dommages faits par le bestail en terres & possessions dudit Consulat : mais en faire faire satisfaction selon l'occurrence des cas, à ceux ausquels aura été fait le dommage.

Faire satisfaction.] Pour la moindre petite échapée que le bétail fait dans le fonds d'autrui, on agit la pluspart du tems par action criminelle, en quoi le trop grand abus qui s'est glissé, sur-tout dans les Jurisdictions Banneretes, devroit être corrigée ; non seulement parce que tout se reduisant à des simples dommages, il faut se contenter d'en poursuivre la condamnation ; mais même parce qu'il est certain en Droit que l'action de *Pauperie* n'a pas lieu pour le bétail qui est trouvé paissant sur le fonds d'autrui, le dégat que le bétail a causé devant être reparé *actione in factum*, suivant la décision formelle de la Loy *qui servandarum ff. de prescript. verb.* j'excepterois les recidives affectées.

ARR. II.

AU mois d'Octobre mil cinq cens nonante-un, entre Jugon & Pierre Flambaud Consuls de Lagardelle, fut jugé au rapport de Mr. Percin sur certain partage, que Flambaud seroit second Consul, comme l'élection le portoit, confirmée par les Dames dudit lieu ; bien que Jugon eût été plûtôt en cette charge ; pource qu'on a voulu suivre le jugement des Seigneurs, qui doit être preferé à la prérogative du temps : Ils étoient tous deux Marchands, autre chose pourroit être s'ils eussent été de qualité differente.

Cet Arrest est rapporté par Cambolas liv. 1. chap. 18. qui remarque qu'au cas d'iceiui les Consuls étoient tous deux Marchands, & qu'ils eussent pû être reglez pour la presséance d'un autre maniere, s'ils eussent été de qualité differente.

ARR. III.

NE pourront être élus pour Consuls pere & fils, beau-frere & frere, ni parens jusques au quatriéme degré par Arrest du dix-huitiéme Juillet mil cinq cens huitante.

ARR.

ARR. IV.

EN Audience le huitiéme Aoust mil cinq cens cinquante-trois, prohibé d'élire Consul qui soit officier du Roy.

* *Qui soit Officier*] L'usage est contraire, & tant s'en faut que la qualité d'Officier du Roy n'excluë une personne des charges politiques, qu'au contraire le Parlement admet les Officiers au Consulat, & aux autres charges politiques, à moins que la coûtume des lieux n'y resiste. Témoin l'Arrest donné en la Grand'Chambre, au rapport de Mr. d'Olivier le 28. May 1663. en faveur de Me. Pierre Pouget, Procureur du Roy au Siege de S. Tubery, contre le nommé Bessede. Et quand dans les Villes qui entrent aux Etats de la Province, on ne voit pas que les Officiers du Roy ayent part au Consulat, c'est moins par exclusion, que parce qu'aux Estats on ne reçoit aucun Officier du Roy en qualité de deputé, pour y opiner, à cause de la suspicion que donne leur caractere, qui suppose un engagement entier dans les interests du Prince.

ARR. V.

LEs Consuls de Gimont en l'an mil cinq cens septante-huit pour avoir entrepris de faire précher un Religieux de l'Abbaye, le jour de la Toussaints en l'Eglise Paroissielle, contre le vouloir de Monsieur l'Evêque, & du Vicaire general, furent condamnez en dix écus d'amende, avec inhibitions au Lais de s'entremettre des fonctions & charges de l'Eglise, lequel Arrest fut prononcé l'an mil cinq cens septante-neuf par Monsieur Daffis premier President au Parlement de Toulouse.

FAIRE PRESCHER] Cet Arrest est rapporté au long sous le tit. 39. du liv. 1. *verb.* Consuls. art. 6. Or que personne ne puisse entreprendre de précher sans la permission de l'Evêque. *V. le traité de l'Abus par Fevret liv. 5. chap. 4. num. 22.*

Contrats.

TITRE XXXI.

ARR. I.

Rescision des contrats par lesion d'outre moitié de juste prix.

ESdites rescisions il ne suffit pas que le vendeur prouve la lesion de la moitié de juste prix : mais il faut qu'il prouve y avoir lesion outre & plus que du juste prix. Ainsi que fut jugé par Arrest en un procez de Barutels de Callac en l'an mil cinq cens septante-huit suivant la *l. 2. C. de rescind. vendit.*

QUE DU JUSTE PRIX] Il faut lire, *outre & plus que de la moitié du juste prix* : la lesion de la moitié du juste prix ne suffit pas, il faut quelque chose par dessus, n'y eût il qu'un écu ; *si uno nummo tantùm supra mediam justi pretii partem læsio sit*, comme dit Gregoir. Tolos. *In syntagm. jur. lib. 25. cap. 24. num. 13.* Et en effet suivant la Loy *Rem majoris pretii C. de rescind. vendit. minus pretium esse videtur, si nec dimidia pars justi pretii soluta sit.* Au reste, quand on demande la rescision d'un contrat avec le secours des Lettres Royaux, il ne suffit pas de les avoir impetrées dans les dix ans utiles, si on ne les a aussi signifiées dans ce temps-là; c'est l'usage de ce Parlement, conforme à la Loy *Sicut. C. de præscr. 30. vel 40. annor.* Le Parlement de Grenoble le jugea de même par Arrest donné le 18. Decembre *1669.* au rapport de Mr. de la Piere, au profit de Mr. Gaillard Guiran Conseiller au Presidial de Nismes & au Parlement d'Orange, qui a été l'un des plus habiles Magistrats de son temps, contre Claude Ravanel & Magdelaine de Clement, lequel Arrest je rapporte d'autant plus volontiers, qu'il a prejugé encore que l'interpellation pour le recisoire n'est pas un moyen legitime pour interrompre le cours du recindant; quoique dise *Argentré sur la Coust. de Bretagne, tit. des Appropriances. art. 266. ch. 12. n. 25. V. l'Oserv. sur l'art. 1. du tit. 8. verb. Rescision de contr. liv. 3.*

Contrats simoniaques.

TITRE XXXII.

ARR. I.

PAr Arrest de la Cour, donné le septiéme Janvier mil six cens cinq, fut cassé un contrat simoniaque, fait entre le feu sieur Evêque de Commenge, & le sieur de Lansac, auquel ledit sieur Evêque par ce contrat faisoit dix mil liv. de pension, pour raison dudit Evêché, condamna ledit Evêque à payer les arrerages de deux ans audit sieur de Lansac applicaples aux reparations de l'Eglise, & aux pauvres.

Des Curateurs.

TITRE XXXIII.

ARR. I.

Le pere prisonnier ayant fait assigner ses enfans pour voir interiner les Lettres de remission par lui obtenuës, requiert qu'il leur soit pourveu de curateur.

LE Vendredy cinquiéme de Mars mil quatre cens cinquante, veuë par la Cour la Requête de Maître Pierre du Puy Juge ordinaire de Carcassonne, par laquelle il requeroit que la Cour pourveut de curateur à ses enfans, lesquels il fait ajourner, pour voir interiner certaines lettres de remission par lui obtenuës du Roy, la Cour a pourveu, pourvoit de curateur en cette cause ausdits enfans de la personne de Maître Thomas Reynal Procureur en icelle, & dudit Reynal a reçû le serment en tel cas accoûtumé [Cet impetrant lettres de remission devoit avoir tué sa femme: car pourquoi feroit-il assigner ses enfans pour voir interiner lesdites lettres; si ce n'est pour l'interest que ses enfans y pouvoient avoir ?]

POURVOIR DE CURATEUR] On donne des curateurs aux personnes lesquelles, ou à cause de leur âge, ou à cause de leur absence, ou du pitoyable état dans lequel elles sont, ne peuvent pas être en jugement : cela n'est pas pourtant toûjours vrai à certain égard ; ainsi quoique que le sourd & müet de naissance ait besoin d'un curateur, §. *sed & mente captis. inst. de curat.* Il en est autrement quand il est demandeur en excés ; en ce cas le ministere du curateur est inutile, pourveu que les actes qu'il fait tournent à son avantage, suivant l'Arrest donné en l'Audience de la Tournelle en la cause du sourd & muet de naissance, dont j'ay parlé *au liv. 2. tit. 9. verb. Mineurs. art. 5.*

Des Curateurs aux biens.

ARR. II.

PAr Arrest donné en audience le huitiéme Janvier mil cinq cens septante-un, il fut ordonné qu'il seroit pourveu de Curateur aux biens de Fourcaud Serres de Pezenas, de Personnage idoine, suffisant, & de loyal compte : pardevant lequel Vaissiere, tuteur dudit Serres, rendroit compte de son administration. Si fit la Cour inhibition & défense audit Serres de se marier sans le sceu & consentement de ses parens, & autorité de Juge : Car bien que par la dispositions du droit soit dit que *invito curator non datur* : Toutefois la puissance n'est pas ostée au Magistrat de pourvoir de curateur aux biens d'un mineur, ou general, ou particulier ; lors que pour certaines causes & considerations il est besoin de ce faire. *l. sive generalis D. de jur. dot. Julius Capitolinus* recite en la vie de *M. Antoninus philosophus* que ledit Empereur ordonna, *ut omnes adulti curatores acciperent non redditis causis.*

POUR CERTAINES CAUSES] Ainsi suivant les principes du Droit, dans les mariages des enfans des furieux le Magistrat devoit être consulté ; il y faloit même la presence des parens les plus considerables. *L. 25. C. de nupt. his qui ex genere eorum nobiliores sunt.*

Des Curez.

TITRE XXXIV.

ARR. I.

REquerant d'Aigua Avocat du Roy au Parlement de Toulouse, en une plaidoirie faite audit Parlement entre les Chanoines de saint Sernin de Toulouse d'une part ; & les Prebendiers de ladite Eglise, & Bailles de la Table des corps Saints, reposans en icelle d'autre, fut par Arrest défendu à tous dudit ressort ayant charge, & regime des Paroisses, & administration des ames, d'exiger, prendre, ni lever aucune chose par forme necessaire pour les Sacremens de Baptême, Extreme-Onction, Mariage, & autres Sacremens de l'Eglise : ni aussi pour les sepultures, Terrages, & Croix portées aux funerailles, & enterremens, outre ce, que par devotion & volonté leur sera offert, & donné librement sans contrainte, ni pareillement pour faire sonner les cloches esdites sepultures, & funerailles, sauf le salaire de ceux qui sonneront. Ledit Arrest prononcé le vingt-septiéme Novembre mil cinq cens quarante-deux.

NI LEVER AUCUNE CHOSE] L'Ordonnance d'Orleans y est conforme en l'art. 15. aussi bien que l'usage, quoi que plusieurs ayent soûtenu qu'un Ecclesiastique pouvoit prendre quelque chose pour ses fonctions spirituelles, *quibus labor aliquis conjunctus est ou pro laboribus extrinsecus adjunctis*, par cette raison qu'ils alleguent, que *tales labores sunt temporales, & pro se pretio æstimabiles*; mais quoi qu'autrefois le Parlement affectât de mettre au croc les procez où il s'agissoit du salaire pretendu pour la celebration des Messes, suivant l'Arrest de Maynard liv. 1. chap. 1. il a suivi pourtant en dernier lieu l'usage du Parlement de Paris ; témoin l'Arrest donné aux Grands-Jours de Nismes le 7. Decembre 1666. en faveur du Sindic des Prêtres de Nasbinals, contre Jean, Elie & Guillaume Barifols dudit lieu ; les parties ayans été renvoyées devant l'Evêque Diocesain pour la taxe des Messes.

Pour les Sepultures] Autrefois on exigeoit certain droit pour les sepultures, qu'on appelloit *exenium*, qui fut prohibé particulierement par le Pape Innocent III. *longè enim id erat à regula pietatis & ab Ecclesiæ honestate* ; ce qui n'empêcha pas qu'on ne continuât à l'exiger, sous le pretexte de *loüable coûtume* : de là vient que jusques à l'Ordonnance d'Orleans en plusieurs endroits du Bas-Languedoc les Curez avoient accoûtumé de se faire payer un droit de *mortalage*, consistant en une emine de bled pour chaque paroissien qu'on enterroit ; ce qui me fait souvenir de l'Ordonnance d'Hippias, dont parle Aristote *lib. 2. œconomic.* suivant laquelle les Atheniens payoient aussi aux Prêtres de Minerve pour chaque mort qu'ils enterroient, deux festiers d'orge, autant de bled & une obole. χοίνικαι κριθῶν, καὶ πυρῶν ἑτέραν, καὶ ὀβολόν. Mais quoi qu'à la rigueur on ne puisse demander aucuns droits mortuaires, quelques moderez qu'ils soient, on peut pourtant fort justement demander les fraix funebres, quand le Curé les a exposez, parce qu'il est juste qu'il soit indemnisé de ses fournitures, *certat de damno vitando* ; & en ce cas le Juge Laïque qui est competant pour prononcer sur la condamnation, peut renvoyer les parties à experts ; en effet par l'Arrest des Grands-Jours de Nismes, allegué en l'observation precedente, les Parroissiens furent condamnez de payer à dire d'experts, la cire qui avoit été fournie par le Sindic des Prêtres de Nasbinal. Il est vrai que quand il s'agit des droits mortuaires établis par des anciennes transactions, qui reglent les droits Parrochiaux, & que les Cours ont accoûtumé d'autoriser, on renvoye pour la taxe au Juge d'Eglise. Le Parlement de Dijon a même creu, suivant l'Arrest rapporté par Quarré en son plaidoyé 3. qu'un droit de mortuaire interessant l'autorité de la Religion, & étant une redevance spirituelle, devoit être demandé devant le Juge Ecclesiastique ; ce qui ne doit pas être tiré en consequence, la demande de tels droits n'étant ni cause spirituelle, ni cause Ecclesiastique, & devant être faite devant le Juge Seculier, quand le deffendeur est personne Laïque, selon la doctrine de *Maynard liv. 1. chap. 1. d'Imbert liv. 1. chap. 25. de Papon liv. 20. t. 8. ar. 8. & de Fevret en son tr. de l'abus l. 4. ch. 8. n. 3.* Au reste, bien que l'art. 51. de l'Ordonnance de Blois deroge à l'art 15. de celle d'Orleans, & qu'il conserve les Curez aux droits Parrochiaux qu'ils ont accoûtumé de percevoir selon les anciennes & loüables coûtumes, cela n'est vrai, suivant la distinction que fit feu Mr. l'Avocat General Bignon, en une cause portée par appel au Parlement de Paris, comme le remarque *Claude Henrys au liv. 1. ch. 3. quest. 21.* qu'au cas des droits Parrochiaux qui tenoient lieu d'alimens aux Curez, & qui étans necessaires, imposoient aussi aux Parroissiens la necessité de les payer, mais nullement au cas des offrandes gratuites, de la prestation desquelles on pouvoit se dispenser sans y pouvoir être obligé par necessité; or il est sans doute que les droits de sepulture & de terrage sont de cette nature; aussi a-t'on dit que, *Homo, cum terra sit, terram vendere non potest.* Enfin l'*exenium* est appellé par les anciens Auteurs, tantôt *pecunia sepulturæ, morticinium*, ou *morticinum*, ce qui a du rapport audit droit de mortalage.

Decrets.

TITRE XXXV.

ARR. I.

AU ressort du Parlement de Toulouse il suffit que le certificatoire des criées & inquants soit faite pardevant les Juges ordinaires, où les biens saisis sont assis, soient Royaux ou non Royaux : jaçoit que Papon au titre des criées allegue un Arrest de Paris, ne se devoit faire ailleurs que és Sieges Royaux.

V. le tit. 1. du livre 2. arr. 53.

ARR. II.

EN distribution de biens, les Creanciers étant alloüez & payez suivant l'ordre de l'argent provenu de la vente des biens de leur debiteur, ne sont tenus d'éviction aux derniers encherisseurs surdisans & acheteurs desdits biens, si aprés lesdits biens sont querellez ou contestez ou évincez ausdits Surdisans, ni ne sont tenus rendre l'argent par eux reçû desdits Surdisans; sauf à iceux Surdisans se pourvoir sur les biens du debiteur, si point y en a : Comme fut jugé par Arrest en la premiere Chambre des Enquêtes, & desparti en la seconde, au rapport du Sieur de Prohenques au mois de Juillet mil six cens trois, le bien decreté ayant été évincé au Decretiste, par le moyen de certaine substitution.

RENDRE L'ARGENT] *Maynard liv. 7. chap. 91. & Cambolas liv. 3. chap. 50. n. 2.* sont du même sentiment, & en rapportent des Arrests, quoique le Parlement n'ait pas toûjours jugé la question d'une même maniere. *Cambol. ibid.* toutefois quand l'éviction est faite, non pas *jure Dominii*, comme au cas de l'Arrest rapporté par l'Auteur; mais bien *jure hypotecæ*, c'est-à dire par un creancier anterieur, en ce cas le creancier qui a reçû, est obligé de rendre, parce que *prælatus debet se cæteris creditoribus potiorem esse. L. 1. C. credit. evict. pig. non deb.* à quoi se trouve conforme l'Arrest rapporté au *liv. 2. tit. 1. art. 8.* & la doctrine *d'Olive liv. 4. cap. 26.*

ARR. III.

LEs mineurs de l'Egliſe ſont reſtituez contre un decret, bien obtenu du Parlement, non pour petite & mediocre leſion, mais s'il y a grande & enorme leſion : comme fut jugé par Arreſt, pour Ducos mineur, contre Ferrat habitant de Toulouſe. Mais non les majeurs, quelle & ſi grande leſion qu'il y puiſſe avoir : toute-fois à cauſe de la continuation & longueur des guerres civiles en Languedoc, pauvreté & miſere qu'elles y avoient apporté, quelquefois la Cour s'eſt diſpenſée de donner quelque reſpir aux executez de payer, ſi la leſion étoit énorme, autrement le decret ſortiroit à effet.

Reſtituez contre un decret] *V. le liv. 2. tit. 1. art. 2. art. 51. & art. 61. Maynard liv. 7. chap. 74. & Ferrer. in qu. 22. Guid. Pap.*

Mais non les Majeurs] Qui ne peuvent venir que par la voye du rabattement du decret.

ARR. IV.

APrés un decret réellement executé ſur les biens d'un pupille, toutes ſurdites doivent être reçûës. Jugé à Toulouſe le vingt-neuviéme Mai mil ſix cens ſix.

Doivent être reçûës] *V. le liv. 2. tit. 1. art. 1. §. 13. & art. 27.*

Diſtributions quotidiennes.

TITRE XXXVI.

ARR. I.

DIſtributions quotidiennes ne ſont compriſes en la quatriéme partie des fruits decimaux dûs à un Recteur ou Vicaire perpetuel pour ſa congruë portion : Arreſt de l'an mil cinq cens quarante-trois, au profit du Recteur de la Chapelle, contre le Sindic du Monaſtere Nôtre-Dame de Beaumon en Roüergue.

V. le titre 27. de ce Livre. (page 406)

ARR. II.

PAr Arreſt du quatriéme Janvier mil cinq cens ſeptante-ſix entre Maître Guillaume Tholan & Pierre freres, eſt jugé que les diſtributions quotidiennes ne ſont reſtituables, mais ſeulement les gros fruits. *Boyer. deciſ.* 340.

Arr. III.

AU fait de Maître Jean Dabatia Chanoine de saint Estienne, a été jugé le vingt-cinquiéme Septembre mil cinq cens septante-quatre, que les fruits d'une Chanoinie peuvent être saisis pour dette civil & dépens, autres toutefois que les distributions quotidiennes.

V. le liv. 2. tit. 1. art. 21. & Maynard liv. 1. chap. 15.

Arr. IV.

PRebendiers ou Chanoines absens pour la poursuite des procez des Chanoines ou Prebendiers contre le Chapitre, representez pour presens, & prenent les fruits : par Arrest du vingt-quatriéme Mars mil cinq cens cinq entre le Sindic du Chapitre d'Aux.

Pour la poursuite] La raison est, que *jura sua prosequentes, ex hoc censeri debent residentes. cap. ex parte. de Cler. non resid.*

Arr. V.

LE même jugé pour Maître François de Girardan, pendant l'année qu'il fut Tresorier de l'Hôtel-Dieu, qu'il joüiroit comme s'il étoit present & faisoit le service actuel en l'Eglise, le troisiéme Decembre mil cinq cens septante-cinq.

Arr. VI.

EN Janvier mil cinq cens septante-un fut jugé que l'Evêque aura une voix, le Chapitre une autre, & l'Evêque une autre; entre le Sindic du Chapitre de Carcassonne.

Division & partage de biens.

TITRE XXXVII.

Arr. I.

EN Audiance fut plaidée une qualité entre deux freres, sur la division de leur heritage, Avocats Terlon & la Garde, que le frere aîné fera les cartels dans trois jours, sans rien obmettre, sur peine de perdition de sa cottité, & le frere choisira ; & pour les subterfuges dont avoit usé, condamné en 50. liv. envers sondit frere, & en cent de provision; lequel choix de puisné est fondé sur le chap. 1. *Extra. De parochiis. Guid. Pap. qu.* 230.

Et le frere choisira] Cette loüable coûtume que S. Augustin *lib. 16. de civit. Dei cap. 20.* appelle *pacifica consuetudo*, & qui a pour fondement le partage fait entre Abraham & Loth, dont il est parlé en la Genese chap. 13. a été introduite & autorisée par le Droit Canon; car par le Droit Civil le partage doit être fait *judicis vel arbitrio officio*, & l'élection par le sort. *l. in hoc judicio ff. famil. ercisc. & l. si duobus Cod. comm. de leg.* De là vient que les Legistes & les Canonistes disputent entr'eux, comme en fait foy *Fachin. controvers. jur. lib. 6. cap. 37. & Bronchorst. miscel. controvers. centur. 1. assert.* 52. si le partage d'une heredité doit être fait en sorte que *major dividat, & minor eligat.* Mais je remarque que quoi qu'à l'égard des partages qui se font entre freres, nous observions cette maxime, & par consequent la disposition du Droit Canon, ce n'est pourtant pas précisément par rapport à l'exemple du partage de Loth & d'Abram qui n'étoient pas freres, Loth entant que fils d'Aram, étant seulement neveu d'Abraham: & en effet, dans l'usage des partages ladite maxime n'a lieu qu'entre freres, qui sont en premier degré: en sorte que si Abraham & Loth étoient au monde, & qu'ils deussent se regler suivant l'usage de ce Royaume, tant s'en faut qu'ils pratiquassent la maxime qui donne le choix au plus jeune sur les portions qui ont été faites par l'aîné, comme ils firent, suivant ce qui est dit en la Genese *loc. citat.* qu'au contraire ils seroient obligez de faire regler les portions par Experts, & de les mettre au sort pour le choix: ce qui est conforme à l'usage, & à la Doctrine de *Duranti quæst. 37. num. 2.*

ARR. II.

QUand tous les enfans freres ou heritiers sont pupilles ou moindres de vingt-cinq ans, ou quand le plus vieux n'est versé & experimenté aux affaires du monde, l'on n'observe point cette ancienne pratique, que le vieux fasse la division, & le moindre choisisse. *Major dividat, minor eligat.* Ains par Arrest donné en Audience l'an mil six cens sept, fut dit qu'il seroit procedé à la division des biens contentieux par Experts.

V. Ferrer. in quæst. 289. Guid. Pap.

ARR. III.

LE vingt-sixiéme Octobre mil cinq cens nonante, au procez d'entre Cecille Martine, appellante du Senéchal de Toulouse, & Jean Turle appellé: le fait est qu'Anne Caube en l'an mil cinq cens septante-trois par son testament institua son heritier universel Antoine Turle son mari; & aprés son decez lui substitua Cecille Martine, & Jacques Martin ses tante & oncle, & ledit Jean Turle son beaufrere: étant avenu le cas de la substitution, les substituez poursuivent entr'eux jugement pardevant le Juge d'Albigeois, au Siege de Gaillac, contenant qu'il sera faite division des

biens

contentieux par Experts, suivant lequel jugement ayant lesdites Parties accordé Experts, & la division étant par iceux faite, Cecille Martine dit qu'elle doit choisir la premiere, tant parce qu'elle est plus jeune : *cod. I. ex de parrochis*, que parce qu'elle est parente de Caube testatrice, là où Turle est étranger. Ce neanmoins ledit Juge ordonne que ladite division sera faite au sort, dont ladite Martine est appellante au Senéchal, lequel dit avoir été bien Jugé, & pareillement la Cour mit l'appel relevé par ladite Martine dudit Senéchal au neant. Pareille division par sort avoit été approuvée par Arrest donné en Audience le quinziéme Janvier mil cinq cens huitante-deux, entre Cortial Procureur & curateur de Jeanne Bonhomme, & Pierre Boffat.

Dixmes.

TITRE XXXVIII.

ARR. I.

ENtre Simeon de Narbonne, Prieur de la Salvetat, & ses Annexes, & le Sindic des Habitans, le dixme du pastel est adjugé sept sols six deniers pour arpent, & de chaque brebis nourrissant en ladite Parroisse, trois deniers, des non nourrissant un denier, le vingt-quatriéme Mars mil cinq cens soixante-un. Autre Arrest du neuviéme Decembre mil cinq cens quarante-huit, entre les Habitans de Taravel, dix sols pour arpent pastel.

Chaque brebis.] La Disme du bétail menu étant prediale, elle ne doit pas seulement être exigée des habitans, soit qu'ils soient forains, soit qu'ils soient manans : mais même des étrangers, à proportion du tems qu'ils font dépaistre leur bêtail dans une dismerie, suivant l'Arrest donné en la premiere des Enquêtes, au rapport de Mr. Jossë en 1635. pour le Prieur de Valciguieres, contre le sieur Perrin de la Ville d'Arles. Ce fut par cette raison que par autre Arrest donné en la seconde Chambre des Enquêtes, au rapport de Mr. E. Cathelan, le 10. Decembre 1655. quelques particuliers habitans du lieu de Saint Hipolity, furent condamnez de payer à Me. Vignes Prieur de S. Just & Vaquieres, la moitié de la disme du bêtail à laine qu'ils faisoient dépaitre la moitié de l'année, dans un tenement situé dans la Parroisse dudit St. Just, quoiqu'ils payassent l'entiere disme du bêtail au Prieur de S. Hippolity.

ARR. II.

ENtre Messire Odet Cardinal Archevêque de Toulouse, Arrest des decimes & carnelages de dix un de tous grains, poulailles, oyes, cochons & autre bêtail. Prononcé le 11. Decembre mil cinq cens quarante-huit, arrêté le septiéme dudit mois audit an.

CARNELAGES.] Ce mot répond au mot Latin *caro*, employé dans les vieux actes pour exprimer le bêtail ; on a dit aussi *carnalar*, en langue vulgaire, pour dire designer la pignoration du bêtail : Le droit de carnelage se prend dans ces égards pour les prestations qui regardent le bêtail, ou par rapport à la dîme ; ainsi on dit le carnelage, ou le carnenq, lequel par Arrêt donné au rapport de Mr. Daspe, en la seconde des Enquêtes le 13. Février 1659. fut adjugé à l'Evêque de Lavaur, comme fruit prenant dans la Parroisse Daussials, ou par rapport à la faculté de prendre les langues des bœufs qui se tuent dans la boucherie d'un lieu, en laquelle faculté noble Tristan Darbaud, de la ville de Nimes, fut maintenu en qualité de Seigneur de Blausac, par Arrêt donné en la même Chambre le 19. Juin 1675. au rapport de Mr. de Lombrail, ayant prouvé que de temps immemorial ce droit avoit été exigé des habitans dudit lieu.

COCHONS.] Lors que par la coûtume la dîme des Cochons est duë, on ne les prend si l'on veut, que lors qu'ils se peuvent passer du lait de leur mere, quoiqu'ils soient dûs dès leur naissance : Il en est de même des Agneaux & des autres jeunes animaux sujets à Dîme ; la raison en est, qu'autrement ils pourroient mourir entre les mains du Curé qui par-là perdroit son droit.

ARR. III.

ARrest donné du trentiéme Avril mil cinq cens soixante-un par lequel les Habitans de Toulouse sont condamnez payer les carnelages suivant l'ancienne coûtume, en Audience.

ARR. IV.

ARrest donné le huitiéme Février mil cinq cens quarante neuf, par lequel est défendu aux proprietaires des metairies de ne deplacer les gerbes, sans l'avoir denoncé au Recteur pour être payé de ces decimes. Autre du second Juin mil cinq cens quarante-six.

Déplacer les gerbes.] Cela est conforme à l'Ordonnance de François I. rapportée par Ranchin sur la quest. 283. *Guid. Pap* & à la Doctrine de *Rabotius in quæst. eq.* & comme la cause de l'Eglise, sur tout en égard à la dîme, est extrémement favorable dans ce Parlement, son usage est aussi, suivant *Cambolas liv. 3. chap.* 8. que la dîme se doit payer sur le champ, nonobstant transaction & possession immemoriale au contraire. Qui plus est, il est certain que les Fermiers de la dîme peuvent imposer cette obligation aux proprietaires des fonds, de ne couper ni lever les fruits, sans au préalable les avoir avertis pour prendre le droit de dixme qu'ils auront sur lesdits fruits : comme le Parlement de Paris l'ordonna, *à peine de confiscation des chevaux, charettes & fruits*, par Arrêt du 9. Mars 1624 en faveur de Me. Antoine Delicour, Curé de la Celle & de Bordes, contre les possesseurs des terres sujettes à la dixme en la Paroisse desdits lieux. *V. Despeisses tit. des Dixmes, sect. 2. num. 3 le Journal du Palais tom. 3. pag. 395. & le traité des droits Seign. chap. 6. art. 15.*

ARR. V.

SUr la Requête presentée par le Sindic du Clergé du Diocese de Toulouse, Arrest portant injonction aux Habitans des lieux & Paroisses de, en recueillissant leurs grains & fruits, recueillir aussi ceux desdits Benefices. Prononcé le dix-septiéme Juin mil cinq cens huitante.

Ceux des Benefices.] Par le Droit Canon on est même obligé de porter la dixme jusques au grenier de l'Eglise. *Decret. 2. part. caus. 16. quest. 1. cap. revertimini 65.*

Domaine.

TITRE XXXIX.

ARR. I.

LE dix-neuviéme Février mil cinq cens septante, un nommé Octavio Fregouste, Chevalier, impetrant & requerant l'interinement de certaines Lettres de don du Comté de Muret & Commenge pour neuf ans, fut debouté de ses Lettres en Audience, & ordonné n'y avoir lieu de certification ni registre d'icelle, ayant été remontré par Mr. l'Avocat General, disant être certain que ledit Fregouste avoit été d'ailleurs recompensé par le Prince, joint que c'étoit du vrai domaine du Roy qui ne pouvoit être aliené; car c'étoit une clef de ce païs de Toulouse, qui importoit beaucoup; & d'ailleurs que ledit don pour le temps de neuf ans sentoit plus à une alienation qu'à une recompense; donc par lesdites raisons & plusieurs autres qui furent lors deduites par le sieur Avocat General, ledit Fregouste fut debouté de son don.

Estre aliené.] Il est certain que le Domaine a proprement commencé d'être inaliénable depuis l'établissement des appanages, qui ne consistant qu'en revenu firent perdre l'usage des partages, lesquels mettoient le Royaume en plusieurs portions; auquel établissement, du moins pour qu'il fût ferme & stable, l'on peut dire que donna lieu l'Arrêt donné au Parlement de la Toussaints en 1283. au profit de Philippe III. touchant le Comté de Poitou, & les Terres d'Auvergne, querellées par Charles de France Roy de Naples & de Sicile, frere de S. Loüis.

ARR. II.

EDit en faveur des Sujets du païs de Languedoc, contenant que les choses, & pieces alienées du Domaine du Roy, qui seront par eux rachetées, seront & demeureront perpetuellement réünies & incorporées audit Domaine & Couronne de France, *fol. 276. lib. 7. ord. nat.* Henry second.

ARR. III

DU dix-neuviéme Decembre mil cinq cens septante-sept, en Audience, à la requête du Sindic des Habitans de Mirepoix, à lui adherant le Procureur general du Roy, fut dit par Arrest; que les Lettres patentes du Roy seroient leuës, publiées & enregistrées, par lesquelles Sa Majesté auroit permis audit Sindic & Habitans racheter au profit du Roy la moitié de ladite Baronie de Mirepoix, tenuë par Messire Jean de Levis moyenant la somme de deux mil livres consignées par ledit Sindic.

ARR. IV.

LEttres d'incorporation & union faite par Louis, du Comté de Commenge à la Couronne de France, esquelles est fait mention de l'Arrest de la Cour sur ce donné, *fol. 192. lib. 1. ordinat.*

ARR. V.

DEclaration du Roy que toutes les terres, preds, palus & marêts appartenans audit Sieur, seront baillez à ceux qui en voudront prendre en la forme y contenuë, *fol. 49. lib. 9. ordinat.*

V. le traité des droits du Roy par Dupuy pag. 283. & seqq.

Des Donations.

TITRE XL.

ARR. I.

LE dernier Juillet mil cinq cens huitante-huit, par Arrest à Toulouse au procez d'entre Richardi & autre Richardi freres, fut jugé que le Donataire de la moitié des biens presens & à venir, avec la moitié des charges, est tenu aux legitimes, frais funeraires, & autres droits pour moitié: Et que le mot, *avec la moitié des charges*, comprend non seulement les charges qui étoient lors de la donation; mais lors du decez, au rapport de Me. Garaut: bien que la Loy *Rutilia Polla. de contrah. empt.* & la Loy *1. D. de hared. vel at. vend.* semblent faire au contraire, est remarquable, que par ledit Arrest la Cour ne trouva bon que le Donataire fut tenu payer les legats.

La moitié des charges] Quoi que la moitié suppose une quotte des biens, & qu'ainsi elle soit sujette aux charges à proportion, c'est-à-dire, à la moitié d'icelles; si pourtant les charges ne sont pas exprimées comme une condition de la donation, la moitié donnée en ce cas est exempte du payement des legats, legitimes & honneurs funebres, que l'on rejette sur les biens reservez. *V. Cambolas liv. 2. chap. 9.*

MAIS LORS DU DECE'S.] Cela n'est pourtant pas vrai lors que le donataire prend sa donation, eu égard au temps auquel elle a été faite; car en ce cas le donataire avec la moitié des charges, ne contribuë qu'au payement des dettes contractées lors de la donation, de même que des legitimes par les raisons qu'allegue *Cambolas liv. 4. chap. 7.* & cela quoi que les legitimes ne viennent que du temps de la mort du donateur, & bien qu'on puisse satisfaire les autres enfans legitimaires sur les biens reservés.

ARR. II.

Donatio facta filio familias impuberi, ea conditione, ut satisfaciat creditoribus donatoris, à patre repudiata, & à donatore revocata ante insinuationem, non impedit secundam donationem, adeò ut secundus donatarius, qui satisfecit creditoribus donatoris, præferatur primo donatario; neque impuber major factus restituetur in integrum adversus talem repudiationem. Et ainsi fut jugé par Arrest à Toulouse le deuxiéme de Mars mil cinq cens huitante-deux.

ARR. III.

Bien que par le Droit, & nos Ordonnances, *Donatio non accepta, à donatiò in præsentia donatoris, nullius sit momentis*: Toutefois à la seconde Chambre des Enquêtes à Toulouse le quatriéme May, au rapport de Monsieur Caumels, fut jugé *Donationem nomine dotis factam à quodam presbytero, in favorem suæ neptis, & illius mariti, à patre mariti acceptam valere*, par deux raisons; l'une, comme étant faite à cause de dot; l'autre, car jaçoit que l'Ordonnance requiere, que celui qui accepte une donation ait charge, & mandement exprès de ce faire du donataire: neanmoins cela n'a lieu à l'endroit d'un pere qui est estimé par la loy legitime procureur de son fils, *l. sed & hæ personæ. D. de procur. & licet alter alteri stipulari non possit; tamen pro filio jure stipulatur, gl. in §. si quis alii D. de verb. oblig.*

NON ACCEPTATA] *V. l'Ordonnance de 1539. art. 133. & Maynard liv. 4. chap. 7.* par Arrest donné en la premiere Chambre des Enquêtes le 4. Septembre 1654. au rapport de Monsieur Cassagnau-Glatens, une donation entre vifs non acceptée fut declarée nulle. L'acceptation donne l'être & la forme à telles donations.

ARR. IV.

En l'année mil cinq cens cinquante-huit, Jean Vien fait donation entre-vifs d'une partie de ses biens à Bernard Vien son frere, lequel il conſtituë ſon Procureur pour en requerir l'inſinuation : En l'an mil cinq cens cinquante-neuf, la donation ſe trouve inſinuée à la Requête dudit Bertrand donataire, tant à ſon nom, que comme Procureur dudit Jean ſon frere : neanmoins elle eſt debatuë aprés par Guillaume Vien ſon frere, & heritier univerſel dudit Jean Vien ; à cauſe de la forme de ladite inſinuation. Par Arreſt du ſeiziéme Decembre mil cinq cens huitante-huit la donation eſt jugée bonne & valable : auquel Arreſt faut noter deux choſes ; l'une, que les donations faites auparavant l'Ordonnance de Moulins, qui fut en l'an mil cinq cens ſoixante-ſix, pouvoient être inſinuées, *quocumque tempore*, dedans trente ans, moyenant que ce fut du vivant du donateur. Quand aux donations faites après ladite Ordonnance, il les faut inſinuer dans quatre mois, ſuivant icelle ; l'autre que l'inſinuation faite à la requiſition du donataire ſeul, lequel avoit été conſtitué Procureur par le donateur à cet effet, eſt auſſi bonne & valable, comme ſi elle avoit été faite par quelque autre Procureur, audit effet exprez par le donateur fondé : Et la raiſon en eſt, parce que l'inſinuation n'eſt point un acte libre & volontaire, ains eſt neceſſaire : Et tant s'en faut que le donateur la puiſſe empêcher, qu'au contraire il peut être contraint à y prêter conſentement, ſi ce n'eſt au cas d'ingratitude du donataire.

AUPARAVANT L'ORDONNANCE) *V. l'art. 7.*

ARR. V.

Donation inſinuée dans les quatre mois de l'Ordonnance prend force du jour qu'elle eſt faite ; & pource le donnant dans les quatre mois ne la peut revoquer ſans cauſe : Et s'il a fait autre ſeconde donation pendant ledit temps ; ores que cette ſeconde ſoit inſinuée avant la premiere, elle ne porte aucun prejudice à ladite premiere. Et ainſi fut jugé en la premiere & ſeconde Chambre des Enquêtes, ſur un procez parti entre Monſieur de Paulo Rapporteur ; & Monſieur Joſſé contretenant, le ſeptiéme Decembre mil cinq cens huitante.

DU JOUR QU'ELLE EST FAITE) Ainſi le temps *retrotrahitur*, en ſorte que dans l'entre-deux des quatre mois de l'inſinuation, on ne peut pas éluder l'effet, ni faire perdre le fruit de la donation, par les dettes que le donateur pourroit être induit de contracter. *V. l'art. 12. & Maynard liv. 2. chap. 54.*

Arr. VI.

Du dernier de Juin 1582. *Arrests generaux de Pentecôte, prononcez par Monsieur de saint Jory President.*

ANtoine Cabrol, du consentement de son pere, donne une partie de ses biens à Jeanne Lacoste sa Marâtre pour en faire à ses plaisirs & volontez, sa vie durant; Etant decedé, le frere dudit Cabrol, dit que cette donation est sujette au retranchement suivant la Loy. *Hac edictali C. de secund. nupt.* Parce que c'est autant que si elle avoit été faite par le pere à sa seconde femme, suivant un Conseil de Dece 279. du moins qu'elle n'en pourroit joüir que sa vie durant, *ut notat Bart. in l.* 4. *ff. de aliment. legat.* par Arrest telle donation est declarée valable, à la charge d'en joüir seulement sa vie durant.

Declare'e Valable] Les raisons en sont alleguées par *Charond. en ses resp. liv.* 7. *chap.* 124. & par *Maynard liv.* 3. *chap.* 84. *V.* cy-devant *le liv.* 2. *tit.* 4. *verb. mariages art.* 12 *&* l'*art.* 14. *de ce titre.*

Arr. VII.

AVant l'Ordonnance de Moulins, contenant les insinuations, bien que par les Ordonnances precedentes les donations deussent être insinuées; toutefois on fait valoir les donations faites devant ladite Ordonnance de Moulins, sans insinuation, entre le donant, le donataire, & leurs heritiers seulement, & non au prejudice des creanciers.

Devant ladite Ordonnance) *V.* l'*art.* 4.

Non au prejudice des creanciers) Sauf pour les donations en directe faites par contrat de mariage; & cela quand il n'y auroit que cette consideration à faire, qu'un contrat de mariage est beaucoup plus public qu'une insinuation.

Arr. VIII.

Licet donari nepoti ex naturali filio suscepto ex soluta licet posteà sit Sacerdos.

UN jeune homme à marier a participation, *cum soluta*, en procrée un enfant, qui depuis en procrée d'autres *ex legitimo matrimonio, & uni relinquit sua bona: venientes ab intestato revocare volunt:* fut declaré *quòd nepos ex filio, tametsi naturalis, est capax successionis avitæ, modò illius pater non fuerit ex illegitimo matrimonio*, prononçant Monsieur de Paulo President.

Capax successionis avitæ] *V. les art.* 16. *&* 18. *du present titre : & les art.* 2. *&* 4. *du tit.* 15. *verb. batards liv.* 1. que si dans ces endroits on trouve des prejugez contraires à celui qui est rapporté en cet article, c'est qu'ici il s'agissoit d'un bâtard nai, *ex soluto & soluta, non adulterin*, & dont le pere n'auroit sans doute pas d'autres enfans ; auquel cas la donation étoit bonne, sur tout étant faite à un petit fils nai de legitime mariage *L. ult. C. de natur. lib. V. Camb. liv.* 1. *chap.* 1. outre que la donation est plus favorable que l'institution, & que la substitution.

ARR. IX.

LEs donations doivent être insinuées en toutes les Jurisdictions Royales, où les biens donnez sont assis : autrement s'il y a revocation, ou au prejudice des creanciers, n'auroit lieu, que pour les biens assis és jurisdictions où elles auroient été insinuées. Ainsi que fut jugé par Arrêt, au mois de Decembre mil cinq cens huitante, au rapport de Monsieur de Paulo, depuis President.

JURISDICTIONS ROYALES] Suivant l'Ordonnance d'Orleans art. 87. *V. d'Olive liv.* 4. *chap.* 3.

ASSISES JURISDICTIONS] *Maynard liv.* 2. *chap.* 55. *& liv.* 6. *chap.* 70.

ARR. X.

PAr Arrest parti en la premiere Chambre des Enquêtes, & après désparti en la seconde, le vingt-sixiéme Juin mil cinq cens huitante-un, une donation faite à une paillarde adultere, par son paillard adultere, comme faite à une infame, & indigne personne, fut cassée, suivant la loy, *Claudius Seleucus. D. De his quib. ut indignis aufer*, *& l. in concubinat.* §. *fin. D. De concub.* Ce qui est étendu aux Prêtres & gens d'Eglise, & aux Gensdarmes. *l. Miles ita hæredem* §. *mulier D. De testam. milit.*

V. Le tit. 2. *de ce livre, & l'art.* 132. *des Ordonnances de Loüis XIII.*

ARR. XI.

PAr Arrest donné en l'année mil cinq cens huitante-quatre, sur un procez parti aux deux Chambres des Enquêtes, & départi en la grand'Chambre, fut dit & conclu, que la restitution en entier par minorité, ou autrement, contre l'obmission de l'insinuation de la donation dans le tems de l'Ordonnance a seulement lieu, pour faire valoir la donation contre le donateur, ou contre ses heritiers seulement ; & non pour faire aucun préjudice aux autres person-

personnes tierces, comme creanciers, acheteurs, & autres successeurs particuliers à titre onereux.

La restitution en entier.] *V. Bouguier lit. D. verb. donation art. 9. & l'art. 27. de ce titre.*

* Contre le donateur.] L'insinuation n'étant necessaire dans le ressort de ce Parlement, qu'à l'égard des creanciers, la restitution en entier, dont parle l'Auteur, pour faire valoir la donation contre le donateur, est une precaution inutile; quoique Maynard puisse avoir dit au contraire *au liv. 7. chap. 93.* Il en est de même des heritiers du donateur; parce que le donateur, ni ses heritiers, ne peuvent pas debattre la donation. *Auth. eò decursum C. de donat. ant. nupt.* Et en effet, l'insinuation n'ayant été introduite que contre les creanciers, il faut que le donateur, qui ne peut pas venir contre son fait, & que les heritiers, qui ne peuvent pas aussi venir contre le fait du testateur, observent également la donation. *L. cum profitearis C. de revoc. donat.* Il est vrai que lors que les heritiers sont enfans du donateur ils peuvent, à cause de leur faveur, debattre les donations faites à des étrangers, par défaut d'insinuation. *d'Olive liv. 4. chap. 4.*

Arr. XII.

Les donations ne peuvent être revoquées sans cause, pendant les quatre mois de l'Ordonnance pour l'insinuation: Et si les Donateurs viennent à faire pendant ledit temps autres & secondes donations, ores que ces secondes soient insinuées avant les premieres, ne portent toutefois aucun préjudice à icelles: Et ainsi fut jugé sur un procez parti en la seconde des Enquêtes, & departi en la premiere au rapport de Monsieur Jossé, entre Pierre Guernastan, & Martin Toluech, le 7. Decembre 1580.

Pendant les quatre mois.] Mais si la donation n'est pas [illegible] dans le temps de l'Ordonnance, une seconde donation faite dans un contrat de mariage, [illegible] de dot, prenant; parce que le mary, qui même a contracté mariage sous la foy de la constitution dotale faite à sa femme, est consideré comme creancier. Ainsi jugé par Arrêt donné en la seconde Chambre des Enquêtes, au rapport de Monsieur Chauvet le 4. Juillet [illegible] en la cause de Jacques Viala, & de la nommée Merciere, mariés, contre [illegible] Lompardo, & Mercier, mere & fils. Il en eût été autrement, si la premiere donation eût été insinuée avant la seconde, quoi qu'aprés les quatre mois, ou si elle eût été [illegible] au cas de l'Arrêt de Cambolas *liv. 3. chap. 30.*

Arr. XIII.

Donation insinuée aprés les quatre mois de l'Ordonnance ne peut être revoquée par le Donateur, si les Creanciers ne s'en plaignent. Arrêté au mois de Juin mil cinq cens nonante, Rapporteur Monsieur Raymond, entre Pierre Merge, contre Parra. Semblable Arrest au mois de Decembre mil cinq cens huitante-trois, Rapporteur Monsieur Bonet.

Hhh

ARR. XIV.

Le vingt-troisiéme Juin mil cinq cens septante-cinq, en Audience, certaine donation faite par Mademoiselle de la Claverie à Me. François de Bonnefoy son filliâtre, par le moyen de Me. Jean de Bonnefoy son mari insinuée, & par actes subsequens ratifiée, fut cassée.

FÛT CASSE'E] Quand une Marâtre donne aux enfans du premier lit de son second mary, il faut presumer qu'elle donne à cause de ce mary, ou pour mieux dire qu'elle lui donne par la personne interposée du fils, & l'on voit rarement que les enfans du premier lit, qui sont ordinairement l'objet de la haine d'une Marâtre, excitent sa liberalité ; *credat judæus appella, non ego* ; ainsi les donations faites par telles personnes, comme censées faites par suggestion ; & indirectement pour frauder la loy, sont rejettées. *Privigno ut donet noverca, maritalis affectus facit, non novercalis*, dit Cujas sur la *L. hac edictali C. de sec. nupt.* Il en est autrement des donnations que les Parâtres font aux enfans du premier lit de leurs secondes femmes, & l'exclusion de leurs propres enfans ; car pourvû qu'on ne puisse pas les accuser de suggestion, elles sont valables, & ne sont pas même sujettes au retranchement de la Loy *hac edictali* ; les raisons de difference sont alleguées par Cujas *ibid.* & par Cambolas *liv. 5. chap. 8. V. Marie Ricard, en son tr. des donations* [de l'édition in fol.] *part. 1. num. 725. seqq. & du Fresne en son Journal liv. 1. chap. 85* qui rapportent divers Arrets contraires.

ARR. XV.

En donations il n'est dû viction, ni garantie des choses données ; si ce n'est au cas que dans icelles les donnans l'ayent promis, & se soient obligez faire valoir & garantir les choses données ; car alors *ex conventione*, ils en sont tenus, autrement non : parce que *Nemo ex liberalitate tenetur.*

N'EST DÛ EVICTION] Non pas même quand la donation auroit été faite en faveur de mariage, & qu'il y auroit des enfans, suivant l'Arrêt donné en la seconde Chambre des Enquêtes, au rapport de Mr de Cathelan, le 22. Avril 1662. *Ne liberalitatis suæ donator pœnam patiatur, L. ad res donatas ff. de Ædil. Edict.* Et la doctrine de Charondas *en ses resp. liv. 2. chap. 40.* quoi qu'établie sur un Arrêt du Parlement de Paris, n'est pas suivie au Parlement de Toulouse.

ARR. XVI.

Le Vendredi premier de Juin mil cinq cens septante-un aux Arrests generaux prononcez par Mr. Lathomi, un Prêtre ayant donné tous ses biens à un fils legitime de son fils naturel, la niece du Prêtre querelant les biens, ils furent adjugez à la niece.

ADJUGEZ A LA NIECE.] Get Arrêt, avec les raisons de part & d'autre, est rapporté par Cambolas, *liv. 1. chap. 1.* & par Maynard *liv. 6. chap. 13.* & quoi qu'au cas de l'art. 8. de ce titre la donation faite par l'ayeul à son petit fils, enfant d'un bâtard né ex *soluto & soluta*, ait été jugée valable, *quando legitima soboles non sit impedimentum l. ult. C. de natur. liber.* Et qu'ainsi toutes ces circonstances se peussent rencontrer au fait de la donation d'un Prêtre, en faveur du fils legitime de son bâtard ; on a pourtant eu tant d'horreur en ce Parlement pour la paillardise des Prêtres, à cause de leur caractere, qu'on a regardé leurs petits-fils donataires, comme s'ils étoient procréez d'un bâtard adulterin ou incestueux, ou à tout le moins sacrilege, au langage de *Peregrinus de jure fisci lib.* 3. *tit.* 18. *num.* 47. dont le sentiment n'est pas suivi en ce Parlement, en ce qu'au prejudice des interêts du fisc il y soûtient, aprés Balde & Salycet *in l. si quis incesti. C. de incest. nupt.* que *Avus Sacerdos in nepotem potest testari & donare.* *V. l'art.* 18. *de ce titre, & les art.* 2. *&* 4. *du tit.* 15. *au liv.* 1.

ARR. XVII.

Par Arrest general du vingt-troisiéme Mai mil cinq cens cinquante, une donation faite par Vignaux Notaire plaidant, à son Avocat au Senéchal de Quercy, fut cassée.

FUT CASSE'E.] Par la raison de la Loy *quisquis C. de postul.*

ARR. XVIII.

Donation faite par un Prêtre au fils de son bâtard en faveur de mariage, fut cassée par Arrest du quatriéme Février mil cinq cens septante-deux du Sindic du Chapitre de Castres; semblable Arrest cy-dessus, article 16.

V. l'art. 8. *& l'art.* 16.

ARR. XIX.

Donation de chose litigieuse faite au Juge, cassée le second Juin mil cinq cens septante-deux, contre Me. Jean Bougies.

V. le liv. 2. *tit.* 7. *verb. donations Arr.* 2.

ARR. XX.

Le second jour de Mai mil cinq cens huitante six, sur le rapport de Monsieur Blusset, étant contretenant Monsieur Massas, en la seconde Chambre des Enquêtes, fut conclu & arrêté que ce qui est acquis au fils qui a transigé de la mort de son pere par le moyen de la transaction; *Est adventitium non profectitium cùm id ob vindictam solam capiatur arg. l. penult. de sepulchr. violat.* & par consequent, que la mere qui est remariée ou devant ou aprés la mort de son fils, & qui lui a succedé *ab intestat*, n'est pas tenuë de garder & rendre la proprieté de ce qui est obvenu à son fils par le moyen de ladite transaction aux autres enfans de son mary. *l. mater. cod. ad Tertull. auth. ex testamento cod. de secund. nupt.* Mêmes en ce fait, que les autres enfans étoient d'un autre lit.

RENDRE LA PROPRIETE'.] C'est suivant la Novelle 22. *cap.* 46. §. *si autem intestatus*; & l'Authentique, *ex testamento C. de sec. nupt.*

ARR. XXI.

Les biens donnez au fils, retournent par le predecez d'icelui aux pere ou mere, qui ont faite la donation à la charge des hypoteques & autres obligations contractées par le fils : specialement lors qu'il n'y a point reservation d'usufruit. Par Arrest du premier Avril mil cinq cens nonante-un au rapport de Monsieur Ouvrier, entre Jeanne Casse, & autres.

AUX PERE OU MERE.] Même suivant l'usage de ce Parlement ils font retour aux freres & sœurs, oncles & tantes de sang, & non aux oncles & tantes d'alliance, à moins qu'il y ait stipulation expresse pour le retour. A la rigueur du Droit, & cessant la Jurisprudence des Arrests, qui n'est fondée que sur l'équité, le retour ne devroit avoir lieu, lors qu'il n'a pas été stipulé qu'en faveur du pere, par la raison de la Loy 2. *C. de bon. quæ liber.* quoique Me. Claude Maltret, celebre Avocat de la ville de Nismes, prétende de prouver par un traité particulier qu'il a fait, que le §. *Accedit. L. unic. C. de rei uxor. actio.* n'exclud pas les étrangers du retour de la dot par eux constituée, & cela *quasi ob tacitam stipulationem*; à l'occasion duquel droit de retour, & de la dispute qu'il cause souvent sur la question s'il doit avoir lieu au profit de l'ayeul par le predecez de quelques-uns des enfans du fils du donataire, & pour la portion desdits enfans predecedez ; il est bon d'observer que cette question a été souvent jugée diversement ; & en effet elle est extremement delicate. Ceux qui prennent parti pour la negative peuvent alleguer que la disposition de la Loy *Constitutionis novæ C. de bon. quæ liber.* qui n'est qu'au cas du donateur survivant au donataire, ne doit pas être étenduë aux enfans du donataire ausquels le donateur a survécu, quand ces enfans ont aussi laissé des freres & sœurs survivans, dont l'existence doit empécher le retour ; *quia non decedit sine liberis, qui vel unum relinquit* ; & cela d'autant mieux, qu'outre que l'acte de donation étant indivisible, on ne peut pas diviser le droit acquis aux enfans ; sauf à l'ayeul sa portion hereditaire & virile, comme à un des enfans, suivant l'Arrêt rapporté par *Boné Arr.* 25. Dailleurs le retour n'ayant lieu qu'en défaut d'enfans *L. jure succursum ff. de jur. dot.* Il est certain que quand il n'en resteroit qu'un, la succession de son pere donataire lui est dûë à l'exclusion de l'ayeul donateur, de même que la succession de la mere lui est dûë *ex Senatusconsulto Orfitiano*, à l'exclusion aussi de l'ayeul constituant, lequel n'a pû diviser un droit qui de soi est indivisible, & óter à des enfans une succession que la Loy naturelle & civile leur a acquis ; ausquelles considerations l'on peut ajoûter, que l'Arrêt de ce Parlement donné en faveur de l'ayeul, & rapporté par Charondas *liv. 7. resp.* 114. ayant prejugé la question plûtôt *ratione miserationis*, que par la raison de Droit doit être d'autant moins tiré à consequence, que ce seroit une chose extraordinaire de faire succeder l'ayeul *ratione miserationis*, & en même-temps óter aux enfans les biens qui leur sont dûs. Au contraire, l'on allegue ordinairement pour l'ayeul que les portions des enfans predecedez lui doivent être adjugées à l'exclusion des autres enfans de son fils donataire qui restent en vie ; parce que n'y ayant point d'enfans pour ces portions, la condition tacite *nullis liberis relictis*, est censée arrivée, & par consequent le retour ouvert au donateur survivant, *arg. d. L. constitutionis novæ* ; c'est ainsi que le resout Faber *lib. 3. conjectur. cap.* 2. conformément à la decision d'Ulpien en ses fragmens *tit. de dotib. mortua in matrimonio filia dotem profectitiam ad patrem reverti, servatis tamen penes maritum in singulos liberos quintis* ; c'est-à-dire les portions les concernans. Que si bien par l'usage, & suivant l'opinion de Martin, l'existence des enfans empeche le droit de retour : cela se doit entendre quand tous les enfans survivent à l'ayeul, ou en tout cas pour la portion des survivans ; mais non pas pour exclurre le retour pour celle des predecedez, aux termes de l'Arrêt cité par *Larri lib.* 18. *cap.* 2. *num.* 4. que la question a été jugée au profit de l'ayeul contre le fisc, quelque favorable qu'il soit, quoiqu'il y eût d'autres enfans du donataire survivans, temoin l'Arrêt de Maynard *liv.* 2. *chap.* 90. & en un mot, l'ayeul donateur est toujours plus favorable : *cum habeat jus potentius*, la reversion étant plus favorable que la succession commune ; aussi est-il certain que *Restius est Avo jus suum conservare, qui contra scriptos hæredes bonorum possessionem accipere solet.* Comme ces raisons alleguées de part & d'autre sont extremement fortes, s'il me faloit determiner, je n'hesitasse pas à le faire pour les enfans survivans contre leur ayeul [quoique ayeul] le Parlement a pris ce milieu & ce temperament, d'ordonner le retour en faveur de l'ayeul, à la charge de conserver aux petits-neveux survivans, les biens donnez par une espece de fideicommis tacite. C'est ainsi qu'il le jugea par Arrêt du 21. May 1659. au rapport de Mr. d'Olivier, en la cause de Benet & Testaut ; & par autre Arrêt du 19. May 1670. au rapport de M. de Moulhet, entre Brun & Cormail : Il est vrai qu'en l'espece de ces Arrêts les freres survivans n'étoient que freres uterins ; mais la question devant être jugée sur la même raison de decider à l'égard des freres germains, ces prejugés doivent servir de Loy, par la raison de la Loy *Cùm quæritur ff. de excep. rei judic.* V. Claude *Henrys liv. 6. chap. 5. qu. 15. & Maynard liv. 8. chap. 72.*

* A LA CHARGE DES HYPOTEQUES.] L'usage du Parlement est contraire, & les biens donnez font retour au donateur, exempts des hypoteques contractées par le donataire : Il est vrai qu'en cas d'insuffisance des biens propres du donataire, ils sont subsidiairement hypothequez à sa femme pour sa dot, & pour son augment. *Maynard liv. 6. chap. 60. Ferrer. in quæst. 147. Guid. Pap. Barri de success. lib. 18. tit. 2. num. 4. & Cambolas. liv. 1. chap. 5. num. 2.*

ARR. XXII.

Donation de tous les biens presens & à venir, ne revoque point un testament precedent, s'il n'y a revocation expresse d'icelui, le dixiéme de Fevrier sur le rapport de Monsieur Fillere, au procez de Melchior de Vandomois, sieur de Taurignan : Contre Antoine de sainte Colombe, sieur de la Bastide, fut conclu entre autres choses, qu'une donation de tous les biens presens, & à venir, ne revoque point *tacitè* un testament precedent. Le fait est, André de Sus, sieur de Taurignan en l'année mil cinq cens trente-six fait testament, par lequel il instituë Jacques de Sus son fils, & lui substituë, depuis, & en l'année mil cinq cens quarante-un, ledit André mariant son fils Jacques avec Françoise d'Espagne ; tous deux, c'est à sçavoir André pere, & Jacques fils, font donation de tous leurs biens presens & à venir au premier enfant mâle, qui naîtroit du mariage dudit Jacques, étant Jacques decedé sans enfans, Antoine de sainte Colombe demande l'ouverture de la substitution, en vertu du testament d'André. Il étoit répondu, que ce testament étoit revoqué tacitement par la donation subsequente : toutefois la Cour jugea que le testament n'étoit point revoqué. Je sçai bien que *Guido Papa consil.* 147. *num.* 3. a tenu que *testamentum potest revocari per donationis instrumen-*

tum : mais il parle d'une revocation expresse, & nous disons que *non revocatur tacitè*.

* S'IL N'Y A REVOCATION EXPRESSE] La proposition prise en general est contraire à l'usage, suivant lequel une donation de tous les biens revoque le testament que le donateur avoit fait auparavant. *Ferrer. in quæst.* 127. *Guid. Pap.* quand même le testament porteroit par precaution, ou une clause de donation en faveur de l'heritier, ou une clause derogatoire, & qu'il n'en seroit pas faite mention, *etiam verbis generalibus*, dans la seconde donation, & quoi que cette seconde donation ne revoque pas expressément le testament, elle peut être considerée *fictione legis*, comme precedant le testament, bien qu'anterieurement, attendu qu'il ne devoit avoir son effet qu'aprés le decez du testateur, mais en l'espece de l'Arrest rapporté par l'Auteur, où il s'agissoit d'une donation faite au premier mâle, la donation n'étant pas sortie à effet, à cause qu'il n'étoit nay aucun enfant mâle, il n'étoit pas juste qu'elle eût revoqué le testament precedant, dont la revocation tacite ne pouvoit être induite que par l'existance de celui en faveur & en veuë duquel la donation avoit été faite.

ARR. XXIII.

Donation entre-vifs, de tous & chacuns ses biens, noms, voix, & actions, presens & à venir par ingratitude ou autrement irrevocable, n'est valable. Le treiziéme Decembre mil cinq cens huitante-cinq au procez d'entre Jean de Mas, & Estienne, Huc, une donation faite entre-vifs par ingratitude, ou autrement irrevocable, de tous & chacuns ses biens, meubles & immeubles, noms, voix, & actions, presens & à venir ; à la charge que ledit donataire seroit tenu à l'avenir nourrir, & entretenir le donateur, fut cassée. Premierement parce que cette clause, *par ingratitude irrevocable*, *præbet causam peccandi* ; Et par ainsi rend la convention nulle. *l. conveniri*, *D. De pact. dotalibus*. Pour un second cette donation fut trouvée trop immense, attendu qu'il n'y avoit pas même reservation d'usufruit : *Nec obstat Gloss. in l. licet, in verbo cuicumque de probat.* Laquelle tient, que donations de tous les biens presens & à venir sont bonnes & valables contre l'opinion commune des Interpretes, *in l. stipulatio hoc modo concepta D. de verb. obl. Et. l. fin. C. De pact.* Car cette glosse parle expressement, *De donatione omnium bonorum præsentium & futurorum sub qua nomina & actiones non continentur. Guid. Pap. quæst* 291. Autre chose est en nôtre cas, auquel la donation étant de tous les biens meubles & immeubles, noms, voix, & actions presens & à venir : & par ainsi n'ayans reservation d'aucune chose, la donation ne peut subsister : joint que *furiosi est*, faire semblables donadons : *Licèt enim ex sermonibus sanæ mentis videatur esse, tamen quoad bona furiosum facit exitum. l. his §. fin. D. de tutor. in rat. dat. ab his*, & par ainsi la donation *à furioso facta*, seroit cassable.

N'est valable] Excepté quand elle est faite en faveur de mariage. *Cambolas liv. 5. chap. 35. V. Tondui quæst. civil. lib. 2. cap. 4. num. 24.*

Arr. XXIV.

Chirographaire preferé au donataire, le prêt étant avant l'insinuation. En l'affaire de Madame de Caillau, contre Guerrier, au rapport de Monsieur Maynard, étant le procez parti a été jugé que le creancier, bien que Chirographaire, qui a prêté aprés la donation en faveur de mariage, & avant l'insinuation est preferé au donataire : à cause des mots contenus en l'Ordonnance de l'an mil cinq cens septante-neuf, que les donations n'ont effet, que du jour de l'insinuation. Il y avoit deux circonstances qui ont servi au jugement du procez ; l'une que Guerrier avoit prêté les vêtemens que Caillau étoit tenu fournir par les pactes, & l'obligation precedoit la cause de la donation. *Secundò*, suivant l'opinion de Fernand, un pere qui donne, peut emprunter pour ses vêtemens & étoffes.

Du jour de l'insinuation] Il est vrai que l'Ordonnance de 1539. dont parle l'Auteur [quoique par erreur on l'ait datée de 1579.] porte en l'art. 132. que les donations ne commencent d'avoir effet que du jour de l'insinuation ; mais l'Ordonnance de Moulins de l'an 1566. ayant en l'art. 58. fixé le temps de l'insinuation dans les quatre mois de la donation, & l'insinuation ayant un effet retroactif, comme il est dit en l'art. 5. du present titre, il est visible que l'Auteur se trompe quand il veut que le creancier chirographaire fût preferé au donataire par la raison de l'Ordonnance de 1539. sous pretexte qu'avant l'insinuation de la donation *Jus erat illi quæsitum* ; puis que ce ne fut que sur les circonstances particulieres qui sont remarquées en cet article.

Arr. XXV.

Ores que le pere donateur n'ait revoqué la donation par lui faite, lors qu'il n'avoit point d'enfans : les enfans neanmoins survenans aprés, la pourront revoquer. Ainsi jugé par Arrest de Toulouse, entre certains habitans du païs de Vellay, sur une appellation du Senéchal du Puy, au mois de Janvier mil cinq cens septante-neuf.

La pourront revoquer] Par la survenance des enfans, la donation est revoquée de plein troit, *citra factum hominis*, par le seul ministere de la Loy, & sans autre formalité, car en ce cas, quoi que voïes de nullité n'ayent pas lieu en France; toutefois il n'est pas necessaire de se pourvoir par lettres Royaux contre la donation, la survenance des enfans vaut une impetration, s'agit-il d'une donation faite en faveur de mariage, parce que la faveur des enfans prevaut; & quand la donation est causée pour services, si cette cause n'est pas un pretexte, on adjuge au donataire ce qu'il peut pretendre pour ses vacations.

ARR. XXVI.

Et bien que les donations faites par les peres en faveur de leurs enfans soient revocables par les peres; toutefois si elles sont faites en faveur de mariage, elles sont irrevocables; comme fut jugé par Arrest le treiziéme Juin mil six cens sept, entre André Viguier de Narbonne, & Charles de Cugugnan.

* SONT IRREVOCABLES] L'usage est contraire, & l'on ne suit au Parlement, ni la doctrine de Ranchin *in quest.* 145. *Guid. Pap.* ni la Glose de la Loy derniere. *c. de revoc. donat.* qui veulent que l'ingratitude ne soit pas un moyen assez fort pour faire revoquer une donation faite en faveur de mariage. Les préjugez raportez par d'Olive *liv.* 4. *chap.* 5. Et par Cambolas *liv.* 5. *chap.* 48. justifient cet usage; aussi bien que l'Arrest d'Audience que le Parlement donna le 22. Mars 1665 en la grand'Chambre; la Cour ayant cassé une donation qu'un pere avoit faite à sa Fille en faveur de mariage, sous ce pretexte, que la fille ayant fait informer contre son pere, au sujet de quelques coups qu'elle disoit en avoir reçû, elle l'avoit fait decreter de prise de corps, & ensuite fait crier à trois briefs jours, suivant l'usage de ce tems-là.

ARR. XXVII.

Les donations, ores que faites en contract de mariage, sont sujettes à la revocation par naissance d'enfans, voire même illegitimes; pourveu qu'ils soient legitimez par subsequent mariage, encore que solemnisé à l'article de la mort. Par Arrest prononcé en robes rouges par feu Monsieur du Faur le treize Septembre mil cinq cens soixante-quatre.

Lors dudit Arrest fut dit avoir été jugé par plusieurs Arrests que le moindre n'est relevé du défaut d'insinuation au préjudice des creanciers : Monsieur d'Ambés m'a dit, lui contretenant, avoir été ainsi jugé à la grand'Chambre, parti aux deux des Enquêtes, & à son rapport a été jugé le mêmes en l'affaire de Velliers au mois de Septembre mil cinq cens nonante-un.

VOIRE MESME ILLEGITIMES] *V. Boërius quest.* 159.

MOINDRE N'EST RELEVÉ] *V. l'art.* 11.

ARR. XXVIII.

Il y a Arrest de Toulouse, du douziéme Janvier mil cinq cens sep-

septante-cinq, par lequel une femme fut condamnée rendre les dons d'honnêteté, comme bagues, joyaux & autres semblables aux heritiers de son fiancé : Mais par Arrest du Parlement de Paris, donné en la Chambre de l'Edit du quatorziéme Avril mil six cens un, les heritiers du fiancé qui en avoient fait semblable demande, ont été declarez non recevables. Charondas en ses Réponses liv. 10. chap. *69.* car le fiancé n'est estimé les avoir donnez en intention de les repeter.

Comme Bagues, Joyaux.] Godefroy sur la Loy *Si à sponso C. de donat. ante nupt.* rapporte le même Arrêt qui est fondé. *Primò*, sur ce que ladite Loy est abrogée en France. *Secundò*, sur ce que les choses données étoient de grande valeur, & par consequent sujettes à restitution; & l'Arrêt donné suivant le texte de ladite Loy, en faveur de la Demoiselle de Berticheres, contre les heritiers du Sieur de S. Blancard, ne peut pas être tiré à consequence, ayant des motifs particuliers. *V. Bacquet des dr. de Justice, chap. 21. num.* 334.

De la Dot, & préference d'icelle.

TITRE XLI.

ARR. I.

PAr Arrest general prononcé par feu Monsieur Durand premier President de Toulouse : une veuve ayant si petite dot, augment & legat de son mari, que du revenu ne s'en pouvoit entretenir suivant la qualité de sondit mari trois mois de l'an, après le trépas de ses enfans en pupillarité, fut maintenuë contre les neveus de sondit mari, par lui substituez à iceux, en la quatriéme partie de tous & chacuns les biens de sondit mari, en imputant sur icelle sadite dot, augment, & legat, la veille de la sainte Croix de Septembre mil cinq cens huitante-un; par lequel Arrest fut renouvellée la disposition du droit Romain *in l. 1. cod. unde vir. & uxor.* que Bacquet en son livre du Domaine dit être abrogée en France.

V. le liv. 2. tit. 6. verb. dot. & préference d'icelle, art. 15.

ARR. II.

Par Arrest du 7. Septembre 1680. au procez d'entre Valerie Alexandre, & André Paschal, fut jugé la femme n'être tenuë faire discussion pour la repetition de sa dot, & se pouvoir à cause d'icelle, prendre tant sur les biens sujets à restitution qu'alienez;

sauf à l'heritier, tenancier ou creanciers leur recours ; & à la charge d'être subrogez en même hypotheque ; & fut par le même Arrest dit, que la femme n'étoit tenuë vuider la maison maritale jusques à l'entier payement de la dot & augment.

V. le liv. 2. *tit.* 6. *verb. dot. & préference d'icelui art.* 23.

Arr. III.

L'augment dû par la Coûtume de Toulouse, la veuve se remariant, retourne & appartient après le decès d'icelle, aux enfans du premier mariage, au cas que soient trouvez, ou l'un d'eux survivans à elle ; car autrement precedens à leurdite mere, ledit augment demeure pleinement acquis à elle ; sinon qu'elle se fût remariée dans l'an du deüil, auquel cas elle perdroit l'usufruit même : Ainsi que fut jugé par Arrest en faveur d'Arnoulet le 24. Janvier 1576.

Acquis à elle.] Ainsi, suivant même l'Arrest d'Olive *liv.* 3. *chap.* 20. une mere qui se remarie ayant des enfans du premier lit, perd dès ce moment la propriété des avantages que son mary lui avoit fait ; mais ce n'est pas sans retour, car la proprieté demeure en suspens, à cause de l'incertitude du predecez des enfans, lequel arrivant la proprieté lui retourne, contre l'usage du Parlement de Paris, remarqué dans le *Journal du Palais du* 23. *Mars.* 1673.

Arr. IV.

Une femme veuve moindre de vingt-cinq ans, s'étant remariée dans l'an du deüil, & obtenu Lettres Royaux, pour, comme mineur être restituée en entier, & relevée des peines introduites par le Droit, contre les femmes se remariant dans l'an du deüil, & reçûë à demander l'augment contre les tuteurs des enfans de son premier mariage. Par Arrest general à la Prononciation de la Pentecôte mil cinq cens huitante-un, elle fut demise desdites Lettres, & les tuteurs relaxez de la demande dudit augment.

V. l'observation sur l'article 28. *du titre* 4. *verb. Mariages. liv.* 2. de même que *l'article* 11. *ibid.*

Arr. V.

Par Arrest du neuviéme Février mil cinq cens huitante-sept le sieur de la Boissiere étant moindre de vingt-cinq ans, ayant fait une constitution de dot à une sienne sœur excedant le double, voire triple du legat de son pere, & de la legitime que lui pouvoit appartenir sur ses biens, fut relevé à cause de sa minorité, & restitué en entier envers ledit contrat, & condamné à payer la legitime à sa sœur, telle que de droit, laquelle il lui offroit, au rapport de Monsieur Cyron.

Fut relevé.] Quoique ce qui se fait en faveur de mariage ait cela de propre, qu'un acte qui seroit autrement revocable, demeure irrevocable. *arg. l. si ego §. 1. ff. de jur. dot.* & qu'ainsi la donation d'un mineur en faveur du mariage, puisse être valable, cela n'est pourtant pas vrai lors qu'elle se trouve excessive, c'est dans le sens de cette distinction qu'il faut expliquer les Arrests de prejugé rapportez par l'Auteur, par *Cambolas liv. 3. chap. 14. num. 2. Maynard liv. 3. chap. 42. & par le Président du Vair Arr. 2.* l'on peut consulter sur cette matiere *Grivellus decis. 14. num. 65. & seqq. Brodeau sur Loüet litt. M. num. 9. & Fontanella de pact. nuptial. claus. 5. gl. 8. p. 8. num. 3. & seqq.*

ARR. VI.

Au fait de Valiech, au rapport de Monsieur Ambecy fut decise une question notable, sur laquelle y avoit eu partage en la premiere & seconde Chambre des Enquêtes; à sçavoir si la femme avoit privilege sur les biens de son beau-pere, qui avoit reçû la dot, contre les premiers créanciers hipotequaires : le doute étoit, sur ce qu'aucuns tenoient l'opinion de la glose *in l. assiduis*, & des Interprêtes; les autres qu'il n'y avoit privilege, passa à remontrance, que le mari seroit alloüé du jour de son hypotheque, sauf à la femme son action contre lesdits biens, ou ceux du mari, qui ne seront suffisans, jugé à la grand'Chambre : le même jour, & droit par ordre, au second avis la remontrance fut prise.

De son Beau-Pere.] La Jurisprudence des Arrests a souvent changé au sujet du privilege de la dot sur les biens du Beau-pere, car au commencement la presence du pere au contrat de mariage de son fils ne l'obligeoit pas à la repetition de la dot s'il ne l'avoit reçûe en tout, ou en partie; ensuite on voulut que la presence du Beau-pere au contrat de mariage ne l'obligeoit pas, mais bien sa presence à la reconnoissance que son fils faisoit de la dot de sa femme. Aujourd'hui on est revenu à l'usage qui avoit été autrefois en vogue pendant fort long-temps; car le Parlement juge que la seule presence du pere l'oblige à la repetition de la dot reçûe par son fils en son absence, suivant l'Arrest donné en la premiere Chambre des Enquêtes le 3. Juillet 1662. au rapport de Mr. de Lafont en la cause de Demoiselle Anne de Garrigues, femme de Jean Blanc, contre Charles Blanc, & autres creanciers du Beau-pere de ladite de Garigues; & quand le Beau-pere a reçû, la belle-fille doit être preferée à ses créanciers anterieurs, conformément à la doctrine de *Maynard liv. 2 chap. 50. & de Cambolas liv. 1. chap. 48.* sur quoi il faut remarquer, que la preference que la belle-fille a sur les biens de son Beau pere, n'est que pour la dot, & non pour l'augment qui lui est acquis par le prédecez de son mary; la raison en est, que l'augment supposant une liberalité du mary, personne n'en doit etre garant que lui-même, & la veuve par consequent n'a aucune action contre son Beau-pere : comme il fut jugé en la Grand'Chambre, au rapport de Mr. F. Cathellan le 5. Mars 1664. en la cause de la veuve de Puech, contre le nommé Balde, &

autres creanciers dudit Puech, mais quoique pour le dot la femme ait prise sur les biens du Beau-pere, ce n'est que subsidiairement, & en cas d'insuffisance des biens du mari, suivant l'Arrest donné en la premiere Chambre des Enquêtes, au rapport de Mr. de Guilhermin le 17. Janvier 1674. en la cause de la femme du sieur François le Bon, contre sieur Claude Moneau & autres. *V. l'art.* 22.

ARR. VII.

En l'affaire de Ogier de Luppe, sieur de Chastillon, contre de Saguedenes, au mois de Février mil cinq cens huitante-quatre fut jugé, ayant été verifié que Paule de Luppe, sœur dudit sieur de Chastillon, avoit vêcu scandaleusement pendant son veuvage, bien que de son vivant il n'y eût eu plainte à l'encontre d'elle, qu'elle étoit neanmoins privable de la succession de ses enfans, & Ogier aussi qui étoit leur oncle maternel, laquelle fut adjugée aux parens du côté du pere, qui étoient en degré plus éloigné.

V. le liv. 2. tit. 4. verb. mariages, art. 8. 14. & 15. Maynard liv. 3. chap. 99.

ARR. VIII.

La dot se doit rendre, eu égard à ce que les especes valoient au temps du mariage. Ainsi jugé en l'affaire de François Sarronne, au rapport de Monsieur Caumels, du premier Juillet mil cinq cens septante-sept. Autre Arrest du vingt-sixiéme Mars mil cinq cens huitante-trois, de Molinier, au rapport de Monsieur Maynard.

V. le tit. 61. art. 5. & le liv. 2. tit. 6. verb. dot. & preference d'icelle, art. 3.

ARR. IX.

Bien que la dot se puisse prendre sur les biens sujets à restitution, par l'Authentique *Res quæ cod. communia de legat. & fideicomm.* Cela toutefois s'entend aux ascendans, & non aux collateraux, & autres étrangers substituans; comme fut jugé pour Estienne Aufrery, contre Jeanne de Belin sa belle-sœur, poursuivant sa dot sur les biens substituez audit Estienne, par un Thomas Aufrery son oncle le trentiéme Avril mil cinq cens huitante-trois au rapport de Monsieur Ambecy.

V. le liv. 2. tit. 6. verb. dot. & preference d'icelle art. 4.

Arr. X.

Res empta ex pecunia dotali, non est dotalis, & ex tali emptione non competit actio mulieri : sed tantum hypotecam habet indicto fundo. l. ex pecunia dotali C. de jure dotium.

Tantum hypothecam habet] Regulierement ce qui est acquis des deniers dotaux par le mary, en son nom à l'insçû de sa femme, n'est pas dotal. *L. ex pecunia C. de jur. dot.* Ainsi la femme ne peut pas directement vendiquer les fonds acquis de ses deniers, n'ayans sur iceux à la rigueur qu'une hypotheque privilegiée, toutefois la Loy s'interessant pour la conservation des dots, elle porte dans cette vûë sa faveur si avant, qu'elle fait prevaloir l'équité à la rigueur de la Loy, lorsqu'elle trouve occasion de le faire : ainsi lorsque le mary se trouve insolvable, en ce cas, *Ne dos sit in loco periculoso*, le fonds acquis des deniers dotaux devient dotal subsidiairement. *Cujac. lib. 5. observ. cap. 29. Cod. Fab. lib. 5. tit. 7. defin. 43. Franciscus Stephanus dec. 18.* conformément à la Loy, *res quæ 54. de jur. dot.* qu'on concilie facilement avec ladite Loy *ex pecunia*. Par la distinction qui vient d'être alleguée, la cause de la femme est même si favorable, qu'au cas de l'insolvabilité du mary, elle l'emporte sur le fisc, quoi qu'anterieur en hypotheque. *Cambolas liv. 1. chap. 31* Au reste, on a voulu concilier encore les loix qui ont été citées, en disant ; que quand le contrat d'acquisition porte liberalement que le fonds est acheté des deniers dotaux, pour lors il est dotal, & tellement propre à la femme qu'elle le peut vendiquer ; mais il en est autrement, lors que le contrat ne le dit pas. Surquoi l'on peut voir Mornac sur ladite Loy, *res quæ*. Mais au dernier cas la femme n'a pas moins une action subsidiaire, *quandò maritus solvendo non est*, quand on peut justifier que le fonds a été acheté de ses deniers dotaux.

Arr. XI.

A la constitution de la dot d'une femme, avoit été expressement convenu, que ou le mariage seroit separé par mort : & que le mari decederoit, la femme ne pourroit repeter la dot de deux ans après la mort. Le cas avenu par Arrest les heritiers dudit feu mari furent condamnez dans dix semaines à payer à ladite femme la dot, & sans dépens.

De deux ans.] *V. L. licet. 18. ff. de pact. dotalib.*

A payer la dot.] Sur la question si le mary doit gagner les interêts de l'année qui lui est donnée pour la restitution de la dot, après la mort de sa femme, plusieurs ont soûtenu la negative, au prétexte que ce temps n'est accordé que pour ramasser le capital de la dot, *cùm facilis non sit pecuniæ præsentatio.* & de ce sentiment ont été *Zasius singul. lib. 2. cap. 3. Gratias de expensis & meliorat. cap. 8. num. 30. seq Groenewegen. de legib. in Hollandia abrogat.* tant sur le §. 37. *Instit de actionib.* que sur la Loy unique §. 8. *vers. exactio C. de rei uxor. actio.* l'usage pourtant est contraire, & suivant icelui le mary profite des interêts. Il est vrai que quand les sommes constituées en dot n'ont pas été denaturées & exigées par le mary, comme audit cas, il n'a qu'à les retroceder ; il ne joüit pas des interêts desdites sommes. Au reste, quand la femme survit, les interests de sa dot pour la premiere année sont compensez avec son année de viduité & ses habits de deuil. *V. Cujac. in paratil. ad tit. C. tit. eod. le liv. 3. tit. 9. verb. retour. art. 1. & Fachin. lib. 3. controvers. 47.*

Arr. XII.

Par Arrest de la Cour du quatriéme Mars mil cinq cens septante-deux, une femme fut declarée non recevable à demander supplement de legitime, ayant quitté & renoncé à tous biens paternels en recevant sa dot, & trente ans aprés le decez de son pere, encore qu'elle fut en puissance de mari : parce qu'il fut remontré, que ce n'étoient biens dotaux : & par ainsi que l'action appartenoit à la femme.

Biens Dotaux.] *V. L. hac lege C. de pact. convent. & Cod. Faber. lib. 5. tit. 15. defin. 2.*

Arr. XIII.

Entre Delphine Genebrouze; & François & Sebastien Genebrouze; par Arrest prononcé le vingtiéme de Mars mil cinq cens quarante-deux, lesdits François & Sebastien furent condamnez à parfaire à ladite Genebrouze pour sa dot, & tout autre droit par elle pretendu, le payement de pareille & semblable somme, qui avoit été coonstituée à Rixen leur sœur par leur feu pere, au contrat de mariage de ladite Rixen.

Arr. XIV.

Le retranchement ordonné par la Loy *hac edictali C. de second. nuptiis*, & par la Novelle 22. de Justinien, confirmée par Edit du Roy François II. appellé des secondes nôces, du mois de Juillet mil cinq cens soixante, a été jugé avoir lieu en l'augment, par Arrest du troisiéme Aoust mil cinq cens septante-cinq, & ce faisant ordonné que la veuve seroit payée de l'augment à elle dû, à raison de ce que montoit la legitime d'un de ses enfans; lequel Arrest a été depuis confirmé par autre Arrest general, au profit des enfans de feu Monsieur Jean Rossel, contre la veuve d'icelui, au mois de Septembre mil cinq cens nonante-huit. Prononcé par feu Mr. du Faur, sieur de saint Jori premier Président.

Des secondes nôces.] Cet Edit est du Roy François II. & le Chancelier de l'Hôpital le dressa sur la Loy *hac edictali C. de secund. nupt.* le retranchement, que cette loy ordonne, a même lieu à l'égard de l'augment coûtumier. *Maynard liv. 3. chap. 27. Olive liv. 3. chap. 13 Cambolas liv. 2. chap. 46. num. 1.*

ARR. XV.

Les biens sujets à restitution ne sont affectez pour la dot, & augment de la femme de l'heritier grevé; sinon qu'il soit fils ou neveu, ou autrement descendant du testateur, comme il fut jugé aux Arrests generaux, prononcez par Monsieur Duranty premier President, entre Anne de Pelepoix, & le Syndic de l'Hôpital saint Jacques de Toulouse.

Sujets à restitution.] *V. le livre 2. verb. dot. & preference d'icelui art.* 4.

OU NEVEU] C'est-à-dire petit-fils, dans le sens que les latins disent *nepos*. Car à prendre le mot de neveu suivant l'usage ordinaire pour le fils d'un frere, la doctrine rapportée par l'Auteur seroit fausse, puisque suivant l'authentique *res quæ C. commun. de leg.* elle n'a pas lieu à l'égard des collateraux.

ARR. XVI.

Femmes pour ses bagues baillées en gage par son mari a droit de poursuite, contre le detenteur; sauf son recours sur les biens du mari; comme il fut jugé par Arrest du sixiéme Septembre mil cinq cens huitante, pour Jean Massonnier, contre Anne de Negrier, femme de Jean Valiech.

Contre le Detenteur.] Cela est conforme à la doctrine de *Tiraquel. tract. de legib. connub. gl.* 46. Sur-tout à l'égard des bagues données en contrat de mariage, *specialì quædam ratione, scilicet propter signum & testimonium contracti matrimonii*; ce que les donateurs prétendent n'être vrai que par rapport aux creanciers qui sont posterieurs au contrat de mariage; c'est sur la Loy *de rebus C. de donat. ante nupt.* Et quoi que par la coûtume de France, suivant *Rebuffe ad l. 67. ff. de verbor. signif.* le mari puisse aliener les bagues & habits de sa femme, il est certain neanmoins qu'elle les peut reclamer, s'opposer même à la saisie d'iceux faite par le creancier du mari. *C. vrac en son traité des lettres de change pag.* 163. *& suiv.* en rapporte Arrest du Parlement de Bordeaux du 8. Janvier 1636.

ARR. XVII.

Sur un procez parti, contretenant Monsieur Donjac, a été jugé que la dot que la mere a constituée à sa fille, est sujette à retour, decedant la fille sans enfans; bien qu'elle eût fait testament le seiziément Juin mil cinq cens quatre vingts-deux.

V. le liv. 2. tit. 7. verb. donation. art. 3. le liv. 3. tit. 9. verb. retour. art. 1. & ce traité chap. 40. art. 21.

ARR. XVIII.

Par Arrest donné au rapport de Monsieur J. Papus, le seize Fevrier mil cinq cens nonante-deux entre Maître Jean Carrier &

Maître Jean Daverane a été jugé que la dot constituée par la mere à sa fille, qui a laissé enfans; les enfans toutefois étant predecedez à l'ayeule, fait retour.

Fait retour] Quand même le pere des enfans seroit en vie; cela se juge ainsi, sans hesiter, dans le ressort de ce Parlement. *Ferr. in quæst.* 147. *Guid. Pap. Duranti quæst.* 1. Quoi que les Decisionaires ayent été fort partagez sur cette question autrefois, & que le Parlement de Grenoble ait jugé le contraire, suivant l'Arrest *d'Expilly chap.* 125. *V. l'article. preced. & le tit.* 44. *art.* 1.

ARR. XIX.

Arrest du douziéme May mil six cens dix entre Antoinette de Goudour, & Maître Jacques de Coma Avocat en la Cour; Par lequel une tante ayant fait donation de ses biens entre vifs pure, à Bellette son neveu; ledit Bellette donataire étant mort sans enfans, à lui survivant ladite tante donatrice, les biens donnez lui furent adjugez par droit de retour.

Lui furent adjugez] c'étoit une tante de sang, & non d'alliance. *V. le tit.* 40. *de ce traité art.* 21.

ARR. XX.

La restitution de la dot peut être refusée à la femme moindre, jusques à ce qu'elle ait atteint l'âge de vingt-cinq ans, sans bailler cautions de ratifier la quittance, qu'elle en fera après led. âge; Comme aussi de l'augment, & autres choses restituables aux enfans du premier lit, s'il y en a, sans bailler cautions de ladite restitution: comme nous le jugeâmes pour feu de Vignaux Conseiller, contre Demoiselle Marguerite Bertier sa belle-fille, le treiziéme Octobre mil cinq cens nonante-deux.

Sans bailler caution] Si ce n'est lorsque la femme mineure exige la dot, *consentiente generali, vel speciali curatore*, aux termes de la Loy *mulier C. de jur. dot.*

ARR. XXI.

Les filles mariées, ou veuves, ayant renoncé en leurs pactes de mariage à tous biens paternels, maternels & fraternels, sauf future succession, ne sont après reçûës à la succession *ab intestat* de leur pere; ains seulement à demander leur supplement de legitime, nonobstant

nonobstant ladite clause, *sauf future succession*, & nonobstant l'allegation de leur minorité, & puissance paternelle, comme fut jugé en un procez, parti le premier jour de Juillet mil cinq cens huitante-six, par le Chapitre *Quamvis de pact. in 6.*

Ne sont reçûës.] Lorsqu'il y a des enfans mâles, freres de la famille qui renonce, au temps du decez du pere, parce que la renonciation est presumée avoir été faite en faveur. *Ferrer. in quæst.* 192. *Guid. Pap. & Cambolas liv.* 1. *chap.* 9. quoique dise *Maynard liv.* 4. *chap.* 20.

ARR. XXII.

Le privilege de la dot s'étend, non seulement contre les creanciers anterieurs du mari, qui a reçû la dot, ou son fils en sa presence, ou de son consentement, par Arrest du vingt-sixiéme Novembre mil cinq cens huitante-huit, pour Rech, contre Noaut & Godal.

V. l'art. 6. verb. dot. & ibi annot.

ARR. XXIII.

La femme pour son augment est mise au rang du jour du contrat : & ainsi fut jugé par Arrest de la Cour en faveur de la veuve de feu Goutoulas Bourgeois de Toulouse, & les creanciers au mois de Septembre mil cinq cens nonante-six.

V. le liv. 2. tit. 6. verb. dot. & preference d'icelle, art. 5.

Edifices.

TITRE XLII.

Arrest touchant la demolition des édifices occupans & empêchans le cours de la Riviere.

ARR. I.

Extrait des Registres de Parlement.

VÛ la requête baillée à la Cour par Maître Bertrand Sabatier Procureur general du Roy, à ce que pour les causes y contenuës, fut inhibé aux Capitouls de Toulouse faire, ou attenter aucune chose sur la demolition de certain mur, ou édifice, étant derriere sa maison sur la riviere de Garone ; plaidoyé sur ce fait le neuviéme jour de ce mois, Arrest donné par lequel fut commis à M. Pierre Gaillard, George de Cabre, Pierre de Malenfant, & Jean Daffis Conseiller en ladite Cour se transporter sur le lieu, visiter le tout, comme audit Arrest est contenu: autre requête cejourd'hui baillée par ledit Sabatier, ensemble certaines Lettres d'appel par lui interjeté desdits Capitouls, procez de la visitations faite desdits Commissaires, & oüi leur rapport, Dit a été, sans avoir égard audit appel, attenduë l'évidence & notorieté des empêchemens, étans à present sur le cours de ladite Riviere, & les grands inconveniens & dommages irreparables, que vrai-semblablement aviendroient par les inondations, pareille à celle qui est avenuë le troisiéme jour de ce même mois de Mars, que tous & chacuns les murs ou édifices, jardins, terrasses, palisses, ou autres especes de clôture, étant derriere les maisons situées sur ladite Riviere, ou dessus le pont de Thounis, tirant vers les moulins du Château, jusques à la tour qui est derriere le Couvent des Religieuses de sainte Claire, & semblablement le mur & édifice fait, tant par les Capitouls anciens, que par ledit Sabatier ou autre, derriere la maison appartenante de present audit Sabatier, au dessous dudit pont, & joignant à icelui, ou autres murs ou édifices, jardins, terrasses, palisses & clôtures étant Monastere de la Daurade, seront ôtez & demolis, en ce que passent & excedent outre l'endroit du premier pillier dudit pont devers la Ville, & le tout sera reduit à fleur & ligne dudit premier pilier; en maniere que toute la premiere arche dudit pont, & l'endroit d'icelle, tant au dessus que dessous, demeure entierement vuide & libre pour le cours de l'eau, sans aucun empêchement, directement ou indirectement, & pareillement d'autre côté dudit pont, vers l'isle de Thounis, seront ôtez, démolis & retranchez les édifices, palisses, jardins, clôtures & pavés étans derriere les maisons d'icelle isle au dessus dudit pont jusques ausdits moulins du Château en ce que passe excede outre l'endroit du troisiéme pilier dudit pont, & le tout reduit à fleur & ligne dudit troisiéme pilier, en maniere que la seconde arche d'icelui pont, & l'endroit d'icelle, demeure aussi entierement vuide & libre pour le cours & passage de l'eau; & enjoint la Cour à tous ceux à qui appartiennent lesdites maisons, & chacun d'eux en son endroit, ôter, démolir &

reduire lesdits édifices, jardins, terrasses, clôtures, & pavez à fleur, & en la maniere cy-dessus declarée, dans quinze jours prochains; & à faute de ce enjoint ausdits Capitouls le faire faire incontinent aux dépens des possesseurs des maisons susdites, chacun en son endroit respectivement. Et n'entend la Cour que dedans ce qui demeurera & restera derriere lesdites maisons, aprés avoir fait la demolition & reduction susdite, les tenanciers d'icelles maisons, & chacun d'eux ne puissent avoir issuë vers lad. Riviere par degrez, & autrement, pour prendre & puiser d'eau pour leur service & usage, pourveu que lesdits degrez ou autres choses requises pour ledit service, ne passent plus avant que l'endroit desdits piliers, respectivement comme dit est; Et en outre enjoint la Cour ausdits Capitouls faire faire bonne & suffisante clôture de mur, joignant audit premier pilier devers la Ville, à ce qu'aucun ne puisse porter ou mettre fumiers, ou autres immondices dessous ladite premiere arche, ou *illec* de nuit ou de jour se retirer, & pareillement leur enjoint pourvoir diligemment de lieux aptes & convenables, separez & sequestrez, des immondices jettées, ou entrans en ladite Riviere, esquels les Habitans puissent commodement, sant danger des personnes, & detriment de la santé, envoyer prendre & puiser eau pour leur usage & service. Et quant aux édifices, jardins ou clôture étans à l'endroit de la tierce arche dudit pont, du côté de ladite isle de Thounis : & aussi quant aux édifices, terrasses, jardins & clôtures étans du côté de la Ville depuis ledit Couvent de sainte Claire, jusques aux moulins, la Cour a ordonné & ordonne, que par lesdits Commissaires & Capitouls sera faite plus ample visite avec Experts, pour aprés oüi leur rapport, y être pourveu comme il appartiendra. Et au surplus ordonne la Cour que lesdits Capitouls sans retardation des demolitions & reductions susdites, mettront devers elle les actes des deliberations & procedures par eux faites sur ladite demolition, pour icelles vuës être pourveu sur les autres points desdites Requêtes ainsi qu'il appartiendra. Prononcé à Toulouse en Parlement le douziéme jour du mois de Mars mil cinq cens quarante sept.

ARR. II.

Il est resolu en Droit que le Prince, ou la Republique peuvent prendre le bien des Particuliers pour le bien public, *l. item si verberatum §. 1. D. rei vendic. l. Lucius. D. de evict.* toutefois cela s'entend en payant l'estimation, & valeur desdites choses *l. si locus D. quemadm. servit. admitt. l. 2. cod. quib. ex caus. servit. facit. l. ædificia. cod. de operibus pub.* A cause dequoi le Sindic de la ville d'Alby a été condamné par Arrest en grandes sommes de deniers envers le Sindic des Carmes de ladite Ville, pour redifier au Couvent dans ladite Ville au lieu de celui que par ladite Ville, & pour la tuition d'icelle, leur avoit été demoli dehors ladite Ville.

Pour le bien public.] Il faut même qu'outre l'interêt de l'utilité publique il y ait necessité d'en user ainsi Le droit qui est acquis pour ce regard au Prince & à la Republique, est appellé *eminens Dominium*, & par Hugo Grotius en son divin Ouvrage, *de jure belli & pac. supereminens Dominium* plusieurs en ont traité, comme le même Grotius, Ludovicus Molina, *de just. & jur. tract. 2. disp. 61.* Joannes Limnæus *tom. 2. jur. publ. lib. 4. cap. 8.* Didac. Covarruvias *lib 3. variar. resol. cap. 14.* Nicol Lyranus & Victorin Strigelius *ad 1. Reg. cap. 8.* Vvaremund ad Erenberg. *de regni subsidiis & onerib. subditor.* Rollandus à Valle *lib. 2. consil. 69.* Matth. de Afflictis *decis. 361. num. 4* Petro de Andlo *lib. 2. de Imper. Rom. & ibi* Marquard Freherus *in not. ad verba* [*tollere alicui rem suam*] Conradus Summenhart de Calnu *tract. de contractib. licit. atque illic. tract. 1. qu. 1* & en dernier lieu Jacob. Andr. Crusius, sous le titre, *de præeminenti Dominio principis & republicæ in subditos, eorum bona, ac jus quæsitum*; où il fait voir que ce droit ne repugne ni au droit divin, ni au droit naturel, ni au civil, *cap. 2. per tot.*.

En payant l'estimation.] Le Prince, ni la Republique n'y sont pourtant pas tenus en plusieurs cas, rapportez par Crusius en son traité *de præeminenti Domin. cap. 5.* hors de ce cas on peut dire avec Balde *diabolica potestas est, auferre rem alienam sine pretio. Rolland. à Vall. loc. cit. num. ult.*

Auvants des maisons.

ARR. III.

L'Ordonnance des Capitouls de Toulouse du vingt-neuviéme Mai mil cinq cens quarante-un, contenant que tous les habitans de ladite Ville seroient tenus abattre tous auvants, valets, foraigets, capelades, & autres édifices faits sur les ruës de la Ville & faux-bourgs, & iceux édifices mettre & reduire à plomb & droit du fondement, dans un mois, à peine de cinq cens livres, fut confirmé par Arrest du dernier jour dud. mois de Mai aud. an mil cinq cens quarante-un, conformement à semblable Arrest qui avoit été donné pour la ville de Rabastens le dix-neuviéme Fevrier mil cinq cens quarante.

V. l. ædificia C. de operib. public.

ARR. IV.

Le huitiéme jour de May mil cinq cens vingt huit, fut donné Arrest entre Maître Pierre Sautere Procureur, & le Sindic de la Ville, & Maître Pons de Thesa, par lequel entre autres choses fut dit, certaine sentence donnée par les Capitouls de Toulouse, par laquelle étoit dit, que d'oresnavant les bien-aisés seroient contraints bâtir de tuille, seroit executé.

ARR. V.

Le dixiéme jour de Mai mil cinq cens soixante-un entre Chatherine de Threiller, & M. Jean Captan, où étoit question de remboursement de la moitié des frais faits par ledit Captan, au bâtiment de certaine muraille faite au sol commun, est dit, que ladite de Threiller ne sera tenuë payer ladite moitié, que à raison de quatre pams de fondement, & douze pams sur terre; sauf de payer le surplus, ou à l'avenir elle se voudroit aider de la muraille: & au reste que ledit Captan sera tenu remettre les vuës à dix pams de terre, ou du soulier où elles sont, & icelles faire garnir de treillis de fer, & vitres d'ormans suivant la coûtume de Toulouse.

Remettre les veuës.] S'agissant d'un mur mitoyen, il faloit qu'il y eût permission pour faire les vûës suivant *l'art. 199. de la coust. de Paris.*

ARR VI.

Le douziéme Decembre mil cinq cens nonante-deux entre Gay Avocat, & de Galdon, veuve de M. Latomy President, ledit Gay ayant été condamné payer l'estimation de la moitié d'une muraille, de laquelle il se vouloit aider, disoit ladite estimation se devoir rapporter au temps que ladite muraille avoit été construite; au contraire ladite de Galdon au temps present; par nôtre jugement fut jugé au profit de ladite de Galdon.

Avoit été construite] C'est eu égard au temps que le voisin s'en veut servir. V. le *liv. 2. tit. 1. verb. maisons, édifices, art. 3.*

Eglises.

TITRE XLIII.

ARR. I.

PAr Arrest prononcé le vingt-deuxiéme Decembre mil cinq cens septante-quatre, & par autre semblable Arrest du vingt-sixiéme Mars mil cinq cens huitante-cinq, fut inhibé de se promener par les Eglises durant le divin service.

Durant le divin service.] Cela est conforme à l'Ordonnance de Blois *art.* 39.

Emancipations.

TITRE XLIV.

ARR. I.

LE vingt-septiéme Mars mil cinq cens huitante entre Fregueville, & Baduello, prononçant Mr. Bertrandi, fut decis, que *filia per decem annos maritata, censetur emancipata, ut testari possit. Secundò.* Que les biens donnez par le pere en faveur de mariage, *Et si donatarius decesserit relicto filio ipso decedente donante adhuc superstite*, font retour au pere donateur.

Censetur emancipata.] Cela est contraire à l'usage, suivant lequel une fille n'est pas censée émancipée, pour avoir demeuré dix ans hors de la maison de son pere, ainsi elle ne peut pas valablement disposer sans son consentement, & le faisant autrement sa disposition est nulle. *Cambola liv.* 1. *chap.* 27. *d'Olive liv.* 3. *chap.* 3. rien donques ne peut autoriser le prejugé rapporté par l'Auteur, qu'en presuposant que les parties étoient regies par la coûtume de Toulouse, dans l'usage de laquelle les filles mariées sont censées emancipées. *Duranti quest.* 21. hors de ce cas l'état de mariage, qui ne les tire pas de la puissance paternelle, ne les fait pas regarder comme tacitement emancipées aprés dix ans, parce que la separation de ces filles ne peut pas être prise pour un acte de volonté de leurs peres : Et c'est par la méme raison que quoique qu'un Curé, en servant sa Cure, ait demeuré plus de dix ans hors de la maison de son pere, le Parlement a prejugé par Arrêt du 27. Avril 1657. au rapport de Mr. de Relleguier, en la seconde Chambre, aprés partage porté à la premiere, & ensuite en la grand'Chambre, contretenant Mr. de Boutaric, qu'il n'étoit pas censé emancipé, parce qu'étant obligé à la residence & au service de sa Cure, par les Ordonnances Royaux : Il est vrai de dire que son pere ayant souffert qu'il ait pour cet effet demeuré hors de sa maison, & n'ayant pû ni dû l'empêcher, cette tolerance ne peut pas être prise pour un acte de volonté ; ce qui détruit l'emancipation tacite, attendu qu'elle est l'effet d'une volonté presumée. *V. le tit.* 77. *art.* 2.

Empoisonnemens.

TITRE XLV.

ARR. I.

C'Est beaucoup plus grievement offenser de tuer par poison, qu'à force ouverte ; *Gravius est occidere veneno, quàm gladio* : car non seulement celui qui a tué par poison : mais celui qui a versé du poison, bien qu'il n'aye sorti à effet ; & qui plus est, celui qui a été trouvé saisi, qui a vendu, ou acheté des poisons pour empoisonner, est puni de la peine des homicides, comme le decide formelement le Droit, *in l.* 1. §. *præterea*, *& l. ejusdem D. de sicar. DD. in d. l.* 1. *& in l. si quis non dicam rapere C. de Episcop. & cler.* Et à ce propos Bodin liv. 4. de sa Demonomanie dit, qu'en l'an mil cinq cens soixante-neuf, il y eut un Chanoine de Laval qui fut accusé d'avoir versé du poison au calice du Doyen de Laval, lequel aprés l'avoir prise en disant la Messe de minuit à la fête de la Noël, tomba par terre, & neanmoins il jetta la poison. L'accusé confessa volontairement sans torture, & depuis se voyant condamné il appella au Parlement de Paris, où il fut condamné d'être brûlé par Arrest, & executé, nonobstant que le Doyen n'en fut mort, ains gueri : parce que en crimes atroces & enormes *punitur conatus & affectus, licèt non sequatur effectus.* Et de nôtre temps M. Barthelemi Valete Docteur Regent en l'Université de Toulouse, étant convaincu d'avoir voulu seulement pratiquer un laquai, d'empoisonner son Maître, contre qui il plaidoit, & à cet effet lui auroit baillé quelques phioles pleines de poisons, fut pendu & éstranglé à Paris avec sa robe longue & cornette, pour plus grand exemple ; par jugement du grand Prevost de l'Hôtel, parce que le crime avoit été commis à la suite de la Cour.

Enquêtes.

TITRE XLVI.

ARR. I.

IL suffit que les personnes Ecclesiastiques, étans ouïs en témoignage, prêtent le serment la main mise à la poitrine, sans autrement les astraindre au touchement des saints Evangiles; comme il fut jugé au procez de Solegre, contre Pinol, sur une nullité d'enquête, à cause de ce proposée, par Arrest au mois de Fevrier mil cinq cens huitante-deux.

Au touchement des Ss. Evangiles.] Si ce n'est en cas d'importance, *Maynard. liv. 4. chap. 63.* ainsi on ne suit pas en France l'Authentique *sed. judex C. de Episc. & Cleric.* ni la Novelle 327. *cap. nulli*, d'où ladite Authentique a été tirée.

ARR. II.

Jaçoit que le Commissaire ne puisse ouïr les témoins sans l'adjoint, neanmoins en l'attendant les peut recevoir, & leur faire prêter le serment, ainsi qu'il appartient, comme il fut jugé en audience, prononçant M. le premier President Daffis, en l'an mil cinq cen huitante, sur une nullité d'enquête à cause de ce proposée.

Les peut recevoir.] Mais non pas les ouïr. *V. le livre 4. tit. 4. verb. témoins art. 3. & Maynard liv. 4. chap. 71.*

ARR. III.

Sur défaut donné en certain lieu pour voir proceder à faire enquête, s'il est requis, & est de besoin proceder ailleurs, & en autre lieu, bien que plus proche, & commode, avant que l'ordonner faut que derechef la partie soit assignée à ces fins, sur peine de nullité de tout ce à quoi il y sera après, comme il fut jugé, & à cause de ce une enquête cassée. Entre Bertrand Potalgues, & Jacques Caminade, en la seconde Chambre des Enquêtes à Toulouse, au mois de Fevrier mil cinq cens huitante-un.

V. Maynard liv. 4. chap. 64.

ARR. IV.

Une enquête commencée avec adjoint, faut que soit continuée & parachevée avec ledit adjoint, ou s'il étoit mort, malade, ou absent, avec autre accordé ou pris d'office; autrement l'enquête est nulle, comme il fut jugé par Arrest, entre les heritiers de Guffet, contre Anne de Seguier Dame de Villeneuve, le sixiéme Janvier mil cinq cens huitante-trois.

L'Enquête est nulle.] C'est-à-dire tant pour les dispositions faites avec l'adjoint, que pour les autres, parce que la procedure du Commissaire est indivisible; témoin ce qui est dit *en l'art. 13.*

ARR.

ARR. V.

Les Parties étant appointées en leurs faits contraires, si l'une des Parties ayant fait son enquête, l'autre est appellante du Commissaire qui a procedé à ladite enquête, la Partie appellante ne peut faire sa contraire enquête, que au prealable son appel ne soit vuidé, & ainsi fut jugé en Audience le vingt-troisiéme Août mil six cens onze.

ARR. VI.

Les Commissaires soussignent leurs procez verbaux, & non leurs Adjoints, qui ne signent que les enquêtes & auditions cathegoriques, & non lesdits procez verbaux; parce que c'est l'acte dudit sieur Commissaire seulement.

Non leurs Adjoints.] Le procez verbal ne seroit pas moins bon, pour être signé par l'Adjoint avec le Commissaire : *quæ abundant, non vitiant.*

ARR. VII.

Lors qu'on ordonne qu'un tuteur sera oüi cathegoriquement, on n'a point accoûtumé de dire qu'autrement les faits seront tenus pour confessez, ains on le contraint par commination de peines à son nom; parce qu'il n'est raisonnable que pour la faute du tuteur le pupille perde sa cause.

Perdre sa cause.] Soit que le tuteur *solvendo sit, vel non. l. neque in interdicto ff. de div. reg. jur.*

ARR. VIII.

Le quatorziéme Juin mil cinq cens huitante-sept a été arrêté que ceux qui auront fait les enquêtes principales, ou objectives, ne pourront être Rapporteurs du procez, bien qu'ils le puissent être ayans seulement fait les montrées, verifications & enquêtes d'office. Sur la difficulté meuë pour raison de la Mercuriale, étant Monsieur Jossé Rapporteur d'un procez auquel il avoit fait la verification.

V. Maynard liv. 4. chap. 66.

ARR. IX.

Arrest du premie Juillet mil cinq cens septante-deux, portant prohibition aux Magistrats ne dresser Commissions aux Notaires pour faire enquêtes principales.

V. le liv. 2. tit. 4. verb. Enquêtes. arr. 1.

ARR. X.

Commissaire deputé en vertu d'un dictum, ne peut subroger pour l'execution réelle. Arrest du treiziéme Septembre mil cinq cens cinquante-deux, vingt-trois Août mil cinq cens septante-cinq, entre Jean Andeguan.

V. le liv. 2. tit. 1. arr. 38.

ARR. X.

Enqueste ne peut être commise à faire aux Greffiers ou leurs substituez.

Par Arrest prononcé le neuviéme Août mil cinq cens soixante: Entre Simon Bonhomme, appellant du Senéchal de Beaucaire, contre Me. Jean de Montan, Juge-Mage en ladite Senéchaussée appellé; est faite inhibition & défense, tant audit Senéchal, qu'à tous autres du Ressort, de commettre la confection des Enquêtes aux Greffiers, ou leurs substituez, contre les Edits, Ordonnances & Arrests de la Cour donnez en semblables matieres, sur les peines en iceux contenuës, & d'être tenu aux dommages & interests envers les Parties.

ARR. XII.

Par Arrest du quatorziéme Août mil cinq cens quatre, un Commissaire, pour avoir oüi témoins sur un article en nombre excessif, fut condamné en trente livres d'amende, contre frere Gilbert Malian, & le Syndic du Clergé d'Uzez.

Un nombre excessif.] Ce qui est limité à dix témoins, par l'Ordonnance de Loüis XII. de l'an 1499 *art.* 13. confirmée par celle du mois d'Avril 1667. en l'art. 21. du tit 22. apparemment on a eu deux motifs pour faire ce reglement qui ne regarde que les causes civiles; le premier pris de la Loy premiere §. 1. *ff. de testib. ne effrenata potestas ad homines vexandos testium multitudine luxurietur* : Et le second, de ce que même en une Enquête par tourbe il ne faut pas davantage de témoins. Et quand dans une Enquête on fait oüir sur un article plus de dix témoins, on rejette ceux qui sont oüis après les dix premiers, *May. au liv. 4. chap. 61. & suiv.* Quoique les objets proposez contre ces dix témoins ayant été declarez pertinens, suivant l'Arrêt donné le 13. Aoust 1657. en la seconde Chambre des Enquêtes, après partage porté à la premiere, Rapporteur Mr. de Chambard, contretenant Mr. de Laporte. Et cela a lieu, quoique même les dix premiers déposent moins bien que les autres. *V. Papon. tit. des preuves & témoins art. 1. Basset liv. 6. tit. 8. chap. 4. DD. ad cap. cum causam extr. de testib. & attestatio.*

ARR. XIII.

Le Lundi dernier de Juin mil cinq cens huitante-six, sur un partage fait entre M. Vignals Receveur, & Monsieur Hebrad fut jugé en la seconde des Enquêtes qu'un Commissaire de la Cour ne peut faire enquête sans Adjoint, combien que la commission ne porte d'en prendre. Secondement ayant le Commissaire oüi un témoin qui n'étoit point assigné, toute l'enquête fut declarée nulle, & qu'ayant été la Sentence d'un Juge ordinaire donnée sur le rapport dudit Juge, en presence du Lieutenant, reformée par Arrest, ledit Lieutenant ne pouvoit faire l'enquête ordonnée par ledit Arrest. Et faut noter que les enquêtes des Parties furent cassées sur les nullitez qui n'étoient remarquées par les Avocats.

Sans Adjoint.] Sauf au cas rapporté par l'Auteur *au liv. 1. tit. 6. verb. Adjoints.*

Ne pouvoit faire.] *V. l'art. 15.*

Par les Avocats.] Par la raison de la Rubrique, *ut quæ des. advoc. part. suppl. judex*, suivant laquelle le Juge doit suppléer le défaut de formalité, & la question de Droit, mais non pas la question de fait, qui n'est connuë qu'aux parties.

ARR. XIV.

Le Commissaire procedant *in partibus*, après dûë assignation à la Partie pour le voir proceder, il n'est tenu faire derechef assigner ladite Partie, ni lui faire intimer les Appointemens qu'il donne sur ledit Lieu, soit pour l'Adjoint, ou autres, mêmes si ladite Partie s'est une fois presentée devant ledit Commissaire, si ce n'est que ladite Partie ou son Procureur fût dans le même Lieu ou Ville, ou fort proche, parce que ce seroit trop de longueur & de frais aux Parties.

* *Il n'est tenu.*] L'usage est contraire.

ARR. XV.

Par Arrest intervenu en un procez parti en la premiere Chambre des Enquêtes, & départi en la seconde, au rapport de feu Monsieur Vignaux, entre un Laurens Corties, une enquête faite par ceux qui avoient presidé au jugement, qui est après en la cause d'appel en la Cour reformé, fut cassée & declarée nulle.

V. l'art. 13. & Maynard liv. 3. chap. 32.

Estats de Languedoc.

TITRE XLVII.

ARR. I.

Lettres patentes du Roy François I. par lesquelles ordonne que la convocation des Estats du païs de Languedoc soit alternativement tenuë d'an en an és Senéchaussées de Toulouse, Carcassonne & Beaucaire. *fol. 19. lib. 4. ordinat.*

ARR. II.

Autres Lettres patentes pour faire reïterer la publication de l'Edit fait par François I. par lequel est enjoint aux Evêques & Prélats, ou leurs Vicaires, Barons, Comtes, ou Vicomtes, qui sont tenus se trouver en l'Assemblée des Estats du païs de Languedoc, de s'y trouver en personne, ou bien en cas d'empêchement legitime y envoyeront lesdits Prélats leurs Vicaires generaux, & les sieurs temporels gens de sçavoir & experience, *fol. 57. lib. 5. ordinat.*

ARR. III.

Declaration du Roy qu'és Assemblées des trois Estats de ce Ressort, les Evêques, ou ceux qui les representent, tiendront le même rang, seance & ordre qu'ils ont accoûtumé és Assemblées des trois Estats, *lib. 9. ordinat.*

ARR. IV.

Estats particuliers.

Edit contenant prohibitions aux Gouverneurs & Presidens, & à tous autres prendre dons & presens pour assister aux Estats, ou autrement, *fol 41. lib. 7. ordinat.*

Dons & presens.] Une Ordonnance de Saint Loüis de l'an 1256. défendoit de faire aucun don aux Officiers de Justice, *sinon fruits ou vin, ou autre present, dequoi la somme de dix sols ne soit pas surmontée la semaine.* L'on peut voir sur ce sujet *Gregor. Tolosanus syntagm. jur. lib. 36. cap. 28. Paris de Puteo de syndic. §. corruptio Xammarde offic. judic. & advoc. part. 1. quæst. 20. & DD. ad tit. ff. & C. ad leg. Jul. repetundar.*

ARR. V.

Estats ou assiettes.

Lettres patentes du Roy, par lesquelles le Syndic du Diocése d'Alby, envoyant aux Estats de l'une des deux Senechaussées de Toulouse ou Carcassonne, il est déchargé d'envoyer à l'autre. *eodem lib.* 10. *ordinat.*

Estude.

TITRE XLVIII.

ARR. I.

Presence à cause d'étude.

LE douziéme Aoust mil six cens trois Frere Jean Florit, Religieux du Monastere de S. Leon, Ordre de S. Victor de Marseille, demandant sa presence pour la poursuite de ses études en Toulouse; par jugement de nôtre Chambre en fut démis & renvoyé à son Superieur, pour avoir ladite permission d'aller étudier, & ladite presence. Faisant la Cour difference des Prébendiers, Chanoines, & autres Ecclésiastiques seculiers, aux reguliers, lesquels ne peuvent sortir de leur Monastere, sans la licence de leurs Superieurs. Et doivent se tenir dans leurs cloîtres ayant d'ailleurs tous les Ordres de Religieux des exercices des Lettres en certains leurs Monasteres, voire des Colleges à Paris comme des Bernardins, Benedictins, Jacobins, Cordeliers & autres: étant plus seant que les Religieux aillent aux Universitez de leur Ordre, & des Reguliers, que Seculiers, cap. *super specula*, *de magistr.* parlant des Seculiers, & non des Reguliers.

Arrest contenans la forme de prononcer sur les presences accordées en faveur de l'Etude.

ARR. II.

Extrait des Registres de Parlement.

Entre Maître Pierre Laboerie, Chanoine de l'Eglise Cathedrale de Rieux, appellant du jugement donné par les Conseillers

& Commissaires tenans les Requêtes du Palais d'une part, & le Syndic de ladite Eglise Cathedrale d'autre : Veu, &c.

Dit a été que la Cour a mis & met l'appellation, ensemble le jugement du quatriéme Janvier dernier au neant, & sans avoir égard aux Requêtes dudit Syndic, & par lui presentées devant lesdits Conseillers & Commissaires tenans lesdites Requêtes le quatriéme Janvier & neuviéme May dernier, ordonne que ledit Laboerie pour le temps de cinq ans, à commencer du jour qu'il a été congedié par ledit Chapitre pour étudier en l'Université de Toulouse, ou autre ; joüira annuellement de l'entiere grosse des fruits de sa Chanoinie & Prebende pendant ledit temps de son étude ; enjoignant audit Syndic de la lui faire délivrer par les Cellerier & Tresorier dudit Chapitre aux termes accoûtumez chacune année, durant sondit étude, sur peine de mil livres, qu'à faute de ce faire à son refus, lui sera declarée moitié envers le Roi, & moitié envers Laboerie pour ses dommages & interêts; à la charge que ledit Laboerie de six en six mois, pendent ledit temps d'étude, sera tenu porter audit Chapitre attestatoire de son étude ; des Regens & Docteurs, desquels sera auditeur ; & sauf audit Syndic de pouvoir poursuivre & demander le recouvrement des fruits pris par cy-après par ledit Laboerie pendant sondit étude, au cas qu'il se marieroit, ou ne voudroit être de la profession Ecclésiastique, & sans dépens, & pour cause. Prononcé à Toulouse en Parlement le vingt-neuviéme Juillet mil cinq cens septante-sept.

Profession Ecclésiastique.] A propos de la profession Ecclésiastique, on peut dire touchant celle des Religieux, que cinq ans de Religion, après l'année de Noviciat, tiennent lieu de Profession formelle, pourveu que le Religieux fût d'âge, & qu'il eût fait la fonction de Religieux comme les autres ; après il ne peut plus revenir au siécle, ni disposer de ses biens, suivant l'Arrest donné au Grand Conseil le 21. Fevrier 1671. en la cause de Blaise Ormantier, contre Antoine Momout ; & audit cas la clause revelative du laps de cinq ans, inserée dans le rescrit obtenu pour la cassation des voeux, doit estre rejettée comme abusive, à cause de la contrevention au Concile de Trente. En effet, si la qualité de la profession faite ou par force, ou avant le temps, *[illegible] tempcris, penitus profugatur. cap. fin. qui Cler. vel vovem. matri. contrah. po[illegible].* Pourquoi est-ce que cinq ans de Profession, accompagnez des actes & des fonctions ordinaires des Religieux n'emporteroient pas une Profession formelle, les Religieux étant d'age, & l'an de son Noviciat étant continué. Au reste, quand la Profession a été faite avant l'âge de seize ans accomplis, elle est nulle, & le Religieux se peut defroquer après avoir fait declarer la nullité de sa Profession par Bulle fulminée, suivant l'Arrest de ce Parlement donné en l'Audience de la grand'Chambre, le 2.

Mars 1675. en la cauſe de Jean-Henry Lagarde, qui avoit été Religieux Feüillant, & la Dame de Rochebard. Par cet Arrêt on préjugea encore deux choſes ; ſçavoir en premier lieu qu'un Legat du Pape trouvé dans le Royaume, a la même autorité que le Pape qu'il repréſente, pour la declaration de nullité des vœux, car la Cour confirma la Bulle de declaration de nullité des vœux dudit Lagarde, qui lui avoit été accordée par le Cardinal de Vendôme, qui étoit Legat en France. Et en ſecond lieu, que quoique regulierement telles Bulles doivent être fulminées par l'Evêque Dioceſain du Monaſtere où le Religieux avoit fait ſa profeſſion, (ſauf au cas d'une telle delegation procedant de la volonté du Roy, qui peut commettre tel Prélat que bon lui ſemble, même hors du Reſſort du Parlement) toutefois ſi ce Religieux ſe trouve dans un autre Diocéſe, la Bulle peut être executée & fulminée par l'Evêque de ce Diocéſe, ou par ſon Vicaire General, pourveu que l'on ait dûëment appellé le Syndic du Monaſtere de la Profeſſion, ou le General de l'Ordre. *V. le liv. 3. tit. 12. Maynard liv. 2. chap. 2. & 8.*

ARR. III.

Arreſt par lequel les Chanoines & Prébendiers, pendant le tems de leur étude, gagneront les groſſes, comme s'ils y étoient preſens. Prononcé le dernier Decembre mil cinq cens cinquante-deux.

V. l'article precedent, le Concordat *tit. de collatio.* §. 1. & le chapitre *licet nobis extr. de Prebend.*

ARR. IV.

Le douziéme Octobre enſuivant mil cinq cens cinquante-huit, entre le Syndic du Monaſtere de Lezat, & Fr. Roger de Caſter, Religieux dudit Monaſtere, fut ordonné que ledit de Caſter joüira de la faculté de prendre & percevoir les fruits de groſſe de ſa Prébende Monachale pour lad. année entierement & conſecutivement les autres années, juſques avoir accompli le temps de ſes études par cinq ans en Univerſité fameuſe, aux charges & reſervations contenuës en l'Arreſt.

Evictions.

TITRE XLIX.

ARR. I.

L'Evicton eſt tellement de l'eſſence & nature de la choſe venduë, permutée, cedée, engagée, ou autrement baillée, qu'encore qu'elle ne ſoit reſervée ni exprimée, elle eſt toûjours entenduë. *tit. de action'b. empti* : voire même quand bien il auroit été dit, & expreſſement convenu que le vendeur ne ſeroit tenu d'aucune éviction, & qu'il veut aux perils & fortunes de l'acheteur, neanmoins il eſt tenu d'éviction du prix par lui reçû ; non toutefois de la choſe venduë, *l. Evicti, dict. tit. De action.b. empti.*

Toûjours entenduë.] Parce que c'est une garantie de droit, qui est dûë d'elle-même & sans stipulation. *lib. 6. C. de evictio.* & qui plus est, la garantie est si naturelle au contrat d'échange, elle en est si inseparable, que quand on y auroit renoncé par exprès, & qu'on auroit pris les choses échangées à ses perils & fortunes, la garantie n'en est pas moins dûë en cas d'éviction, *etiam sine facto* du compermutant, & l'on peut reprendre les pieces qu'on a baillées en contre échange. *Cambolas liv. 5. chap. 9.*

ARR. II.

Quand d'une metairie, ou quantité de terres ou possessions venduës, une piece de terre est évincée par un tiers, le vendeur sera tenu payer à l'acheteur l'estimation de ladite piece évincée, non eu égard à la valeur d'icelle, mais de tout le corps vendu, & à proportion du prix total de ladite vente, & ce au dire d'experts; & ainsi fut jugé le quinziéme Janvier mil cinq cens nonante-un, pour Jacquemet Procureur, & Colomiez Imprimeur.

Particuliere Piece est évincée.] Au cas de l'Arrêt rapporté par l'Auteur, apparemment l'acheteur voulut se contenter de la garantie pour la piece évincée; car autrement il eût pû faire resoudre le contrat pour le tout, *quod partem empturus non esset*, aux termes de la Loy *tutor. 47. §. 1. ff. de minorib.* s'il n'eût crû avoir le tout. En effet, par Arrest donné en la seconde Chambre des Enquestes, au rapport de Mr. Jean Dupuy, entre Rey, Robert & Caumels, il fut prejugé, que si par un même contrat, & sous un même prix, on a acheté deux metairies, l'une desquelles soit évincée, on peut demander la rescision du contrat de vente; mais quand on se contente de la garantie pour la piece évincée, la bonté & l'estimation en est reglée par rapport au prix total de la vente, suivant la Loy *Qui libertatis §. in tando ff. de evictio*, ce qui se fait à dire d'Experts. On observe même en fait d'éviction, que lors que l'acheteur a été évincé que la chose lui a été ôtée par Sentence, & que sur le tout le vendeur a été condamné à la garantie, il suffit à celui ci pour se decharger de la garantie, d'offrir à l'acheteur la chose évincée, avec les dépens & les dommages & interests qu'il peut avoir souffert pendant le temps qu'il a été privé de la chose. *L. emptori. ff. de evictio.* à quoi se trouve conforme la doctrine de Maynard *l. 9. chap. 29.* du President Duranti *Deci. 14.* & deux autres Arrests de ce Parlement, l'un du 10. Fevrier 1671. donné en faveur de Me. Pierre Marvejols Avocat, contre le nommé Sainramond Maitre Orphévre de la ville de Toulouse; l'autre du mois d'Août suivant, donné au rapport de Mr. de Gramont en faveur de Noble Jean-Jacques de Vignoles, Seigneur de Saintbonnet, contre Noble Charles de Vignoles, fils du feu President en la Chambre de l'Edit; quoi qu'en l'espece de ce dernier Arrest s'agissant des biens de l'Eglise, l'acquereur allegât qu'il ne seroit jamais asseuré en sa possession, & que la transaction que ledit sieur de Sainbonnet avoit passée avec le Prieur dudit lieu, par laquelle ce Prieur se départoit de l'execution de certain Arrest de maintenuë sur lesd biens, ne fut pas un acte irrevocable, puisque les successeurs du Prieur la pourroient débattre quand bon leur sembleroit; mais de quoi se peut plaindre un acheteur, quand on lui offre les dépens qu'il a faits, les dommages qu'il peut avoir souffert jusques au jour de l'offre, & de le rendre paisible possesseur du fonds évincé. *V. le traité des droits Seign. chap. 2. arr. 9.*

ARR.

ARR. III.

Acquereur dernier, actionné en éviction & garantie par les premiers est quitte en faisant délaissement des biens hipothequez par Arrest du seiziéme Avril mil cinq cens huitante-six au procez de Jean, & autre Jean Roccaud, au rapport de feu Monsieur Fourez.

Acquereur dernier.] Le dernier acquereur est toûjours à découvert, ainsi un tiers possesseur qui se trouve executé, est recevable à faire rejetter la saisie sur les autres biens du debiteur en dernier lieu alienez, suivant l'Arrest donné en la grand'Chambre, au rapport de Mr. Delong, le 13. Août 1668. contre le Sieur de Lavaur; il est vrai que tant qu'il y a de biens extans, un creancier ne peut executer un tiers possesseur qui indique des biens extans, laquelle indication est toujours reçûe, à condition par le tiers possesseur d'en être garant, comme prejugé par ledit Arrest. L'indication pourtant n'est pas reçûë lors qu'il s'agit de l'interest d'un tiers possesseur; car sa cause étant plus favorable que celle d'un creancier, & étant autant privilegié qu'un autre tiers possesseur, ce qui doit faire cesser tout privilege : Il est sans doute que venant par action hypothecaire, il peut demander sa garantie contre d'autres tiers acquereurs, quoiqu'ils indiquent les biens du debiteur commun, ou de ses heritiers; ainsi que le Parlement le jugea le 1?. Aoust 1677. par Arrest donné en la seconde Chambre des Enquêtes, au rapport de Monsieur de Rolland; & par autre Arrest du 15. Février 1678. donné au rapport de Mr. de Marmiesse, en vuidant un partage fait en la seconde Chambre des Enquêtes, Compartiteur Mr. de Lombrail : il fut donné en faveur de Matthieu Charrier, Notaire de la Ville des Vans, contre Me Jacques Compang Avocat.

Excommunications.

TITRE LI.

ARR. I.

Arrest du second Juin mil cinq cens quarante, par lequel est enjoint aux Ecclesiastiques bailler le Benefice d'absolution aux debiteurs excommuniez, pour dettes, à peine de saisie de leur temporel.

Excommuniez pour dettes.] Autrefois dans les contrats obligatoires on faisoit soumettre par exprès le debiteur aux censures de l'Eglise, au cas il ne payeroit dans le temps convenu, passé lequel on le condamnoit au payement de ce qu'il devoit avec depens, & à faute d'y satisfaire, aprés l'avoir averti par monitoire de payer dans certain delai, icelui passé il étoit declaré excommunié, quand on n'obeïssoit pas par la Sentence étoit aggravée & reaggravée, ensuite dequoi le creancier usoit de sa contrainte : laquelle coûtume fut abolie en France, comme tendant à la destruction de la Justice Laique. V. [illegible] de la Coût. de Paris liv. 3 chap. 13. & de Sacr. polit. lib. 2. tit. 3. de même que [illegible] sur Louet lit. C. num. 31. §. 12. cum seqq. & le traité de la [illegible] des [illegible] où l'on voit pag. 26. une Sentence d'excommunication prononcée le 30. May 1532. contre deux habitans d'Aigue-mortes.

ARR. II.

Arrest prohibitif de n'excommunier les Religieux pour dette civile. Entre Frere Amanieu d'Aste, appellant de Monsieur Me. Jean de Teula, & Dominique de saint Germier appellé. Prononcé le 28. Mars mil cinq cens quarante-six.

Pour dette civile.] C'est suivant le chap. *Odoardus, extr. de solut.* V. Brodeau sur Loüet *lit. C. num. 31. §. 12. & suivans.*

ARR. III.

Le quatorziéme Avril mil cinq cens quarante, avant Pâques fut enjoint par Arrest aux creanciers par toutes voies prêter consentement que les excommuniez à leur requeste pour dette civile, soient absous sans pour ce exiger aucuns dépens; avec injonction aux Senéchaux faire observer ledit Arrest; sauf ausdits creanciers pour le payement contraindre les debiteurs par les rigueurs des Cours temporelles.

Experts.

TITRE LI.

ARR. I.

PAr une maxime du Palais est dit, que *dictum expertorum nusquam transit in rem judicatam.* A cause dequoi, encores qu'il y ait une relation par experts bien faite; neanmoins si l'une des Parties s'en plaint, & requiert qu'à ses dépens il en soit faite une autre, il lui est permis de ce faire par autres Experts, appellez les premiers, aux dépens dudit requerant, sauf à iceux recouvrer, si ainsi en fin de cause est ordonné.

Permis de ce faire.] En matieres criminelles, & au sujet des relations qui sont jointes aux informations; on ordonne souvent, lorsque les prevenus le requierent, qu'il en sera faite une seconde à leurs dépens, mais toujours la premiere subsistant; & si les choses, c'est-à-dire le corps mort ou excedé, sont en tel état qu'une seconde relation puisse être faite, & non autrement.

ARR. II.

Les Experts faut que soient tous accordez par les Parties, ou tous pris d'office; car une des Parties en ayant nommé, & l'autre

tion, le Commissaire n'en peut prendre d'office pour celui qui n'en a point nommé, pour proceder avec les autres nommez par l'autre Partie, ains doit convenir ladite Partie à en venir nommer, & à faute d'en nommer le Commissaire en doit prendre d'office pour toutes les Parties, sans avoir égard aux nommez; & ainsi fut jugé contre le Vicomte de Montlor, en Octobre mil cinq cens nonante-sept.

* *N'en peut prendre d'Office.*] Cela ne s'observe plus depuis la publication de l'Ordonnance du mois d'Avril 1667. qui porte en *l'article 9. du titre 21. que le commissaire nommera un Expert d'Office pour la partie absente ou refusante, pour proceder avec l'Expert nommé par l'autre partie.*

Heritiers.

TITRE LII.

ARR. I.

ON tient que l'heritier simple exclut l'heritier par benefice d'inventaire, encore que l'heritier simple ne soit en si proche degré. Arrest du troisiéme Juillet mil cinq cens nonante-un, Masuer titre des successeurs. Tiraquel. *in tract.* le mort saisit le vif. *in 2. part.*

l'heritier simple exclud.] Les diverses limitations qu'on fait sur ce sujet, sont rapportées par *Barri de success. lib. 18. cap. 3. num. 12. & par Brodeau sur Loüet lett. H. num. 1.*

* *Ne soit en si proche degré*] L'usage est contraire. *D'Olive liv. 5. chap. 30. & Maynard liv. 2. chap. 42.* sur quoi on peut voir *Barri & Brodeau loc. citat. & Apraul. en son playd. 1.*

ARR. II.

Le crime est éteint par la mort, & d'icelui on ne peut plus faire poursuite après les decez de l'accusé; toutefois l'interest & poursuite civile n'est éteinte, & peut être demandée aux heritiers. Jugé par Arrest du treiziéme Mars mil cinq cens soixante-trois.

Poursuite civile n'est éteinte.] Plusieurs ont tenu & tiennent encore, que l'accessoire ne pouvant pas subsister sans le principal, l'accusation prenant aussi fin par le decez du criminel avant sa condamnation *L. defuncto ff. de publ. judic.* la poursuite des dommages & interests de la partie civile est par consequent éteinte, & qu'au pis aller les heritiers du prevenu ne sont obligez de rendre, que *quantum ad defunct. non pervenit, nec in heredes alicuo teneri dicitur*, suivant la Loy unique. *C. ex delict. defunct. in quant. hared. conven.* & il est certain que dans les principes du Droit Civil le demandeur en excés ne peut rien prétendre au-delà; mais dans ce Royaume, où les maximes d'equité sont plus volontiers suivies par les Cours Souveraines, que celles d'une justice rigoureuse, sur tout en affaires de cette nature, nous observons pour ce chef la disposition du Droit Canon, tirée du chap. *in litteris de raptorib.* & quand il y a du bien du prevenu, il est affecté pour la reparation des dommages & interests de la partie civile, si ses heritiers ne purgent pas sa memoire. V. *Durant quest. 116. & Brodeau sur Loüet litt. A. num. 18. §. 9.*

Des Homicides.

TITRE LIII.

ARR. I.

EN tous jugemens, & condamnations pour meurtres & homicides, on a accoûtumé inviolablement, d'appliquer quelque partie des biens du meurtrier pour faire prier Dieu pour l'ame du trépassé. Et principalement aussi pour appaiser l'ire de Dieu sur le peuple, pour l'effusion du sang : soit que le jugement s'en ensuive par défaut & contumace, ou autrement ; & soit que le meurtre ait été fait fortuitement, avec, ou sans raison ; c'est pourquoi par la loi de Dieu, il est commandé aux Juges, quand ils auroient fait information, & qu'ils n'auroient pû découvrir celui qui aura fait l'homicide, qu'ils prennent une vache pour sacrifier au lieu où l'homicide s'est fait, & laver les mains, comme innocens du fait, & prier Dieu qu'il n'épande son ire sur le peuple, pour l'effusion du sang : au Deuteronome chap. 21. Aussi souvent les Cours souveraines de ce Royaume, quand les biens du coupable le peuvent porter, font faire des Oratoires & Fondations pies és lieux où l'homicide a été commis, comme en cas pareil, par Arrest du Parlement de Toulouse, en l'an mil cinq cens septante-neuf, le meurtrier du Seigneur de Sompets fut condamné à faire l'Oratoire de la place saintes Carbes en Toulouse, au lieu où le meurtre avoit été commis.

ARR. II.

Une femme de saint George, mariée avec un Charretier, qui s'enyvroit ordinairement, & maltraitoit sa femme, le jour de Carême-prenant sur la nuit la voulut maltraiter. Elle ayant une paële à feu elle en donna sur la tête du mari, & lui rencontra l'endroit où il avoit été autrefois blessé ; si que le coup y entra si facilement qu'il en demeura mort sur la place ; dequoi ladite femme fut si étonnée, qu'elle ne bougea toute la nuit d'auprés le corps de sondit mari, & y fut trouvée plurant, chargée de deux ou trois enfans communs. Sur quoi elle impétre lettres de grace de la Chancellerie, sur l'interinement desquelles il y eut partage, & le vingt-sixiéme May, en vuidant le partage, elle fut condamnée à mort bien qu'il demeurât verifié qu'il la tourmentoit.

Condamné à mort) *V. le liv. 2. tit. 7. verb. graces art. 2.*

ARR. III

Un Gentilhomme sieur de Montgaillard en Foix, le premier de May mil cinq cens septante-neuf, lâcha son pistolet à la tête de M. de Vigolet Docteur & Avocat, qui passoit devant le logis de Clermont : il fut pris par les Capitouls, & le lendemain ayant évoqué l'instance en la Cour, à cause de sa qualité, le procez lui fut fait sur l'heure, & condamné d'avoir la tête tranchée, ce qui fut fait, & executé le jour même ; bien qu'il ne l'eût que blessé, en guerit par aprés.

V. le tit. 72. art. 3.

ARR. IV.

Entr'autres preuves, & indices, reçûës & aprouvées par nos Docteurs contre le meurtriers, a été le sang decoulant des playes du meurtri, en la presence des meurtriers. Tellement que encore de mon enfance on pratiquoit de faire passer & repasser par neuf fois les prevenus, ou coupables par dessus le corps de ceux qui étoient frechement occis, jusques à les desenterrer s'ils avoient été ensevelis. Toutefois l'experience ayant fait connoître n'y avoir aucune apparence de verité, moins de certitude : parce que des meurtris les uns ne seignoient du tout point, les autres seignoient aussi bien en l'absence, que presence des personnes ; ou bien autant en la presence des parens, alliés & amis, que des étrangers, ennemis, ou meurtriers : Et d'ailleurs que les noyés, sans aucune playe, saignoient aussi-bien par les yeux, & les narines, ou ne seignoient du tout point aussi-bien que les occis par leurs playes : A été cause que les Juges ou Magistrats ont ajoûté moins de foi à cela, que de coûtume. Sur quoi je produirai l'avis & resolution de Maître Ogier Ferrier Medecin, en sa Republique non imprimée qu'il m'a communiquée. *Nugantur* [dit-il] *qui spiritus quosdam naturales manare putant ex cadaveribus, vindices sceleris & cædis : quasi ex mortuo supersit materiale quidpiam, vim habens agendi atque designandi hostem. Quod, quid aliud est, quàm extincto animali addere sensum, rationem & intellectum ? Plausibiliter videri poterat eorum opinio, qui interfectorum animas mortuis corporibus extrinsecùs hærere tradiderunt, quod multi ad genios referri malunt. Nos qui curiosam veritatis indaginem profitemur, multis experimentis confirmati, fortuitos hos omnes eventus judicamus, haud absimiles his, qui febribus extincti, sanguinem ex naribus ore & auribus emittunt.* Auquel propos advint en Toulouse l'an mil cinq cens huitante, qu'une jeune Demoiselle fiancée, morte d'une fievre continuë ; en la portant par la Ville, au milieu des pompes funebres rendit si grande quantité de sang par le nés & par la bouche, que le pavé en fut couvert. Ceux qui accompagnoient le corps se regardans les uns les autres admiroient cette seignée, jusques aux derniers, qui virent en leur troupe, un Medecin qui l'avoit pensée en sa maladie, auquel en riant, firent entendre, que la morte seignoit devant le meurtrier, demandans entr'eux qui étoit-il ? le Medecin, qui toutefois avoit fait son devoir, se voyant picqué, fit sur l'heure sa resolution de faire comme ses compagnons, qui ne se trouvent jamais aux funerailles de ceux qu'ils ont traité malades, s'ils ne sont de leur ordre, ou proches parens.

En la presence des Meurtriers] On ne peut pas nier que souvent on ait vû couler, & même rejaillir du sang des playes ou du nez du meurtri, lorsque le meurtrier s'est presenté, cela est arrivé un million de fois, sur tout à l'égard du Duc de Bourgogne, quand il alla jetter de l'eau benite sur le corps du Duc d'Orleans, qu'il avoit fait assassiner, & à l'égard de Richard, soupçonné d'avoir fait mourir Henry II. Roy d'Angleterre son pere, dans la ville de Chinon ; car comme dit Matthieu Paris en son Histoire sous l'année 1188. *eo superveniente, confestim erupit sanguis ex naribus Regis mortui ; ac si indignaretur spiritus in adventu ejus, qui ejusdem mortis causa esse credebatur, ut videretur sanguis clamare ad Deum.* Et ce qui dans de pareilles rencontres a augmenté le soupçon qu'on avoit contre les auteurs presomptifs du meurtre a été, que si bien ordinairement le sang cesse de couler aprés sept heures, à compter du moment que le meurtrier a rendu l'ame, ou comme il est souvent arrivé, aprés dix ou douze heures ; parce qu'étant pour lors glacé, il est *ad fluxum ineptus*, comme parle *Galeotus Martius de doctr. promisc. cap.* 22. où il recherche les raisons pour lesquelles le sang qui a cessé de couler, *comparente occisore rursus fluit* : toutefois il est quelquefois arrivé que le sang a coulé le corps étant presenté à l'accusé, tantôt aprés quinze ou seize heures, comme au cas de l'Arrest rapporté par Papon *liv.* 24. *tit.* 9. *art.* 5. tantôt aprés vingt jours.

suivant l'exemple que cite *Thom Campanella de Sens. rer. lib. 4. cap. 9.* même aprés deux mois, suivant l'exemple qu'en rapporte aussi *Boërius decis. 166.* à la verité ces exemples tiennent du prodige, & il faut même avoir beaucoup de foy pour croire qu'aprés un si long espace de temps un corps tiré du tombeau, puisse verser du sang, mais quoiqu'il en soit, & sans rien reprocher à la memoire de tant d'Auteurs qui ont pris plaisir à rapporter des choses si extraordinaires & si surprenantes : il est certain que quoi qu'autrefois les indices pris de ces rejallissemens de sang, ayent été jugez assez forts pour faire appliquer à la question ceux qui étoient accusez du meurtre, comme en font foy les autoritez alleguées par *Menochius lib. 1. præsumpt. 89. num. 128.* aujourd'hui neanmoins on regarde ces indices, qui étoient inconnus au Droit Romain, comme des indices qui trompent, qui proviennent *ex causis nobis incognitis & valdé remotis*, au langage de *Gomesius lib. 3. chap. 13. de tortura reorum num. 15.* & qui par consequent ne sont pas suffisantes pour faire qu'un prevenu soit appliqué à la question, suivant le sentiment de *Duranti quest. 62.* & même du Jesuite *Buzembaüs in Medul. Theol. moral. lib. 4. cap. 3. dub. 2. de offic. judic. art. 3. num. 3* au sentiment desquels l'on peut ajoster l'autorité de *Jean. Loccenius lib. 2. antiquit. Sueco-Gothicar cap. 7.* où il soûtient la fausseté d'un tel indice, par l'exemple d'un homme qui seigna en presence de ses plus proches parens, & non de ses hommicides ; sur quoi il fait cette reflexion judicieuse, *criminis probationem evidentissimam esse opportet, ubi non de capite papaveris, sed hominis vita agitur*, outre les Auteurs qui viennent d'être citez, on peut encore voir sur cette matiere Ranchin en ses Opuscules au traité de la cruentation des corps morts, *Gregor. Tolosan. in syntagm. lib. 36. cap. 20. Thessaurus decis. 173 Gaudentius Merula rer. memorabil. lib. 4. cap. 18. David de Planis-Campis*, celebre Chirurgien de son temps, qui a servi un de nos Rois [& qui dit *en son Bouquet de la Chimie, fleur 6. pag. 840.* que le Juge doit être circonspect en pareille rencontre, parce qu'un Sorcier ennemi de l'accusé, peut par le ministere des Demons faire rejallir le sang & perdre par ce moyen une personne innocente] & plusieurs autres citez par *Zacchias quest. medicolegal. lib. 5. tit. 2. quest. 8.*

Interests.

TITRE LIV.

ART. I.

EN déconfiture, ou distribution de biens à Toulouse, les interêts ne sont alloüés aux creanciers qu'aprés toutes les sommes principales, contre la Loy *Lucius D. qui potiores in pigno habeantur*, observé au Parlement de Paris ; sauf à la caution, qui a été contraint par la rigueur de son contrat, ou condamnation payer les interêts pour le debiteur principal : à laquelle caution tels interêts sont adjugés au rang de la somme pricipale : par Arrest de l'an mil cinq cens huitante-quatre, au rapport de Mr. Donjat, & par autre donné en l'an 1592. entre Lombard Sacristain de Rodez, & autres.

Qu'aprés les sommes principales] La raison en est, que le creancier anterieur en hypotheque, qui à l'égard des interêts *certat de lucro captando*, seroit alloüé pour son capital & pour ses interests tout ensemble, preferablement aux creanciers posterieurs, qui à l'égard de leur capital *certant de damno vitando* ; ce qui seroit injuste, *potiores enim esse debent, qui certant de damno vitando, quam de lucro captando.* V. le tit. 58. art. 3.

A R R. I I.

L'acheteur, qui doit le prix du fonds vendu, doit être condamné à payer ledit prix avec les interêts d'icelui, depuis le terme de la destinée solution : encore que lesdits interêts excedent de beaucoup plus, que le prix principal : s'il n'a été legitimement empêché à faire ledit payement : parce que ce ne sont usures, qui ne doivent exceder le sort principal : ains ce sont vrais interêts deus à cause, & au lieu des fruits de la chose venduë jouïe par ledit acheteur ; n'étant raisonnable qu'il jouïsse dudit prix, ou de ladite chose venduë : & ainsi fut jugé au profit de Damoiselle Honorette de saint Paul venditrice le huitiéme Octobre mil cinq cens nonante-sept.

Etant raisonnable] Au contraire, il n'est pas raisonnable que l'acheteur jouïsse du prix & de la chose venduë, ce qui est tiré de la Loy *Julianus*. §. 20. *ff. de actio empt.* en ces termes, *cum re emptor fruatur, æquissimum est cum usuras pretii pendere.* visiblement une faute d'Impression faisoit parler l'Auteur contre son intention dans la precedente edition, ce qui a été corrigé en celle-cy.

A R R. III.

Encore que des sommes dûës pour interêts ne soient adjugés interêts : toutefois si ce sont interêts pour raison de legitimes, ou de fruits de biens vendus, non payé le prix, on les abjuge : parce que ce ne sont interêts, ains fruits des biens vendus, ou sur lesquels la legitime est dûë.

* *On les adiuge*] L'usage est contraire, & il n'y a que trois cas ausquels les interets puissent produire interêt ; sçavoir lorsqu'ils sont entrez en surdite dans un decret ; en second lieu lors que la caution ayant payé des interêts pour le debiteur principal, il en demande le remboursement, car alors un tel interêt porte interêt, depuis la demande en Justice : & enfin lors qu'ils sont ablotez avec le capital dans un reliqua de tutele, car alors le reliqua porte interêt depuis la clôture du compte, & c'est une erreur de croire qu'avant la clôture du compte, & pendant le cours d'une administration, les tuteurs deussent être chargez de l'interet de l'interêt. Il est vrai qu'autrefois le Parlement l'observoit de la sorte, mais aujourd'hui la Jurisprudence a changé ; & soit pour inviter les parens par l'esperance d'un profit à accepter les tutelles, soit en consideration de ce que les tuteurs servent sans salaire, & qu'ils sont exposez à plusieurs pertes, dans ces égards au lieu de charger les tuteurs des interêts des interêts, on se contente d'abloter le compte pendant tout le temps de l'administration, l'on en distrait la dépense, & l'on fait chapitre à part de ce qui reste du reliqua des revenus de toutes les années de l'administration, qui dans la clôture du compte est joint avec les sommes capitales dont le tuteur se trouve debiteur envers le pupille, & compose depuis ladite clôture un capital au profit des pupiles, avec l'interêt qui court jusques au jour du payement : ainsi par Arrest du 27. Avril 1655. donné

né au rapport de Mr. Catellan Conseiller Clerc, il fut dit que la condamnation d'interêt porté par la Sentence dont étoit l'appel, n'auroit lieu que depuis le jour de la clôture du compte. Cette maniere de juger est d'autant plus équitable qu'à le pratiquer autrement, c'est-à-dire, en chargeant un tuteur des interêts à la fin de chaque année, on lui feroit payer l'interêt de l'interêt, même annuellement & pendant plusieurs années, ce qui seroit extrémement rude : il suffit que ce qui se trouve de reliqua à la fin de chaque année demeure entre ses mains pour la dépense de l'année suivante, & que l'interêt soit accumulé avec le capital à la fin de l'administration. Au reste, il faut tirer cette consequence de ce qui a été ci-devant remarqué, que Despeilles a erré, lors que sur le fondement de la fausse doctrine rapportée par l'Auteur au present article, il a dit au *tom.* 1. *part.* 1. *sect.* 3. *num.* 35. que les interêts des interêts sont dûs pour vente de fonds, pour dot, ou pour legitime ; puis qu'il est constant que l'interêt de ces choses ne produit pas d'autre interêt, quoi qu'il en eût été fait compte, & qu'il eût été abloté dans un même contrat.

ARR. IV.

Lors qu'il y a lieu de condamnation d'interêts de quelque somme depuis l'introduction de l'instance, s'il y a plusieurs introductions & interruptions depuis long-temps cela se doit ordonner puis la derniere : & encores à telle charge que les interêts ne surpassent la somme principale.

Puis la derniere.] L'effet de la peremption est d'aneantir l'instance, comme s'il n'y avoit jamais eu aucune demande. *Instancia perempta perinde est, ac si lis, nato non fuisse.. arg. l.* 2. *ff. judic. solu.* ainsi le possesseur n'est pas tenu de restituer les fruits qu'il a perçûs après la contestation, lors que l'instance est perimée, suivant la glose de la Loy *Litigator. C.* 2. *de fructib. & liti. expens. V. Basset liv.* 6. *tit.* 14. *chap.* 3.

ARR. V.

Entre Jeanne Durante, Arrest par lequel les interêts du legat fait à ladite Durante, par feu son pere, lui sont adjugez puis le decez d'icelui feu Durant. Prononcé le sixiéme de Juin mil cinq cens huitante-cinq. Mr. Topignon Rapporteur.

V. le titre 63. *art.* 3.

ARR. VI.

Le dernier Janvier mil cinq cens nonante, entre Balonniere & Fontes fut parti en la seconde, & depuis en la premiere des Enquêtes, & départi en la grand'Chambre, au rapport de Mr. Marion, si les dommages & interêts, convenus par contrat, devoient être alloüez du temps du contrat, ou en dernier lieu après tous les creanciers, comme les interêts qui tiennent lieu d'usure : & fut jugé qu'ils viennent après tous.

ARR. VII.

Entre d'Auffaguel, contre d'Auffaguel, au rapport de M. de Pins en la premiere des Enquêtes au même mois, jugé que Bernard d'Auffaguel, ayant prié par lettres son creancier de l'attendre pour un an, en lui payant les interêts, n'ayant payé le sort de plusieurs années, n'étoit condamnable és interêts en vertu de sa lettre depuis icelui, ains seulement depuis qu'il avoit été appellé.

En vertu de sa Lettre.] Cet Arrest avec les raisons sur lesquelles il fut donné, est rapporté au long par *Cambolas liv. 1. chap.* 37.

ARR. VIII.

Par Arrest du premier Decembre mil cinq cens huitante-un, entre Anne Isalguiere, & Michel Verlhnes, les interêts d'une somme dûë pour la vente d'un fonds, & bien immeuble, sont adjugez à raison du denier vingt.

Inventaire.

TITRE LV.

ARR. I.

LE benefice d'inventaire octroyé de droit aux heritiers instituez ne peut être dénié, interdit, ni deffendu par la volonté mêmes, & prohibition des testateurs; comme il fut jugé par Arrest du huitiéme Août mil cinq cens nonante, pour Jean de Valiech, heritier institué par Maître Audibert de Valiech Avocat son pere, contre ses sœurs, & pour Monsieur Cayron lors Conseiller au grand Conseil, & depuis President aux Enquestes à Toulouse, auquel son pere, Juge Criminel de Roüergue, par la clause expresse de son testament avoit prohibé lad. confection d'inventaire.

Ne peut être denié.] Quoique plusieurs Docteurs, & entr'autres *Peregrinus de fideicom. art.* 11. *num.* 76. ayent soûtenu le contraire, il est certain neanmoins que *nemo potest in testamento suo cavere ne leges locum habeant. L.* 55. *ff. de legat.* 1. outre les raisons alleguées par *Maynard liv.* 5. *chap.* 24. où il rapporte le même Arrest dont mention est faite au present article; ce qui sur tout ne doit recevoir aucune difficulté, si le testateur avoit des creanciers. *Gabofred. ad d. leg.* ou si l'heritier institué, se trouvant substitué par le Pere du testateur, veut s'instruire & sçavoir s'il lui sera plus avantageux d'accepter une heredité, qui peut être oberée, ou de s'en tenir à la substitution qui est certaine; & pour ce qui regarde la faction de l'inventaire, il est certain que l'heritier a la liberté d'y faire proceder ou par le Commissaire des inventaires, ou par le premier Notaire requis ; cela dépend de son choix, quoique l'on puisse alleguer que le Roy ayant créé des Offices de Commissaires des inventaires, il n'y a qu'eux qui les puissent faire. En effet, par Arrest du Conseil d'Estat du Roy, Sa Majesté y étant, & la Reine Regente sa mere presente, donné le 28. Novembre 1647. sur la Requête du Syndic General du Languedoc, défenses furent faites aux Commissaires des inventaires établis dans ladite Province, de proceder aux inventaires s'ils ne sont requis par les Parties, ou par les Procureurs de Sa Majesté, pour son interest, ou celui du public, ou pour la conservation des biens des mineurs, conformément aux Ordonnances & Reglemens donnez pour lesdits Offices. Cet Arrest même ne doit être entendu que des mineurs qui manquent d'administrateurs, comme des pupilles qui manquent de tuteurs ; ainsi Claire de Megrin, veuve de Jean Grimaud Marchand de Beziers, comme mere & legitime administreresse d'autre Jean Grimaud, ayant fait commencer l'inventaire des meubles & effets que son mari avoit delaissez, par le nommé Herail Notaire de ladite Ville, & ayant été appellante au Parlement de la procedure du sceau apposé à la Boutique de sondit mari, faite par Me. Martin Viguier de ladite Ville, à la Requeste de Me. de Late, Substitut de Mr. le Procureur General en la Senéchaussée de Beziers : La Cour par son Arrest d'Audience du 27. Juin 1675. sur la plaidoirie de Me. de Lacesquiere pour l'appellante, & de Monsieur de Maniban pour ledit Procureur General, prenant la cause dudit Me. de Late Substitut, mit l'appellation, & ce dont avoit été appellé au neant, & reformant, ordonna qu'il seroit procedé à la confection de l'inventaire dont est question, par le Notaire qui l'avoit commencé. Et par autre Arrest du 12. Juin 1672. donné en la premiere des Enquestes, au rapport de M. Catellan, Conseiller Clerc, la Cour cassa l'inventaire qui avoit été fait des effets mobiliaires du nommé Carbonel, de la ville de Lectoure, par le sieur du Percet President au Siege Presidial de ladite Ville, sur la requisition de Me. Vialete, Procureur du Roy audit Siege, au prejudice de l'acte que Pierre Carbonel frere du défunt, leur avoit fait en qualité de tuteur de sa niece, & permit audit tuteur de faire proceder à l'inventaire par un Notaire, avec défenses ausdits Officiers de l'empêcher. Cet Arrest est d'autant plus considerable, qu'outre qu'il s'agissoit d'une fille pupille ; d'ailleurs il étoit soûtenu que le tuteur étoit suspect au nommé Castilhon, qui étoit substitué à ladite fille ; il est vrai que Castilhon étoit contuteur, & qu'en cette qualité non-seulement il étoit dans l'interest d'éviter des frais au pupille, en faisant faire l'inventaire par un Notaire ; mais même qu'il avoit autant ou plus de droit que l'autre tuteur, de choisir un Notaire qui ne lui fût point suspect.

Arr. II.

Par Arrest du douziéme Mai mil cinq cens huitante-six, donné en Audience fut dit, que l'heritier par benefice d'inventaire ne deduit les frais des procez, *facit l. ita tamen §. in hac D. judicat. solvi.*

V. Maynard liv. 2. chap. 43.

Jurisdiction.

TITRE LVI.

Arr. I.

Le dix-huitiéme Février mil cinq cens nonante, entre Marguerite Carle appellante du Senéchal de Roüergue, & Caterine Chapelliere, au rapport de Mr. Laroche, le Juge ordinaire est declaré competant d'une maintenuë d'heritage, & lui est la cause renvoyée.

Competant d'une maintenuë.] Les maintenuës dépendent absolument de la main Royale, suivant le langage *d'Olive liv. 1. chap. 13.* aussi, dit-on, que la maintenuë est un cas Royal, duquel les seuls Officiers du Roy peuvent par consequent connoître à l'exclusion des Juges, tant Ecclésiastiques que Bannerets. On en peut même, à mon avis, alleguer ces deux raisons, qu'outre que, suivant le sentiment commun, les interdits possessoires supposans des personnes qui prétendent respectivement la proprieté d'un fonds contesté, & pour la possession duquel ils pourroient se porter à des violences : il est du caractere du Roy, & du devoir de ses Officiers, plûtôt que des Juges Bannerets, d'arrêter ces violences, & de conserver chacun en sa possession : surquoi l'on peut voir *Ferrer. in qu. 1. Guid. l'ap. & Loyseau des Seigneurs chap. 14. num. 27.* D'ailleurs j'ai remarqué dans les anciennes Histoires, qu'en ce Royaume, & même en plusieurs autres pais, il n'y avoit que les Juges souverains qui eussent droit de connoître des causes qui regardoient la proprieté des heritages, ou des *fonds de terre*, comme on parloit ; ce qui se justifie par ce que dit le President de Marca *en son Hist. de Bearn, liv. 5. chap. 3. num. 3. & chap. 4. num.* . Quoique je ne sois pas fort amoureux de mes sentimens, sur-tout à l'égard des choses qui sont de mon invention, à cause que je me méfie toûjours de mes propres lumieres, que je reconnois être fort foibles & très-petites, j'ose pourtant dire que c'est en vûë de cette derniere raison principalement, que la maintenuë a passé pour un cas Royal ; aussi étoit-il juste que les Officiers du Roy, à l'exclusion des Bannerets, s'attribuassent la connoissances des causes qui autrefois étoient de la competance des Juges Souverains : Cela n'empêche pourtant pas que les Officiers Bannerets, lorsqu'une instance est prévenuë devant eux, ne puissent connoître incidemment d'une maintenuë, par la même raison qu'ils peuvent connoître des Lettres Royaux, lorsqu'elles sont incidemment impetrées, quoiqu'ils n'en puissent pas connoître en chef, & tout de même qu'un Juge qui seroit incompetant pour connoître de l'appel d'une Sentence arbitrale, ne le seroit pourtant pas lors qu'on ne feroit qu'en demander incidemment la cassation, aussi par Arrêt prononcé en l'Audience de la grand-Chambre le 24. d'Avril 1657. en un appel du Senéchal de Toulouse, qui sous prétexte d'une demande en maintenuë, avoit dénié le renvoi demandé pardevant les Ordinaires où la cause étoit déja prévenuë, la Cour mit l'appellation, & ce dont avoit été appellée au neant, & renvoya pardevant lesdits Ordinaires, avec dépens moderez à vingt-cinq livres. *V. l'article* 10.

ARR. II.

Le Juge Ecclésiastique ne connoît de l'opposition contre le monitoire : par Arrest du vingt-quatriéme Juillet mil cinq cens huitante-un.

De l'opposition.] Quand la publication des Monitoires a été concedée par le Juge seculier, & que l'opposition envers la publication est faite par une personne laïque ; le Juge Ecclesiastique ne peut pas, sans abus, connoître d'une telle opposition, si ce n'est en matiere purement spirituelle ; hors de ce cas le Juge laïque est seul competant, quand même l'Ecclesiastique auroit decerné monitoire sous la clause, *& citentur coram nobis contradicentes & opponentes*, parce que cette clause tendant à saisir l'Official de l'opposition, est abusive ; ainsi au cas de l'opposition il ne peut ni ne doit bailler aucune commission, pour citer l'opposant pardevant lui, mais il doit renvoyer pardevant le Juge seculier.

ARR. III.

Que c'est de la reconnoissance des Juges de pouvoir decerner telles provisions, que par leurs inquisitions verront être requises, Arrest prononcé le treize Septembre mil cinq cens quarante-six.

ARR. IV.

Les Juges lais ne peuvent user de condamnation contre les Prêtres, ou personnes Ecclésiastiques, pour les sommes ou choses principales : bien le peuvent faire pour les dépens de l'instance, loyaux-cousts, ou dommages & interêts ; & pour le payement du principal declarent tous & chacuns les biens temporels, & fruits desdits Ecclésiastiques affectez & hypotequez, permettant sur iceux faire execution.

Dommages & interêts] Sur tout en matiere criminelle. *V. Fevret de l'abus tom. 2. liv. 8. chap. 4. num. 12. & le plaidoyé 2. de l'Avocat General Quarré.*

ARR. V.

Par Arrest du vingt-septiéme Aoust mil cinq cens trente-sept, entre Maître Jean de Ville, & Antoine Colras, fut dit le Juge d'Eglise ne pouvoir connoître du petitoire du benefice, jusques à avoir été obeï à l'Arrest intervenu sur le possessoire.

Sur le possessoire.] C'est une maxime generale en France, que le possessoire de toutes les choses se traite devant le Juge seculier, même à l'égard des choses spirituelles, parce que la possession est purement de fait ; ainsi il connoit du possessoire des benefices en consequence de la Bulle du Pape Martin V. rapportée tant au styl du Parlement, qu'en la question 1. de Guy-Pape : Et de là vient aussi que le Juge d'Eglise est même incompetant, quant au petitoire, pour les dismes extraordinaires & insolites, comme n'étans fondées que sur la possession, & devans être reglées par l'usage & par la coûtume, qui est de fait ; mais parmi les Juges Laïques il n'y a que le Royal qui puisse connoître du possessoire des Benefices, dont la connoissance fut interdite aux Officiers des Seigneurs par l'Ordonnance de Loüis XI. *de l'an* 1464. & par celle de Loüis XII. *de l'an* 1499. depuis lequel temps on ne doute plus que telle connoissance soit un cas Royal ; & l'on peut dire aux termes du chap. *Causam quæ inter. 7. extr. qui fil. sin legit. ad Regem pertinet de possessionibus judicare. V. l'art. 16. de l'Ordonnance de Blois, Maynard liv. 1. chap 28. l'Ordonnance du mois d'Avril 1667. tit. 15. art. 4. & Carolus de Grassalio regal. franc. lib. 2. jur. 5.*

ARR. VI.

Prêtres trouvez en habit de Prêtre, & en leurs habitations, & non en crime flagrant, ne sont sujets à la jurisdiction des

Prévôts ; ores qu'ils soient prévenus de crime de leze-Majesté. Arrest donné à la Tournelle, pour Jean Martin, contre le Syndic de Semalenx, en Janvier mil cinq cens quatre-vingts.

A la Jurisdiction des Prévôts.] *V. le liv. 3. tit. 15. verb. Prévôt des Maréchaux, & Maynard liv. 1. chap. 7.* & il est bon de remarquer en general, qu'en matiere criminelle le Parlement observe, qu'après lecture faite au prévenu de son audition, dans laquelle il n'a pas opposé sa declinatoire, il n'est plus recevable à decliner, quand même le Juge qu'il approuve seroit incompetant ; ainsi qu'il fut preiugé par l'Arrest donné en l'Audience de la Tournelle le 13. ou 15. Mars 1675. en la cause de Guillaume Tournier, sourd & müet de naissance, contre Pierre Albert Devaux que j'ai rapporté *en l'observat. sur l'art. 5. du tit. 9. du liv. 2. verb. Mineurs*

ARR. VII.

Le cinquiéme Novembre mil cinq cens quarante-quatre, entre Raymond Abion, & Condoin, où étoit question d'injures verbales, non atroces, dites *in absentia*, les Parties furent mises hors de procez, & inhibition au Viguier de Toulouse, de ne en semblables matieres, & entre personnes de basse condition, tenir longuement en procez les Parties.

Dites in absentia.] Telles injures se ressentent moins que celles qui se disent en presence, lesquelles *magis afficiunt.*

ARR. VIII.

Le quatriéme jour de Septembre mil cinq cens quarante-cinq, en une qualité de Syndic de Comenge, auroit été prohibé à tous Magistrats de ne porter pour juger les procez hors des ressorts des Siéges où les matieres sont traitées.

V. le dernier chapitre du traité du reglement des Juge-Mages, art. 11.

ARR. IX.

Lettres portant interdiction d'exercice d'aucune jurisdiction, aux Capitaines instituez par le Roy au Comté de Castres, avec Edit perpetuel, par lequel le Roy declare icelle jurisdiction appartenir à ses instituez audit Comté, & aux Maîtres des Eaux & Forests. *fol. 5. lib. 3. ordin.*

ARR. X.

Le dix-huitiéme jour du mois de Juin mil cinq cens septante-deux, Arrest au barreau de publication & enregistrement de certaines lettres patentes du Roy, octroyées à Monsieur le Duc d'Uzez, contenant permission à ses Officiers de connoître de toutes matieres feodales & emphiteoticaires d'entre lui & ses Sujets, ensemble des matieres possessoires, avec le Senéchal de Beaucaire par prevention; sauf le Ressort de l'appel en la Cour.

D'entre lui & ses Sujets.] Cela ne doit étre entendu qu'au sens de l'Ordonnance du mois d'Avril 1667. *tit.* 24. *art.* 11. c'est-à-dire pour le fait de la reconnoissance, pour la condamnation des rentes, des arrerages, des censives, des lods, & generalement de tous autres droits Seigneuriaux; mais non des autres actions, où le Duc d'Uzés seroit partie ou interessé.

Des matieres possessoires.] La permission accordée aux Officiers du Senéchal Ducal d'Uzés de connoitre des matieres possessoires, ne doit pas étre tirée à consequence par cette méme raison que ce n'est qu'une permission, & que l'exception confirme la regle : & quoique je n'ignore pas qu'aujourd'hui depuis environ une douzaine d'années, principalement en plusieurs Jurisdictions Bannerettes, les Officiers prennent connoissance des maintenuës en chefs, il est certain qu'à la rigueur ils n'ont pas droit de le faire au préjudice des Royaux, parce que la maintenuë a toûjours passé pour cas Royal depuis l'ancien Edit, appellé *Statutum quarela de novis desaisinis* : Il est vrai qu'on a observé, sur-tout dans le Ressort du Senéchal de Nimes, que si bien les Seigneurs ne pouvoient pas connoître des maintenuës, en qualité de cas Royaux, & par ressaisissement, ils le pouvoient pourtant en qualité inhibitoire. *V. l'art. premier.*

Arr. XI.

Arrest de l'Université, Ecoliers, Religieux de S. Benoist, Observans & autres Religions, de ne mettre soumissions aux instrumens pour tirer les gens hors les jurisdictions ordinaires. Donné le septiéme Septembre mil cinq cens quatre-vingt-neuf.

Mettre soumissions.] Autrefois l'Eglise se prévaloit un peu trop du respect qu'on avoit pour elle; car sous ce pretexte les Jurisdictions Laïques étoient presque comme aneanties. Mais elles ont été rétablies par les soins que nos Rois ont pris d'abolir petit à petit plusieurs coûtumes, qui n'avoient été introduites que pour étendre le pouvoir de l'Eglise. Ainsi on ne se soûmet plus à la Jurisdiction du *Doyenné de la Chrétienté de Melun*, comme on a fait jusques au commencement du quatorziéme siécle, & on ne suit plus la Loy de l'Empereur Constantin, rapportée dans le 16. Livre du Code Theodosien, & renouvellée par Charlemagne dans ses capitulaires, suivant laquelle quand on étoit en procez devant le Juge seculier, une partie pouvoit, contre le consentement de l'autre, & au préjudice de l'instance, remettre la decision du procez au Jugement des Evéques. Ainsi le serment confirmatoire qu'on affectoit d'énoncer dans les contrats, & qu'on interposoit pour l'execution des promesses ausquelles on s'engageoit, n'attribuë plus aucune Jurisdiction au Juge d'Eglise, comme il faisoit autrefois sous prétexte de la Religion qu'il renfermoit, quoique on n'ait rien oublié pour introduire de plus fort cette Jurisprudence dans ce Royaume, en vertu des dernieres Decretales, qui pour ce chef n'y sont pas reçûës.

Arr. XII.

Le Lundi dernier jour du mois de Janvier mil cinq cens vingt-neuf, en plaidant certaine cause, Mediatoris Official en Toulouse, fut condamné en cent livres d'amende envers le Roy : pource qu'il avoit pris connoissance de chose réelle & prophane.

ARR. XIII.

Le Juge lay non competant de connoître de la translation d'un Religieux d'un Couvent à autre : entre le Syndic des Cordeliers, & de saint Roch, le vingtiéme Juin mil cinq cens septante-un.

De la Translation.] V. les reliefs forenses de Roüillard de l'édition de 1607. *plaidoyé* 15. avec l'Arrest du Parlement de Paris, qui se trouve au pied, & qui renvoye au Juge d'Eglise.

ARR. XIV.

Arrest de ne conclure en aucunes qualitez criminelles venuës des Seigneuries du Roy de Navarre, sans appeller le Procureur dudit sieur, & lui communiquer le procès, afin de prendre ses conclusions. Prononcé sur Requête presentée le onziéme Juillet mil cinq cens septante-cinq au Greffe criminel.

ARR. XV.

Arrest de consequence de ne joindre un habitant hors du ressort en la Cour. Prononcé en audience le Jeudy seiziéme de Mars mil cinq cens cinquante-deux, entre Jacques de Lort suppliant, & demandeur d'une part, & Manaud Vincens, Marchand de Bourdeaux, deffendeur d'autre.

ARR. XVI.

Le premier de Mars mil cinq cens quarante-deux, deux Arrests, l'un en audience, & l'autre lettres veuës, ne prendre que cinq liards pour lesdites, aux jurisdictions ordinaires.

ARR. XVII.

Le dix-huitiéme May mil cinq cinq cens soixante-neuf, Arrest au bureau contre Bernard Martin & François Roguier, par lequel le Raporteur du procez au Senéchal de Quercy, Notaires ou Greffiers, qui ont pris argent, sont condamnez à le rendre aux parties, sous inhibitions à tous Juges de ne tenir les parties en longueur de procez, pour petite chose.

Rendre aux Parties.] Les causes sommaires, & de peu d'importance, doivent être jugées sans épices, ni vacations, suivant l'Ordonnance de 1667. *en l'art.* 1[illegible]. *du tit.* 17. conformement à *l'art.* 153. de celle de Blos. L'une & l'autre ayant été tirées

puis

pour ce regard de l'authentique, *nisi breves C. de senten. ex peric. recit.* qui veut que *in causis vilibus sine aliquâ expensâ cognoscat præses.*

ARR. XVIII.

Le dernier jour de Juin mil cinq cens septante-deux au barreau, Arrest contenant que suivant l'Edit du Roy de l'an mil cinq cens soixante-quatre, un nommé Chabrit Lieutenant du Juge de N. exerçant à present la Lieutenance, se presentera dans 1 mois pardevant le Senéchal & Conseiller du Senéchal de Toulouse, pour être examiné ; autrement & à faute de ce, passé ledit temps, dès maintenant démis de son état de Lieutenant.

Pardevant le Senéchal.] Conformément *à l'art.* 55. de l'Ordonnance de Blois.

Pour être examiné.] Il seroit à souhaiter que personne ne fût admis à la Magistrature qu'il ne fût capable de l'exercer ; mais les examens des aspirans se font avec tant de connivance pour les ignorans, que visiblement ils ne se font que par maniere d'acquit aussi qu'en arrive t'il ? *Sæpe rudes asi à recon[...] [...]stigia fraudant*, comme disoit le Poëte Codrus ; & par un malheur déplorable, qui n'est que trop commun aujourd'hui dans presque toutes les Jurisdictions subalternes, plusieurs des Juges ne sont assis sur les fleurs de Lys, que parce que leurs peres étoient riches : Et de ceux là l'on peut dire encore, qu'ils ne sont sur le Tribunal que comme une piece de bois sur une autre piece de bois ; ce qui fait que la Justice est souvent mal administrée.

ARR. XIX.

Le Mardi dixiéme Juillet mil cinq cens septante-six, en prononçant certain Arrest au barreau de certains nommez Matabauds, & autre nommé Bouchie ayans usé de paroles injurieuses en quelques écritures, lesdits Matabauds condamnez en cinquante livres d'amende, inhibition aux Avocats & Procureurs, de n'user de paroles injurieuses és écritures, Avertissemens & Inventaires, sur peine d'être rayez de la matricule, & aux Parties, sur peine de privation de leurs droits, dont sera question.

ARR. XX.

Le Jeudi neuviéme Juin mil six cens soixante-sept, appellée certaine qualité du Sindic de la Vaurette en Quercy, contre du Mas Juge de Montauban, fut prohibé aux Consuls dudit lieu de la Vaurette de contrevenir à l'Ordonnance Royale, prohibitive de connoissance des matieres civiles : Toutefois fut ordonné que l'inttruction desdites matieres seroit cependant faite par le plus ancien Avocat, & que de quinze en quinze jours ledit du May Juge se transporteroit de Montauban audit Lieu pour juger lesdits procez civils.

Prohibitive de connoissance.) V. *le liv.* 1. *tit.* 39. *verb. Consuls, art.* 6. *& Chenu sur Papon liv.* 6. *tit.* 1. *art.* 1.

ARR. XXI.

Le vingt-un Juillet mil cinq cens trente-sept, les Chambres assemblées, hormis les suspects & recusez : Entre M. Antoine Bernardi, appellant de M. Jacques Roguier Conseiller & Commissaire d'une part, & M. Jean Peyrot appellé ; & entre ledit Roguier suppliant, en cas d'excès & injures, &c. La Cour, sans avoir égard aux moyens de faux, comme faits calomnieux pour reparation desdits excès, temeritez & injures, a condamné ledit Bernardi à venir un jour de l'Audience de la Conciergerie au parquet d'icelle, & illec de genoux, tête découverte, dire & confesser par la bouche, que follement, & temerairement & indiscretement, & contre verité, il a écrites, proposées & mises en avant les paroles injurieuses, calomnieuses, & contenant faussetez à l'encontre dudit Roguier Conseiller, dont il se repent, illec lesdites Requêtes & moyens de faussété seront rompus & lacerez. Et au surplus a bani & banit la Cour icelui Bernardi perpetuellement du Royaume, ses biens immeubles confisquez, & en cinquante livres d'amende envers ledit Roguier, laquelle le lendemain fut convertie au profit des Religieuses de saint Cyprien.

Hormis les recusez.] V. *La nouvelle Ordonnance tit.* 24. *art.* 15.
Reparations desdits excès.] V. *le liv.* 2. *tit.* 5. *verb. Injures, art.* 2.

ARR. XXII.

Le quatriéme Juillet mil cinq cens nonante-neuf au rapport de Mr d'Assezat : Le fait est que Bellevere est opposant envers certaine execution faite à la requête de Bonnefons sur une sienne maison : neanmoins est demandeur en éviction & garantie contre les heritiers de feu Moly, qui lui avoit venduë ladite maison, lesquels heritiers font appeller en contre-garantie les heritiers de feu Espertinguer. O. d'autant que les hoirs de Moly n'étoient solvables, & que la dette pour laquelle Bonnefons avoit fait faire lad. execution avoit été contractée sur Espertinguet, ledit Bellevere donne requête, à ce que lesdits heritiers d'Espertinguet soient condamnez en cas de succombance à le relever indemne : au contraire lesdits heritiers d'Espertinguet disent qu'ils ne sont obligez audit Bellevere, *neque ex contractu, neque ex quasi contractu.* Par Arrest, sans avoir égard à l'opposition dudit Bellevere, est ordonné que l'execution faite par ledit Bonnefons sera continuée. Et disant droit sur ladite requête, les heritiers d'Espertinguet sont condamnez à relever indemne ledit Bellevere, *& sic*, l'éviction peut être poursuivie contre le garant du garant, quand le premier garant est insolvable.

Contre le garant du garant.] Cela se peut faire *actione con[illegible]darum actionum*, & par consequent *omisso medio. L. 3. §. sed si debitorem ff. de donat. int. vir. & uxor.* parce que la garantie qui naît de la vente *est actio in authorem*, qui remonte jusques au premier vendeur, *DD. ad. l. minor. §. si servus, ff. de evictio.*

ARR. XXIII.

Combien que l'Official d'un Evêque puisse connoître de l'absolution du crime non privilegié d'un Prêtre ; neanmoins il ne peut connoître des dommages & interêts : comme il fut dit par Arrest au mois de Mars mil cinq cens huitante-deux, & semblable condamnation declarée nulle & abusive.

V. l'article 4.

ARR. XXIV.

L'Archevêque de Toulouse ayant par son Official fait jetter plusieurs excommunications à l'encontre des Juge-Mage, Avocat & Procureur du Roy, & du Greffier en la Senéchaussée de Toulouse, pour le refus qu'ils faisoient de rendre un prisonnier Clerc tonsuré, nommé Raymond Boisse : par Arrest du vingt-deuxiéme Decembre mil quatre cens cinquante-sept, est condamné à revoquer & retracter tout, & rendre les sus nommez absous ; en outre d'effacer entierement de ses papiers & Registres de l'Officialité, les noms & surnoms desdits Officiers temporels, & faire en sorte qu'à l'avenir on ne les puisse lire, connoître, & sçavoir ce que c'est, & entant que les feüillets ne se puissent arracher, autrement qu'ils seroient arrachez pour l'abolition de la memoire de tels exploits, & qu'à ce faire il seroit contraint par saisie de son temporel.

Réitérer tout.] C'et Arrest est d'autant plus juridique, qu'il est fondé sur le privilege qu'ont les Officiers Royaux, de ne pouvoir pas être sujets aux interdits de l'Eglise, pour le fait de leur charge & de l'exercice de la Justice : témoins les Arrests donnez és années 1372. & 1399. contre les Archevêques de Rouen & de Tours, pour avoir fulminé des excommunications contre quelques Officiers & quelque. Sergens Royaux, de même que l'Arrest donné pour le même sujet en ladite année 1399. contre l'Official de Rheims, lesquels Arrests sont rapportez tant par Jean Ferrault en son traité de *Jur. & privileg. Regni Francor. privileg. 6.* que par Carolus de Grassalio, *Regal. Franc. lib. 2. jur. 9. vers. hinc est & secundò.*

ARR. XXV.

Les Metropolitains, Officials & autres Juges Ecclesiastiques, ne peuvent deleguer la connoissance des causes spirituelles, entre personnes Ecclesiastiques ; ni aussi les causes où les Prêtres & Ecclesiastiques sont deffendeurs, à des personnes layes ; & s'ils le font il en peut être appellé comme d'abus aux Parlemens. Ainsi que fut jugé par Arrest à Toulouse en Audience le vingtiéme Mars mil six cens huit, entre Antoine Gontin Chanoine de Burlas, appellant comme d'abus de l'Official de Castres, & Pierre Largier appellé.

Hôteliers.

TITRE LVII.

ARR. I.

PAr Arrest donné à la Tournelle le vingt-septiéme Février mil cinq cens huitante-quatre, un Hôte de Rabastens fut condamné à payer la valeur de la marchandise dérobée à un Voiturier nommé Galy, qu'il avoit déchargée dans l'étable de son hôtelerie, que ledit Voiturier avoit apprés fermée à clef. Et les Larrons étans entrez par un trou qu'ils avoient fait à la muraille dudit étable ; encores que ledit hôte ne se fût chargé de ladite marchandise ; pour autant que *eo ipso quòd in cauponam illatæ sunt merces, receptæ videntur, & cauponam omnium earum rerum custodiam recepisse. l. D. Nautæ caupones stabulari.*

Hypotheques.

TITRE LVIII.

ARR. I.

CElui qui a été present en un contrat de constitution de rente, & n'a declaré l'hypotheque qu'il avoit sur les biens de l'obligé, encore qu'il eut reçû le contrat, comme Notaire, ou n'y eut assisté, que comme parent ou témoin ne se pourra prevaloir en son hypotheque precedente, pour celuy auquel ladite rente auroit été constituée : *Idque propter dolum malum, qui non in eo tantùm est, qui fallendi causa obscurè loquitur; sed etiam qui insidiosè obscurè dissimulat. l. ea quæ commendandi §. fin. ff. de contrah. empt.* Arrest prononcé en robes rouges du vingt-un Mars mil cinq cens quatre-vingts-un.

* *Ne se pourra prevaloir*] Cela est vrai à l'égard du Notaire qui a écrit l'entier corps de l'acte, suivant la doctrine de Loüet. *lit. N. num* 6 & d'Olive *liv.* 3. *chap.* 28. Mais l'usage est contraire à l'égard du temoin; & quoi que l'on fasse plusieurs distinctions sur cette matiere, il est certain que la commune maxime du Palais est, que celui qui ne signe que comme témoin, ne se porte aucun prejudice; conformement à la doctrine de Maynard *liv.* 8. *chap.* 70. de Charondas *en ses rep. liv.* 7. *chap.* 217. & de Cambolas *liv.* 5. *chap.* 25. En effet, un témoin qui par occasion, ou officieusement, signe un acte *in negotio alieno*, ne peut pas être consideré comme s'il l'avoit souscrit, *et negot um suum principaliter egisset*; à moins qu'il n'y eût dol de sa part, *[illegible] etiam in jure semper excipitur.*

ARR. II.

Les Maçons, Ouvriers, Voituriers, & ceux qui ont conservé leurs hypotheques, sont preferables à tous creanciers, quoi que posterieurs, *leg.* 1. *ff. in quib. caus. pig. vel hypoth. tacitè l. interdum ff. qui potiores.* Arrest du vingt-troisiéme Decembre mil cinq cens nonante-sept.

Les Maçons, Les reparations font que les fonds sont de plus grande valeur qu'ils n'étoient, & de là vient leur privilege, comme aussi de ce qu'elles conservent les fonds. *Conservé leurs hypotheques*, Mais pour qu'un creancier qui a prêté pour un batiment, ou pour faire des reparations, ait une hypotheque privilegiée, il faut qu'il justifie que ses deniers ayent été employez *ad hoc* par les quittances des Maçons ou des Ouvriers.

ARR. III.

Les arrerages d'une rente volante viennent aprés tous les creanciers, de même que les interêts; comme fut jugé au mois de Fevrier mil cinq cens nonante-trois, au rapport de Monsieur

Malard, & fut parti à la premiere & seconde des Enquêtes, & jugé à la grand'Chambre : tellement que la Loi *Lucius* ne s'observe point ; & posterieurement encore en l'an mil six cens treize, en la cause de Milanges, qui avoit payé la somme de huit cens liv. d'interêt, comme caution & fidejusseur, fut dit que ladite somme lui seroit payée, & seroit mis en rang, & tiendroit lieu de principal ; mais pour les interêts de ladite somme de huit cens livres, qu'il disoit avoir empruntée, fut dit, qu'il seroit payé avec les interêts des autres creanciers ; c'est-à-dire, aprés le sort principal de tous les creanciers payé.

Aprés le sort principal.] Quand la caution a payé les interests au creancier, il est juste qu'il soit alloüé pour iceux en même rang que pour le principal, tant parce que *certat de damno vitando*, que parce que tels interests *sortis jure fugiuntur* ; mais il en doit être autrement à l'égard des interests que la caution prétend lui être dûs du principal qu'il a payé, quoiqu'il l'ait emprunté : car outre que dans cet égard *certat de lucro captando*, en quoi sa cause n'est pas favorable ; d'ailleurs tenant la place du creancier, il ne doit pas avoir plus de privilege que lui.

ARR. IV.

Par Arrest donné au rapport de Mr. Calmels Chancelier en l'Université de Toulouse, intervenu sur la distribution des biens de feu François Rahou, Jean Rahou son neveu, & heritier sous benefice d'inventaire, fut alloüé en son rang & ordre ; non seulement pour ses dettes & droits particuliers qu'il avoit de son chef ; mais aussi pour les droits cedez qu'il avoit des precedens creanciers.

Pour ses dettes.] La Loy derniere §. *in computatione. C. de jur. delib.* le decide de la sorte en ces termes : *Similem per omnia cum aliis creditoribus habeat fortunam.*

Des Imputations.

TITRE LIX.

ARR. I.

IL y a eu doute, *Num id quod aufertur à secunda uxore, per l. hac edictali C. de secund. nupt. Et filio quæritur debeat ei in legitimam imputari.* Et bien qu'il semble devoir être imputé, *Quia quæcumque ex substantia patris percipiuntur, imputantur l. quoniam in prioribus. C. de inoffic. testam.* Et parce que *Filius illud percipit ex causa lucrativa, & duæ causæ lucrativæ in una eademque persona non concurrunt. arg. l. 1. C. de dot. promiss.* Toutefois la resolution est, que cela ne doit être imputé, parce que *Filius illud capit diverso jure, diversis legibus, & diversa ratione*; sçavoir la legitime par le droit de nature, & le reste *in pœnam*, & pour l'injure faite par la femme à son mari de s'être remariée dans l'an du dueil, *d. l. hac edictali*; Et de cet avis ont été la glose. *in* §. *optimè, de Nupt. Coll.* 4. *Bald. in d. l. hac edictali.* & *Barth. in l.* 1. *de inoffic. donat.* Et suivant cette opinion fut donné Arrest à Toulouse en la premiere Chambre des Enquêtes en l'an mil cinq cens septante-cinq, au rapport de Mr. Assezat, pour Sabatier contre Sabatier.

V. Maynard liv. 3. *chap.* 78. *Ferrer. in quæst.* 228. *Guid. Pap. & Barri lib.* 6. *cap.* 2. *n.* 20.

Arr. II.

Ea quæ filius capit ab Avo, vel Avia, donatione inter vivos patre stipulante pro filio, non conferuntur à filio in successione ab intestato patris. Comme fut jugé par Arrest à Toulouse, du treize Septembre mil cinq cens septante-deux, entre Amans Chaumier, Pierre Mullat, & autres Chaumiers. *Pro quo placito facit l. jubemus. C. ad Trebell. Maximè si dotem integram matris habeat Fulgos. in l. illam C. de Collat. & hæredes matris sint Anchar. Consil.* 305. *&* 365.

Non conferuntur.] Et quand l'ayeul ou l'ayeule auroient donné à la petite-fille *pro dote*, cela même ne s'imputeroit pas *in dotem postea datam à patre*, selon Maynard *liv.* 7. *chap.* 100.

Arr. III.

Quæritur, Num filii ex filia, qui primum locum tenent tempore mortis Avi, teneantur imputare dotes ab eorum Avo matribus illarum constitutas. Resolutio est non teneri. Primò, *Quia non jure matris, neque per repræsentationem. Sed jure proprio veniunt. l. qui superstitis C. de acquir. hæred.* Secundò, *Quæ extra patrimonium testatoris capiuntur non imputantur maximè si illa tempore mortis patris reperiri in ejus patrimonio non possint. Ad dos extra patrimonium patris est, quia mortua filia factum est patrimonium ne potius. l. si plures* §. *filio. D. de vulgar. l.* 3. §. *sed utrum in fin. D. de minor. Nam licet ab Avo prodierit, mutatione personæ mutata fuit qualitas patrimonii, l. Paulus in fin. D. de acquir. hæred.*

Arr. IV.

Les fils ou filles ayant renoncé aux successions des pere & mere, sont comptez, & font part au cabal de la legitime, la portion de laquelle, pour un chacun demeure acquise à l'hoirie; Sçavoir, au profit des heritiers instituez, en rapportant toutefois par lesdits heritiers autant que monte en estimation ce que par les enfans qui ont quitté auroit été pris & reçû de leurs peres ou meres, au blot universel des autres biens paternels & maternels, sur lesquels les autres enfans qui n'ont quitté pretendent ou demandent leurs legitimes. Ainsi jugé par Arrest pour Dame Paule de Viguier, veuve de feu Pierre de Maynaguet Tresorier de France, contre Simon de Maynaguet, neveu dudit feu Pierre le vingtiéme Juillet mil cinq cens quatre vingts-trois.

Au profit des heritiers.) *V. le tit. 63. art. 11.*

Au blot universel. Parce que la legitime doit être prise de l'entiere heredité. *V. Ferrer. in quæst. 295. Guid Pap.*

Arr. V.

Par Arrest du troisiéme Fevrier mil cinq cens quatre vingts-trois, donné au rapport de Mr. de Vezian, entre Dominique Pascal, & Dominique Beriaude, fut jugé que les fruits ne doivent être imputez en la legitime du pere, quoi que *Guido Papa* ait pensé le contraire, en la Decision quatre cens septante-huit.

Ne doivent être imputez. V. Maynard liv. 5. chap. 65. Ferrer. in quæst. 478. Guid. Pap. le tit. 63. article 16. Cambol. liv. 1. chap. 7. & le liv. 6. chap. 22.

Et par Arrest general, prononcé és Fêtes de Pâques, par Mr. Bertrand en l'année mil cinq cens quatre vingts-cinq, fut jugé que le neveu tenant le premier lieu n'imputeroit les fruits en la quarte.

Tenant le premier lieu] Cet Arrest, avec les raisons qui y ont donné lieu, est rapporté par le President Duranti *quæst. 121. V. le liv. 2. tit. 4. verb. legitimes, art. 13.*

Des

Des Ladres.

TITRE LX.

Art. I.

Un de nos Medecins de Toulouse en ses livres de la Republique, non encore imprimés, écrit être avenu que certains jeunes hommes nais dans l'Hôpital des Ladres, étans visitez, furent trouvez sains & nets ; ce nonobstant on les vouloit contraindre de se rendre à la Maladerie, de porter le bois de trois langues. Interrogez de leur naissance, & de leurs peres & meres, ils confesserent franchement qu'ils étoient tous nais dans ledit Hôpital. L'un de ceux-là s'étoit marié avec une belle & jeune fille tirée d'une autre Maladerie, les parens de laquelle avoient été engendrez & nourris au même Hôpital, qui toutefois étoient sains, & de si bonne habitude qu'on pourroit dire des autres non suspects. Sur laquelle difficulté les Medecins consultez, l'Auteur rapporte la conclusion avoir été, ou que leurs predecesseurs entrans ausdits Hôpitaux n'étoient point ladres, ou bien qu'en la troisiéme ou quatriéme generation, ladite maladie, comme les autres hereditaires, auroit pris fin : attestans n'avoir vû jamais generation d'un ladre confirmé. A cause dequoi fut jugé iceux ne devoir être remis esdites maladeries. Et par même raison les Loix faites contre les Ladres, soit pour separation de mariage ou autrement, ne devoit avoir lieu contre telle maniere de personne, qui étans visitez ne sont trouvez ladres.

Un de nos Medecins.] C'est Ogier Ferrier, dont il est parlé en *l'article 5. du tit.* 53.

Le bois de trois langues.] On l'appelle aussi la *Languette*, qui est la même chose que *Cliquette* ; laquelle tire infailliblement son nom du mot Grec χγκλιζειν, c'est-à-dire, ἦχον ποιεῖν faire du bruit, à cause de l'usage que les Lepreux en font. On l'appelle encore la *Claquette*, & dans les vieux livres elle est designée sur le nom de *Cresserelle* ou de *Crecerelle* indifferamment, à cause du bruit & du son qu'elle fait.

Auroit pris fin.] On peut voir sur ce sujet, *Petri Palmarii lapis Philosophicus dogmaticorum*, & l'histoire de Bearn par le President de Marca *liv.* 1. *chap.* 16. lorsqu'il parle des Cagots ou Capots dudit païs.

Fut jugé. Ceci doit desabuser ceux qui suivans l'opinion de Panormitanus *in cap. cum sit generale, extr. de for. compet.* ont crû que le Juge d'Eglise devoit seul connoître de cette matiere.

ARR. II.

Contre un Ecclesiastique du Chapitre de Carcassonne, diffamé d'être ladre, & deferé par le Sacristain d'icelle : Par Arrest du premier de Juin mil quatre cens quarante-six, fut dit qu'aux dépens des delateurs il se presenteroit dans le mois, pour être visité par les Medecins, Chirurgiens & autres à ce experts de Montpellier, pour leur visite & relation rapportée y être pourveu ainsi qu'il appartiendroit. Lui prohibant cependant, & jusqu'à ce qu'autrement fut ordonné, de converser avec les sains.

Des Legats.

TITRE LXI.

ARR. I.

UN Testateur legue à chacun de ses freres la somme de mille écus : il se trouve une sœur qui soûtient que le legat s'étend à elle, aussi bien qu'à ses freres, *per l. Lucius. §. quæsitum. D. de leg. 3. quia fratris appellatione soror continetur. l. tres fratres, in princip. D. de pact. Et Accurs. in d. §. quæsitum.* Et ainsi fut jugé par Arrest au rapport de Monsieur Daffis lors Conseiller au Parlement, & depuis premier President en notre Chambre des Requêtes du Palais mon predecesseur.

S'étend à elle.] Regulierement *Genus masculinum concipit fœmininum. L. qui duos ff. de legat. 3.* ainsi les sœurs & les filles sont comprises sous les noms des freres & des fils, en matiere de legats. Toutefois parce que suivant la Loy *Si ita si scriptum, ff. de legat. 2. exemplo pessimum est fœminino vocabulo etiam masculos contineri*, les freres ni les fils ne sont pas compris dans les legats faits aux sœurs & aux filles.

Un Testateur confesse en son testament avoir reçû en doüaire de sa femme certaine somme, sans qu'il en apparoisse autrement. *Quæritur*, si ladite somme peut être demandée, *tanquam dos, an verò tanquam legatum.* En jugeant le procez de Ragouste il fut fait difficulté sur ce point, d'autant que la femme alleguoit qu'elle avoit perdu ses pactes matrimoniaux : toutefois il fut *omnium ferè sententiis*, arrêté que lesdites paroles n'auroient force que de simple legat, *per textum & glos. in leg. Cum quidam uxori, & l. Lucius §. Quisquis D. de leg. 2. Et l. Cum quis decedens. §. Codicillis, & §. Titia honesta fœmina. D. de leg. 3. Et l. 2. C. de fals. caus. adject. legat.*

Que de simple legat. Quoique les declarations qu'on peut faire vaillent *ad obligandum, non ad liberandum* selon la distinction commune ; toutefois la declaration du mari ne nuit qu'à lui-même, & à ses heritiers ; car à l'égard des creanciers telle declaration n'est d'aucune consequence : & il en est de même que de la dot confessée, laquelle étant censée faite *animo donandi*, la plûpart du tems n'est aussi considerée que *in vim relicti* pour être alloüée au rang des legats après toutes les dettes. *L. 1. C. de bon. author. judic. possid.* à moins que de prouver la réelle numeration de la somme. *V. le liv. 2. tit. 6. verb. dot & preference d'icelle, art. 12.*

ARR. III.

Un Testateur legue à un sien Serviteur la somme de cinquante livres, outre ses gages, & deffend à son heritier de ne lui demander rien de ce qu'il a administré, *Post conditum testamentum*, il vit deux ans, pendant lesquels il souffre que ledit Serviteur ou Valet administre ses affaires comme il faisoit auparavant. *Quaeritur an ex verbis illius testamenti*, ce Serviteur & Legataire est quitte de l'administration qu'il a faite après ledit testament. Il est certain que ledit legat ne peut appartenir qu'à l'administration faite jusques au jour du testament, *nam postea facta non continentur, per text. in l. Aurelius §. 1. D. de liber. leg. Et l. Si ita & l. fin. D. de aur. & arg. leg.* Et briévement on peut tenir pour maxime qu'en tous legats qui regardent la chôse leguée, *habenda semper est ratio temporis quo testamentum est conditum*, par les textes susdits. *Aliud est dicendum si legata respiciunt personam eorum, quibus est legatum*, comme *si quis legaverit cognatis suis centum : nam in hujusmodi legato comprehenduntur omnes cognati, non modò, qui fuerunt tempore testamenti, sed etiam mortis testatoris, ut ex text. in l. Si cognatis & ibi Castr. D. de reb. dub.* & ainsi fut jugé au procez de du Cos habitant de Montlaur, contre Monsieur Raymond Conseiller en la Cour, au mois de Juin mil cinq cens huitante.

Jusques au jour du Testament.] Cela est decidé en la Loy *uxori* §. 1. *ff. de legat.* 3. & il est certain qu'en matiere de legats, qui regardent la chose leguée, il faut regarder le temps auquel le testament a été fait : l'Arrest de prejugé rapporté par Bouvot au tom. 2. *verb. legat. quest.* 13. ne devant être tiré à consequence, comme donné sur des circonstances particulieres prises *ex conjecturata mente testatoris*, même suivant la question 191. de Jean Corserius *in decis. Capell. Tolos.* les legats qui regardent la personne doivent être reglez de la même maniere, contre le sentiment de l'Auteur ; la Loy *si cognatis ff. de reb. dub.* sur laquelle il établit sa distinction, étant conçûë *per verba indefinitè p olata* comme remarque ce sçavant Official de Pierre de S. Martial, Archevêque de Toulouse. Au reste, Barri en son traité *de successionib. lib. 9. cap. 4. num* 21. rapporte diverses limitations sur ce sujet, aprés *Mantica de conjectur. ultim. volunt. lib. 3. tit.* 11. & quand le legat est fait en terme de futur, comme ils embrassent tant le temps qui a coulé jusques à la date du testament, que celui qui a couru jusques au decez du Testateur, tout est compris dans un tel legat sans aucune restriction ni difference de tems, *arg. l. nuper constitutum, ff. de legat.* 3.

ARR. IV.

Il est demandé, *An solutio legatorum pertineat ad hæredem fideicommisso gravatum; an vero ad fideicommissationem. Accurs. in lege* 1. §. *penultim. & ultim. Digest. ad Senatusconf. Trebell. Et in l.* 2. *C. eod.* tient resolument que le payement des legats *in solidum* appartient au fideicommissaire, encore que des dettes ou funerailles du Testateur il ne soit tenu d'en porter, que eu égard à la cotte des biens qu'il en emporte; comme aussi des reparations & meliorations. *Guid. Pap. quest.* 269. *&* 497. *& Consil.* 8. & ainsi fut jugé au fait de Marverol contre Ragouste.

Appartient au fideicommissaire] Suivant l'usage le fideicommissaire est tenu au payement des legats. *leg.* 1. *& l.* 2. *ff. ad Sc. trebellian.* & l'heritier grevé n'est tenu qu'au payement des dettes à proportion de sa quarte; si ce n'est au cas il importât par sa qualité, & par la disposition du Testateur, au-delà de trois onces de l'heredité : car en ce cas ce qui excederoit la quarte seroit sujet au payement des legats aussi à proportion. *V. Cambol. liv.* 1. *chap.* 6. *num.* 2. *Maynard liv.* 5. *chap.* 48. *Ferrer. in quest.* 296. *Guid. Pap. & du Perier liv.* 1. *chap.* 1.

ARR. V.

Claude d'Ornezan legue par son testament à Falcon quatre cens écus. Falcon demande ledit legat vingt ans après, auquel tems les écus valoient beaucoup plus que lors du testament, étant la valeur & prix augmenté; *Quæritur à quo tempore sit metienda æstimatio* : Par Arrest donné au rapport de Monsieur Iossé, entre lesdites parties le 2. de Septembre mil cinq cens quatre-vingts, fut dit que l'estimation & valeur desdits écus seroit prise, eu égard au temps du testament, & comme ils valoient communement au tems d'icelui. Et par le même Arrest fut jugé, *fructus legati, vel id quod interest deberi à die contestationis. Cap. Conquestus de usur.*

Eu égard au temps du Testament.] Sur la question du payement des somme prêtées, leguées ou constituées en certaines especes, soit à titre de dot, soit à titre de rente, la Jurisprudence des Arrests a été differente, & elle n'a été uniforme qu'à l'égard des dépôts, parce que devant être rendus aux mêmes especes de la consignation, le depositaire, qui n'en a pas profité, ne peut pas être garant de leur diminution : Or la difference de la Jurisprudence des Arrests paroit aux autres cas, en ce que souvent les uns ont condamné le debiteur à payer la valeur des especes, eu égard au temps du payement, tout de même que *si spe.ies non designata essët*, comme au cas de la Loy *Cum certum ff. de aur. & argent. legat.* sur tout lorsqu'il a été question d'un prêt qui produisoit interêt, *ne d q ivi oaere debitor gravaretur* : Car à l'égard du prêt gratuit, comme il n'étoit pas juste que le creancier pour avoir fait plaisir sans profit, perdit celui que l'argent eût fait dans son cofre par l'augmentation de la valeur des especes, on vouloit aussi *ut ejusdem generis & eadem bonitate solveretur ei quod datum erat. L. cum quid mutuum. ff. de reb. credit.* De sorte qu'il n'étoit pas obligé *nummos in aliam formam recipere, ne damnum ex ea re patiatur essët. L. creditorem 99. ff. de solutio.* Les autres Arrests, & qui sont en plus grand nombre, ont condamné le debiteur à payer la valeur des especes, eu égard au temps du contrat obligatoire, *sive crescente, sive decrescente monetæ extrinseca bonitate*, ce qui passoit pour maxime certaine en faits de contrats, parce qu'au langage de Balde, *in contractibus inspicitur consensus tempore contractus.* Sur quoi l'on peut voir l'Arrest troisiéme de Nesmond, & *Ferrer. in quæst. 493. Guid. Pap.* pour ce qui regardoit les legats ou ils étoient generaux, ou ils étoient particuliers ; au premier cas on regloit l'estimation des choses leguées par rapport au temps du decez du Testateur, suivant la Glose *in l. penult. verb. cedat. ff. de instr. vel instrum. legat.* Au second cas on consideroit le temps auquel le testament avoit été fait, & non celui auquel le legat étoit demandé, par cette raison que le Testateur ne regardant que la valeur presente des especes, *non videtur de tempore futuro cogitasse DD. ad C. uxorem §. testam. & ad L. uxori §. 1. ff. de legat. 3.* Quand aux dots & aux prestations annuelles, il se recueille des Arrests rapportez par l'Auteur, que quand la constitution du dot avoit été faite en écus, elle devoit être payée suivant qu'ils valoient au temps des pactes de mariage, selon *l'art. 45. du tit. 4. verb. Mariage, liv. 2.* & qu'il en étoit de même à l'égard de la restitution de la dot : car on regardoit ce que valoient les especes au temps du contrat de mariage, suivant *l'art. 8 du tit. 41. du present livre.* Quoique selon le même Arrest rapporté en *l'art. 3. du tit. 6. verb. dot & reference d'icelle, liv. 2.* le Parlement se fût reglé comme les especes valoient lors de la reconnoissance. Quant aux prestations annuelles, lorsque la rente étoit imposée & constituée en certaines especes, on devoit continuer de la payer en mêmes especes, quoi qu'augmentées en valeur du double, suivant *l'art. 4. du chap. 10. du traité des droits Seign.* où est rapporté l'art. de Maynard *liv. 7. chap. 99. & liv. 8. chap. 94.* mais quand il s'agissoit d'une rente établie par un bail à cens, on condamnoit à payer la censive selon qu'elle étoit établie par l'infeodation, si mieux l'emphyteote n'aimoit la payer pour les arrerages qui avoient couru, suivant la valeur des especes au temps que les termes des payemens de la censive étoient échûs, selon *l'art. 1. du chap. 2. & l'art. 1. du chap. 6. du même traité des droits Seigneur.* ce qu'il faut entendre des especes d'or ou d'argent ; car celles qui consistent en grains, vins ou huiles, ont toûjours été reglées suivant la commune valeur chaque année au temps de la destinée solution, excepté pour l'année en laquelle la censive étoit demandée, & pour la precedente, pour lesquelles le Seigneur peut demander la censive en espece. Au reste, les raisons de difference de la diverse maniere de regler le payement de la rente constituée, & de la censive, sont remarquées par Maynard *audit lieu 8. chap. 94.* Quoi qu'il en soit, & sans entrer dans le détail de la contrarieté des Arrests qui ont été donnez par les Cours Souveraines de ce Royaume sur le sujet dont est question, & sans examiner encore si cette contrarieté a été bien conciliée par *Bouguier lit. R. num. 9.* au moyen des trois distinctions qu'il fait ; il suffit de dire que ces distinctions & la contrarieté desdits Arrests doivent cesser ; mais sur tout ces distinctions comme inutiles, depuis l'Edit fait à *Monceaux par Henry IV. en Septem. 1602.* registré en ce Parlement le 20. Novembre audit an, qui porte qu'on ne compteroit plus par écus, mais par livres, comme avant l'Edit de 1577. pour éviter *les differens qui pouvoient intervenir à cause des contrats conçus en compte à écus* ; lequel Edit n'excepte que les depôts & consignations qui doivent être rendus en mêmes especes, & de la valeur qu'elles étoient, lorsque le depôt fut fait, suivant *l'art. 3. du tit. 3. verb. depot, liv. 2.* C'est sur le motif du même Edit que fut donné celui qui fut fait le 25. Juin 1636. au sujet du reglement des Monnoyes, portant que les sommes seroient comptées à livres tournois; & certes fort justement, car outre la raison prise dudit motif, il est certain d'ailleurs que la bonté intrinseque des monnoyes doit moins entrer en l'obligation, que la bonté extrinseque, qui est celle du cours des especes; c'est-à-dire l'indicature, & la valeur que les Edits des Rois donnent aux especes. A toutes ces observations j'ajoûterai pour la fin le Jugement donné aux Requêtes du Palais de ce Parlement, au rapport de M. le President d'Aldeguier, le 27. Mars 1679. en faveur des Consuls & Communauté de la ville d'Orange, contre le Syndic de la Chartreuse de Villeneuve lez-Avignon; car bien qu'il ne puisse pas servir de préjugé, n'étant pas donné par une Cour Souveraine, il ne laisse pourtant pas d'être d'un grand poids, soit à cause de sa conformité avec l'usage du Palais, soit à cause qu'il est tout plein d'équité : ayant été ordonné par ce Jugement, que ladite Communauté, qui avoit emprunté dans l'autre siecle, par trois divers contrats, une somme considerable en écus d'or; lesquels lors du prest, n'étoient de valeur que de quarante-six, de cinquante, & de cinquante quatre sols, n'étoit pas tenuë de rendre pareille quantité d'écus d'or en espece, suivant la demande du Syndic de la Chartreuse, qui vouloit profiter de ce que tels écus valent presentement cinq livres quatorze sols piece; mais qu'elle en devoit être quitte en payant pareille quantité d'écus à raison de trois livres la piece, suivant l'offre qu'elle avoit fait pendant le cours du procez.

ARR. VI.

Jean Lardat habitant de Toulouse, legue à sa femme la moitié de la somme, que lui étoit dûë par la Demoiselle de Lers; la femme requiert que l'heritier de son mari soit tenu aller querir, lever, & exiger à ses dépens ladite dette & lui en bailler la moitié : l'heritier dit n'être tenu, offrant lui ceder l'action, & délivrer l'obligé pour poursuivre ladite dette, si elle veut. Par Arrest du vingt-sixiéme Juin mil cinq cens huitante-quatre, l'heritier fut relaxé de ladite demande, en cedant ses actions.

En cedant ses actions.] On fait difference entre un legat taxatif, & un legat demonstratif; car quand le legat est fait *à prendre sur tel*, l'heritier est tenu de le payer, & il n'est pas déchargé en délivrant l'obligation & cedant l'action, parce que le legat n'est que demonstratif; mais lors qu'il est fait de *la somme dûë par tel*, comme en ce cas le Testateur n'a pas legué la somme, mais seulement l'action qu'il a contre le debiteur, l'heritier en delivrant l'obligation, est quitte de la demande que le legataire lui pourroit faire de la somme contenuë en l'obligation, & c'est au legataire à en poursuivre le payement contre le debiteur. *DD. ad L. Lucius Titio, ff. de legat.* 2. *& in L. Paula Calinico, ff. de legat.* 3. *Maynard liv.* 7. *chap.* 9. *Papon liv.* 20. *tit.* 5. *art. dern. &* Charondas *liv.* 7. *resp.* 121.

ARR. VII.

Par Arrest general du vingt-troisiéme Decembre mil cinq cens huitante-trois, un legat fait au fils de son fils bâtard & adulterin, fut cassé; Et par ainsi la coûtume generale de France, témoignée par Benedicti, *in Cap. Rainutius, in verbo & uxorem num.*

114. prohibant la succession, & donation aux bâtards, amplifiée par les susdits Arrests, aux enfans desdits bâtards.

Fils bâtard & adulterin.] Même quand le pere du pere du petit-fils legataire ne seroit que simple bâtard, suivant *l'art. 2. du tit. 11. de ce Livre, & l'art. 4. du tit. 15. verb. Batard au liv. 1.* surquoi l'on peut voir au contraire *Claude Henrys tom. 1. liv. 6. chap. 3. quest. 10. & la decis. 77. de François d'Aix.*

Arr. VIII.

Par autre Arrest du vingt-septiéme Octobre mil cinq cens nonante, contre les heritiers de Jacques de Bosc, a été jugé, que *legata ab Instituto relicta censentur repetita ab instituto*, par la Loy, *licet 74. D. de legatis 1. item à coherede l. Si Titio 6. §. Julianus D. de legatis 2.*

Repetita ab instituto.] Il faut lire, *à substituto.* Les Docteurs demandent *legata relicta ab instituto, an, & quando debeantur à substituto.* Surquoi l'on peut voir les distinctions, & les limitations qu'ils rapportent, tant sur la Loy *Licet Imperator. ff. de legat. 1.* mais sur tout Barthole *ibidem*, que sur la Loy *sub conditione, ff. de hæred. Institut.* aussi bien que Gomezius *resol. tom. 1. cap. 12. num. 36.*

Arr. IX.

Par Arrest géneral, prononcé le Mecredy quatorziéme veille de Nôtre-Dame d'Aoust, par Monsieur le President du Faur, fut jugé, que *legata debentur ex testamento revocato*, au fait que s'ensuit; Jean Galtier de Castres avoit fait un testament avec substitution, *& à substituto legaverat prædium*, à une sienne sœur. Aprés par un Codicille il revoque ladite substitution, & fait un autre substitué; *dubitabatur, num legata relicta à substituto priore revocato, deberentur à substituto in illo Codicillo.* Et fut dit, que oüi par la Loy. *Celsus De leg. 2.*

Ex testamento revocato.] Celui qui est substitué par un Codicile à la place du substitué par un testament precedent, *codicillis enim substitutio revocari potest*, doit payer les legats dont le premier substitué étoit chargé; car c'est par rapport à la revocation de la substitution faite en faveur de celui-ci, que doivent être entendus ces termes de l'Auteur, *ex testamento revocato*, & non par rapport à la revocation entiere du testament, à effet que l'institution d'heritier fût aneantie, parce que *directò hæreditas codicillis non adimitur, neque datur.*

Arr. X.

Antoine Boissiere d'Alby ayant été institué heritier par Jean son pere, à la charge de rendre le bien à ses enfans sans detraction de quarte, ayant quatre ou cinq enfans, & survivant sa femme, à qui étoient dûs trois mille écus de dot & augment, par son testament il fait aussi plusieurs autres legats pies aux Cordeliers, Carmes, Jacobins, & autres Eglises d'Alby. Par nôtre jugement du vingt-septiéme Aoust mil cinq cens nonante-quatre, les biens sujets à restitution sont declarez exempts du payement desdits legats; sauf le recours sur la legitime, & autres biens apartenans au testateur.

ARR. XI.

Quand un legat est fait sous certaine charge ou condition onereuse, on ne peut accepter ledit legat, & rejetter ladite charge: parce que; *Non est ferendus qui lucrum quidem amplectitur, onus autem ei annexum contemnit. l. unic. §. pro secundo, C. de cad. toll.* & parce que, *sub una conditione relictum, sub contraria conditione videtur adeptum. l. inter socerum, §. cum inter. D. de pact. dotalib.* & ainsi je l'ay veu souvent juger.

Ou condition onereuse.] Comme celles qui sont faites au profit d'un tiers; car le legataire ne perd pas le legat faute d'accomplir les conditions que le Testateur impose pour son profit particulier, & par consequent plûtôt par conseil que par commandement, comme au cas de la Loi *Titio centum ff. de condit. & demonstrat.* par cette raison que *ad ipsum duntaxat emolumentum legati rediret.*

ARR. XII.

Un legataire universel *omnium bonorum*, peut être convenu, comme un heritier; Si que par Arrêt de Toulouse du sixiém May mil cinq cens septante-un, il fut condamné à toutes charges hereditaires, & à reddition de compte, & prestation de reliqua de certaine administration de son auteur; tout de même qu'un donataire universel, *Guid. Papæ quæst.* 196.

V. Maynard *liv. 6. chap.* 10. Ranchin *in quæst.* 105. *Guid. Pap.* Boërius *decis.* 204. *num.* 43. Bendictus *in cap. Raynutius verb. cætera bona. num.* 46. *Papon liv.* 11. *tit.* 2. *art.* 3.

ARR. XIII.

Si le mari n'est solvable, on pût demander qu'il soit tenu de bailler caution pour le legat fait à sa femme, ou que l'argent soit mis en fonds; & le huitiéme Aoust mil cinq cens nonante-huit fut jugé, que le legat seroit mis entre les mains d'un marchand pour être mis en fonds, si mieux le mari n'aimoit bailler caution.

ARR.

Arr. XIV.

Par la Loy *in legatis, ult. Cod. de usur. & fruct. leg.* les fruits de la chose leguée, ne sont dûs que du jour de la contestation en cause, & non du jour de la mort, d'autant que les legs doivent être demandez par le Legataire, *l. 1. cod. eod. tit. l. quæsitum, §. ult. de leg. 1.* Toutefois par Arrest du mois de Juin mil cinq cens soixante-trois, a été jugé le contraire, sur une rente leguée, les arrerages de laquelle auroient été adjugez au Legataire du jour de la mort du Testateur, encore qu'il n'en eût demandé la délivrance plus de quatre ans après la mort dudit Testateur.

Adjugez au Legataire.] Quoi que les interêts du legat ne courent pas sans demande, si ce n'est aux cas des legats qui tiennent lieu de legitime, & de ceux qui sont faits aux mineurs, & en faveur de la cause pie; le legataire peut pourtant se faire adjuger les arrerages de la rente leguée, qui ont couru avant qu'il en fit demande, parce que tels arrerages sont partie du legat. *V. l'article 5. de ce titre sur la fin.*

Arr. XV.

Par Arrest donné en la grand'Chambre au rapport de Monsieur Papus, au mois de Février l'an mil cinq cens septante-trois, fut jugé que le legat laissé à pauvres filles à marier n'étoit dû ni payable jusques à ce qu'elles fussent prêtes à marier.

V. l'art. 17. & le Journal du Palais du 7. Decembre 1673.

Arr. XVI.

Legat fait à un enfant par le pere pour ses droits & legitime, à la charge de ne pouvoir rien demander ni prétendre en ses biens, n'empêche tel Legataire à poursuivre le droit qu'il a, ou peut avoir en tout, ou en partie, sur les biens paternels pour supplement de legitime, ou pour ses droits maternels, ou autrement; comme fut jugé en la seconde Chambre des Enquêtes au rapport de Monsieur Maynard en l'an mil cinq cens cinquante-trois, pour Monsieur du Pin Conseiller en la Cour, contre le Tuteur des hoirs de Benoît Ouvrier Marchand, son beau-pere.

V. Ferrer. in quæst. 93. & 427. Guid. Pap. Automne *ad L. parentibus §. qui autem, C. de inoff. testam.* Maynard *liv. 4. chap. 19. 20. & suiv.* de même *qu'au liv. 7. chap. 11.* & Expilly *chap. 14.*

ARR. XVII.

Le legat fait à une fille, quand elle sera marié, ou quand elle se mariera est pur, *& transmittitur ad hæredes, quamvis decedat ante nuptias; quia dies solutionis tantum differtur*: Et si elle se fait Religieuse *debetur monasterio, quia loco mariti est*. Ainsi a été jugé en faveur d'une veuve en laquelle son mari avoit donné une somme quand elle se marieroit; & depuis s'étoit mise dans un Couvent, le legat fut adjugé audit Couvent, par Arrest donné le mois de Mai mil six cens deux, au profit de quelques Religieuses d'Alby. On ne fait point de difficulté, que tel legat ne soit dû aux heritiers de la fille, *tex. in l. ex his. Cod. quando dies legat. ced. nec enim conditionale legatum ut dictum est, sed solutio dilata fuit.*

Est pur] Par la raison qu'il est pur, *præsens est legati obligatio*, d'où il s'ensuit qu'il est transmissible à l'heritier. Cambolas *liv. 4. chap. 40.* Boné *art. 58.* Charondas *liv. 7. chap. 75.* le payement en étant seulement differé au temps du mariage, *arg. l. ex his verbis. C. quand. dies leg. vel fid. ced.* on a douté si cette Jurisprudence devoit avoir lieu aux legats faits par les étrangers, sur quoi l'on peut voir Menochius *lib. 4. præsumpt. 146.* Hotomanus *consil. 78.* Magonius *decis. 14.* Cancerius *variar. resolut. jur. tom. 3. cap. 20. cum seq.* & Expilly *chap 170.*

Adjugé au Couvent] A quoi se trouve conforme l'Arrest rapporté aprés le dernier plaidoyé de Puimisson. *V. Cancer. loc. cit. cap. 20. num. 377. 381. 382. & 383.*

Legat du Pape en Avignon.

TITRE LXII.

ARR. I.

Arrest du Parlement de Toulouse sur la publication des Lettres de la Legation du Cardinal de Bourbon.

VEU par la Cour, les Chambres assemblées, l'Arrest & deliberation par elle faite sur le Registre des Bulles de la legation d'Avignon, Comté de Venise, Provence, de Vienne, Ambrun, Arles, & Province de Narbonne, concedée au Cardinal de Bourbon, par nôtre saint Pere le Pape, sous mêmes facultez & privileges concernans la legation concedée au Cardinal d'Aux, & depuis au Cardinal Farnese son successeur en ladite legation. Les Lettres patentes du Roy données à Bayonne le sixiéme de Juin dernier passé, & l'extrait des Articles contenant les facultez desdits Cardinaux aussi Legats en Avignon, & Comté de Venise, les Registres de la Cour, ensemble le dire du Procureur General du Roy, a été arrêté que lesdits articles & facultez seront enregistrez, pour en user par ledit Cardinal de Bourbon en la Province de Narbonne, sous les modifications & restrictions contenuës esdites Bulles de nôtre saint Pere le Pape, & les Lettres patentes du Roy ; & sans ce que ledit Cardinal de Bourbon Legat, puisse proceder à reformation ni mutation de statuts ou privileges és Eglises de fondation Royale, Patronats ou autres, sans appeller le Procureur general, Patrons, Corps des Universitez, Colleges & Chapitres, dont il traitera la réformation, ni procedant à icelles déroger aux fondations seculieres, & privileges obtenus en faisant icelles fondations par lesdits Seculiers ou Ecclesiastiques qui les auront faites sur leurs patrimoines & biens seculiers, ni user des facultez de legitimer bâtards, & autres personnes illegitimes, sinon pour être promûs aux sacrez Ordres, Benefices & Estats d'Eglise, & non pour les rendre capables de succeder, ou leur être succedé, ni d'obtenir Offices & Estats seculiers. Aussi ne pourra bailler permission d'aliener biens immeubles des Eglises, pour quelque utilité & évidente necessité que ce soit par vente, permutation, infeodation, ou loüage à longues années ; ains seulement pourra bailler rescrits, delegations aux Sujets du Roy, habitans en icelle Province, pour connoître, traiter & deliberer desdites alienations, utilité évidente, urgente necessité d'icelles ; ne pourra reserver aucunes pensions sur les Benefices, encore que ce soit du consentement desdits Beneficiers, sinon au profit des Resignans quand ils resigneront à cette charge, ou quand ce sera pour la pacification des Benefices litigieux ; & à la charge aussi que icelle pension ne pourra exceder la troisiéme partie des fruits d'iceux Benefices, deduites toutes charges, ni déroger à la regle *De verisimilis notitia obitus*, ni *de publicandis resignationibus in partibus.* Ni autrement contrevenir aux droits & prérogatives du Royaume, saints Decrets & Conciles, droits des Universitez, Libertez de l'Eglise Gallicane, Concordats, Edits & Ordonnances du Roy ; & sera tenu icelui Cardinal & Legat, faire faire registre à part de toutes expeditions qui seront faites & expediées pour la Province de Narbonne, & lequel ne pourra commettre ni deputer en son absence, ou autrement, aucun Vicaire ou Substitut ayant pareilles puissances ou facultez que lui en la Province de Narbonne. Mais pourra commettre un Regent de sa Chancellerie, & autres Officiers pour executer ladite legation. Et de ce que dit est, ledit Cardinal baillera lettres au Roy, qui seront apportées devers la Cour pour y être enregistrées. Prononcé en Parlement le vingtiéme d'Août mil cinq cens soixante-neuf.

Sous les modifications.] Les modifications en general apposées aux facultez des legats à *latere*, sont au nombre de quarante-huit. Le President de Thou en a ramassé 34. *lib.* 3. *histor. ad ann.* 1547. & les autres sont rapportées par Fevret *en son traité de l'abus, liv.* 33. *chap.* 2. *num.* 22.

De pub icandis resignationibus.] Qu'en est-il à l'égard de la regle *de infirmis resignantibus* au mois des Graduez nommez ? *V. Maynard liv.* 1. *chap.* 51. *&* 52.

Faire Registre.] Pour après la legation finie le remettre entre les mains des personnes qui sont nommées par le Roy ou par le Parlement, afin d'en pouvoir tirer les extraits necessaires dans l'occasion, en faveur de ceux qui y peuvent avoir interest.

Aucun Vicaire.] Les Arrests sur la publication des facultez des Cardinaux d'Amboise & du Prat, portent cette modification, *qu'ils ne pourront deputer Vicaires, ni autres deleguez, pour l'exercice de leur legation, mais qu'ils seront tenus de l'exercer en personne.*

Baillera lettres au Roy] Lors que les Bulles du Legat sont enregistrées, & avant qu'il puisse user de ses facultez, il presente au Roy une promesse par écrit, qu'il signe, & laquelle est scellée de son seau, même *fortifiée par jurement solemnel*, comme dit le Livre des libertez de l'Eglise Gallicane, qu'il n'usera de ses facultez dans le Royaume que suivant les modifications portées par Arrest de Registre, & qu'autant qu'il plaira au Roy de lui permettre d'en user, &c.

V. Papon liv. 2. *tit.* 1. *art.* 1.

Le 20 *d'Août* 1569.] C'est au contraire en l'année 1565. les Lettres patentes du Roy Charles IX. sur la publication desquelles fut donné l'Arrest rapporté par l'Auteur, étans du 6. du mois de Juin precedant en ladite année 1565. & données à Bayonne.

ARR. II.

Il y a d'autres reservations faites par la Cour de Parlement de Paris, és Arrests par elle donnez sur la publication des Bulles des Cardinaux d'Amboise, Carraffe, Trivulce, & du Prat, recitez par Papon liv. 2. tit. 1. que l'on pourra voir, parce que mon dessein n'est que de parler des Arrests du Parlement de Toulouse.

Des Cardinaux.] Ces Arrests sont rapportez par *Maynard liv.* 1. *chap.* 47. 48. *&* 49.

ARR. III.

Au mois de Juin mil cinq cens nonante-un entre le Blanc, &

Alasard, au rapport de Monsieur Fourés, fut jugé en la seconde Chambre des Enquêtes, que le Legat d'Avignon ne pouvoit expedier aucunes provisions avant que son pouvoir fut verifié en Parlement.

Verifié en Parlement] Il y a Arrest de ce Parlement, donné à la requisition de Mr. le Procureur General, & prononcé le 12. de Septembre 1665. qui deffend à tous les sujets du Roy, de son ressort, *de s'adresser à la legation d'Avignon, pour obtenir des Bulles, Provisions de Benefices, Signatures, Dispenses, Absolutions, Commissions, Rescripts, Indults, & generalement toutes sortes de Provisions en matiere Ecclésiastique, volontaire ou contentieuse, du nouveau Vice-Legat d'Avignon, & de tout autre qui pourroit avoir été envoyé à sa place, qu'au préalable leurs facultez n'ayent été approuvées & consenties par Lettres patentes de S. M. & enregistrées en la Cour, à peine de nullité, de dix mil livres d'amende, & autre arbitraire, &c.*

Legitime.

TITRE LXIII.

ARR. I.

LEs legitimes demandées sur les Baronies ou Comtés, sont adjugées en deniers & non en corps hereditaire, pour ne démembrer lesdites Baronies & Comtés : ainsi jugé pour le Baron de Lescure, à Toulouse le dixiéme Fevrier mil cinq cens vingt-cinq ; & pour Messire Charles de Foix, Comte de Carmain, le quatriéme Juillet mil cinq cens soixante-six, & pour le Vicomte de Bourniquel, contre Jeanne Roguiere de Comenge sa sœur le vingt-septiéme Janvier mil cinq cens huitante-quatre, & pour le Baron de saint Sulpice contre le sieur Evêque de Cahors, fils de ladite maison, le trentiéme Mars mil cinq cens nonante-un, auquel la legitime entiere fut adjugée, sans faire detraction, ni impetration de la somme de trente mil livres, que le pere par son testament avoit dit avoir employée pour le faire pourvoir, & lui obtenir les Bulles dudit Evêché, & de l'Abbaye de Belle-perche, suivant la resolution des Docteurs, mêmes de Fernand sur la Loy, *in quartam. D. ad l. falcid.*

Pour ne dembrer] Non pas même sous pretexte d'œuvres pies, & de fondation d'Obits, suivant le *chap. 37. du traité des droits Seigneuriaux.* Les Loix ont toûjours eu à cœur la conservation des Maisons illustres, & des Fiefs d'éclat, ce que l'Empereur Frideric limita aux Marquisats & aux Comtez, *lib. 2. feudor. cap. de prohib. feud. alienat. 55. versic. præterea ducatus* ; en veuë dequoi infailliblement le Poëte Gunterus a dit, sans parler des Baronnies,

Marchia, seu Comitis possessio, sive Ducatus
Integra permaneant feudalia cætera multis
Participanda patent.

Ce qui n'étoit sans doute pas connu à Pertetius, lors qu'après avoir cité ces mêmes vers sur la décision 487. de Guy-Pape, il fait cette reflexion, & observa quod non loquitur de Baronia. Quoi qu'il en soit, on a pris tant de soin en ce Royaume pour la conservation des fiefs considerables, *ut ordinum dignitas, familiarumque salva esset*, aux termes de la Loy premiere. §. 13. *ff. de inspic. ventr.* que lors qu'on a voulu diviser un fief de cette nature, il en a falu obtenir la permission du Roy. Entr'autres exemples que l'Histoire fournit sur ce sujet, il doit suffire de citer celui de Jean de Melun, Seigneur d'Authoin, lequel en l'année 1486. obtint du Roy Charles VIII. que sa Pairie de Bombers & Domnast, près d'Abbeville, *& mouvante du Roy à une seule foy*, fut divisée en deux, pour qu'il pût pourvoir plus facilement à l'établissement de ses enfans. *V. Duranti decis.* 30. *num.* 10.

Interest de la legitime au denier quinze.

ARR. II.

Arrest du quatorziéme Novembre mil cinq cens septante trois, au profit de Jeanne Bories portant condamnation des interests au denier quinze, de ce qui se trouvera dû de la legitime ; & par autre Arrest du quatorziéme Novembre mil cinq cens septante-neuf, entre Gabrielle de Serta, & de Serta son frere.

* *Au denier quinze*] Suivant l'usage du Parlement les interêts de la legitime se payent au denier vingt, de ce qui consiste en argent, & au denier trente, ou à trois pour cent, quitte de charges, des immeubles, lors que la legitime se paye en corps hereditaire. On ne suit pas la doctrine de le Prestre *cent.* 2. *chap.* 84. qui regle les interêts au denier seize.

ARR. III.

Legitime adjugée en corps hereditaire sur les biens de l'ayeule, avec restitution des fruits depuis le decez de ladite ayeule, par Arrest du dix-neuviéme Juin mil cinq cens septante, entre Marguerite & Jeanne de Ferrieres, & autres.

Depuis le decez] La raison en est, qu'outre que *fructus in petitionem hæreditatis veniunt. l. item veniunt. ff. de petit. hæredit.* D'ailleurs les fruits qui sont perçûs depuis la mort du pere augmentans l'heredité, ils augmentent aussi la legitime de l'enfant ; à cause dequoi on adjuge les fruits du supplement de legitime depuis ledit temps, nonobstant la quittance generale du legitimaire, quoi qu'autrefois on n'ordonnât la restitution des fruits que depuis l'introduction de l'instance.

ARR. IV.

Le pere greve son fils, heritier contractuel, de rendre à son premier nay. *Deinde*, le fils ayant plusieurs enfans institue le premier nay ; il est demandé, si la legitime sera prise sur tous les biens de l'ayeul, ou s'il faut distraire *fideicommissum tanquam æs alienum* suivant la Loy *pater filium. D. ad l. falcid.* il a été jugé, que la legitime sera prise sur tout le blot, en jugeant le procez entre François Vignes sieur de la Bastide, & ses freres.

Sur tout le blot] Les Arrests rapportez par Cambolas *liv.* 2. *chap.* 14. sont conformes à cette doctrine, ils sont pourtant contraires à celui de Maynard *liv.* 5. *chap.* 89. par lequel il fut préjugé, qu'à cause que les fideicommis *sunt loco æris alieni*, les legitimes ne pouvoient pas être prises sur le fidéicommis fait par l'ayeul. Apparemment la contrarieté de ces Arrests descend de ce qu'à l'égard des premiers la donation avoit été faite en contemplation du donataire, auquel par consequent *omnia quæsita erant. arg. l. avus neptem. ff de jur. dot.* & par une suite de cette raison les biens donnez étoient sujets aux legitimes de ses enfans. Au lieu qu'en l'espece de l'Arrest de Maynard, la donation se trouvoit faite en contemplation du petit fils, auquel cas *fidéicommissum erat loco æris alieni* par rapport à l'hoirie du pere; & en effet, l'ayeul avoit témoigné qu'il vouloit conserver les biens en la masse d'un seul heritier & donataire universel, sans division ni alienation.

A R R. V.

La pupillaire expresse exclud la mere de la legitime de son fils, par Arrest du trentiéme May, au rapport de Mr. Caulet, au procez de Gout & Tourniere.

Ranchinius, *in quest* 521. *Guid. Pap.* Intrigliolus *de substit. centur.* 1. *cap.* 91. Cambolas *liv.* 2. *cap.* 2. & le Bret *liv.* 3. *decis* 5. *part.* 1.

A R R. V I.

Le dernier Juillet mil cinq cens huitante-huit, entre Ricardy, & Ricardy, fut jugé que la donation de la moitié des biens presens & à venir, avec la moitié des charges, trempe aux legitimes, frais funeraux, & autres dettes par moitié, & à toutes charges qui étoient au temps du decez.

V. le tit. 40. *art.* 1.

A R R. V I I.

La legitime n'est dûë aux enfans naturels legitimés : Ainsi jugé en la seconde des Enquêtes.

* *N'est dûë*] Au contraire la legitime est dûë aux enfans naturels legitimez, *tam per rescriptum principis, quam per subsequens matrimonium.* Cela est si trivial qu'on n'en peut pas douter. *V. le liv.* 1. *tit.* 15. *verb. Bastards. art.* 3.

A R R. V I I I.

Les Religieuses professes, Apostates, démises de la demande par elles faite de la legitime & succession, par Arrest, pour Messire Odet de Foix, Comte de Carmaing, contre Demoiselle Marguerite de Carmaing du vingt-neuviéme May mil cinq cens soixante-huit au Greffe Criminel.

De la legitime & ſucceſſion] la Loy *dico nobis. C. de Epiſcop. & Cleric.* eſt abrogée en France, où l'on obſerve que le Religieux profez ne peut pretendre aucun droit de legitime, ni aucune part en la ſucceſſion de ſes parens ; à leur égard le mort ne ſaiſit pas le vif, parce qu'ils ſont morts au monde eux-mêmes. *V. Ferrer. in quaſt. 295. Guid. Pap. & Duranti deciſ. 6.*

ARR. IX.

La femme inſtituë ſon mari, & lui donne choix d'élire un de ſes enfans, par teſtament elle les inſtituë tous égaux, & leur diſtribuant les biens par prelegats, ordonne qu'une des filles aura les biens maternels, & où ſes enfans quereleroient ſa volonté ne leur laiſſe que huitante livres: la fille demande outre leſd. biens, la legitime des biens du pere, d'autant que les biens maternels ne peuvent tenir lieu de legitime : l'affaire parti paſſa qu'elle ne pouvoit avoir tous les deux, & qu'elle ſe contenteroit du prelegat ; ſi mieux elle n'aimoit la legitime tant des biens paternels que maternels : par l'inſtitution elles étoient toutes appellées, & par les prelegats, ce qui leur eſt ôté en l'un, leur étoit recompenſé en l'autre.

La mere ſuccede en la legitime, qui eſt la troiſiéme des biens de Toulouſe & gardiage ; & le cabal eſt cenſé du domicile.

ARR. X.

Les meres ſont forcloſes, par la Coûtume de Toulouſe, de la ſucceſſion de leurs enfans, *verùm legitima reſervatur*, qu'eſt la troiſiéme de tous les biens du fils, & à lui obvenus tant du côté paternel, que d'ailleurs, par Arreſt ; l'un du 18. Avril 1695. arrêté le vingt-huitiéme Mars auparavant, & le quatorze Aouſt mil cinq cens ſoixante-quatre, arrêté le premier Mars auparavant, de Germain Eſcorue : Et au rapport de M. d'Aſſezat le vingt-un Aouſt mil cinq cens ſeptante quatre, entre Domenges & Blaiſe Meguevilles, dits de Caſtris, appellans, & Gilles Maurin appellé, la legitime des biens du gardiage fut adjugée à la mere, qui fut auſſi declarée être la troiſiéme de tous les biens, leſquels furent adjugés aux parens du côté du pere, & tous les autres biens aſſis hors la ville & gardiage à la mere. Et même fut ordonné par Arreſt general, prononcé la veille ſainte Croix, treize Septembre mil cinq cens

cens huitante-quatre, pour la Demoiselle de Villele, veuve de feu Barrasse, & par Arrest du quatorze Mars mil cinq cens septante cinq au procez de Pierre Touron, est declaré que le cabal de feu Toron habitant de Toulouse, étoit censé des biens de la Ville de Toulouse.

De la succession de leurs enfans.) V. *le liv.* 3. *tit.* 6. *verb. succession ab intestat, art.* 4.
Legitima reservatur.) V. *le liv.* 2. *tit.* 4. *verb. legitime, art.* 6.
Que le cabal.) *le liv.* 3. *tit.* 6. *verb. succession ab intestat, art.* 4.

ARR. XI.

Les supplemens des legitimes des enfans & filles, ayans quitté & renoncé à la succession des biens paternels & maternels appartiennent aux heritiers de ceux à qui ils auroient renoncé, par plusieurs Arrests, & même par un donné au mois de Juillet mil cinq cens septante-six, entre les Peyrusses de Caors.

Appartiennent aux heritiers.] Soit qu'elles leur soient acquises par renonciation, soit par prescription; & tel est l'usage de ce Parlement, suivant les Arrests rapportez tant par Ferrerius *in quast.* 303. *Guid Pap.* que par Maynard *liv.* 4. *chap.* 24 *& liv.* 5. *chap.* 56. quoique le premier ait soûtenu par une contradiction manifeste, sur les questions 395. & 599. du même Guy Pape, que les portions des renonçans, ou de ceux qui laissoient prescrire, accroissoient à l'heredité, comme le juge le Parlement de Grenoble, selon les Arrests d'Expilly *chap.* 234. & de Guy Basset *liv.* 5. *tit.* 9. *chap.* 12. Quelques-uns, comme Chassanée *consil.* 53. ont crû que ces portions accroissoient aux autres legitimaires. Barry en son traité *de success. lib.* 11. *tit. ult. num.* 25. use de distinction sur ce sujet.

ARR. XII.

La quarte Trebellianique est dûë au petit-fils, sans imputation des fruits, *facit lex quod de bonis* §. *quod avus ff. ad l. falcid.* Comme a été jugé par Arrest de la Cour de Parlement de Toulouse en robes rouges, par lequel la legitime & quarte Trebellianique furent adjugés, *sine ulla fructuum imputatione, Gloss. in l. fideicommissaria* 18. *ff. ad Trebell. l. Jubemus. C. eod.*

V. *le tit.* 59. *art.* 6. *le liv.* 2. *tit.* 4. *verb. legitime, art.* 13. *aussi bien que l'art.* 16. *de ce tit. & Ferrer. in quast.* 51. *Guid. Pap.*

ARR. XIII.

Ce qu'un pere donne par pacte de mariage à un sien fils, sans préjudice de la qualité des autres biens qui lui pourroient appartenir aprés son decez, n'est point imputable, ains donné par préciput, *Bartol. & Bald. in l. si donationem, & in Auth. de testam.*

C. De collationib. Et ainsi a été jugé par Arrest du 21. Avril 1594. au rapport de Mr. Ambez.

V. le liv. 2. tit. 4. verb. legitime, Arr. 3.

ARR. XIV.

A été jugé par Arrest de Toulouse, au mois d'Août, prononcé en robes rouges contre les freres demandans retranchement de la dot constituée à leur sœur par leur pere; parce qu'ils avoient été fraudez en legitime, si bien qu'il ne restoit rien pour eux, qu'il n'y avoit lieu de retranchement.

* *N'y avoit lieu de retranchement.*] L'ancien usage de ce Parlement étoit que le mari devoit payer sur la dot de sa femme la legitime qu'on demandoit par retranchement de ladite dot, comme inofficieuse Maynard en rapporte un Arrest sans date sur la fin du *chap. du 19. liv. 4.* la même question s'étant presentée en l'année 1604. aprés que l'affaire eut été portée aux trois Chambres; enfin les Chambres assemblées il fut jugé au rapport de Mr. de Cambolas, comme il le remarque *au liv. 3. de ses decis. notables du Droit chap. 44.* que le retranchement n'avoit pas lieu. Cet Arrest fut même prononcé en robes rouges, comme general, par Mr. le premier President de Verdun. On considera non-seulement que la dot *ab cesserat à bonis patris & ab eorum substantia alienata erat*, mais même que le mari l'avoit *ex causa onerosa*, puisque c'étoit pour la supportation des charges de mariage, ou comme une condition sans laquelle *non aliàs matrimonium contraxisset.* Toutefois cette Jurisprudence changea en l'année 1628. le Parlement ayant deux Arrests rapportez par d'Olive *liv. 3. chap. 21.* qui servent comme de milieu & de temperament à ceux de Maynard & de Cambolas: car quoi qu'à la verité on prejugeât que le retranchement devoit avoir lieu, par cette raison que la faveur des legitimes ne devoit étre ni moins grande ni moins considerable que celle de la dot & du mari; ce fut pourtant avec cette modification, que ce ne seroit qu'aprés le decez du mari. Il semble que ces deux derniers Arrests ne devroient pas prevaloir à celui de l'an 1604 du moins par rapport à la justice rigoureuse, parce qu'outre qu'ils ne furent donnez que sur des partages, d'ailleurs celui de 1604 étoit un Arrest general, & comme tel même rapporté par l'Auteur, tant en l'article present, qu'au *liv. 2. tit. 4. verb Mariages Art. 26.* mais quoiqu'il en soit, il est certain que depuis les Arrests d'Olive on n'hesite plus à juger pour le retranchement en faveur des legitimaires sous ladite modification; laquelle maniere de juger est si constante & si generale, qu'on ne distingue même plus aujourd'hui s'il y a eu tradition de la somme constituée, ou non, & si la dot avoit été constituée en fonds ou en argent qui se fût consumé pendant le mariage. Sur cette matiere il y a plusieurs considerations à faire: *Primò*, que si bien suivant l'usage du Parlement de Paris le retranchement se fait *cumulativè*, sur generalement toutes les donations ou dots inofficieuses, lesquelles on retranche au sol la livre & *in tributum*, c'est-à-dire proportionablement, afin de remplir la legitime qu'on demande; ce qui peut étre fondé non seulement sur ce que *pe ultimam inofficiosam donationem, alle lædentem legitimam, priores fiunt, aut decernuntur inofficiosæ*, au langage de Bertrandi en ses Conseils; mais même sur cette raison particuliere, que du côté de Paris les enfans partagent *æqua lance*, la succession, sauf pour quelque preciput que l'on donne à l'aîné. Toutefois dans le ressort du Parlement de Toulouse, on ne s'arrête ni à ces raisons, ni à celle qui est rapportée par Faber *C. lib. 3. tit. 20. def. 1.* où il veut que pour raison de l'inofficiosité toutes les donations ne soient considerées que comme une seule donation, & le retranchement ne se fait que sur la derniere, & en cas d'insuffisance de celle-ci sur les precedentes, successivement & subsidiairement de l'une à l'autre; ce qui peut étre principalement fondé sur cette raison de la Glose de la Loy *Titia, eio. §. imperator. in verb. di-*

mldia. ff. de legat. 2. que *ultima tantum revocatur, quia primæ statim voluerunt irrevocabiliter.* Le Parlement de Provence suit aujourd'hui cette Jurisprudence, comme il avoit fait autrefois, quoique *medio tempore* il eût suivi la maniere de juger du Parlement de Paris. *Secundò*, lorsqu'une femme se trouve separée en biens avec son mary, on ne doit plus retarder le retranchement requis, & le renvoyer aprés le deceu du mari, puisque n'ayant plus la joüissance de la dot de sa femme, au moyen de ladite separation; son interest cesse par consequent; laquelle consideration cesse encore dans le Ressort du Parlement de Paris, où l'on adjuge les interests de la legitime depuis le decez du pere constituant, ou donateur, suivant l'Arrest du 14. Mars 1675. rapporté dans le 4. tome *du Journal du Palais pag.* 158. qui condamne les premiers donataires à contribuer également avec les derniers au payement des legitimes. Au reste, suivant l'Arrest du Parlement de Grenoble, cité par Guy Basset *liv.* 5. *tit.* 10. *chap.* 6. l'interest du retranchement de la dot pour la legitime fut adjugé dés le jour de l'Appointement de vente des biens du pere : *Tertiò*, il me semble que lorsque l'insolvabilité des biens du pere est notoire ou presumée, l'enfant qui demande le retranchement n'est pas obligé de discuter inutilement les biens de son pere, & faire plus de frais que sa legitime ne vaut; ce qui peut avoir lieu par exemple, lorsque la femme joüit pour sa dot, sans aucun titre de justice, les biens de son mari, dont l'insolvabilité doit être par là presumée : *Quartò*, Pour juger de l'inofficiosité d'une dot, on n'a pas égard à ce que pouvoient valoir les biens du pere lors de la constitution, mais elle se doit prendre du temps du decez du pere; quand il n'y auroit que cette consideration à faire, qu'en fait de legitimes on se regle toujours par le temps du decez. *vulg. l. cum. quæritur. C. de inoffic. testam.* outre les inconveniens qui arriveroient à se regler autrement : *Quintò*, Quoique la consideration du mari, qui supporte les charges du mariage, soit cause qu'on ait suspendu le retranchement de la dot jusques aprés son decez, & que sur ce fondement il semble que lors que les legitimaires pendant le cours du procez demandent une provisionelle, il faille joindre cette demande au principal, parce qu'autrement il arriveroit qu'ils obtiendroient indirectement ce qu'ils ne peuvent pas avoir directement : il est juste pourtant que lorsque les legitimaires n'ont aucuns biens ni aucune industrie, *unde se possint alere*, on leur adjuge quelque chose par maniere de provision, sur tout lorsqu'ils sont d'une honnête famille, & cela par proportion aux interests de ce à quoi le Juge de l'arbitre duquel cela doit dépendre, croit à peu prés que se pourroient porter les interests de la legitime. *V. l'article suivant.*

ARR. XV.

Quæritur, Si un pere ayant donné à l'un de ses enfans en faveur de mariage, la moitié de tous & chacuns ses biens, & aprés vend le reste de sesdits biens, si les autres enfans pourront demander leur legitime sur la moitié donnée. Fut resolu au Parlement de Toulouse qu'ils auront la legitime des biens de ladite donation comme inofficieuse, *quia satis est si est post facto inofficiosa*, *Glos. in leg.* 1. *Codice de inofficiosis donationibus. Quod etiam tenet Paulus Castrens. in d. l. C. de inoff. donat. num.* 9. Et semble qu'il se peut colliger du texte de l'Authentique, *unde si parens C. de inoff. test. his verbis. Tantum habet ex hæreditate paterna, quantum poterat ante donationem deberi. Facit. l. hac edictali.* §. *si autem his verbis : cui minor portio ultima voluntate derelicta fuerit.*

Sur la moitié donnée.] Cet Arrest n'est pas tant contraire à celui de l'article precedent, que plusieurs l'ont crû, & avec eux Despeisses au *tom. 2. part. 1. de la legitime, sect. 2. num. 5.* car en cet article il s'agit d'une donation, & en l'article precedent d'une dot. Or il faut considerer qu'outre qu'au cas de la dot l'interest du mari rend le retranchement plus difficile; d'ailleurs la querelle de la dot inofficieuse n'a été introduite par l'équité des Arrests qu'à l'exemple de la donation inofficieuse, n'y ayant point de Loy, comme le remarque fort bien d'Olive *liv. 3. chap. 21.* qui ordonne le retranchement des dots immenses, quoiqu'il y ait dans le Code un titre *de inofficiosis dotibus*, & que sous ce titre il se trouve une Loy qui semble ordonner le retranchement des dots de cette nature; & c'est sans doute sur ces raisons de difference principalement, que suivant l'ancien usage de ce Parlement, justifié par le present article & par le precedent; le Parlement de Paris a ordonné le retranchement des donations inofficieuses, & non pas des dots inofficieuses, comme cela s'induit des deux Arrests des 14. Mars & 14. May en la même année 1675. rapportés par les Auteurs du Journal du Palais, *pag. 158. & pag. 400.*

ARR. XVI.

Par Arrest du troisiéme Février mil cinq cens huitante-trois, au rapport de M. Vezian entre Dominique Paschal & Jean Bartaut fut jugé; *fructus in legitimam patri, vel aliis descendentibus in bonis liberorum non imputari*, suivant l'opinion de Fernand, *in l. in quartam D. ad l. falcid.*

V. Le tit. 59. art. 5. & le liv. 2. tit. 4. verb. legitime, Arr. 13.

ARR. XVII.

Par Arrest au rapport de Monsieur Caumels en la seconde Chambre des Enquêtes en l'an mil cinq cens septante-neuf, fut dit que le fils demanderoit sa legitime, ou bien que les Creanciers étoient subrogez pour la demander, & en poursuivre saisie & execution sur icelle, en payement de ce qui leur étoit dû par ledit fils, & icelui appellé.

* *Subrogés pour la demander.*] Cela est conforme à la doctrine de Maynard *liv. 8. ch. 40.* on peut même voir le Journal du Palais *du 23. Août 1674.* sur la question, si les creanciers d'un enfant peuvent debattre la substitution de sa legitime. Et comme les creanciers sont en droit de poursuivre la liquidation de la legitime de leur debiteur pour se payer de leur dette, ils sont aussi dans le même droit à l'égard du supplement de legitime, quand même leur debiteur n'auroit pas preparé l'action avant son decés; parce que tel supplement lui étoit acquis de plein droit, *citrà factum hominis*, & par la seule mediation de la Loy, suivant le sentiment le plus commun, fondé sur la disposition de la Loy *scimus §. repletionem. C. de inoffic. Testam.* Et appuyé de la doctrine de Duranti *decis. 30.* sur quoi l'on peut encore voir Cancerius *variar. resol. lib. 1. tit. 3. num. 13.* Merlinus *de legitimâ lib. 3. quest. 28.* & Barri *de successionib. lib. 16. cap. 1. num. ult.* Il a été même préjugé par Arrest du Parlement de Paris, rapporté dans ledit Journal du Palais *tom. 1. pag. 172.* que les creanciers d'un debiteur absent peuvent être reçûs à un partage provisionnel, en donnant bonne & suffisante caution de rapporter, en cas les heritiers des pere & mere du debiteur fissent apparoir qu'il fut mort avant ses pere & mere. En un mot, la cause des creanciers qui veulent se tirer de perte est si favorable, qu'il est

certain que les debiteurs ne peuvent pas pour les frauder, ou autrement à leur prejudice, renoncer à un droit qui leur est acquis; ainsi quand ils renoncent à une succession échûë, les creanciers peuvent se faire subroger en leur place, à la charge de les indemniser de l'évenement de la succession, suivant les Arrests rapportés par Fortin, *sur l'art. 316. de la Coût. de Paris* : Et par le Prêtre *centur.* 1. *chap.* 90. Ainsi quoique l'on ait accoûtumé d'induire du §. 1. *l. nemo ff. pro soci.* que le debiteur, qui ne profite pas de l'occasion d'acquerir, en repudiant une heredité, n'est pas censé frauder ses creanciers, toutefois ceux-ci peuvent être reçûs à accepter cette heredité, en tenant leur debiteur quitte envers les creanciers hereditaires, selon l'Arrest de Loüet *lit. R. num.* 19. En un mot, c'est par la raison que le supplement de legitime est acquis à l'enfant dés le moment du decez de son pere, que ses creanciers, ainsi qu'il a été dit ci-devant, en peuvent poursuivre la demande, sans qu'il en puissent être démis; quoique l'Arrest rapporté par l'Auteur *au liv. 2. tit. 4 verb. legitimes, Arr.* 10. insinuë le contraire. Peut être fut-il donné sur des circonstances particulieres, en tout cas l'usage le détruit; mais quelque favorable que soit la cause des creanciers, & quelque droit qu'ils ayent d'exercer les actions qui competent à leurs debiteurs. *L.* 15. *C. de non numer. pecun.* Ils ne peuvent pourtant pas, lorsqu'il s'agit d'avoir recours à un remede extraordinaire, comme par exemple s'il faloit demander la legitime d'un debiteur par l'action *de inoffic. donat.* Car en ce cas, & en tous les autres de cette nature, le droit d'agir n'est jamais transmis aux creanciers avec effet, si le debiteur avant son decez n'avoit pas preparé l'action. *V. Vaquius de success. progres.* §. 7. *num.* 21. *cum seqq.* & les autres Auteurs citez par du Perier, *liv.* 2. *quest.* 12. c'est le même que le sçavant Menage appelle à si juste titre dans une de ses Odes, *gentis togatæ gloria, præcipuus Themidis Sacerdos.*

Arr. XVIII.

Donation faite par preciput & avantage, emporte prohibition du rapport; comme il fut jugé par Arrest en la seconde Chambre des Enquêtes, au mois d'Avril mil cinq cens quatre vingts-quatre.

V. le liv. 2. tit. 4. verb. legitime art. 3. Auth. ex testamento. C. de Collatio & Maynard *liv. 8. chap.* 55.

Leude.

TITRE LXIV.

Arr. I.

Les habitans de Toulouse sont exempts de payer droit de Leude dans la Comté, des biens & marchandises qu'on apporte dans Toulouse, suivant le privilege donné par les Comtes, confirmez par les Rois de France. Par les Arrests du Parlement du vingt-quatriéme Decembre mil cinq cens douze, & du vingt-septiéme Janvier mil cinq cens quarante-six, entre le Procureur general & le Sindic des étrangers.

Le traité des droits Seigneur. chap. 8. art. 4.

ARR. II.

Et par autre Arrest du septiéme Aoust mil cinq cens quatre vingt-huit, est ordonné qu'ils joüiront de même exemption par toute la Comté de Lauraguois.

Par la Comté de Lauragois.] On en voit la raison dans le traité *des drois Seigneur. chap. 8. art. 5.*

Loüages.

TITRE LXV.

ARR. I.

PAr Arrest au fait de Ducros, contre Robin demandeur des loüages d'une sienne maison, puis neuf ou dix ans, ledit Ducros disant avoir payé, & offre s'en purger par serment, fut dit qu'il jureroit; car puis que *per cessationem pensionis conductor privatur fructu contractus*, de mêmes *in locatore.*

Avoir payé.] Suivant la coûtume de ce Royaume on ne peut demander le loyer d'une maison que dans les cinq ans : le *Nolis* même, ou le *Fret*, qui est le loüage des Vaisseaux & des Navires, aussi bien que le port, ne peut pas étre demandé aprés trois ans, à compter du retour, parce qu'on le regarde comme le salaire du Patron, sujet par consequent à la prescription de trois ans; ainsi qu'il a été jugé par l'Arrest donné en la grand'Chambre, au rapport de Mr. de Cambon, le 12. Septembre 1672. en faveur de Pierre Bertrandy, qui se fit relaxer de la demande de 300. liv. que le nommé Laurens, Patron de la ville d'Agde, lui faisoit pour le droit de *Nolis* d'une barque. Cette Jurisprudence a lieu non seulement aux fretemens qui se font *per aversionem*, c'est-à-dire pour pouvoir charger le vaisseau entierement, sans aucune reserve, *cap & queuë*, comme on dit; ce qui est le cas de la *charte-partie* en termes de contrats maritimes; mais même aux fretemens qui se font, non de la *totalité du navire*; mais pour y mettre de la marchandise passagere : ce qui est le cas du *connoissement* en termes de mêmes contrats maritimes.

ARR. II.

Vente des fruits rompt loüage. Par Arrest du quinziéme Octobre mil cinq cens septante-huit, entre du Verger & Vezian.

V. le liv. 1. tit. 4. verb. affermes, Arr. 5.

ARR. III.

Il n'est loisible arrenter ou loüer aux Revenderesses, ni autres, aucune portion des ruës publiques au devant des maisons qui aboutissent aufdites ruës. Par Arrest du dix-septiéme Mars mil cinq cens septante-sept, pour le Sindic de la ville de Toulouse, contre Jean Gensfac maître Fourbisseur, demeurant au coin de la ruë qui va à la Hale; parce que *poblica res non sunt in commercio privatorum. l. apud Julianum. §. Constat. D. De legat.* 1. *Et l.* 1. §. *publica res D. Ne quid in loco publico fiat.*

ARR. IV.

Le bêtail, cabals, grains & meubles d'un fermier ou grangier, ne sont non plus obligez au maître, que ses autres biens meubles, ou bêtail qu'il a ailleurs, pour empêcher qu'il n'en puisse tout autant disposer des uns que des autres; car la maxime qui veut, *illata, & invecta esse tacitè hypothecata pro pensione. l. Certi juris. C. locati*, se doit entendre, *In prædiis urbanis, & non in rusticis. l. eos. D. ex quib. caus. pignus vel hypotheca. Et gloss. in d. l. certi juris*, & ainsi a été resolu en jugeant le procez de Rigail, Procureur en la Cour, contre Roteuvoph son metayer en Roüergue, le vingt-cinquiéme Octobre mil cinq cens nonante, sauf toutefois aux meubles qui ont été apportez par lesdits Fermiers, *& inducta sunt, ut ibi perpetuò maneant, hoc est.* Durant le temps de l'arrentement. *D. l. certi juris.*

V. les limitations de Despeisses tom. 1. *part.* 1. *du loüage, sect.* 4. *num.* 13.

Mariages.

TITRE LXVI.

ARR. I.

PEndant l'absence du mary, la femme ne se peut remarier; sinon qu'elle ait preuve de sa mort. *Novel.* 7. *ut liceat matri, & aviæ, §. quod autem, Novella Leonis* 33. *can. in præsentia de sponsal. b.* non pas même quand il auroit demeuré vingt ans, ou plus, absent. Arrest du 29. Janvier mil cinq cens cinquante-sept. Et la mort se doit prouver par témoins, qui certainement en deposent, ou par grandes & manifestes presomptions, *can. ult. §. si autem. ut lite non contest.*

Preuve de sa mort.] De quelle maniere, & comment faut-il qu'une femme prouve la mort de son mari, pour qu'il lui soit permis de passer à de secondes nôces. *V. Tractatus Politico-Juridicus de vita & morte hominis*, composé par Martinus Navrahlt, sçavant Jurisconsulte de ce temps, *in Theorem.* 50. *& in additam. practic. pag.* 326. *cum seqq.*

Vingt ans ou plus.] Pour un si long-tems, *& quantiscumque annis maritus in expeditione manserit, mulier substinere debet, licet neque litteras, neque responsum ab eo acceperit*, & jusques à ce qu'elle ait des nouvelles certaines de sa mort. *Auth. hodie C. de repud. & judic. de morib. sublat.* laquelle a été tirée de la Novelle 117. *chap.* 11.

ARR. II.

Legitima est exhæredationis causa, cùm in contrahendo filii matrimonio, neglectus est patris consensus, Novell. 15. *ut cum, de appell. Et regia Henrici II. Constitutio confirmavit : Cùm enim lex de matrimonio servatis juris præceptis celebrando agit, hoc primum desiderat, ut contrahendis nuptiis parentum consensus accedat, l.* 2. *ff. de rit. nupt. l. nec filius, Cod. de nupt. Nam nec in terris, ait Tertullianus, lib.* 2. *ad uxorem, filii sine consensu patrum ritè, & jure nubent, & Ampuleus lib.* 2. *de asino aureo, impares nuptiæ, inquit, & præterea in villa sine testibus, & patre non consentiente factæ, legitimæ non possunt videri, ac per hoc spurius iste nascetur; & Canonistæ præsentiam parentum postulante publica honestate adhiberi monerint in can. honorantur.* 32. *q.* 2. Et par ainsi le pere peut exhereder ses enfans en ce cas ; même les filles qui n'ont point passé l'âge de vingt-cinq ans ; ainsi qu'il a été jugé le douziéme May mil six cens six, par Arrest general à la fête de la Pentecôte, prononcé par Monsieur le President de Montrabe, contre une nommée Perrette, qui s'étoit mariée avec un soldat contre la volonté de son pere ; même contre les inhibitions par icelui faites en vertu d'une requête d'autorité de la Cour, ladite Perrette n'ayant que vingt-deux ans ; Et si ordonna la Cour par ledit Arrest, qu'un nommé Bonet Vicaire, qui les avoit épousez ainsi clandestinement seroit adjourné en personne ; comme ayant adheré & consenti au rapt & mariage clandestin, & fit inhibitions & deffenses à tous Curez & Recteurs, d'épouser d'ores en avant des enfans de famille, sans le consentement de leurs parens.

V. le liv. 2. *tit.* 4. *verb. Mariages, Arr.* 36.

Medecins.

TITRE LXVII.

ARR. I.

PAr Arrest du dix-neuviéme Avril mil cinq cens soixante, fut dit que le salaire des Medecins, & les medicamens des Apoticaires seront payez avec pareille faveur que les fraix funebres. Sur quoi est alleguée la Loy *in restituendo*, *de petit. hæred.* où les medicamens & services faits au malade défunt sont mis au premier rang : *Compensatio ejus, inquit, habebitur, quod tu in morbo infirmitate erogaveris.* D'où vient que tels medicamens & salaires sont preferez au dot, *leg. 6. de pig. act.* Et ce d'autant que l'état du Medecin & Apoticaire est public, & sont tenus servir & secourir les malades, ne s'en pouvans excuser, n'étans recevables à demander payement qu'après la mort ou santé du malade. C'est pourquoi il est raisonable de les privilegier. *leg. in archiat. de profess.* mais cela s'entend du salaire du Medecin, & des drogues fournies & employées à la maladie de laquelle le debiteur est mort, & non aux autres precedentes.

V. *le liv.* 1. *tit.* 12. *verb. Apoticaires*, *Art.* 1. & Brodeau sur Loüet *lit. C. num.* 29.

Mineurs.

TITRE LXVIII,

ARR. I.

IL se trouve des Arrests par lesquels les Mineurs ont été relevez des contrats emphiteoticaires, & bails à nouveau fief par eux faits, lors qu'ils se trouvoient en iceux lezez outre moitié de juste prix. Entr'autres par Arrest de l'an mil cinq cens soixante-trois, au profit de Claude Vernhol, contre Jeau Soye coûturier. Et depuis par autre Arrest, parti en la premiere Chambre des Enquêtes, & départi en la seconde au rapport de Monsieur Bonot du dix-huitiéme Juillet mil cinq cens septante-neuf.

Le liv. 1. *tit.* 10. *verb. alienation des choses Ecclesiastiques*, *Art.* 2. *le liv.* 3. *tit.* 8. *verb. rescision de contrats in fin. & le traité des droits Seigneur. chap.* 1. *art.* 32.

ARR. II.

Si le mineur s'est dit majeur, il faut distinguer s'il avoit apparence de majeur, & que par dol il se soit dit tel; ou s'il n'apparoisse soit majeur, & que celui avec qui il auroit contracté, l'eût induit à se dire majeur; pour le premier il ne pourra être restitué s'il n'appert de son dol; & s'il appert évidamment de son dol, il sera restitué: jugé par Arrest du quatorziéme Juin & quatorze Septembre mil cinq cens quarante-quatre. Mineur ne peut être relevé de la transaction qu'il a faite à cause de crime. Arrest du 2. Decembre mil cinq cens quatre vingts-un.

S'est dit majeur.] Les diverses distinctions qu'on fait sur ce sujet, se trouvent dans Charondas *liv.* 7. *resp.* 56. Cancerius *var. resolut. lib.* 2. *cap.* 1. *num.* 20. *seqq.* Brodeau sur Loüet *lit. M. num.* 7. Chenu *quest.* 36. Mornac & les autres Docteurs *ad L.* 1. *& l.* 2. *C. si min. se major dixer.*

Ne pourra être restitué.] Selon Charondas *en ses Pandectes liv.* 2. *chap.* 40. cela se doit entendre *in simplici obligatione bonorum.*

A cause de crime.] La raison en est, que la restitution en entier n'a pas lieu *in executionibus pœnarum*, & aux actions criminelles qu'on a remises, suivant la Loy *auxilium ff. de minorib.* & Maynard *liv.* 3. *chap.* 51.

Obligation.

TITRE LXIX.

ARR. I.

L'Obligation, cedule ou promesse de payer certaine somme lors que le promettant seroit Prêtre, mort ou marié, fut approuvée & suivant icelle le promettant condamné par Arrest en la seconde Chambre des Enquêtes, au rapport de Mr. Donjac, sur une appellation du Senéchal de Lectoure, entre deux Marchands du Comté d'Armagnac.

Prêtre, mort ou marié.] En general telles obligations sont valables, parce que les conditions sous lesquelles elles sont stipulées, ne sont pas contraires au Droit. *DD. ad L. scrupulosam. C. de contrah. & commit. stipulat.* & Maynard *liv.* 7. *chap.* 67. quoique Bouvot rapporte un Arrest dans son second tome *pag.* 1180. *quest.* 27. qui a prejugé qu'on peut venir contre l'obligation, en ce seulement qu'on n'est pas tenu d'attendre l'évenement de ces conditions, comme illicites, ainsi qu'il les qualifie. Il est certain neanmoins que telles obligations devant être presumées usuraires, il les faut reduire au juste prix du prest ou de la vente, quand il peut être connu, *rescissa aleatoria captione*; à quoi se trouve conforme l'Arrest de reglement du Parlement de Paris rapporté par Loyseau *en son traité du deguerpissement*, *liv.* 4. *chap.* 3. *num.* 13.

Offres.

TITRE LXX.

Arr. I.

IL faut suivre une offre de toutes parts sans en prendre une partie & laisser l'autre, ou autrement la corriger & changer, ni en accepter une partie, & rejetter l'autre : ainsi fut jugé par Arrest du mois de Juin mil cinq cens septante-sept, tout ainsi qu'entre les Parties ; *si quid oblatum sit, in eo modo prorsus agnoscendum aut rejiciendum, l. cum quæritur. D. de administ.*

De toutes parts.] Il en doit être comme de la confession, *in civilibus*, laquelle ne peut pas être divisée.

Droit de Patronat.

TITRE LXXI.

Arr. I.

LE droit de Patronat reservé à quelqu'un, & ses enfans, n'appartient qu'au fils, qui est l'heritier universel, & non à ceux qui ne sont que heritiers particuliers, encore qu'ils fussent instituez en certaine portion particuliére. Ainsi jugé en la premiere Chambre des Enquêtes le quinziéme Mai mil six cens quatre, au rapport de Mr. de Barthelemy.

Heritier universel.] Ranchin *in quæst.* 507. *Guid Pap.*

Des peines.

TITRE LXXII.

Arr. I.

LEs confiscations appartiennent au Seigneur haut Justicier, & non au Feodal, *Bartol. in l. fin. D. de solut. matrim.* étant adjugées pour cas Royal appartiennent au Roy seul *l. fin. & auth. bona damnatorum. cod. de pœnis prescrips. Extravag. ad reprimendum, quo in crimin. læsæ majest. proced. in versic. feud.* Même en crime de leze-Majesté : par Arrest du vingt-huit Octobre mil cinq cens septante-deux, vingtiéme Juillet mil cinq cens cinquante-neuf, vingt-sept Novembre mil cinq cens cinquante-quatre, ou de fausse monnoye, par Sentence du Tresor du dix-sept Février mil cinq cens septante-neuf, auquel cas le Creancier ne peut être payé sur les biens unis au Domaine. *l. quisquis cod. ad l. Jul. majest. cap. unic. quod test. leg. ex vectigali. ff. de pignorib. l. Lucius, de legat.* 1. par Arrest du septiéme Octobre mil cinq cens septante-quatre, par lequel le fief adjugé pour un crime de felonie, fut declaré exempt de toutes charges, sauf à se pourvoir sur le reste des biens, *l. 1. cod. de donationib. quæ sub modo. l. ut inter, de sacro-sanct. Eccles.* Le contraire a été jugé par Arrest du dernier Octobre mil cinq cens septante-trois, par la Loy *Quis quis, §. uxores. cod. ad leg Jul. majest. l. his solis, cod. de revocand. donat. l. si debitor, cod. de privileg. fisci lib.* 10. ce qui s'observe quand le fief est confisqué. *l. maritus. ff. solut. matrim. l. in summa ff. de jure fisci.*

Au Seigneur haut-Justicier.] Ferrerius *in quæst.* 341. *Guid Pap. & in decis.* 23. *Duranti·*
Toutefois si la confiscation a été ordonnée pour crime de felonie commis contre le Seigneur feodal, ou direct, elle leur appartient à l'exclusion du Seigneur haut-Justicier. *Ferrer. in qu.* 413. *Guid Pap.*

Au Roy seul.] *Le liv. 1. tit. 37. verb. confiscation, Arr. 2. & au present liv. tit. 33. Arr. 4.*

Exempt de toutes charges.] *V. le traité des droits Seigneuriaux chap. 13. art. 11. & chap. 32.*

ARR. II.

Sorcellerie ni magie ne sont pas cas Royaux, par Arrest de la Tournelle du douxiéme Mars mil cinq cens quatre vingts-huit, quoi que ce soit crime de leze-Majesté divine, *can. Episcopi. 27. quæst. 1. cap. accusatus. §. sanè. de hæreticis in 6. l. nemo aruspicium. cod. de malef.*

ARR. III.

Dans la ville de Toulouse un Soldat fut condamné par Arrest à avoir la tête tranchée, pour avoir lâché un coup de pistolet dans Gaillac contre le Baron de la Riviere; & quoi qu'il ne fût que fort peu blessé à la main, neanmoins le Soldat fut executé à la place de Saint George le treiziéme Mars mil six cens onze.

Condamné.] Les jugemens de condamnation à mort se donnent ordinairement le matin, & les Ordonnances de nos Rois défendent même de vaquer aux jugemens des procez criminels aux heures de relevée. Il n'est personne qui ne comprenne d'abord que cela se pratique ainsi; parce que les Juges ont l'esprit beaucoup plus libre le matin que l'après-dînée, & que par consequent le matin est le temps le plus propre à rendre la justice : Mais peu de gens sçavent d'où cette maniere de juger tire son origine; car jusqu'ici on a crû que l'on avoit eu en vûë ce passage d'Horace en sa troisiéme Epitre à Mecænas, *Epistolar. lib. 1. Epist. 19.*

Forum, putealque Libonis,
Mandabo siccis.

Pour montrer, dit Belordeau *en son tom. 1. liv. 1. controvers. 94.* que la bonne justice se doit rendre par les Juges sobres & à jeun : Mais outre qu'il est certain qu'Horace n'a voulu dire autre chose ; si ce n'est que les personnes sobres sont plus propres pour l'administration de la Justice, que pour la Poësie, d'ailleurs il ne faut qu'avoir une legere connoissance des coûtumes des Romains, pour convenir que parmi eux la justice criminelle s'administroit à toute heure, depuis le matin jusqu'au couché du Soleil. Je n'ai garde pour justifier cette verité d'alleguer la Novelle 82. §. *sedebunt*, puisqu'on pourroit me répondre avec le Bret, en son traité intitulé *ordo perantiquus judiciorum civilium. cap. 7.* que l'Empereur Justinien ne la fit que *posteriori tempore, propter negotiorum multitudinem* ; à quoi l'on pourroit même ajoûter que cette Novelle ne regarde que les Juges Pedanées & les arbitres, qui ne connoissoient pas des matieres dont il est question ; mais je la justifie cette verité par un passage du Juvenal, qui est formel sur ce sujet, & qui dit en la Satyre treiziéme.

Hæc quota pars scelerum, quæ custos Gallicus urbis.
Usque à Lucifero, donec lux occidat, audit ?

Pour ne pas dire encore, que suivant Agellius *Noct. Atticar. lib. 17. cap. 2.* la Loy des douze tables portoit, *ante meridiem causam conjiciunto quomperorant ambo præsentes ; post meridiem præsenti litem addicito ; Sol occasus suprema tempestas esto.* Ainsi notre maniere de juger le matin les causes criminelles, où il échoit peine afflictive, sans les pouvoir juger de relevée, ne sçauroit tirer son origine des Romains ; il y a apparence qu'elle est fondée sur la coûtume des Juifs, parmi lesquels on administroit la Justice le matin, sur tout pour les causes publiques, ce qui fait dire au Prophete Jeremie *cap. 21. vers. 12. judicate mane judicium*, à laquelle coûtume David faisoit infailliblement allusion, lorsqu'il dit dans un sens figuré, *Psalm. 100. vers. 8. in matutino interficiebam omnes peccatores terræ* ; Maymonides remarque aussi, *Sanhedr. cap. 3. Synedrium magnum sed & à sacrificio jugi matutino ad sacrificium juge pomeridianum.* Quoiqu'il en soit, cette forme de juger est si ancienne dans ce Royaume, que même suivant le conseil que donnoit aux Juges l'Empereur Charlemagne en ses Capitulaires, *liv. 1. chap. 60.* (selon l'édition de Baluse, ou 62. suivant celle de Pithou) la Justice se devoit administrer à jeun. De là vient sans doute que les Rois ses successeurs considerans que dans les premiers siecles de la Monarchie, la Justice s'administroit le matin pour toute sorte de causes, civiles ou criminelles, crûrent qu'à plus forte raison devoient-ils ordonner que les matieres criminelles, où il s'agissoit de decider de la vie des hommes, & où les Juges devoient par consequent être beaucoup plus circonspects, seroient reglées dans un temps auquel, comme il a été déja dit, on doit avoir l'esprit plus libre & moins troublé qu'en toute autre partie du jour ; à cause dequoi sans doute l'Ordonnance de Blois porte *en l'art.* 108. que les examens qui se font dans les Cours Souveraines des pourvûs d'Office sujet à examen, doivent être faits *les matinées & non les apres-dinées* : Or au sujet du Capitulaire de Charlemagne, qui est conçû en ces termes : *rectum est autem, & honestum videtur, ut judices jejuni causas audiant & discernant* : l'on peut remarquer que les Magistrats sont obligez de rendre la Justice à jeun dans le Royaume de la Chine, s'il en faut croire les relations qu'on fait de ce païs-là, & que le premier chapitre du titre *de testib. & attestatio*, dans les Decretales du Pape Gregoire IX. veut, *ut nullus testimonium dicat, nisi jejunus*, ce qui pourtant, comme dit la Glose, n'est pas requis *de necessitate, sed ad honestatem* ; c'est-à-dire dans le même esprit du Capitulaire qui vient d'être cité en ces termes, *& honestum videtur.*

Fort peu blessé.] Cet Arrest est fondé sur ce que *in atrocibus punitur conatus, si veniat usque ad proximum actum. l. 1. & ibi. DD. ff. quod quisq. jur. & l. 1. C. de malefic.* comme au cas de l'Arrest rapporté *au tit. 53. Arr. 4.*

Prescription.

TITRE LXXII.

ARR. I.

POur les biens sujets à substitution, les tiers possesseurs, & autres charges de substitution, se peuvent aider de la prescription de trente ans; après toutefois la substitution ouverte, laquelle ne peut courir que du jour de l'ouverture d'icelle; comme fut jugé à Toulouse par Arrests pour les substituez contre les tiers possesseurs & tenanciers, pour les Arbas contre certains tenanciers au mois de Janvier mil cinq cens septante-quatre, & pour les Galaux contre Flotté & autres au mois de Septembre 1585.

La Substitution ouverte.] Cela n'est pas seulement vrai à l'égard des Tiers-possesseurs des biens substituez, mais même à l'égard des Successeurs de l'heritier grevé, parce que la prescription ne commence de courir contre le fideicommissaire, que du jour que le fideicommis a lieu en sa personne, *per eventum diei aut conditionis*; & quoique plusieurs Docteurs du premier ordre, aussi bien que le Parlement de Paris, suivant l'Arrest rapporté par *Tillier sur Papon liv. 12. tit. 3. art. 14.* ayent été d'un sentiment contraire; toutefois la question se juge ainsi dans le ressort du Parlement de Toulouse, selon Maynard *liv. 8. chap. 35.* sur tout en faveur des fideicommissaires qui n'ont pas peu agir *ob aliquod juris impedimentum*, suivant Peregrinus *de fideicomm. art. 41. num. 16.*

Les Tiers possesseurs] Ils prescrivent dans trente ans, *tricenâ possessione continuâ*, un droit de proprieté; & dans dix ans un droit d'hypotheque; jusques-là que quoi qu'autrefois on crût que la prescription en l'hypotequaire n'avoit pas peu courir jusqu'à ce que le principal debiteur eût été discuté, il est pourtant certain qu'aujourd'hui la discussion non faite par le creancier n'empêche point le cours de la prescription en faveur du tiers-possesseur. *Molin ad Alexandr. consi. 58. lib. 5. & Negus, de pignor. 6. part. princip. memb. 2. num. 3. & 4.* Au reste, bien que dix ans suffisent au tiers-possesseur pour purger les hypotheques, ausquelles le fonds par lui joüi pouvoit être sujet, cela n'est pourtant pas vrai à l'égard d'un tiers-possesseur decretiste, qui ne peut pas pretendre de joüir avec titre irrevocable avant les trente ans expirez, parce que les creanciers perdans du debiteur executé peuvent venir par la voye d'offrir en ladite qualité de créanciers, ayans pour cela trente ans pour former leur action, par cette raison que leur hypotheque étoit établie sur le biens decretez, aussi bien que celle du decretiste. C'est même un abus de croire que cette Jurisprudence n'ait lieu qu'à l'égard des decrets émanez des Cours subalternes; car elle est de même observée à l'égard des decrets poursuivis de l'autorité du Parlement; suivant l'Arrest qui fut donné le vingtiéme May 1663. en la premiere Chambre des Enquêtes, au rapport de Mr. Catellan, en faveur du sieur Nicolas & la Demoiselle de Pavée, mariez, habitans de cette ville de Nimes, contre Me. Dautrimy Receveur des Decimes du Diocese de Besiers, cessionaire de Me. Courtois Avocat de la ville de Toulouse; qui avoit poursuivi decret d'autorité du Parlement sur une metairie située dans le terroir du lieu de Capestan; duquel Arrêt j'ai parlé ailleurs.

Arr. II.

Par Arrest prononcé en robes rouges le treize Octobre dans Toulouse par Monsieur le President de l'Estang, l'action hypothequaire est prescrite par trente ans, comme la personnelle : toutefois nous n'avons encore observé ledit Arrest, ains jugeons qu'il y faut quarante ans, suivant les loix *Omnes* & la loy *Sicut cod. de praescript. 30. vel 40. annor.*

* *Qu'il y faut 40. ans*] L'usage est contraire, car le Parlement regle aujourd'huy la prescription de l'action hypothequaire à trente ans, quoique par le Droit elle ne prescrivît contre le debiteur, ou ses heritiers, que par le laps de quarante années, comme au cas de la Loi *Cum notissimi. C. de praescript. 30. vel 40. annor.* qui veut que l'action hypothequaire, étant conjointe avec la personnelle, soit prorogée jusques à quarante ans; Et bien que la disposition de cette Loi soit suivie au Pays coûtumier, suivant la doctrine de Loüet *lit. H. n. 3. ibi Brodeau.* Toutefois on tient dans le ressort du Parlement de Toulouse, que la prescription de trente ans doit avoir lieu audit cas, comme en la seule action personnelle, suivant le neuviéme Arrét du Président de Lestang, qui reduit à trente ans la prescription des hypotheques; ainsi la prescription de quarante ans n'est connuë parmi nous, que lors qu'il s'agit de la faveur de l'Eglise, suivant la disposition de l'Authentique *quas actiones. C. de sacros. Eccles.* au sujet de laquelle il ne doit pas étre inutile de remarquer, que par Arrét du 23. Août 1668. donné au rapport de Mr. de Frault en faveur de noble Loüis de Bachi, Baron d'Aubaix, & faisant profession de la R. P. R. contre Jean-Baptiste de Saint Charles, Syndic des PP. Carmes de cette ville de Nîmes, il fut préjugé, non-seulement qu'un legat pie fait au profit du Monastere prescrivoit dans quarante ans, conformément à la Novelle 131. *cap. pro temporalibus 6.* mais même qu'un tel legat, quoique fait avec charge de service perpetuel, étoit prescriptible, parce qu'il étoit exigible; c'est-à-dire que le Monastere étoit capable de le recevoir sans être chargé de l'employer en fonds, ni autrement. Et en effet, c'est une maxime constante dans le Palais, que ce qui est exigible est prescriptible, à moins qu'il ne s'agit de l'interét des Chevaliers de Malthe, ausquels par un privilege que nos Rois ont accordé à leur Ordre, la prescription de quel temps que ce soit ne peut porter aucune atteinte, parce que faisans incessamment la guerre pour la foi contre les Infidéles, ils sont toûjours centez absents du Royaume pour absence legitime; & qu'il n'est pas juste que pendant leur absence la prescription coure contr'eux; comme il fut jugé au rapport de Mr. de Papus, le 9. Janvier 1660. entre le Commandeur de Mandols & Jacques Icher.

Privileges.

TITRE LXXIII.

Arr. I.

Par Arrest du dix-septiéme Mars mil cinq cens vingt-quatre, la Cour declara contribuables tous les habitans de la ville de Toulouse, tant privilegiez que non privilegiez, exempts & non exempts, à cause de la necessité: la Ville ayant cottisé vingt-quatre mil livres pour les reparations, fortifications & munitions d'icelle.

V. Ferrer. in qu. 7. Guid. Pap. d'Olive liv. 1. chap. 13. Duranti decis. 98. & le tit. 80. de ce livre.

ARR. II.

Semblable Arrest fut donné le 26. Mars mil cinq cens vingt-six, pour la somme de six mil livres, cottisée sur la ville, tant sur les privilegiez que non privilegiez, gens d'Eglise, Officiers du Roy, Docteurs Regens, Secretaires, sans consequence & préjudice de leurs privileges.

Sequestres.

TITRE LXXIV.

ARR. I.

LA condamnation de deux Sequestres à rendre compte & prêter le reliqua du Senéchal de Quercy, au siege de Montauban, dont l'un n'avoit rien administré, comme ne lui ayant été fait aucun commandement, parlant à lui, ni pris aucune charge, mais seulement injonction à l'autre qui étoit avec lui de l'en avertir & le lui faire sçavoir ; ce que toutefois il n'auroit fait en aucune façon, fut reformée en faveur dudit pretendu sequestre, qui fut mis hors de Cour & de procez par Arrest du mois de Juillet mil cinq cens quatre-vingts.

Condamnation de deux Sequestres] L'action est solidaire entre les Sequestres. *Du Fresne en son Journal des Audiences liv. 1. chap. 51.*

ARR. II.

Le Seigneur de Tournecoupe, au païs d'Armagnac, troublant tous les Sequestres établis sur ses biens à la requête de sa mere, pour être payée de la pension à elle adjugée, les Sequestres demandans être déchargez, à cause desdits troubles & empêchemens resultans des inquisitions sur ce faites, en furent démis ; & ordonné qu'il étoit interdit & deffendu audit de Tournecoupe de par lui, ou personne interposée donner trouble ni empêchement aux Sequestres établis ; autrement en cas dudit empêchement, la Seigneurie dudit Tournecoupe confisquée au Roy & unie à son domaine en payant ladite somme de cinq cens livres à sadite mere.

Par

Par Arrest donné en Audience le vingtiéme Juin mil cinq cens soixante-six, qui est le vrai moyen & façon qu'on doit tenir contre tels contumax & rebelles à la justice, pour les contenir en leur devoir. *arg. l. contumaciæ, ff. de re judic.*

V. le liv. 2. tit. 1. arr. 56.

Servitudes.

TITRE LXXV.

ARR. I.

PAr Arrest parti en la premiere Chambre des Enquêtes, & départi en la seconde pour Badens contre Cussone, fut dit que le voisin n'étoit tenu de donner passage par son pré en payant, si celui qui le demande peut passer ailleurs, en quelque façon que ce soit, encore qu'avec grandissime difficulté. La disposition du Droit qu'on pourroit prétendre au contraire parlant en des choses privilegiées, comme en la faveur de la Religion, & non autrement en choses communes & ordinaires, qui n'auroient point telle faveur.

Donner passage] Outre ce qui a été dit sur ce sujet *au 3. liv. tit. 3. verb. Servitudes arr. 1.* il est bon de remarquer que par Arrêt donné en la premiere des Enquêtes au rapport de Mr. de Rudele le 14. May 1663. Guillaume Serrane appellant d'une Sentence que le nommé Durand, du lieu d'Argeliers, avoit obtenu au Senéchal de Montpellier, fut reçû avant dire droit diffinitivement aux Parties, à prouver que pendant trente ans continuels il eût fait passer son bétail à laine dans le devois dudit Durand, au veu & sçû d'icelui, pour l'aller abreuver dans une fontaine qui étoit à l'extrémité dudit devois. La Sentence dont étoit l'appel avoit fait deffenses à Serrane de passer par le devois de Durand, sur ce principalement qu'il n'étoit pas dénié que Serrane pouvoit facilement, & sans incommodité faire aller son troupeau à la fontaine en faisant le tour du devois.

ARR. II.

Le mari instituant sa femme heritiere, & lui recommandant ses enfans, ne fait pour cela fideicommis, *l. fideicommissa. §. si ita quis, de leg.* 3. jugé en l'affaire de Vedelly le vingt-deuxiéme Janvier mil cinq cens nonante, & fut parti s'il faloit recevoir en preuve l'aîné de ce que le pere avoit chargé la femme de lui rendre le fideicommis.

Ne fait fideicommis] La recommandation n'est censée faite que par rapport au soin que l'heritier institué doit prendre des personnes recommandées, & non pas pour en induire un fideicommis. Les Docteurs disent avec le Jurisconsulte Paulus 4. *Sentent.* §. 6. que *commendo non est verbum precarium*, & Godefroy en sa note sur la Loi *Ex verbo. C. de fideic. liber.* que *verbum, commendo, non satis exprimit fideicommissum*; comme en effet cette même Loi le decide textuellement.

Recevoir en preuve.] Aujourd'hui la preuve par témoins d'un fideicommis verbal est reçûë soit qu'il soit *præter testamentum*, soit qu'il soit *contra verba testamenti* : Il est vrai qu'en ce dernier cas on restraint la preuve aux témoins numeraires de l'acte. D'Olive *au l. 5. ch. 22.* rapporte des Arrêts pour l'un & l'autre cas ; & si bien par l'Arrêt du Parlement de Paris, qui est dans le Journal du Palais, *tom. 1. pag.* 145. la fille qui demandoit d'être reçûë à une pareille preuve, en fut deboutée, sauf à elle à se pourvoir pour ses alimens, ce ne fut que parce qu'elle étoit bâtarde. Pour ce qui regarde les fideicommis tacites & secrets, commis à la bonne foi des Prêtres, des Religieux, & autres personnes de ce caractere, pour faire la distribution d'une somme remise entre leurs mains par un testateur, ou autrement designée & limitée dans un testament ; il est certain qu'ils ont lieu, suivant les Arrests rappportez par Loüet *litt. L. num.* 5. *& ibi* Brodeau par Ann. Robertus *re judic. lib.* 1. *cap.* 3. & par Tournet *en son recueil d'Arrêts donnez sur les matieres Ecclesiastiques litt. L. num* 33. 34. & 35. mais lors que la volonté du testateur n'est pas justifiée par écrit, & que celui qui prétend d'en être le dépositaire, n'allegue qu'une disposition verbale, sans aucun commencement, ou adminicule de preuve par écrit, on ne s'arrête pas à la declaration qu'en fait le dépositaire, pour si homme de bien, & d'aussi bonne reputation qu'il puisse être, quand même la declaration tendroit, non à faire une liberalité en distribuant quelque somme, mais à établir une dette en faveur d'une personne de qui le testateur avoit veritablement emprunté une somme ; la raison en est, que la declaration du dépositaire de la derniere volonté du testateur étant singuliere, ne peut produire aucune preuve. Le Parlement a même préjugé par Arrest donné au rapport de Mr. de Fosse en la premiere des Enquêtes le 8. Août 1663. que la preuve vocale n'en pouvoit pas être reçûë, lors qu'il s'agissoit d'une somme excedant cent livres, car par cet Arrêt la Demoiselle de Planque, veuve & heritiere du sieur Teule d'Aniane, se fit relaxer sur un appel qu'elle avoit relevé du Senéchal de Beziers, de la demande de deux cens soixante liv. que le nommé Custol de SaintBauzile, lui avoit faite, fondé sur ce que Teule étant dans son lit de mort, & sortant de se confesser, avoit declaré à son Confesseur qu'il lui devoit ladite somme, l'ayant même chargé de le dire à ladite Planque pour qu'elle payât ; ce que Custol soûtenoit sur la declaration que le Confesseur lui en avoit faite à son tour, avec offre en tout cas de prouver que que la somme lui étoit legitimement dûë.

ARR. III.

L'heritiere instituée universellement à la charge de rendre l'heritage après son decez à un sien fils, filleul & neveu du Testateur, rend l'heritage en sa vie, & devant le temps par le Testateur prefix. Pendant la vie, & après ladite restitution, le fideicommissaire auquel elle avoit rendu devant le temps l'heritage, decede sans enfans qui est cause que ladite heritiere, qui avoit ainsi rendu avant le temps, impetre Lettres Royaux en restitution en entier contre ladite restitution par elle faite simplement. Les Successeurs *ab intestat* dudit fideicommissaire insistans au contraire s'arrêtent aux fins de non recevoir. Par Arrest entre Catherine la Combe, & les hoirs de Pierre Granges, sur le partage fait en la premiere Chambre des Enquêtes, & departi en la seconde, au rapport de Mr. Catel au mois de Mars mil cinq cinq cens nonante, ladite la Colombe impetrante fut demise de ses Lettres.

Le même Arrêt est rapporté par *Maynard liv. 8. chap. 81.* où l'on en voit le motif.

Tailles.

TITRE LXXVI.

ARR. I.

LEges Romanæ, Sacerdotes, ceterosque Ecclesiasticos ab omnibus tributis tam prædiariis, quam patrimonialibus subsidiis exemerunt, l. placet. Cod. de sacros. Eccles. l. 2. Cod. de Episcop. & Cler. can. non. minus extra de immunit. Eccles. imò nulla unquam gens fuit, tam aliena à pietate, quæ temporum atque Ecclesiasticorum vacationem non studiosè foverit, concessa Sacerdotibus suis religionis intuitu immunitate. Ainsi jugé par Arrest du troisiéme Avril mil cinq cens septante-trois, contre les Consuls de Rabastens, pour Monsieur Jean Guillot Prieur dudit Lieu, & fit la Cour inhibitions & défenses ausdits Consuls de les cottiser pour le fait de la Garnison; sinon que pour ses biens temporels roturiers qu'il avoit audit Lieu & taillables d'icelui: toutefois lors que la necessité presse les Beneficiers sont cottisez, jugé par Arrest du second Avril mil cinq cens septante-trois, entre le Chapitre saint Estienne de Toulouse, & les Consuls de saint Sulpice, du dix-septiéme Janvier mil cinq cens vingt-deux. Arrest contre ledit Chapitre pour le Syndic dudit Toulouse. Autre du dernier Mars mil cinq cens vingt-quatre, portant que la troisiéme partie de vingt-quatre mil livres imposée sur la Ville seroit exigée sur l'Archevêché d'icelle, son Clergé & ses Beneficiers, tant residans, que autres du Diocése. Me. François Girardin Chanoine de l'Eglise d'Aux, & Prevost de saint Justin, fut condamné par Arrest du sixiéme Septembre mil cinq cens septante-huit, payer aux Consuls de ladite Ville la cottisation sur lui faite par iceux pour la défense de la Ville, & y seroit contraint par saisie du temporel, & autres voyes dûës & raisonnables, dans un mois pour tout délai.

Pour ses biens] Saint Ambroise *Serm. adversus Auxentium*, dit fort à propos. *Si tributum petit, non negamus, agri Ecclesiæ solvunt tributum. Vide* Bronchorst *misc. controv. cent. 2. ass. 78.*

La necessité presse.] *V. le tit. 73. arr. 1. & 2.*

Arr. II.

La Cour par Arrest du vingt-septiéme Juin mil cinq cens soixante-neuf, declara exempts des tailles & contributions les Religieux du Couvent des Carmes de la Ville de Carcassonne, le Syndic de laquelle les vouloit contraindre à payer les charges ordinaires de ladite Ville.

Arr. III.

Autre semblable Arrest fut donné pour les Religieux de nôtre-Dame de la Mercy en la ville de Hauterive du dix-neuviéme Mars mil cinq cens septante-trois, contre le Syndic de ladite Ville.

Arr. IV.

Le Syndic de Toulouse voulant faire payer les tailles & contributions aux Dames Religieuses de sainte Claire, la Cour par Arrest du onziéme Mars mil cinq cens septante-deux les declara immunes & exemptes.

Arr. V.

Pierre de Rabaudy bientenant de Villariés fut condamné par Arrest de la Cour du neuviéme Decembre mil cinq cens nonante, payer la somme de quatre livres en laquelle il avoit été cottisé par les Consuls dudit Lieu, tant pour les fortifications & reparations, que pour pourvoir les Habitans d'armes, mais la Cour cassa la cottisation pour la contribution des armes, & l'execution pour ce regard faite sur son bien, n'étans les Habitans de Toulouse tenus bailler armes à leurs dépens aux Habitans des Lieux où ils ont du bien.

Cassa la cottisation] Parce que Rabaudy étoit Viguier de Toulouse, suivant le dernier titre de ce livre, où le même Arrest rapporté, avec la raison pour laquelle on ne cassa pas la cottisation pour la contribution des fortifications & des reparations ; à l'égard desquelles il est certain que les habitans forains ne peuvent avoir aucun avantage sur les Manans. *Vid.* Ranchin *in qu.* 7. *&* 87. *&* 372. *Guid Pap.* de même que Ferrerius *in d. qu.* 7. Philippi *en ses Arrêts. art.* 34. & Cambolas *liv.* 4. *chap.* 33.

Arr. VI.

Monsieur Fourez Conseiller en la Cour fut aussi condamné par Arrest du vingt-neuviéme Octobre mil cinq cens nonante-trois à la contribution faite par les Consuls de Lodeve, en ce qui concernoit la garde de ladite Ville, reparation des murailles & fossés d'icelle. Mais non pas pour les gages des Maîtres d'Ecoles, Medecins, Horlogeurs, gardiens des portes du faux bourg pour les pestiferez des environs, & autres servans aux habitans.

Servans aux habitans.] Il n'est pas juste que les forains contribuent aux impositions qui ne regardent pas leur utilité, mais seulement celle des habitans du lieu ; comme sont les contributions designées, tant au present article, qu'en l'Arrêt inseré sous *l'art. 2. du tit. 1. du liv. 4.* Voyez les autoritez alleguées en la note sur l'article precedent.

ARR. VII.

Les Consuls ne peuvent rien cottiser pour leur dépense de bouche, qu'il ne leur soit permis par le Roy, ou la Cour : jugé par Arrest du sixiéme Mars mil cinq cens huitante-sept, au rapport de Jonquieres Lieutenant du Viguier de Toulouse, prétendant être exempt des tailles, pour raison de son état, fut condamné le vingt-quatriéme Septembre mil cinq cens vingt-sept par Sentence du Senéchal de Toulouse à payer sa part.

ARR. VIII.

Aussi par Arrest prononcé le vingt-cinquiéme Mars mil cinq cens cinquante-quatre, il est prohibé aux Communautez de cottiser autres, que les compris au Syndicat.

Testament.

TITRE LXXVII.

ARR. I.

PAr Arrest general du huitiéme May mil cinq cens septante-trois, de Toulouse, un testament fait par un Prêtre fils, en faveur de sa mere, à laquelle il avoit substitué ses freres avec quatre témoins, & le Notaire, la clause codicillaire étant au grossoyé qu'il en avoit depêché, bien qu'elle ne fût à la cede & minute qu'il en avoit reçûës, mais étenduë par la clause *& cætera*, qui étoit nommément mise, auroit été jugé bon & valable.

Par la clause, & cætera.] La faveur du testament le fit subsistuer ; car quoi que suivant

Alciat *in l.* 1. §. *Si quis ita ff. de verb. oblig.* un Notaire soit toûjours censé avoir été chargé de coucher les clauses qu'il a accoûtumé d'apposer, ou qu'autrement on a accoûtumé d'apposer aux actes semblables à celui qu'il passe ; jusques-là même que selon le sentiment des Docteurs *ad l. generaliter ultim.* §. *idemque C. de fidejuss.* le Notaire les y doit inserer d'Office, quand il n'en a été rien dit par les Parties : il en doit néanmoins être autrement à l'égard des clauses, *quæ dispositionem, vel novum effectum, qui alias bon. veniret, inducunt*; de la nature desquelles est sans contredit la clause codicillaire ; témoin l'Arrêt rapporté par l'Auteur *au liv.* 4. *tit.* 5. *art.* 2. Au reste, la distinction que je viens de faire est établie sur la doctrine de Balde *ad l. cum de consuetudine. ff. de legib.* aussi bien que Barthole *in l. Si prius.* §. *recte placuit. ff. de Aqu. & Aqu. pluv. arcend.*

Bon & valable.] Quoi qu'il n'y eût que quatre témoins, & que le testament qui n'est pas attesté de cinq témoins ne puisse pas être confirmé par la clause codicillaire ; mais il faut remarquer que suivant la Loi *Domitius. ff. qui testam. fac. poss.* le Notaire recevant servoit de cinquiéme témoin ; à quoi j'ajoûte que supposant le nombre de cinq témoins, & s'agissant d'un testament fait en faveur des successeurs *ab intestat* du testateur, il étoit inutile de raisonner sur la clause codicillaire, parce que le reste suffisoit pour que le testamnt fût valable, suivant la disposition de la Loi *Hac consultissima.* §. *Si quis. C. de testam.* qui veut que *quinque testium depositiones sufficiant, si testator eos scribere instituit, qui ab intestato ad ejus hæreditatem vocantur.*

Arr. II.

Le testament d'une fille moindre de vingt-cinq ans, mariée son pere vivant, ayant institüé son mari heritier, n'ayant point d'enfans fut cassé, comme étant sous puissance paternelle, & declaré nul ; & ledit pere, comme plus proche, appellé *ab intestat* és biens & droits de sadite fille, sauf à sondit mari les hypoteques & avantages qu'il pouvoit avoir sur iceux, à poursuivre ainsi qu'il appartiendroit, au rapport de feu M. Beral, sieur de Paulhac. Ledit Arrest allegué sans date par M. Maynard notre Collegue au liv. 8. chap. 60. contraire à deux Arrests de Paris, qu'il allegue & cotte ; & la raison de la difference desdits Arrests pût être prise de ce que le Parlement de Toulouse est au païs de Droit écrit, jugé suivant icelui, & le Parlement de Paris est en païs Coûtumier.

Fut cassé.] *V. le titre* 44. Maynard *liv.* 5. *chap.* 2. *liv.* 8. *chap.* 60. *& liv.* 9. *chap.* 9.

Arr. III.

Les clauses derogatoires apposées aux testamens des autres testamens, qui pourroient être faits par aprés, ne s'étendent point aux contrats, ni donations entre vifs aprés faites, & dûëment insinuées, lesquelles prévalent ausdits testamens contenans telles clauses dérogatoires ; comme il fut jugé par Arrest à Toulouse le sixiéme Mars mil six cens huit, entre les Religieux de saint Dominique, d'une part, & Subsol d'autre.

Aux contrats ni donations.] Cambolas *liv. 6. chap. 35. & liv. 5. chap. 4.* Ferrerius *ad quaest. 117. Guid. Pap.*

ARR. IV.

Le privilege donné aux Avocats fils de famille de pouvoir tester valablement des biens par eux acquis, & du gain fait de l'exercice de leur charge, postulation & consultation, comme étant un pecule quasi militaire, ou quasi castrense, *in l. ult. C. de inoffic. test. l. fori. C. de advoc. divers. judic. Accurs. in l. cum oportet C. de bonis quae liber.* ne s'étend aux Notaires, Greffiers, ni Chirurgiens : par les Arrests de Toulouse cottés par M. Duranti premier President, au 1. liv. de ses Questions Notables Chap. 44. qu'on dit être sur la presse.

Aux Notaires ni Chirurgiens.] Ferrerius le dit ainsi *in quaest. 150. Guid. Pap.* & le sentiment contraire de Maynard *liv. 5. chap. 1.* n'est pas suivi.

Greffiers.] Il faut excepter les Greffiers des Cours souveraines. *Ferrer. in quaest. 190. Guid. Pap.*

ARR. V.

Bartolus in l. si quis in principio de legat. 3. tient qu'il faut exprimer au second testament la clause derogatoire du premier. *Salycetus in l. Sancimus. C. de testam.* tient, que s'il y a juste ignorance ou oubli des derogatoires, que le testateur y peut deroger generalement suivant ladite loy : Mais si le testateur est homme de sçavoir, & n'a occasion d'avoir oublié ou par le laps de temps, ou par maladie, il faut speciale derogation, *l. divi. §. licet. D. de jure codicill.* Et ainsi a été jugé par Arrest general de Toulouse à la fête de l'Assomption mil cinq cens nonante cinq, qu'il suffit qu'il soit faite expresse mention au second testament du premier, du jour, du Notaire & de l'heritier. M. le Comte Rapporteur.

S'il y a juste ignorance] Cambolas *liv. 5. chap. 4.*

Expresse mention.] Cela est conforme au 2. Arrêt de Lestang ; à la doctrine de Philippi *resp.* 24 & de Duranti *deci.* 92. *num.* 26. où l'on voit les diverses distinctions & limitations qu'on fait ordinairement sur ce sujet ; que l'on trouve encore dans Ferrerius *in qu. 127. Guid. Pap.* Gregor. Tholosanus *in Syntagm. jur. lib .44. cap. 1. num. 11. 12. & 13.* & dans Julius Clarus *§. Testamentum qu. 99. à num. .. ad num. 8.*

ARR. VI.

Quand un pere fait deux testamens ; le premier en faveur de ses enfans ; & le second & dernier au profit d'un étranger, le premier n'est revoqué par le dernier, si la renonciation n'est expresse, à cause de la faveur de ses enfans, suivant la décision de Boyer 242. Il y en a une conforme dans Julius Clarus. Ferrieres plaidant sur un fait semblable, allegua la Loy *Paulo-Calli-Macho, in princip. de leg.* 3. & la Loy *Alumna, de adim. legat.* Et par ces raisons soûtenoit pour Esglentine Roguel, contre Amien Fabre, que pour un codicille la substitution mise au testament de Jean Pech, n'avoit point été revoquée par la clause generale, qui portoit, qu'il vouloit que Marie sa fille peut disposer de tout ce qu'il lui donnoit par telle clause. Puymisson plaidant pour ledit Fabre, disoit au contraire, que ladite substitution avoit été revoquée concernant une maison donnée par ledit Pech à ses enfans, lesquels il avoit substituez. Mais il étoit répondu, que ladite renonciation n'étoit point expresse, ainsi qu'il eut été requis : & par Arrest du vingtiéme Novembre mil six cens, ledit Fabre fut demis de la requête Civile qu'il avoit fondée sur led. Codicille : *& nota*, qu'il étoit accordé, *Codicillis substitutionem revocari posse; quamvis directo hæreditas codicillis neque detur, neque adimatur.*

N'est revoqué par le dernier.] Les dispositions en faveur des étrangers sont estimées captatoires. *L. Captatorias. ff. de heredib. instit.* aussi n'est il pas censé qu'on ôte son bien à ses enfans, pour le donner à un étranger, ce seroit faire injure à la nature, parce que la succession des peres est naturellement acquise aux enfans, *& hoc est parentum commune votum*; on dit aussi que les testamens en faveur des étrangers, au préjudice des legitimes successeurs, *sunt physica testamenta*, au contraire *tanquam à demente facta reprobantur L. Titia. ff. de inoffic. testam.* & tels testamens ont toûjours été annullez par les Cours souveraines de ce Royaume, suivant Mornac *ad L. 1. C. de inoffic. donatio.* Au reste, ce n'est pas seulement par Boërius, cité par l'Auteur, que la doctrine qu'il allegue se trouve appuyée, elle l'est encore par Gregorius Tholosanus *in syntagm. jur. lib.* 44 *cap. 1. num.* 10. par Barri *lib. 10. tit. 1. num. 6.* par Benedictus *in cap. Raynutius verb. testamentum 2. num. 9* par Ludovicus Romanus. *consil.* 179. *num.* 21. & par plusieurs autres.

Codicillis substitut. revocari] *Le titre 61. art. 9.*

Tuteurs.

TITRE LXXVIII.

ARR. I.

Electeurs & nominateurs d'un Tuteur suffisant, & en apparence capable au temps de la nomination, devenu insolvable depuis icelle, ne sont tenus subsidiairement, ni autrement à aucune prestation de reliqua, ni autre chose pour ledit tuteur, envers

vers ses pupilles. Comme il fut jugé en l'instance de Jeanne d'Apostoli, contre Mercier & autres, au mois de Juin mil cinq cens huitante-cinq.

Ne sont tenus subsidiairement] Cambolas *liv.* 5. *ch.* 29. Maynard *liv.* 6. *chap.* 56. Papon *liv.* 15. *tit.* 5. *art.* 21. Automne tant sur la Loi *Cum ostendimus.* §. *fidejussores ff. de fidejuss. & nominator.* que sur la Loi premiere §. *Si Magistratus. ff. de magistratib. conveniend.* & par Arrêt du Parlement de Grenoble ceux qui avoient nommé le sieur de Cadoule furent relaxez, pour avoir été ses biens emportez par un fideicommis. Dans le pays Coûtumier les nominateurs d'un tuteur, qui ont agi de bonnefoi, ne répondent jamais de son insolvabilité, fût-il insolvable lors de sa nomination, parce que n'ayans été appellez que pour donner leur avis, *consilii non fraudulenti nulla est obligatio. L.* 47. *ff. de regul. jur.*

ARR. II.

Lesdits Tuteurs ne sont recevables à demander salaires de leurs peines & vacations exposées pour les affaires & procez de leurs pupilles, principalement s'ils y avoient vacqué, ou pouvoient vacquer, sans bouger de leurs maison, Ville ou Lieu où ils étoient; comme il a été jugé contre Mercier, & autres Tuteurs de Jeanne d'Apostoli, par Arrest du mois de Juin mil cinq cens huitante-cinq: Et par autre Arrest donné à la Tournelle de l'an mil cinq cens nonante-deux, entre Miget curateur, & la Coste Tuteur. Mais s'il faloit voyager, ou aller loin de la maison, ou si les procez étoient en tel nombre ou de telle importance qu'il y convint employer un Solliciteur, ausdits cas il seroit raisonnable que les fraix moderez fussent alloüez au Tuteur. Comme fut jugé pour Antenac Tuteur, contre le Curateur de son jadis pupille, au mois de Juillet mil cinq cens septante-huit.

Peines & vacations.] La premiere, & l'une des principales desquelles, doit être de faire faire sans perte de temps l'inventaire des biens du pupille, & cela fait, proceder incessamment à la vente des choses perissables d'autorité de Justice, pour le prix être mis en rente ou heritage au profit du pupille, conformément à l'article 103. de l'Ordonnance d'Orleans; autrement il est responsable de la perte desdites choses mobiliaires, & du revenu que le prix en auroit porté, suivant l'Arrêt donné en la premiere Chambre des Enquêtes le 4. Juillet 1672. au rapport de Mr. de Lafont, confirmé par autre Arrêt du 27. Janvier 1674. C'étoit en la cause des enfans de Calfret, contre Brun & autres leurs tuteurs. Pour ce qui regarde les biens immeubles, lors qu'un tuteur a fait ses diligences pour les affermer, ayant fait faire les proclamations en tel cas requises, il ne peut être chargé que sur le pied des fruits qu'il a perçûs annuellement.

S'il faloit voyager.] On tient en compte au tuteur les voyages qu'il a falu qu'il ait faits pour son pupille. *L.* 1. §. *item sumptus. ff. de tutel. & ratio distrah.* mais quand il va en un lieu où il avoit autant à faire en son propre, que pour les affaires du pupille, il ne peut pretendre son remboursement des frais par lui exposez qu'à proportion, comme celui *qui sumptus necessarios probabiles in communi lite fecit*, au cas de la Loy *Liberto.*

§. *uno defendente ff. de negot. gest.* Il y a même des Docteurs qui ont crû que le [illegible] ne pouvoir audit cas esperer aucun reinboursement, par la raison de la Loi *Ex parte ff. famil. ercisc.* qui pourtant ne peut être entenduë qu'au cas où l'un des coheritiers ayant playdé contre le fisc pour son interêt personnel & pour sa justification particuliere, ne peut pas, lors du partage de l'heredité, repeter les frais qu'il a faits pour sa justification : c'est dans ce sens que du Moulin explique cette Loi 4. *Lect. Dolan.* au sujet de laquelle on peut encore voir *Garsias de expens. & melioratio. cap. 7. num 22. & cap. 19. num. 6. cum seqq.*

Employer un Solliciteur.] On le peut même employer *quotiescumque dignitas, aut ætas, aut valetudo tutoris id postulat. l. Decreto. 24. ff. de admin. tutor.* il est vrai que le tuteur qui subroge à sa place un agent ou un solliciteur, est garant de sa conduite. *d. leg.* en ces mots. *constitui periculo tutoris solet.* Au reste, le mot de *dignitas*, employé en cette Loi, doit supposer des emplois dans l'administration tutelaire, où une personne constituée en dignité ne peut pas honétement descendre ; car cette consideration cessant, & pouvant le tuteur vaquer seul à l'administration, il ne seroit pas juste qu'il constituât en frais son pupille, comme il feroit audit cas en prenant un homme d'affaires sans necessité aux fraix de son pupille. *Vid. Escobar de ratiocin. Administr. cap. 27. num. 35.*

Villes.

TITRE LXXX.

ART. I.

TOus les bientenans en un lieu, encores qu'ils ne soient domiciliez en icelui, ains demeurent ailleurs, sont tenus contribuer à la reparation des murailles, portes & fossez, & fortifications dudit lieu ; comme fut jugé par Arrest, le dixiéme Decembre mil cinq cens nonante, au profit du Sindic du lieu de Villaries, contre Pierre de Rabaudy Viguier de Toulouse.

Comme aussi à la reparation des chemins, ponts, & passages ; voire mêmes les Ecclesiastiques en autres choses exempts sont tenus y contribuer ; ayant été par Arrest du vingt-quatriéme Fevrier mil cinq cens septante, l'Archevêque de Toulouse & l'Abbé de saint Sernin de ladite Ville, condamnés à contribuer à la reparation du Pont saint Cyprien de ladite Ville.

Bientenans.] *Le tit. 73. verb. privilege. art. 1. & 2. & le tit. 76. verb. Tailles art. 5. & 6.*
Méme les Ecclesiastiques Le tit. 73. art. 1. & 2. & le tit. 76. art. 1.

DES DROITS SEIGNEURIAUX, ET MATIERES FEODALES.

Des infeodations & autres matieres pour mémes droits.

CHAPITRE I.

ART. I.

COMME par le Droit toutes choses de leur nature sont estimées franches & libres, *& omnia prædia censentur libera, nisi probetur servitus, l. Altius cod. de servitut. & aqua.* & particulierement au païs de Languedoc, par le privilege appellé franc, alod ou aleud, tous les biens sont censez allodiaux, francs, libres & immunes d'aucunes redevances, censives ou droits Seigneuriaux, s'il n'appert du contraire par bons & valables titres, lesquels les Seigneurs sont tenus montrer & exhiber à leurs Emphiteotes, à cause de ce, & non au contraire les Tenanciers leurs titres & affranchissemens ; de laquelle exhibition relaxâmes le sieur de Margastaud, envers le sieur Baron de la Mothe, des terres par lui possedées dans ladite Baronie, le vingtiéme Février mil cinq cens quatre vingts cinq, autrement en est-il des titres d'acquisition, comme sera dit cy-aprés.

Au par. de Languedoc.] Quoique l'on dise ordinairement qu'il n'y a nulle Terre sans Seigneur, & quoiqu'à la verité la qualité de Seigneur Justicier & de Seigneur directe d'une partie du terroir, soit de quelque considération, & qu'en certains cas elle puisse servir de quelque presomption : toutefois cela cesse à l'égard de la Province de Languedoc, où le Franc-Alleu a lieu ; non pas comme plusieurs se sont imaginez, pour y avoir été observé de tout temps, par la raison de la Loy *14. Lusitania §. 1. ff. de censib.* d'où l'on a tiré cette doctrine ; car elle ne parle que de *Lugdunensis Gallis, & Viennensibus in Narbonensis*, mais à cause que le privilege du Languedoc a été de vivre sous la Loy du Franc Alleu, en tant que cette Province est païs de Droit écrit, & que suivant la disposition du Droit toutes choses sont presumées libres, si on ne prouve le contraire, *L. per agrum. C. de servitutib.* ainsi quand on dit que même dans le païs de Franc-Alleu chaque terre doit relever de quelque Seigneur, cela n'est vrai que par rapport à la Justice, & nullement quant à la Seigneurie Directe, à moins d'un titre. *Molin. in Cons. Paris. tit. 1. des Fiefs §. 68. gl. 2. verb. Franc-Alleu. num. 11. & seq.* Ce qui fait encore voir que les attributs de la Justice sont differens de ceux des Fiefs ; mais bien que le Franc-Alleu ait lieu dans cette Province, cela n'est pourtant pas vrai lorsqu'un terroir a été baillé par Fief limité. *Cambol. liv. 4. chap. 45. Maynard liv. 4. chap. 35.* Dans la Province de Guienne la maxime alleguée, *nulle terre sans Seigneur*, s'y entend au pié de la lettre : car toutes les terres sans aucun titre de directe, sont sujettes au Seigneur Justicier, lequel est en droit de se faire reconnoître à tous les tenanciers qui sont dans l'étendue de sa Jurisdiction, pourvû qu'ils ne relevent pas d'un tiers. Ainsi par Arrest donné au rapport de Mr. de Boutaric, en la seconde Chambre des Enquêtes le dixiéme Juillet 1664. le nommé Thoranne de Caudecoste, fut condamné de passer reconnoissance, & de payer les droits Seigneuriaux au Syndic des Religieux d'Alairac, dans le Diocese de Condom, pour les biens par lui joüis dans la Jurisdiction d'Alairac, dont ces Religieux sont Seigneurs justiciables.

Sont tenus mouvoir.] Ainsi en Languedoc on ne suit pas la coûtume des autres Provinces, où celui qui prétend que ses biens sont tenus en Franc-Alleu, est dans l'obligation d'en faire foy ; à tout le moins par des anciens contrats énonciatifs ; c'est-à-dire faisant mention que ces biens étoient tenus en Franc-Alleu, pourvû que ces contrats soient accompagnez d'une possession immemoriale ; car une telle possession, jointe à une telle énonciation, supplée au défaut du titre primitif, qu'il faut presumer être égaré ; ce qui s'observe ainsi dans ces Provinces, même contre un Seigneur qui seroit fondé en terroir limité.

Des titres d'acquisition.] Il faut encore excepter le fisc lorsqu'il s'agit d'une cause pecuniaire & non capitale ; suivant la distinction que fait le Jurisconsulte en la Loi *Ex quibusdam causis. ff. de jur. fisc.* laquelle sert de limitation à la Loy *Senatus. ff. de edend.* toute personne même, à qui l'on fait demande de quelque chose établie sur un livre de raison, peut requerir que le livre lui soit exhibé, parce qu'il en peut tirer sa décharge. *arg. l. 5. & l. ult. C. de edend.* c'est l'usage de ce Parlement.

ART. II.

Or les titres suffisans sont les seul bail ou infeodation, ou en défaut de bail, deux reconnoissances en bonne & dûë forme ; ou une reconnoissance faisant mention d'une autre precedente, bien cottée d'an & jour, des personnes reconnoissantes, & du Notaire qui l'a retenuë, laquelle a effet de deux reconnoissances : ou bien une reconnoissance suivie & accompagnée des adminicules ; sçavoir du nombre des rôlles de liéve, ou des acquits & payemens des droits demandez, des comptes rendus par les Procureurs des Seigneurs, de la lieve & exation desdits droits, des declarations ou confessions des emphyteotes, és achepts, ventes, divisions, & partages ou affermes, les terres être de la directe du Seigneur, & des droits demandés & autres semblables, ou aucun d'iceux, *Benedict. In cap. Raynut. in verb. & uxorem Decis. 5. num. 444. & 450. & Guid. Pap. Decis.*

Bonne & dûë forme.] *V. Ferrer. in qu. 272. Guid. Pap.*

Ou une reconnoissance.] Une seule reconnoissance suffit pour les cas exprimez *en l'art. 7. de ce titre.* Elle suffisoit même suivant l'ancienne Jurisprudence pour le Seigneur Justicier; c'est la doctrine de Ranchin *in quest. 272. Guid. Pap.* Aujourd'hui cela ne suffit pas, car il faut que le Seigneur Justicier ait quelque adminicule, outre la reconnoissance. *Cambolas liv. 5. chap. 14.* mais quoi qu'en fait des titres la cause du Seigneur Justicier soit plus favorable que celle du Seigneur Directe, à cause de la presomption qu'on peut induire de la Justice, toutefois il est certain cas auquel une simple reconnoissance suffit pour établir le droit du Seigneur Directe; comme lors que la reconnoissance se trouve faite par l'emphyteote, qui étoit en instance, ou par son pere ou par son ayeul, ou par celui duquel il tenoit immediatement le fief. *V. l'art. 6. de ce titre.*

Payement des droits demandez.] L'Arrest du Parlement remarqué par *Ferrer. in qu. 582. Guid. Pap.* suivant lequel les Seigneurs de Savignac firent condamner les habitans du lieu de Gouts à leur payer les droits Seigneuriaux, *ex solis præstationibus*, presupposé vrai-semblablement qu'il n'étoit question que du *mort cens.*

De la Lieve.] C'est precisement le cas de l'Arrest donné en la seconde des Enquestes le 23. Juin 1670. en faveur du sieur de Brissac, & au rapport de Mr. Chauvet contre les habitans dudit lieu; car il ne rapporteroit qu'une reconnoissance & quelques lieves. Au reste, ce qu'on appelle *Lieve* en Languedoc, parce que c'est un Estat des Emphyteotes, sur lequel on leve & on exige d'eux les droits Seigneuriaux, & c'est ce qu'on appelle en France *Terrier de recette.*

ART. III.

Sauf quand un Seigneur a par ses instrumens de bail, infeodation ou reconnoissances baillé un terroir uni & limité de chemins, ruisseaux, montagnes, ou autres bornes, & limites. Auquel cas il n'est pas tenu de montrer ses titres au tenancier; ains seulement lui montrer par la terre, de laquelle les droits sont demandez, est enclose dans son terroir, & dans les limites & confrontations d'icelui. Et en ce cas le tenancier est tenu de reconnoître, & payer les droits Seigneuriaux, comme les autres circonvoisins, & à proportion de ce qu'il y possede; si ce n'est que le tenancier fasse aparoir de la liberté, & affranchissement de la terre, comme il est tenu faire en ce cas: Et en ces termes doit être entendu l'Arrest si souvent allegué de Monfrin, du Parlement de Toulouse, condamnant à payer comme les circonvoisins, du neuviéme Juin mil cinq cens vingt-six, & du sieur de Teride, de l'onziéme Mars mil cinq cens cinquante-deux.

Un terroir uni & limité.] *V. Cambolas liv. 4. chap. 45. & Maynard liv. 4. chap. 35.*

Apparoir de la liberté.] Ou qu'on fasse apparoir que le fonds releve de quelque Seigneur Directe particulier ; car il est certain qu'un Seigneur foncier ne peut pas se prevaloir de sa qualité contre les Seigneurs particuliers qui ont des directes dans sa Terre, le droit desquels doit toujours être reservé, suivant l'Arrest de ce Parlement donné en faveur de certains particuliers contre le Duc d'Uzés, lequel prétendant d'être Seigneur foncier du lieu de Belegarde, comme il l'est en effet, vouloir exclure de leur droit tous ceux qui avoient des directes dans le terroir dudit lieu, lui ayant la Cour adjugé prestation de redevance sur toutes les pieces non reconnuës, sans prejudice du droit des autres Seigneurs directes. *V. Papon en son recueil liv. 13. tit. 2. art. 3. & ibi Chenu* Or comme regulierement la directe fonciere exclud la directe particuliere *DD. ad l. pupillus. ff. de verbor. signif.* il faut aussi que le Seigneur particulier qui pretend avoir directe dans un terroir limité, & dans l'étenduë de la terre du Seigneur foncier, fasse voir, ou que celui qui avoit pris à fief le terroir limité lui en a communiqué une portion, ou que celui qui a baillé ce terroir limité lui en avoit baillé une portion auparavant, ou que les pieces particulieres lui ayent été reconnuës par reconnoissances anterieures & suivies, sans avoir été reconnuës au Seigneur foncier & qui a la directe universelle du terroir, & sans que celui-ci puisse faire foy que les lods de ces pieces lui ont été payez lorsqu'il y a eu changement de main, quoiqu'il n'y ait point de reconnoissances. Ces considerations cessant, on presume que la directe, prétenduë par le Seigneur particulier, est une usurpation, ou en tout cas un surcens, lequel ne peut point porter prejudice au Seigneur à qui appartient la directe universelle du terroir, & qui par une suite de cette raison est toujours en droit de vindiquer son emphiteote, qui même ne peut pas servir à deux maîtres, & être sujet en même temps à deux Seigneurs Directes ; *duo enim in solidum ejusdem feudi Domini esse non possunt*, suivant l'usage des fiefs & des emphiteoses.

L'Arrest de Montfrin.] *V. Cambol. loc. cit.* touchant le jugement qu'on doit faire de cet Arrest, qui à la verité ne peut pas être tiré à consequence, à le prendre au pied de la lettre.

ART. IV.

Car si le terroir n'étoit limité, l'un voisin ne peut servir de Loy, ni de prejugé contre l'autre : parce qu'on void ordinairement les droits Seigneuriaux differens ; & faut que le Seigneur montre particulier titre des droits par lui demandez.

N'étoit limité.] Il ne doit pas être inutile d'observer, que les reconnoissances consenties par tous les habitans en corps de Communauté d'un terroir, qu'on appelle à cause de cela reconnoissances generales, sont nulles dans l'usage de ce Parlement, si ce terroir n'est pas bien limité & bien confronté.

ART. V.

Fors s'il avoit un titre general, contenant un droit universel ; comme par exemple un sol, ou un boisseau de bled pour chaque arpent ; auquel cas il suffit que le Seigneur montre, que le défendeur est tenancier dans son terroir, pour se faire payer à proportion de ce qu'il y tient.

ART. VI.

Quand le tenancier a lui même passé reconnoissance, ou quand il est heritier, cessionnaire, legataire, ou donataire, ou autrement ayant droit & cause, *ex causa lucrativa*, de celui qui a reconnu, il suffit au Seigneur de faire aparoir de cette seule reconnoissance, à cause de l'obligation personnelle & hypothecaire en icelle contenuë, laquelle est transmise à ses heritiers, ou autres susdits, l'ayant ainsi souvent jugé; même en l'an mil cinq cens nonante, pour le sieur de Caulet Conseiller en la Cour.

V. l'article 2. de ce titre. verb. au une reconnoissance. & le chap. 6. de ce traité art. 3.

ART. VII.

Pour les droits Seigneuriaux de l'Eglise, & du domaine du Roy, Hôpiteaux, Colleges, Couvents, Monasteres, Chevaliers de Malte, & autres Ordres Ecclesiastiques, il suffit une seule reconnoissance en bonne & dûë forme par la decision de Guid. Pap. 272.

Une seule reconnoissance.] Une seule reconnoissance suffit pour établir le droit de l'Eglise, suivant l'Arrest donné au rapport de Monsieur de Jollé le 22. Decembre 1671. en faveur du Sieur Pierre Froment, Prieur de Gaviac, contre sieur Charles de Piolenc, Seigneur du même lieu, quoiqu'il soûtint qu'il étoit Seigneur Haut, Moyen & Bas, Foncier & Directe dudit lieu, & que son terroir étoit limité, mais quoi qu'une reconnoissance suffite pour établir une directe au profit de l'Eglise, il n'en est pourtant pas de même d'un seul presage, qui n'étant qu'un simple adminicule ne peut pas avoir la force d'une reconnoissance: outre que les Arrests de prejugé ayant accordé par grace à l'Eglise, qu'elle n'a besoin que d'une simple reconnoissance, on ne doit pas faire facilement l'extension des graces & des privilege; au contraire il importe de les restraindre dans leur cas. Il est vrai que par la raison prise de l'Edit de Melun, & de la Declaration du Roy du mois de Février 1657 enregistrée en ce Parlement le 5. May 1665. en donne la même force à plusieurs adminicules joints ensemble, qu'à une reconnoissance, parce qu'en faveur de l'Eglise il faut suppléer des titres que les Ecclesiastiques ont perdu lors des troubles de Religion. En effet, cette Declaration porte que les rôlles des Lieves, les Declarations faites dans les Actes publics, les Enquestes & autres adminicules suffiront pour tenir lieu de titre: C'est pour cela aussi que cette Declaration a été faite, & non pas, comme plusieurs l'entendent, pour empêcher que la prescription ne doive pas avoir lieu contre l'Eglise; ce qu'il ne faut pourtant pas entendre de la prescription du temps des troubles; mais de la prescription de Droit, qui est celle qui a couru pendant le temps qu'il n'y avoit point de troubles: le Palement ne le juge pas d'une autre maniere. Quoiqu'il en soit, & pour justifier que plusieurs adminicules joints ensemble établissent la directe de l'Eglise, il doit suffire d'alleguer, outre l'usage, un Arrest donné en la grand'Chambre au rapport de Mr. de Bertier en l'année 1668. au profit des Religieux du Monastere de Saint Severin. Il avoit été precedé d'un autre Arrest interlocutoire, par lequel il avoit été prejugé, qu'un simple adminicule pris d'une énonciation trouvée dans la recherche des droits du Roy au païs de Bearn, & consiste en ces termes: *Fa lou capsou de sanjans tant de rente*, n'étoit pas suffisante pour établir la condamnation de cette rente : de sorte qu'on ordonna que ces Religieux instruiroient plus suffisament leur demande, ce qu'ils firent, & ayant rapporté quelques lieves faisant mention de ce droit ; ils gagnerent leur cause.

ART. VIII.

Ce qui a aussi lieu à l'endroit des acquereurs, ou successeurs du temporel de l'Eglise, ou du domaine du Roy, tant parce que *Qui in jus alterius succedit eodem jure uti debet*, que parce que c'est ce double interêt de l'Eglise ; car il faudroit qu'elle indemnisât l'acheteur s'il perdoit la cause, à défaut de deux reconnoissances, & parce que tels biens de l'Eglise, & du Domaine sont perpetuellement rachetables, en rendant le prix, à la conservation desquels l'Eglise & le Roy, ou le Fisc, ont interêt ; le successeur duquel Fisc jouït du même privilege, que le Fisc. *l. Fiscus D. De jure Fisci*, & ainsi le jugeâmes pour del Puech acheteur de l'Eglise de lieux de la Croix, & Falgarde, contre Chopin refusant payer sur une seule reconnoissance.

Qu'elle indemnisât.] *Idem in dote*, Quand la femme en cedant son droit à promis garantie.

ART. IX.

Lors que les reconnoissances sont discordantes sur la quantité des droits & devoirs Seigneuriaux, on a recours à l'instrument de bail & infeodation, & s'il ne s'en trouve, on juge suivant la reconnoissauce contenant moins de charge, & moindre quantité de droits Seigneuriaux.

A l'instrument de Bail.] C'est un principe incontestable en matiere de fief, que *à primordio tituli omnis formatur eventus* ; ainsi les reconnoissances erronées ne peuvent pas changer le titre d'infeodation, qui veille toujours, qui rectifie tout, *& cujus aeterna est authoritas* ; c'est ce qui fait dire à Dumoulin *tit. des fiefs*. §. 51. *gl.* 1. *in verb. demembrer son fief. num.* 10. *erronea recognitio cedit veritate prioris investiturae vel concessionis ; quia hujusmodi recognitio seu renovatio non disponit, nec immutat statum rei ; sed probata prima investitura ei statur, & sequentes recognitiones, quatenus contraria sunt, tanquam erroneae rejiciuntur.* La raison en est, suivant ce Docteur, que ces reconnoissances doivent toujours avoir une relation tacite au titre primitif, & ne peuvent valoir qu'entant qu'elles s'y trouvent conformes ; dans laquelle vûë il ajoûte, que *hujusmodi recognitiones non sunt dispositoria sed declaratoria*, comme n'ayant pas été faites dans un esprit d'induire & de contracter une nouvelle obligation ; mais seulement d'en reconnoître & d'en declarer une qui est déja faite, & qui subsiste dans le titre primordial. *Non animo facienda novae dispositionis vel obligationis, sed solum animo recognoscendi & declarandi obligationem jam dispositam, & subsistentem per primordium tituli.*

Moins de charges] *Promiores esse debemus ad liberandum quam ad obligandum l. Arrianus ff. de oblig. & actio.* & l'Abbreviateur de Maynard *liv.* 4. *chap.* 47. le fait parler contre son intention, lorsqu'il dit que quand il y a des reconnoissances differentes pour la cottité, on se doit regler par les plus anciennes.

ART.

ART. X.

Que s'il y a deux Seigneurs contendans un même fief, & produisant chacun des reconnoissances pour soy, on abjuge le fief à celui qui a les plus anciennes reconnoissances, & la plus ancienne possession.

* *Les plus anciennes.*] Quand il y a combat de fief on l'adjuge à celui qui est fondé en titres plus anciens, *census primo constitutus præcipuus est. cap. constitutus. extr. de relig. domib.* excepté quand celui qui a la plus fraîche possession a prescrit contre le Seigneur qui fait concurrence avec lui, par une possession de trente ans entre laïques, ou de quarante ans contre l'Eglise. *V. le chap.* 20. *de ce traité art.* 3. Ainsi l'Auteur se trompe quand il dit au present article qu'on adjuge le fief à la plus ancienne possession; car cela est seulement vrai hors le cas de la prescription. Au reste, quoique plusieurs ayent crû que lors que les deux Seigneurs concourans joüissent, & qu'ils ont toujours joüi, il faloit adjuger à chacun d'eux sa censive: & quant aux lods l'adjuger à celui qui produisoit de plus anciennes reconnoissances, suivant le prejugé de Papon *liv.* 13. *tit.* 2. *num.* 9. & le temperament qu'apporte sur cette question *Joan Faber in L. cum dubitatur. C. de jur. emphyt.* toutefois comme il est certain que *duo in solidum ejusdem feudi esse Domini non possunt*: il est aussi constant que l'entiere directe, & tous les profits d'icelle, doivent être adjugez audit cas à celui des deux Seigneurs qui a les plus anciens titres. *arg. d. cap. constitutus*, à moins qu'il s'agisse d'un cens nu.

ART. XI.

Si le Seigneur par feu, larcin, guerre ou autres cas fortuits a perdu ses titres & reconnoissances, il doit être reçû en preuve sur ladite perte & égarement, & sur le contenu en icelle, & sur les payemens faits par les Emphyteotes, & reciproquement les Emphyteotes leurs affranchissemens, par autre Arrest de Montfrin du dix-neuviéme Août mil cinq cens trente-deux, ayant audit effet les Chapitres de Montpellier, Mende, Gailhac & autres, obtenu Lettres patentes du Roy, reçûës & registrées en ce Parlement de Toulouse; celles de Montpellier le dernier de Juin mil cinq cens huitante-trois, & celles de Mende le huitiéme Août mil cinq cens huitante-sept.

Reçû en preuve.] C'est suivant la Loy *Sicut* 5. *Cod. de fid. instrum.*

ART. XII.

Les Conseigneurs avec le Roy en pareage ne peuvent proceder à faire leurs reconnoissances sans appeller le Procureur du Roy du lieu, s'il y en a, ou du Siege plus prochain; Comme fut dit & arrêté le dix-septiéme Mai mil cinq cens quarante-un, entre le Procureur general du Roy, & le Sindic de l'Eglise Collegiale de Castelnaudarry, & par autre Arrest du sixiéme Mai mil cinq cens soixante-six, entre le même Procureur general, & de Berat sieur de Pauliac.

Quand un Seigneur est en pareage avec un autre, il peut faire proceder
En pareage.] Quand un Seigneur est en pareage avec un autre, il peut faire proceder ... plusieurs Seig-
à ses reconnoissances sans l'appeller ; même suivant l'usage, quand il y a plusieurs Seigneurs directes, leur nombre n'est pas un obstacle à l'un d'eux, pour l'empêcher de faire
sa reconnoissance generale, & de faire proceder encore, s'il le veut ainsi, à l'arpentement
de tout le terroir, afin de pouvoir discerner les fiefs ; ce qui fut prejugé par l'Arrest d'Audience donné en la grand'Chambre le 15. d'Avril 1674. en faveur du sieur de la Gineste,
ayant été ordonné qu'il pourroit faire proceder aux arpentemens & reconnoissance par lui
requis, quand bon lui sembleroit ; quoique les autres Seigneurs directes dudit lieu s'y
fussent opposez, & qu'ils alleguassent qu'ils ne pouvoient pas encore permettre cet arpentement, à cause que leurs actes n'étoient pas en état ; mais il en est autrement à l'égard
du Roy qui se trouve en pareage ; car outre qu'il peut faire surseoir la fonction des reconnoissances des autres Seigneurs directes, jusques à ce qu'il ait fait faire sa reconnoissance
generale, & qu'il n'est pas même obligé de les avertir, bien que leurs directes, soient
indivises ; d'ailleurs il est constant que le Seigneur directe, divis ou indivis avec le Roy,
ne peut pas faire sa reconnoissance generale sans appeller le Roy en la personne de ses Procureurs sur les lieux. La raison en est touchée par l'Auteur au chap. 24. de ce traité art. 2.
le Seigneur pareager est pourtant toujours en droit de se faire reconnoître à son tour ; sans
qu'on puisse s'en dispenser au pretexte de la reconnoissance faite au Roy, suivant l'Arrest
donné au rapport de Mr. Fossé en la seconde Chambre des Enquestes le 29. de Janvier 1675.
en faveur du Seigneur de S. Jean de Vives contre Agnes de Lavaur.

Leurs reconnoissances.] Ce qu'il faut entendre des reconnoissances generales.

Procureur du Roy.] Ou Fermiers du Domaine, ou les Commis, suivant la Declaration du 15. Juillet 1671.

ART. XIII.

Le Seigneur directe ne peut contraindre l'emphyteote à lui montrer ses titres d'acquisition pour le payement des lods & ventes, & liquidation de ses droit, que plûtôt il ne soit trouvé bien fondé par bons & valables titres à demander la directe, & des pieces seulement desquelles il est declaré Seigneur foncier ; mais alors il le peut pour sçavoir quels droits de lods & ventes lui appartiennent ; & deliberer s'il veut le bien vendu par droit de prelation, & dequoi il doit donner investiture. Ainsi le jugeâmes le second Août mil cinq cens nonante, entre Roux Commandeur d'Hyspalieu, & Guyeysse Notaire, suivant l'Arrest du dix-septiéme Juillet mil cinq cens septente-six, entre Aussoignel & Malvauld & autres, contre la Loy *Cogi C. de petit. hæred.* lui donnant cette limitation, mais cela s'entend des nouveaux tenanciers sujets au payement desd. lods, & depuis vingt-neuf ans, qu'ils peuvent être demandez, & non auparavant : Car la cause cesse ; *& quia talis longæva possessio vim habet tituli. l. Jam hoc jure. §. ductus aquæ d. de aqu. pluv. arcenda.*

ART. XIV.

La reconnoissance peut être faite par Procureur exprès fondé. Ainsi jugé contre le Seigneur ou Dame de Tournefueille, qui vouloit contraindre un Emphyteote à le venir reconnoître en personne : par Arrest du douziéme Août mil cinq cens nonante-un en Audience.

Par Procureur.] Il en est autrement à l'égard de l'hommage, parce que c'est un acte purement personnel, & qu'on ne peut se dispenser de faire en personne qu'au cas de l'article 67. de la Coûtume de Paris, & en ceux qui sont rapportez tant par *Loüet lit. F, num.* 8. que par *Buridan sur l'art.* 217 *de la Coûtume de Vermandois.* Comme la reconnoissance tient plus du réel que du personnel, dans cette vûë aussi elle se peut faire par Procureur.

ART. XV.

Si l'Emphyteote n'ose ou ne peut aller voir les livres terriers ou de reconnoissances dans la maison du Seigneur pour crainte, haine ou inimitié à cause du procez ou autrement, & non en pur mépris du Seigneur, avons assez souvent ordonné, que le Seigneur remettra ses titres és mains ou du Commissaire, ou du Greffe de la Cour, ou d'un Notaire prochain hors de la Terre, en un lieu de libre accès, pour y demeurer trois jours, pendant lesquels pourront être vûs par l'Emphyteote, & extrait pris s'il veut. Entr'autres pour un Emphyteote d'Aussonne le dix-huitiéme Mai mil six cens, & Arrest du neuviéme Novembre audit an.

ART. XVI.

Les reconnoissances fort anciennes de soixante, quatre-vingts, ou cent ans, ou plus encore, bien qu'elles ne soient signées par le Notaire qui les a retenuës ; pourveu que d'ailleurs soient enregistrées à suite, ou parmi des autres écritures de même main, & lettre uniforme fort ancienne ; ou bien que le registre soit signé au commencement ou à la fin par le Notaire, sont valables. Parce que, avant l'Ordonnance du Roy, enjoignant aux Notaires signer toutes cedes, ils n'avoient la plûpart accoûtumé de signer : Et d'autant plus sont valables, quand elles sont confirmées par autres reconnoissances, rôlles de lieves, payemens & autres adminicules.

Soient signées.] Les reconnoissances enregistrées depuis la publication de l'Ordonnance d'Orleans, qui est de l'année 1560. ne passent dans le ressort de ce Parlement que pour des simples adminicules, & non pas pour des cedes originelles, lorsqu'elles ne sont pas signées ou par les parties ou par les témoins, suivant le desir de ladite Ordonnance, en l'article 84. ou par le Notaire recevant. *V. Ferrer. in quest.* 272. *Guid. Pap.*

Avant l'Ordonnance du Roy.] C'est l'Ordonnance de François I. de l'an 1535. *chap.* 9. *art.* 8.

Autres adminicules.] *V. Ranchin in d. quest. Guid. Pap.* 272.

Art. XVII.

Par la reconnoissance n'est point censé être faite extinction ni quittance des arrerages, s'il n'est expressément porté par icelle, & n'exclud le Seigneur de la demande desdits arrerages.

S'il n'est expressément.] *V. le chap.* 6. *de ce traité art.* 14. Il y a aussi un autre cas auquel la reconnoissance induit quittance des arrerages, sçavoir lorsque c'est la coûtume; *id enim videtur actum quod est consuetum. V. Cod. Fabr. lib.* 4. *tit.* 43. *def.* 14.

Art. XVIII.

Le Seigneur peut demander reconnoissance tant en Locataire de vingt-neuf en vingt-neuf ans, *& sic in perpetuum*, comme tenancier & possesseur de la piece, que au Locateur & Maître qui l'a baillée en afferme : Parce *Domini interest plures habere reos debendi*, & d'avoir plusieurs obligez. Ainsi le jugeâmes pour le Sindic de saint Martial Seigneur de Fenoüillet, contre Salveroque, qui avoit baillé un jardin à tel loüage qu'on appelle locatairie perpetuelle.

Qu'au locateur.] Ce qu'il faut entendre au choix du Seigneur directe, qui peut faire reconnoître à l'un ou à l'autre, & le locateur ne peut pas se dispenser de la reconnoissance, quoiqu'il ne puisse devoir que les arrerages du temps de sa joüissance, & quoiqu'il semble que le Seigneur dût agir contre le Locataire, entant que tenancier.

Art. XIX.

Lequel loüage perpetuel le Seigneur ne peut empêcher en vertu de la clause apposée en toutes reconnoissances, prohibitive aux Emphyteotes de mettre cens sur cens; parce que ce n'est sur cens, ains pris du loüage, lequel ne diminuë la rente du Seigneur, ni le droit de lods, parce que le Seigneur a double lods, l'un quand le fonds se vend; & l'autre, lors que la rente retenuë se vend, comme le dirons cy-aprés au Chapitre de lods. Ce que n'a lieu és directes du Roy, esquelles par Arrest à Toulouse du vingtdeuziéme Avril mil cinq cens cinquante-six, tels baux à loüage perpetuel sont prohibés ; entre le Procureur general, Malines & autres : & encores pour les autres Seigneurs : il y a des Arrests prohibitifs en leurs Directes de faire telles locations perpetuelles, l'un au rapport de Monsieur Daffis mon predecesseur, & depuis premier President à Bourdeaux en Juillet mil cinq cens septente-huit, & un autre entre Fullieres & sainte Foy en Juin mil cinq cens septante-sept.

Pour les autres Seigneurs.] Cela est vrai lors qu'il y a convention expresse entre le Seigneur & l'Emphiteote, que celui-cy ne pourra bailler à pension, établir sous cens, servitude, ni locatairie, parce que comme en ce cas le Seigneur *legem rei suæ dixit in ejus traditione*, il faut suivre cette Loi ; mais cette convention cessant, il est certain, suivant l'usage de ce Royaume, que l'emphyteote peut bailler à locatairie perpetuelle sans qu'il ait besoin du consentement du Seigneur. Cambolas *liv.* 1. *chap.* 42. en rapporte des préjugez : Il est méme certain que le Vassal peut se jouer de son fief jusqu'à demission de de foi exclusivement, du moins en France, & le Seigneur dominant ne peut pas empêcher son vassal de bailler en emphyteose le bien noble dont il lui fait hommage. Pour ne pas douter de cette verité, il n'y a qu'à faire cette reflexion, que toutes les directes, & tous les arriere-fiefs qui sont en France, sont de cette nature ; car originairement & *ab ovo* elles ont été de pleins fiefs, donnez à ceux que les vieux actes désignent par le nom de *milites*, desquels fiefs ils faisoient hommage au Roi, & que dans la suite des temps les Gentil'hommes ont baillé en arriere-fief ou en emphyteose.

ART. XX.

Les reconnoissances doivent être faites aux frais & dépens du Seigneur : parce que c'est pour l'éclaircissement & liquidation d'iceux, pour sçavoir les tenanciers de chaque piece, quand la rente est divisée,& la cotité que chacun fait,& pour le payement des lods & ventes. Ainsi fut jugé le dixiéme Decembre mil cinq cens huitante-un, pour le Sindic des habitans de Chasteauneuf, Destretesfonts, contre le Seigneur. Ce qui n'a lieu, où la coûtume, ou la convention dans les baux & reconnoissances est au contraire. Suivant laquelle, par Arrest au rapport du sieur de Bonal, les habitans de Parisol furent condamnés payer & bailler au Seigneur à leurs dépens les instrumens des reconnoissances *per notata à Chassaneo.* tit. des fiefs §. 3. & 4.

ART. XXI.

Bien fut démis un Notaire de Bonac, à la requête du Sindic dudit bien, de la demande qu'il faisoit à chaque habitant du droit de deux reconnoissances ; sçavoir d'une pour la retention, & l'autre pour l'expedition, est dit qu'ils n'en payeroient qu'une par Arrest du vingt-troisiéme Juin mil cinq cens soixante-un.

Art. XXII.

Par autre Arrest general du dixiéme Avril mil cinq cens sep-tante-un le Seigneur de Marthes pour avoir surchargé, & fait re-connoître à un sien Emphyteote plus que n'étoit contenu en l'in-feodation, fut privé de son fief durant sa vie, & les reconnoissan-ces cassées, condamnant l'Emphyteote à reconnoître les hoirs du Seigneur suivant l'infeodation, bien que ce fut le pere de l'em-phyteote qui avoit fait les reconnoissances, & tant lui que son fils toûjours payé suivant icelles; étant le même observé és fiefs par le texte exprez, *In cap. unico*, *Quando Dominus proprietate fun-di privetur*; & comme étant par les loix expressement prohibé à tous Seigneurs foncieres de n'exiger de leurs emphyteotes plus grande pension, que ne leur a été constitué, *l. Cum satis* §. *Ca-veant de Agric. & censitis lib. xi. C. & generaliter Cautum est no-va vectigalia imponi non posse*, *l. locatio.* §. *quod illicite. D. de public. & vectig.* Mais encore plus rigoureusement fut traité un President de nôtre memoire, lequel pour semblable surcharge ne fut seulement privé de son fief: mais encore degradé en plei-ne audience, & aprés par le Roy remis en son honneur & état, lequel il exerça long-tems aprés. Il y a un autre Arrest, par le-quel le Vicomte de Sere est privé de la jurisdiction, & rentes à lui dûës, par un Pierre de Symeore, pour pareilles surcharges, & severes traitemens, du vingt-cinquiéme Fevrier mil cinq cens trente-huit. Et encore un autre étant l'emphyteote declaré exempt de rien payer de sa vie, entre Bernard d'Estaing du di-xiéme Avril mil cinq cens septante-un.

Pour avoir surchargé.] Par la Loy de l'emphyteose il n'est pas permis de mettre une surcharge de cens, & quand le Seigneur directe fait le contraire, il est privé de sa directe durant sa vie, que si la surcharge est l'ouvrage de ses Auteurs ou Predecesseurs, les recon-noissances qui la portent doivent être cassées & reduites aux titres anciens, quelque lon-gue possession qu'on allegue; car elle n'acquiert aucun droit contre le titre. *L. improba. C. de acquir. vel omitt. possess.* sans que jamais une nouvelle confession & soumission d'un emphiteote, puisse mettre à couvert les surcharges, eussent-elles subsisté des siecles en-tiers, parce que les surcharges sont toûjours présumées ou extorquées par force, ou faites par surprise & par erreur, qui sont des exceptions lesquelles durent toujours à l'égard de l'emphyteote & du Seigneur; outre que le titre veillant pour l'un & pour l'autre, il le faut executer suivant sa forme & teneur ; c'est le seul oracle qu'il faut consulter en ces occasions, & la seule Loi qu'il faut suivre, & comme dit Dumoulin *consil. 50. feudi lex & origo servanda est tanquam radix.* Mais quoi que par l'acte d'infeodation les sujets d'un Seigneur ne soient obligez qu'à la prestation de quelque censive, cela n'empêche pas que le Seigneur ne puisse en cas de guerre, ou de quelqu'autre pressante necessité, les contraindre à faire guet & garde dans son Château, suivant l'Arrest rapporté par l'Auteur au *chap. 27. de ce traité art.* 3. La raison de cette exception est prise, de ce qu'ausdits cas les Sujets en conservant leur Seigneur se conservent eux-mêmes ; ce qui ne peut pas par consequent être consideré comme une surcharge.

Art. XXIII.

N'ayant été estimé surcharge, ni augmentation de censive une reconnoissance de six boisseaux d'avoine grosse, bien que l'infeodation ne portât simplement, que six boisseaux avoine, par Arrest de l'an mil quatre cens cinq.

D'Avoine grosse.] La raison en est, que *Minus in unaquaque re consideratur quantitas, quam qualitas.*

Art. XXIV.

Bien fut cassé un bail en emphyteose & locatairie perpetuelle de vingt-neuf en vingt neuf ans, faite par une Abbesse de saint Sernin en l'an mil quatre cens quarante-deux, sans permission de l'Abbé de saint Sernin, & sans aucune solemnité ; Jaçoit ladite locatairie perpetuelle eût été faite presque cent ans paravant l'Arrest de cassation, qui fut donné le dix-neuf Janvier mil cinq cens quarante-huit, à la charge que, ou à l'avenir l'Abbesse viendroit à relouër, ou infeoder lesdites terres avec les solemnités requises, les anciens locataires & possesseurs seroient preferés à même prix & condition.

Art. XXV.

L'emphyteote pour éviter la condamnation des dépens de l'instance, étant requis, ou assigné pour payer les droits Seigneuriaux, doit non seulement offrir les payer, en faisant le Seigneur apparoir de bons & valables titres, & reconnoissances ; ains aussi veritablement & réellement les consigner en main sure. Et à l'instant avoir veu les titres, s'ils sont valables, offrir de payer, & consentir à la creance des droits consignez, sans attendre la condamnation. Et ne suffiroit de bailler depositaire des droits, ni la seule offre, comme nous l'avons souvent jugé.

ART. XXVI.

Toutes reconnoissances contienent ordinairement deux clauses prohibitives aux emphyteotes ; l'une de n'aliener le fonds en main forte ni morte, c'est-à-dire à grands Seigneurs, ni gens plus puissans : parce qu'ils sont de difficile convention, ni à l'Eglise, Ville, ou Cité, Chapitres, Monasteres, Corps, ou Colleges, ou Communautez Ecclesiastiques ; parce qu'ils ne meurent & n'alienent jamais, & ne peuvent confisquer ; A cause dequoi le Seigneur perd les confiscations, & les lods & ventes. L'autre clause est, de ne mettre cens sur cens : parce que la piece se vendant elle en vaut moins, & le Seigneur perd en ses lods, & sont telles surcharges ordinairement cassées. Comme sera plus amplement cy-aprés parlé, en traitant des effets desdites clauses.

ART. XXVII.

Le Seigneur demandant être reconnu ; si c'est au Corps & de Communauté, il eut être creé un Sindic pour faire la reconnoissance, ou pour s'en deffendre : si c'est aux particuliers tenanciers si les droits demandés sont generaux & universels & égaux à tous: comme tant pour chaque maison, chaque feu allumant, chaque homme, chaque arpent de terre, pré, ou vigne ; parce que c'est l'interêt universel & general de tous, ils peuvent aussi créer un Sindic comme dessus ; Mais si les demandes sont particuliers à des porticuliers pour des particuliers terroirs, & pour des droits particuliers & differens les uns des autres, ils ne peuvent créer Sindic, pour generalement s'en defendre ou garantir. Ains comme la demande est particuliere, il faut que particulierement chacun se deffende par presentation, plaidoyé, inventaire, & sac particulier & separé ; Bien peuvent avoir un même Procureur ; pourveu qu'il n'y ait des garanties entr'eux, & ce afin de ne donner *potentiores adversaries* au Seigneur : & ainsi l'avons souvent jugé, & cassé de tels Sindicats avec dépens & amande, comme contenans des clauses odieuses & animeuses contre leur Seigneur, comme de jurer & promettre de ne faire jamais accord avec lui, & ne le reconnoitre, de le poursuivre par apel & évocations par tous les

les Parlemens, & autres ressentant à ingratitude & feolonie ou peine de commise.

Different les uns des autres.] Quand les habitans sont université & corps, & qu'ils ont mêmes deffenses, ils sont obligez de créer un Syndic, mais lors qu'ils ont des deffenses & des exceptions differentes à proposer, comme pour lors, ils sont censez particuliers, & non université, ils n'ont pas besoin de Syndic. *V. Automne ad L. si quis separatim ff. de appellat. & relationib.*

Art. XXVIII.

A chaque mutation de Seigneur l'Emphyteote peut être contraint de faire reconnoissance, & sans mutation de dix en dix ans; Le premier, afin que le Seigneur puisse sçavoir & connoître ses fiefs, droits & emphyteotes; Le second pour la liquidation des droits Seigneuriaux, & reconnoître les nouveaux acquereurs, & pouvoit exiger ses lods acapte, & autres droits lui appartenant par les ventes, permutations & autres alienations ou changemens de proprietaires, avenus pendant dix ans. *c.* 1. §. 1. *de lege Conradi. In usib. feud.* & le tiennent Accurse & Balde, *In authent. si quas ruinas*, *C. de Sacros. Eccles.* & se pratique ainsi.

De dix en dix ans.] C'est l'usage, & selon Ferrieres *in quæst.* 417. *Guid. Pap.* l'emphyteote qui a une fois reconnu, ne peut pas être contraint de reconnoître une seconde fois, si ce n'est aux dépens du Seigneur.

Art. XXIX.

Mais en telles reconnoissances n'est fondé le Seigneur directe, ou foncier, de droit commun à contraindre les Habitans & Bientenans en sa directe, à lui payer ni reconnoître aucun droit; si ce n'est en tant qu'il en fera apparoir par infeodations, transactions, jugemens, nombre suffisant de reconnoissances; ou titres susalleguez, non-seulement en Languedoc où le Franc-Aleu a lieu; mais aussi en Guyenne & ailleurs, suivant l'opinion & raisonnemens alleguez par le President Boyer sur les Coûtumes de Bourges au titre des Fiefs, §. 20. *versic. An rex vel alii Domini temporales Chassaneus in tit.* des mains mortes, §. 4. *Benedict. cap. in Raynut. in verbo, & uxorem, decis.* 2. *num.* 18. & 19. *Molinæus in consuet. Paris.* §. 45. *Ferron. in consuet. Burdig. in tit. de testam.* §. 23. & suivant ce a été jugé par plusieurs Arrests à Toulouse; même pour Dampmartin, contre Monsieur Bonald, sieur de Tournefeuille, en Avril mil cinq cens septante-six, les deux Chambres des Enquêtes assemblées. Et à cause de ce fut estimé ridicule en Audience & renvoyé par nous une minute de reconnoissance, qu'un Seigneur demandoit, dans laquelle il avoit ramassé tous les droits qui peuvent appartenir à un Seigneur Justicier & foncier, pour les droirs non specifiez en ses précedentes reconnoissances, lesquelles pour les droits de nouveau ajoûtez, & autres exhorta. bitans, les Parlemens ont accoûtumé casser, voire punir de la privation du fief, & extraordinairement les Seigneurs extorquans telles reconnoissances, comme nous l'avons cy-dessus dit.

Art. XXX.

L'Emphyteote en passant la reconnoissance, n'est tenu pour le payement du cens, obliger, s'il ne veut, autres ses biens que la piece qui fait la rente : Si toutefois il avient qu'il veüille déguerpir & quitter la piece, ses autres piéces ne restent d'être obligées au Seigneur pour les arrerages des droits Seigneuriaux, que nonobstant son deguerpissement il est tenu payer, comme sera plus amplement dit en son lieu.

Art. XXXI.

Quand une terre ou fonds est vendu à pacte & faculté de rachat, il est au chois & option du Seigneur de faire reconnoître celui que bon lui semblera ; ou l'acheteur, ou le vendireur ; parce que l'un & l'autre sont maîtres & proprietaires ; sauf pour la possession & joüissance qui appartient à l'acheteur, à cause de laquelle il ne se peut excuser de reconnoître. *Sic judicatum* le huitiéme Février mil cinq cens nonante-un, entre Batteyre, Chevalier & Pontoise.

Que bon lui semblera.] Aussi la prescription ne court contre le Seigneur que du jour du rachat.

Art. XXXII.

Jaçoit que le Seigneur majeur d'ans, & étant personne legitime pour contracter en baillant quelque chose à cens & rente perpetuelle, bien que deçû d'outre moitié de juste pension ne soit recevable à requerir la rescision de ce contrat, ni le supplement de la rente, ni pareillement l'Emphyteote la diminution du cens, toutefois le mineur de vingt-cinq ans & l'Eglise sont en cela privilegiées & peuvent estre restituez, contre tels & semblables contrats. C. 1. *& Cap. audientia de restit. in integrum*, *Masuer in* tit. des loüages & emphyteoses.

Ni l'emphyteote] *V. le liv. 3. tit. R. tit. 8. art. unic.* sur la fin.
Toutesfois le Mineur.] *V. Maynard liv. 3. chap. 62. Fachin. controvers. lib. 2. cap. 22. Maurice Bernard en ses diverses observat. liv. 3. pag. 263. & la suite de ce recueil titre 68. art. 1.*

ART. XXXIII.

Quand la Cour baille decret aux Religieux, & autres personnes de main-morte, des biens sujets à censive ou directe de quelque Seigneur ou du Roy, c'est à la charge d'en vuider les mains dans an & jour, ou de bailler homme vivant, mourant & confisquant, auquel cas il est permis au debiteur executé de les tenir en payant le prix, loyaux-coûts, & dépens du decret. Ainsi jugé par Arrêt du dixiéme Septembre mil cinq cens soixante-neuf en un decret au profit des Jacobins de Toulouse.

Vuider les mains.] Excepté quand ils ont obtenu du Roy des Lettres d'amortissemenent.
Vivant, mourant & confisquant.] Il faut encore payer un droit l'indemnité, suivant l'usage du Parlement attesté par Olive *liv. 2. chap. 12.* & 13. & par Cambolas *liv. 4. chap. 23.*

Des Censives & payemens d'icelles.

CHAPITRE II.

ART. I.

LEs censives imposées par les baux & infeodations en especes d'or ou d'argent de l'aloi & coin du Roy, jaçoit que avec le temps le prix & valeur augmente, doivent être payées à la valeur,& prix courant. A cause de quoi par Arrest general de Toulouse du vingt-deuxiéme Decembre mille cinq cens septante-un, les habitans de la Polpatiere, nonobstant leur offre de payer quarante écus d'or sol de censive, à raison de vingt-sept sols l'écu, comme il valoit lors de l'infeodation de l'an mille quatre cens huitante, furent condamnez en ces propres termes à payer la somme de quarante écus d'or sol de bon, & juste prix du coin & aloi de francs, suivant l'infeodation, si mieux ils n'aimoient payer les écus des années qui ont couru depuis l'introduction du procez, à la valeur & eſtimation, ſuivant les Ordonnances du Roi, & ſans dépens, ſuivant la Loy *Paulus D. D. de ſolut. cap. olim. c. Cum Canonicus. De cenſibus ext.*

V. la ſuite de ce recueïl tit. 61. art. 5.

ART. II.

Les cenſives en grain ſe doivent payer en eſpece l'année qu'elles ſont demandées, & encore la précedente ; parce qu'il eſt vraiſemblable que les Seigneurs menagers gardent les grains de l'année précedente ; ou la valeur des grains comme ont communement valu eſdites années ; mais quant aux arrerages des autres années précedentes, doivent être payez ſuivant la valeur au tems de la deſtinée ſolution, & ainſi ſe juge ordinairement.

Suivant la valeur.] Quand l'emphiteote eſt obligé de porter la cenſive à certain jour dans la maiſon du Seigneur, en ce cas les arrerages doivent être payez au plus haut prix que les grains ont valu, année par année ; ainſi qu'il fut jugée aux Requêtes du Palais à Toulouſe ſuivant l'Ordonnance, portant liquidation d'uſages, donnée contre le ſieur Muret, Viguier du lieu de Meſe, le 13. Novembre 1659. par Mr. d'Ouvrier Conſeiller & Commiſſaire, en conſequence d'un Jugement deſdites Requêtes, en datte du huitiéme du mois d'Août précedent. Le Parlement juge auſſi la queſtion de cette maniere, conformément à la doctrine de Faber *Cod. lib. 4. tit. ult. defin. 15. V. le chap. 6. de ce traité article 1.*

ART. III.

Les Emphyteotes ne peuvent, ſans le ſçû & conſentement du Seigneur directe transferer la cenſive d'une piece ſur une autre. Ainſi le jugeâmes le deuxiéme Août mil cinq cens nonante pour la Coſte Conſeigneur directe d'Auzeville, contre du Perier Procureur en la Cour, & Bateyre.

Transferer la cenſive.] Même les hommes de la Seigneurie du Roy ne peuvent pas ſe rendre cenſuels d'un autre Seigneur.

ART. IV.

C'eſt une reſolution des Docteurs, que le cens ſe peut ſeparer du fonds feodal ; & que le Seigneur directe peut vendre le cens à un autre, & ſe reſerver les autres droits Seigneuriaux, ſuivant le texte formel *in cap. 1. §. penult. De lege Conradi*, *Petrus Jacobi*, au titre de *conditione ex lege*, *Capella Toloſana. Déciſion 461. Charondas lib. 5. cap. 118.*

Reſerver les autres Droits.] Il n'eſt pas incompatible que l'un ait le domaine directe, &

qu'un autre ait le droit de percevoir le cens, puisque suivant la décision 264. de Guy Pape, *Census & Dominium directum se habent, ut diversa & separata*; d'où vient que dans le legat de la censive n'est pas compris le domaine directe; ces choses sont si separables, qu'on voit plusieurs contrats portant vente de la censive annuelle, & reserve de la Seigneurie directe (une telle censive s'appelle communement *rente seche ou morte*) ainsi par Arrêt donné en la seconde Chambre des Enquêtes, au rapport de Mr. E. Catelan, le 21. Juin 1670. le sieur de Genestous fut maintenu contre le Prieur de Montalieu, en la joüissance de certaines rentes seches qu'il prenoit sur des fonds sujets à la directe de ce Prieur. Sur quoi il est bon de remarquer que quand un Seigneur en vendant la censive annuelle, s'est reservé la directe, il est censé s'être conservé les droits de lods qui lui appartiennent pour s'être reservé la domimité du fief, à l'exclusion de l'acquereur de la censive, qui ne peut aussi prétendre que la simple censive, laquelle par cette raison est appellée seche.

Art. V.

La joüissance & commodité de la censive, & autres droits Seigneuriaux appartient à l'usufructuaire, & non au proprietaire, qui n'a que la nuë & simple proprieté, *Spec. in tit. de locato* §. *Nunc aliqua, Masuer. eodem titulo.*

A l'usufructuaire,] *V. Ferrer. in quaest.* 477. *Guid. Pap.* où les droits que peut prétendre l'usufructuaire, sont examinez fort au long. *Molin. in consuetud. Paris.* §. 20. *gl.* 1. *num.* 33. *& seqq. usque ad num.* 47. *& Maynard. liv.* 8. *ch.* 92.

Art. VI.

Les cens consistans en poids ou mesure, doivent être payez au poids & mesure des lieux, ausquels sont dûs, sinon que l'usage commun, & la convention des parties dans les titres & reconnoissances y repugnassent, comme il est noté *in cap. ex parte, & in cap. Olim, de sensib. & in l. Imperatoris D. De Contrah. empt. & melius in l. excepto tempore C. locati.*

Art. VII.

La censive dûë par indivis, n'est point presumée être divisée, pour être particulierement exigée & payée, & non par indivis par une seule main, suivant le bail, & pour avoir les Seigneurs fait des acquits particuliers, puis quelques années, *Quia solutio partis non liberat à toto, l. si stipulatus* §. *qui decem D. De solut. ita ut quod reliquum est perpetuo peti possit, l. etiam D. De solut. l. si quidem C. de transact. Guid. Pap. q.* 177. Si ce n'est que ce fut puis trente ans, ou que depuis l'infeodation les Seigneurs eussent fait faire des reconnoissances particulieres, ausquels deux cas seulement sera censée pour divisée, autrement non, même, *quia particularis solutio non minima adfert incommoda*, *l. planè*, *D. famil. hercisc.*

Art. VIII.

Voire *in Ecclesia*, encore qu'il y ait des reconnoissances particulieres, n'est pourtant estimé divisée, parce que les Beneficiers, qui ne sont que usufructuaires, ayans accepté telles reconnoissances contre la teneur du bail & infeodation ne peuvent faire ce prejudice à l'Eglise, ni à leurs successeurs, si ce n'est après la prescription de quarante ans, qui a lieu contre l'Eglise. *Auth. quas actiones. C. de sacros. Eccles.*

Art. IX.

Cette division de censive se doit faire entre les emphyteotes, non suivant la qualité, & bonté du fonds, mais également, suivant la quantité, & à proportion d'icelle, & ainsi fut jugé le 13. Août mil cinq cens nonante, entre le Syndic du College de Perigord, & les Balards.

Mais égalment.] La raison en est, qu'il faut présumer que lors de l'infeodation, toutes les parties du fonds infeodé étoient d'une égalité & bonté. Le President Faber *Cod. lib. 4. tit. ult. def. 45.* fait quelques exceptions à la maxime generale. *V. la suite de ce recueil tit. 49. verb. Eviction. art. 2.*

Art. X.

Si le fonds feodal étant revenu és mains du Seigneur directe par déguerpissement, confiscations, commis, prélation, donation ou autrement est derechef vendu, baillé ou donné par le même Seigneur à un autre, sans reservation ou expression d'aucune censive ou charge, & est censé être baillé franc, allodial, exempt de toute charge fonciere, à cause de la réünion, confusion, & consolidation qui a été faite desdits biens avec les autres allodiaux du Seigneur, *argu. l. Papinianus D. De servitut. & cum fundus venditur, aut donatur nihil exceptum videtur*, *l. Julianus §. si fructibus*, *D. De act. empti*, & parce que *res sua nemini servit. l. 1. De servit. vendic. facit. l. fin. 6. de remiss. pign. & l. quid quid D. comm. præd.* & que *actiones aut obligationes semel extincta nunquam reminiscunt l. inter stipulantem, §. sacram. D. De verb. oblig.*

ART. XI.

Le gros cens est de vingt ou trente sols par an, le menu cens est de deniers, liards, doubles, mailles, ou d'autre petite somme, comme il est dit en l'indice des droits Royaux par Ragueau.

ART. XII.

A cause desquels menus cens, en partie, és matieres feodales ou emphyteoticaires les dépens contre les emphyteotes convaincus de mauvaise foy ne doivent être épargnez, parce que souvent pour un denier ou maille on plaide, & par ainsi de cent ans le Seigneur ne se pourroit rembourser des frais par lui exposez à la poursuite & condamnation d'iceux.

ART. XIII.

Les Arrests condamnans plusieurs tenanciers à payer les droits Seigneuriaux par indivis, contiennent aussi que les tenanciers s'assembleront dans le mois pour convenir & accorder de l'un d'entre eux, par les mains duquel le Seigneur sera payé tous les ans solidairement des censives, & autres droits: autrement qu'à faute de ce faire il sera loisible aux Seigneurs se prendre, & contraindre au payement tel des tenanciers que bon lui semblera; sauf, audit cas, à celui, qui aura payé, son recours contre les tenanciers pour leur cottité.

De l'un d'entr'eux.] On l'appelle *le Tenancier de tour*, que le Seigneur directe peut contraindre au payement de ses droits Seigneuriaux par indivis; mais non des arrerages dûs avant l'instance, qui perdent le privilege de la solidarité; suivant le Jugement des Requêtes du Palais donné le 25. Fevrier 1670. & confirmé par Arrêt de la Chambre de l'Edit en l'année suivante 1671. il fut donné en la cause de Dame Henriette de la Guiche, Duchesse d'Angoulême, & Comtesse d'Alez, contre Monteils & autres tenanciers du Mas de Maligmas, dans la Baronie de Sauve, qui furent déchargez de l'indivis des arrerages, sauf à ladite Dame d'agir contre chacun des feodataires. *V. l'art. 2. du chap. 6. de ce traité.*

ART. XIV.

Mais ayant le Sindic des Chartreux de Villefranche de Roüergue obtenu semblable condamnation contre certains siens emphyteotes de Lunac, lesquels ne se pouvans accorder sur l'élection d'un d'entre eux, pour faire la levée, & periement des droits Seigneuriaux, fut jugé, qu'eux étans quatre contenanciers, celui, qui possedoit le plus de bien au terroir, & qui payoit le plus des droits Seigneuriaux, seroit le premier, qui feroit la levée, & payeroit pour tous; sauf son recours contre les autres pour les cotités; & ainsi consecutivement des autres, suivant les plus grandes cotitez de leurs biens; de quatre en quatre ans; à la charge par les tenanciers de porter, & mettre és mains de celui qui sera ainsi choisi, leurs entieres cotitez trois jours avant le terme à faire le payement ausdits Chartreux, sur peine de tous dépens, dommages & interêts. Ainsi jugé le dixiéme Janvier mil cinq cens huitante-sept.

Art. XV.

Il n'y a pas seulement des censives des grains, argent, & gelines, mais aussi de foin, & de la paille en certains endroits: ayans été condamnez certains Gralhets à payer par indivis une charrete de foin de vingt-quatre quintaux la charretée, de censive, par Arrest du seiziéme Janvier mil cinq cens septante-deux, & les habitans de Seysses de chaque pailler un bouteau de paille.

Et de la paille.] Il y en a mémes des roses, comme je l'ay lû en certains actes produits en un procez, où j'ai instruit comme Avocat de l'une des parties.

Des Courvées, charrois, journées & Manœuvres.

CHAPITRE III.

Art. I.

QUand les Courvées, Charrois, ou journées ne sont limitées par les infeodations ou reconnoissances, il faut qu'elles soient moderement exigées, & de ceux qui possedent plus de fonds le plus, & de ceux qui en possedent moins; Et y a Arrest de Toulouse, entre le sieur de Montarnal, & le Sindic d'un sien village, par lequel les charrois, que ses païsans lui devoient faire, pour la construction ou reparation de son Château, furent reduits à douze pour chacun païsant, & encore non à suite, mais par intervalle de temps, à ce que les païsans ne soient interessez

ressez en leur agriculture, avec inhibition de n'en exiger plus grand nombre, du sixiéme Juillet mil cinq cens cinquante & huit, & par autres Arrests, les Seigneurs doivent nourrir & entretenir les hommes & bétail, si les titres & reconnoissances n'y resistent. Ne doivent être aussi faites, que pour la necessité, & pour telles distances de lieux, que partant le matin les hommes puissent retourner à leurs maisons & gîtes le même jour; & doivent être avertis les païsans, desquels on voudra exiger la journée du charroy, deux jours devant pour s'y disposer, sans pouvoir accumerer lesdits charrois, ni exiger les arrerages d'iceux des années precedentes; ainsi le jugeâmes entre le sieur de Saint Jory, & ses habitans le dix-huit Septembre mil cinq cens septante & neuf; voi Terrien sur les Coûtumes de Normandie livre cinq Chapitre trois.

Par intervale de temps.] En sorte qu'il y ait pour le moins deux jours d'intervale.

Interessez en leur Agriculture.] Ainsi les corvées ne peuvent pas estre exigées dans le temps des semences.

* *Les Seigneurs doivent nourrir.*] Au contraire le Vassal qui doit la corvée, *suo victu operas præstare debet. arg. L. suo victu ff. de oper. libertor.* suivant la doctrine de *Ferr. in qu. 217. Guid. Pap.* à moins que le Seigneur y soit obligé par le titre, & en trois autres cas. *Primò* quand les vassaux sont dans l'impuissance de se nourrir, *Dominorum interest ne auxilium contra famem denegetur. Secundò*, Quand le Vassal ne peut pas retourner à sa maison le même jour, car en ce cas le Seigneur lui doit donner à souper & le giste. *Tertiò*; Quand la coûtume le veut ainsi, comme sont celles d'Auvergne & de la Marche, lesquelles obligent le Seigneur à fournir *le pain raisonnable*, & necessaire au vassal pour faire sa corvée; à quoi l'on peut ajoûter que le Seigneur doit rembourser le vassal des dépenses qu'il lui a falu faire *citra victum*; car c'est dans ce sens qu'il faut expliquer, *sumptus patroni*, en la Loy *Opera enim ff. de oper. libertor.*

Que les Droits Seigneuriaux contre la liberté naturelle, & la pieté Chrêtienne, & les bonnes mœurs, sont illegitimes.

CHAPITRE IV.

ART. I.

PAr Arrest du vingt-quatriéme Janvier mil cinq cens quarante-neuf le Sindic des manans & habitans du lieu de Bordes en Lauraguois, & Magdelaine de Binet, fut dit, & ordonné que en ce que ladite de Binet demandoit de pouvoir prendre par droit de fougage sur les habitans mariez, & durant leur mariage tant seulement, demi ceſtier de bled, & autres droits par elle exigez, abuſant & repugnant à la liberté du Sacrement de mariage, le Sindic & habitans en furent abſous & relaxez, & ſans dépens. Semblable Arreſt fut aprés donné pour ſemblable ſujet entre l'Abbé de Sorreze, comme Seigneur de Villepinte audit païs de Lauraguois, & le Sindic des manans & habitans dudit lieu, du premier Mars mil cinq cens cinquante-huit.

Du droit d'agrier ou champart.

CHAPITRE V.

ART. I.

Quoi que l'emphiteote ne laboure ne travaille les terres, il eſt tenu payer les droits convenus *in traditione rei*, & il y a Arreſt de ce Parlement du huitiéme Mars mil cinq cens quatre-vingts-ſept, au profit du Seigneur de Villeneuve, contre un nommé Panes, par lequel l'emphiteote, qui avoit droit d'agrier, n'ayant ſemé les terres, fut condamné à payer ce à quoi le droit pouvoit monter, *arbitrio boni viri* : & auparavant en Mars mil cinq cens ſoixante-ſept il y avoit quaſi ſemblable Arreſt, pour de Moret, ſieur de Montarnal, contre Hugues & Pierre Laures, par lequel la Cour condamna leſdits Laures en ces termes, à cultiver & ſemer les terres del Cluſel ſujettes à Champart, compriſes és reconnoiſſances ; & à payer audit Seigneur le quart des bleds excroiſſans eſdites terres ſuivant leſdites reconnoiſſances, & ce és années que les terres pourront être cultivées & ſemées à l'avis & jugement d'experts, deſquels les parties conviendront. A ſuite deſquels nous avons auſſi condamné certains emphiteotes de la Vicomté de Moncla, à deffricher, & mettre en culture certaines terres agrieres, en bons peres de famille ; & à faute de ce condamnez à payer l'agrier, & pour icelui, la cotité de gerbes, qui, ſi elles euſſent été cultivées, s'y fuſſent recueillies à l'eſtimation d'experts : ce qui eſt entendu de ceux, qui pour fruſtrer le Seigneur de ſes agriers cultivent leurs autres terres non ſujettes audit agrier, & laiſſant en friche les autres, s'en ſervent ſeulement de pâturage par longues années, ce qui n'eſt par raiſonnable.

Droit d'Agrier. Le droit de Champart n'étant pas determiné par les titres à une quote certaine; il emporte le quart des fruits; mais quand il est reglé par les titres, il est souvent reduit jusques à la vingtiéme partie des fruits, comme au lieu de Canet en Provence, où il y a des terres gastes encloses dans de certains limites, que l'on appelle *vingtenaires*, parce que les Seigneurs y prennent la vingtiéme partie des fruits. La maniere d'exiger le Champart est de deux sortes; car ou l'on prend chaque année la quatriéme partie des fruits, ou de quatre années le Seigneur en prend une, & les autres trois sont pour ceux qui doivent ce droit, ce qui se pratique ainsi en plusieurs endroits des Cevenes. Quant à la qualité du Champart elle est encore de deux sortes; car ou il est nu, ou consolidé avec la directe, avec laquelle il n'est pas incompatible qu'il puisse concourir; & quoique plusieurs Feudistes ayent crû que lors qu'il s'agissoit d'un Champart de la seconde espece, les arrerages en étoient dûs depuis vingt-neuf ans, parce qu'ils consideroient le Champart consolidé comme un accessoire de la censive; toutefois dans ce Parlement on ne les adjugeoit que depuis cinq ans avant l'introduction de l'instance, suivant d'Olive *l. 2. ch. 24.* & même il y a quelques années qu'on ne les adjugeoit que depuis l'instance, parce qu'on prétendoit que l'agrier n'arrerageoit point : comme il fut jugé par l'Arrêt donné au rapport de M. Chauvet le vingt-troisiéme Juin 1670. en la seconde Chambre des Enquêtes, en la cause du Marquis de la Roquette, contre Portalier & quelques autres habitans du lieu de Brissac. Il fut même préjugé par cet Arrêt que le droit de requint se prescrivoit dans trente ans, nonobstant les beaux & les reconnoissances. *V. l'art. 5. du chap. 11. de ce traité.* Toutefois quoique suivant ledit Arrêt on eût préjugé que le Champart n'arrerageoit pas, le Parlement a repris aujourd'hui l'opinion de M. d'Olive, car elle a prévalu depuis quelques mois par l'Arrest donné aprés partage au rapport de Mr. Casaubon, les arrerages de l'agrier ayans esté adjugez par ce dernier Arrest au Seigneur depuis cinq années utiles. Ce préjugé me paroît d'autant plus extraordinaire, qu'outre qu'il innove à la Jurisprudence que le Parlement avoit établie par celui qu'il avoit donné depuis dix ans seulement en la cause dudit Marquis de la Roquette; d'ailleurs on peut dire qu'il choque la disposition du Droit, qui donne plus de privilege à la dîme. En effet, elle est payable avant l'agrier, & neanmoins il n'y a d'arrerages de la dîme que depuis l'instance introduite. Mais à quoi bon raisonner quand les Souverains ont parlé; sur tout si l'on considere que les Juges ont des lumieres que les autres hommes n'ont pas. Je ne sçaurois pourtant m'empécher de dire, que si ce dernier Arrest ne doit pas estre sujet à un nouveau changement, les Seigneurs dont les titres établissoient nommément un droit d'agrier portable, & qui prétendoit en ce cas les arrerages depuis vingt-neuf ans *in pœnam morosi debitoris*, pourroient peut estre bien renouveller leurs anciennes prétentions; quoi qu'au fonds elles ne soient pas biens justes, quand il n'y auroit que cette consideration à faire, que le Champart emportant une bonne partie des fruits, est une servitude *quæ maximè onerat libertatem*, & qui le plus souvent accableroit celui qui la doit, s'il en faloit liquider les arrerages depuis 29. ans.

Des arrerages des Droits Seigneuriaux & payement d'iceux.

CHAPITRE VI.

ART. I.

Les arrerages des droits Seigneuriaux ne peuvent être demandez, que de vingt-neuf ans avant l'introduction de l'instance. Et depuis l'introduction de l'instance jusques au jour de l'esfectuel payement, sont aussi dûs, & les emphyteotes condamnés à payer ; si c'est en grains, vins, ou denrées, suivant la commune valeur chaque année au temps de la destinée solution, sauf de l'année du payement, & de la precedente, que le Seigneur les peut demander en espece de bled ou vin, comme nous avons cy-dessus dit, si ce sont des écus ou autres especes d'or ou d'argent, suivant le cours & valeur du temps, que le payement se fait, suivant les Arrest cy-dessus cotez.

La commune valeur.] C'est au plus haut prix que les especes ont valu, si la censive est portable, & mémes quand elle est querable, si le Seigneur a fait duë sommation de la lui payer. *Maynard liv. 6. chap. 35. V. Cambolas liv. 1. chap. 20. le chap. 2. de ce traité art. 1. & la suite de ce recueil tit. 61. art. 5.*

ART. II.

Si la censive est dûë par indivis, les arrerages qui ont couru pendant l'instance se payent par indivis aussi ; mais non les arrerages dûs avant l'introduction de l'instance : ains chaque tenancier paye sa part, & cotité de censive, suivant plusieurs Arrests, entre autres un du vingt-sept Novembre mil cinq cens nonante pour les habitans de la Commanderie d'Hyspalieu, & autre semblable Arrest pour un Recteur d'Albigeois en Juillet mil cinq cens nonante, par lesquels appert, que *etiam in Ecclesia*, cela a privilege.

V. le chap. 2. de ce traité art. 13.

ART. III.

Pour lesquels arrerages, soient-ils devant, ou aprés l'instance, le Seigneur ne peut pas faire execution, ni saisie sur les fruits des biens emphiteotiques, ains sur les fonds, s'il veut ; si ce n'est au cas que le tenancier ait lui-même reconnu, ou soit heritier de celui qui a reconnu, car audit cas il y est obligé, *& tenetur actione personali* : & lors qu'il y a saisie, avons accoûtumé d'en bailler la recreance sur le champ.

Sur le fonds.] Fut-il entre les mains d'un tiers possesseur, à cause de l'hypotheque que le Seigneur y a ; quoique Ranchin soit d'un sentiment contraire *in quæst. 42. Guid. Pap.*

ART. IV.

Sont aussi dûs les arrerages des biens decretez ; bien que les Seigneurs ne se soient opposez pour iceux, contre l'opinion de Monsieur le Maître au Traité des criées, suivie par plusieurs Arrêts de Toulouse, jusques à ce que par Arrest du dix May mil six cens, parti aux deux Chambres des Enquêtes & départi en la grande Chambre, fut resolu, & jugé le contraire, & le sieur de Parazols Decretiste condamné à payer au sieur de Boysse les arrerages de vingt-neuf ans des biens decretez ; bien que le sieur de Boisse Seigneur foncier ne se fût opposé pour iceux, suivant la rubrique du Droit *sine censu, vel reliquiis fundum comparari non posse. liv. xi. C.* Ainsi que l'avons dit cy-dessus : & ce avec tres-grande raison ; car autrement il faudroit que les grands Seigneurs tinsent à chaque place un surveillant pour guetter les saisies, s'opposer à icelles, & eussent autant de Procureurs & Solliciteurs aux Senéchaux & Parlemens pour la poursuite des oppositions : ce qui leur coûteroit plus que les droits Seigneuriaux ne valent, qui le plus souvent sont forts petits.

Opposez pour iceux.] *V. le liv. 2. tit. 1. art. 49. & 50.*

ART. V.

Le payement d'iceux arrerages ne pût être empéché sous pretexte de non joüissance du fonds, pour guerre, peste, tempête, ou autre cas fortuit quel qu'il soit ; non plus que de la censive, & rente courant, *juxta illud, nisi res pereat tota, non liberatur emphyteota.*

Nisi res pereat. tota] C'est-à-dire, *nisi res sit omninò perempta*, suivant la *L. 1. C. de jur. Emphyt.* D'où a été tirée la maxime rapportée par l'Auteur, au sujet de laquelle Ferrieres & Ranchin sont contraires en sentimens, sur la *quæst.* 171. *Guid. Pap.*

Magno se judice quisque tuetur.

Mais quoique le sentiment du denier soit le plus équitable, celui du premier est pourtant le meilleur par rapport à la Justice, quelque rigueur qu'il y ait. *V. Bronchorst Centur. 1. assert. 84.*

ART. VI.

Des charrois, journées d'hommes ou bétail, manœuvres, ou courvées les arrerages ne sont adjugez : si ce n'est qu'il y eût requisition, ou interpellation precedente, bien que j'aye trouvé sçavoir été jugé au contraire au mois de Juillet mil cinq cens septante & six, pour Monsieur de Pins Conseiller, Seigneur de la Salvetat, au rapport de Monsieur Maynard.

Y eut requisition.] La raison est, que *operæ non debentur, nisi indictæ sint. L. quo ies ff. de oper. libertor.*

Art. VII.

Les acquits & payemens de trois dernieres années consecutives, font présumer les arrerages precedens être payez, & font extinction d'iceux. *l. Quicumque. de apoch. pub. lib.* 10. *C. glossa in l.* 1. *codice de jure emphyt.*

Font presumer.] Sauf aux exceptions, que Despeisses rapporte *tom.* 3. *tr. des droits Seign. tit.* 4. *art.* 3. *sect.* 3. *num.* 35.

Art. VIII.

Si un testateur a legué un fonds chargé des droits Seigneuriaux & des arrerages, l'heritier est tenu de décharger le fonds legué des arrerages seulement, & non de la rente, qui a couru depuis le trepas du testateur, ou pour l'avenir. Ainsi nous le jugeâmes en Mars mil cinq cens nonante & cinq, *per l. Cum servus* §. *Hares ff. De leg.* 1. où il est dit que *hæres cogitur legati prædii solvere vectigal præteritum, vel tributum vel solarium vel cloacarium.*

L'heritier est tenu.] Cela est vrai quand le legat est de certains biens, car quand il est d'une quote des biens, comme pour lors, le legataire est censé coheritier, il est tenu au payement des arrerages à proportion de ladite quote. *DD. ad L. quoties C. de hæred. instit.*

Art. XI.

Si pour la protervité, & mauvaise foi de l'emphiteote, il est condamné à payer les arrerages, comme ils ont communement valu, année pour année, l'estimation des grains & vins à communes années se fait en assemblant le prix des attestations de la valeur des grains de chaque mois, ou de trois ou quatre saisons de l'année, & de tous lesdits prix en faire un qui sera le commun; sçavoir s'il y a douze prix differens, les ajoûter ensemble, & les diviser en douze parties également, & la douziéme partie sera le prix commun: & ainsi des autres.

Art. X.

Les arrerages des rentes volantes ne se payent, que de cinq ans avant l'introduction de l'instance, par les Ordonnances royaux.

Ordonnances Royaux.] De Loüis XII. de l'an 1510. *art.* 71.

Art. XI.

Pour les arrerages des locatairies perpetuelles, de vingt-neuf en vingt-neuf ans ils se payent depuis vingt-neuf ans avant l'introduction de l'instance.

ART. XII.

Pour les arrerages des rentes & fondations des obits, nous les faisons aussi payer depuis vingt-neuf ans avant l'introduction de l'instance, en se purgeant moïennant serment, les Ecclesiastiques obituez, avoir fait le service, & n'en être payez en tout, ni en partie.

ART. XIII.

Tous arrerages quels qu'ils soient sont prescrits dans trente ans, comme toutes autres actions. *l. Sicut & l. Omnes C. De præscrip.* à cause de quoi la condamnation n'en est que depuis vingt-neuf ans avant l'introduction de l'instance.

Dans 30. ans.] Même contre le titulaire du Benefice, suivant Marie Ricard sur *l'art.* 118. *de la coût. de Paris. V. l'obser. sur l'art.* 3. *du chap.* 20.

ART. XIV.

Par l'investiture que le Seigneur fait à son emphiteote, ni par la reconnoissance que l'emphiteote fait au Seigneur, il n'est point faite extinction, ni presumé quittance des arrerages vraiment dûs, s'il n'est exprimé esdits actes ainsi que l'avons cy-devant dit, encores que les arrerages ne soient notamment reservez, comme aucuns pour plus grande asseurance, *& ad majorem cautelam*, le font.

S'il n'est exprimé.] *V. l'art.* 17. *du chap.* 1. *de ce traité.*

ART. XV.

Par Arrest du trentiéme Mars mil six cens dix, au profit du sieur de Noüaillan, fut dit, qu'au prealable la dixme payée, sur le surplus des gerbes, le Seigneur prendra ce qui lui appartient & lui est dû pour le droit d'agrier, suivant & conformement à ses reconnoissances & titres, faisant inhibitions & deffenses aux proprietaires de lever les gerbes, que le Seigneur n'en ait été averti.

ART. XVI.

Si un terroir a été separement infeodé à plusieurs; & que par aprés on le fasse reconnoître par indivis, c'est une surcharge, & sont telles reconnoissances cassables.

L'emphiteote, qui a été contraint payer la rente par indivis, pour les autres contenanciers, a son recours contre iceux, pour leurs cotitez, par Arrest du dix-huitiéme Novembre mil cinq cens septante-deux, au profit de Jean Pesan. Et le second d'Aoust mil cinq cens septante-trois, au profit de Raymond Gibert.

Pour leurs cottités.] *Arg. l. cùm alter. c. de fidejuss.*

Des Sujets taillables.

CHAPITRE VII.

ART. I.

LE nombre des cas, esquels les Sujets d'aucuns Seigneurs sont taillables, dépend des conventions & obligations contenuës és instrumens de bail & reconnoissances, ou des coûtumes des lieux ; les unes en contenant plus, & les autres moins. Que si la cotité de la taille qui doit être imposée sur chaque sujet avenant quelqu'un desdits cas, comme de payement de rançon pour son Seigneur pris en guerre par les ennemis du Royaume, voyage d'outre mer, chevalerie du fils aîné du Seigneur & mariage de ses filles ; qui sont les quatre cas plus ordinaires, n'est exprimée, ains au contraire soit dit, qu'ils sont contribuables à la volonté & discretion du Seigneur, comme en avons veu d'infeodations qui le portoient, entre autres de la Dame de Paulignan en Languedoc ayant produit une reconnoissance de l'an mil trois cens dix, contenant que les sujets dudit Paulignan *erant taillabiles ad voluntatem Domini*. Cette volonte a été moderée & restrainte au double des cens & droits Seigneuriaux, que le sujet avoit accoûtumé de payer chaque année par plusieurs Arrests, & plusieurs coûtumes, lesquels à cause de ce appellent ces tailles, doublage, comme celles d'Anjou & du Maine.

Les Sujets.] Il faut excepter les Nobles & les Ecclesiastiques, à moins qu'ils eussent acquis d'un taillable, *res enim transit cum sua causa & suo onere.*

Au double du cens.] En quelques coûtumes on appelle aussi ce droit *doublage*, & quand la taille se regle par le doublement de la censive ordinaire y est comprise. *Olive liv. 2. chap. 6. V. Ferrer. in quest. 57. Guid. Pap. ubi fusè* des personnes taillables, & du droit de la taille.

ART.

Art. II.

Icelles tailles ne peuvent être exigées qu'une seule fois pendant la vie du Seigneur, & ne peuvent être reïterées s'il n'est autrement dit & convenu, sauf au cas de mariage de toutes les filles du Seigneur, si ainsi est exprimé és reconnoissances ou coûtumes. Masuer au titre des Tailles & collectes.

Qu'une seule fois.] Excepté pour les mariages des filles du Seigneur ; car la taille peut être demandée autant de fois qu'il y a de filles à marier, c'est-à-dire une fois pour chacune : Il faut encore excepter les taillables à discretion, desquels le Seigneur peut exiger la taille deux fois pendant sa vie, de même que de ceux qui sont taillables toutes & quantes fois qu'il voudra. *Boër. decis.* 131. *num.* 22.

Art. III.

Il est certain qu'anciennement ces aides & tailles étoient aussi bien dûës au Roy, à cause des fiefs tenus de lui nuëment & sans moyen, comme aux autres Seigneurs : dequoi du Tillet au Greffier au Parlement de Paris, en son recueïl d'Arrest non encore imprimé, en rapporte un du Parlement de la Chandeleur mil deux cens septante, par lequel ceux de Bourges & Yssoudun, Villes Royales en Berri, furent condamnez payer au Roy l'aide pour la Chevalerie de son fils aîné, & mariage de sa fille : & ceux de Bourge, furent taxez deux mil livres, & ceux d'Yssoudun trois cens livres ; mais à present cela n'a point de lieu, parce qu'alors les Rois s'entretenoient du revenu de leur domaine, sans rien exiger du peuple que ce qui leur étoit octroyé par les Etats generaux de ce Royaume, suivant les occurrences des guerres. Mais depuis ayans alienè la plufpart de leur domaine, ils levent & exigent tant de divers subsides & de divers noms, qu'on en perdroit la memoire sans le trop frequent renouvellement par les exactions, voire executions que les Receveurs en font : à cause dequoi ne seroit raisonable de renouveller & recharger encore le peuple de tel subside, lequel étoit aussi pratiqué à Rome au rapport de Suetone chap. 42. écrivant *Caligulam Imperatorem collationes in alimoniam atque dotem filiæ recepisse.*

N'a point de lieu] Si ce n'est à l'égard des Sujets du Roy qui possedent des terres dépendantes du domaine.

Art. IV.

Par la Coûtume de Poitou 188. art. ces aides & devoirs sont aussi dûs au Seigneur feodal Ecclesiastique, quand premierement entre en son Benefice, & non en autre cas, pour supporter les frais que les Archevêques, Evêques, Abbez & autres Prelats font à leur avenement & entrées en leurs Evêchez & Abbayes. Comme aussi par les Constitutions du Royaume de Sicile *lib.* 3. *tit.* 20. & 21. les Sujets des Prelats leur doivent *adjutorium pro consecratione ejus, vel cum ad Concilium à Papa vocatur, vel cum pro servitio principis vocatur aut mittitur*; & pour le mariage de la sœur, & pour la Chevalerie du frere du Seigneur Ecclesiastique; mais en France cela ne s'observe point, tant parce que les Seigneurs Ecclesiastiques ne font aucun service au Roy pour raison de leurs fiefs, ayant obtenu amortissement d'iceux, que parce que par la coûtume generale de France tels subsides ou aides ne sont point pratiquez à l'endroit des Prelats & autres Seigneurs Ecclesiastiques; ains se contentent des autres droits Seigneuriaux contenus en leurs infeodations & reconnoissances.

Ne s'observe point.] Ni par consequent le chap. *Cum Apostolus. vers. prohibemus extra. de. censib*

Art. V.

Guillaume Terrien en ses Commentaires sur les Coûtumes de Normandie liv. 5. chap. 19. allegue un Arrest de l'Eschiquier tenu à Roüen en l'an 1266. que celui qui a été pris en la guerre, en prenant gages & solde du Prince, n'aura pas aide de rançon de ses hommes, s'il n'est pris en faisant le service qu'il doit faire à cause de son fief, & non autrement, qui est durant le temps du service du ban & arriereban; mais depuis les Compagnies des Gendarmes des Ordonnances ont été instituées, & que les Gentilshommes enrôllez en icelles sont exempts du service à cause de leurs fiefs dûs au ban & arriereban, les convocations & assemblées de l'arriereban ne sont point depuis pratiquées; à cause dequoi, & qu'aussi la solde des gens de guerre n'est guerre bien payée, avenant la prise du Seigneur en guerre par les ennemis du Roy, il est raisonnable que les Sujets, si à ce sont soûmis par leurs infeodations & reconnoissances, contribuent au payemenu de la rançon, comme pendant les guerres dernieres de Flandres les Sujets de la Vicomté de Turenne contribuerent au payement de la rançon du sieur Vicomte pris par les Espagnols.

Art. VI.

Quand les infeodations & reconnoissances portent les Sujets être taillables au cas en icelles specifiez *ad nutum*, & à la volonté & discretion du Seigneur, par Arrest general du vingt-deuxiéme Mai mil six cens deux, entre le Seigneur de Montlor, & ses Sujets dudit lieu, fut dit ladite volonté devoir être équitable & moderée, suivant la Loy *Si libertus juraverit D. de op. libert. & C. cum Apostolus*, §. *prohibemus de censibus*. Le même fut jugé pour le Seigneur de Montmorin le septiéme Mars mil cinq cens cinquante-huit; que si audit cas le Seigneur & les Sujets n'en demeurent d'accord, aucuns ont été d'avis que la taxe en doit être laissée à l'arbitre du Juge, eu égard à la faculté des biens des Sujets; à cause dequoi se trouvent diverses taxes faites pour le Seigneur d'Arpajon contre ses Sujets de Brousse le dix-sept Janvier mil quatre cens nonante-six, pour le sieur de Joyeuse contre les habitans de saint Didier le dix-sept Février mil cinq cens onze, & pour le sieur de Broquiez, contre ses Sujets du lieu Dayssene en Roüergue; par Arrêt du vingt-troisiéme Mars 1555.

D'autres ont reduit toute cette sorte de contribution à double cens d'une année, suivant l'Arrest cinquiéme de Papon liv. 13. tit. 3. de ses Arrests.

V. l'art. 1. de ce chapitre.

A la faculté des biens.] On n'avoit pas cet égard quand il se trouvoit que le droit de taille étoit dû à un fief de grande dignité, *feudis magnam aliquam dignitatem habentibus. Fab. in Cod. lib. 4. tit. ult. in gloss. defin. 6. num.* 3. aujourd'hui l'usage du Parlement est de reduire la taxe au double du cens, suivant l'Arrest d'Olive *liv.* 2. *chap.* 6.

Des Peages & Leudes, & exemptions d'icelles.

CHAPITRE VIII.

Art. I.

Le péage est un droit Seigneurial qui se prend sur le bêtail ou marchandise passant, pour entretenir les ponts, ports

& passages, & afin que le Seigneur puisse sçavoir ce qui est transporté d'un païs en autre contre les prohibitions du Roi,& en donner avis aux Officiers du Roi,pour l'emploi desquels droits de péage ou leude qu'on appelle en Languedoc ; il y a plusieurs Edits & Ordonnances Royaux au volume d'icelles,outre lesquelles le dernier jour de Fevrier mille cinq cens vingt,furent publiées à Toulouse les Lettres Royaux,obtenuës par le Syndic des Trois Etats du Païs de Languedoc , contre tous ceux qui prennent péage & leudes pour la reparation des chemins , ponts & passages , contre ceux qui ont les possessions joignantes aux chemins , pour être contraints à la reparation d'iceux & autres semblables patentes, publiées le vingt - uniéme de Novembre mille cinq cens trente-cinq,à suite desquelles sur la Requeste presentée par le Syndic du païs de Languedoc,il y eut Arrest enjoignant aux Seigneurs péagers , de à leurs dépens reparer & entretenir les ponts , ports & passages, permettant audit effet saisir leurs droits & péages,& aux particuliers aboutissans aux champs,d'iceux tenir reparez, & contribuer à proportion à faire les fossez , tranchées & autres choses necessaires à ladite reparation, sur peine de saisie de leurs biens & d'y être contraints par corps ; en datte du vingt - deuxiéme May mille cinq cens soixante cinq , & par autre Arrest du vingt-trois Juillet mille cinq cens septante , fut dit que nonobstant oppositions ou appellations quelconques,les cottisations faites pour les reparations seroient executées, lesquelles lettres patentes sont enregistrées au Livre ou Registre 2. des Ordonnances Royaux. fol. 9. & 12. & au Livre 6. fol. 47. Il y a encore une infinité d'Arrests contre les Seigneurs péagers,conformes au contenu desdites patentes & Ordonnances Royaux,qu'il seroit inutile d'ici inserer.

Ou Leude.] Dans l'usage du Languedoc ce mot n'est pas simplement affecté pour exprimer le droit de peage : c'est encore un terme general , qui signifie divers droits qu'on exige, comme *la Cosse* de la Ville de Gap , dont parle Marcus en ses decisions , de même que *la coupe de bled* , qui autrefois appartenoit aux Seigneurs de Montpellier , & laquelle , par les infeodations qu'ils en firent passa ensuite à des particuliers de ladite Ville. En plusieurs Villes de Languedoc on appelle *Leude* , ce que les bourreaux exigent les jours de marché des païsans des lieux circonvoisins , qui y vendent des fruits , des œufs , & autres choses de cette nature. Ainsi comme ce mot designe une prestation en general , sans être affecté à aucune espece, ni redevance particuliere , je ne doute pas qu'il n'ait tire son origine de l'ancien mot , *Leysten*, ou *Leystan* , c'est à-dire *praestare* , employé par l'Abbé Vuileramus en sa Paraphrase sur le Cantique des Cantiques : on disoit aussi *lesda leyda & leuda* , indifferemment.

Art. II.

Bien que la faculté de lever péages & autres droits & subsides sur le peuple, soit & appartienne aux Roys & Princes Souverains, toutefois il a été de tout temps toleré & permis à aucunes Provinces & Villes d'en lever & exiger, tant pour la reparation & embellissement d'icelles, que pour l'entretenement des ponts & passages & autres menus affaires, & entre autres l'Empereur Alexander Severus, ainsi que ledit Lanpridius en sa vie *vectigalia civitatibus in fabricas deputavit.* Et les Romains permettoient à aucunes Citez de lever certaine quantité de bled sur chaque arpent de terre, ainsi que le Jurisconsulte Clarisius l'a écrit *in l. ult. §. Praterea ff. de muner. & honor. Praterea*, dit-il, *habent quadam civitates prarogativam, ut hi qui in territorio earum possident, certum quid frumenti pro mensura agri per singulos annos prabeat*; & comme dit Tite-Live parlant de semblable permission donnée par les Romains à certains peuples, *Portoria qua vellent terra, marique instituerent, dum eorum immunes cives Romani, & socii nominis Latini essent, lege, qua de Thermeso majore à C. Antonio & C. Fundano lata est : quam legem Thermenses portoriis terrestribus, maritimisque capiundis intra fines suos dixerunt, uti vaceat, dum ne quid ab his capiatur qui, vectigalia redempta habebunt* : lesquels droits se trouvent avoir été ôtez à aucunes Villes & Citez, & même par l'Empereur Tibere. *Suetonius in Tiberio cap. 49. Plurimis etiam civitatibus & privatis veteres immunitates & jus metallorum ac vectigalium ademit*, comme reciproquement à d'autres ayant été ôtez, leur ont été rendus. *Ammian. Marcell. lib. 25. Vectigalia civitatibus restituta cum fundis, exceptis his, qua velut jure vendidere praterita potestates.* Pareillement *Nicenses jus bonorum vacantium vindicatorum ex privilegio habere contendebant, ut est apud Plin. lib. 10. Epist.* lequel privilege concernant les biens vacans, nous trouvons avoir été ôté aux Villes & Citez par les Empereurs, *in l. 1. De bon. vac. lib. 10. C.*

Des exemptions du Droit de Péage.

ART. III.

DEs droits de péage sont exempts les Enfans de France, & les Princes du Sang Royal jusqu'au sixiéme degré, pour leurs provisions par tout le Royaume par privilege des Roys, de quoi se trouvent deux Arrêts de Paris, l'un du huitiéme Juin 1387. pour la Duchesse d'Orleans fille du Roy Charles le Bel, & un autre du 8. Mars 1388. pour le Comte d'Alançon, pris du Recueil des Arrests de Paris, non encore imprimé, en l'indice des Droits Royaux sur le mot *Péage.*

ART. IV.

Par Arrest du Parlement de Toulouse du vingt-troisiéme Decembre mille cinq cens douze, en ces propres mots & termes: Tous & chacuns les Citoyens & vrais Habitans de la Ville de Toulouse & Fauxbourgs d'icelle, sont declarez quittes & exempts par toute la Comté & Senéchaussée de Toulouse de payer aucune leude ou droit d'icelle, tant en allant, venant, entrant que sortant par eau & par terre de ladite Cité & Fauxbourgs d'icelle, pour leurs biens & marchandises, suivant les privileges à eux donnez par les feus Comtes de Toulouse, & depuis confirmez par les feus Roys, & le vingt-sixiéme Mars mille cinq cens dix-huit fut donné autre Arrest semblable. Ledit privilege octroyé par le Comte de Toulouse, & exemptions ausdits habitans de ne payer lesdits péages, est de l'an 1219. au mois de Septembre, confirmé par les Rois Philippe le Bel IV. de ce nom, & Philippe VI. dit de Valois, Charles VI. François Premier, ainsi que je les ai trouvez cottez en un Arrest du Grand Conseil du 13. Janvier mille cinq cens trente-huit, entre le Procureur General du Roy, & le Syndic de ladite Ville, contenant pareille exemption que dessus, sur l'execution duquel il y a autre Arrest semblable du Grand Conseil du 2. Avril 1545.

Les habitans de Nîmes doivent joüir de la même exemption par les articles trois & trente-quatre des privileges, qui leur furent accordez par le Roy Charles VIII. en l'an mil quatre cens quatre-vingts trois, confirmez par Loüis XII. en mil quatre cens nonante-neuf, par François I. en mil cinq cens quatorze, & par Henry IV. en mil cinq cens nonante-cinq.

ART. V.

Conformément ausquels Arrests les Habitans de Toulouse par autre Arrest dudit Parlement, dans l'extrait duquel j'ai trouvé la datte d'icelui avoir été obmise, mais se trouvera és Registres des Arrests de la Maison de Ville, ont été declarez exempts de payer leude ni péage par toute la Comté de Lauragois, attendu, dit l'Arrest, qu'il est notoire & certain la Comté & Païs de Lauraguois être dedans les limites & enclaves de la Comté de Toulouse.

ART. VI.

Par Sentence du Juge d'Appeaux de Toulouse de l'an mil trois cens quarante, extraordinairement donnée entre le Syndic des Capitouls de Toulouse, & le Comte de Commenge, Vicomte lors de Turenne, les Habitans de Toulouse sont declarez exempts de payer aucun péage ni droit de leude de toutes les marchandises, grains ni autres choses qu'ils apportent ou rapportent, entrant ni sortant de la Ville de Muret, dans laquelle sont narrez de semblables privileges donnez ausdits Habitans de Toulouse par Alphonse Comte de Toulouse, à la fin de laquelle Sentence sont inserées des Lettres Patentes du Roy Jean, addressantes au Senéchal de Toulouse, du troisiéme Janvier mil trois cens cinquante-deux, contenant pareil privilege & exemption aux Habitans de Toulouse, de ne payer aucun péage ni leude en ladite Ville de Muret.

ART. VII.

Par Arrest du vingt-sept Mars mil cinq cens soixante donné entre le Syndic de Toulouse, & les Receveurs des péages & leudes en Toulouse, les Chassemarées furent declarez exempts de payer aucun droit de leude du poisson qu'ils portent dans Toulouse tant seulement, & non du poisson qu'ils portent vendre ailleurs, & ledit Receveur condamné en cent sols d'amende pour avoir contraint un desdits Chassemarées à lui en payer, & ledit Chassemarée en autre cent sols, pour avoir fraudé la leude, & ne l'avoir payée d'une autre charge de poisson qu'il étoit allé vendre à Montauban.

ART. VIII.

Anciennement si un homme étoit détroussé en chemin public, le Seigneur qui levoit le peage, & avoit la Justice du lieu, étoit tenu le rembourser, & le dédommager, comme il fut jugé à Paris és Enquêtes du Parlement de la Purification mil deux cent soixante-neuf, contre le Seigneur de Vernon, & contre le Comte de Bretagne, és Arrests de Bretagne de la Pentecôte mil deux cent septante-trois, & contre le Comte d'Artois ès Arrests de la Toussaints mil deux cent quatre-vingt-sept, & par un Arrest de la Toussaints mil deux cent nonante-cinq, appert que le Roy fit rembourser le détroussement fait en sa Justice; parce que le Seigneur prenant peage doit tenir les passages seurs contre les Particuliers, autrement tenus recompenser la perte: par Arrests contre le Seigneur de Crevecœur, donné à la Chandeleur mil deux cent cinquante-quatre. Ce qui avoit lieu és détroussemens faits en plein jour, depuis le Soleil levant jusques au couchant, car devant & aprés le Seigneur n'en étoit tenu. Ainsi jugé pour le Comte d'Artois, dit de Saint Paul, és Arrests de la Toussaints mil deux cent soixante-cinq, extraits lesdits Arrests par Ragueau en son Indice des droits Royaux, du recueil d'iceux non encore imprimé, fait par le Greffier du Tillet du Parlement de Paris, qui dit aussi que personne ne peut imposer peage nouveau sans la permission du Roy, & que la connoissance des peages n'appartient qu'aux Juges Royaux allegans un Arrest à ce propos du Parlement de Paris de l'an mil deux cens septante-trois, pour les nouveaux peages imposez en Agenois; & un autre Arrest de la Toussaints mil trois cens seize.

Recompenser la perte.] Ou representer la valeur. *Guid. Pap. qu.* 413. *num.* 2.

Qu'aux Juges Royaux.] Les peages sont mis au rang des Regales, *lib.* 2. *feudor. tit. quæ sunt Regaliæ* 56.

Des amortissemens.

CHAPITRE IX.

ART. I.

Arrest par lequel [nonobstant le contredit des Patrons & fondation faite puis deux cens ans & plus, & tolerance des Seigneurs, laissans joüir les Prêtres des biens contenus en ladite fondation :] Est ordonné qu'ils en vuideront les mains pour l'argent être employé en autre fonds, ou rente, & jusques à ce mis à profit és mains d'un Marchand, pour d'icelui l'obit & fondation être entretenuë, du onziéme Aoust mil cinq cens soixante & huit.

CHarles par la grace de Dieu Roy de France ; A tous ceux qui ces presentes verront, Salut. Comme de certaine sentence donnée par nôtre Senéchal de Toulouse ou son Lieutenant, le vingtiéme jour de Fevrier mil cinq cens soixante & cinq: Entre nôtre bien aimé Jean de Rigaud, Seigneur de Vaudruille suppliant, & demandeur aux fins, que Maître Pierre Daure, Jean Bonnet, & Pierre Loubens, Prêtres de Mazeres, obituaires des obits fondez en l'Eglise dudit lieu de Vaudruille par feu Arnaud Garaud, fussent tenus vuider leurs mains de la metairie dite de la Fageole, donnée pour la dotation & fondation dudit obit, cy-dessous plus à plein designée, comme étant en main morte, contre la loy de l'infeodation, & autres fins d'une part ; & lesdits Daure, Bonnet & Loubens consentans à ce ; pourveu qu'il leur fut baillé & assigné pareil revenu, pour l'entretenement de la fondation, & d'un service par icelle ordonné par nôtre amé & feal Conseiller, Maître François de Garaud Chevalier, Seigneur de Cumyés, Tresorier general ; & Jean de Garaud, Seigneur de Vieillevigne, & autres Jean de Garaud, de Beaupuy, de Garillagues, successeur dudit fondateur, assignez & deffendeurs d'autre ; Et entre lesdits Garauds demandeurs, aux fins que ladite metairie leur fut adjugée, en payant les charges de la fondation desd. obits d'une part ; & lesd. obituaires, & de Rigaud deffendeurs d'autre, par laquelle en effet lesd. de Rigaud, & obituaires étoient relaxez des conclusions & demandes desdits de Garaud : & en outre dit & declare lad. metairie contentieuse être de la directe & fief dudit de Rigaud, & pour le present n'y avoir lieu de preference requise par ledit de Rigaud, & ordonné qu'icelle metairie, & dépendances tenuës par lesdits obituaires, seroit mise aux encheres, venduë & délivrée au plus offrant & dernier encherisseur, n'étant main morte, ni plus forte, pour l'argent qui en proviendroit être mis & employé en achat des rentes, ou pieces nobles, pour du revenu entretenir le divin service, suivant l'intention du fondateur; & jusques à ce que seroit trouvée une piece noble ou rentes, jusques au prix qui proviendroit de la vente de ladite metairie, le prix seroit mis à honnête profit és mains d'un Marchand seur & responsable, lequel profit seroit reçû par les obituaires, quartier pour quartier, appellez en tout les successeurs dudit fondateur; & à la charge que l'acheteur sera tenu faire l'hommage, & accomplir les charges contenuës en l'instrument de l'an mil deux cens nonante produit par led. de Rigaud, & lesd. obituaires continueront le divin service suivant la fondation, sans dépens ni arrerages. De la partie dud. Jean de Garaud, de Beaupuy, de Garrillagues, eut été appellé à nous & à nôtre Cour de Parlement de Toulouse,& par led. Rigaud obtenuës lettres de nous ou de nôtre Chancellerie, pour être reçû à s'aider dud. appel, & conclurre comme appellant de lad. sentence : & constituez & comparans en nôtreCour lesd. parties,& elles ouïes,parArrest d'icelle prononcé le dix-huit Juillet mil cinq cens soixante & six, Veu le procez, en ce que nôtre Senéchal ou son Lieutenant auroit ordonné n'y avoit lieu pour le present du droit de prelation requis par ledit Rigaud, pour raison de la metairie contentieuse, mentionnée en lad. sentence,de laquelle avoit été appellé, ladite appellation, & ce dont avoit été appellé eussent été mis au neant, & reformant quant à ce le jugement, ordonné y avoir lieu de prelation requise par icelui de Rigaud, & en tout le surplus lesdites appellations mises au neant,eut été ordonné que ce dont avoit été appellé sortiroit à effet : Et en outre pour certaines causes & considerations à ce mouvans eut été aussi ordonné, que ou par les encheres, qui seroient faites de lad. metairie,suivant lad. sentence,ne se trouvoit de juste prix d'icelle, laquelle metairie seroit estimée par experts, desquels lesdites parties accorderoient devant le Commissaire qui à ce seroit deputé, autrement par lui en seroit pris d'office, à ce appellé ledit Daure, & autres Prêtres obituaires dudit obit, ensemble ledit Garaud & autres patrons d'icelui obit, Consuls du lieu de Tremoulet; ensemble aussi ledit de Rigaud, pour selon le prix auquel ladite metairie seroit estimée par iceux experts, être declarée par ledit droit de prelation audit de Rigaud, & sans dépens desdites appellations, & pour cause; en procedant à l'execution dud. Arrest, & sentence par icelui confirmée, Etienne Bosquet Sergent Royal de ladite ville de Beaupuy de Garrillagues, à la requête & poursuite dudit de Rigaud, eut saisi & mis à nôtre main lad. metairie de Fajolle, contenant septante & une cesterées, & deux carterées terre, desquels y en a trente cesterées bonne terre, trente moyenne, le reste terre basse, confrontant d'auta avec Raymond Vexane & ledit de Rigaud, de midy avec le communal de la Brugue de la Salle, de Cers, avec la ruë publique tirant dud. Tremoulet à Mazeres, & d'aquilon avec le Seigneur de Gaudyés; un champ & vigne appellés au Colombis, contenant quatre ceterées terre, confrontant d'auta avec la ruë & chemin par lequel on va à la Bastide de Garde Renoux: De midy avec le Seigneur de saint Amadour, de Cers avec ledit de Rigaud; & d'aquilon avec les heritiers de Guillaume Prat, & avec icelui de Rigaud. Un champ appellé au pras de Lanelle contenant trois cesterées, & une carterée bonne terre, confrontant d'auta avec la ruë, ou chemin, par lequel l'on va à Gaudiés; de midy, avec la ruë, ou chemin par lequel on va à la Brugue de la Salle; de Cers avec François Baron: & d'aquilon avec ledit Baron. Une maison située dans le lieu de Tremoulet avec Soulier, confrontant d'auta avec Antoine de la Croze; de midy avec le fossé dudit lieu; de Cers avec les heritiers d'Aymery Raoul, & d'aquilon avec la ruë publique. Et aprés avoir été par ledit executeur commis, & deputé ausdits biens certains sequestres suivant nos Ordonnances, & faits desd. biens par icelui Bosquet quatre inquants, és jours de Dimanche, au devant l'Eglise parrochialle du lieu dudit Tremoulet, avec certaines surseances & interposition d'aucuns jours, comme étoit requis, tant par nosdites Ordonnances, que par la coûtume dudit lieu : ausquels inquans la derniere surdite & enchere, auroit été à la somme de deux mil cinq cens livres tournois, & d'iceux inquants faite intimation par led. Sergent, & executeur, tant ausd. obituaires, qu'ausdits de Garauds patrons, & assignations à eux donnée à certain & competant jour en nôtredite Cour, pour voir être procedé à l'adjudication du decret, si faire se doit, ou autrement comme de raison. Pource qu'au jour assigné, ni dans la surseance sur ce ordonnée par le stile, ledit Jean, & autre Jean de Garauds ne se seroient presentez, ni Procureur pour eux : à cette cause nôtredite Cour eût octroyé défaut audit Rigaud demandeur, bien & dûëment presenté par Procureur, lequel auroit baillé par écrit sa demande sur le profit & utilité dud. défaut selon le stile. Et pour le regard des autres parties dessus dites, icelles comparans en nôtredite Cour, c'est sur ledit de Rigaud demandeur, & requerant le decret être adjugé, & à lui fait droit sur le droit de prelation à lui reservé par icelui Arrest d'une part : & lesd. Daure, Loubens & Bonnet obituaires deffendeurs. Et neanmoins ledit Seigneur de Cumyés patron dudit obit, qui auroit requis en effet être faits autres inquants desdits biens és lieux circonvoisins, ou bien n'être faite estimation d'iceux biens inquantez suivant ledit Arrest d'autre, ou les Procureurs desdites Parties pour elles : & eux oüis en leur requisitions & conclusions respectivement faites & prises par nôtredite Cour eut été appointé à mettre ledit Arrest & exploits, & ce que bon sembleroit aux Parties dans huitaine lors prochainement venant devers icelle, & au Conseil. Et veus depuis par nôtredite Cour lesdits exploits, Arrest dessus dits & autres productions des Parties, par autre Arrest du 9. Mars mil cinq cens huit dernier passé, eut été ordonné avant dire droit sur l'adjudication dudit decret requise, que suivant ledit Arrest il seroit faite estimation, & appreciation d'icelle metairie, & biens inquantés par experts, desquels les Parties conviendront par le Commissaire qui à ce seroit deputé ; autrement & à faute de ce faire seroient par lui pris d'office, appellez tant lesdits Prêtres obituaires & patrons, qu'aussi les Consuls dudit lieu de Tremoulet, & ledit de Rigaud, & ce dans quinzaine lors prochainement venant, pour ce fait & joint être fait droit, les dépens reservez en fin de cause, pour proceder à l'execution duquel Arrêt, quant à ladite estimation ordonnée sur la requête presentée à nôtred. Cour par led. de Rigaud ; étant député Commissaire un des Conseillers en icelle, lequel les Parties sur ce ouyes auroit subrogé Maître Olivier du Picot, Lieutenant principal en la Senéchaussée de Lauraguois, pardevant lequel les Parties conviendroient d'Experts, pour proceder à ladite estimation & appreciation, & ayant été par led. Picot Lieutenant & Commissaire commis & deputez d'office certains Experts, pource que les Parties n'en auroient pû convenir, par lesquels auroit été procedé à lad. estimation & appreciation, & leur déposition, avis ou relation sur ce redigée par écrit, & iceux & la procedure dudit Commissaire rapportée & reçûë devers nôtred. Cour, depuis oüis en icelle les Procureurs desdites Parties, lad. procedure & estimation reçûs & joints audit procez, avec prefixion de certain délai pour bailler nullitez & produire, & en droit. Sçavoir, faisons qu'en la qualité ou instance des susd. entre ledit de Rigaud demandeur d'une part, & lesdits Daure, Bonnet & Loubens Prêtres & Obituaires dudit Obit, lesdits de Garauds, Seigneur de Cumyes, Jean & autre Jean de Garauds Patrons d'autre : veus par nôtredite Cour les Arrests des dix-huit Juillet mil cinq cens soixante & six, & neuf Mars mil cinq cens soixante-huit, exploits, encants & subhastations faits de lad. métairie appellée de la Fajcolle, située en la Jurisdiction dudit lieu de Tremoulet, donnée & destinée par la dotation dudit Obit, estimation, évaluation faite de ladite métairie par Experts sur ce deputez, suivant led. dernier Arrest & autres productions des Parties : & consideré ce que faisoit à considerer avec meure & grande déliberation, nôtredite Cour par son Arrest prononcé le vingtiéme jour du mois de Juillet mil cinq cens soixante-huit dernier passé, a declaré être loisible audit sieur Rigaud, comme Seigneur directe de ladite métairie, icelle prendre & retirer à sa main, & icelle métairie lui a adjugé, & condamné lesdits Obituaires deffendeurs à lui en laisser la possession vuide, en payant & délivrant réellement par ledit de Rigaud la somme de deux mille six cens livres, à laquelle ladite métairie a été estimée & évaluée par lesdits Experts, laquelle somme seroit mise suivant ledit Arrest és mains d'un Marchand seur & responsable, pour le profit honnête qui en proviendra, être baillé & délivré ausdits Prêtres Obituaires par quartiers, & à certains termes & jusques à ce que ladite somme puisse être employée en achat d'autres biens ou rentes & revenus à la plus grande assûrance & commodité que faire se pourra pour l'entretenement du contenu en la fondation dudit Obit, & d'un service par icelle ordonné suivant l'instrument de ladite fondation, datté de l'an mil deux cens quatre vingts-six, appellez en tout ce dessus lesdits Patrons & Successeurs dudit Fondateur, & sans dépens : en témoin dequoi nous avons fait mettre nostre scel à cesdites presentes, pour lesquelles à la supplication dudit de Rigaud, & vûë par nôtredite Cour la requeste à elle depuis presentée par ledit suppliant, ensemble l'Ordonnance ou Appointement donné par nôtre Amé & feal Conseiller en icelle, Maître Guerin d'Alyon Commissaire en cette partie député le quatriéme jour de ce mois d'Août, par lequel les Parties ouyes, icelui Commissaire auroit ordonné ladite somme de deux mil six cens livres être consignée, & mise és mains de Guillaume de la Laine Bourgeois dudit Toulouse, ensemble l'instrument du neuviéme jour de ce mois d'Août, retenu par Maître Geraud Farjonel Notaire Royal dudit Toulouse, expedié, grossoyé & signé en dûë forme, & mis devers icelle, par lequel auroit apparu ladite somme avoir été par ledit de Rigaud consignée és mains dudit Guillaume de la Laine. Mandons & commettons par ces presentes à nos Viguier & Juge des Allemands, ou leur Lieutenans & premier des Huissiers en nôtredite Cour, & nôtre Sergent sur ce requis, & chacun d'eux, que led. Arrêt mette à dûë & entiere execution selon sa forme & teneur, contraignant à y obéïr & obtemperer tous ceux qu'il appartient par toutes voyes dûës & raisonnables, ausquels Magistrats & ausd. Huissiers ou Sergent, nous voulons & commandons par tous nos Justiciers, Officiers & Sujets se faisant obéïr. Donné à Toulouse en nôtre Parlement l'onziéme jour du mois d'Août mil cinq cens soixante-huit, & de nôtre Regne le huitiéme.

Ni plus forte.] C'est-à-dire ni personne plus puissante, par rapport à la clause ordinaire des reconnoissances, qui prohibe aux Emphyteotes d'aliener en main forte, ni morte. *V. l'art. 26. du chap. 1. de ce traité.*

Prendre & retirer à sa main.] Le Seigneur Feodal peut retirer le fief vendu par son vassal à gens de main forte, même nonobstant l'amortissement. *Bacquet du droit d'amortiss. chap. 53. num. 3.*

Estimation des rentes foncieres.

CHAPITRE X.

ART. I.

PAr Arrest du neuviéme Mars mils cinq cens nonante-deux entre André Caster, Liceri Courtois & autres de Toulouse, a été jugé que l'estimation du *quanto minoris*, ou moins-valuë d'une piece venduë noble, se trouvant chargée d'oblie, est telle qu'il faut que le vendeur rembourse en premier lieu à l'acheteur les lods & ventes qu'il est contraint payer au Seigneur directe, & en outre lui payer deux autres lods & ventes pour les deux prochaines ventes qui se pourroient faire de lad. piece, ensemble la censive pour le temps de soixante ans prochains, & pour chaque sol de censive quinze sols pour l'amortissement de ladite censive, après lesd. soixante ans passez, toutes lesquelles sommes la Cour par led. Arrest declare être la diminution du prix qui doit être faite par le vendeur à l'acheteur, pour n'être la piece venduë, franche & allodialle, & ce outre & par-dessus tous les arrerages que l'acheteur a été condamné payer, lesquels il faut que le vendeur lui rembourse, ayant ici inseré les propres mots de l'Arrest, depuis lequel l'Edit des constitutions de rente au denier seize est survenu.

Moins valuë.] *V. le liv. 1. tit. 8. verb. estimation, de quantò minoris.*

ART. II.

Par autre Arrest du treiziéme de Juin mil cinq cens dix-sept, entre Loüis de Levis, Sieur & Baron de la Voute, le Sieur de Moncalin, Marguerite de Joyeuse & autres, après estimation faite par Experts sur la valeur de la rente fonciere contentieuse; fut jugé que chaque livre de rente avec justice haute, moyenne, & basse, valoit 35. liv. 17. sols, & la somme de trois cens huitante-huit livres de rente contentieuse, entre les Parties la somme d'onze mille livres tournois, eu égard au tems de la vendition faite par feu Jean de Levis de la Place de Beauvert le vingt-cinquiéme Octobre mil quatre cens soixante-quatre.

Chaque livre de rente.] Dans le commencement du quatorziéme Siecle, on regloit les rentes par rapport à la cinquiéme partie du prix du fonds, à raison d'un sol pour livre de cette cinquiéme partie : par exemple, quand le fonds valoit cent livres, il en falloit prendre le quint, c'est à dire vingt livres pour le lods, de sorte que la rente de ce fonds étoit estimée vingt sols, à raison d'un sol pour chaque livre du lods. J'ai trouvé cette maniere d'estimer les rentes en plusieurs actes dudit temps qui ont passé par mes mains; mais plus nettement qu'aucun autre, dans l'acte d'assignation de deux cens livres de rente, faite au lieu de Ferreroles en l'année mil trois cens sept, au profit de Guillaume de Plezian, Seigneur de Vesenobre; par Lettres Patentes du Roy Philippe le Bel.

ART. III.

Par autre Arrest du cinquiéme Avril mil cinq cens trente, entre Blaise de Perede & Jean de Mondenard Ecuyer, le sétier bled froment, fut estimé autant que deux sétiers avoine.

ART. IV.

Par Arrest general prononcé à Toulouse avant la Fête de la Noël mil cinq cens septante-un, fut jugé que la rente qui étoit payable dès la constitution & imposition en écus sol, qui ne valoient que trente sols tournois, se devoit continuer de payer en écus, bien que augmentez en valeur au double.

V. la suite de ce recueil tit. 61. art. 5.

ART. V.

Entre le Syndic des Pauvres de l'Hôtel-Dieu S. Jacques en Toulouse, suppliant & demandeur aux fins contenuës en sa requeste du vingtiéme jour du mois de Fevrier, mil cinq cens un d'une part, & le Syndic de la Confrerie de l'Assomption Nôtre-Dame en l'Eglise Metropolitaine S. Etienne de Toulouse défendeur d'autre : Vûë lad. Requête, instrument de reconnoissance du 28. de Février mil cinq cens quatre-vingt-huit. Arrest du sixiéme jour de Mai mil cinq cens quatre-vingts-un, & autres productions desdites Parties faites devant le Commissaire à ce député, ensemble le dire & conclusions du Procureur General du Roy, & oüi le rapport dud. Commissaire, dit a été que la Cour faisant droit sur lad. requête a ordonné & ordonne que led. Syndic de la Confrerie dans six mois aprés l'intimation de cet Arrest, vuidera ses mains de la maison dont est question, mouvante de la directe dud. Hôtel-Dieu,

Dieu, mentionnée en ladite reconnoissance, si mieux icelui Syndic de ladite Confrerie n'aime payer au Syndic dudit Hôtel-Dieu pour son indemnité la cinquiéme partie, les cinq faisant le tout de la valeur de ladite maison, suivant l'estimation qui en sera faite par Experts, desquels les parties conviendront devant le Commissaire, qui à ce sera député, ou que par lui seront pris d'Office, dont ledit Syndic de ladite Confrerie fera le chois, & declaration dans quinzaine aprés l'intimation de cet Arrest, & audit cas, moyennant le payement de ladite indemnité, sera loisible au Syndic de ladite Confrerie retenir à soi ladite maison, en payant annuellement au Syndic dudit Hôtel-Dieu la censive de quinze sols portez par la reconnoissance, sans dépens, & pour cause. Prononcé à Toulouse en Parlement l'onziéme jour du mois de Decembre mille six cens six.

Des déteriorations d'un Fief.

CHAPITRE XI.

ART. I.

TOut emphiteote doit meliorer, non déteriorer le fonds qui lui a été baillé *Auth. Qui rem. C. de Sacros. Eccl. & in §. Si verò quis. Novella 120. De alienat. vel emphyteos.* où il est dit expressement que *emphiteota rem Ecclesia in emphiteosim concessam deteriorans ab ea Expelli potest. Clarus in §. emphyteosis num. 26. Aufrerius Decis. 354. §. Scire autem. Novella 7. De non alienand. reb. Eccles.* A cause de quoi Pierre Prat Marchand de Toulouse, ayant démoli un bâtiment qu'il avoit dans un fonds mouvant de la directe d'Estienne Aufreri, fut condamné à le redresser & remettre dans trois mois, à peine de privation du fonds, lui faisant inhibitions & défenses de plus démolir les bâtimens qu'il avoit dans ledit fief sur même peine, par Arrest du premier Juillet mil six cens deux.

Expelli potest] V. l'art. 5. du titre 19. de ce traité.

ART. II.

Si toutefois le bâtiment étoit tombé en ruïne par cas fortuit ou par le défaut de moyens de le reparer, negligence ou peu de soin de l'emphiteote, il ne sera tenu le rebâtir, car il suffit que pour telle démolition ne reste à payer le cens accoûtumé & dû avant la ruïne & chûte d'icelui. Il est vrai que si le tenancier déguerpit & veut rendre le fonds au Seigneur, il n'y sera reçû sans payer les interêts pour telle déterioration. *Pet. & Cyn. in Auth. si quas ruinas. C. de sacros. Eccles. Masuer.* tit. des loüages & emphiteose.

V. Cambolas liv. 6. chap. 46.

ART. III.

Si l'emphiteote vouloit au préjudice du Seigneur démolir une maison, & vendre la dépoüille & materiaux d'icelle, ou la transporter ailleurs hors le fief du Seigneur, il l'en pourroit empêcher, principalement si l'emphiteote est mauvais menager. Masuer au même lieu. *Ex Cyn. in Auth. Qui rem. q. 6. C. de Sac. Eccl.* Bien est permis à l'emphiteote de démolir & débâtir un bâtiment pour le remuer & changer, pourvû que ce soit en autre lieu étant dans le même fief & directe du Seigneur, & lui faisant semblable cens de redevance, dol & fraude cessant ; car s'il vouloit prendre ce prétexte de démolir un grand bâtiment pour en faire un petit, & vendre le surplus des materiaux, il ne seroit raisonnable pour la déterioration du fief du Seigneur, qui ne seroit tant apprecié se vendant pour les lods & ventes.

V. Surdus decis. 300. Cambolas liv. 2. chap. 34. Corbulus. tract. de jure Emphyt. cap. 10. Brodeau sur la coûtume de Paris Art. 74. num. 12.

ART. IV.

Il est permis à l'empiteote de démolir ou remuer un bâtiment, & faire ce qu'il en voudra, s'il l'avoit nouvellement bâti, & non encore reconnu depuis les dernieres reconnoissances, comme un pigeonier, ou nouveau corps de logis, ou autre bâtiment non necessaire pour le menage & culture du labourage & recolte des fruits. *Spec. in tit. De locato. § Nunc aliqua. & l. Hæres in fundo. ff. De usufr. leg. Masuer. ibid.*

ART. V.

L'emphiteote ne peut changer la face de la chose au préjudice du Seigneur, comme par exemple si le Seigneur a droit de prendre agrier ou champart des grains seulement, & non de vins ou foins, l'emphiteote ne peut convertir une terre agriere, & de tout temps accoûtumée d'être ensemencée de grains, en preds, bois & vigne, dont le Seigneur ne pourroit retirer aucune cottité des fruits, comme il faisoit des grains, à cause dequoi en l'an mil cinq cens quatre-vingt cinq un emphyteote des Dames Religieuses de Boulanc, voulant convertir un champ agrier en édifices, cours, jardins & clos de vignes, en fut par nous interdit; ce qui a lieu quand l'interêt du Seigneur seroit notable, car autrement si la commodité du labourage ou necessité de foins, pâturages, vins, bois, granges ou étables, ou la terre étant maigre & plus propre en vigne ou bois, qu'à porter grain, l'emphiteote bon menager n'en peut être empêché; car d'ailleurs le fonds en est meilleur, & se vendant, plus estimé au profit du Seigneur pour les lods & ventes.

Une terre agriere.] V. l'art. 1. du chap. 5. de ce traité.

N'en peut être empêché.] Il faut faire difference du cens & du champart; à l'égard de celui-ci, *in ejus lasionem fundi forma & facies mutari non potest*; mais à l'égard du cens, il est certain que l'Emphyteote peut changer la face du fonds, *sive ædificando, sive demoliendo, sive implantando*: Il faut pourtant excepter les cas suivans; *si perceptio census læderetur, vel nisi solum concessum esset ad [illegible] ædificandi, aut inædificatum esset cum census daretur. Molin in cons. Paris.* §. 74. gl. 2. num. 2. & seq. V. Brod. sur la même cout. art. 74. num. 13. & suiv.

ART. VI.

Si les bois de haute fûtaye ont été baillez tels en l'infeodation, ou ont été reconnus en ladite qualité de coupe & défrîchement, n'en peut être vendu sans permission du Seigneur, & sans en demeurer d'accord avec lui, bien s'en peut servir & aider l'emphiteote pour ses bâtimens & chauffages, & encore pour en vendre aucuns arbres pour ses usages & necessitez, pourvû que ce soit en menagerie, & non coupe universelle, ou les arbres étant si vieux & secs, qu'ils ne croissent plus, ne portent ni augmentent en fruit: tel bois pour être remis en bois taillis, pourvû que ce ne soit en intention de déteriorer le fonds, ni préjudicier le Seigneur. Que si l'emphiteote depuis l'infeodation a semé ou planté un bois sans l'avoir encore reconnu, il le peut couper & remettre en taillis ou en terre, comme bon lui semblera, comme nous l'avons dit des édifices ci-dessus.

N'en peut être vendu.] Le Parlement a jugé le contraire, suivant l'Arrest rapporté par *Cambolas liv. 4. chap. 10.*

Des Acaptes & Arrierecaptes.

CHAPITRE XII.

ART. I.

PAr les acaptes au païs de Languedoc & Guyenne, sont entendus certains droits dûs au Seigneur foncier & directe par le changement de l'Emphyteote, soit par mort, ou par contrat de mariage, vente, permutation, cession, decret institution, legat ou autrement. Les arrierecaptes au contraire sont les Emphyteotes par la mutation & changement du Seigneur, par mort, contrat, confiscation, & autres moyens susdits à son successeur, lesquels droits sont communement taxez, convenus, & accordez aux bails en Emphyteose, ou aux reconnoissances, desquels a fait mention *G. Bened. in cap. Raynutius in verbo mortuo itaque testatore* au 2. num. *61.*

Acaptes.] A considerer la naissance des acaptes, il est certain qu'elles ne se payoient qu'à l'infeodation, comme un droit d'entrée. De là vient que ce droit est appellé dans les vieux actes Latins *intragium*, & dans les actes en langue vulgaire, tantôt *Intrada*, tantôt *Prima-capte*, comme par quelques coûtumes il est designé par *Entrage*. De là vient encore que parmi nous l'acte d'infeodation porte le nom de *nouvel achapt*, & dans les vieux actes celui d'*acaptio*, *acaptatio*, *acapitum*, ou *acaptamentum* indifferemment; & que même autrefois *accaptare*, dans les anciens Auteurs signifioit devenir ou se rendre vassal de quelqu'un: mais parce que dans la suite du temps *acapitum* & *acaptamentum*, furent employez pour marquer le droit qu'on avoit accoûtumé de payer à chaque changement de Seigneur & de vassal, aussi en Languedoc, de même qu'en Guyenne, les mots d'acaptes & d'arriere-captes, ont été en usage pour designer la même chose. Les anceins actes vulgaires expriment les acaptes par le mot de *Conquercmen* dans ce sens là, & les actes François disent quelquefois *reacapte* pour arriere-captes, dans le même sens. La prestation de ces droits se fait en doublant la rente, y compris neanmoins le cens ordinaire; & suivant l'usage de ce Parlement on en adjuge les arrerages depuis vingt-neuf ans avant l'introduction de l'instance: on ne peut établir ces droits que par convention expresse, ou par la force de la coûtume, ou par une possession immemoriale, *cuius initii memoria non extet.* de même que les droits de quête, de paix, de garde, de carnelage, & autres de cette nature.

Par mort.] Ce qu'il faut entendre par mort avenant une fois dans une année, *ne gravamen bona nubus nimium fiat.*

Du droit de prelation.

CHAPITRE XIII.

ART. I.

LE Seigneur direct peut retenir par droit de prelation les biens vendûs & alienez, tant par contrat, que par decret, & autorité de Justice, qui dependent de sa directe, en remboursant l'acheteur, ou le dernier surdisant ou decretiste du prix de la vente ou surdite, & des dépens du decret; jugé par Arrest en Audience pour du Faur & Dampmartin Conseigneur de S. Jory, & Jean Falguier decretiste, le cinquiéme Janvier mil cinq cens cinquante-deux, confirmé par autre Arrest entre mêmes parties, en Juin mil cinq cens soixante-huit, & jugé auparavant entre Catherine Mine & Maître Jean Raymond Conseiller, le quatorziéme Février mil cinq cens soixante-un; mais cela se doit entendre si le Seigneur veut pour soi les biens, & non pour autrui; sur quoi il est tenu jurer, & en est creu à son serment; ainsi jugé par Arrest le deuxiéme Août mil cinq cens septante-deux, entre Paponel & la Roysse, sieur de la Chapelle.

Veut pour soi.] Parce que le droit de prelation n'est pas cessible. *Ranch. & Ferrer. in quest.* 411. *Guid. Pap* Quoique quelques Docteurs ayent crû le contraire à l'imitation de Charondas. La Coûtume de Bourbonnois en *l'art.* 457. a été peut être la pierre d'achopement de ces Docteurs, par la distinction qu'elle fait du Seigneur feodal ou direct, avec le lignager; voulant que le droit de prelation soit cessible à l'égard des premiers, & non pas à l'égard de l'autre. Mais outre que le profond du Moulin fait cette remarque sur ledit article, *hoc non est mul um æquum, ut dixi in Consuet. Paris.* §. 13. *gl.* 1. *qu.* 1. & qu'il témoigne par là que cette distinction n'est ni équitable, ni de son goût; d'ailleurs en ce Parlement elle n'est nullement suivie, le retrait lignager ne pouvant pas être cedé, non plus que le feodal, selon *Maynard liv.* 7. *chap.* 46.

Est tenu de jurer.] Quoique Maynard, qui se trompe, soûtienne le contraire au *liv.* 8. *chap.* 20. il admet neanmoins le serment pour le retrait lignager *au liv.* 7. *chap.* 46.

ART. II.

Par la Coûtume generale de ce Royaume l'Eglise ni les personnes Ecclesiastiques, Seign. directes du fonds de l'Eglise, n'ont point droit de prelation, comme est témoigné par Monsieur Boyer sur les Coûtumes de Bourges, au titre *de retent. rer. feud.* & par Rebuffe au titre *de feudis*; faut si pour accommoder & agrandir l'Eglise, Couvent, Monastere, Hôpital, ou College, ou pour accroître leurs jardins & cloisons, ou pour s'affranchir de quelque vûë ou servitude ils avoient besoin de quelques petites maisons voisines, ou petite piece de terre mouvant de leur directe, qui se vendissent ou decretassent: ausquels cas seulement, & non pour aggrandir & amplifier leurs labourages, ou acquerir loüages de maisons, ils pourroient user du droit de prelation, ainsi que nous l'avons jugé n'agueres pour les Religieux de Boulbonne, pour une maison joignant leur Couvent en Toulouse.

Ni les personnes Ecclesiastiques.] Sauf aux cas remarquez par Cambolas *liv. 2. chap. 39.* par Despeisses *tom. 3. tr. des dr. Seigneur. tit. 4. sect. 6. part. 1. num. 17.* & par Maynard *liv. 9. chap. 46.*

ART. III.

Par la Coûtume generale le Roy n'a point usé jamais du droit de prélation en France, moins ses Rentiers, sauf si c'étoit quelque Château ou Place frontiere qui se vendît, comme nous l'avons jugé n'agueres pour un Château au Comté de Foix, sur les frontieres d'Espagne, lequel à la Requête du Procureur general lui a été adjugé par droit de prélation.

Le Roy n'a point.] Il faut excepter les cas rapportez par Despeisses *loc. cit.* en l'observation precedente *num. 16. V. Ferrer. in quest. 47. Guid. Pap.* où il rapporte trois Arrests qui ont prejugé que le Roy peut user du droit de prelation ; ils furent sans doute donnez sur des circonstances particulieres, & ainsi ils ne doivent pas être tirez en consequence.

ART. IV.

Le doute a été si les acheteurs du domaine du Roy ou de l'Eglise, comme de nôtre temps nous avons vû plusieurs alienations du domaine du Roy, & du temporel de l'Eglise, doivent joüir du droit de prélation ; & a été jugé par plusieurs Arrests qu'ils en doivent joüir ; parce que les causes de la Coûtume envers le Roy & l'Eglise, longues icy à discourir, cessent aux particuliers acquereurs ; & ainsi a été jugé par plusieurs Arrests, même le dix-huit Mai mil cinq cens septante six, en la premiere Chambre des Enquêtes, pour un acheteur du temporel de l'Eglise, ledit Arrest prononcé en Arrest general par Mr. Bertrand President aux Arrests de la Pentecôte le huitiéme Juin audit an mil cinq cens septante-six, & par autre Arrest pour des Seigneurs acheteurs du Roy du lieu de Fabrezan, contre les Consuls dudit lieu, du treize Août mil cinq cens nonante-neuf.

ART. V.

Le troiziéme Mars mil cinq cens septante-cinq fut donné Arrest en la seconde Chambre des Enquêtes sur le rapport de Monsieur Vignaux, par lequel furent decis deux points notables; l'un, que le Seigneur hommager a droit de prelation; l'autre que le temps du droit de prelation ne court, si ce n'est du jour que la vente a été denoncée au Seigneur directe; parce que l'emphyteote est censé de mauvaise foy, *ex quo intra annum non petit in vestituram* §. 1. *Quæ sit causa benef. amitt.* & parce que *ignoranti tempus non currit. Cap. Quia diversitatem. De concess. præbend.* & ainsi le tient formellement Chassaneus *in tit.* Des cens *in verbo*, dans quatre jours, *in consuet. Burg. & Masuer. in tit. de feudis.*

Le Seigneur hommager.] Suivant l'usage de ce Parlement un tel Seigneur a la faculté d'user du droit de prelation, parce que le retrait feodal est toujours sous-entendu en matiere des fiefs nobles. *Ferrer. in quæst.* 508. *Guid. Pap. Mayn. liv.* 4. *chap.* 34. *Cambol liv.* 1. *chap.* 15. *n.* 3.

Ne court.) *V. l'art.* 16.

Art. VI.

Entre deux Conseigneurs il y a droit de prelation; tellement que si l'un des Conseigneurs a pris les lods & ventes, l'autre Conseigneur peut prendre & retenir la piece venduë en rendant les lods & le prix à l'acheteur, comme fut jugé par Arrest à Toulouse le deuxiéme Avril mil cinq cens septante deux, entre Paul de Lyon Conseigneur de Pomayrol en Armagnac, contre Antoine Segua-la, parce que *quilibet debet uti jure suo, neque facto unius alter prægravari potest*: & ainsi l'ont tenu Jason *in l.* 3. *cod. de jure emphyteut. & Chassan. in Consuet. Burg. in tit. De censes in verbo*, Retenuë, *Guid. Pap. q.* 401. *Molin in consuet. Paris. paragr.* 13. *in princip. & in* §. 35. *num.* 55. Ce qui a lieu quand les biens sont tous sous même directe, ou quand le Seigneur ou Conseigneur les veut tous retenir par droit de prelation; mais si les biens sont en la directe de divers Seigneurs, & qu'un des Seigneurs ne veüille que ce qui est dans sa directe, ou que de plusieurs pieces venduës il n'en veüille retenir que de certaines, le doute & difficulté a été s'il les peut retenir; aucuns ont tenu qu'il le peut, en payant au prorata & à proportion du prix total de la vente, *per text. in l.* 1. §. *Si alter ex heredibus. ff. Quor. legat. & l. Quod si quis.* §. *fi. ff. De in diem addict. Joannes Andreus in addit. ad speculat, titul. De locato.* §. *Nunc aliqua. vers.* 72. mais au contraire *Guid. Pap. quæst.* 508. *Boërius in titul. De retractu rei feud.* §. 1. *& Molineus Consuetudin. Paris. titul.* 1. §. 13. *Gloss.* 1. *num.* 49. en termes exprès, ont tenu qu'il ne peut retenir l'une chose sans prendre le tout, parce que autrement l'acheteur ou decretiste ne l'eût pas acheté, & c'eſt l'opinion la plus équitabla & ſuivie, que ſi l'acheteur ou acquereur ne vouloit bailler le tout, audit cas le Seigneur pourra retenir par prélation ce qui eſt dans ſa directe, en rendant le prix ſuivant l'eſtimation, eu égard au prix total de l'achat : ainſi jugé par Arreſt entre François Bay, & le Seigneur directe de Montpitol le ſeptiéme Avril mil cinq cens quatre-vingts-huit.

En la Directe de divers Seigneurs.] La tolerance, ou la contradiction de l'acquereur, doit en ce cas decider la queſtion : car quand il ſouffre que ſon acquiſition ſoit diviſée, il eſt certain que l'un des Seigneurs peut retraire ce qui eſt ſeulement dans ſa directe, & laiſſer ce qui releve de l'autre Seigneur ; mais quand l'acquereur ne veut pas ſouffrir la diviſion, il faut que le Seigneur, qui veut uſer de prelation, prenne tous les biens compris dans l'acquiſition, ſi mieux il n'aime prendre le droit de lods, & donner l'inveſtiture de tout ce qui releve de ſa directe, ce qui peut étre confirmé par la diſpoſition du droit *L. quod ſi nolit. §. Si plures ff. de Ædil. L. communi §. ſi debitor. ff. comm. divid.* Et quand quelques Docteurs, comme entr'autres du Moulin, ont été d'un ſentiment contraire, ç'a été ſans doute, au cas il apparût de la fraude des contractans : En effet, du Moulin n'allegue pour cette raiſon que cette ſeule fraudre, *ne ſcilicet venditor callidè miſcendo plures fundos jus Domini poſſet eludere.* De ſorte qu'il eſt vrai de dire, que cette conſideration ceſſant, on doit obliger le Seigneur de prendre le tout, ou de laiſſer le tout. Ainſi jugé par Arreſt du 1. Mars 1619. au rapport de Mr. de Theron, en la cauſe du Seigneur de S. Leonard ; & par autre Arreſt du 21. Janvier 1621. au rapport de Mr. de Caſtaignau, en la cauſe du nommé Vales, Conſeigneur du lieu de Fraiſſinet : quoique les biens dont il s'agiſſoit dépendans de la directe de divers Seigneurs, les Sieurs de S. Leonard & de Fraiſſinet euſſent quelque raiſon pour refuſer de les prendre, afin de ne pas devenir Emphyteotes d'un autre Seigneur. Au reſte, la volonté de l'acquereur doit ſi fort être la regle en ces matieres, que quand on n'a adjugé à l'un des Seigneurs par droit de prelation que les fonds mouvans de ſa directe, cela n'eſt arrivé, que parce que l'acquereur n'a pas conſenti qu'il prît tout par droit de prelation, ſuivant le cas de l'Arreſt rapporté par *Cambolas liv. 3 chap. 10.* Ainſi il dépend de l'acquereur de faire prendre à l'un des Seigneurs directes, qui veut retraire, ou ſeulement ce qui releve de lui, ou generalement tous les fonds qui ſont compris dans ſon acquiſition, quoiqu'il y en ait qui relevent de la directe de l'autre Seigneur : *Nec enim aliter partem empturus eſſet. l. tutor. §. curator ff. de minorib. V. Maynard liv. 8. chap. 19. Brodeau ſur la cout. de Paris, art. 20. num. 24. & Ferrer. in quæſt. 411. Guid. Pap.*

Art. VII.

Etant remarquable que les promeſſes par écriture privée entre l'acheteur & venditeur, ou entre le debiteur & l'executeur faiſant comme, que le decret obtenu ne ſortira à effet, en payant dans certain tems, ou autrement ne font foi au préjudice d'un tiers, comme du Seigneur foncier, pour le priver de ſes lods *per l. Scripturas. C. Qui potior in pig. hab.* & ainſi en ſemblable cas le tient Tiraquellus au titre du retrait conventionnel, §. 1. *gloſſa 7. num. 43. 44. 45. & 46.* par pluſieurs raiſons & autoritez par lui alleguées ; ainſi

ainsi l'ai veu juger le dix-sept Janvier mil cinq cens quatre vingts-deux, entre les hoirs du feu sieur Rabaudi, & Maître Aimable du Bourg Avocat en la Cour, Seigneur directe de la Peyrouse, auquel, nonobstant une promesse privée, un moulin dans sa directe fut adjugé par droit de prélation.

Ne sont soy.] Et ne peuvent même rien valoir au prejudice du droit qui est déja acquis au Seigneur par moyen du decret.

ART. VIII.

Par Arrest du quatriéme Avril mil cinq cens quatre vingt-six, fut dit que la Demoiselle Dossim, Dame de Miremont en Quercy, seroit preferée pour son droit de prélation, dol & fraude cessant à celui qui demandoit la même chose par retrait lignager, parce que le Seigneur *habet jus in re ; ergo præferri debet. l. Etiam. ff. Qui poti. in pig. hab.*

Seroit preferée.] Dans le païs de Droit écrit le Seigneur directe est preferé à celui qui veut prendre par droit de retrait lignager ; les raisons en sont touchées par Duranti *en sa question* 84. *num.* 3. ainsi ceux qui sont d'un sentiment contraire, au pretexte de ce que du Moulin dit *in Consuetud. Paris. tit.* 1. *gl.* 22. *num.* 1. que *retractus proximitatis excludit feudalem*, se trompent sans contredit, ne prenant pas garde que du Moulin parle pour un païs de Coûtume, où à la verité le retrait lignager est preferé au feodal : jusques-là que j'ai remarqué dans plusieurs titres anciens passez dans le païs Coûtumier, que lorsqu'on vouloit obliger un Seigneur dominant de renoncer au droit de retrait, on le faisoit souvent renoncer par exprès au retrait lignager, sans parler du feodal. Roulliard ayant rapporté *en la pag.* 290. *de son Hist. de Melun*, un acte de l'année 1243. contenant une pareille renonciation, ne peut pas s'empêcher de dire que *cette antiquité lui semble remarquable* ; il n'y a pourtant rien d'extraordinaire en cela, à considerer que l'acte fut passé en païs de Coûtume, où dans la renonciation expresse au retrait lignager, il faut supposer qu'étoit comprise tacitement celle du retrait feodal, par la raison de la Loy *in eo.* 110. *ff. de reg. jur. minus semper inest in eo, quod plus est.* Au reste, le retrait conventionnel l'emporte en tout païs sur les autres.

ART. IX.

Si une piece a été venduë plusieurs fois sans avoir pris investiture, le Seigneur directe la peut prendre par droit de prélation pour le prix de tel des contrats de vente que bon lui semblera, comme nous le jugeâmes le troisiéme Aoust mil cinq cens nonante-quatre, entre du Bourg sieur de la Peyrouse, & Dumas, suivant la decision expresse de Molineus *in consuet. Paris. tit. de feudis.* §. 13. *gloss.* 5. *in verbo* vendu, *num.* 44.

De tels des contrats.] Passez depuis moins de trente ans, & non autrement, à cause que le droit de prelation prescrit dans ce temps-là.

ART. X.

Boisset Seigneur directe du lieu d'Estantenx achete une vigne de sa directe, laquelle il legue à un de ses enfans, & la directe du lieu à un autre fils : le legataire de la vigne la vend à l'un des habitans du lieu ; le Seigneur direct la veut avoir par droit de prélation *an possit* ? Par notre jugement du mois de Novembre mil cinq cens nonante-un, le demandeur en fut démis, & la piece declarée allodiale, à cause de la confusion & consolidation de l'utilité avec la directité par le moyen de l'achat fait par led. Boisset pere commun. *Per l. Si binas ædes. ff. de servit. urb. præd. & doctrinam Molinei in tit. De censibus.*

ART. XI.

Le Seigneur retenant un bien vendu par decret, par droit de prélation le reprend exempt de toutes charges & hypoteques qui pourroient y être imposées depuis le premier bail, & infeodation: & comme le reprenant au premier état, qu'il l'avoit baillé. *l. Lex vectigali fundo ff. De pignorib. & ibi gloss. Paulus de Castro in l. Servitutes. C. de servit. & §. 2. ff. De regni investit.* à cause dequoi, ayant le sieur de Ferrals retenu par droit de prélation, certain bien vendu par decret, & icelui joüi quelque temps ; venant après, la femme du debiteur, & disant ledit bien lui être hypotequé pour sa dot. Par notre jugement du quatorziéme Fevrier mil six cens deux ladite femme ; ou ses enfans furent démis de leur demande.

Exempts de toutes charges.] C'est aussi l'usage de la Cour des Aydes de Montpellier, duquel peut faire foy l'Arrest qui y fut donné, en la cause des Consuls de Sauve contre le sieur de Valfons, qu'un Seigneur directe, qui a aliené une piece par lui joüie noblement, la retenant par droit de prelation, elle demeure roturiere, & ne reprend plus sa premiere qualité de noblesse, parce qu'elle revient au Seigneur, non pas *ex causa antiqua & necessaria* ; mais bien *ex causa voluntaria* : outre que le droit de prelation suppose une espece de subrogation, qui se fait du Seigneur directe à l'acquereur, *subrogatum autem sapit naturam subrogati*, ce qui fait qu'à l'égard de l'un & de l'autre *res transit cum sua causa & suo onere. l. alienatio. ff. de contrah. empt.* Et comme le deguerpissement dépend autant ou plus du fait & de la volonté qui donne lieu au droit de prelation, puisqu'elle peut être forcée ; il est certain qu'au cas du deguerpissement les servitudes & les hypotheques doivent subsister, quoi qu'ayent pû dire quelques Docteurs au contraire.

ART. XII.

En permutation de biens, le droit de prélation n'a point de lieu, comme fut jugé par Arrest du vingt-quatriéme May mil cinq cens septante & deux pour du Soulier, contre le sieur de la Bastide.

En permutation.] Sauf quand le contrat est frauduleux.

ART. XIII.

Pour la reception de la rente & censive faite par plusieurs années de l'acheteur, le Seigneur ne se prive point de son droit de prélation, si l'acheteur n'avoit exhibé & montré l'instrument de son achat au Seigneur, & icelui requis lui bailler investiture, ou s'il n'y avoit trente ans dudit achat. *Molineus tit. de feudis in* 1. *parte* §. 14. *num.* 1. *&* §. 41. *num.* 71. *Ferron. De feudis.* §. 9. *circa finem. Jason. in l.* 2. *num.* 174. *C. de jure emphyt.*

Par la reception de la rente.] Cette reception n'induit pas investiture, ni approbation de la nouvelle acquisition ; parce qu'au langage de du Moulin, qui en ces matieres a desillé les yeux aux autres Docteurs, *census debetur à quocumque possessore justo, vel injusto, habili, vel inhabili.*

ART. XIV.

Le Seigneur ayant obtenu une piece par droit de prélation sur son serment de la vouloir pour lui, & non pour autrui ; encores qu'après il la baille à un autre, la piece ne peut être pourtant évincée par l'acheteur, *quia jurisjurandi religio solum Deum ultorem habet, & postquam juratum est, nihil amplius quærendum. l.* 1. *De jurejurando.* Ainsi fut jugé par Arrest du vingt & uniéme Juin mil cinq cens soixante & huit pour le sieur de Grefueille, lequel aprés avoir eu une piece par droit de prélation sur son serment, l'auroit aprés baillée à un autre.

Et non par autrui.] Il semble tout d'un coup que le droit de prélation se peut ceder, tant parce que *est fructus rei qui potest cedi*, que parce qu'il paroît juste que le Seigneur par moyen de sa cession, puisse changer d'Emphyteote, pour en mettre un à son gré, & qui lui soit fidéle, sans être obligé d'en recevoir un, qui lui pourroit être ou ennemi ou incommodé ; mais à considerer que le droit de prelation est un droit personnel, lequel, comme parlent les Docteurs : *hæret ossibus Domini*, il est certain que cette consideration étant plus forte que les autres, ce droit ne peut pas aussi être cedé. *V. l'article* 1. *de ce chap.*

ART. XV.

Pour faire forclorre le Seigneur du droit de prélation, il faut que l'exibition de l'instrument d'acquisition, & la requisition de bailler investiture, & l'offre de payer les lods & ventes, soit par écrit, & acte public, & non de simple parole ; bien que soit en presence des témoins. *Chassan. tit. Des censes.* §. 4. *in verbo*, denoncer, *l.* 2. *C. de jur. emphyt. ibi denuntiatur. Rebuffes.* Des matieres feodales. §. 13. *gloss.* 12. *in verbo*, *exhibere.*

Soit par écrit. V. Cujac. ad l. ult. C. de jur. emphyt.

ART. XVI.

Le droit de prélation dure trente ans, aprés lesquels il est prescrit ; encore que la vente n'ait été oncques denoncée au Seigneur, *quia illi præscriptio currit ignoranti. Capell. Tolos. Decis.* 76. §. *Porrò & ibi Jacobus Alvarritus num.* 3. *Qualiter feudum alienari possit:* ainsi fut jugé par Arrest general, prononcé par le sieur du Faur, le quatorziéme Aoust mil cinq cens quatre-vingt-trois contre le sieur d'Aiblade en Armagnac.

N'ait été denoncé.] L'Auteur dit le contraire *en l'art.* 5. *de ce chap.* où il allegue que le temps du droit de prélation ne court que du jour de la denonciation de la vente ; en quoi il erre & choque l'usage attesté par lui-même au present article, & par Maynard *liv.* 4. *chap.* 46. *V. l'art.* 9. *du chap.* 38. *de ce traité.*

ART. XVII.

Anciennement on tenoit, & jugeoit, qu'en la ville & Viguerie de Toulouse le droit de prélation, ni de commis n'avoient point de lieu : toutefois depuis, aprés avoir mieux & de plus prés regardé les Coûtumes, & trouvé qu'au volume d'icelles cette coûtume ne se trouve point, par plusieurs autres Arrests a été jugé le droit de prélation, & de commis avoir lieu, aussi bien dans la ville & Viguerie, que hors d'icelle : entre autres par Arrest de Paris du seiziéme Juillet mil quatre cens six entre Barrau, & le Sindic du College de Maguelonne en Toulouse, Arrest de Toulouse du vingt & uniéme Juillet mil quatre cens septante & trois pour le sieur de Tornefueille ; autre Arrest de Toulouse du quatorziéme Fevrier mil cinq cens soixante & un entre de Minut, veuve du feu sieur de Malensant, & Maître Jean Raymond ; autre Arrest pour Michel du Faur sieur de Saint Jory, du deuziéme May mil cinq cens soixante & six, parlant tous les susdits Arrests en biens decretez; & par autre Arrest, entre Guillaume Sasaux, & le Sr. de l'Hospital Conseiller, le trentiéme May mil cinq cens quarante-huit,

* *Avoir lieu.*] Il est certain que suivant l'usage le droit de prélation n'a pas lieu ni dans la Ville, ni dans la Viguerie de Toulouse, & que les derniers Arrests que le Parlement a donnez sur cette matiere, lorsqu'elle y a été traitée, sont contraires à ceux qui sont rapportez par l'Auteur; témoin l'Arrest donné en la seconde Chambre des Enquêtes en Mars mil six cens septante-deux, pour Soulargues maître Cordonnier de Toulouse, contre le Seigneur de la Bastide.

ART. XVIII.

S'il y a plusieurs Seigneurs directes, & que tous veuillent retenir la piece venduë par droit de prélation, si la piece se peut commodement diviser, & ne s'en peuvent autrement accorder, il faut qu'ils se la départent à proportion des parts & cotitez qu'ils ont en la directe, ou qu'ils la jettent au sort, comme de même si elle ne se peut diviser, le sort les tirera de differend.

ART. XIX.

Où il y a deux Seigneurs directes, si l'un veut retenir par droit de prélation la piece venduë, & que l'autre se contente de sa part de lods & ventes, & veut investir l'acheteur, l'autre Conseigneur n'a droit de retenir toute la piece venduë par droit de prélation contre la volonté de l'acheteur: ains se doit contenter de la partie d'icelle, suivant la cotité de son droit de directe; parce que *in contractibus juri accrescendi locus non est l. si mihi, & Titio, D. de verb. oblig.* Ainsi jugé aux Arrests generaux de la Noël prononcez par M. le President de l'Estang le vingt & deuziéme Decembre 1601.

Contre la volonté.] *V. l'observation sur l'art. 6.*
Juri accrescendi.] *V. Cambolas liv. 3. chap. 10. & Ferrer. in in quæst. 411. Guid. Pap.*

ART. XX.

Le cens est indivisible; sauf si le Seigneur a prins reconnoissance sous censive particuliere, par Arrest du quatorziéme Septembre mil cinq cens septante & quatre entre Jean Franc & autres habitans de Colomiez, contre de Raspauld sieur directe.

ART. XXI.

Les étrenes, & les droits de corratiers, doivent être par le Seigneur, qui retiênt par droit de prélation rendus, & l'acheteur entierement indemnisé, comme fut jugé entre le Comte de

Montlor, & Sanglad, le vingt-quatriéme Avril mil six cens deux.

Les Estreines.] Il est certain qu'il y a distinction à faire au sujet des étreines & des épingles qu'on donne ordinairement à la femme du vendeur : car ou il en est parlé dans le contrat de vente, auquel cas l'achêteur en doit être indemnisé, ou il n'y en est pas parlé, auquel cas le remboursement n'en est pas ordonné, parce qu'on les regarde comme une dépense volontaire, & faite sans necessité, qui est pour le compte de l'achêteur.

Du Droit Seigneurial de vendre son vin à certain mois, sans qu'il soit permis aux autres de ce faire.

CHAPITRE XIV.

ART. I.

ENtre autres droits Seigneuriaux specifiez és titres, infeodations & reconnoissances, nous en avons veu un, par lequel le Seigneur a faculté de vendre à certain mois son vin, & le prohiber aux autres, decidé par l'Arrest qui s'ensuit.

Entre le Sindic des Consuls, manans & habitans du lieu de Seysses Tolosanes, appellant du Senéchal de Toulouse, ou son Lieutenant, & autrement impetrant, & requerant l'enterinement de certaines lettres royaux aux fins de nullité & cassation, ou rescision de la transaction y mentionnée, & autres fins y contenuës d'une part, & Jacques Matthieu d'Espagne sieur dudit lieu de Seysses appellé & deffendeur d'autre : La Cour a maintenu & gardé ledit d'Espagne en la possession & saisie de pouvoir y vendre son vin à pot & pinte chacune année durant le mois d'Août à prix commun & raisonnable, tel que sera taxé par les Bailles & Consuls dudit lieu, & de prohiber & deffendre à tous les autres habitans dudit lieu, de quelque qualité qu'ils soient, de vendre aussi à pot & pinte aucun vin durant ledit mois d'Aoust audit lieu & jurisdiction d'icelui : à la charge qu'icelui Seigneur de Seysses sera tenu y tenir en vente vin vendable & de commune bonté, de maniere que lesdits habitans, & autres passans en puissent être commodement pourveus, sans que pour raison de ce lesdits habitans puissent être empêchez par ledit Seigneur vendre, ou acheter leur vin en gros, étant en tonneaux gros ou petits durant ledit mois d'Aoust, ou autre temps de l'année. Prononcé à Toulouse en Parlement, le douziéme jour du mois d'Aoust mil cinq cens soixante-un.

A certain mois son vin.] C'est un droit de Bannalité, connu sous le nom de *ban vin*, ou de *ban à vin*, ou de *taverne banniere*, ou de *vet du vin*; duquel droit les Seigneurs qui en ont titre avec possession, ont accoûtumé de joüir pendant certain temps de l'année, ou à leur choix, ou suivant le temps fixé par le titre. Les Barons de Vauvert dans le Diocese de Nimes, peuvent au premier égard, & sans aucun temps fixe, interdire à leurs habitans la vente du vin, sauf pour un demi muy, durant cinq semaines, en tel temps de l'année que bon leur semble, suivant la transaction entr'eux passée le septiéme d'Avril 1618. conformément à celle du quatriéme des Calendes d'Avril 1235. qui sert de titre pour ledit droit. Au second égard on peut alleguer l'usage general établi dans le Bearn, dont parle le Président de Marca en son hist. *liv.* 4. *chap.* 17. *nomb.* 8. où il dit que le Comte Centulle se reserva le droit de vendre ses vins, & ses pomades, ou cidres, par tout le mois de Mai: d'où vient que ce droit est nommé dans les vieux titres, *maiades*, *maiencque*, & *maiesque*. Ceux qui en ont traité remarquent avec Brodeau *sur l'art.* 71. *de la Coût. de Paris*, *num.* 36. que les Seigneurs ne peuvent s'en prévaloir que pendant deux mois au plus. Cette restriction est certainement toute pleine de justice & d'équité, comme reprimant cet ancien abus, suivant lequel les Seigneurs faisoient quelquefois durer le droit de ban-vin les six mois entiers. Au reste, la prohibition de vendre le vin pendant un certain temps de l'année, ne suppose pas toujours un droit de bannalité; comme quand *Lurbæus in Chron. rer. Burdigal.* remarque sous l'année 1422. que *Henrici, Regis Anglorum rescripto prohibetur incolis Burdigalensibus, nisi jus civitatis adepti fuerint, vendere vinum particulatim, & ad mensuram, à die Pentecostes usque ad diem festum D. Michaëlis.*

Art. II.

Il y a aux païs Coûtumiers, & aux Coûtumes de Senlis, Châlons, & Touraine autre droit pour vin vendu, qu'ils appellent droit de fourrage, qui se prend sur les sujets vendans vin en détail en broche, qu'on pourra voir.

Forrage.] Ou *Forage*, c'est le même droit que le *Jallage*, qui attribuë au Seigneur quelques pots de vin pour chaque tonneau vendu en détail : on a dit *jallage* & *jalliage* indifferemment.

Du Guerpissement.

CHAPITRE XV.

Art. I.

Guerpir en matiere feodale, n'est autre chose que delaisser, quitter, relaxer, & rendre au Seigneur directe le fonds mouvant de sa directe ; lequel guerpissement ceux qui ont reçû le fonds en emphyteose, ni leurs heritiers instituez ou substituez legataires, fideicommissaires ou donataires, ni autres successeurs, *ex causa lucrativa*, ne peuvent faire à cause de l'obligation personnelle, qui est en l'instrument d'infeodation du premier feodataire, laquelle eſt par lui tranſmiſe à tous ſes heritiers & ſucceſſeurs, *ex doctrina Aufreri. in Deciſ. Capellæ Toloſ.* Ains ſeulement ſont reçûs à guerpir les acquereurs ou autres tiers poſſeſſeurs, leſquels encores audit cas, ſont tenus laiſſer & rendre la piece non deteriorée, ains en l'état qu'elle fut baillée par le Seigneur, & neanmoins tenus payer les lods & ventes s'il en ſont dûs, & tous les arrerages des droits Seigneuriaux; ſauf leur recours contre leurs auteurs, pour leſquelles deteriorations ou eſtimation d'icelles, & arrerages, le Seigneur ſe peut prendre ſur les autres biens du guerpiſſant: ainſi l'avons ſouvent jugé, même pour la Dame Preſidente de Saint Jean, contre Salvet Procureur au Preſidial à Toulouſe, & du douziéme Janvier mil cinq cens ſeptante & cinq pour Gaſſuer contre Cavagnac. Ce qui n'a lieu és locatairies perpetuelles de vingt-neuf en vingt-neuf ans, eſquelles les locataires & tenanciers des biens, ou leurs hoirs, peuvent iceux relaxer & quitter aux locateurs quand bon leur ſemble, en payant la rente & arrerages, & laiſſant les biens en l'état qu'ils leur avoient été baillez, comme fut permis à du Solier Damoiſelle appellante du Senéchal de Carcaſſonne, de relaxer une metairie baillée à ſon pere à ſemblable arrentement perpetuel pour quatorze ceſtiers de bled de rente ou penſion, de laquelle ſondit pere, ou elle, avoient joüi vingt-quatre ans, par Arreſt du 9. May 1587.

De l'obligation perſonnelle.] *V. l'art. 3. du chap. 6. de ce traité.*
Qu'elle fut baillée.] Suivant *l'art.* 43. de l'Ordonnance de Charles VII. en 1431.
Sur les autres biens.] *Ferrer. in quæſt.* 417. *Guid. Pap.*

ART. II.

Le Seigneur n'eſt tenu accepter, s'il ne veut, le guerpiſſement, ou relaxe d'une de pluſieurs pieces baillées par lui, ou ſes predeceſſeurs, ni d'un de pluſieurs tenanciers par indivis d'un fief, que tous enſemble ne guerpiſſent le tout; ains doivent ſes autres contenanciers pourvoir à la piece qu'on pretend guerpir, ou contraindre le tenancier à la retenir, comme bon leur ſemblera & payer la rente entiere par indivis: Ainſi fut jugé au fait de Maître N. Boloc Docteur de Montech l'an mil cinq cens nonante & un & le quinziéme Octobre.

* *Tenanciers par indivis d'un Fief.*] Il eſt vrai que par la raiſon de la Loy *hæredes ſcripti C. de omn. agr. deſert.* quand on a pris pluſieurs pieces en emphyteoſe, on doit ou les deguerpir ou les retenir toutes, à moins qu'on les ait priſes ſous divers prix; mais l'A...

l'Auteur se trompe quand il prétend qu'il en soit de même à l'égard de l'un de plusieurs tenanciers par indivis d'un fief, car il est certain, suivant l'usage de ce Parlement, attesté par Cambolas *liv. 3. chap. 9.* qu'en ce cas un des tenanciers peut deguerpir sa portion quitte d'arrerages, & on reserve au Seigneur de pouvoir à l'avenir lever par indivis la rente à lui dûë sur son fief, sur les autres contenanciers d'icelui, ausquels en ce cas on permet de pouvoir prendre la portion deguerpie; en effet, elle leur accroît de plein droit. *V. Maynard liv. 6. chap. 38.*

Art. III.

Les pupilles ni les Tuteurs ne peuvent faire ces guerpissemens sans connoissance de cause, & sans autorité & permission de justice, avec inquisition de la commodité, ou incommodité du pupille prealable; parce que cette alienation est prohibée par le droit sans les formalitez de justice. *C. De reb. cor. &c. & l. inter omnes. C. de præd. min. Masuer.* tit des loüages.

Des Fours banniers.

CHAPITRE XVI.

Art. I.

IL y a plusieurs fiefs esquels il y a fours & moulins à vent; c'est-à-dire où les resseans habitans, & domiciliez des fiefs sont sujets, suivant les coûtumes des lieux, baux, infeodations ou reconnoissances, aller moudre leurs grains, ou cuire leur pain, dont les droits sont divers, suivant la diversité des coûtumes, infeodations & reconnoissances : & les contrevenans sont punis suivant les peines contenuës esdits titres : pour l'execution desquelles les farines, ou pains venans d'autre moulin ou four & trouvez dans le fief, peuvent être saisis par le Seigneur, ses Officiers, ou rentiers, & trouvez hors du fief, peuvent ceux qui les portent, ou conduisent être actionnez pour l'amende & confiscation par le Seigneur, ou ses Officiers & Fermiers.

Art. II.

Si un four, ou moulin sont baillez en emphyteose à condition & charge, de cuire ou moudre tout le pain & bled d'une maison & famille : encore que la famille croisse & augmente du double, voire trible, & plus l'emphiteote est tenu y satisfaire : pourveu que tous habitent en même maison & domicile, *& sub eodem tecto*, & ne fassent divers feux, familles & ménages, comme la famille étant diminuée, & voire étant absente on ne peut rien exiger de l'emphiteote pour telle diminution : à cause dequoi le Meusnier ou Fournier ne sont tenus cuire le pain des enfans, serviteurs, ou Metayers habitans hors la maison & habitation du Seigneur. Ainsi le jugeâmes en la cause de Scipion de Joyeuse grand Prieur de Toulouse en Decembre mil cinq cens quatrevingt cinq pour un four bannier, qu'il a en Toulouse à la ruë des Paradoux, chargé de cuire son pain, lors qu'il est en Toulouse, & du College de saint Jean, auquel nous deniâmes les arrerages, qu'il demandoit de la cuison de son pain pendant son absence, le tout par les raisons, loix & autoritez alleguées par Cepola, *in tit. De servit. urbanor. præd. tit. De furno. & Boyer q.* 213.

ART. III

Par Arrest donné sur ce sujet de fours banniers, entre le sieur de Rigaud, Seigneur du Cabanial, & le Syndic, Consuls & habitans dud. Cabanial, le sixiéme Decembre mil cinq cens soixante & sept fut dit que les habitans de Cabanial seront contraints aller cuire leurs pains aux fours banniers du Seigneur pour eux & leur famille; à la charge que le Seigneur les tiendra reparez, fournis & pourveus de toutes choses necessaires pour bien cuire le pain des habitans aux jours qui seront avisez par experts, & inhibé tant aux habitans du lieu, qu'autres residans dans le fief, construire fours particuliers sans la permission du Seigneur; & ou il y en auroit, permis au Seigneur de les abbattre & démolir : que ceux ausquels telle permission est donnée, ne pourroit faire cuire le pain de leurs voisins, sous peine de confiscation du pain au profit du Seigneur : Plus, que ceux qui acheteront du pain hors du fief pour leur nourriture, ou de leur famille, ou encore pour vendre aux habitans, seront tenus payer le droit de fournage, suivant estimation d'experts, ayant égard au bled que leur famille pourroit dépenser, ou qu'ils n'ont pû vendre. En outre les forains bientenans dans le fief, mais non residans ni domiciliez, dol & fraude cessant, ne seront tenus payer le droit de fournage. Pareil Arrest de prohibition de cuire ailleurs qu'aux fours banniers, & d'injonction de démolir les fours particuliers fut donné le quatriéme Fevrier mil cinq cens quatre-vingts-sept, pour d'Orgueil sieur de Gemil, contre Payrastre.

Des Moulins banniers.

CHAPITRE XVII.

ART. I.

LEs Seigneurs Justiciers hauts, moyens & bas ont aucuns droits domaniaux à eux propres & particuliers, *in castris eorum*, comme sont *aquæ*, *& decursus aquarum*, *montes*, *nemora*, *pascua*, & autres semblables, comme est decis par *Lucas de Penna in l. Quicumque. De fund. limitroph. lib.* 11. *C. & Consil.* 24. *num.* 22. & telle est la résolution des Coûtumiers de ce Royaume, & singulierement de Papon sur les Coûtumes de Molins, & de Guido Pape en la décision cinq cens septante & sept, & cinq cens quatorze; comme aussi Chopin *de domanio. lib.* 1. *tit.* 16. dit que par la coûtume & loy de ce Royaume, les Seigneurs Justiciers en toute Jurisdiction sont fondez en la proprieté des fleuves & rivieres non navigables, qui passent en leurs Jurisdictions; d'où s'ensuit qu'ils sont fondez aussi à prohiber qu'aucun ne fasse aucuns Moulins ausdites rivieres ou ruisseaux, que le Jurisconsulte appelle privez, ainsi qu'il est decis par Boyer en la decision 352. n. 4. Alexandre Consil. 194. vol. 2. *Jason in l. Quominus ff. De fluminib.* Car aussi par la disposition du Droit, il n'est pas loisible de bâtir sans la volonté du Seigneur en son fonds. *facit testius in l. Si quis cum ff. De diversis & temporan. præscript* & ainsi fut jugé par jugement de nôtre Chambre, confirmée par Arrest de la Cour, donné en faveur de la Comtesse d'Ales contre un sien vassal, qui vouloit contre sa volonté faire un Moulin sur une riviere passant en sa Jurisdiction, en l'an mil cinq cens quatre vingts-cinq.

ART. II.

Il n'est loisible d'attacher les Moulins à nef dans les terres des particuliers, sans leur permission, ayant été le vingt-huitiéme jour du mois de Juin mil cinq cens ſeptante-huit, Jean de Fontaines Procureur en la Cour, condamné à détacher & retirer un Moulin qu'il avoit attaché dans la terre du ſieur du Sol près Grenade.

ART. III.

Par la Coûtume de Bourbonnois le Meuſnier pour une meſure de blé bien purgé raze, en doit rendre un comble de farine ; & par la Coûtume de Touraine pour douze meſures, treize, au rapport de Ragueau en ſon indice des droits Royaux ; mais és villes du Puy & Alby, il y a un poids public, auquel le bled & farines ſont peſées, & faut que le Meuſnier les rende à poids égal.

ART. IV.

Par Arreſt du quatorziéme Mars mil cinq cens trente, fut inhibé aux Pariers du Moulin du Château Narbonnois, de n'entreprendre connoiſſance des crimes qui ſe commettent és Moulins.

Pariers du Moulin.] Il n'en eſt pas des affaires concernant les Moulins, comme de celles qui concernent les vaiſſeaux, à cauſe que pour celle-ci il y a des Juges affectez qui ont droit qui regardent les vaiſſeaux, quoiqu'elles ne concernent pas la Mari- de connoitre des choſes qui regardent les vaiſſeaux, pour le fait d'une ſimple vente, ne : comme par exemple ils ont attribution de Juriſdiction pour le fait d'une ſimple vente, & du ſimple prix d'un vaiſſeau, ainſi le nommé Segou de la ville d'Aygues-mortes, ayant acheté une barque, & par le contrat s'étant ſoumis, faute de payement, aux rigueurs du Juge du Petit Séel de Montpellier ; parce que le vendeur expoſa clameur d'autorité de ce Juge ; Segou ſe pourveut devant le Juge de l'Admirauté d'Aygues-mortes, en caſſation de la ſaiſie qu'on lui avoit faite, alleguant pour toute raiſon, qu'attendu qu'il s'agiſſoit de la vente d'une barque, le Juge de l'Amirauté étoit ſeul competant pour connoître de la cauſe, quoiqu'il ne fût queſtion que du prix du vaiſſeau. les Parties ayant ſur ce conflit de Juriſdiction pourſuivi divers apppointemens, tant devant le Juge du Petit Séel, que devant celui de l'Amirauté ; enfin Segou porta l'affaire au Parlement, les Officiers en ces deux differentes Juriſdictions intervinrent en l'inſtance, & après avoir fait valoir leur droit autant qu'ils pûrent, de part & d'autre, il fut donné Arreſt au rapport de Mr. de Papus en la grand'-Chambre le 13. Septembre 1663. par lequel la Cour caſſa les Appointemens du Juge du Petit Séel, & renvoya la cauſe devant celui de l'Amirauté.

ART. V.

Par Arreſt du vingt-huit Janvier mil cinq cens ſoixante & neuf, deux femmes ayans dérobé du bled au Moulin mentionné en l'article precedent, furent bannies pour un an de la ville & Viguerie, avec inhibition de ne commettre tels larcins ſur peine de la hart.

ART. VI.

Le droit du Moulin bannier porte charge au Seigneur de faire dépêcher les grains que l'on y porte dans vingt-quatre heures, & loi aux Sujets d'y aller moudre, sauf qu'après vingt-quatre heures ils pourront prendre leur bled & l'emporter moudre ailleurs. Ainsi fut jugé par Arrest de Toulouse donné és Grands Jours du Puy le sixiéme Octobre 1548. rapporté par Papon.

Après 24. heures.] En Moulins bannaux (dit *Loisel en ses Instit. Coûtum. liv. 2. tit. 2. art. 31 & 32.*) qui premier vient, premier engraine : mais après avoir attendu vingt-quatre heures, qui ne peut à l'un s'en aille à l'autre. Cette regle est generale par tout le Royaume, excepté aux lieux où il y a Coûtume, qui fixe le temps à plus ou à moins de vingt-quatre heures. Celle de Bretagne distingue les Moulins d'eau des Moulins à vent ; & oblige le sujet d'attendre l'eau trois jours & trois nuits, & au moulin à vent un jour & une nuit. Il me semble qu'on peut donner ces raisons de difference, que les eaux tarissent souvent au lieu que l'agitation de l'air d'où procede le vent ne cesse presque jamais, que l'eau ne coule pas toujours, au lieu que l'air est dans un perpetuel mouvement. Ainsi on peut avoir plus facilement du vent que d'eau.

Moudre ailleurs.] Sans payer le droit ordinaire dû au Saigneur.

ART. VII.

Par le droit, il est loisible à un chacun de construire des Moulins dans son fonds, & même lors que les rivieres ne sont navigables ; car en ce cas il est besoin de prendre permission du Roi, voire qui plus est, jaçoit qu'il soit dit que *prata privatorum non possint devastari*, *l. Si quis. C. De pascuis*, & que le cours des eaux ne puisse être changé au préjudice des particuliers, & qu'il soit dit par l'Empereur *usum aquæ veterem longoque dominio constitutum singulis civibus manere censemus, nec ulla novatione turbari, nec furtivis earum mentibus abuti. l. Usum C. de aquaductu.* Il est neanmoins loisible de construire des Moulins, encore qu'ils apportent de l'incommodité à quelques particuliers, & singulierement lorsque les Moulins sont utiles au public ; car il est loisible à un chacun, à plus grande raison aux Seigneurs des lieux *traducere aquas quocumque velint, dum tamen hoc faciant, ut sibi proficiant, etiamsi prata vicini siccitatem aquæ patiantur*, Balde au Conseil 57. vol. 1. Guido Pap. en la Decis. 91. parlant des étangs, qui apportent plus d'incommodité que les Moulins. Boyer au Conseil 24. num. 17. *l.* 1. §. *Idem aiunt. l. Si in meo fundo ff. De aqua pluvia arcenda. l.* 7. *Proculus ff. De damno infecto l.* 2. §. *Item Varus ff. De aqua plu. arc.* les Interpretes sur la Loi. *Domus. ff. de reg. jur.* & sur la Loi *Quominus ff. De fluminib.* & telle est la resolution de tous les Interpretes & Decisionaires de ce Royaume. Marcus en la question 40. Cepola *De servit. rustic. præd. cap.* 31. 32. Decius au Conseil 250. Jason sur ladite loi. *Quominus Matthæus de Afflictis* en la Decision 388. Chassan. sur les Coûtumes de Bourgogne. *Rubrica* 13. §. 2.

ART. VIII.

Extrait des Registres de Parlement.

SUr la Requeste présentée par le Syndic des Pariers du Moulin du Bazacle en Toulouse, & vûës les autres précedentes Requestes sur ce par ledit Syndic, baillées le dernier Decembre & vingt-deuxiéme jour de Fevrier dernier, & Ordonnance de la Cour, mise au pied de la Requête dud. jour dernier Decembre, ensemble la réponse du Procureur General du vingt-troisiéme jour dudit mois de Fevrier, & le cayer des commandemens faits aux Pariers dud. Moulin les 25. 28. 29. & 30. jour du mois d'Octobre dernier, cinquiéme, sixiéme & septiéme Novembre aussi dernier, articles faits & arrestez, suivant la deliberation tenuë en l'Assemblée generale des Pariers du Moulin le premier de Decembre dernier, sur lesquels seroit intervenuë l'Ordonnance de lad. Cour du dernier jour dud. mois de Decembre. Autre Deliberation faite en la Maison de Ville dudit Toulouse le dix-huitiéme du même mois : La Cour a ordonné & ordonne que dans le mois prochain venant, les Pariers dud. Moulin du Bazacle remettront és mains du Syndic & Regens dud. Moulin la somme de cent cinquante écus par uchau, ensemble les arrerages de vingt écus, imposez pour faire la reparation & réedification necessaire audit Moulin, autrement, à faute de ce faire, passé ledit délai, attendu l'urgente necessité de ladite reparation, a permis & permet audit Syndic, Regens & Sur-Intendans de passer des contrats de vente des parts & portions que lesdits Proprietaires & Pariers ont aud. Moulin, de quelque qualité & condition qu'ils soient, privilegiez ou non privilegiez, sans y observer autre solemnité de droit qu'une seule proclamation qui en sera faite aux Prônes des Eglises, & ce à raison de cent cinquante écus pour uchau, desquelles entieres sommes lesdits Acquereurs seront remboursez avant que pouvoir être dépossedez par le rachat desdits Proprietaires, leurs heritiers & successeurs, & interêts desdites sommes à raison du denier douze, depuis le jour de leur achat, jusques à ladite reparation parfaite, & que ledit Moulin seroit en état de moudre, après lequel temps les fruits, profits, revenus & émolumens desdits Moulins tiendront lieu desdits interêts, à la charge que les Acquereurs payeront toutes charges ordinaires & extraordinaires durant le temps qu'ils joüiront desdits Moulins, le temps duquel rachat courra contre lesdits Proprietaires & Pariers dudit Moulin, leurs heritiers ou successeurs de quelle qualité qu'ils soient du jour de ladite reparation entierement parfaite jusques à trente ans, nonobstant quelconque minorité & privilege. Prononcé à Toulouse en Parlement le vingt-septiéme Mars mil cinq cens nonante-sept.

Du droit de Foüage & de Quête.

CHAPITRE XVIII.

ART. I.

DRoit de Foüage est un droit que le Seigneur prend sur chacun chef de maison & famille tenant feu & lieu, qu'aucuns des anciens les ont appellé *fumarium tributum*, auquel est semblable un des droits de Quête en aucuns lieux de Gascogne, par lequel chaque feu allumant est tenu payer certaine rente de bled, avoine & poullaille au Seigneur.

ART. II.

Si le pere mourant laisse plusieurs enfans heritiers & successeurs ne vivant en commun, ains séparenrent, tenans divers feux & famille, chacun est tenu payer le droit entier dud. Foüage ou Quête, autrement continuans à vivre en commun sous même feu, & toit, ils ne payeront qu'un seul & même droit, comme fut dit par Arrest du troisiéme Juin mille cinq cens soixante-quatre, entre le sieur de Gabarret, & le Syndic des habitans dudit lieu : &

par autre Arrest auparavant du vingt-huitieme Août mil cinq cens cinquante-quatre, entre la Dame de Saint Plancard & d'Ornezan, & les habitans dudit Ornezan, & encore par autre Arrest du vingt-sixiéme Janvier mil cinq cens septante-trois, & entre le sieur de Savignac, & le Syndic du lieu de Seiches : & par autre Arrest du vingt troisiéme Juin mil cinq cens quatre-vingt trois, entre Françoise d'Espagne, Dame d'Orbessan & le Syndic dudit Lieu, par lequel le droit de Quête fut adjugé à ladite Dame définitivement sur un chacun des Habitans tenans maison particuliere audit Lieu, car comme celui qui acquiert les maisons & biens de plusieurs, ne paye pourtant qu'un seul droit de Quête ; aussi au contraire, si ses enfans ou successeurs font divers feux & familles separées, & particulieres habitations, il est raisonnable que chacun en paye, & le droit s'augmente en faveur du Seigneur comme il s'étoit diminué.

Tenans divers feux.] *V. Cod. Fabr. lib. 9. tit. ult. def. 8. & Boër. dec. 212. num. 4.* où il traite *quomodo focagia numerentur per domos.*

Du droit de Commis.

CHAPITRE XVIX.

ART. I.

IL y a des Lieux, esquels par coûtume, le droit de Commis n'a point lieu, comme par Arrest du septiéme Juin mil cinq cens vingt-sept fut dit, qu'en la Judicature de Lauraguois, à present Senéchaussée, n'avoit lieu en faveur de Jean Capelle, contre Bernard de Goyrans, Sieur de Lux.

ART. II.

Anciennement on prétendoit qu'en la Ville & Viguerie de Toulouse n'y avoit point droit de Commis, mais depuis par Arrest general prononcé par Monsieur Daffis, Premier Président, le vingt-deuxiéme Decembre mil cinq cens septante, fut jugé le contraire, & une piece appartenante à Gilles de Sale du Soustré, adjugée par le droit de Commis au Sr. de Saint Paul, comme Seigneur directe de Monberon & Agassat, étans dans la Viguerie de Toulouse,

Toulouſe, pour des paroles offenſives, & pour déni & inficiation faite par ledit du Souſtré, ladite piece n'être point de la directe dudit ſieur de Monberon, en ayant été convaincu par acte & verification faite par Experts.

Viguerie de Toulouſe.) *V. l'art. 16. du chap. 13. de ce traité.*

ART. III.

Il y a lieu de commis, non-ſeulement pour le déni & inficiation de l'emphyteote ; mais auſſi en cas de dol & fraude par lui commiſe au contrat d'achat, comme ſi pour fruſtrer le Seigneur des lods, il avoit fait mettre au contrat moindre prix qu'il n'en paye, & ayant fait promeſſe privée à part ; s'il avoit voulu dérober ou faire perdre les titres & reconnoiſſances, ou icelles alterer ou falſifier ; ſi en l'acquiſition par dol il avoit fait mettre les biens être de la directe d'un autre Seigneur ; ſi par dol auſſi il avoit fait mettre dans l'inſtrument d'achat la piecé venduë, faire beaucoup moindre cenſive qu'elle ne fait : ſi étant condamné à reconnoître ſur peine de commis, il refuſe ce faire, aprés dûës intimations & comminations ; s'il eſt convaincu d'avoir ſollicité, induit, ſeduit, incité & fait ſindiquer les autres emphiteotes à ne payer point, ains à plaider, y étans aprés condamnez, & autres cas ſemblables : dequoi y a Arrêt du cinquiéme Mai mil cinq cens qnarante-neuf en faveur du Sieur de Seiſſes & de Panaſſac, contre Jean de Villeneuve, par lequel deux pieces de terre de la contenance de quinze arpens, achetée par ledit Villeneuve, fut adjugée par droit de commis audit Sr. de Seiſſes, avec ces mots : Attendu la fraude reſultant du procez, par ledit de Villeneuve commiſe en achetant leſdites pieces, qui étoit d'avoir frauduleuſement taiſé & fait obmettre un cétier & demi de cenſive : la fraude reſultant des actes du procez.

Pour le déni.] Autrefois la peine de commis avoit lieu par déni de Fief, lorſqu'il s'agiſſoit d'un deſaveu, ou fait en Jugement, ou ſpecial des choſes deſavouées ; mais non pas lorſqu'il s'agiſſoit d'un deſaveu fait, ou en termes generaux, ou hors Jugement ; car en ces deux derniers cas *lubricum linguæ non facilè ad pœnam trahebatur arg. l. Famoſi. §. 3. ff. ad leg. Jul. majeſt.* En nul pourtant de tous ces cas le commis n'avoit pas lieu, lorſque l'on reconnoiſſoit le Roy pour Seigneur. Aujourd'hui ſans diſtinction aucune la peine de commis pour le ſimple déni, n'eſt pas reçûë en ce Parlement, ſuivant la doctrine de Maynard *liv. 10. chap. 7.* à moins qu'on n'offenſe grievement le Seigneur, en paroles injurieuſes. Tout cela eſt vrai à l'égard de l'emphiteoſe ; mais il en doit être autrement à l'égard du Fief, à parler en toute rigueur, parce que la fidelité & la reverence faisans comme la substance du Fief, & lui étans essentielles : il est sans doute que le Vassal est tenu à une plus grande fidelité, de même qu'à un plus grand respect ; ce qui n'est que simple injure en la personne de l'emphyteote, est une espece de crime en celle du feodataire. *V. l'observ. sur l'art. 1. du chap. 31. de ce traité.*

ART. IV.

A faute du payement des droits Seigneuriaux, ni arrerages d'iceux, le commis n'est adjugé ; car le Seigneur a ses autres remedes par la saisie feodale du fonds.

Faute du payement.) *V. Ferrer. in quæst.* 171. *Guid. Pap. & Bronchorst, miscell. controv. centur,* 1. *assert.* 42. *&* 46.

* *Par la Saisie.*) L'usage est de venir par action, & par demande en condamnation de cens &. des arrerages.

ART. V.

Le droit de commis est adjugé par deterioration ; car la nature du Fief est d'être melioré, non deterioré : comme le Seigneur ayant infeodé un fonds, avec maison & vigne, & l'emphiteote demoli la maison & arraché la vigne, le tout par mauvaise menagerie, il doit être condamné à replanter une semblable vigne, & rebâtir une semblable maison, sur peine de commis, & à faute de ce faire, dans les delais competans octroyez par la Justice, le fonds doit être adjugé par droit de commis au Seigneur directe ; neanmoins l'emphiteote condamné en tout ce que coûtera à rebâtir la maison & replanter la vigne. Ainsi nous le jugeâmes pour de Galdon, veuve du sieur President Lathomi, contre Carriole son emphiteote, qui avoit demoli une maison dans son fief, au lieu d'Auzeville prés Toulouse.

De la presciption des Droits Seigneuriaux.

CHAPITRE XX.

ART. I.

PAr la commune resolution des Docteurs reçûë & observée, jamais l'emphiteote ne prescrit la directe contre son Seigneur foncier, à l'exemple du locataire, qui ne proscrit aussi jamais la chose à lui loüée ou affermée contre son locateur, *quia non sibi, sed domino possidet.* Jason, Bartole, Salicet & autres, *in l. fi. cod. De jure emphyt.* sauf au cas qu'il y eut interversion de possession ;

ſçavoir, quand aprés avoir l'Emphiteote formellement dénié & contesté en Justice au Seigneur le fonds demandé n'être point mouvant de sa Directe, & qu'aprés le Seigneur est si negligent que de laisser joüir paisiblement & franchement l'Emphiteote, sans lui rien demander par l'espace de trente ans, auquel cas la prescription a lieu, & ne pourra aprés le Seigneur lui rien demander, sauf és cas des justes causes, d'interruptions & prescriptions comme de pupillarité, minorité, legitimes absences pour guerres, pestes & autres, comme il est *in l. Comperit, & l. Malè igitur. C. De præscrip. trigin. annor.* Masuer au titre des Prescriptions.

Ne prescrit la Directe.] Dans le Languedoc le laps de temps, pour si long qu'il soit, ne fournit jamais à l'emphyteote une fin de non recevoir contre son Seigneur Directe, dont le titre veille toujours pour la conservation de son droit. Il en est autrement en Dauphiné, où la prescription de cent ans peut être opposée au Seigneur Directe. Dans la Bourgogne il n'y a que les censes emphyteotiques, dûës au Seigneur haut-Justicier, qui soient inprescriptibles, parce qu'elles sont dûës en signe de superiorité.

Interversion de possession.] Les choses deviennent prescriptibles *ex die contradictionis*, quand même elles ne l'auroient pas été de leur nature, la contradiction rendant prescriptibles les choses qui ne le sont pas d'elles-mémes; & la raison en est, qu'il se fait interversion de possession dés le moment de la contradiction. De sorte que comme en matiere de servitudes negatives la prescription commence à courir *à tempore quo quis prohibitus est*; aussi en matiere d'emphyteose il est constant, que depuis le jour de la contradiction l'emphyteote peut prescrire contre son Seigneur: En effet ayant dénié sa cense, & contesté sa prétention, il le faut regarder comme ayant demeuré depuis ce temps-là *in possessione libertatis*, laquelle liberté s'acquiert dans trente ans utiles. Ainsi l'emphyteote prescrivant contre le Seigneur, *à die contradictionis seu interversæ possessionis*, il est à couvert, *vel solâ temporis exceptione*, même contre le titre primordial, pourvû neanmoins que l'interversion de possession ait bien commencé contre celui à qui on l'oppose, en contestant avec une personne legitime; ou que dés le jour de la contradiction, *patientia subsecuta fuerit*, c'est-à-dire que celui, contre lequel on veut prescrire du jour de la contradiction, ait demeuré dans le silence, & souffert volontairement la possession de celui qui a voulu prescrire; & finalement pourvû qu'il ne s'agisse pas d'un terroir uni & limité, *à fundo sito in loco servili*; parce que lors qu'il est question d'un terroir de cette nature le droit du Seigneur est incontestable, n'ayant pas même besoin de produire des titres, & la qualité du terroir toute seule suffisant pour établir sa directe; excepté lorsqu'on fait apparoit d'un affranchissement de la terre, suivant la limitation rapportée *en l'art. 3. du chap. 1. de ce traité.*

ART. II.

L'Emphiteote peut bien prescrire le payement de la rente, & les arrerages par trente ans: Si que la Justice ne condamne à payer jamais les arrerages au-delà, & auparavant de trente ans, ains seulement de vingt-neuf ans auparavant l'introduction de l'instance, & ainsi s'observe. Masuer, *ubi suprà.*

Payement de la rente.] La cottité du cens, & la forme du payement, prescrivent dans 30. ans, quoique le droit au principal soit inprescriptible; *census præscribitur in quota non in toto*, & on n'est tenu de payer que la même censive qu'on a payé pendant 30. ans, quoiqu'elle se trouve reglée à un plus haut pied par d'anciennes reconnoissances. Il en est autrement lorsque le Seigneur produit le contrat d'infeodation; parce qu'outre que *à primordio tituli posterior formatur eventus*, suivant la maxime commune; d'ailleurs il est certain que *non ratio obtinendæ possessionis, sed origo nanciscendæ exquirenda est, L. clam. possidere ff. de acquir. vel amitt. possess.*

Art. III.

Un Seigneur peut prescrire contre un autre Seigneur son voisin, ou Conseigneur avec lui de même fonds, par l'espace de trente ans, en faisant apparoir des reconnoissances, joüissance paisible, & payemens à lui faits durant le temps de trente ans. Jason *in l. si num.* 159. *De jur. emphit. Bald. in suo tract. de præscript. parte* 4. *q.* 14. Et ainsi le jugeâmes-nous pour le Sieur Evêque d'Alby, contre Loüis de Raffin, sieur de Villelongue.

Peut prescrire.] Un Seigneur prescrit contre un autre Seigneur par 30. ans entre laïques, & par 40. contre l'Eglise, suivant l'Arrest donné au rapport de Mr. de Laporte, l'onziéme Juillet 1670. en la seconde Chambre des Enquestes, au profit du sieur de S. Igest, contre le Chapitre de Villefranche: Il ne faut pas un moindre temps pour prescrire, suivant l'Arrêt rapporté en *l'observation sur l'art. 9. du chap. 38. de ce traité*, contre un titulaire, & contre un Ecclesiastique, des droits Seigneuriaux & des profits de fief. Au reste, pour acquerir la prescription contre un autre Seigneur dans un combat de fief; il faut une possession continuelle & paisible pendant trente ou quarante ans, suivant le cas, justifiée par des reconnoissances & par des payemens des droits Seigneuriaux. Or pour sçavoir si un Seigneur a prescrit il faut verifier si les mêmes biens, dont la reconnoissance est demandée, sont dans les titres de l'un & de l'autre des Seigneurs qui disputent le fief, ou s'ils ne sont que dans ceux de l'un d'eux, la raison en est, qu'au dernier cas il n'y a point de question. Par ce moyen la fin de non recevoir opposée par un des Seigneurs, & qui est la question de droit, ne pouvant être vuidée, que celle de fait, qui regarde la verification, n'ait été éclaircie, on ne peut toucher ni vuider la fin de non recevoir avant la verification. C'est la raison pour laquelle Messieurs des Requêtes de ce Parlement ont accoûtumé toutes les fois qu'il s'agit d'un combat de fief, d'ordonner la verification avant que de prononcer sur le fonds, tant parce qu'au moyen de la verification il arrive souvent que le fief de l'un & de l'autre des Seigneurs se trouve; ou bien que le même fief n'étant pas dans les titres de l'un & de l'autre, mais dans ceux de l'un d'eux; on n'a pas besoin de venir à la question de droit, & sçavoir si un Seigneur peut prescrire contre l'autre. *V. l'art. 10. du chap. 1. de ce traité.*

Art. IV.

Par Arrest de Toulouse de l'an mil cinq cens dix-huit, fut jugé que faculté de racheter *toties, quoties*, est prescriptible par trente ans: toutefois il y a autre Arrest du dixiéme Mars mil cinq cens cinquante-sept, donné les Chambres assemblées, par lequel fut dit, que faculté de rachat d'une rente *toties*, *quoties*, ne sera prescrite, voire par cent ans. *Vide Chassan.* tit. des rentes venduës à rachat. §. 1. num. 11. & Boër. decis. 182. num. 1. 2. 3. & 4. la premiere opinion est la plus suivie, & s'observe à Paris & Bordeaux.

Prescriptible par 30. ans.] C'est l'usage attesté par *Ferrer. in quest. 46. Duranti*, & par Cambolas *liv. 6. chap. 24.* On ne suit plus les prejugez rapportez par Maynard *liv. 4. chap. 53.* parce que les pactes, les actions & les droits perpetuels prescrivent dans trente ans. *L. sicut C. de praescript. 30. vel 40. annor.* il y auroit sans doute beaucoup à dire s'il falloit juger la question à la rigueur du droit; mais l'usage decide en souverain, & il le faut suivre. *V. Cambolas liv. 3. chap. 37. d'Olive liv. 2. chap. 22.*

ART. V.

Autre Arrest du sieur de Fontanilles, appellant du Senéchal de Toulouse, contre le Syndic des Augustins, par lequel, sans s'arrêter aux laps du temps, un membre de certaine Baronnie, démembré pour raison de certain legat à œuvres pies, est pour ce regard declaré de nulle efficace & valeur, sauf certaine pension apposée & mise pour faire continuer le Service Divin.

V. le chap. 37. de ce traité.

Des Reglemens pour les honneurs entre les Conseigneurs Justiciers, & des Pigeonniers.

CHAPITRE XXI.

ART. I.

ENtre Conseigneurs Justiciers, ceux qui ont la plus grande portion & cotité de la Justice precedent les autres en toutes assistances, assemblées, actes & honneurs publics & privez és lieux & détroits de leurs Seigneuries & Jurisdictions, & se doivent accorder de lieu & maison convenable pour tenir la Cour, & exercer les actes de justice, & faire construire Prisons sûres & condecentes audit lieu, & y contribuer à proportion des cottitez de leur Jurisdiction, comme fut dit par Arrest à Toulouse le quatorze Août mil cinq cens cinquante-trois, entre les Seigneurs de Polastron en Gascogne.

Art. II.

Les droits & prerogatives d'honneurs entre les Conseigneurs justiciers sont plus particulierement & expressement reglées & specifiés en l'Arrest, lequel à cause de ce j'ay voulu ici inserer au long, avec d'autres concernans ce sujet.

Art. III.

Extrait des Registres de Parlement.

ENtre Aimery de Voisins, Seigneur & Baron de Montaut, & Conseigneur pour les deux parties, trois faisans le tout du lieu de la Bruyere, impetrant & requerant l'interinement de certaines lettres Royaux en forme de requête civile, en declaration & interpretation de l'Ordonnance du ressaisiment, donnée entre lesdites parties, ou leurs predecesseurs, par le Senéchal de Toulouse, & autres fins contenuës en icelles ; & aussi d'autres lettres Royaux pour être reçû à conclurre, & concluant comme appellant, tant de l'Ordonnance de ressaisiment donnée par le Senéchal de Toulouse ou son Lieutenant le huitiéme Juin mil cinq cens trente-trois, que des déni & dissimulation de Justice dudit Senéchal, ensemble de l'execution de ladite Ordonnance, faite par Maître Antoine Baillet Docteur és Droits, Avocat en la Cour, Commissaire à ce deputé, & être relevé des fins de non recevoir, & desertions y mentionnées ; & Maître Martin Fascon, licencié és Droits, & Pierre Bonnavent, Lieutenant du Juge ordinaire de Bruyere, supplians & demandeurs ; & aussi ledit de Voisins impetrant & requerant l'interinement d'autres lettres Royaux en forme de requête civile, aux fins d'être restitué en entier envers les Arrêts confirmatifs dudit ressaisiment, & que la Cour retenant la connoissance de la cause, jugeât le procez diffinitivement ; & pour être relevé des fins de non recevoir, comparaissances, approbations & autres fins y contenuës, d'une part, & François de Toulouse & de Lautrec Vicomte de Labrec, Seigneur de Monsa, & Conseigneur & Baron de la Bruyere pour l'autre troisiéme partie, appellé & deffendeur esdites qualitez & instances, d'autre. Vûs les plaidoyez du dix-huitiéme Janvier mil cinq cens cinquante-neuf, douziéme & dix-huitiéme Juin mil cinq cens soixante-un, Arrests donnez entre lesdites parties le 21. Juin mil cinq cens cinquante-neuf, & 18. Janvier audit an, titres, instrumens & documens respectivemens produits, enquêtes faites pardevant ledit Senéchal, aprés ledit ressaisiment, contredits, salvations, requête par ledit de Lautrec baillée, ordonnée être mise au sac par ordonnance de la Cour, & autres productions des parties. Dit a été, sans avoir égard à la requête presentée par lesdits Falcon & Bonnavent, de l'effet de laquelle les a demis & demet la Cour, & sans aussi avoir égard aux deux dernieres lettres du dix-septiéme May dernier, & le quatriéme jour de Juin ensuivant presentée par ledit de Voisins, & ayant égard aux premieres lettres du treiziéme Janvier mil cinq cens cinquante-neuf, par lui presentées en interpretation de ladite ordonnance de ressaisiment, & Arrest confirmatif d'icelle, & interpretant & declarant lesdites Ordonnances & Arrest, a ordonné & ordonne, que d'oresnavant l'élection des nouveaux Consuls, qui sera faite audit lieu de la Bruyere chacune année, le jour à ce faire destiné & accoûtumé; autre toutefois que le jour de Dimanche, & autres fêtes solemnelles, sera aportée par les Consuls anciens en la place & paru étant devant les Châteaux desdits de Voisins & de Lautrec, Conseigneurs dudit lieu, & par iceux Consuls baillée ausdits de Voisins & de Lautrec, pour par eux être communement reçûe des mains desdits Consuls anciens, aprés apportée au Château dudit de Voisins, pour entre iceux Conseigneurs traiter, conferer & accorder ensemble de ladite élection, & ce fait, & eux retournez en ladite place, être procedé à la nomination & creation des nouveaux Consuls par lesdits de Voisins & de Lautrec, lequel des Voisins nommera & élira les premier & second Consuls, ledit de Lautrec le troisiéme; & quant au quatriéme Consul, il sera choisi & éleu les deux années premieres par ledit de Voisin en seul, & la troisiéme année par ledit de Lautrec aussi en seul: lequel ordre sera cy-aprés entre lesdits Conseigneurs gardé & observé chacune année en l'élection & creation desdits Consuls. Et ou ledit de Voisins sera absent au temps accoûtumé faire ladite élection, ledit de Lautrec aura la preference au siege avant le Procureur dudit de Voisins, & prendre ladite élection des mains desdits Consuls, & icelle apportera en son Château pour en conferer avec le Procureur dudit de Voisins, & aprés retourner en ladite place & paru pour être procedé à la creation & élection des nouveaux Consuls en la maniere susdite; & icelle faite sera publiée par mandement desdits Conseigneurs, leur Greffier & Notaire; & aprés le serment baillé ausdits nouveaux Consuls par ledit de Lautrec au nom de tous lesdits Conseigneurs, assistans audit de Lautrec le Procureur dudit de Voisins, lui absent, & en absence dudit de Lautrec, le Procureur d'icelui assistera à ladite élection audit de Voisins, ou à son Procureur en son absence, & a ordonné & ordonne en outre, que tant en l'acte de l'élection & creation desdits Consuls, qu'en tous autres actes & assemblées de ladite Ville de la Bruguiere, ledit de Voisins aura la preference à icelui de Lautrec. Et pour le regard de la creation du Juge, Lieutenant, Procureur, Greffier, Baile & autres Officiers pour l'exercice de la Jurisdiction audit lieu, a ordonné & ordonne qu'elle sera faite par lesdits de Voisins & de Lautrec, lesquels par commune main s'accorderont de personnages de qualité, idoinité & suffisance acquise, & d'iceux prendront le serment de, & au nom commun d'iceux de Voisins & de Lautrec, exercer ladite jurisdiction, tant que leur touche respectivement; & avenant vacation desdits offices par mort, ou forfaitures ou autrement, seront tenus y pourvoir en la forme susdite. Et en ce qui concerne l'exercice de la jurisdiction en la montagne de Montaut; la Cour a declaré & declare, qu'elle n'entend empêcher l'execution de l'Ordonnance de ressaisiment, donnée par ledit Senéchal de Toulouse le huitiéme Juin mil cinq cens trente-trois, au profit dudit de Lautrec, ou ses predecesseurs, & sans dépens de la cause. Prononcé à Toulouse en Parlement le sixiéme Mars mil cinq cens soixante-un.

Art. IV.

Suivant & conformement aux art. 256. & 257. des Ordonnances de Blois, où il est deffendu, à peine d'amende arbitraire, à toute personne d'usurper faussement le titre de Noble & Escuyer, & de

& de porter armoiries timbrées ; par Arrest de la Cour du mois de Septembre mil cinq cens nonante-huit, donné au rapport de Monsieur le Comte, au profit de Monsieur Termines, fut inhibé à un qui se disoit Escuyer, & sieur de quelque sien Moulin, de prendre desormais tel titre.

Le titre de Noble.] Autrefois les fiefs annoblissoient, mais aujourd'hui depuis l'Ordonnance d'Orleans, *en l'art.* 111. les roturiers ne sont pas annoblis par l'acquisition d'un fief noble, *de quelque rente & valeur qu'il soit*, porte l'article 258. de l'Ordonnance de Blois, qui confirme celle d'Orleans : En effet, *à divitiis non est nobilitas, arg. l. humilem. C. de incest. & inutilib. nupt.*

Prendre tel titre.] Il y a un Arrest donné par le Parlement de Bordeaux, les Chambres assemblées, le 21. May 1649. portant défenses au sieur d'Espernon de prendre les qualitez de très-haut & très-puissant Prince, & d'Altesse qu'il s'attribuoit.

ART. V.

Les Gentils-hommes qui font residence en un lieu, ne peuvent pourtant avoir preseance en l'Eglise dudit lieu ; ainsi jugé par Arrest le troisiéme Septembre mil cinq cens cinquante-six, contre deux Gentils-hommes, condamnez à l'amende à cause du debat par eux fait pour la preseance en l'Eglise, & ordonné que le banc duquel étoit question seroit mis hors l'Eglise, & que le dernier venu ne pourroit prendre place au-dessus du premier ; ledit Arrest cotté par Bacquet, qui conclud qu'il n'y a que le haut Justicier & le Patron de l'Eglise qui ayent droits honorifiques en icelle, & y puissent mettre leurs armoiries, litres & ceintures funebres, n'étant permis ni aux bienfacteurs, ni autre que ce soit d'user de tel droit.

Mis hors l'Eglise.] Le banc n'est dû dans l'Eglise qu'aux Seigneurs, Patrons, ou Fondateurs. *Cambolas liv. 1. chap. 50.*

ART. VI.

Par plusieurs Arrests est prohibé aux Conseigneurs justiciers de se dire ni intituler en seul Seigneurs ; ains seulement Conseigneurs, entre autres pour Antoine Pagese Conseigneur du Foussat, contre Aymable du Bourg Avocat, Conseigneur dudit Foussat ; par lequel Arrest est permis aud. du Bourg Conseigneur, faire ses reconnoissances pour sa part & cottité des droits fonciers, sans appeller l'autre Conseigneur, sans toutefois lui préjudicier.

Ains seulement Conseigneurs.] *V. l'article suivant.*

Art. VII.

Par Arrest du grand Conseil pour Hunaut Baron de Lanta, fut prohibé à de S. Estienne, Combaron de vingt-quatre parties une seulement, de se dire ni intituler Seigneur ni Baron dudit Lanta ; si ce n'est en y ajoûtant ces mots, pour la vingt-quatriéme partie, ledit Arrest donné le quatriéme Aoust mil cinq cens quatre-vingts-trois.

Pour la 24. partie.] On ne suit pas le sentiment de Loyseau, ni des autres Docteurs, qui prétendent que celui qui a la moyenne, ou la basse, ou la moindre part en la Justice, puisse se qualifier simplement Seigneur : sous ces prétextes non-seulement que tous Seigneurs le sont également par rapport au titre, mais même que *in speciali actione non cogitur possessor dicere, pro qua parte Dominium ejus sit. L. 73. ff. de rei vindicat.* Et quoique Despeisses ait donné dans leur sens, il est certain neanmoins que l'usage du Parlement est, lorsqu'il y a plusieurs Seigneurs en quelque Justice, de ne leur donner pas la qualité de Seigneur en seul, mais celle de Conseigneur, à moins qu'ils n'ajoûtent pour quelle partie ils sont Seigneurs : encore faut-il que lors que les moyens & bas Justiciers veulent prendre la qualité de Conseigneurs, ils ne se disent pas tels simplement, mais en la moyenne & basse Justice. *V. Cambol. liv. 3. chap. 33. num. 2. & l'art. preced.* de même que *l'art. 13. de ce chapitre.*

Art. VIII.

Par plusieurs autres Arrests a été prohibé aux Seigneurs directes ou fonciers seulement, se dire ni attitrer Seigneurs absolus des lieux ; si ce n'est en y ajoûtant la qualité de directes ou fonciers, tant és terres des Seigneurs jurisdictionels, que du Roy ; & entr'autres à la requête du Procureur general du Roy à un nommé de Hautpoul, fut prohibé de se nommer Seigneur de Calconieres le vingt-deuxiéme Fevrier mil cinq cens soixante-neuf, & par autre Arrest du vingt-sept Fevrier au rapport de Monsieur Fillere, pour de S. Pastour, Seigeur justicier de S. Ferriol, fut prohibé à de Guitaud Seigneur directe seulement dudit S. Ferriol se dire Seigneur ni Conseigneur dudit S. Ferriol.

Aux Seigneurs directs.] *V. Cambolas liv. 6. chap. 39.*

Art. IX.

Il n'appartient au Seigneur moyen ni bas Justicier, de donner permission aux Consuls de porter chaperons ni livrée Consulaire mi-partie de rouge & noir, ains seulement au Seigneur haut Justicier; comme il fut jugé le douziéme Avril mil six cens trois, pour le sieur de Montesquieu, Seigneur haut Justicier de Moncla, contre le sieur de Maussencomme, Seigneur moyen & bas, qui avoit donné ladite permission aux Consuls dudit Moncla, sans avoir égard à laquelle, fut prohibé ausdits Consuls porter ladite livrée, sans la permission dudit haut Justicier.

Mi-partie de rouge & noir.] La couleur rouge purement & sans aucun mélange d'autre couleur, ne peut pas être accordée par le Seigneur haut-Justicier sans permission du Roy. *Cambolas liv. 3. chap. 33. num. 4. V. l'art. 13.*

ART. X.

Le Roy même au prejudice des hauts-Justiciers, ne peut donner cette permission, comme fut jugé par Arrest du vingtiéme Avril mil cinq cens soixante-six, pour les Barons d'Auriac, Cabanial, & le Faget, par lequel les Consuls desdits lieux furent démis des lettres patentes par eux obtenuës du Roy, contenant permission de porter chaperons, avec dépens : & par autre Arrest pour le Seigneur de Soysses Tolosanes, contre les Consuls dudit lieu, qui avoient obtenu semblables lettres du Roy Charles IX. l'an mil cinq cens soixante-quatre.

Donner cette permission.] *V. le liv. 1. tit. 39. verb. Consult. art. 3. Cambolas liv. 3. chap. 33. num. 4. & Maynard liv. 9. chap. 10.*

ART. XI.

Extrait des Registres de Parlement.

ENtre René de Castagnor, sieur de Cassemartin, imperrant & requerant l'interinement de certaines lettres royaux du premier de Fevrier dernier, en opposition envers l'Arrest y mentionné, & autres fins contenuës ausd. lettres d'une part, & Herard de Pinet sieur de Montbrun, René de S. Pasteur, sieur de la Serrette, & Bertand de Vezin sieur de la Cassaigne, Conseigneurs chacun pour une sixiéme partie dudit lieu de Montbrun, assignez & deffendeurs d'autre; & entre lesd. René de S. Pasteur & de Vezin, supplians & demandeurs en deux requêtes, l'une du quatorziéme Decembre dernier, à ce que les Consuls dudit lieu de Montbrun soient tenus prêter le serment en leur presence, & l'autre du douziéme Mars aussi dernier, à ce que ledit de Pinet soit tenu remettre & leur exhiber ses titres & reconnoissances pour en tirer extraits, & autres fins desdites requêtes, & autrement deffendeurs, d'une part, & ledit de Pinet assigné & deffendeur, & autrement suppliant & demandeur par autres Requestes, d'autre. Veu le procez, plaidoyez des quinziéme Fevrier, dix-huitiéme & vingt-quatriéme Avril derniers. Arrest donné par la Cour le treiziéme Juillet mil six cens un. Incident introduit pardevant le Commissaire à ce député, joint par son Ordonnance du dixiéme Fevrier dernier à ladite instance d'opposition. Productions faites par lesdits du Pinet; S. Pastour & Vezin devant ledit Commissaire, hommages & dénombremens faits pardevant le Comte d'Armagnac és années mil cinq cens vingt-un, mil cinq cens quarante, mil cinq cens quarante-quatre. Département & cottisation faite sur les Nobles & Hommagers dud. Comté en l'année mil cinq cens cinquante-cinq, & vingt neuviéme Mai. Certificatoire du service personnel rendu en la montre & assemblée des ban & arriere ban, faite en l'année mil cinq cens soixante-un, & vingt quatriéme Septembre par Jean de Castagner, Conseigneur de Montbrun. Dires par écrit & autres Productions desdites Parties. Dit a été que la Cour interinant lesdites lettres a declaré & declare ledit Castagner bien opposant envers ledit Arrest, & l'a maintenu & gardé, le maintient & garde en la sixiéme partie de la Justice haute, moyenne & basse du lieu de Montbrun, honneur, prerogatives, revenus & émolumens en dépendans, & faisant droit sur lad. Requeste & incident joint, a ordonné & ordonne que ledit de Pinet, comme Conseigneur pour les trois parties dud. lieu, les six faisant le tout, precedera lesdits autres Conseigneurs en tous lieux & assemblées publiques & privées, tant en l'Eglise, aux offrandes, processions & ailleurs, & lui sera loisible prendre & clorre le lieu plus honorable dans l'Eglise, pour y mettre son banc pour lui, sa femme & ses enfans, tel que bon lui semblera; & après qu'il aura choisi, pourront aussi les autres Conseigneurs mettre leur banc pour eux & leur famille en telle autre place dans ladite Eglise qu'ils voudront, à côté ou après ledit de Pinet, lesquels Conseigneurs susd. pourront aussi aller à l'offrande & recevoir la paix & pain benit immediatement après ledit de Pinet, & avant la femme & enfans dudit de Pinet, lesquels aussi précederont les femmes & enfans desdits S. Pastour, Vezin & Castagner, Conseigneurs susdits,& neanmoins a permis & permet ausd. Srs. Pastour, Castagner & Vezin, de créer audit lieu de Montbrun Consuls, Juge, Baille, Greffier & autres Officiers pour l'exercice de la Justice, conjointement avec ledit de Pinet, d'iceux recevoir, ensemblement avec ledit de Pinet, le serment en tel cas requis, faisant inhibitions & deffenses audit de Pinet d'entreprendre de créer ou destituer, le cas y échant, aucun desd. Officiers, ou leur bailler le serment lui seul, & sans l'assistance & consentement desd. autres Conseigneurs, ou de leur Procureur à ce specialement fondé; & de même ausdits Conseigneurs, sans l'assistance & consentement dudit de Pinet ou son Procureur sur peine de nullité & autre arbitraire: Et a ordonné & ordonne que ledit de Pinet, comme Conseigneur pour la moitié, & lesd. S. Pastour, Vezin & Castagner pour l'autre moitié par indivis s'assembleront dans huitaine après l'intimation de cet Arrest, pour d'un commun consentement élire & créer un Juge, Baille & Greffier audit lieu de Montbrun de qualité requise pour l'administration de la Justice, lesquels exerceront au nom de tous lesd. quatre Conseigneurs conjointement, si mieux lesdits Conseigneurs n'aiment continuer & confirmer les Juge, Baille & Greffier, qui exercent à present, & qui ont été ci devant établis par ledit de Pinet, en prêtant entre leurs mains pareil serment qu'ils ont prêté aud. de Pinet, ce qu'ils seront tenus opter dans même délai, autrement, & à faute, d'en convenir, a permis & permet au Senéchal, dans le distroit duquel ledit lieu de Montbrun est assis, d'y pourvoir ainsi qu'il appartiendra. Et en ce qui concerne l'élection ou confirmation desd. Consuls, a ordonné & ordonne que tous les ans le jour & fête de la Toussaints, à l'heure de Vêpres, tous lesd. Conseigneurs se trouveront dans l Eglise, ou y commettront tel Procureur que bon leur semblera, pour à l'issuë desdites Vêpres, dans lad. Eglise, place publique dudit Montbrun, ou autre lieu accoûtumé, recevoir le serment desdits Consuls, qui auront été élus pour exercer l'année après, suivant l'ancienne coûtume, autrement & à faute de ce faire, sera loisible à celui ou à ceux entre lesdits Conseigneurs qui se trouveront ledit jour audit lieu & heure, de recevoir le serment en l'absence des autres Conseigneurs, sans qu'ils puissent prendre autre jour, lieu ni heure, ou icelle avancer que du consentement de tous, à peine aussi de nullité & autre arbitraire: auquel acte pareillement led. de Pinet, comme Conseigneur de la plus grande partie, aura la préference & précedera les autres Conseigneurs s'y trouvans en personne, & avenant qu'il y commît aucun Procureur, lesdits autres Conseigneurs qui se trouveront personnellement, y tiendront le premier rang, le tout sans préjudice audit de Pinet des droits & émolumens de ladite Justice, desquels il percevra l'entiere moitié, & les autres Conseigneurs ensemblement l'autre moitié, suivant les cottitez qu'ils ont en lad. Jurisdiction, & chose dite & alleguée nonobstant par led. de Pinet, a ordonné & ordonne qu'il exhibera dans le délai de huitaine ausdits Conseigneurs, les reconnoissances, livres, terriers, & autres documens qu'il y a devers lui, concernant les censives & autres droits Seigneuriaux à eux appartenans sur ledit lieu de Montbrun, iceux remettra és mains du Greffier dudit lieu, ou autre personne assûrée, que lesd. parties accorderont, pour en être pris extrait par lesdits Conseigneurs à leurs dépens, à peine de mil liv. & sans dépens, & pour cause. Prononcé à Toulouse en Parlement le 30. d'Août 1603.

Art. XII.

Il est aussi raisonnable que les Seigneurs directes & fonciers d'un lieu ou de partie d'icelui, ou ayans fiefs nobles relevans du Seigneur, précedent les Consuls, après le Seigneur, sa femme, enfans & Officiers de la Justice : & ainsi fut jugé par Arrest à Toulouse le vingt-septiéme Janvier mil six cens un, entre l'Abbé de Fonfroide, Seigneur Justicier, prenant la cause pour les Consuls, contre la Demoiselle de Pogio, n'ayant que fiefs nobles relevans dud. Abbé sans Justice; par lequel, veu qu'il apparoissoit par actes, & demeuroit accordé que ladite de Pogio tenoit des fiefs en hommage dudit Abbé, la Cour reformant l'appointement de contraires, donné par le Senéchal de Carcassonne, auroit maintenu définitivement ladite de Pogio en la possession & joüissance des honneurs, prérogatives & préeminences avant les Consuls, tant à l'Eglise, processions, qu'autres assemblées, qui se feroient à l'avenir audit lieu; & ainsi le jugeâmes pour le sieur de

Margastaud, n'ayant Directe sans Justice que d'une quatriéme partie de la Jurisdiction d'Aucauville, de laquelle partie un des Consuls dudit Aucauville annuellement étre élû contre le Seigneur Justicier dudit Aucauville, prenant la cause pour les Consuls, confirmé depuis par Arrest de Paris, sur la cause évoquée du Parlement de Toulouse, & encore l'avons jugé pour le sieur & Baron du Faget, contre les Consuls d'un certain lieu près de Lavaur, duquel le Seigneur du Faget n'étoit que Seigneur directe, sans Justice le neuviéme Janvier mil six cens huit, & encore par autre Arrest du vingt-huitiéme Fevrier mil six cens quatorze, entre les Consuls de Montgaillard, & Matthieu de Lourde, Conseigneur directe dudit Montgaillard : & encore par autre Arrest du dix-sept Decembre mil cinq cens quarante-cinq, entre Bernard Tolosani, Sieur Directe de la Sesquiere, & les Consuls dudit lieu, lesquels Arrests ne doivent être tirez à consequence és lieux où les Consuls exercent la Justice civile ou criminelle pour le Roy ou pour le Seigneur Justicier, ou quand les Consuls sont en possession immemoriale de preceder les Seigneurs directes, & encore s'il y a plusieurs Seigneurs directes, ni si la directe étoit universelle, ou d'une grande partie du tertoir, & non d'une petite cottité & portion, ou petit labourage, à cause dequoi les Consuls de Saint Lys, comme exerçant la Justice audit Lieu, furent maintenus en la préseance contre Gestes, Seigneur directe dudit lieu, par Arrest du vingt-uniéme Juin mil six cens treize.

Ains fiefs nobles.] *V. Cambolas liv. 4. chap. 25. & d'Olive liv. 1. chap. 30. en se addit.*

ART. XIII.

Par Arrest du seize Janvier mil six cens sept, fut inhibé aux Consuls de Mirepoix de porter manteaux, robes & chaperons mi-partis, & à Messire Jean de Levis, Conseigneur dudit Mirepoix, en tous actes & expeditions de justice, prendre qualité que du Seigneur par moitié dudit Mirepoix ; & en outre ordonne que les Armoiries du Roy, qui se trouveroient avoir été par le temps effacées, seroient remises sur les portes principales d'icelle ville de Mirepoix, & sur les portes des autres Villes & Lieux de la Baronnie dudit Mirepoix.

Mi partis.] *V. l'art. 9. & le liv. 1. tit. 39. art. 3.*

ART. XIV.

Entre Isaac de Bar, Seigneur pour la quatriéme partie de la jurisdictionn haute, moyenne & basse du lieu d'Islemade avec le Roy Seigneur des autres trois parties, demandeur, & les Consuls dudit lieu, deffendeurs : par Arrest du vingt-sixiéme Fevrier mil six cens cinq, fut permis audit de Bar pouvoir créer, & mettre un Baile audit lieu pour la conservation de ses droits, & ordonné que ledit de Bar précederoit lesdits Cosnuls, tant aux assemblées particulieres que publiques, avec inhibition aux Consuls d'y contrevenir ; & en outre permis à icelui de Bar, bâtir & construire prisons audit lieu en son fonds pour la garde des prisonniers qui seroient faits en ladite jurisdiction, tant pour le Roy, que pour ledit de Bar, desquelles le droit, usage, profit & revenu demeureroit commun entre le Procureur du Roy & ledit de Bar, suivant les cotitez de ladite jurisdiction à eux appartenans : & de plus ordonné que ledit de Bar assistera à la prestation de serment des Consuls dud. lieu, & d'iceux prendra & recevra avec le Juge led. serment.

ART. XV.

Les Consuls du Château Sarrazin ayans augmenté la dépense de leurs robes Consulaires par quelque doubleure de satin blanc, sur la plainte qui en fut faite ; par Arrest à Toulouse leur fut faite deffense d'user de lad. doubleure ; parce que par tels frais superflus les charges & subsides sont augmentez par ceux qui au contraire doivent soulager le peuple.

V. le liv. 1. tit. 39. art. 1. d. 3

ART. XVI.

Les Consuls d'un lieu, Parroisse ou Jurisdiction ne peuvent avec leur chaperon, ni en qualité de Consuls, aller en autre territoire & jurisdiction : comme fut jugé pour le sieur de la Reole & de Sabolin, contre les Consuls de Cologne, qui prétendoient être en possession immemoriale d'aller en procession à l'Eglise dud. Sabolin avec leur livrée Consulaire une des fêtes Nôtre-Dame chaque année ; parce que le Consulat & chaperons sont des marques de jurisdiction qu'ils ne peuvent exercer hors leur territoire. *l. Ex-*

tra

tra territorium. ff. de jurisdict. & il n'y a possession immemoriale en ces actes qui puisse servir de prescription ; parce que ce sont des tolerances faites par devotion ou droit de voisinage, *aut jure familiaritatis*, ce qui n'acquiert ni proprieté ni possession. *l. Qui jure familiaritatis. ff. De acq. possess.*

Hors leur territoire.] Les Consuls & les Juges qui sont hors des terres du Consulat & de la Jurisdiction, ne peuvent être considerez que comme des personnes privées, & qui, par rapport à leurs charges, sont hors de la sphere de leur activité. L'Histoire de Bearn remarque que le Roy Loüis XI. étant dans ledit païs, fit baisser son épée, que l'on portoit haute devant lui, & ne voulut pas que l'on scelât aucunes Lettres pendant le sejour qu'il y fit, disant qu'il étoit hors de son Royaume.

ART. XVII.

Il n'est permis aux Seigneurs faire élection de Consuls qui ne soient leurs justiciables, residans & domiciliez en leur jurisdiction, comme fut jugé pour la Dame de Lers & Montfrin, demanderesse en cassation de certaine élection Consulaire, & le grand Prieur de S. Gilles Commandeur de l'Hôpital de Montfrin, prenant la cause pour les Consuls par lui élus, justiciables de ladite Dame, & domiciliez dans la Jurisdiction, le cinquiéme Janvier mil cinq cens quatre-vingts-six.

V. le liv. 1. tit. 39. art. 1.

ART. XVIII.

Les Consuls sont tenus, en étant requis, se trouver aux sepultures & honneurs funebres de leurs Seigneurs & de leurs femmes: à cause dequoi les Consuls d'Audats furent condamnez en amande, pour être distribuée aux pauvres dudit lieu, à la discretion du Seigneur, pour étans requis, ne s'être trouvez aux obseques & honneurs funebres avec leurs livrées Consulaires, de Demoiselle Jeanne de Lescure sa femme, par Arrest du vingt-sept May mil cinq cens quatre vingts deux.

V. le chap. 23. art. 4.

ART. XIV.

Par Arrest de Toulouse du septiéme Mars mil cinq cens cinquante huit, en Audience les Consuls de Monjard furent condamnez en dix livres d'amende envers le Seigneur dudit lieu, & cinq livres à l'Eglise, pour s'être ingerez aller à l'offrande avant la femme de leur Seigneur, ayant acquis de nouveau lad. Seigneurie du Roy, avec inhibition de plus uſer de ſemblable temerité contre le Seigneur & Dame.

Avant la femme.] *Fœmina maritalibus corruſcat radiis*, comme dit la Gloſe de la Loy, *Fœmina ff. de Senatorib.*

Art. XX.

Le neuviéme Janvier mil cinq cens nonante-ſept, fut plaidée à la grand'Chambre une requête preſentée par un nommé Caubere, Juge de Nebouzan, tendant à ce qu'inhibitions & deffenſes fuſſent faites aux Conſuls de la Ville de S. Gaudens de le troubler en la preſeance, & à ce que la Cour ordonnât que ledit Juge precederoit leſdits Conſuls en toutes deliberations & aſſemblées, fut repreſenté le degré & capacité dudit Juge, & la vilité de ces Conſuls : fut dit ſemblable reglement avoit été donné entre le Lieutenant du Juge Royal de Comenge au ſiege de Muret, & les Conſuls dudit lieu, en l'an mil cinq cens nonante-quatre ; fut auſſi repreſenté que les Conſuls ne ſont Magiſtrats, ains Officiers municipaux pour les affaires de la police ; fut encore allegué que les Conſuls prêtent le ſerment entre les mains dudit Juge, & rendent compte devant lui.

Precederoit les Conſuls.] *V. le liv. 1. tit. 39. art. 7.*

Art. XXI.

Le Juge d'Egliſe ne peut decerner citation ni monition contre le Juge Lay, ni contre la partie civile ; à faute d'envoyer les charges & informations devers lui, ou pour ſe faire rendre le priſonnier; Arreſt du neuviéme Fevrier mil cinq cens quatre vingts-trois.

Contre le Juge Lay.] Il eſt conſtant que le Juge Eccleſiaſtique ne peut pas, ſans abus, connoître d'une cauſe dont le Juge Layque eſt ſaiſi ; tant s'en faut qu'il puiſſe decerner citation contre lui, quand même la cauſe ſeroit Eccleſiaſtique, puis qu'on ne peut pas deſavoüer que le Juge d'Egliſe n'a ni puiſſance ni ſuperiorité ſur le Juge Layque. De là vient qu'il ne peut pas, ſans entrepriſe de Juriſdiction, & ſans abus manifeſte, ni uſer d'évocation, ni faire défenſes au Juge Layque de connoître d'une cauſe dont il ſe trouve ſaiſi, ni même entreprendre ſur les défenſes qui lui ſont faites d'autorité des Cours Seculieres : c'eſt l'uſage inviolable de ce Royaume, & cet uſage eſt ſi ancien, qu'aux termes de Luc *Placit. lib. 2. tit. 3. art. 8. tanti ſe facit erga Pontificiam profana Juriſdictio, ut quandiu quidquam in ea pendet, quod ad rem, quam apud Pontificios Judices tractari liberit, vel minimum etiam in ſpeciem, facere videatur, nihilominus tamen Pontificiam Juriſdictionem ceſſare oporteat* : ou ſuivant quelques éditions, *ſilere oporteat*, comme pour mieux exprimer la deference que le Juge d'Egliſe doit avoir en ces occaſions pour le Seculier.

Des Pigeoniers.

CHAPITRE XXII.

ART. I.

IL est loisible, non seulement és terres du Roi, mais aussi des Seigneurs jurisdictionels bâtir des pigeonniers, s'il n'y a coûtume ou convention au contraire entre les Seigneurs & leurs sujets; sçavoir par les infeodations, reconnoissances, accords, ou transaction; parce que le pigeon, *non est animal nocivum*, & ne fait que manger le grain apparent sur terre, sans grapper ni caver la terre; lequel grain se perdroit, ou seroit d'ailleurs mangé par d'autres oyseaux; & ainsi fut jugé par Arrest à Toulouse du vingt-cinquiéme Fevrier mil cinq cens septante-huit, pour deux habitans du Burgau contre le Commandeur Seigneur Justicier dudit Burgau, voulant faire démolir deux pigeonniers bâtis par lesdits habitans dans sa Jurisdiction dudit Burgau: conformement à autre Arrest du quatriéme Fevrier mil cinq cens cinquante-deux pour un Guyraudet, ayant bâti un pigeonier dans le Comté d'Estarac, contre le sieur Comte Seigneur haut, & le sieur de Semezies, Seigneur moyen & bas dudit lieu de Semezies, suivant lesquels Arrests par Jugement des Requêtes du Palais fut permis à Maître Laurens de Jossé, Conseiller à la Cour, faire pigeonnier à une sienne metairie assise au lieu de Sepet; nonobstant l'instance du Seigneur Jurisdictionel dudit lieu le dix-septiéme Decembre mil cinq cens septante-sept.

Bâtir des Pigeonniers.] Suivant l'usage de ce Parlement il faut user de distinction en matiere de faculté de bâtir des Pigeoniers. Car quand il s'agit d'un Pigeonier qui ait marque Seigneuriale, l'Emphyteote ne peut pas le faire, & quand même il n'y auroit point de coûtume qui donnât la faculté prohibitive au Seigneur, il le peut empêcher. Mais à l'égard des autres Pigeoniers, il est certain que le Seigneur n'a pas cette faculté, à moins qu'il ait titre, ou coûtume contraire, suivant la Doctrine d'Olive *liv. 2. chap. 2.* Et l'Arrêt qui fut donné en l'année 1664. au profit du Seigneur de Serignan, ne peut pas être tiré en consequence; parce que la Senéchaussée de Carcassonne, dans laquelle est la terre dudit Seigneur, étant regie suivant la coûtume de Paris, & lui en rendant hommage au Roy suivant cette coûtume, il étoit en droit par une suite de cette raison de prohiber à ses Vassaux de construire des Pigeoniers sans sa permission. *V. les art. 69. & 70. de la coût. de Paris.*

ART. II.

Par Arrest du premier Fevrier mil cinq cens trente, fut permis à Jean Forgues, de la Jurisdiction de Fourquevaux, d'avoir & tenir colombier, moulin à vent, & vivier audit lieu, insistant Anne Mulate, Dame & Seigneuresse dudit lieu au contraire.

ART. III.

Ce que dessus n'a lieu en plusieurs païs Coûtumiers, même en Normandie, où le droit de bâtir colombier à pied est tenu & reputé pour droit Seigneurial; comme aussi de bâtir moulin, & n'est loisible à aucun d'en bâtir, sinon sur fief noble; ainsi que Terrien dit avoir été dit & deffendu d'en bâtir par plusieurs Arrests par lui cottez sur les Coûtumes de Normandie, Livre 5. chap. 8.

ART. IV.

Le Vendredy quinziéme Fevrier mil cinq cens vingt six, en Audience de la Tournelle à Toulouse, fut enjoint aux Capitouls & Viguier, de poursuivre & punir ceux qui prenoient les pigeons des colombiers avec filets, lassets, arbalestes, & autres moyens & engins; à suite dequoi un païsan de Povourville, ayant de sa fenêtre en hors tiré une harquebusade à une troupe de pigeons qu'il voyoit dans les champs, & en avoit tué & pris un, ayant été par le Senéchal condamné à demi écu d'amende envers les pauvres; en étant appellant fut par Arrest condamné en deux écus envers les pauvres, & autres deux écus envers la partie appellée, avec inhibition de commettre tels actes à peine de mil écus.

Condamné en deux écus.] Cette condamnation n'est modique, que parce que le Paysan ayant tiré de sa fenêtre en hors, fut consideré comme n'ayant pas tiré du dessein deliberé. La condamnation eût été sans doute infiniment plus forte, s'il eût fait son coup en pleine campagne, de dessein deliberé, & à l'écart; à cause que les pigeons étans des oyseaux privilegiez, vivans, s'il le faut ainsi dire, sous la foy publique, & dont la chasse a été toûjours très-expressement défenduë, on commet aussi une espece de crime de tirer sur eux. Jusques-là que Fortin en ses remarques *sur l'art. 69. de la Coût. de Paris*, dit qu'il y a des Arrests qui ont condamné au foüet des personnes qui s'adonnoient à tirer sur des pigeons, ou à les prendre aux filets.

Des Litres & ceintures funebres.

CHAPITRE XXIII.

ART. I.

IL n'appartient qu'aux seuls Seigneurs hauts Justiciers d'avoir litres ou crimes funebres aux Eglises de leurs Jurisdictions ; que s'il y a deux Conseigneurs Justiciers, chacun en pourra avoir, sans effacer la premiere qui se trouvera faite, ains sous icelle, comme fut jugé par Arrest entre les Conseigneurs de Beaupuy Gragnagois le dix-septiéme Aoust mil cinq cens septante-un ; ce qui se doit entendre des Seigneurs égaux en Jurisdiction ; car autrement celui qui a la plus grande part & cotité en la Jurisdiction, doit en icelle en toutes choses avoir les honneurs & prérogatives par dessus l'autre ; sauf s'il y avoit longue possession au contraire.

* *Qu'aux seuls Seigneurs.*] C'est-à-dire qu'entre les Seigneurs il n'y a que les hauts-Justiciers, qui ayent droit de ceinture funebre dans l'Eglise. (Excepté lors que les moyens & bas ont prescrit ce droit sur le haut Justicier par une possession immemoriale) car il n'est pas vrai que les Seigneurs hauts-Justiciers excluent generalement toutes autres personnes ; puisque les Patrons sont fondez à prétendre préferablement à eux le droit de litre. Les Seigneurs moyens & bas ne l'ont que par tolerance, & non de droit, hors du cas de prescription.

ART. II.

Il fut permis par notre Jugement du douziéme Aoust mil cinq cens nonante-un, à Alexandre de Roux, Conseigneur par la moitié de la Justice basse seulement du lieu de Segreville au Comté de Carman, d'empreindre ou peindre contre la muraille au dedans de l'Eglise, à l'endroit du tombeau de son pere, ses armoiries, avec une bande noire de dix ou douze pans, pour marque de dueil, sans aucune ceinture funebre, pour y demeurer an & jour, à compter de la sepulture tant seulement, de telle hauteur qu'elles n'empêchent la ceinture funebre du Seigneur Justicier, avenant qu'il trépassât dans ledit an ; & ce pour faire difference de la sepulture de celui qui a quelque portion de Jurisdiction à celle des autres païsans & simples habitans ses justiciables.

Il fut permis.] Cambolas au *liv.* 2. *chap.* 23. rapporte ce prejugé dans des circonstances differentes.

ART. III.

La difficulté a été grande entre deux divers Seigneurs, n'ayans qu'une Eglise Parrochiale, si le Seigneur dans la Jurisdiction duquel l'Eglise n'est point assise, y peut mettre le litre ou ceinture funebre, comme la dispute en fut devant nous entre Guillaume de Casters; Conseigneur de Vareilles, & les Consuls de Montgauch dans la Baronnie d'Aspect, dans lequel lieu de Montgauch l'Eglise étoit, ne voulans les Consuls permettre au sieur de Vareilles d'y peindre la ceinture funebre de son pere, sur quoi ayant ledit Casters produit une transaction, contenant que ces deux Seigneurs ne faisoient qu'une Parroisse & un Consulat, & que de trois Consuls il falloit que l'un fût de sa terre de Vareilles, auquel il bailloit le serment, lesquels Consuls administroient la Police au nom des deux Seigneurs; Que le Seigneur de Vareilles avoit la moitié des amendes procedans des crimes: Qu'il avoit quelques directes dans Montgauch; Qu'il avoit la paix & autres honneurs dans l'Eglise avant les Consuls, bien que *arma & insignia insculpere sit honoris & jurisdictionis*, *Chassanaus in catalogo gloriæ mundi. parte* 1. *num.* 12. & que *non liceat in alieno depingere. l. Quidam Iberus.* §. *De servit. urb. præd.* Toutefois pour les circonstances susdites, resultans de la transaction, & encore les faits possessoires alleguez par ledit de Casters, nous appointâmes les parties en leurs faits contraires, & cependant par provision, adjugeâmes la joüissance audit de Casters, & permîmes faire la ceinture funebre de telle hauteur qu'elle ne pût empêcher de mettre par-dessus l'autre ceinture funebre du Baron d'Aspect, Seigneur de Montgauch le vingtiéme Mars 1587.

V. d'Olive liv. 2. *chap.* 11.

ART. IV.

Sur le rapport fait par le Commissaire à ce député de l'incident introduit devant lui, d'entre Maître Jean de Recoderc, Docteur & Avocat en la Cour, Seigneur pour la plus grande partie des lieux de S. Leon & Causidiers, suppliant & demandeur aux fins contenuës en sa Requête du huitiéme Novembre dernier d'une part, & le Syndic & Consuls desdits Lieux, & Pierre-Paul Perrier, assignez & deffendeurs d autre. Veu ledit incident, Requestes desdits jours huitiéme & dix-neuviéme du mois de Novembre, Arrest du vingt-troisiéme Juillet mil six cens neuf, autre du vingt-sept Mai mil cinq cens nonante-deux, Exploits de forclusions & autres productions.

La Cour, faisant droit sur ladite Requeste, a declaré & declare, entre les droits dûs audit Recoderc, comme Seigneur Haut Justicier en la plus grande partie desdits Lieux, être, de mettre & tenir Litre avec ses Armoiries emprcintes au dedans & dehors les Eglises Parrochiales desdits Lieux, avenant le decez dudit Recoderc ou de sa femme, & de contraindre les Consuls desdits Lieux de venir assister au Convoi funebre d'iceux avec leur Livrée Consulaire le cas y écheant, & l'a maintenu & maintient aussi aux autres droits, dont les Hauts Justiciers du Ressort, ou leurs heritiers ont accoûtumé d'user & joüir, pour marque de dueil durant l'année dudit decez; & a condamné & condamne lesdits Syndic & Consuls, aux dépens envers ledit Recoderc, iceux taxez & moderez à la somme de six livres, & sans dépens pour le regard dudit Perrier, & pour cause.

Avec leur livrée.] *V. le chap. 21. de ce traité en l'ar. 18.*

De Pariage.

CHAPITRE XXIV.

ART. I.

DRoit de Pariage est un droit de societé & compagnie, quand un Evêque, Abbé, Chapitre ou Eglise fait une association perpetuelle avec un Seigneur temporel pour la Justice qui s'exerce sur leurs Sujets, la plûpart desquels Pariages que nous avons en France, même ceux qui sont avec le Roy, ont procedé des guerres que les anciens Ducs, Comtes, & autres grands Seigneurs se faisoient entr'eux, & du ravage que leurs gens de guerre portoient au plat païs, même és terres des Ecclesiastiques, qui n'étoient respectez ni de l'un ni de l'autre parti, ains c'étoit un séjour & passage ordinaire des Gens de Guerre, lesquels n'osoient entrer és terres du Roy, qui au contraire étoient respectées &

privilegiées de tous, si que voyant les Seigneurs Ecclesiastiques leurs Sujets ruïnez, & leurs terres quasi desertes & en friche, émeus de pieté envers leurs Sujets, & de l'utilité qui leur provien-droit s'ils étoient exempts, & leurs terres des ravages des Gens de Guerre, & le peu d'émolumens qu'ils retiroient de leurs Justices, ils mettoient en pariage avec eux pour la moitié de leurs Justices, le Roy & aucuns de la moitié des autres droits Seigneuriaux; mais à la charge que le Roy ne les mettroit hors de ses mains & ne les pourroit transporter même en appanage ou recompense d'appanage, ainsi que Pithou l'a remarqué en ses Memoires, allegué en l'indice des droits royaux, à cause de quoi les Ecclesiastiques auroient occasion d'empêcher les alienations que le Roy fait de tels droits de pariage avec eux. Il y avoit de semblables pariages, & pour mêmes causes avec ces anciens grands Ducs & Comtes de Normandie, Guyenne, Toulouse, Champagne & autres par l'union desquelles Duchez & Comtez à la Couronne, les Pariages ont été unis aussi, desquels il y a des exemples dans l'indice allegué sur le mot *Pariage*.

Pariage.] Dans les anciens actes ce droit est designé par les noms de *associatio*, ou de *appariatio*, & en François par ceux de *apparition*, *pariage*, ou *pareage* : Ces pareages furent fort frequens dans les treiziéme & quatorziéme siecles; ils se faisoient en deux manieres ou perpetuels, qui passoient aux successeurs, ou à temps, c'est-à dire limitez à la vie des grands Seigneurs, avec lesquels les Abbez & les Monasteres traitoient : Il est vrai que la plûpart du temps ils étoient renouvellez avec les successeurs. Quelquefois les pareages de cette derniere espece étoient limitez à certaines années; ces associations produisoient cet effet qu'outre que les Monasteres se conservoient dans leurs droits par l'appui que leur donnoient leurs associez, qui étoient des personnes de grande autorité; d'ailleurs on évitoit les conflits des Jurisdictions; car dans ce temps-là on voyoit souvent des appellations relevées en même-temps en deux differens tribunaux; ce qui cessoit par le moyen des pareages qui unissoient tout, la justice étant administrée au nom des deux associez, à cause dequoi les Juges leur prêtoient serment à tous deux : jusques-là qu'on affectoit de faire que les verges des Sergens fussent chargées des armes de l'un & de l'autre. En un mot tout étoit égal, si ce n'est qu'on stipuloit que la correction & la punition des Religieux devoit appartenir à l'Abbe en seul, *nisi in defectu ejus ad Regem per appellationem punitio Monachorum deveniret*, suivant l'acte de l'an 1289. par lequel l'Abbé & le Chapitre de Sarlat associerent le Roy Philippe le Bel à leur Justice. Cette matiere étant curieuse meritoit les observations que je viens de faire.

Dans l'indice allegué.] C'est l'indice des droits Royaux & Seigneuriaux de Ragueau, allegué par l'Auteur *en l'art.* 3. *du chap.* 8. *de ce traité.*

ART. II.

Le Roy a ce privilege; que celui qui est Seigneur en Pariage avec

avec lui ne peut contraindre aucun de leurs Sujets à lui faire hommage, ou passer reconnoissance, sans à ce appeller le Procureur General du Roy, ou ses Substituez aux Sieges Royaux, comme il le peut faire étant en pariage avec autre que le Roy, & ce pour obvier aux usurpations qu'on pourroit faire des droits du Roy, lesquels le plus souvent sont negligez. C'est pourquoi, par Arrest de l'an mil cinq cens quarante, entre certains Seigneurs directes du païs d'Albigeois en pariage avec le Roy, fut inhibé à tous Seigneurs en pariage avec le Roy, de faire ni proceder aux reconnoissances des fiefs en pariage, sans à ce appeller le Procureur du Roy sur les lieux: en consequence duquel Arrest les reconnoissances faires par un Conseigneur de Versuel en Roüergue, sans avoir appellé le Procureur du Roy, furent cassées en Audience à la Grand'Chambre le sixiéme Mai mil cinq cens soixante-six.

V. l'art. 12. du chap. 1. de ce traité.

Des Espaves & biens vacans.

CHAPITRE XXV.

Art. I.

PAr le Droit Romain les choses abandonnées par le Proprietaire, sont dites n'appartenir à aucun, *nullius in bonis esse*, & commencent d'appartenir à celui qui premier les apprehende & occupe, comme étans reduites à l'état du premier droit des gens. *l. 1. ff. Pro derelicto*, ce qui s'entend des bêtes sauvages apprivoisées, comme des mouches à miel, & autres animaux, qui de leur naturel ne sont privez; aussi dés qu'ils ont quitté leur coûtume d'aller & retourner, & se sont remis du tout à leur liberté naturelle, ils cessent d'appartenir à l'ancien Proprietaire, & appartiennent au premier occupant. §. *Fera igitur bestia. Instit. de reb. divis.* comme nous l'avons dit en son lieu des abeilles & mouches à miel, §. *Apum. eodem. tit.* sauf en certaines Provinces de France, Anjou, Touraine, Bourbonnois, Auvergne, esquelles par leurs coûtumes les choses abandonnées appartiennent au Seigneur Haut Justicier.

Autre chose est des autres animaux domestiques, ou autres choses, meubles égarez, quand celui qui les trouve ne sçait à qui elles appartiennent, qu'on appelle espaves, qui sont bêtes égarées, n'étans avoüées par aucun Maître, & desquelles la Seigneurie est inconnuë, *& sunt vaga animalia, quæ à dominis habentur pro derelicto, aut animalia aberrantia, quorum dominus ignorantur, quæ aut longè fugerunt expavefacta, aut vagantur sine custode aut domino*, lesquelles aprés deux proclamations faites par trois Dimanches, si aucun n'apparoît pour les reconnoître & prouver siennes, elles sont tenuës pour derelictes & égarées par la raison de la Loi. *Si eo tempore. C. De remiss. pign.* & de la Loi *Diffamari. ff. de ingen. & manum.* & appartiennent au Seigneur Haut Justicier.

ART. II.

Au nombre des espaves appartenans aux Seigneurs Justiciers, sont les naufrages, *tanquam bonna oberrantia quæ nullius sunt. Bened. in cap. Raynut. in verbo.* [*& uxorem*] *num.* 25. *Chassan.* tit. des Justices, étant par ce moyen abrogée en France, l'Autentique. *Navigia. C. de furtis.* qui veut que tels naufrages appartiennent à leur ancien Maître. Bugnon liv. 2. Des Loix abrogées, chap. 134.

Apartenans aux Seigneurs.) Il y a des exceptions à faire, rapportées par Despeisses *tom.* 3. *au tr. des dr. Seign. tit.* 5. *art.* 2. *sect.* 6. *num.* 9.

ART. III.

Les terres vacantes, hermes & incultes à faute d'heritiers, ou legitimes successeurs ou possesseurs, duquel nombre ne sont point les communaux ou pascages des lieux, appartiennent au Seigneur Haut Justicier, lequel les peut bailler à nouveau fief, & sans congé ne peuvent les Consuls ni autres Particuliers les reduire en culture & labourage, comme a été jugé par les Arrests memorables de Toulouse pour le Sieur de Durban & d'Esplas, contre les Habitans desd. Lieux en l'an mil cinq cens cinquante-quatre, & pour le sieur de Terride le vingt-uniéme Mars mil cinq cens cinquante-deux, & pour le sieur de Monfrin, contre les Habitans dudit Lieu, du vingt-quatriéme Mars mil cinq cens vingt-six, & autre paravant donné entre ledit sieur de Monfrin & le Grand Prieur de S. Gilles, du quatriéme Juillet mil cinq cens treize. Maſuer tit. des Juges & leur Juriſdiction. Boër. en la Deciſ. 352. Bacquet au Traité de la Juſtice.

Appartiennent au Seigneur.] En défaut du Seigneur les Conſuls les peuvent prendre, aprés trois proclamations faites au Prône, de les bailler à celui qui ſe preſentera pour les prendre ſous les conditions ordinaires : Il eſt vrai que les Proprietaires ſont en droit de les reprendre en rembourſant les reparations ; pourvû qu'ils viennent dans trois ans aprés le contrat de bail paſſé par les Conſuls, & non autrement, ſuivant l'Arreſt du Conſeil d'Eſtat du 26. d'Aouſt 1668. autoriſé par une Declaration du Roy du 30. du mois de Decembre ſuivant.

ART. IV.

Pour le regard des terres du Roy, les Conſuls, du conſentement du Procureur du Roy, les baillent & infeodent au profit du Roy, à la charge de payer les tailles & droits Seigneuriaux, ou les font vendre pour les arrerages des tailles.

Que les Seigneurs temporels & Eccleſiaſtiques peuvent inſtituer & deſtituer leurs Officiers quand bon leur ſemblera.

CHAPITRE XXVI.

ART. I.

PAr l'Edit de Rouſſillon du Roy Charles IX. art. 1. en l'an mil cinq cens ſoixante-trois, eſt permis aux Seigneurs particuliers de deſtituer leurs Officiers quand bon leur ſemble, non-ſeulement les inſtituez par eux, mais auſſi par leurs predeceſſeurs: Et par autre Edit encore de l'an mil cinq cens ſoixante-huit, donné à S. Maur des Foſſez ; & la raiſon eſt, parce que par l'Ordonnance les Seigneurs ſont reſponſables des actions de leurs Officiers ; & à cauſe de ce il leur eſt loiſible de pouvoir faire choix de ceux qu'ils croyent leur être plus propres, & par ce moyen revoquer & deſtituer ceux que bon leur ſemblera. Ce qui a lieu auſſi aux Eccleſiaſtiques, étans Seigneurs temporels ; & ce non-ſeulement à l'endroit des Juges, Greffiers, Bayles & autres Officiers de leur Juriſdiction temporelle ; mais auſſi des Officiaux, Procureurs fiſcaux, Greffiers & autres pour l'exercice de la Juriſdiction Eccleſiaſtique ; ſi ce n'eſt au cas que les Officiers euſſent particuliere proviſion du Pape : *Bacquet au livre de la Juſtice chap. 17. Marcus en la quaeſt. 19. volum. 2. & en la queſtion 768. volum. 1.* Chopin, *de domanio lib.* 3. *tit.* 13. *Charondas lib.* 4. *chap.* 34. *& liv.* 8. *ch.* 17. *Capella Tolos.* en la decis. 195. Et suivant cela, par Arrest du dernier de Juin mil cinq cens nonante-neuf, la destitution faite par Messire Jacques de Seriez, Evêque du Puy, d'aucuns de ses Officiers, & même d'un Greffier & Secretaire de l'Evêché, nonobstant le don & concussion dudit Greffe, faite par le sieur Evêque son Predecesseur, fut confirmée : Et encore par autre Arrest donné sur l'interpretation d'icelui entre les mêmes parties le dix-sept Juin mil six cens. Semblable Arrest pour une Abbesse de Roüergue, ayant destitué Jean Brossier du Greffe de Torondech, dépendant de ladite Abbaye, donné le vingt-deuxiéme Août audit an mil six cens, & encore plus à l'endroit du Garde-scel de l'Evêque, parce que, *emolumentum sigillis est in patrimonio*, & s'arrente & afferme au profit des Evêques & Chapitres par la Clementine *statum de elect. Cap. Cum dilectus. De fide instrum. Cap. Post cessionem. de probat. & ibid. Panorm. ubi fuse. De sigillo Episcopi.*

* *Sont responsables*] L'Article 27. de l'Ordonnance de Roussillon en 1564. n'est pas en usage, en ce qu'il rend les Seigneurs responsables du mal jugé des Officiers par eux établis.

A lieu aux Ecclesiastiques] Il y a diverses exceptions à faire, rapportée par d'Olive *liv.* 1. *chap.* 37. de même qu'aux additions *ibid.* & par Brodeau sur Loüet *liv.* O. *somm.* 2.

ART. II.

Les Greffes ou l'émolument d'iceux s'afferme, ou peut affermer, & sont du patrimoine des Seigneurs temporels, même étant les Jurisdictions patrimoniales en France, pour lesquelles occasions nous confirmâmes la destitution que le Chapitre du Puy avoit faite de Maurice le Blanc leur Secretaire, bien que approuvé par plusieurs leurs déliberations precedentes à celle de la destitution ; mais cette destitution est restrainte & limitée, aux cas que l'institution des Officiers auroit été faite pour cause on reuse, comme moyennant finance payée, ou pour mariage, l'Office tenant lieu de dot, ou pour acquittement de dette, ou pour recompense, & services particulierement specifiez, non pour clause generale, & autres semblables, esquels cas il n'est loisible aux Seigneurs destituer leurs Officiers, sans préalable remboursement ou indemnité, comme je l'ai vû souvent juger, parce que la donation faire *ob causam*, *donatio non est* : mais comme dit le Jurisconsulte *merces eximini laboris appellanda* ; & la donation remunerative, *vel ob causam propriè donatio non est. l. Attilius. Regulus. l. Si pater. ff. de donat. l. Sed etsi. §. Consuluit. ff. de petit. hæred.*

A cela ne peut être opposé que les Officiers du Roy ne peuvent être deposez, nonobstant la clause apposée en leurs lettres, d'exercer leur office tant qu'il plaira au Roy, parce que cette clause n'a lieu qu'és cas seulement de mort, forfaiture, ou crime, pour lequel l'Officier est privé de son office, parce qu'ils sont presque tous pourveus de leurs offices à titre onereux, tant pour la composition de la finance, avec leurs resignans, que pour le quart de la finance, qu'anciennement ils avoient accoûtumé de payer, & marc d'or pour leurs provisions, & à present pour le droit qu'on appelle la Paulette, moyennant le payement duquel les offices sont comme hereditaires, & transmissibles aux heritiers, par les Edits sur ce faits, comme cinquante ans, & plus avant cet Edit appellé de la Paulette, avoit été fort amplement discouru par *Benedicti in cap. Raynutius in verbo duas habens filias*, & par Monsieur le President Boyer en la Decision 149.

Art. III.

Ce qui est dit cy-dessus, que les Seigneurs Justiciers peuvent revoquer, & destituer les Officiers de leurs charges & offices à leur plaisir & volonté, n'a lieu si lesdits Officiers ont été pourvûs pour recompense du service, ou autre titre onereux ; Arrest du vingt-sixiéme Janvier mil cinq cens soixante-deux : ce qui a lieu non seulement pour le regard du Seigneur qui a pourveu lesdits Officiers, & de son heritier : mais aussi pour le regard du successeur singulier : Arrest du 22. Mars mil cinq cens soixante-cinq.

Art. IV.

Il y a lettres patentes du Roy Henry II. du vingt-troisiéme Septembre mil cinq cens cinquante-deux, verifiées à Toulouse, par lesquelles est ordonné, que l'Edit fait par le feu Roy François au mois d'Octobre mil cinq cens quarante-cinq, touchant la jurisdiction des Juges ordinaires, & Consuls des Villes, & l'Arrest donné par la Cour sur la publication d'icelui le troisiéme Septembre mil cinq cens quarante-six, sortiroient leur plein & entier effet, tant és jurisditions du Roy, qu'en celles de ses vassaux sieurs Justiciers, comme si en icelui Edit ils étoient compris & nommez : contenant en consequent permission aux Seigneurs Justicier de créer & établir Juges en leurs jurisdictions ; jaçoit que par coûtume ancienne les Consuls exerçassent leur jurisdiction, comme par le même Edit il en étoit ordonné és lieux de la justice du Roy.

Art. V.

Par Arrest en Audience à Toulouse du trentiéme Aoust mil cinq cens soixante-huit, entre Bertrand de Cumenge sieur de Roquefort, & le Sindic & Consuls dudit lieu, fut décis qu'és matieres criminelles les Consuls Juges d'icelles ne peuvent avoir autre Greffier que celui du Seigneur.

Art. VI.

L'Archevêque de Toulouse étant lors seul Seigneur haut & moyen de Gragnague, & pour une moitié de la basse, avec Sebastien Nogaret & François de Bosquet pour l'autre moitié, fruits & emolumens d'icelle, jusques à soixante sols de forte monnoye ; par Arrest du dixiéme May mil cinq cens vingt deux, fut dit que pour l'exercice de ladite basse jurisdiction lesdits Archevêque, Nogaret & Bosquet communement & respectivement institueroient un Juge & un Greffier, & un chacun deux un Baile pour faire informations, decerner prises de corps, emprisonner & connoître des matieres & cas de ladite basse jurisdiction, & icelles decider, & condamner les delinquans jusques à ladite somme de soixante sols & au dessous, ou iceux renvoyer au sieur Archevêque haut justicier, & à ses Officiers ; neanmoins que la creation & prestation de serment des Consuls dudit Gragnague leur appartenoit, comme dépendant de la basse justice.

Des fortifications, guet, & garde és Châteaux & maisons fortes.

CHAPITRE XXVII.

ART. I.

SUr les requisitions du Procureur general du Roy à Toulouse, le vingt-troisiéme Avril mil cinq cens quatre-vingts, par Arrest fut enjoint à tous Seigneurs, Gentilshommes, & autres de quelque état, qualité & condition qu'ils soient, ayans Châteaux & maisons fortes aux champs, y mettre & établir à leurs dépens garnison des soldats, desquels ils puissent répondre, en tel nombre qu'il sera besoin, ou bien les demanteler, & mettre hors de deffense, & en tel état que les ennemis ne s'en puissent emparer & prevaloir; & ce sur peine de confiscation desdites maisons & Châteaux, & leurs apartenances & dépendances, & de répondre par lesdits Seigneurs & proprietaires des dommages & interêts des voisins, qu'à faute de ce se trouveroient interessez, & en leur refus & negligence d'y satisfaire, étant dûëment sommez. Enjoint aux Gouverneurs, Juges, Consuls des villes & lieux plus prochains y établir ladite garnison aux dépens des proprietaires, ou les faire demanteler, comme dit est, sur semblable peine que dessus, sauf toutefois ausdits sieurs jurisdictionels & justiciables, de pouvoir, durant l'urgente necessité, faire venir leurs sujets pour servir & s'employer à ladite garde, chacun pour son tour, & selon son pouvoir, esdits Châteaux, esquels lesdits sujets auront moyen, faculté & commodité de se retirer, & être en asseurance pour leurs personnes & meubles, sans que lesdits Seigneurs puissent tirer cela à consequence pour l'avenir, ni user pour raison de ce d'aucune exaction ou oppression sur leurs sujets; étant ce les mêmes mots & termes dudit Arrest: & auparavant le 13. Avril 1575. en avoit été donné un semblable.

ART. II.

Le neuviéme May mil cinq cens septante-sept fut donné autre Arrest pour les sujets qui avoient leurs maisons si éloignées des Châteaux, que commodement ils ne s'y pouvoient rendre, ni leur famille pour leur conservation, & de leur bêtail & meubles, & sans préjudice du guet & garde à leur tour, si d'ailleurs ils y étoient tenus, par plusieurs Arrests leur a été permis d'aucunement reparer & fortifier leurs maisons de quelques guerites, palissades & ravelins, avec fossé devant la porte, sans pont levis, tours, ni autres deffenses de marque Seigneuriale, & aux charges susdites, de les bien garder, sur peine d'en répondre aux voisins : & à la charge, la guerre cessant, & la paix survenuë, d'abbatre lesdites deffenses, & remettre la maison au premier état, comme entr'autres il y en a un du vingt-cinquiéme Octobre mil cinq cens quatre vingts-six, pour un Pierre-Michel contre son Seigneur.

V. les art. 6. & 10. & Ferrer. in quæst. 9. Guid. Pap.

Art. III.

Par le susdit Arrest du vingt-troisiéme Avril mil cinq cens quatre vingts, reste resolu le doute, si le Seigneur Justicier pût contraindre ses sujets de faire guet & garde de jour & de nuit dans son Château ; encore que par ses infeodations & reconnoissances ils n'y soient obligez ; car bien que le Seigneur ne puisse charger ses sujets d'aucune charge nouvelle. *l. Cum satis. §. Caveant. C. de agric. & censitis & l. 1. C. Ne rust. ad ull. obseq. avoc. & l. 1. C. de operis à colleg. exigen.* toutefois par ledit Arrest est jugé, qu'en temps de guerre, & necessité urgente du Seigneur de se conserver, & ses sujets en conservant son Château, ils peuvent être contraints audit guet & garde, avec les limitations apposées audit Arrest, pour la confirmation duquel on pût apporter le texte *in cap. 1. De forma fidelitatis, ext. ubi vassallus jurat. Domino sex.* sçavoir *tutum*, *incolume*, *honestum*, utile & facile, & possible, l'effet duquel serment ausdits mots, *tutum & incolume*, semble importer le devoir & contraindre du guet & garde, de quoi est aussi parlé *in cap. 1. Qualiter vassallus juret fidelitatem* : & ainsi le tient *Jacobus de Santo Georgio in cap. de homag. num.* 43. & Boyer decis. 212. n. 1.

Peut contraindre] Au cas de l'article 10.

ART. IV.

Pour les fossez, barricades, palissades, barrieres, gabions, garittes & autres semblables fortifications, par la même raison de guerre, necessité urgente, & danger imminent que les Sujets sont tenus au guet & garde, ils sont tenus aussi contribuer ausdites fortifications. *Masuer in tit. de talliis seu collectis & excubiis. num. 22. & Joannes Faber in l. Omnes. C. de operib. pub.* mais aussi en recompense le Seigneur est tenu d'accommoder les Sujets du Lieu pour recevoir leurs biens & personnes & bêtail, si la place & étenduë du Château les peut tenir : ainsi nous le jugeâmes entre le sieur Président du Faur, Seigneur de S. Jory, & le Syndic des Habitans dudit S. Jory, au mois de Septembre mil cinq cens septante-neuf : Chassaneus a été aussi de cet avis, au titre des fiefs. *§. 4. num. 25. & Benedictus in cap. Raynut. in verbo (& uxorem) num. 465.*

ART. V.

Pour la Garde Bourgeoise des Villes en temps de guerre, ou crainte d'icelle, non-seulement les Seigneurs, ains les Consuls peuvent contraindre les Habitans, par ordre, à la faire de nuit & jour, par amendes appliquables aux reparations & fortifications, & par emprisonnement de leurs personnes : par plusieurs Arrests & Ordonnances des Gouverneurs des Provinces, & entr'autres par Arrest du douziéme Mars mil cinq cens quatre-vingt-deux, contre les Habitans de la Ramiere.

ART. VI.

Il n'est loisible aux Sujets, sans licence, & permission du Seigneur Haut-Justicier, bâtir maisons fortes, avec tours, fossez, ni autrement à l'émulation du Seigneur, auquel il n'est raisonnable que le Sujet n'égale : ainsi le tient *Joannes Faber in l. Per Provincias. C. de adific. privat. & Bart. in l. Opus novum. ff. de operib. publ. Boyer in quaest. 230. num. 6.* alleguant un Arrest de Bordeaux pour le Vicomte de Turenne, contre le Sr. de Puymares & de Malemort ses Vassaux, & aussi afin que le Seigneur puisse faire obéir ses vassaux aux jugemens & Arrêts de Justice quand il en est besoin, comme revenant rebellion faite par les vassaux à la Justice, la Cour a accoûtumé enjoindre aux Seigneurs de faire obéir leurs sujets à l'execution des Jugemens & Arrests, ce qu'ils ne pourroient faire s'il leur étoit permis de fortifier leurs maisons.

Bâtir maisons fortes.] Sauf au cas & conditions de l'article 2. *V. Brodeau sur Loüet litt. F. num.* 14.

Art. VII.

En plus forts termes, Balde au Conseil 105. vol. 3. rapporté en ladite question 320. num. 12. decide que si trois Gentilhommes freres, tenanciers d'un même fief, divisent entr'eux le territoire & hommes d'icelui, demeurant la seule Jurisdiction commune & indivise, les deux ne peuvent faire bâtir maisons fortes en leurs portions contre le gré & volonté du troisiéme, qui sera bien fondé à les empêcher, *ex quo Jurisdictio est indivisa, quia per juris regulam : In re communi melior est conditio possidentis : & licet unus non possit impedire usum naturalem rei communis, secus est uti Jurisdictione l. Arboribus. §. Navis. ff. de usufr. l. Sabinus. ff. Com. divid. & l. duo ff. De acquir. hæred. tamen novum opus prohibere potest, quià non pertinet ad veterem usum.* Que si la Jurisdiction est divisée, *qua ad territorium, tunc est licitum cuilibet ædificare castrum in suo*, ainsi qu'il est noté *in l. Si duo. §. 2. ff. uti possid.*

Art. VIII.

Si le Château auquel les Sujets étoient tenus faire le guet & garde est ruïné, rasé ou démoli, les Sujets sont exempts de ladite garde, jusqu'à ce que le Seigneur l'ait remis & réédifié, ou bâti un autre près d'icelui en la même terre & Jurisdiction, & non ailleurs, comme le dit Monsieur Boyer decis. 212. num. 14.

Art. IX.

En la Baronie de Chalabre, il y a un Château de garde sur la frontiere d'Espagne, auquel tous les Sujets & Habitans de ladite Baronie sont tenus aller faire guet & garde, en consideration de quoi le Roy les a exemptez de tailles & subsides, & autres impositions. Entr'autres lieux dépendans de cette Baronnie étoient Rival & Sainte Colombe, qui furent vendus en l'an mil cinq cens quatre-vingts un, après laquelle vente les Habitans desd. lieux refusent de continuer de faire ladite garde, déduisant le même que ceux d'Aubin, dont est parlé en l'Arrest 1. tit. 4. liv. 23. des Arrests de Papon, à quoi par le Seigneur de Chalabre étoit répondu que l'exemption des tailles avoit été par les Rois de France donnée aux Habitans, à la contemplation & charge de faire le guet & garde, non ausdits lieux, ni autres dépendans de la Baronnie, ains au chef Château de la Ville de Chalabre, capitale de ladite Baronnie, qui est une forteresse sur la frontiere d'Espagne, la prise de laquelle importoit, non-seulement aux lieux en dépendans, ains à toute la Province, & au Royaume même, & que cessant ladite garde, cause de ladite exemption & privilege, l'effet en devoit aussi cesser, & qu'audit cas ils devoient payer les tailles & subsides comme les autres circonvoisins de lad. Baronnie, pour icelles employer à commettre d'autres pour tenir leur place à faire la garde. D'ailleurs que les Habitans dudit Chalabre & des autres lieux en dépendans, disoient que tous universellement & ensemblement étoient chargez de faire ladite garde, & qu'aucun d'iceux ne s'en pouvoient exempter, sans l'universel consentement de tous, parce que les lieux non alienez, ni distraits du Château, demeuroient surchargez, pour être constraints d'aller plus souvent faire le guet & garde, à quoi en outre tout le païs circonvoisin, voire le Procureur General du Roy, avoit interêt pour le bien public. Pour lesquelles raisons il fut dit que lesdits Habitans de Rivel & Sainte Colombe continueroient à faire led. guet & garde sur peine d'être privez du privilege & exemption desdites tailles & impositions, & autres privileges à eux octroyez.

Faire guet & garde.] Le droit de guet & garde, & celui que les anciens Auteurs avoient accoûtumé de nommer *Castelgardum*, comme qui diroit *Castelli gardia*. Quelques-uns ont crû que c'étoit la même chose que le droit de *Quaylonie*, ou de *Caylanie*, dit en latin *Castania*, comme si c'étoit l'abregé de *Castellania*; Et en effet, les viex actes font foi que c'étoit un droit que le Seigneur recevoit de ceux à qui il donnoit, outre sa protection, refuge dans son Château pour leur personne, que leurs bestiaux, & pour leurs meubles en temps de guerre. Quelques Coûtumes parlent d'un droit approchant de celui-là, sous le nom de droit de *Sauvement*, lequel étoit dû aux Seigneurs qui sauvoient leurs sujets en temps de guerre, en leur donnant retraite dans leurs Châteaux & maisons fortes, comme lieux d'azile. Et parce que le Seigneur s'obligoit à tenir son Château reparé de murailles, & les portes, pour être en état de défense, ce qui tendoit à la décharge de ses sujets, il stipuloit aussi à son profit, & par maniere d'indemnité, une certaine redevance qui consistoit la plusparr du temps en une portion des fruits, payable presque toûjours annuellement, & quelquefois *uno anno, & alio non*, comme il resulte des anciennes reconnoissances : En quelques païs cette redevance est qualifiée *droit de vingtain*; en d'autres *droits de guet*, & en la Province de Languedoc principalement *Caylanie* ou *Quaylanie* indifferemment; & il ne doit pas être inutile d'observer, que quoy que les droits de guet, & de faire dépaistre, n'ayent rien de commun, il s'induit pourtant de plusieurs reconnoissances, qu'en divers endroits de cette Province, sur tout dans les Baronnies d'Alez & d'Anduze, le droit de Quaylanie, ou Queylanie, ne suppose qu'une cense pour la faculté de faire dépaistre. Quoi qu'il en soit, & pour revenir au droit de guet & garde, il est certain qu'à en considerer la nature, il est extrémement bizarre, étant quelquefois un droit purement personel, quelquefois une pension constituée & assignée sur certains fonds, & quelquefois aussi constituée en termes generaux sans aucun assignat particulier; & rarement peut-on le considerer comme rente fonciere, parce qu'autrement il procede du bail & de tradition de fonds. Pour ne pas douter que ce droit puisse estre consideré comme personel, ou comme un impôt fait sur les personnes, c'est que souvent dans les actes qui l'établissent, on ne trouve aucun fonds qui soit declaré assujetti au payement de ce droit, ni par nom, ni par contenance, ni par confront; tels actes contiennent seulement une obligation personnelle de payer certaine redevance : Il est méme si personel, que outre que les actes n'affectent aucun fonds; d'ailleurs ils ne portent aucune stipulation pour les successeurs. Dans ces égards on peut asseurer que ce droit n'est qu'une obligation personnelle, & qu'il ne peut pas être pris pour un droit feodal & censuel, puisqu'en effet ceux qui l'ont reconnu, ne l'ont pas fait *ratione possessionis*, les actes ne disans pas que les reconnoissans possedent aucun fief, pour raison duquel ils s'obligent à la rente stipulée. Et si bien il arrive souvent que ceux qui font les recherches des droits Seigneuriaux, l'assignent sur le fonds dans les reconnoissances qu'ils font passer [soit qu'ils le fassent pour ne sçavoir pas ce qu'ils font, & pensans bien faire; soit qu'ils le fassent pour favoriser les Seigneurs qui leur donnent de l'employ, dont cette espece de gens veut presque toûjours par des motifs mercenaires, établir la condition le plus avantageusement qu'il se peut, aux dépens du pauvre paysan] il est constant neanmoins qu'on peut debattre telles reconnoissances, lorsqu'elles se trouvent contraires aux anciennes. Aux considerations qui viennent d'être relevées, pour faire voir que ce droit n'est ni feodal ni censuel, l'on peut ajoûter celle-ci, que lorsqu'il arrive qu'on assigne la redevance sur un fonds, souvent ce fonds se trouve relever de la directe d'un autre Seigneur; L'on peut encore ajoûter, pour d'autant mieux découvrir la bizarrerie de ce droit, qu'il s'induit de plusieurs anciennes reconnoissances, qu'il suppose souvent moins qu'une obligation personnelle, n'y étant stipulé que comme une simple promesse sans aucune obligation personnelle : sur lesquelles considerations l'on peut dire que ce droit doit être qualifié une redevance mixte, y ayant sans contredit des redevances de cette nature, de méme qu'il y a des droits universels en plusieurs lieux, qui ne sont pas des prestations feodales : & cette redevance peut être encore regardée comme une rente de la qualité de celles que l'on appelle aux termes du Droit Canon, *census ignorantiæ cujus causa ignoratur*. Au reste, en examinant les anciens actes qui parlent du droit de Caylanie, j'ay quelquefois remarqué, que ce n'est pas toûjours un droit general & universel pour tous les habitans d'un lieu, & qu'à tout le moins on le peut présumer ainsi, parce que ces actes portent que le Seigneur prend telle redevance de divers hommes de la parroisse, pour certaines possessions qu'ils y ont. C'est de la sorte qu'est conceu, entr'autres actes, celui du dixiéme de Janvier mil trois cens sept, dont j'ay parlé ailleurs, & qui est l'assiette que le Roy Philippe le Bel fit faire à Guillaume de Plezian, Seigneur de Verenombre. J'ay aussi remarqué que la quantité de l'usage & de la prestation étant souvent differente, ce n'est pas par consequent une redevance qui se paye par tête, ou par chefs de famille, à moins qu'elle fut reglée *pro modo facultatum*. Au sujet de la premiere remarque il est vray de dire, que le sens que le droit de Quaylanie y est pris, il ne peut pas être le même que le droit de garde, lequel est appellé en quelques endroits de la Baronie de Mayrevys, & sur tout en celuy qu'on nomme de Causse-negre, *droit de paix*, & en langage vulgaire, *le pas* dont la profanation se regle par paire de bœufs : sa dénomination est prise de ce que les Seigneurs s'obligeoient, au moyen de ladite redevance, à s'apposer aux enlevemens qu'on faisoit des fruits & des bestiaux des reconnoissans, & par une suite de cette raison à les faire vivre en paix. *V. Fust d'Olive liv. 2. chap. 9.* au sujet du *commun de paix*.

ART. X.

Encore que les Sujets d'un Seigneur ne soient tenus au guet & garde par les infeodations & reconnoissances ; toutefois s'il est Justicier haut, moyen & bas, ils y peuvent être contraints, comme dit est, en temps de guerre seulement au Château dudit Seigneur, sauf s'ils en sont trop éloignez, ou qu'ils ne s'y puissent commodement retirer avec leurs meubles & bétail ; & pourveu que les Habitans n'ayent un lieu fermé & fortifié où ils fassent ordinairement tenir guet & garde, ainsi qu'il fut jugé par Arrest de Toulouse le vingt-trois Avril mil cinq cens quatre-vingts.

V. les articles 2. & 3. de ce chapitre.

De la Chasse & des Garennes.

CHAPITRE XX.

ART. I.

AU quatriéme livre ou registre des Ordonnances Royaux du Parlement de Toulouse fol. 36. sont enregistrées les Lettres patentes du Roy François premier, conformes à autres Lettres du Roy Loüis XII. octroyées aux Habitans du païs de Languedoc, de nonobstant les Edits faits par la prohibition des chasses, pouvoir chasser aux conils hors garennes, pigeons ramiers, grives, hostardes, cailles, & autres oiseaux de passage : toutefois ayant été par Arrest du huitiéme Août mil six cens sept, prohibé aux Habitans de Durban en Languedoc, de chasser aux liévres, lapins, & toute autre sorte de chasse, nonobstant lesdits privileges, au profit du Conseigneur dudit Durban, acqueteur du domaine du Roy de ladite Conseigneurie, sur l'execution dudit Arrest, le Sindic du païs de Languedoc ayant obtenu lettres en opposition contre ledit Arrest, fondées sur lesdits privileges : par Arrest du neuviéme Juin mil six cens huit, le Sindic fut démis de ses lettres.

ART. II.

Au livre second desdites Ordonnances fol. 252. il y a autres lettres de declaration octroyées au Sindic des trois Estats du païs de Languedoc, touchant la faculté de chasser & pescher sans licence du Maître des eaux & forêts ; & parce que sous prétexte des Edits prohibitifs de chasser, aucuns Gentilshommes faisoient profit du gibier & de la chasse ; par Arrest de Toulouse du douziéme Juin mil cinq cens quarante-deux, fut faite prohibition à tous Seigneurs d'arrenter les chasses.

ART. III.

Les Seigneurs hauts Justiciers peuvent prohiber la chasse en leurs Jurisdictions, sauf aux Seigneurs moyens & bas, & aux Seigneurs directes hors les terres sur lesquelles ils tiennent leurs fiefs directes & droits fonciers, comme fut jugé par Arrest du neuviéme Mai mil six cens neuf, pour le Seigneur haut Justicier de Poulan, contre un Seigneur directe d'une partie du terroir dudit Poulan en Albigeois.

Prohiber la chasse.] Ils peuvent encore prohiber la pesche dans les rivieres non navigables qui passent sous leurs terres. *V. Joan. Faber. in §. flumina inst. de rer. divis. & Ferrer. in quæst.* 514. *&* 577. *Guid. Pap.* Pour ce qui regarde la chasse, les Seigneurs Justiciers la peuvent défendre, excepté celle de la caille avec la tirasse, qui a été toûjours permise, conformément à l'Arrest donné en la Chambre de la Tournelle le treize Septembre 1660. au rapport de Monsieur de Theron, entre le sieur de Mirabel & ses paysans du lieu de Pompignan, dans le Diocése de Nîmes. Il faut encore faire exception pour les Nobles bientenans dans la terre d'un Seigneur ; lorsqu'il y a transaction, ou autre titre, qui permet aux habitans de chasser dans la terre ; & quoi que suivant l'acte generalement tous les habitans, sans exception d'aucun, ayent droit de chasse, toutefois par la nouvelle Jurisprudence des Arrests, par la mort d'*habitans*, il faut entendre seulement les nobles ; comme il fut préjugé par l'Arrest donné le 17. Avril 1666. au rapport de Mr. de Barthelemi, car cet Arrest maintient les habitans & bientenans nobles du lieu de Marguerites, qui est à une petite lieuë de Nîmes, en la faculté de chasser dans l'étenduë de la Jurisdiction dudit lieu, avec leurs domestiques au nombre de huit tout au plus, conformement aux Ordonnances Royaux, Arrests de la Cour, & transaction du dixiéme Avril 1515. faisant inhibitions & deffenses aux personnes roturieres de contrevenir au contenu de ces Ordonnances & Arrests, concernant le fait de chasse, sur les peines portées par icelles, sauf ausdits habitans d'en user suivant la permission portée par les privileges de la Province de Languedoc; ce qui donna lieu à restraindre la faculté de chasser aux nobles, nonobstant les termes generaux de la transaction, fut l'intervention de Monsieur le Procureur General; suppliant par requeste aux fins d'être reçû partie intervenante en l'instance, pour y déduire ses interests, ce faisant qu'inhibitions & deffenses fussent faites aux Consuls & habitans dudit lieu de s'ingerer, sous quelque prétexte que ce fût, de chasser dans ladite terre, à peine de 4000. liv. d'amende. Le motif en étoit, que par les Ordonnances Royaux la chasse est défenduë aux roturiers; elle ne l'est pas moins aux nobles dans les terres des Seigneurs particuliers, s'ils n'en ont titre ou permission; eussent-ils chassé de temps immemorial sans aucune tradition, parce que la faculté de chasser ne peut pas prescrire par un tel temps, suivant l'Arrest donné à Grenoble en l'année 1655. au profit du sieur d'Autheville, Baron de Vauvert, contre le sieur de Montclam, Seigneur de Candiac, Conseiller en la Chambre de l'Edit de Castres, & cousin germain d'alliance dudit Baron de Vauvert.

Art. IV.

Il est prohibé de chasser près les clapiers & garennes, ni icelles fureter, & à toute qualité de personnes, voire aux Seigneurs Justiciers de faire ni construire de nouvelles garennes, par les Ordonnances; suivant lesquelles par Arrest du dernier Août mil cinq cens quatre-vingts-deux, à la poursuite du Seigneur du Noaillan, un Lissonde fut condamné à razer & abattre les garennes qu'il avoit faites dans le terroir dudit Noaillan, avec inhibition aux autres habitans d'en faire; & de même Sauveur Procureur en Parlement, les garennes qu'il avoit faites à une sienne metairie à Frozin, aux Requêtes du Palais le treize Mars mil cinq cens quatre-vingt-deux.

Prez des clapiers.] *V. Ferrer. in quæst.* 218. *Guid. Pap.*

Aux Seigneurs Justiciers] A moins qu'ils en ayent le droit par leurs aveus & denombremens, possession ou autres titres suffisans, conformement à la nouvelle Ordonnance des eaux & forests, au titre des chasses art. 19.

Art. V.

Il est prohibé à ceux qui ont des terres, vignes ou autres biens près des garennes d'autrui, de tendre rets, filets, piéges ou autres engins propres pour prendre les conils desdites garennes; bien leur est permis faire estimer le dommage qui leur est donné par les conils aux bleds & vins, pourveu que le dommage le requiere, & qu'il soit aucunement notable, *quia pro modica res actio denegatur. leg. Si oleum.* §. *fi. ff. De dolo.* ainsi le jugeâmes-nous pour

Maître Auger Ferrier Medecin, contre le sieur de Benoist Conseiller Seigneur moyen & bas de Pechboniou, lequel Benoist nous condamnâmes à payer audit Ferrier la quantité de dix-huit sestiers bled, & trois sestiers seigle, pour le dommage rapporté par les experts en leur relation, que les conils dud. Benoist avoient apporté audit Ferrier; & lui enjoignîmes tenir ses garennes tellement chassées, ou chattées du grand nombre de conils, qu'ils ne pûssent porter dommage aux voisins, ou de semer és environs d'icelles suffisante quantité de grains pour leur nourriture audit effet sur peine de répondre dud. dommage, & auquel Benoist permîmes chasser ou faire chasser par ses Serviteurs domestiques au temps non prohibé à la chasse par les Ordonnances, par toute sa Jurisdiction dans les terres & possessions, tant dudit Ferrier, qu'autres; lesquelles ne seroient closes de murailles, parois ou haie vive, avec porte fermante, ou desquelles l'entrée ne sera specialement & par exprés, lors & à l'instant de ladite chasse prohibée audit Benoist, ou ses Chasseurs, par ledit Ferrier ou ses Serviteurs domestiques, par Jugement du seiziéme Janvier mil cinq cens quatre-vingts six

De tendre rets.] Non pas même, quand on auroit permission de chasser, parce que cela dépeuple les garennes, de même que de faire des fosses. *V. §. nemo retia de pac. tuend. in usib. feudor. lib. 2. tit. 27.*

Art. VI.

Ayant le Commandeur de Coignat fait informer de ce que ses Valets étant à la chasse, & ses levriers ayant longuement poursuivi & pris un liévre hors la Jurisdiction, un Barte hôte le leur auroit ôté & emporté, ayant été ledit Barthe nonobstant la preuve, relaxé par Me. Michel Tolosani Juge-Mage de Lauraguois; sauf qu'il seroit tenu bailler deux douzaines d'alloüetes au Commandeur, lequel étant appellant, & Monsieurs Durand Avocat general ayant pris conclusions pour l'appellant, & requis l'amende contre la partie & contre le Juge-Mage par Arrest en Audience à la Tournelle le sixiéme Février mil cinq cens septante-trois, la Cour réformant, condamna l'hôte en cent sols d'amende envers les pauvres, avec inhibitions & défense, tant audit Juge-Mage, que autres Magistrats du ressort, n'user de telles ou semblables condamnations ridicules & ineptes.

Art.

ART. VII.

Par Arrest du vingt-huitiéme Juin mil six cens onze, fut prohibé à Pierre Montmeja, habitant de Cornebarrieu, de chasser audit lieu & jurisdiction de Cornebarrieu, tenir chiens de chasse & levriers qui ne fussent attachez; sur peine de cinq cens livres, & autre arbitraire, & sur même peine, enjoint audit Montmeja, sa femme & enfans, salüer & rendre l'honneur & respect dû à noble Aaron de Voisins son Seigneur audit lieu, & ses femme & enfans, & en outre ordonné que les paroles couchées aux Requêtes demonstratives dudit Montmeja, contenans que ledit de Voisins se seroit rendu indigne d'être salué, seroient rayées d'icelles. La cause de l'attache de ses chiens & levriers fut, que la maison dudit Montmeja étoit contre la garenne dudit Seigneur, & qu'ils étoient autrement presque toûjours dans ladite garenne. Depuis ayant informé contre ledit Montmeja de la contravention audit Arrest, concernant la salutation dudit Seigneur, il fut condamné en quelque amende pecuniaire.

Fussent attachez.] Sur la question *Quatenus rustici suos canes baculo ad collum appenso domi continere debeant. V. Jus venandi aucup. & piscand. Sebastiani Khraisseri cap.* 18.

ART. VIII.

Un Seigneur jurisdictionel ne peut chasser en la terre & jurisdiction du Seigneur son voisin contre sa volonté & permission; bien pût poursuivre dans icelle le liévre ou bête par lui émûë ou chassée; comme fut jugé à la Tournelle le 2. Juin mil six cens huit: entre de Goyrans appellant du Senéchal de Toulouse, & Michel du Faur sieur de Pibrac, appellé.

Peut poursuivre.] Un Seigneur peut pousuivre dans la terre d'un autre Seigneur, la chasse qu'il a fait lever dans la sienne, & cela fondé entr'autres raisons, sur cette maxime, que *ubi finis habet necessariam dependentiam à principio, spectatur ipsius principium*: laquelle maxime a principalement lieu, *quandò principium est licitum*, de-là vient, selon *Georgius Mohr de venatione part. 1. cap. 8. num.* 14. qu'en divers endroits d'Allemagne c'est la coûtume en fait de chasse, qu'il est permis aux chasseurs qui ont fait lever une bête de leur terre & de leur domaine, de la poursuivre pendant vingt-quatre heures *uno cursu non intermisso*, & de la prendre dans le bois d'autrui. Il est vrai que suivant cette coûtume cela n'est observé qu'à l'égard d'une bête qui auroit été blessée dans la terre du chasseur, car autrement il ne pourroit pas la poursuivre dans la terre d'autrui. Sur cette matiere *V°. Fusè Ferrer. in quæst.* 218. *Guid. Pap. Bacquet des dr. de Just. chap.* 34. *& Chassan. in consuetud. Burgund. rubr. des Forests* 13. §. 7. *num.* 9.

Que le droit de Boucherie & taverne n'appartient à la basse Jurisdiction.

CHAPITRE XXIX.

ART. I.

LE Seigneur d'Esparnés prétendant être Seigneur directe dudit lieu, & jurisdictionel jusqu'à soixante sols, dit être en possession de tout temps excedant la memoire des hommes, de tenir boucherie & taverne, & icelle arrenter à son profit; au contraire les Consuls de Montfort forment possessoire, disans que ces droits ne lui peuvent competer, comme n'étans de la basse jurisdiction, & que ces droits leur appartiennent, comme exerçans la jurisdiction au nom du Roy de Navarre, Vicomte de Fezesan-guet. Le procez se trouvant parti en la seconde Chambre d'Enquêtes, est départi à la premiere, & par Arrest donné en l'année mil cinq cens septante six, fut dit que le droit de cabaret & de boucherie n'appartenoit point audit Seigneur d'Esparnés.

Sur l'instance devoluë par appel en la Cour entre le Sindic des habitans d'Azillan, contre les Religieux dudit lieu, elles furent maintenuës en la possession de prohiber les habitans de tenir mesure; & aussi de prendre un droit de coupage de chaque sestier de bled qui se vendoit audit lieu, tant des habitans qu'étrangers, par Arrest donné au rapport de Monsieur Jossé le 3. Mars mil cinq cens septante-six.

Tenir mesure.] Le droit de mesure & de bailler mesures à bled & vin, non plus que le droit de boucherie, n'appartient pas au bas Justicier. *V. Bacq. des dr. de Just. chap.* 27. *Chopin. de Jurisd. And. lib.* 1. *cap.* 40. *num.* 2. *& cap.* 43. *num.* 16. *& cap.* 79. *num.* 3. *cum seq. de Doman. Franc. tit. de reg. pond. & mensu.* Ces droits sont de la haute & de la moyenne Justice.

Des Armoiries.

CHAPITRE XXX.

ART. I.

LEs armoiries ont succedé au lieu des images des devanciers, desquels les anciens usoient pour preuve de la Noblesse & antiquité de leur maison, dequoi aucuns se mocquoient, entr'autres le Roy Agesilaux, lequel souloit dire, que ces images & tableaux étoient l'ouvrage des Peintres; mais que la vertu étoit la naïve peinture de l'homme de bien, & que les tableaux & images étoient propres aux riches, & la vertu aux hommes de bon esprit; ce qui occasionna un des plus grands & plus vertueux Romains de n'en vouloir point, & interrogé pourquoi il ne vouloit point de statuë entre les nobles, il répondit qu'il aimoit mieux que la posterité s'informât pourquoi Caton n'en avoit point eu, que si elle demandoit pourquoi on les lui avoit accordées. *Cæsar. Rhodig. lib. 29. cap.* 10. & Laurent Valle a fait une invective contre le traité de Barthole des armoiries. *Alciat. lib. 5. Parergon cap.* 13. en a aussi parlé.

ART. II.

Par la Coûtume de Poitou, art. 1. le Comte, Vicomte ou Baron, peut en guerre ou armée, porter banniere; c'est-à-dire, ses armes ou armoiries en quarré, & que le Seigneur Chastelain pût seulement porter ses armes en forme d'écusson. Voyez sur le mot, écusson, l'Indice des droits Royaux.

ART. III.

Il y doit avoir difference entre les armoiries des aînez & des puisnez; à cause dequoi par Arrest du quatorziéme Aoust mil cens neuf, entre Galaubic d'Espagne dit de Panassac, d'une part, & Roger d'Espagne Seigneur de Montispan d'autre, entr'autres choses fut fait inhibitions & deffense audit Galaubic, descendant du puisné de la maison de Montispan, de prendre ni apporter les armes pleines sans difference de ladite maison de Montispan.

Des Fourches patibulaires.

CHAPITRE XXXI.

ART. I.

LEs Fourches patibulaires n'appartiennent qu'au Seigneur haut Justicier, desquelles il y en a de cinq formes.

Les uns ſont à deux pilliers, qui appartiennent au ſimple Seigneur Juſticier.

Les autres ſont à trois pilliers, qui appartiennent au Seigneur Chaſtelain.

Les autres ſont à quatre pilliers, qui appartiennent au Seigneur Baron ou Vicomte.

Les autres ſont à ſix pilliers, leſquelles appartenoient anciennement aux Seigneurs grands Ducs, & grands Comtes de Guyenne, Normandie, Bretagne, Comtes de Toulouſe, Champagne, &c. Les Duchez & Comtez puis cent ans érigées ſont imaginaires, érigées de ſimples Baronies & Seigneuries, pour preuve de ce, voyez l'indice des droits Royaux ſur le mot *Juſtice*.

Fourches patibulaires.] *V. Bacquet des dr. de Juſt. chap. 9. num. 10. & ſuiv. Ragueau en ſon indice. verb. juſtice patibulaire. Chopin de juriſ. And. lib. 1. cap. 48. num. 8.*

ART. II.

Le quinziéme Octobre mil cinq cens vingt-trois, l'échaffaut & pillori à executer à mort étoit à la place du Salin à Toulouſe, lequel fut abbatu, & transferé à la place de S. George, pour en ſon lieu faire venir & dreſſer une fontaine, ce qui n'a été fait; mais l'occaſion principale en fut, afin que les ſieurs de la Cour entrans ou ſortans du Palais, ne viſſent l'execution de ceux qu'ils avoient condamnez le même jour.

De la Felonie.

CHAPITRE XXXII.

ART. I.

FElonie eſt une ingratitude, injure, offenſe & forfait commis par le vaſſal envers ſon Seigneur, & reſpectivement du Seigneur envers ſon vaſſal, eſquels cas le Seigneur perd ſon hommage & droit de fief, lequel droit retourne au Seigneur ſouverain de celui qui a commis la felonie, *tit. de forma fidelit. & tit. Qualiter dominus proprietate fundi privetur in uſib. feudor.* Dequoi eſt allegué un Arreſt de l'Eſchiquier de Roüen de l'an mil trois cens nonante-deux, par Terrien ſur les Coûtumes de Normandie liv. 5.

chap. 4. & il y en a un autre de Toulouse du quatorziéme Aoust mil cinq cens vingt-six, pour les habitans de la Ville de Myrande en Asterac, contre Dame Marthe leur Comtesse d'Asterac; & reciproquement le Vassal confisque son fief envers le Seigneur, laquelle felonie par les Auteurs Latins est appellée *perfidia*, *ingratitudo*, *facinus*, *scelus & improbitas vassalli*, laquelle ingratitude lui fait perdre son fief; tout de même que par les loix elle fait revoquer les donations & perdre aux donataires le fruit d'icelles; Et de même que *olim Romæ actum est in Senatu, ut patronis jus revocandæ libertatis daretur, adversus male meritos libertos. Tacit. lib. 13. Annal.* & par les loix des Atheniens, *convictus à Patrono libertus ingratus jure libertatis exuitur: Valer. lib. 2. cap. 6. Cujac. lib. 1. feud. tit. 2.*

Fait perdre son fief.] Comme au langage des Docteurs *feudum conceditur gratiâ & non præmio*, il est juste aussi que la felonie, qui suppose une ingratitude, soit sujette aux mêmes peines que l'ingratitude; & par une suite de cette raison que la felonie du vassal donne lieu à la reversion du fief, de même qu'une cause d'ingratitude donne lieu à la revocation d'une donation, & de toutes sortes de concessions qui partent du bienfait. *L. 2. Cod. de donat.* mais quoi que par le livre des fiefs l'on remarque vingt causes pour lesquelles le Seigneur peut confisquer le fief de son vassal, toutefois aujourd'hui on n'en admet proprement que deux, qui sont *enormis offensa*, une injure atroce, ou autrement une injure considerable; il dépend même de l'arbitre des Juges d'ordonner que le Commis, qui est la peine de la felonie, produise une réünion perpetuelle du fief au profit du Seigneur, ou une simple privation à l'égard du vassal pendant sa vie seulement. On suit aussi ce temperament équitable en la forme de juger, que la réünion perpetuelle s'ordonne quand le vassal a commis une injure énorme contre son Seigneur; mais lors qu'il ne s'agit que d'une injure, comme par exemple d'un dementi, on ne declare le fief tombé en commise que pour la vie du vassal, à la charge par le Seigneur, ses hoirs, ou ayant cause, de le rendre & restituer aux enfans ou heritiers du vassal après son decès; & ce que le Parlement de Paris a pratiqué à l'égard même d'un dementi donné en jugement, suivant l'Arrest rapporté par *Loüet en son recueil litt. F. num. 9.* & c'est apparemment dans ce sens qu'il faut prendre l'Arrest rapporté par l'Auteur en l'article 4. de ce chapitre. Au reste, comme la malice & la fraude sont toûjours exceptées en Droit, il est certain aussi qu'un fief peut tomber en commis, soit lors que le vassal fait un désaveu contre sa connoissance & de mauvaise foi, *cum negatio seriosè & cum deliberatione facta est*, & qu'il affecte de reconnoitre un autre Seigneur au préjudice du veritable, dans lequel sens aussi doit sans doute être pris l'article dernier de ce chapitre; soit lorsque le feodataire pour tromper son Seigneur, & lui faire perdre un lods, déguise une vente sous le nom d'afferme, ou d'engagement; comme au cas de l'Arrest donné en la Grand'Chambre, au rapport de Mr. de Papus, le vingt-cinquiéme Juin 1665. en la cause de Pierre Debron contre Jean Dumas. *V. l'art. 3. du chap. 19. de ce traité.*

ART. II.

Ez Arrests generaux de Pâques en l'an mil cinq cens soixante-six, certains Habitans de la Commanderie de Sainte Croix, qui avoient offensé & blessé un de ses doigts le Commandeur leur Seigneur, furent condamnez à faire amende honorable, avec bannissement de la Commanderie, & grandes amendes pecuniaires.

V. le livre 2. verb. injure. tit. 5. art. 3.

ART. III

Certains Païsans & Sujets du Capitaine Malcouran, Seigneur Justicier de Beauflour en Lauraguois, s'étant emparez du Château, & dans icelui massacré leur Seigneur, sa femme & enfans: par Jugement du Prévôt de Languedoc, donné sur l'avis des Magistrats Présidiaux de Toulouse, furent condamnez à être tenaillez tous vifs par les carrefours de Toulouse, & après être mis à quartiers tous vifs la tête derniere, leurs biens confisquez aux hoirs de leur Seigneur: ce qui fut executé au mois de Mars mil cinq cens nonante-deux.

ART. IV.

François de Partenay perdit son fief pour avoir donné un dementi à son Seigneur. Par Arrest de Paris, prononcé solemnellement en robes rouges le vingt-troisiéme Decembre mil cinq cens soixante-six.

V. l'observation sur l'art. 1.

ART. V.

Les Seigneurs ne doivent user de rigoureux ni mauvais traitemens envers leurs Sujets & Justiciable, à cause desquels par Arrest de Toulouse du penultiéme Juillet mil cinq cens septante-huit, Demoiselle Robine de S. Pastour, veuve à Bernard Dalbine, & ses enfans dudit Dalbine, & leurs Successeurs auroient été declarez exempts à perpetuité de la Jurisdiction du Sr. de Fonterailles, & de ses Successeurs, & de lui payer aucuns cens, oublies & droits Seigneuriaux, par elle ou ses enfans, ou ses Successeurs dûs.

Et de ses Successeurs.] Comme l'injure atroce fait perdre le fief, non seulement au vassal qui l'a commise, mais même à ses successeurs, suivant la distinction rapportée sur l'article premier de ce chap. il est juste aussi qu'au cas d'un rigoureux & mauvais traitement commis par le Seigneur, & qui à son égard équipolle à l'injure atroce du vassal, le Seigneur soit privé de ses droits, & avec lui ses successeurs. *Ex omni enim felonia, qua vassallus feudo privatur, Dominus proprietate feudi privatur. cap. unic. qua'liter Dominus proprietate feudi privetur*; & cela parce que suivant les maximes des fiefs, non-seulement *æqualis fidei inter Dominum & vassallum est relatio*, mais même parce que *reciproca est & correlativa obligatio inter patronum & clientem*. Et quant au cas d'une grande inhumanité, ou d'un rigoureux & mauvais traitement, on n'a autrefois privé un Seigneur des droits de son fief que pour sa vie, ce n'a été que lorsque le Seigneur n'avoit que l'usufruit du fief; comme lorsqu'il étoit Ecclesiastique, ou chargé de rendre après son decez; auquel cas il n'étoit pas juste que la faute du Seigneur fût punie & en sa personne & en celle, ou d'un successeur au benefice, ou d'un substitué: Quoi qu'il en soit, il en faut aujourd'hui revenir là, que la privation du fief pour la vie seulement, ou pour toûjours, dépend de l'arbitre du Juge, & de la diversité des circonstances qui resultent des faits.

ART. VI.

Arrest de Toulouse, entre Roger Dossin & Bernard de Montesquieu, par lequel le Gentilhomme faisant hommage à un autre de certains fiefs nobles, à faute de prêter icelui hommage, perdit lesdits fiefs. Prononcé és Arrests generaux le treize Septembre mil cinq cens huit.

V. l'article 1.

Des Francs fiefs.

CHAPITRE XXXIII.

ART. I.

LEttres des privileges des Habitans de Languedoc, touchant les Franc-fiefs & nouveaux acquests, fol. 43. lib. 20. ordin.

V. le liv. 2. tit. 12. verb. Franc-fiefs.

ART. II.

Extrait des Registres de Parlement.

ENtre le Syndic des Trois-Estats du Païs de Languedoc, appellant du Senéchal de Toulouse, ou Maître Pierre de Rupe son Lieutenant, Pierre Fojerolles, & Estienne Faure Commissaires sur le fait des francs-fiefs & nouveaux acquests, & requerant l'enterinement de certaines Lettres Royaux, les unes datées du 26. jour d'Octobre l'an mil cinq cens vingt-quatre, & autre du quatorze, d'une part; & le Procureur General du Roy appellé, & deffendeur d'autre. Dit a été que la Cour a mis & met l'appellation, & ce dont a été appellé au neant; & au surplus, en enterinant quant à ce lesdites Lettres, a declaré & declare la Cour, que les gens d'Eglise, & de l'état commun des Senéchaussées de Carcassonne & Toulouse, joüiront de la souffrance & respit à eux octroyé, moyennant certaine composition jadis par eux faite avec le feu Roy Louis, à Me. Loüis Edoüard, lors General de ses finances, Commissaire en celle partie deputé par ledit Seigneur, le dixiéme jour d'Octobre l'an mil quatre cens soixante, & pour laquelle ledit sieur quitta & déchargea lesdites gens d'Eglise, & de l'état commun des Senéchaussées de Carcassonne & de Toulouse, de tout ce qu'ils lui devoient & pouvoient devoir pour son droit des francs-fiefs & nouveaux acquets, jusques à quarante-sept ans ensuivant, & ce moyenant la somme de quinze mille liv. tournois, & joüissant dud. respit demeureront & seront tenus quittes envers le Roy du payement d'iceux francs-fiefs & nouveaux acquets, à cause des terres, Seigneuries, & biens qu'ils tenoient lors de ladite composition, & depuis ont acquis & pourront acquerir par tout le tems qui reste à écheoir desd. quarante ans, le tout en ensuivant la composition dessus declarée. Et touchant les gens d'Eglise, & de l'état commun de la Senéchaussée de Beaucaire, dit a été que la Cour a reçû & reçoit ledit demandeur à prouver & justifier le contenu esdites lettres, lequel il articulera par un commun intendit, & ledit deffendeur pourra articuler & prouver au contraire si bon lui semble, & l'enquête faite & rapportée devers la Cour, ce qui sera fait dedans le lendemain de Quasimodo prochainement venant, reçûë & jointe au procez : la Cour leur fera droit ; & en outre en ensuivant l'exemption ou privilege octroyé par le Roy aux habitans du païs de Languedoc, le huitiéme jour de Mars l'an mil quatre cens quatre-vingts-trois, avant Pâques, a declaré & declare la Cour lesdits habitans de Languedoc, & leurs successeurs pour le temps à venir n'avoir été & n'être tenus payer audit Seigneur, Officiers ou Commis aucune rente ou censive des terres, possessions & heritages, pour lesquels ils sont & seront contribuables aux tailles & impôts royaux, qu'ils auront tenus & possedez de toute ancienneté franches de censives, & desquelles ne se trouvera aucune chose avoir été payée le temps passé au Roy & à son Thrésorier, & aussi lesdits habitans n'être semblablement tenus pour icelles terres, posses-

possessions & heritages payans tailles, posé ores qu'elles ne payent censive, payer audit sieur aucune finance & indemnité, ains les a declaré & declare la Cour de ce être exempts, sans que maintenant, ni pour le temps à venir, sous ombre des ordonnances faites sur le fait des francs-fiefs & nouveaux acquets, aucune chose leur puisse être pour les choses que dessus, & par les Officiers Royaux & Commissaires qui sont ou seront pour le temps à venir, imputée ni démandée en aucune maniere. Prononcé à Toulouse en Parlement le vingt-troisiéme jour de Mars mil quatre cens nonante-cinq.

De l'agrimension.

CHAPITRE XXXIV.

ART. I.

LE onziéme jour de Septembre mil cinq cens septante-un. Arrest au Barreau, que certaine agrimension & pagellation de terroir, sera faite aux dépens du requerant.

ART. II.

Entre Dame Anne de Grossoles, veuve de feu Messire Bernard des Vabres, Chevalier de l'ordre du Roy, Gentilhomme ordinaire de sa Chambre, sieur & Baron de Châteauneuf d'Estretefons, mere & administreresse des personne & biens de Jean Vabres son fils, & dudit de Vabres suppliante & demanderesse en interinement de requête du troisiéme Octobre dernier, à ce que le Sindic des Consuls, manans & habitans dudit lieu & jurisdiction dudit Châteauneuf d'Estretefons, fut condamné & contraint faire nouvelles reconnoissances, & aufdites fins de nombrer, arpenter & agrimenser toutes les terres & biens étans dans la directe & jurisdiction de ladite suppliante, & payer l'agrimenseur qui procedera audit arpantement, & le Notaire qui dressera les reconnoissances, d'une part, & ledit Sindic deffendeur d'autre.

Veu le procez, plaidez, &c.

Il sera dit que la Cour ayant quant à ce égard à la requête & requisition de ladite de Grossoles audit nom, a condamné &

condamne ledit Syndic des Manans & Habitans dudit lieu de Chasteauneuf de passer nouvelle reconnoissance à ladite de Grossoles des terres desquelles ils sont tenanciers en sa directe, payer les censives & droits Seigneuriaux portez par les anciens titres, baux à reconnoissance, suivant l'offre par ledit Syndic faite en son dire par écrit, cottée en son inventaire lettre B. Et en ce qui concerne le payement requis par ladite de Grossoles au Notaire, qui sera employé à dresser lesdites reconnoissances, & de l'Agrimenseur qui procedera audit arpentement desdites terres, ladite Cour a relaxé & relaxe ledit Syndic, & sans dépens.

ART. III.

Par Sentence des Capitouls de Toulouse, donnée le douziéme Decembre mil six cens vingt-cinq, à la poursuite du Syndic de la Ville, & Procureur du Roy en la Ville & Viguerie : Vûë la Requête sur ce baillée par lesdits Syndics & Procureur du Roy, inquisition faite d'autorité desdits Capitouls sur la façon & forme ancienne de mesurer & arpenter les terres, a été dit, prononcé & ordonné, que tous & chacuns les Percheurs, Arpenteurs & Agrimenseurs qui sont, & pour l'avenir seront jurez & reçûs Maîtres audit Toulouse pour ledit fait de percher & arpenter, seront tenus de mesurer, percher & arpenter à la perche de Toulouse, ayant quatorze pans en quarré de longueur, & seront tenus mesurer l'arpent de terre, où communement est accoûtumé de semer six pugneres bled, mesure dudit Toulouse, vingt-quatre perches de ladite longueur chacun quartier en quarrez, auquel arpent seront tenus à la mesure que dessus, faite six pugnerades de terre, feront aussi & seront tenus faire audit arpent quatre mezeliades de terre, & contiendra chacune desd. mezeliades vingt-quatre perches de longueur, & six de largeur, & en chacune desd. mezeliades aura deux pagelats de vingt-quatre perches de longueur, & trois de largeur : Et la sesterade de terre, où communement est accoûtumé semer un sétier bled, seront tenus mesurer à vingt-quatre perches de longueur, & seize de largeur ; & la demi sestas.de à vingt-quatre perches de longueur, & huit de largeur, & la pugnerade, où communement est accoûtumé semer une pugnere bled, feront tenus mesurer à semblable longueur de vingt-quatre perches, & de largeur quatre perches ; & en outre mesureront & arpenteront la cartonnade là où est accoûtumé semer quatre sétiers bled à la longueur & largeur de quatre sesterades, à la forme que dessus mesurée ; sçavoir est, en longueur quarante-huit pieds, & en largeur trente-deux, desquelles perches, chacune d'icelles posées & contées en longueur & largeur, de chaque côté feront la mesure ancienne appellée estac, desquels estacs y aura en chacun arpent cinq cens septante-six de la longueur susdite ; sauf en toutes & chacune des mesures que dessus, de icelles à la raison & proportion dessus dite, pouvoir & devoir être reduites & proportionnées, au cas que lesdites longueur & largeur respectivement pourroient être accomplies une par l'autre, faisant entierement les mesures que dessus.

Ordonnant en outre, qu'un exemplaire & mesure de ladite perche sera faite de fer marqué, signé & attaché à un des piliers du Palais de la maison commune dudit Toulouse, où seront égalées & mesurées toutes & chacunes les perches desdits Percheurs, Arpenteurs & Agrimenseurs ; & aprés verification faite, signées de l'écusson & armoiries de ladite Ville : faisant inhibition & deffenses à tous & chacuns les Arpenteurs, & entremeteurs dudit fait, d'arpenter & mesurer terre, & qu'audit fait ils ne s'entremettent aucunement, que au préalable ils soient sur icelui par nous examinez, admis, reçûs & jurez, & autres quelconques de ne contrevenir à nôtre présente Sentence, Statut & Ordonnance, à la peine de vingt-cinq marcs d'argent au Roy nôtre souverain Seigneur, & à la Ville applicables.

Forme ancienne de mesurer.] Quelques fois la difference des contenemens designez par les compoix, vient de ce que la perche, dont on se servoit autrefois, étoit beaucoup plus longue ; car dix sesterées de ce temps-là, en font à present qu'inze, ou environ ; ce qui fut verifié il y a long-temps, d'autorité de la Cour des Aydes de Montpellier, au procez que la Communauté de saint Julien de la Nef, sur Herau, intenta contre le Seigneur dudit lieu.

Fagezars.] *V. le liv. 2. verb. mesures. & ibid. verb. Monnoye art. 3.*

ART. IV.

Extrait des Registres du Parlement.

ENtre Messire François Cardinal de Joyeuse, Archevêque de Toulouse, appellant du Jugement donné par les Conseillers & Commissaires tenans les Requêtes du Palais, le douziéme de Decembre mil cinq cens quatre-vingts onze, & le Procureur General du Roy adherant audit appel, d'une part, & les Consuls & Habitans des lieux de B[illegible]ma & del Pin appellez d'autre. Et entre le Syndic de l'Hôtel-Dieu S. Jacques en Toulouse, le Proviseur du College S. Bernard audit Toulouse, supplians & demandeurs pour être joints à ladite instance, & autre fins contenuës en leur Requeste, d'une part, & ledit Messire François Cardinal, & Consuls, deffendeurs d'autre. Veu le procez plaidez des d x-sept.éme Decembre & vingt-cinquiéme de Janvier derniers, g iefs dudit appellant, extrait de l'accord fait entre le feu Roy Philippe, & Messire Bertrand Evêque de Toulouse, daté du neuviéme Septembre mil trois cens septante, livre des reconnoissances des années mil trois cens soixante-sept & soixante-huit, & autres productions des Parties. Dit a été, que la Cour interinant quant à ce lesdites Requestes presentées par lesdits Syndic & Proviseur, les a joints & joint à ladite instance en l'état, & au surplus a mis & met les appellations interjettées, tant par ledit Cardinal de Joyeuse, que le Procureur General du Roy dudit Jugement, & ce dont a été appellé au neant; & pour certaines causes & considerations à cela mouvans, a retenu & retient la connoissance de la cause & instance principale, en laquelle ayant aucunement égard à la Requeste presentée par le Cardinal Archevêque devant lesdits Conseillers & Commissaires, & requisitions dudit Procureur General du Roy, a ordonné & ordonne que dans quatre mois aprés l'intimation de cet Arrest, il sera fait nouveau arpentement & agrimensation, livre terrier, & cadastre des terres, bois, vignes & preds, & autres possessions situées dans lesd. lieux, Consulat & Jurisdiction de Balma & del Pin, appellez les contenanciers d'iceux biens, & à leurs dépens: faisant lequel arpentement sera faite distinction des terres bonnes, mediocres & infirmes, suivant les déliberations sur ce tenuës & arrêtées par les Gens de Trois Estats du Païs de Languedoc, faisant lad. Cour inhibitions & deffenses ausdits Consuls, de en procedant au département & cottisation des tailles, & autres deniers imposez sur les Manans & Habitans desdits lieux, contrevenir ausdites déliberations, user d'exemptions, ou surcharges, à peine de cinq cens écus, & autre arbitraire, & sans dépens desdites instances. Prononcé à Toulouse en Parlement le neuviéme jour du mois de Mai mil cinq cens quatre-vingts douze.

ART. V.

Extrait des Registres des Requêtes.

ENtre le Syndic du Chapitre de l'Eglise Abbatiale S. Sernin de Toulouse, suppliant en évocation, & autres fins contenuës en sa Requeste, d'une part, & Maître Pierre Jordain de Cybaut, Docteur & Avocat en la Cour, & les Consuls, Manans & Habitans de Castelginest adjournez, & deffendeurs d'autre; Bertier avec de la Mothe pour ledit Syndic dit, &c. Degurier pour ledit Syndic & Consuls dudit lieu dit, &c. & de Broderia pour le Procureur General du Roy dit, &c. comme au Registre. La Cour euë déliberation, demeurant le Registre chargé des dire, requisition & declarations des parties, & consentement du Procureur General du Roy, a ordonné & ordonne que par Experts & Agrimenseurs jurez, & au moins disant, sera procedé à l'Agrimensation & arpentement du terroir dudit lieu de Castelginest aux communs frais & dépens des parties; sçavoir est par le Syndic ou Chapitre moitié & l'autre moitié par le Syndic des Consuls, Manans & Habitans dudit lieu, permettant à cet effet audit Syndic & Consuls faire cottiser la somme de vingt-cinq écus sur les Manans, Habitans & Bientenans dudit lieu au sol la livre, sauf à icelle augmenter si besoin est, & d'en rendre compte & prêter le reliqua, quand, & à qui appartiendra, & d'obtenir Lettres de la Chancellerie, & sans dépens; Et en outre a ordonné ladite Cour que par ledit Agrimenseur seroient posez bornes & limites où il appartiendra, appellez les Consuls. Fait à Toulouse esdites Requestes le quatriéme Fevrier mil cinq cens quatre-vingts-un.

ART. VI.

Du seiziéme Juillet mil cinq cens quatre-vingts quatre, entre Messire Henry de Bourbon, Chevalier de l'Ordre du Roy, Chambellan du Roy de Navarre, & Lieutenant de sa Compagnie, ſieur & Baron de Malauſe, & autres lieux, & Vicomte de Levedan, demandeur par Requête du ſeiziéme Fevrier dernier, en inſtance de fief; & à ce qu'il ſoit procedé à la pache & agrimenſation des terres dudit lieu de Malauſe, aux dépens des habitans dudit lieu, & qu'ils ſoient condamnez bailler par declaration les terres & poſſeſſions qu'ils tiennent dans ledit lieu de Malauſe, & de la directe dudit demandeur, & autres fins contenuës en ſa requête, d'une part, & le Sindic & Conſuls, manans & habitans & bientenans dudit lieu, deffendeurs d'autre.

Veu le procez, &c.

La Cour ayant quant à ce égard à la Requête dudit de Bourbon, a ordonné & ordonne qu'il ſera procedé à la pache & agrimenſation des terres, & autres poſſeſſions ſituées dans la Baronie & Seigneurie dudit Malauſe, par un ou deux agrimenſeurs, dont leſdites parties conviendront pardevant le Commiſſaire qui ſur ce ſera deputé, ou que par lui, & à faute d'en accorder, ſeront pris d'office, ce qui ſera fait cependant aux dépens d'icelui demandeur; ſauf à iceux recouvrer, ſi ainſi eſt ordonné; & en outre a condamné & condamne leſdits habitans & bientenans dans ledit lieu, dans trois jours aprés l'intimation, bailler par declaration les pieces & poſſeſſions qu'ils tiennent & poſſedent audit lieu, à peine de cinq cens écus, que à faute de ce faire aux refuſans ſera declarée pour ce fait, & les parties plus amplement oüies, leur être fait droit ainſi que de ſaiſon, dépens reſervez en fin de cauſe.

Du rachat.

CHAPITRE XXXV.

ART. I.

Extrait des Regiſtres de Parlement.

ENtre Catherine d'Eſpertinguet, & Chriſtophle de Chalumelle, mere & fils, appellant du jugement donné par les Conſeillers & Commiſſaires tenans les Requêtes du Palais à Toulouſe le ſeiziéme Mars dernier d'une part, & le Sindic des Dames Religieuſes S. Pantaleon en Toulouſe, Germain Langlois, & Jean Joannon appellez d'autre : Veu le procez, plaidez du ſeptiéme

May mil six cens deux, & autres productions desdites parties. Dit a été que la Cour a mis & met l'appellation & ce dont a été appellé au neant, & retenu & retient la connoissance de la cause & instance principale en laquelle a condamné & condamne ledit Langlois & Joannon à reconnoître tenir de la Seigneurie & directe dudit Sindic, la maison mentionnée en la demande dudit Sindic, & reconnoissances de l'an mil cinq cens quarante-huit, mil cinq cens cinquante-six, produites au procez, sous la rente de trois livres, ensemble les lods & ventes & arrerages d'icelle vrayment dûs; neanmoins a permis & permet ausdits Langlois & Joannon, de racheter ladite rente constituée sur ladite maison, en retenant toutesfois par ledit Sindic un sol de cens & rente perpetuelle, pour la reconnoissance de ladite Seigneurie directe, suivant les Edits du Roy & Arrest de la Cour; Et pour certaines causes & considerations a compensé & compense les arrerages de ladite rente avec la somme de quinze écus, contenuë au contrat d'amortissement de l'an mil cinq cens soixante-cinq produit au procez, & disant droit sur la garantie requise par ledit Langlois & Joannon, a condamné & condamne lesdits d'Espertinguet & Chalumelle à les relever indemne de ce que ladite maison vaut moins pour être mouvante de la directe dudit Sindic, & ce au dire d'experts, dont les parties accorderont, ou que à faute de s'accorder seront pris d'office par le Commissaire à ce deputé, avec dépens de ladite garantie, esquels a condamné & condamne lesdits d'Espertinguet & Chalumelle envers ledit Langlois & Joannon, & sans dépens entre ledit Sindic, Langlois & Joannon, & pour cause. Prononcé à Toulouse en Parlement le premier jour de Fevrier mil six cens trois.

V. le liv. 3. verb. Rentes. tit. 6.

ART. II.

Le quatorziéme Aoust mil cinq cens septante-huit, entre Me. François Girardin Docteur és Droits, Chanoine & Prevost de l'Eglise Metropolitaine d'Auch, suppliant & demandeur en rachat & extinction de rente, de censive fonciere, assise sur deux maisons & jardins achetez par ledit Girardin, d'une part; & M. Antoine de Borrassol, Conseiller & Magistrat Présidial en la Senéchaussée de Toulouse, deffendeur. Veu le procez, plaidez du vingtiéme Fevrier dernier, instrument d'achat par ledit Girardin du quatorziéme Juin mil cinq cens septante-sept, &c. Il sera dit que la Cour ayant égard à la Requeste dudit Girardin, a condamné & condamne ledit de Borrassol faire vente & amortissement de l'oblie & droits de directe portez par ledit instrument de bail audit Girardin, en rendant par icelui Girardin, à raison du denier quinze le prix d'icelles oblies, en suivant les Edits : ausquelles fins ordonne la Cour que par l'Agrimenseur dont les parties conviendront pardevant le Raporteur du procez, & qui à faute d'en accorder sera pris d'office, les terres tenuës par ledit Girardin, mentionnées esdits instrumens de bail, seront canées, & faite lad. agrimensation, ledit Borrassol sera tenu dedans trois jours aprés faire lad. vente, en payant ledit Girardin ledit prix, & en refus, la Cour a permis & permet aud. Girardin, consigner ledit prix, & moyennant ce a tenu & tient ladite revente pour faite, & sans dépens.

L'Oblie.] On dit aussi *l'oublier*, & en langage vulgaire *l'obial.* C'est un droit Seigneurial établi en argent, ou en volaille, sur un fonds, par les baux & par les reconnoissances, par dessus la censive annuelle, avec laquelle il est censé vendu, quand le Seigneur, en vendant la censive annuelle (qui degenere en rente seche) s'est reservé la Seigneurie directe; aussi, & telle rente, & l'oublier, furent-ils adjugez au Chapitre de Villefranche de Roüergue, contre Jean Pachens & autres habitans de saint Igest, par Arrest du six ou seize Juillet 1661. donné en la seconde Chambre des Enquestes, au rapport de Mr. de Tifaud. Ainsi l'oublie est une double censive, dont les arrerages peuvent être demandez depuis vingt-neuf ans, comme étant un second cens : En plusieurs endroits des Sevenes elle est appellée *droit de Tolte*, comme dans la Baronnie de Sauve, & du côté de Valeraugue; lequel droit de Tolte fut aussi adjugé par Arrest donné en la même Chambre, au rapport de Monsieur de Chauvet le vingt-huitiéme Janvier 1672. au sieur Valat, Prieur dudit lieu de Valeraugue, contre les habitans du Mas de Sarrils, qui furent condamnez au payement de ce droit avec la dix-septiéme partie des dots des hommes & femmes, entrans & sortans dudit Mas pour leur mariage. Dans l'Albigeois il y a un autre droit qui s'exige en forme de censive, & par dessus la censive, lorsqu'il est établi par titre. C'est le droit de *Bladage*, ainsi dit, parce qu'il consiste en certaine quantité de grains, que l'emphyteote paye pour chaque beste de labourage qui travaille le fonds infeodé. Il y auroit de quoy faire un livre entier à ramasser tous les droits qui s'exigent outre la censive, comme sont les droits de quint, de requint, & autres; du nombre desquels on peut mettre le droit de *Guiage*, ainsi dit sans doute par corruption, comme qui diroit guidage, ayant été établi pour guider dans la nuit ceux qui vont sur la mer; come il avoit été extremement negligé, & même pendant plusieurs siecles : il fut aussi comme rétabli par Arrêt du Conseil d'Estat du quinziéme Juin 1673. par lequel il fut ordonné, qu'il seroit exigé à l'avenir des habitans des lieux éminents qui sont le long de la coste de la mer, conformement

aux

aux anciens titres. Il assujettit ces habitans à fournir cire ou huile pour les lanternes qu'ils sont obligez de mettre sur les tours, afin d'éclairer la mer dans l'obscurité de la nuit.

ART. III.

Extrait des Registres de Parlement.

SUr le rapport fait de l'incident introduit devant le Commissaire à ce deputé, entre Bernard d'Aiguesplas Bourgeois, & Michel Courtois, Marchands habitans de Toulouse, supplians & demandeurs, d'une part; & le Sindic du College de Perigord en Toulouse, deffendeur d'autre. Veu le dire, avertissemens & productions des Parties, faites devant ledit Commissaire, la Cour ayant égard quant à la requête desdits supplians, & suivant l'Edit du Roy du vingt-cinquiéme Juin mil cinq cens cinquante-quatre, leu, publié & enregistré en la Cour, le vingtiéme Novembre audit an; & attendu le dépost fait par lesdits supplians le quatriéme jour de Janvier, a declaré & declare les maisons appartenans ausdits d'Aiguesplas & Courtois, situées en Toulouse; c'est à sçavoir celle d'Aiguesplas, en la grand ruë S. Sernin, & au devant dud. College, & celle dud. Courtois en la ruë de la Porterie basse, être déchargées de la rente & censive que le Syndic dud. College pourroit prétendre lui être dûë sur icelles maisons, sauf être baillé aud. Syndic sur led. dépost fait par iceux supplians, pour le rachat d'icelle rente ou censive que montrera & fera apparoître être dûë sur lesdites maisons, ce qu'elle montera ou reviendra à raison du denier quinze, suivant icelui Edit, & à la charge que led. Syndic sera tenu employer la somme qui par lui sera reçûë dudit rachat, en achat d'autres rentes; hors toutefois la Ville & Fauxbourgs de Toulouse, & sans dépens. Prononcé à Toulouse en Parlement le dix-huitiéme Janvier mil six cens-huit.

De ce qui appartient aux Justiciers hauts, moyens & bas.

CHAPITRE XXXVI.

ART. I.

ENtre Bernard de Molinier Seigneur de Malbosc, demandeur en execution d'Arrest, & autrement deffendeur, d'une part, & Messire Paul de Cajare, Seigneur dudit lieu, Capitaine de Leucate, deffendeur, & autrement demandeur d'autre. Et entre le Procureur general du Roy demandeur, d'une part, & lesd. de Cajare & Molinier respectivement deffendeurs d'autre. Veus les plaidez du sixiéme de Juin mil cinq cens quarante-neuf, Arrest du vingt-huitiéme jour du mois de Juillet, l'an mil cinq cens quarante-six, proccz-verbal du Commissaire executeur d'icelui Arrest, & autres productions respectivement faites. Dit a été que ledit Arrest sortira à effet, & sera executé, tant au profit dud. Molinier, pour deux parties de la Jurisdiction moyenne & basse du lieu & Seigneurie de Vieux, les neuf parties faisant le tout, qu'au profit dudit de Cajare pour les sept parties d'icelle Jurisdiction moyenne & basse, & pour la Jurisdiction haute entierement, pour respectivement joüir des droits, prérogatives & émolumens, & supporter les charges d'icelles Jurisdictions, comme à un chacun d'eux appartient selon lesdites cotitez : declarant à la Jurisdiction haute appartenir la connoissance, jugement & punition des crimes & malefices requerans par Droit écrit, ou Edit & Ordonnances du Roy, peine de mort naturelle ou civile, abscision de membre, ou effusion de sang avec patente infamie ; ensemble la sollicitude, providence & diligence d'obvier ausdits malefices, cohiber les audaces, violences & entreprises tendans à iceux malefices. Et à la Jurisdiction moyenne appartient la connoissance, jugement & punition des autres malefices non requerans par Droit écrit, ou Edits & Ordonnances du Roy aucune des susdites peines, mais seulement legere castigation ou correction corporelle ou bannissement temporel, ou amende honorable, ou pecuniaire, ou separement & conjointement, & generalement des actions pour tels malefices criminellement ou civilement intentez : & aussi la charge & autorité de pourvoir de Tuteurs & Curateurs aux mineurs, & furieux ou prodigues, & connoître des causes concernans lesdites tutelles, administration, excusation & suspension d'icelles : & des subventions en cas de grande necessité requise pour les miserables personnes, publication de testamens, confection d'inventaires, insinution de donations, denonciations de nouvel œuvre, & causes concernans les reparations des ponts, paſſages & chemins, & empêchemens faits en l'uſage des lieux, rivieres, fontaines publiques, & des cautions pour aucuns deſdits cas, ou danger des édifices ruïneux requiſes, des miſſions en poſſeſſions, à faute d'icelles ou ſemblables cautions. Et à la Juriſdiction baſſe appartient la connoiſſance, jugement & execution de toutes autres actions civiles, perſonnelles, réelles ou mixtes; & par ce n'entend la Cour que les cas par les Ordonnances du Roy, Stile des Cours du Royaume, ou privilege ſpecial, appartenant à la connoiſſance des Juges Royaux, ou Préſidiaux, ou Cours ſouveraines, ſoient par cet Arrêt ou autrement compris en la Juriſdiction deſdits Conſeigneurs; & à ce que pour la diverſité des Juges audit lieu, les Sujets ne ſoient vexez ni tenus longuement en procez pour les differends qui ſurviendront entre iceux Juges, au moyen de la diverſité deſd. Juriſdictions, a ordonné la Cour qu'aud. lieu & Seigneurie de Vieux y aura un ſeul Juge & un Greffier, qui par commun accord ſeront conſtituez par leſd. Conſeigneurs, ſauf audit de Cajare les droits de cottitez que deſſus declarées; & où ils ne s'accorderont deſd. Juge & Greffier dans le mois après l'intimation de cet Arrêt, ordonne la Cour que par le Juge-Mage, ou en ſon abſence, par autre Lieutenant en la Senéchauſſée de Toulouſe y ſera pourvû, appellez à ce leſd. Conſeigneurs, leſquels Juge & Greffier prêteront ſerment és mains deſdits Conſeigneurs, pour l'exercice de la Juſtice, en conſervation de leurs droits pour leſd. cottitez. Auſſi pourront chacun avoir & tenir aud. lieu un Bayle & Procureur, & ſera le ſerment des nouveaux Conſuls dud. lieu de Vieux, reçû par leſd. de Cajare & de Molinier, & l'un d'eux qui ſera lors preſent, ou par leur Juge en leur abſence. Et au ſurplus a ordonné & ordonne que led. de Molinier, en tous actes qu'il conviendra faire pour le devoir & état de la Juriſdiction moyenne & baſſe, aura lieu & préference avant tous autres, après led. Cajare ou ſes Succeſſeurs en lad. Juriſdiction aud. lieu & diſtroit d'icelui, & auſſi tous autres actes & aſſemblées honorables, comme en proceſſions, offrandes, receptions de paix, aura préference après led. de Cajare & ſa femme. Auſſi ſera permis aud. de Molinier Conſeigneur pour leſd. deux parties de lad. Juriſdiction moyenne & baſſe, faire afficher ſes armoiries en lieux publics de lad. Seigneurie, & aussi au scel ordinaire de la Cour dud. lieu à la part senestre, & un peu plus bas à celles dud. de Cajare, avec lequel scel seront scellées les letres qui seront expediées au nom dud. Juge pour lesd. Conseigneurs, au nom desquels seront aussi faites les criées & proclamations concernant ladite Jurisdiction moyenne & basse. Et en outre declare ladite Cour led. de Cajare n'avoir droit ni lui être loisible prohiber audit Molinier d'avoir sa sepulture dans l'Eglise dudit lieu de Vieux, au lieu où ses prédecesseurs Seigneurs d'icelui ont accoûtumé être ensevelis, & sans dépens quant à ce que dessus. Et tant que touche les droits de péage & pesade accoûtumé lever & exiger audit lieu, a reçû & reçoit lesdites Parties & Procureur General du Roi à articuler & prouver les faits concernans lesdits droits dans huitaine aprés la Fête S. Martin, & cependant lesdits droits seront arrentez à personnage idoine sans fraude, pour par les mains des Fermiers le prix dudit arrentement être baillé; c'est à sçavoir audit de Cajare sept parties de neuf, & les deux restans audit de Molinier par provision, sans préjudice du droit du Roy, & jusqu'à ce qu'autrement soit ordonné. Prononcé judiciellement à Toulouse en Parlement le treiziéme jour de Septembre mil cinq cens cinquante-deux, arrêté le vingt-cinquiéme Aoust precedent.

Jurisdiction moyenne.] On ne reconnoît aujourd'huy que trois sortes de Justice, mais autrefois il y en avoit une quatriéme espece, que les anciens actes appellent *Justice civile*, qui ne suppose qu'une simple Seigneurie directe, sans aucune Jurisdiction; ainsi elle est qualifiée Justice improprement, n'ayant apparemment retenu ce nom qu'en veuë de ce qu'autrefois le fief & la justice étoient unis ensemble, comme il est facile de le prouver par l'Histoire. Au reste, l'Arrest general que l'Auteur rapporte, après Maynard *liv. 2. chap 19.* fait la distinction des attributs des Jurisdiction haute, moyenne & basse; Et il est à observer qu'anciennement, pour marquer un Seigneur en toute Justice, on n'exprimoit de deux manieres, car ou l'on disoitqu'il avoit la Justice *cum omni integritate*, ou l'on disoit que *le Seigneuriage & la hauteur du lieu, ou la hauteur des hommes & du ban étoient à lui sans voüé & sans personnier*; c'est-à-dire sans qu'il y eût aucun Seigneur voüé, ni autre qui y peut prétendre. Il nedoit pas estre encore inutile d'observer, que la prestation de divers hommages, énonçans qu'ils sont faits pour la Justice d'un lieu l'établissent, pourveu qu'ils soient fort anciens, & toujours renouvellez sous la méme énonciation: Ainsi par Arrêt contradictoire de ce Parlement du trentiéme Août 1645. le feu Seigneur Marquis de Calvisson fut maintenu en la haute Justice du lieu de Clarensac, en consequence des hommages que ses devanciers avoient souvent rendu depuis le 17. Juillet 1400. à plusieurs de nos Rois.

Castigation ou correction.] C'est le sentiment de Goveanus *tract. de Jurisd. lib. 2.* par cette raison que *Jurisdictio sine modica coërcitione nulla est.*

Ou civilement intentées.] Comme le droit de ban & de pignoration; *jus bannisandi & pignorandi in nemoribus, pascuis & hortis*, suivant Chassanée sur la Coûtume de Bourgogne, *tit.*

des Justices & droits d'icelles rubr. 1. *num.* 97. Et quoy que par l'Arrest donné en la Chambre de l'Edit de Paris le 24. Juillet 1654. entre le Seigneur Marquis de Galvisson & le sieur Barthelemi Ricard de Nimes, au sujet de la Jurisdiction du lieu de Caissargues, *Jurisdictio banni & causarum civilium*, dont il est parlé dans un hommage fait au Roy en 1270. par les Conseigneurs dudit lieu, ait été seulement rapportée à la Justice basse ; il est certain ou que cet Arrest a été mal conçu, ou qu'il ne doit pas être tiré à consequence ; parce que *Jurisdictio banni* designe la Justice moyenne, & le *mixtum imperium* des latins, qui donne la connoissance des causes civiles, pecuniaires & du ban ; ce qui est conforme à la doctrine de Chassanée *loc. cit.* & à celle de *Petrus Jacobi*, celebre Jurisconsulte de la ville de Montpellier vers le commencement du quatorziéme siecle, qui dit dans sa pratique *in form. libell. suprà Jurisd. jus bannisandi in nemoribus, pascuis & aliis locis est de mixto imperio : post bannum enim fit statim pigneratio, quæ est de mixto imperio.*

Droits de Peage & Pesade.] Ces droits sont de la moyenne Justice, suivant *Petrus Jacobi loc. citat. fol.* 25. *pag.* 2.

Arrest de la Jurisdiction.

PAr Arrest general prononcé par Monsieur le Président de S. Jean le neuviéme Mars, l'Edit de Cremieu contenant que les Gentilshommes en premiere instance auroient leurs causes commises pardevant les Senéchaux, fut declaré & interpreté ne s'entendre des Gentilshommes qui étoient justiciables d'autres Seigneurs en arriere fief, ou autrement, lesquels ne peuvent décliner la jurisdiction de leurs Seigneurs justiciables, soit civilement, soit criminellement : A cause dequoi un Gentilhomme de la terre & jurisdiction de la Dame de Tournon, ayant fait enquerir par les Officiers de ladite Dame du vol d'un cheval, contre un autre Gentilhomme justiciable aussi de lad. Dame, lequel ayant demandé & obtenu sentence d'évocation de ladite instance du Senéchal de Roüergue ; par Arrest ladite Sentence fut cassée, & la cause renvoyée en premiere instance devant les Officiers de ladite Dame, n'ayant voulu le Roy par son Edit déroger ni préjudicier à la jurisdiction des Seigneurs particuliers de son Royaume, ains entendu seulement des Gentilshommes Seigneurs en chef, & ne ressortissans d'autre Seigneurs, ou des simples Gentilshommes, non Seigneurs, ayans leurs biens és terres du Roi, comme il y en a plusieurs.

Qui étoient justiciables.] Quoi que par l'Edit de Cremieu les causes des Nobles soient renvoyées devant les Senéchaux, toutefois par la Déclaration suivante du 24. Février 1537. la Jurisdiction des Seigneurs leur ayant été conservée contre tous leurs vassaux, soit Nobles, soit Roturiers, le Parlement juge conformément à cette Declaration, pourveu que les Nobles soient hommagers ou feodataires des Seigneurs, & a accoûtumé de les renvoyer devant les Officiers desdits Seigneurs, tant en demandant qu'en défendant, pour les causes civiles & criminelles, toutefois pour les cas non Royaux. Il y en a Arrest donné en la Grand'Chambre, au rapport de Mr. de Bertier le onziéme Août 1673. la Cour ayant renvoyé le sieur Fournier, Gentilhomme de la ville d'Annonay, devant les Officiers de la Dame Duchesse de Ventanour, en qualité de Marquise de ladite Ville, parce qu'on fit voir qu'il étoit son hommager.

Qu'une Baronnie ne peut être divisée sur prétexte d'œuvres pies & fondations d'Obits.

AUtre Arrest pour le sieur de Fontanilles, appellant du Sénéchal de Toulouse, contre le Syndic des Augustins, par lequel, sans s'arrêter au laps du temps, un membre de certaine Baronie démembré pour raison de certain legat à œuvres pies, est pour ce regard declaré de nulle efficace & valeur; sauf certaine pension apposée & mise pour faire continuer le service divin.

Démembré.] Pour les legitimes demandées sur les fiefs de dignité. *V. l'observation sur l'art. 2. du tit. 10. du liv. 1.* de même que *l'art. 9. du tit. 4. liv. 2. verb. Legitime, & l'art. 1. du tit. 63. en la suite de ce recuëil.*

Des lods & ventes.

CHAPITRE XXXVIII.

ART. I.

LEs lods & ventes ne sont dûs du sol & fonds pris & acheté pour faire chemin, ou ruë publique; par Arrest donné en Audience le dix-septiéme Juin ou Janvier mil cinq cens soixante, pour le Syndic de la ville de Toulouse, contre le Fermier des oublies du Roi, ayant pris une maison pour élargir une ruë en ladite Ville.

Les lods.] Quoi que les lods ne soient reglées par des reconnoissances, ou le bail; toutefois si le Seigneur directe a accoûtumé de les exiger pendant trente ans à un plus bas pied, il faut suivre cette coûtume; comme il fut jugé en la Grand'Chambre le 23. d'Avril 1674. au rapport de Mr. E. Cathelan, par Arrest donné en faveur de Pierre Figarede, contre Mre. Domergoux Religieux Infirmier de Lodeve; Figarede n'ayant été condamné à payer les lods d'une acquisition qu'il avoit faite qu'à raison de douze un, nonobstant que Domergoux le demandât à raison de six un, suivant plusieurs reconnoissances faites par d'autres tenanciers du même fief; il est vrai qu'il fut de surabondant soûtenu que c'étoit la Coûtume de Clermont, où le fief étoit assis, d'exiger les lods sur le pied de douze un.

ART. II.

Les lods & ventes sont dûs d'une locatairie perpetuelle de vingt-neuf en vingt-neuf ans, ainsi jugé par Arrest au rapport de

Mr. Blusset, le premier Mars mil cinq cens septante-six ; depuis par autre Arrest donné au mois de Janvier mil cinq cens nonante-neuf, fut jugé le contraire contre la veuve du Seigneur de Lanta.

* *D'une Locatairie.*] L'usage est contraire, & dans le ressort du Parlement de Toulouse on ne suit pas la distinction qu'on fait ailleurs des arrentemens ou baux à loyer, faits à longues années, avec ceux qui sont perpetuels ; car indistinctement, & même par une maniere de juger toute opposée à celle du Parlement d'Aix, on n'adjuge aucun lods en l'un ou l'autre cas, & le Seigneur directe n'y peut pas user du droit de prélation. Cela ne doit recevoir aucune difficulté à l'égard du bail à loyer fait à longues années, quand il n'y auroit que cette consideration à faire, que *causa contractuum temporaria non mutant dominium* ; & quoi qu'il semble qu'il falût dire le contraire d'un contrat de bail à locatairie perpetuelle, par cette raison que *causa ejus est perpetua* : toutefois comme il ne suppose aucune translation de dominité. *L. non solet. ff. locat.* le bail à loyer ne donnant que la seule faculté de joüir, ce qui fait dire à Accurse *in L. Codicillis. ff. de leg. 2. qui locat. in centum, vel mill. annos, non alienat* : aussi est-il certain que quand tel bail seroit passé pour mille ans, nul lods n'en seroit jamais dû : à quoi se trouve conforme la doctrine d'Olive *liv. 2. chap. 19. de Ferrer. in nov. addit. ad quæst. 48. Guid. Pap. de Cambolas liv. 3. chap. 32. & 41.* & j'ose dire qu'on peut accuser d'erreur en Droit, ceux qui sont d'un sentiment contraire, au prétexte de ce qui est dit au §. *Quod ait prætor 3. leg. 1. ff. de superf.* de même que tant en la Loy *Idem*, qu'en la Loy *Agri. §. Qui in perpetuum ff. si ager vectigal. petat* : car quoique ces loix donnent une action *in rem* à celui qui joüit à titre de loyer, soit perpetuel, soit à longues annés, il est certain que ce n'est que par rapport seulement à l'action utile, comme s'en explique la Glose : & en effet, outre que cela s'induit visiblement de ces termes dudit *Qui in perpetuum* [*quamvis non efficiantur Domini* ; d'ailleurs le loyer tient si peu de l'alienation, que Cujas en voulant faire la difference avec l'emphiteose, resout, que si celle cy *quasi Dominium tribuit*, & peut-être regardée comme une alienation, il en est tout autrement du bail à loyer : Et quoi qu'à la verité il ne parle que de *locatione temporaria*, il en doit être de même du loyer perpetuel, qui n'induit aucun transport de dominité. Les autres raisons en sont doctement touchées par Anton. Faber en son traité de *error. pragmat. part. 4. decad. 100. error. 4. & 5.* mais quoi que le bail à locatairie perpetuelle ne produise aucun lods, cela n'empêche pas qu'il ne puisse être prétendu pour ce qui est stipulé dans le contrat, & qui se donne pour droit d'entrée : il est encore du lods quand on peut faire voir qu'il s'agit d'une vente déguisée sous le mot de loyer : & suivant l'usage de ce Parlement, attesté par Cambolas *liv. 6. chap. 7.* il est dû encore pour la vente de la rente établie par le contrat de bail à loyer.

ART. III.

Pour cession, transport, ou transaction, ne se paye point le droit de lods & ventes ; parti en toutes les Chambres, au rapport de Monsieur Vignaux, au mois de Mars mil cinq cens septante-quatre ; ce qui a lieu lors que les biens demeurent és mains de l'ancien possesseur, ou du colitigant : car si par telle transaction les biens passent aux étrangers, *de Dominium transferatur*, ou bien que le contrat soit frauduleux ou feint, pour priver le Seigneur dudit droit ; en ce cas *debentur laudimia*, jugé par Arrest au rapport de Mr. de Roux, le neuviéme Septembre mil six-cens-un.

Pour cession.] On a quelquefois demandé si le lods est dû d'une cession faite par un creancier colloqué pour une dette de Communauté : sur quoi il faut sçavoir si lors de la cession la relation des Experts qui avoient procedé au département des dettes, avoit été autorisée ou non : car comme au premier égard la cession ne s'entendroit pas seulement *de jure pretenso*, mais même *de jure & dominio asserto*, & qui plus est, *de Dominio asserto & de ipso corpore fundi*, suivant le langage des Feudistes, puisque par moyen du département fait & autorisé sur la piece, sur laquelle le creancier auroit été colloqué, *possessorem mutasset cum effectu*, & ce creancier *fundum habuisset in solutum*, il seroit sans doute que le cessionnaire devroit un lod, quoi que son cedant n'eût pas joüi réellement. Mais au second égard, & quand la relation des Experts n'a pas été autorisée avant la cession, il est juste que le Seigneur directe ne prétende aucun lods, parce que les choses étans en cet état, le cedant ne peut pas être consideré comme acquereur & proprietaire, son droit de proprieté dépendant de l'autorisation de la relation, de sorte que lors de la cession, qui en ce cas n'est qu'une simple cession d'actions, n'étant pas maître du fonds, & n'ayant pû par une suite de cette raison ceder que son action, sans transferer aucun droit de proprieté par la raison de la Loy *Nemo plus juris ff. de reg. jur.* il est vrai de dire que comme il n'auroit payé aucun lods s'il se fût mis en possession [à cause que suivant la déclaration du Roi il n'est dû aucun lods d'une collation faite en conséquence d'un département de dettes de Communauté] le cessionaire comme subrogé à sa place, & le representant par l'effet de la subrogation, n'en doit aussi payer aucun. *V. l'observation sur l'article 8.*

Ou Transaction.] Quand la Transaction induit un changement de possession, & un transport de proprieté, le lods est dû ; mais il en est autrement quand elle ne fait que confirmer la possession & la dominité, parce que suivant le langage de *Ferrer. in quæst. 48. Guid. Pap. non est alienatio, nec novum jus acquiritur, sed est liberatio controversiæ. arg. L. si profundo. C. de transact.* Le profond du Moulin sur l'article 350. en la Coûtume d'Anjou, veut qu'il en soit autrement, *si velit actor in se assumere onus probandi, quod verum jus competebat actori, qui accepta pecunia renunciavit.* Quoiqu'il en soit, quand on donne quelque chose par transaction, pour faire cesser le trouble qu'on reçoit, ce qu'on donne ne pouvant pas dans ledit égard être consideré comme une plus valuë, le lods n'en est pas dû, comme il le seroit, si la somme portée par la transaction faisoit une augmentation de prix.

ART. IV.

Des biens vendus à pacte de rachat sont dûs les entiers lods & ventes, à la charge que lors du rachat n'en seront dûs ; ainsi jugé par Arrest du dernier Mars mil cinq cens cinquante-cinq.

Ne seront dûs.] C'est ce que les Coûtumes disent, *sans revenons*, c'est-à dire, sans qu'il soit dû lods pour le rachat, ce qui pourtant souffre les limitations rapportées par *Maynard liv. 4. chap. 38. & par Despeisses tom. 3. sect. 5. des lods. part. 5. num. 7. & part. 7. num. 20.*

ART. V.

En permutation ou change sont dûs les entiers lods & ventes, si les biens permutez sont sous la directe de divers Seigneurs ; & la moitié s'ils se trouvent sous la directe d'un même Seigneur ; ainsi jugé pour Olivier Galtier le vingtiéme Août mil cinq cens septante-sept.

Sont

Sont dûs.] *V. Ferrer. in quæst. 48. Guid. Pap. Maynard liv. 4. chap. 37. & Cambol. liv. 2. chap.* 30. lequel remarque *au liv. 4. chap.* 23. que les lods ne sont pas dûs d'un échange fait des terres de deux Chapelainies.

Et la moitié.] C'est-à-dire une moitié de lods pour chaque piece échangée ; en sorte que le Seigneur a par ce moyen l'entier lods des fonds échangez, lequel lods se paye suivant la valeur des fonds à dire d'Experts.

ART. VI.

D'une donation de tous & chacuns les biens, à la charge de payer les dettes, ne sont dûs les droits de lods & ventes, bien qu'il y eût coûtume contraire : La raison est d'autant que cette donation faite à la charge de payer les dettes, est comme une derniere disposition & testament ; & ainsi fut jugé par Arrest en Juillet mil cinq cens nonante-quatre

A la charge de payer.] La Coûtume du Languedoc, qui ne souffre pas qu'on paye aucuns lods d'une donation, donne lieu à cette Jurisprudence ; car autrement il est certain qu'à suivre le Droit écrit, par lequel cette Province est regie, les lods seroit dû d'une telle donation, comme faite *ob causam*, & n'étant pas pure. *V. Marie Ricard en son tr. des donations. part. 1. n.* 1029. *& suiv.*

* *Coûtume contraire.*] Cela est contraire à l'usage ; car quoy que regulierement en Languedoc les donations ne doivent aucun lods, il faut pourtant excepter les lieux où ils sont dûs pour donation en vertu des titres des Seigneurs directes. C'est ainsi que la Cour l'a jugé par Arrest donné le 25. Février 1669. en la Grand'Chambre, au rapport de Mr. Catelan, contre les habitans du lieu d'Asille dans le Comté de Rieux. Et c'est par cette raison aussi que les habitans de la Ville de S. Gilles doivent au Seigneur Abbé un droit de lods pour les divisions & pour les licitations qui se font dans l'étendue du terroir de lad. Ville, à cause qu'ils y sont obligez par leurs loix municipales, & par certaine Sentence arbitrale de l'an 1257. qui les confirme : ce sont des conditions imposées lors de la tradition du fonds, qu'on ne peut pas se dispenser de suivre. Le Parlement aussi a quelquefois jugé qu'il étoit dû lods des heritages, lorsqu'il avoit été stipulé.

ART. VII.

An ex contractu inito cum minore, qui in integrum est restitutus debeantur laudimia ? Il faut noter que le vingt-quatriéme Avril mil cinq cens septante-huit, Monsieur Cyron Rapporteur, & Monsieur Topignon Contretenant, fut donné Arrest les Chambres assemblées, par lequel fut jugé pour l'affirmative, dequoi plusieurs s'étonnoient, d'autant que le contrat étoit nul, comme fait contre la teneur du titre du Code, *de rebus minorum sine decreto non alienand.* & les lods ne sont dûs *ob laborem investituræ, sed in recognitionem domicilii.* Fut dit qu'on s'étoit fondé sur le payement desdits lods, que l'acheteur avoit déja fait, interpretant la Theorique *ex contractu nullo non deberi laudimia ha-*

bere locum quando soluta non sunt ; quod confirmatur l. si minor. 4. de doli mal. & met. except Vide Guid. Pap. consil. 590. ubi de commisso & contractu nullo. Papon des droits Seigneuriaux liv. 13. tit. 13. art. 2.

* *Pour l'affirmative.*] L'usage est contraire, étant certain que le lods n'est pas dû d'une vente resoluë de droit, & par consequent de celles qui sont declarées nulles *ex causa de preterito* ; la raison en est suivant d'Argentré *tract. de laudium.* §. 17. que *laudimia sunt consequentia contractus, quem lex in totum cum suo effectu annullat, & ad non actum redigit.* C'est aussi dans cette vuë qu'il n'est dû aucun lods d'un decret cassé par nullité, pour avoir été mal obtenu, quoy qu'il soit accompagné de la mise en possession, selon l'espece de l'Arrest donné en la seconde Chambre des Enquestes au rapport de Mr de Sevin le vingtiéme Decembre 1660. Il faut pourtant faire difference d'un contrat nul avec un contrat annullé, car le lods est dû à l'égard de celui-cy, à cause qu'il suffit qu'un tel contrat ait été bon dans le commencement, & cela sans doute parce que, comme disent les Docteurs, *causæ quæ post tempus contractus oriuntur, non possunt retrò agere in contractum perfectum. V. Joanni Faber. ad L. 1. §. 2. C. quand. lic. ab empt. deced & ad l. ult. C. comm. de legat. Cambolas liv. 5. chap. 34. & Ferrer. ad quæst. 490. Guid. Pap.* où il distingue entre les contrats nuls par défaut de solemnité, & ceux qui le sont comme faits contre la prohibition de la Loy.

Fondé sur le payement.] Il est certain que suivant le sentiment general on peut raporter contre le Seigneur directe le lods qui lui a été payé d'un contrat nul, quand la nullité a été declarée par Sentence, & cela par l'action que le Droit appelle *conditio indebiti* ; parce qu'en ce cas il s'agit du Payement d'un lods qui n'étoit pas dû ; à quoy se trouve conforme l'Arrest rapporté par *Papon liv. 10. art. 6 tit. 13.* qui est le méme que celui que du Moulin avoit allegué sur *la Coust. de Paris.* §. 33. *num.* 33. toutefois au cas d'une vente vicieuse un Seigneur directe a été relaxé de la restitution d'un lods qu'on lui demandoit, par Arrest de ce Parlement, donné en la seconde Chambre des Enquêtes le 31. May 1660.

ART. VIII.

Au moyen de l'adjudication d'un decret, & cession des droits d'icelui par l'adjudicataire, auparavant l'execution, en faveur d'un tiers son ami, suivant la foy qu'il lui avoit donnée de ce faire, ne sont dûs que simples lods, & non doubles. Ainsi jugé par Arrest sur un appel du Senéchal du Puy, contre un Seigneur directe en l'an mil cinq cens quatre-vingts-deux, au rapport de Monsieur Maynard.

Auparavant l'execution.] C'est la mise en possession qui rend le decret parfait, *nihil actum esse creditur, dum aliquid addendum superest. L. pen. C. de his quib. ut indign.* Et en effet, il est certain que jusqu'à la mise en possession un decretiste ne peut pas se dire propriétaire des biens directes, ce qui fait que jusqu'en ce temps-là il ne doit aucun lods. Ainsi jugé par Arrest donné en l'Audience de la Grand'Chambre le septiéme May mil six cens soixante, entre Me. Jean Castra, & les nommez Charras & Roquier, & il ne doit pas être inutile de remarquer qu'il fut prejugé par ce méme Arrest, que le debiteur executé aprés avoir obtenu le rabattement du decret, peut aliener les biens y compris, quoy qu'il n'ait pas remboursé le decretiste pour un prealable, ni des sommes pour lesquelles le decret a été obtenu, ni des loyaux cousts, reparations & meliorations qui peuvent avoir été faites aufdits biens, & fans que le decretifte puiffe être preferé à l'acquereur. Le decret ne dépoüille pas fi fort le débiteur, qu'en indemnifant le decretifte il ne puiffe avoir cette confolation de faire de fon bien ce que bon lui femble; l'indemnité du decretifte le met hors d'intereft, & fait rentrer le debiteur dans fon premier droit. Mais pour revenir à la premiere queftion, on ne peut pas douter que la ceffion d'un decret non fuivi de mife en poffeffion, ne doit aucun lods; il eft vray que parce qu'en faifant coucher l'exploit de mife en poffeffion fur un papier volant, on peut frauder un Seigneur directe, en lui dérobant par ce moyen la connoiffance de la mife en poffeffion, le Parlement a accoûtumé de relaxer le decretifte à la charge de jurer pardevant le Rapporteur du procez, de ne s'être mis en poffeffion des biens decretez. *V. Maynard liv. 4 chap. 51.*

Tiers fon ami.] C'eft celui qu'on appelle *le Command.* de l'adjudicataire dans le pays Coûtumier, & que le decretifte doit élire dans le temps de droit, c'eft-à-dire dans l'an, pour qu'il ne foit dû qu'un lods; encore faut il que le creancier faffe exprimer dans le decret, *qui le prend pour foy ou pour fon ami élû, ou à élire.* Quand l'élection eft faite dans le temps de droit, le Seigneur ne peut pas pretendre un double lods, parce que *in ea emptio effe intelligitur, emptori que jure uti non tam qui eligit, quàm qui electus eft, cenfetur*; comme dit *Faber. Cod. lib. 4. tit. fi quis alteri vel fibi. 34. def. 1.* Et en effet, le decretifte prenant le decret fous ladite condition, ne doit être confideré quand il execute, que comme n'exerçant, dans l'élection qu'il fait, qu'un nû miniftere, *& qui alium poffefforem minifterio fuo faciens*, aux termes de la Loy 18. *ff. de acquir. vel amitt. poff.*

Art. IX.

Par Arreft du cinquiéme Août mil cinq cens feptante, entre de Cambuiffon & David, fut jugé que la demande des lods & ventes fe prefcrit dans trente ans, à compter du jour de l'intimation & notification de la vente & requifition de l'inveftiture, au Sieur directe & dominant; pour ôter tous moyens de latitation de contrats, fimulation & fiction d'iceux aux Vaffaux & Emphiteotes; & parce que le Vaffal ou Emphiteote ne demandant l'inveftiture dans l'an eft en mauvaife foy; comme il fut jugé le 13. Mars mil cinq cens feptante-cinq.

Se prefcrit.] Il eft certain que la demande des lods prefcrit dans trente ans, mais il en faut quarante contre l'Eglife, car par l'Arreft dont il a été parlé fur l'art. 3. du ch. 20. de ce traité, & qui fut donné en la feconde Chambre des Enquêtes, au rapport de Mr. de Chauvet, le 28. Janvier 1672. les habitans du Mas de Sarrals furent relaxez de la demande que Me. Valat, Prieur de Valeraugue, leur faifoit des lods qui avoient procedé quarante ans; & quoy que l'Auteur allegue que les trente ans ne peuvent courir utilement que du jour de la notification de la vente, l'ufage eft neanmoins contraire, car ils commencent à courir du jour de l'acquifition. *V. l'obfervation fur l'art. 16. du chap. 13. de ce traité, & Maynard liv 4. chap. 46.* dans le reffort du Parlement de Paris un tiers poffeffeur prefcrit la demande d'un lods par une poffeffion paifible de dix ans. Fortin en rapporte un Arrêt de l'année 1647. donné en l'Audience de la Grand'Chambre, *fur l'art. 73. de la Conft. de Paris.* Il eft contraire au fentiment de du Moulin *in conf. Parif. §. 20. gl. 12. num. 13.* où il decide que le tiers acquereur ne peut prefcrire que dans trente ans, non feulement le lods de fon acquifition, mais même ceux qui font dûs pour les acquifitions qui precedent la fienne.

Qu'il n'est loisible aux hommes de la Seigneurie du Roy, de se rendre censuels d'un autre Seigneur.

CHAPITRE XXXIX.

ART. I.

LE Syndic & Consuls de Sainte Dode en l'an mil trois cens soixante-huit, passent accord avec le Comte d'Estarac, *quo fit narratio*, qu'à l'occasion de grandes & diverses occupations du Roy Seigneur dudit Lieu, les Habitans d'icelui ne sont aucunement deffendus contre les incursions des Anglois & autres voleurs, contre lesquels ledit Comte prend lesd. Habitans en sa protection pour les deffendre,& donne exemption du Péage par toute sa Comté en payant à la premiere Ville une fois ; & lesdits Habitans promettent payer chacun annuellement un quarton avoine, de le suivre à la guerre, prêter secours en temps de guerre & de paix,& le recevoir de nuit & de jour, contribuer à sa redemption, voyage outre mer, mariage des filles, en vertu duquel contrat ledit Comte fait demande dudit droit, & soûtient en avoir joüi ; les Habitans au contraire, que non. Le Procureur General intervenant, dit, que par ledit accord appert que le Roy est seul Seigneur dudit Lieu, que les Habitans *non potuerunt se dedere, & summittere alteri, Bald. in C. 1. de judic. n. 10. salicet. in C. licet causam. n. 13. de probat. ubi decidit, quod homines mei sine consensu meo, non possunt se facere censuales alterius. Chassan.* au tit. des Censes. §. 3. & suivant ce ledit contrat fut cassé, & le Syndic & Habitans dudit lieu de Sainte Dode relaxez de lad. demande faite par ledit Comte d'Estarac.

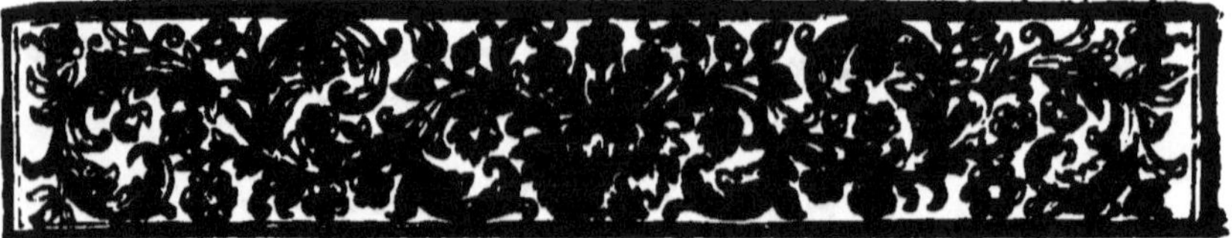

TRAITÉ DU REGLEMENT DES JUGES-MAGES, LIEUTENANS, CONSEILLERS, GENS DU ROY, ET OFFICIERS DES SENE'CHAUSSE'ES & Siéges Présidiaux d'icelui, par Arrêts.

Suivant l'ordre du temps & années qu'ils ont été donnez.

CHAPITRE I.

ENTRE les Officiers du Senéchal de Roüergue le vingt-huitiéme Août mil quatre cens nonante-deux.

Entre les Officiers du Senéchal de Carcassonne le dix-neuf Janvier mil quatre cens nonante-quatre.

Autre, entre les mêmes Officiers, le seiziéme Août mil quatre cens nonante-huit.

Entre les Officiers du Senéchal de Toulouse le neuviéme Avril mil cinq cens dix-neuf, par lequel leur est inhibé distribuer procez, ni bailler commissions pour faire Enquestes au Docteurs Regens de l'Université de Toulouse.

Pour les Officiers du Senéchal de Carcassonne du troisiéme Septembre mil cinq cens trente-quatre.

Entre le Juge-Mage & Lieutenans Lay de Montpellier du vingt-trois jour d'Août mil cinq cens trente-cinq.

Reglement general pour toutes les Senéchaussées du vingt-un Fevrier mil cinq cens trente-sept.

Autre Reglement entre le Lieutenant Principal & Particulier de Lauserte du neuviéme de Mars mil cinq cens trente-huit.

Pour le Senéchal de Quercy du treize jour de Septembre mil cinq cens quarante.

Entre le Senéchal, Juge d'Appeaux & Juge Ordinaire de Toulouse du douze Janvier mil cinq cens quarante-un.

Pour les Officiers de la Senéchaussée de Beaucaire du quatriéme Mars audit an mil cinq cens quarante-un.

Pour la même Senéchaussée aux Grands Jours à Nîmes le dernier jour d'Octobre audit an mil cinq cens quarante-un

Entre les Consuls de Gourdon & les Lieutenans du Senéchal audit lieu, le dix-neuf Mars mil cinq cens quarante-quatre.

Entre les Juges & Officiers de Castelnaudarry, & les Consuls de lad. Ville du quatorziéme Mars mil cinq cens cinquante.

Reglemens des Avocats & Procureurs du Roy en la Senéchaussée de Toulouse, du neuviéme Janvier mil cinq cens cinquante-cinq.

Reglement entre les Gens du Roy audit Senéchal, du second Mai mil cinq cens septante.

Autre entre le Juge-Mage & Juge Criminel de Carcassonne, du vingt-deux jour de Mars mil cinq cens septante-deux.

Autre entre le Lieutenant Principal & le Lieutenant Particulier de la Ville de Caors du dixiéme Juillet audit au mil cinq cens septante-deux.

Du Juge Criminel & du Juge-Mage & autres Officiers du Senéchal de Carcassonne du vingt-deux Mars audit an mil cinq cens septante-deux.

Entre le Juge Criminel & autres Officiers du Senéchal de Lauraguois du sixiéme Juillet mil cinq cens septante-quatre.

Entre Ambecy, Président Présidial, & Ferrandier Juge-Mage de Roüergue le dix Mars aud. an mil cinq cens septante-quatre.

Pour le Senéchal de Toulouse, moi étant Conseiller audit

Siége, & l'ayant poursuivi, du troisiéme Janvier mil cinq cens septante-six.

Entre les Avocats & Procureur du Roy de Quercy au Siége de Figeac, du dix-neuviéme Janvier audit an mil cinq cens septante-six.

Entre les Avocats & Procureur du Roy en la Senéchaussée de Toulouse du vingt-cinquiéme Mai mil cinq cens septante-sept.

Entre le Rapporteur du Senéchal Comtal de Lectoure, & l'Avocat & Procureur du Roy audit Siége, du dixiéme Juillet mil cinq cens quatre-vingts-quatre.

Entre les Avocats & Procureur du Roy en la Senéchaussée de Roüergue du vingt-troisiéme Mai mil cinq cens quatre vingts-six.

Entre le Juge-Mage & le Lieutenant Principal du Senéchal de B gorre du dix-huitiéme Juillet audit an mil cinq cens quatre-vingts six.

ARR. I.

Le premier Avril mil cinq cens septante-deux, aux Arrests generaux, le Juge-Mage de Nîmes étant assis au bout du banc pour oüir les Arrests, arriva Nosieres Juge Criminel, & Notel Lieutenant Principal du Senéchal de Toulouse, lesquels voulurent preceder led. Juge-Mage, sur quoi y ayant eu contestation, la Cour eue deliberation, ordonna qu'attendu l'absence du Juge-Mage de Toulouse, lequel est representé par le Juge Criminel, & que c'est en la Senéchaussée de Toulouse, que ledit Juge Criminel seroit assis devant ledit Juge-Mage, & ledit Lieutenant Principal aprés: ainsi qu'au livre sixiéme des Parlemens, nous avons, dit Monsieur de S. Jory second President du Parlement de Toulouse, comme representant ledit Parlement, avoir precedé, Monsieur Daffis, Premier President de Bordeaux, en l'assemblée convoquée par le Roy Henry IV. à Roüen pour la police de son Royaume.

ARR. II.

Le vingt-septiéme Septembre mil cinq cens septante, en Audience furent publiées les lettres patentes, par lesquelles étoit commandé à tous Senéchaux faire residence en leurs Senéchaussée, & declaré que le Roy vouloit que tous ceux qui seroient pourveus dudit Office fussent nobles & de robbe courte ; enjoignant à tous autres de s'en défaire dans deux mois.

Fussent Nobles.] A la rigeur il en doit être de même des Lieutenans des Senéchaux ; en effet, autrefois il faloit qu'ils obtinsent une espece de dispense lorsqu'ils aspiroient à la charge, sans être Nobles ; comme cela s'induit des Lettres patentes du 27. Août 1577. adressées au Siege de la Marechaussée de Paris, pour Charles de la Valde, afin d'être reçû en la charge de Vi-Senéchal de la Rochelle, quoy qu'il ne fût pas Gentilhomme. *V. le traité de la Connestablie & Maresch. de France, par Pinson de la Martiniere p. 70.*

ARR. III.

Le treize jour dudit mois de Juillet mil cinq cens septante-quatre, Arrest au Barreau sur une requête presentée à la Cour par le Lieutenant principal au Senéchal de Toulouse, Monsieur Nolet, auroit été ordonné qu'il sera appellé en toutes assemblées generales que les Capitouls de Toulouse feront, esquelles feu Monsieur Rochon Juge-Mage, n'a guerres decedé, étoit appellé, sur peine de quatre mil livres. *Nota* que le jour precedent on avoit eu Conseil general à la Maison de Ville, & ledit Nolet n'y étoit point, & étoit vrai-semblable qu'il n'y avoit été appellé, qui fut cause qu'il presenta ladite requête.

ARR. IV.

Le second jour de Decembre mil cinq cens septante-trois, autre Arrest au Barreau entre un Dominique de saint Germié, Gracieux & Daussone, contenant entr'autres choses verification être faite de la valeur du bled au tems de la destinée solution : & par même celui qui avoit presidé au Senéchal d'Armagnac au jugement du procez, sans nombre suffisans d'assistans, condamné en cent sols d'amende, inhibitions à lui & à tous Magistrats du ressort, à peine de cinq cens livres, de ne juger les procez sans nombre competant, qui est de sept, suivant les Ordonnances Royaux.

Qui est de sept.] En matiere d'Equivalent il n'en faut que cinq, suivant l'Arrest donné en la Cour des Aydes de Montpellier le quatorziéme Novembre 1668. en la cause des Hôtes & des Fermiers de l'Equivalent.

ARR. V.

Inhibitions aux Avocats & Procureur du Roy des Juges Presidiaux de ne prendre aucuns deniers, don ou recompense pour

l'assisl'aſſiſtance qu'ils feront aux aſſemblées du Païs & Villes du reſſort: Arreſt prononcé le premier d'Aouſt l'an mil cinq cens quatre-vingt-deux.

ARR. VI.

Entre le Syndic du lieu de Verdun, & le Syndic du College Sainte Catherine; par Arreſt, la procedure faite par Maître Michel Tolofani, Juge-Mage de Lauraguois, eſt caſſée, pour avoir été faite en Toulouſe, inhibé & deffendu, tant audit Juge-Mage, qu'à tous autres Juges, à peine de nullité & privation de leurs eſtats, de ne faire acte de Juriſdiction contentieuſe, dont la connoiſſance appartient au Siége Préſidial ou Senéchal de Toulouſe.

ARR. VII.

Le dix-ſeptiéme Septembre mil cinq cens vingt-ſix, entre Eſtienne & Charles de Caſſe, inhibitions & deffenſes à tous, de ne enſuivant les privileges & Arreſts, tirer les Habitans de Toulouſe pardevant le Juge du Petit-ſcel de Montpellier, lequel créera un Lieutenant Clerc en Toulouſe de la qualité requiſe és Ordonnances, pour là tenir ſon Siége, & connoîtra des matieres appartenantes au Juge, en ce enſuivant les Ordonnances faites ſur la reformation des Eſtats.

ARR. VIII.

Arreſt contre un Conſeiller du Senéchal, pour s'être taxé plus qu'un écu par jour & ſes dépens, entre le Procureur General du Roy, demandeur en contravention aux Ordonnances faites par le Roy ſur la taxation des dietes & vacations expoſées par les Officiers & Magiſtrats des Senéchauſſées, d'une part, & Maître Antoine Alary, Conſeiller, Juge & Magiſtrat Préſidial en la Senéchauſſée de Toulouſe, deffendeur d'autre: Veu l'Arreſt du onziéme Decembre, execution de ſaiſie entre Meſſire Paul de Foix Baron de Rabat, & autres productions: Dit a été que la Cour pour les cauſes reſultans des ſuſdites productions, a condamné ledit Alary à rendre & remettre és mains dudit dépoſitaire, ce qui a été par lui reçû pour ſes dietes & vacations: en outre le condamne en cent livres, pour être employées en œuvres pies à l'Ordonnance de la Cour ; & a fait inhibition & défense à tous autres Magistrats du ressort, recevoir ou prendre par leur dietes & vacations des parties plaidans, outre ce qui leur est ordonné & taxé par les Ordonnances Royaux. Prononcé à Toulouse en Parlement le vingt huitiéme Decembre mil cinq cens septante-quatre.

ARR. IX.

Arrest par lequel est dit que les Juges inferieurs ressortans aux Senéchaux, Gouverneurs & Lieutenans, seront examinez à leur reception ausdits Offices, par lesdits Senéchaux & Gouverneurs; entre un nommé Blandonnie, Loüis Mathon & les Consuls de saint Mathan. Prononcé le vingt-uniéme jour d'Aoust mil cinq cens quarante-quatre.

Par lesdits Senechaux.] Les Officiers des Bailliages, Vigueries, Chastellenies, & autres Jurisdictions Royales, se doivent faire recevoir en leurs charges devant les Senéchaux, & s'ils ont été reçûs au Parlement, ils sont tenus de faire enregistrer, tant leurs Provisions, que leurs Arrests de reception, devant lesdits Senéchaux ; ainsi jugé par Arrest, donné le 27. May 1655. entre les Officiers du Senéchal & Siege Presidial de Nîmes, & ceux des Bailliages de Villeneuve de Berc, & de Marvejols. *V. l'art. 9. du ch. 5. de ce tr.*

V. la suite de ce recueil tit. 4. verb. amendes. art. 2.

ARR. X.

Maître François Puget, Docteur, cy-devant Juge de Comenge, fut reçû Conseiller au Senéchal sans examen, attendu qu'il a été examiné à la reception de ladite judicature en la forme que sont examinez les Conseillers és Sieges Presidiaux, Arrest du vingt-trois jour de Juin mil cinq cens quatre vingts-sept.

ARR. XI.

Par Arrest du onziéme de May mil cinq cens quarante, Massabrac fit revoquer une amende en laquelle avoit été condamné, en cassant une sienne procedure contre ceux qui lui avoient assisté ; car il fit apparoistre l'Ordonnance avoir été donnée contre son opinion.

V. la suite de ce recueil tit. 4. verb. Amendes art. 2.

ARR. XII.

Le neuviéme ou dixiéme du mois d'Août mil cinq cens septante-un Arrest au Barreau d'un nommé Mocau Juge-Mage de Beaucaire, contenant entr'autres choses prohibition au Senéchal dudit Beaucaire, & autres de ce ressort, de commettre la confection des enquêtes aux Greffiers, Notaires de la cause, sur peine de dépens, dommages & interêts des Parties.

V. le liv. 2. tit. 4. verb. Enquestes. art. 1.

Des Sieges Presidiaux.

CHAPITRE II.

ARR. I.

SUr l'appellation interjettée par Bernard Maillol, appellant des Magistrats Presidiaux de Toulouse, d'une part, & Bonette Espertignette appellée, d'autre; en ce que les Presidiaux avoient usé d'inhibitions generales, tant audit Maillol, qu'autres artisans, de faire état de Solliciteurs, la Cour sans préjudice du Jugement Presidial donné entre lesdites Parties, mit l'appellation & ce dont fut appellé, au neant, & fit inhibition audit Maillol & autres artisans, & autres gens mecaniques, de n'exercer la charge de Solliciteur, sur peine de cent livres, & autre arbitraire. Prononcé à Toulouse le 28. Mars mil cinq cens septante-un.

Inhibitions generales.] Il n'y a que les Cours souveraines qui puissent user d'inhibitions generales, & faire des reglemens; elles ont pour ce chef le même droit que le Senat de l'ancienne Rome avoit; *Senatum autem jus facere posse non ambigitur*, comme dit Ulpien en la Loy 9. *ff. de legib.*

ARR. II.

Les instances feodales, bien qu'elles soient jugées Presidialement, ne sont sujettes à l'Edit des Presidiaux; & pour ce la Cour a accoûtumé de connoître desd. appellations, comme a été veu par plusieurs Arrests; & la raison est, parce que le droit d'asservir ou ennoblir une piece ne peut bonnement recevoir estimation, tant pour les lods & ventes, instances, droits de prelation, commis, qu'autres droits Seigneuriaux; il est vrai que s'il s'agissoit seulement du payement de quelques droits Seigneuriaux, sans revoquer en difficulté la Seigneurie feodale, cela pourroit être sujet à la jurisdiction Presidiale; & ainsi faut entendre l'Ordonnance des Presidiaux, lors qu'elle parle du payement de dix livres de rente.

Le Droit d'asservir.] Aussi par cette raison les Presidiaux ne peuvent pas connoistre en dernier ressort d'une servitude.

Du payement de dix livres.] Ce n'est pas la quantité d'une somme certaine qui forme proprement la nature de la jurisdiction ; cela marque seulement qu'elle est limitée, comme l'est celle des Presidiaux, qui par l'Edit d'Henry II. de l'an 1551. est limitée à deux cens cinquante livres pour une fois payer, ou à dix livres de rente annuelle ; pour en connoistre souverainement. *Si idem cum eodem pluribus actionibus agat, quarum singularum quantitas intra jurisdictionem judicantis sit*, est-il dit en la Loy 11. *ff. de jurisd.*

ARR. III.

Arrest du dix-huitiéme Decembre mil cinq cens septante-un, par lequel est ordonné que le Juge-Mage de Roüergue presidera à l'élection des Consuls de Villefranche audit païs, comme faisoit auparavant l'érection des Offices des Presidens Presidiaux. Autre Edit & Declaration du Roy, qui entend que les Juges Presidiaux connoissent des instances criminelles incidemment intervenuës és instances civiles, sauf que les parties pourront appeller és Cours de Parlement desdites instances criminelles seulement, fol. 276. *lib. 6. ordinat. Henrici secun.*

ARR. IV.

Declaration que les Juges Presidiaux ne pourront prendre plus grand salaire qu'ils avoient accoûtumé, ni commettre qu'un seul Commissaire sur le fait des incidens, & que la Cour puisse connoître des abus qui par lui seront commis, & où il sera question de leur incompetance ou recusation non avisée contre tous les gens tenans un desdits sieges. *fol.* 88. *lib. 7. ordin.*

ARR. V.

Declaration & Ordonnance que la taxe des dépens donnez par les Juges Presidiaux, sera écrite au pied desdits Jugemens, & qu'il sera permis aux parties apporter lesd. taxes en la Cour, *eod. lib. 7. ordinat.*

ARR. VI.

Patentes du Roy, par lesquelles ledit sieur baille reglement & n'entend qu'en rétablissement les Offices des Presidens Presidiaux; il ne veut avoir préjudice aux prerogatives appartenans, & ordonne aux Lieutenans generaux, Civil & Criminel, *lib.* 10. *ordinat.*

ARR. VII.

Declaration quant au reglement des Presidiaux, contenant entr'autres choses, prohibition de n'appeller leurs jugemens Arrêts, & d'user des termes appartenans aux Parlemens, & Chancelleries, *fol. 70. lib. 7. ordinat.*

ARR. VIII.

Le Mardy dix-sept Juin mil cinq cens soixante-sept, en Audience plaidée certaine qualité Presidiale, où n'étoit question au commencement du procez, que de quatre livres, prohibé à tous Juges Presidiaux d'user en leurs jugemens de ce terme *Arrest*, à peine de deux mille livres.

De quatre livres.] *V. le chap. 5. de ce traité.*

ARR. IX.

Le Jeudy dix-huitiéme Janvier mil cinq cens cinquante-neuf au Barreau Arrest prohibitif aux Senéchaux d'user de ces termes : *l'appellation & ce dont a été appellé mis au neant*, ains faut qu'ils prononcent *aut benè vel malè.*

Aut benè vel malè.] Il est seulement permis aux Presidiaux *provocationem vel iniustam tantum pronunciare, vel justam*, aux termes de la Loy *Eos. C. de appell.* & il n'y a que les Cours souveraines qui puissent mettre les appellations, & ce dont a été appellé au néant. *V. Maynard liv. 2. chap. 16. l'Ordonnance de 1539. entr'autres, en l'art. 128. & l'art. 12. de ce chapitre.*

ARR. X.

Le quatriéme Decembre mil cinq cens septante-six, plaidée en Audience certaine qualité entre les Bailles Serruriers de Toulouse, & un nommé Gabaston, a été prohibé aux Capitouls de Toulouse, & à tous autres Juges inferieurs, d'user en leurs Sentences de ces termes, *pour certaines causes & considerations à ce nous mouvans* : d'autant que d'user de tels termes appartient seulement aux Cours souveraines.

ARR. XI.

Le treiziéme Septembre mil cinq cens septante-sept, au Barreau Arrest d'un Jean de Carcassonne, & autres parties y nommées, contenant entr'autres choses, inhibition aux Officiers de

Carcassonne, & autres du ressort, de quand ils seront recusez en un procez, opiner en icelui, ni user dans leurs Sentences de ces termes, *Dit a été*, ni de ce terme, *& pour cause*, & lesdits Officiers étans recusez, & ayans opiné audit procez, ont été condamnez, à sçavoir, celui avoit présidé & le Rapporteur, chacun en dix livres d'amende envers le Roy, & chacun des opinans en cent sols.

[*Dit a été.*] Le sieur Roux, Juge-Mage de Carcassonne, fut ajourné personnellement au Parlement, parce qu'en prononçant il usoit de ces termes, *Dit a été.*

ARR. XII.

Le Jeudi vingt-septiéme du mois de Decembre mil cinq cens septante-neuf, en faisant droit en Audience sur certain appel Presidial, fut prohibé par Arrest de la Cour aux Magistrats Présidiaux, d'user en leurs Jugemens Présidiaux ou Ordonnances Présidiales de ces termes, l'appel simplement mis au neant.

V. l'art. 9. de ce chapitre.

ARR. XIII.

Le Vendredi vingt-neuviéme jour d'Août mil cinq cens quarante-quatre, par Arrest en vuidant certain procez d'un nommé Clusel, appellant du Senéchal de Roüergue, fut prohibé audit Senéchal de mettre és Lettres ou Sentences, *la clause, oppositions & appellations, nonobstant*, sinon qu'il y ait rebellion precedente.

ARR. XIV.

Le vingt-uniéme Fevrier mil cinq cens septante-six, plaidée certaine qualité entre un nommé Vanelly Consul de Caors, & un nommé Molieres Conseiller & Magistrat Présidial aud. Caors, fut dit entr'autres choses : oüis les Gens du Roy, que les Consuls dudit Caors avoient peu informer, mais non point decreter contre ledit Molieres.

ARR. XV.

Le vingt-huit Avril mil cinq cens septante, aux Chambres assemblées fut mis en deliberation ; sçavoir si és examens des Juges-Mages, Lieutenans, Conseillers és Senechaussées, ou autres Officiers Royaux qui se font en la Cour, suivant l'Ordonnance de Moulins art. 11. est necessaire que pour être reçûs ils soient approuvez par les deux tiers des opinans, comme il est observé és Pourveus, des Offices, de President & Conseiller en la Cour, par la même Ordonnance art. 10. L'occasion de cette deliberation proceda de ce qu'à l'examen de M. Jean Brugelles, pourvû d'un Etat de Conseiller en la Senéchaussée de Lauraguois, Messieurs de la seconde Chambre d'Enquestes se trouverent en diversité d'opinions, car de huit opinans les cinq furent d'avis de la reception, les trois au contraire du renvoi pour six mois, & ayant rapporté le fait à Messieurs de la Grand'Chambre, l'affaire fut renvoyée aux Chambres assemblées pour en prendre & donner certain jugement à l'avenir. Premierement fut mis en deliberation si Messieurs tenans la Chambre des Requestes devoient être appellez & opiner en cette affaire, il fut arrêté qu'ils n'y seroient point appellez, parce qu'ils n'ont point voix aux Chambres assemblées, si ce n'est lors qu'il s'agit d'affaires concernant le general du Corps de la Cour, ou de la publication ou verification des Edits Royaux: mais és affaires des Particuliers qui sont traitez par occurrence aux Chambres assemblées par partage ou autrement, autres toutefois que des Mrs. de la Cour, ils n'y opinent point.

Au surplus, quant au fait principal, il fut trouvé mauvais que Messieurs eussent procedé à l'examen dudit Brugelles en si petit nombre, comme de huit opinans, vû que par certaine Ordonnance il faut qu'il y ait quinze opinans à l'examen & reception d'un Officier; tellement qu'il fut arrêté que les examens seroient faits d'orénavant en pleine Chambre; c'est à sçavoir assistans tous les Messieurs d'icelle Chambre, sinon qu'aucun d'eux fussent absens par maladie ou autre legitime cause, ou qu'ils fussent recusez; auquel cas si en ladite Chambre ne restoient douze opinans, fut ordonné qu'il en seroit pris d'une autre Chambre pour parfaire le nombre de douze Juges; & que l'on ne pourroit proceder à l'examen & reception d'aucun Officier, en moins nombre que de douze Juges, ou de la même Chambre ou des Chambres d'Enquestes. Et d'autant qu'auparavant & aprés la publication des Ordonnances de Moulins, on auroit observé en cette Cour és examens des Promeus de Magistratures és Sieges Présidiaux & Judicatures, & autres Offices Royaux qu'il suffiroit pour être reçûs lors que les opinans se trouveroient en contrarieté d'avis, qu'il y eut deux voix & opinions pour la reception d'avantage que pour le renvoi, tout, ainsi qu'és autres affaires de justice, & que l'ordonnance qui veut qu'ils soient aprouvez par les deux tiers des opinans, se parle nommement des pourveus des Offices des Cours de Parlement & non point des inferieurs, il fut arrêté que l'on ne changeroit rien à l'observance jusqu'à cette heure gardée, consideré mémement que par l'ordonnance elle n'étoit point abrogée.

Quelques-uns étoient d'avis de regler les Magistrats Presidiaux *ad instar* des Conseillers en la Cour, à cause qu'en certain cas ils jugent souverainement & en dernier ressort, tant en civil qu'en criminel. Les autres vouloient étendre l'Ordonnance des deux tiers des opinans aux Juges-Mages, Lieutenans principaux & particuliers; d'autant que ceux-là sont examinez à l'ouverture du livre, comme les Conseillers en la Cour; ce neanmoins il fut conclu que tant és examens des Conseillers és sieges Presidiaux, que des Juges-Mages & Lieutenans, il suffiroit qu'il y eût deux voix & opinions davantage pour la reception de l'examiné, & non deux tiers des opinans.

Qu'il y eût deux voix.] Dans l'examen d'un Conseiller en Cour souveraine, il faut être trouvé capable par deux tiers des opinans, suivant l'Ordonnance de Moulins en 1566. art. 10. mais il passe à la pluralité des voix pour les Officiers subalternes. *Maynard liv.* 1. *chap.* 77. Il en est de même pour les Souverains : à l'égard du jugement de l'enqueste de leur vie & mœurs. *Cambolas liv.* 3 *chap.* 48.

De la Cour de la Bourse des Marchands.

CHAPITRE III.

PAr Arrest du dix-neuviéme Avril mil cinq cens quatre vingts-neuf, au procez de Rabastens Rossignole, & autres, fut jugé qu'un decret émané des Prieur & Consuls de la Bourse étoit nul, & qu'ils ne pouvoient adjuger par decret, ce qui est veritable s'il y a opposition quelconque, mais s'il n'y en a point ni contredit autre que du marchand executé, le decret est valable.

ARR. II.

Par autre Arrest du vingt-deuxiéme Juin mil cinq cens septante-

six,

ſix, donné en Audience, fut jugé leſdits Prieurs & Conſuls n'être competans du vol & larcin fait de marchandiſe aux Voituriers d'icelle, entre Henry Morat Marchand de Toulouſe, ayant fait aſſigner à la Bourſe Jean Valercle Voiturier, à lui payer la marchandiſe qui lui avoit été volée par ceux de la nouvelle pretenduë Religion, ſur le grand chemin de Caſtelnaudarri.

Par autre Arreſt du vingt-un Avril mil cinq cens quatre vingts-trois, donné en Audience, la contrainte par corps ordonnée pour le payement d'une ſomme contre un debiteur qui n'étoit obligé par corps, fut caſſée, & inhibé d'uſer de telles contraintes.

A r r. III.

Il y a Arreſt ſur les lettres patentes du Roy Henry II. ſur la juriſdiction de la Bourſe commune des Marchands en Toulouſe du huitiéme de Fevrier mil cinq cens cinquante-un.

Et autres Lettres de declaration du même Roy, que les Prieur & Conſuls de ladite Bourſe, ne connoîtront des differens entr'autres perſonnes que vrais Marchands, ou leurs facteurs, ou faiſans trafic de marchandiſe, inſerées au livre ſixiéme des Ordonnances fol. 117.

Et encore autres Lettres de declaration du Roy, que les actes judiciaux, ſentences & lettres des Prieurs & Conſuls des Marchands en Toulouſe, ſeront executées par tout le Royaume, ſans pareatis ni inſinuation, enregiſtrées au livre 7. des Ordonnances, fol. 93.

Et autres lettres de confirmation des privileges des Marchands de la Bourſe, & autres fequentans les rivieres de Garonne & autres enregiſtrées au livre 10. des Ordonnances.

Sans pareatis] Pour faciliter & pour favoricer le commerce & le negoce.

Des Viguiers & Juges ordinaires.

CHAPITRE IV.

IL y a pluſieurs Arreſts de reglemens, concernant les Viguiers au Parlement de Toulouſe, leſquels nous rapporterons ſuivant l'ordre du temps qu'ils ont été donnez.

Le premier que j'ay trouvé est entre Jean Planterose Viguier de Beziers, & Maître Raymond Roux Juge de ladite Ville, du troisiéme Aoust mil quatre cens quarante-sept.

Aprés entre Maître Geraut de Gresino, Lieutenant particulier, & René de Pins, Escuyer, Viguier de Toulouse, du vingt-cinq Janvier mil cinq cens trente-huit, concernant la préeminence des Viguiers de robe courte.

Autre reglement touchant l'auditoire du Viguier d'Alby du vingt-troisiéme Aoust mil cinq cens trente-huit.

Autre entre le Sindic des Avocats de Nismes, & Pierre Robert Escuyer, Viguier de Nismes du quatriéme Mars mil cinq cens quarante-un.

Autre entre Me. Guillaume Guyard Juge ordinaire de Beaucaire, & Tanquin Porcelet Viguier dudit Beaucaire du dix-huitiéme Decembre mil cinq cens quarante-six.

Autre reglement des Officiers de Beziers, & le Viguier concernant la distribution des procez du dernier Octobre 1550.

Deliberation de la Cour, de bailler famille & compagnie de main forte au Viguier de Toulouse, du trentiéme May mil cinq cens septante.

Autre deliberation sur le fait de l'élection des Capitouls, le Viguier étant absent, du vingt-deuxiéme Novembre mil cinq cens septante-deux.

Autre deliberation concernant ledit Viguier de Toulouse, du quatriéme Juillet mil cinq cens septante-sept.

Autre reglement dudit Viguier avec ses Lieutenans du quinziéme Juin audit an mil cinq cens septante-sept.

Reglement des Juges ordinaires.

CHAPITRE V.

OUtre les reglemens pour les Viguiers, j'en ay trouvé és Registres plusieurs autres pour les Juges ordinaires.

Sçavoir un du Juge de Verdun au Siege de Gimont pour les distributions entre le Lieutenant principal & particulier, du dix-huitiéme Mars mil cinq cens quarante-trois.

Autre de Trenque, Juge de Comenge, du vingt-un Juillet mil cinq cens quarante-quatre.

Autre du Juge ou Bailly de Milhau, Sindic des Avocats du Siege pour les distributions, du treize Juin mil cinq cens quarante-neuf.

A suite d'un precedent reglement entre Cavalier, Juge dudit Milhau, & Pinardet pour lesdits Avocats, par lequel fut inhibé aux Lieutenans dudit Milhau de postuler, du dix-sept May mil cinq cens quarante-un.

Autre Arrest de reglement donné les Chambres de la Cour assemblées, entre les Juges Royaux & les Juges des Seigneurs Jurisdictionels, du dernier Août mil cinq cens cinquante-trois.

Autre du juge & Lieutenant de Lavaur, du vingt-sixiéme Fevrier mil cinq cens cinquante-quatre.

Deux autres reglemens, l'un du Siege de Puilaurens: & l'autre du Juge de Castres, du vingt-huit Fevrier audit an mil cinq cens cinquante-quatre.

Autre entre le Juge d'Albigeois, & Cousin Lieutenant de Gaillac, du douziéme Septembre mil cinq cens quatre vingts-six.

Autre pour le Sindic des Avocats de la Cour ordinaire de Narbonne, contre le Juge d'icelle, du sixiéme Mars mil cinq cens septante-un.

Des Viguiers.

CHAPITRE VI.

ARR. I.

LUndy premier d'Août mil quatre cens quarante-six, veu par la Cour certaine requête de Jean Lamy Viguier de Toulouse, par laquelle il pretend à cause de son Office & être Capitaine de la Ville & Castel Narbonnois de Toulouse, & avoir sa garde de jour de ladite Ville & des portes d'icelles, & qu'aucun étranger des païs non obeïssans au Roy ne peut entrer dans ladite Ville sans son congé & licence, & que toutes criées & proclamations qui se font en ladite Ville se doivent faire du mandement de lui & des Capitouls, & avec ce, qu'on ne peut faire aucuns jeux de moralité en ladite Ville où il y ait affluence de peuple ; sans son congé & licence, & qu'icelui suppliant avoit fait faire inhibitions & deffenses à certains habitans de ladite Ville, qu'ils n'allassent par icelle les visages couverts, ni fissent jeux publics le jour de la fête de l'Assomption nôtre-Dame prochainement venant, pour les esclandres qui s'en pourroient ensuivre. Ce nonobstant le Senéchal de Toulouse après lesdites inhibitions avoit donné congé à aucuns de ladite Ville, qu'ils allassent les visages couverts, & fissent jeux publics audit jour ; & avec ce avoit commandé à huit de ses serviteurs qu'ils s'armassent & allassent avec les autres, & que si aucun les touchoit, ils le missent en piéces, & s'ils trouvoient aucuns Sergens dudit suppliant executant son mandement, ils le missent en prison. Et en outre se ventoit ledit Senéchal de donner congé & licence aux Anglois qui viendroient au pardon des Augustins à ladite fête, d'entrer en ladite Ville de Toulouse, veu aussi certaine requête baillée par le Sindic des Capitouls, par laquelle il requeroit que pour obvier aux perils & inconveniens qui pourroient survenir ; la Cour donnât congé & licence ausdits Capitouls, de clore & murer certain portanel que le Roy fit faire és murs de la Ville lui étans dernierement en l'Hôtel de la Senéchaussée pour soy aller esbatre aux champs. Et sur tout oüis lesdits Viguier, Capitouls & Senéchal, la Cour a ordonné & ordonne que ceux qui feront les jeux à ladite fête de nôtre Dame n'iront point parmi ladite Ville de Toulouse : mais ils pourront faire lesdits jeux en l'Eglise de la Daurade ou en la place, en la forme & maniere, & en tel nombre qu'ils ont accoûtumé. Et au regard de ce que chacun desdits Senéchal & Viguier pretend à lui appartenir de donner congé & licence de faire lesdits jeux & moralitez, & aux Anglois d'entrer en ladite Ville, la Cour ordonne que chacun d'eux élira deux hommes notables, lesquels les appointeront s'ils peuvent dedans deux ou trois jours, sinon le rapporteront à la Cour qui y appointera ainsi qu'il appartiendra par raison. Et entant que touche led. Portanel, la Cour n'y appointe rien pour le present : mais a enjoint aud. Senéchal qu'il garde si bien la clef d'icelui portanel, qu'aucun dommage ou inconvenient n'en avienne, lequel Senéchal a dit qu'ainsi le fera.

ARR. II.

Extrait des Registres de Parlement.

ENtre Maître Jean de Villeneuve Viguier de Toulouse, suppliant & demandeur, & autrement deffendeur, d'une part, & le Sindic des Capitouls de la Ville de Toulouse, & Maître Antoine Dampmartin, Lieutenant Clerc du Senéchal dudit Toulouse, deffendeurs, & aussi supplians & demandeurs respectivement d'autres. Veu les requêtes, &c. La Cour a ordonné & ordonne que lesdites parties seront plus amplement oüies, & à ces fins en viendront en jugement au mois, dans lequel delai produiront aussi lesdites pieces, & tout ce que bon leur semblera, pour aprés leur être fait droit. Et cependant pour obvier aux desordres cy-devant avenus, a ordonné & ordonne la Cour qu'en tous actes & assemblées publiques où est requis lesdits Capitouls assister en corps, & representans les corps mistique de ladite Ville de Toulouse, iceux Capitouls auront preference, & precederont ledit Viguier, & en tous autres actes, tant de reddes accoûtumées être faites par les Officiers, entrées du Parlement à la fête S. Martin, assistance és Arrests generaux qui seront prononcez en ladite Cour, qu'autres assemblées, icelui Viguier precedera lesdits Capitouls. Entant que touche lesdits Dampmartin & Viguier, ordonne aussi la Cour qu'en tous actes & assemblées publiques & privées, tant au siege dudit Senéchal & du Juge-Mage d'icelle Senéchaussée, & où lesdits Senéchal & Juge-Mage, ou l'un d'iceux seront presens, ledit Viguier precedera ledit Dampmartin Lieutenant Clerc esdits actes & assemblées, le tout par maniere de provision, sans préjudice du droit desdites parties, & jusqu'à ce qu'autrement en sera ordonné, les dépens reservez en fin de cause. Prononcé à Toulouse en Parlement le vingt-troisiéme jour du mois de May l'an mil cinq cens quarante neuf.

ARR. III

Mercredy vingt-troisiéme Aoust mil quatre cens quarante-sept, &c. Entre Jean Planterose Viguier de Beziers, & Maître

Raymond Roux Juge dudit Beziers deffendeur d'autre, il sera dit qu'en suivant l'Ordonnance du Roy faite au mois de Juin mil trois cens cinquante-sept, sur le gouvernement de la Justice de ladite Viguerie, toute la justice & jurisdiction Royale d'icelle Viguerie, tant civile que criminelle, sera d'orenavant gouvernée & administrée par lesdits Viguier & Juge-Mage ensemble, ou en leur absence par leurs Lieutenans ou Commis, & se prononceront les Sentences & Appointemens par la bouche dudit Juge, ou son Lieutenant, au nom toutesfois desdits Viguier & Juge, dont led. Viguier sera toûjours le premier nommé, & toutes Lettres & Commissions procedans de la Cour de ladite Viguerie, seront données au nom desd. Viguier & Juge conjointement, esquelles ledit Viguier sera semblablement le premier nommé, excepté les premieres Lettres du Grand Scel dudit Beziers, lesquelles ledit Viguier ou son Lieutenant octroyera tout seul, comme Conservateur dudit Scel; mais le procez & Lettres qui s'en ensuivront se donneront & expedieront au nom de tous deux, comme en ladite Justice commune. Et au regard des relations des procez, lesdits Viguier & Juge ensemble les commettront à rapporter à qui bon leur semblera; & si de ce ils ne peuvent être d'accord, lesdits Viguier & Juge les distribueront chacun à son tour, dont ledit Viguier fera sa premiere distribution, & le Juge l'autre aprés, & ainsi consequemment l'un aprés l'autre; & si ledit Juge à son tour veut prendre la charge de rapporter aucuns desdits procez, il y sera preferé à autres, lesquelles relations & expeditions de procez & autres Appointemens de ladite Cour se feront en l'Auditoire de ladite Viguerie, presens lesdits Viguier & Juge ou leurs Lieutenans, & appellez les Conseillers d'icelle Cour. Et entant que touche les commissions qui se donnent, tant sur le statut de querelle qu'autres, elles se donneront par ledit Viguier & Juge ensemble, si d'accord de ce peuvent être, ou sinon se donneront au nom de tous une fois par l'un, une fois par l'autre, le Viguier toûjours le premier. Et au regard des autres mêmes commissions de justice de ladite Cour, comme ajournemens, insinuations, pareatis & autres semblables, elles se donneront par le premier d'eux qui requis en sera, au nom toutesfois desdits Viguier & Juge conjointement, & tout par maniere de provision, & jusqu'à ce que par la Cour en soit autrement ordonné. Et au regard du surplus, si les Parties veulent aucune chose requerir ou demander l'un contre l'autre, elles en viendront au lendemain de la saint Martin d'hyver prochain venant.

En leur absence.] Et en l'absence des Lieutenans, l'exercice de la Justice s'il n'y a pas d'autres Officiers, appartient au plus ancien Avocat du Siege; tel a été l'usage de tout temps; ce qui est encore conforme à la disposition de l'Ordonnance de 1667. & à celle de 1539. en l'art. 11. Il y a méme une infinité d'Arrests rapportez par Papon, par Imbert, Rebuffe & Charondas, qui preferent les anciens Avocats du Siege, aux Avocats & Procureurs du Roy, ausquels méme, au dire de Fontanon sur ledit art. 11. il ne doit pas être permis en quelle cause que ce soit, de tenir l'Audience; & en effet, l'usage du Parlement de Provence les en exclud, suivant l'Arrest rapporté par François d'Aix en ses Decisions *decis.* 24. mais quoy qu'il en soit, je ne sçaurois dissimuler, quelque part que je doive prendre en la condition des Avocats, par la profession que je fais, & de laquelle je tire ma plus grande gloire, que le Parlement de Toulouse a prejugé par Arrest donné en la Grand'Chambre le 29. Août 1674. au rapport de Mr. Cathelan, qu'aux causes où le Roy, & le public n'ont aucun interest, les Gens du Roy peuvent presider, & tenir les Audiences, en l'absence ou recusation des Officiers, à l'exclusion des Avocats du Siege. Il est vray que cet Arrêt fut donné à la requête de Mr. le Procureur General: il est vray aussi qu'on peut remarquer dans les observations de Guenois *sur le ch. 18. du liv. 1. de la pratique d'Imbert*, que l'Arrest de Toulouse est conforme à un Arrêt du Parlement de Paris du treize d'Août 1575. donné en faveur du Procureur du Roy en la Chastellenie de Bellac dans la Basse-Marche, & encore à deux autres que le méme Parlement avoit donné auparavant les 13. & 23. Juillet 1562. pour les Substituts de Mr. le Procureur General aux Sieges d'Orleans & de Chastelleraut; car par ces trois Arrests il fut ordonné, qu'en l'absence, recusation, ou maladie des Officiers, ils tiendroient les Audiences, & exerceroient toute Jurisdiction aux Sieges, excepté és causes esquelles le Roy auroit ou pourroit avoir interest.

ARR. IV.

Extrait des Registres de Parlement.

ENtre Maître Charles de la Roche, Juge ordinaire de Castres, François de la Font, Licencié és Droits, supplians & demandeurs en qualité de reglemens, le Procureur General du Roy joint avec eux, d'une par, & Maître Jean Fabry, Antoine Gineste, Alexandre Adhenit, Nicolas Vialette, Licenciez, Loüis Boffard, Antoine Mauriny, Martin Falcon, Jean Valaret, Barthelemi Endroy & François Balmes Notaire, eux disans Lieutenans Generaux ou Particuliers respectivement, tant du Senéchal que d'icelui Juge en divers Sieges du Comté de Castres deffendeurs & autrement demandeurs d'autre. Veu les plaidez faits en la Cour, les titres desd. Parties, contredits, salvations, & autres productions faites en la maniere, la Cour pour certaines considerations & causes à cela mouvans, a mis & met hors de qualité & de procez lesdits de la Font, Boffard, Falcon, Villaret, Balmes & Mauriny, & leur a fait & fait inhibitions & deffenses de soi dire ni nommer Lieutenans desdits Senéchal & Juge de Castres, ni soi ingerer à l'exercice de l'Etat & Office de Lieutenant d'iceux Senéchal & Juge en maniere aucune, sur peine de faux & autre arbitraire; & avant dire droit sur les conclusions requises par ledit Procureur General, sur la suppression ou reduction à certain nombre de Sieges desdites Senéchaussées & Jugerie de Castres, a ordonné & ordonne qu'il, &c. lesdits Senéchal & Juge & autres prétandans interests, seront sur ce plus amplement oüis, & pour ce faire en viendront en Jugement à huitaine aprés la Fête Saint Martin d'hyver prochainement venant, pour y être pourvû, & leur être fait droit suivant les Lettres & Edits du Roy, données à Paris le seiziéme jour de Decembre mil cinq cens trente-huit, & cependant a ordonné & ordonne la Cour, que ledit Maître Jean Fabry joüira de l'Office de Lieutenant Principal desdits Senéchal & Juge de Castres au Siege principal dudit Castres, à la charge toutefois de constituer & établir son domicile & habitation avec sa famille en la Cité de Castres; ce qu'il sera tenu faire & parfaitement accomplir sans fraude ou dissimulation dedans un mois prochain venant, à compter du jour de la prononciation de cet Arrest, sur peine de privation dudit Etat & Office de Lieutenant, laquelle à faute de ce faire lui est dés maintenant declarée; & ledit Maître Antoine Guieste joüira de l'Office de Lieutenant Particulier & Commissaire à l'Université des causes au même Siege principal dudit Castres, & ledit Maître Nicolas Valotier joüira de l'Office de Lieutenant Principal audit Siege de Lombés, & ledit Maître Alexandre Adhenier joüira semblablement de l'Office de Lieutenant Principal desd. Senéchal & Juge au Siege de Châteauvieux & Saint Ivery les Alby, avec les prerogatives & charges appartenans ausdits Offices respectivement, & faisant leur habitation & residence esdits lieux, suivant les Ordonnances. Et quant aux autres prétendans être Lieutenans és autres Sieges, de la suppression & reduction desquels est question, & qui n'ont mis

mis & produit devers la Cour leurs lettres de provision de leurs pretenduës Lieutenances, suivant l'Arrest prononcé le quinziéme jour de Mars l'an mil cinq cens quarante-deux ; la Cour leur a prohibé & deffendu, prohibe & deffend tout exercice d'icelles pretenduës Lieutenances, jusqu'à ce qu'eux & ledit Procureur general & autres ayans interests oüis sur ladite suppression & reduction autrement en soit ordonné. Et cependant les causes & procez civils & criminels desdits sieges seront traitez & expediez audit siege principal de Castres, sauf que ledit Juge de Castres ira tenir assises à chacun desdits sieges de deux en deux mois une fois. Et quant à la qualité de reglement, la Cour suivant autres Arrests donnez sur semblables reglemens, a ordonné & ordonne que en presence dudit Juge ne sera loisible à iceux Lieutenans principaux ou particuliers, exercer jurisdiction au siege où ledit Juge sera present, ains tous les actes de jurisdiction ordinaires ou extraordinaires par commission de lettres Royaux ou autrement seront faits & exercez par ledit Juge és siéges qu'il sera present, sinon qu'il fut recusé, & la recusation admise ou autrement empêchée auquel cas le Lieutenant principal du siege, & en son absence le Lieutenant particulier, exerceront icelle jurisdiction & actes de justice és causes & matieres esquelles ledit Juge se trouvera recusé, ou autrement n'en voudroit ou pourroit prendre connoissance, & en l'absence dud. Juge, les Lieutenans principaux joüiront respectivement de semblables prérogatives & préeminences chacun en son siege, sans qu'il soit permis aux Lieutenans particuliers en presence du Lieutenant principal exercer jurisdiction, si ce n'est au cas susd. de recusation, ou autre empêchement desd. Lieutenans principaux ; & en outre a ordonné & ordonne la Cour que les distributions des procez introduits esd. sieges, & étans en droit, seront faites en iceux sieges respectivement par led. Juge quand il y sera present, & en son absence par le Lieutenant principal de chacun desd. sieges, & lui absent par le Lieutenant particulier de quinze en quinze jours ou de huit en huit, selon l'affluence des procez, appellé le Procureur du Roy ou son substitué du siege, & deux des anciens Avocats & Praticiens d'icelui, & au jour d'icelles distributions les Notaires desdits sieges seront tenus apporter tous & chacuns les procez qui seront en état de juger, de quelque qualité que soient, sans en laisser aucun, & de ce se purgeront par serment. Et après que led. Juge, s'il est present, aura pris un procez, le Lieutenant Principal du Siege prendra tel autre procez que bon lui semblera ; & à l'absence du Juge icelui Lieutenant Principal prendra le premier, & après lui le Lieutenant Particulier, & consecutivement le Procureur du Roy, & après sera baillé à chacun des Avocats & Praticiens dudit Siege, un procez selon leur antiquité & reception ; & si encore en restent aucuns, seront distribuez par l'ordre susdit : Et afin qu'icelle distribution soit faite sans fraude, en sera fait registre ; & où il se trouveroit aucune fraude avoir été commise par lesd. Notaires, ils seront privez de l'administration desdits tabliers, & d'orénavant ne seront reçûs à en tenir ou exercer aucun ; & ou seroit fait fraude par lesdits Juge, Lieutenans Principal & Particulier, seront tenus à l'Arbitre de la Cour, & aux rapports & jugemens desdits procez assistera nombre suffisant des Avocats desdits Sieges, eu égard à la qualité des matieres, & n'y assistera aucun Notaire, si ce n'est celui qui tiendra le Registre des Conseils ; & aprés le rapport fait & conclud sera faite taxe moderée au raporteur, lui absent, par les autres qui auront assisté à icelui rapport & jugement : & le jour même ou lendemain ledit rapporteur sera tenu apporter & lire au Conseil la Sentence ou Ordonnance qui aura été arrêtée, laquelle sera signée par le Juge ou Lieutenant qui aura présidé au jugement, & par le rapporteur du Procez, & après sera prononcée à la premiere Audience sans plus attendre ou dilayer ; & où le procez qui sera commencé de rapporter ne pourra entierement être dépêché en même jour, sera continué le lendemain & autres jours ensuivans, jusques à ce qu'il soit parachevé en presence de ceux qui auront assisté au premier jour, & avec l'opinion d'iceux sera conclud & arrêté à la plus grande partie ; & declare la Cour qu'ausdits Conseils ne seront reçûs pour juger & decider les procez & autres affaires que gens lettrez & experimentez, de bonne vie & honnête conversation, & qui ayent été reçûs & prêté serment d'Avocat ausdits Sieges, lesquels seront tenus se trouver aux conseils, sans que pour y assister leur soit faite aucune distribution d'argent. Et au surplus enjoint la Cour audit Juge, Lieutenans principaux & particuliers respectivement, & à chacun d'eux de ensuivant les Ordonnances Royaux faire les procez sans user de délais frustratoires,& aussi pourvoir qu'aucuns abus & exemptions indécentes ne soient faites & commises esdits Sieges par les Notaires & autres,sur peine de s'en prendre sur eux; & pareillement a declaré & declare la Cour que ledit Juge quand il sera present & en son absence, les Lieutenans & chacun d'eux selon l'ordre que dessus,pourront rapporter & dépêcher extraordinairement sans attendre ladite distribution les procez des causes criminelles, & aussi des matieres provisionnelles & privilegiées, comme d'alimens, doüaires, interposition de decrets, taxe de dépens, & autres semblables requerans celerité & prompte expedition, non excedans la taxe de vingt sols tournois pour partie; & neanmoins pour le bien de justice, & afin que les crimes ne demeurent impunis, pourront lesdits Lieutenans principaux & particuliers, & chacun d'eux en leur Siege qui y sera plûtôt sommé & requis par le Procureur du Roy, ou autre denonçant, enquerir des excès & crimes commis és ressorts desdits Sieges respectivement; Et a prohibé & défendu, prohibe & défend la Cour ausd. Juges, Lieutenans principaux & particuliers, à peine de suspension de leurs Offices, & autre amende arbitraire, de ne d'oresnavant rapporter aucun procez és maisons privées & hors le lieu à ce deputé en chaque Siege, & aux Avocats & Praticiens n'affermer ni arrenter aucuns tabliers & Greffes és Sieges où ils pratiqueront, ni avoir intelligence avec aucuns Notaires, Fermier ou autres; & a fait & fait la Cour inhibition & défense à tous Lieutenans principaux, particuliers &chacun d'eux, ne soy dire ni intituler Lieutenans Generaux, ni entreprendre aucune connoissance, & exercer actes de Justice hors les Sieges ausquels ils seront Lieutenans & ressort d'iceux,le tout par maniere de provision,sans préjudice des droits & prérogatives dudit Senéchal, pour le fait des distributions,rapports & jugemens de procez quand ils seront hommes de lettres, & jusqu'à ce qu'autrement en soit ordonné, & sans dépens. Prononcé à Toulouse en Parlement le douziéme Août mil cinq cens quarante-quatre.

Les Notaires.] Autrefois on ne connoissoit les Greffiers que sous ce nom là, & les anciennes Ordonnances ne les nommoient aussi que Notaires, à l'imitation des anciens Auteurs Romains, dans lesquels *Notarius* ne designe pas autre chose dans son sens le plus naturel. Le titre de Greffier, comme estimé très-honorable, n'étoit dû qu'au seul Greffier du Parlement de Paris ; ainsi par Arrest de l'an 1404. rapporté par *Luc en son recueïl liv. 4. tit. 10. art. 1.* il fut dit : *Nulli Scribarum, etiam regiorum, præter unum Curiæ actuarium, Graphiarii nomen usurpare licere* ; ce qui fait voir que dans le commencement du quinziéme siecle le titre de Greffier commença d'être usurpé par les Notaires des autres Jurisdictions : Et tout ayant été permis dans la suite du temps en matiere de titres, chacun ayant voulu satisfaire sa vanité, le titre de Greffier devint si commun, qu'on ne connoit plus aujourd'hui le nom de Notaire que pour designer une tabellion.

Que Gens lettrez.] Pour exercer une charge de Judicature de robe longue, de même que celle d'Avocat, ou de Procureur du Roi, il ne suffit pas d'être Bachelier en Droit, il faut être Docteur, ou du moins Licentié, suivant l'Arrest judiciellement donné en la Grand'-Chambre le 19. Janvier 1631. en la cause de Me. Raymond Rivet, contre le nommé Isaac Causse. *V. l'art. 8. de ce chapitre.*

Es maisons privées.] Suivant le Droit la Justice doit être administrée *loco solito & more majorum* ; elle s'administroit autrefois parmi les Juifs aux portes des Villes ; & la transaction passée le 11. Novembre 1392. entre Philippe de Levi, Baron de Vauvert, & les habitans dudit lieu, finit par ces termes : *acta sunt hæc posqueriis.* (*sc.* Vauvert.) *in Barbacana portalis de l'anapey, ubi tunc dictus Dominus regens pro tribunali sedebat, testibus præsentibus N. N. V. l'art. 7. de ce chapitre, & le liv. 2. verb. Enquête art. 1.*

Arr. V.

Arrest du dix-septiéme Decembre mil cinq cens vingt-six, enjoignant au Juge de Rieux & à tous les autres du ressort, de ensuivant les Ordonnances faire leurs residences personnelles en leurs Sieges principaux, à peine de cent marcs d'or.

V. Bergeron sur Papon liv. 4. tit. 12. arr. 5. Loyseau des Offic. liv. 5. chap. 2. num. 88. l'Ordonnance de Blois art. 137.

Arr. VI.

Par Arrest donné en Audience de relevée le dix-sept Avril mil cinq cens quarante-quatre, prohibé au Prévôt & Seigneur Jurisdictionel de Beaumont en Roüergue de commettre à l'exercice de la Jurisdiction temporelle audit lieu, Juge ou Lieutenant qui soit Prêtre.

Autre aussi donné en Audience le vingt-quatriéme Mars mil cinq cens trente-huit, contenant prohibition aux Prêtres de ne rapporter procez.

V. l'art. 45. de l'Ordonnance de Blois, qui est tiré du Can. 22. caus. 16. qu. 7.

ARR. VII.

Arrest du vingt-trois Avril mil cinq cens soixante-neuf, contenant inhibition à tous Juges de faire procez pour peu de chose, & le Juge, Rapporteur & Greffier condamnez à rendre ce qu'ils en avoient reçû depuis l'audition cathegotique de la Partie.

Le même jour autre Arrest contenant inhibition aux Juges de ne faire actes de Justice, ne donner appointemens és maisons privées & és jours feriez.

E's jours feriez.] *V. le liv. 2. tit. 4. verb. Feriez, & tit. 7. verb. Inquisitions.*

ARR. VIII.

Le dix-huit Mars mil cinq cens quarante-trois, Arrest prohibitif à toutes personnes de s'ingerer à la charge de Juge ou Lieutenant sans être graduez.

Estre graduez.] *V. la seconde observation sur l'art. 4. de ce ch. verb. que gens lettrez.*

ARR. IX.

Le vingt-un Juillet mil cinq cens quarante-quatre, par Arrest ordonné que les Juges Royaux subalternes, & leurs Lieutenans seront examinez en Theorique & pratique par les Officiers des Senéchaux d'où ils seront ressortissans.

V. l'art. 9. du chap. 1. de ce traité.

ARR. X.

Le seize Avril mil cinq cens trente-trois inhibé à tous Juges des Seigneurs prendre connoissance d'aucune complainte ni mainlevée en matiere Beneficiale, dont la connoissance appartient au Roy & à ses Officiers.

Juges des Seigneurs.] Et même aux Ecclesiastiques ; le seul Juge Royal connoissant en France du possessoire des Benefices, & de la suite des fruits & revenus d'iceux, à l'exclusion des Officiers Bannerets, suivant l'Ordonnance de Blois *art. 16. V. Ranch. & Ferrer. in quæst. 1. & 552. Guid. Pap.*

ARR. XI.

Le quatriéme Septembre mil cinq cens quarante-cinq, prohibé à tous Juges de ne porter les procez hors des ressorts des Sieges où les matieres sont traitées pour rapporter.

V. l'art. suivant, & la suite de ce Recueil tit. 56. art. 8.

ARR. XII.

Le vingt huit Juillet mil cinq cens septante-cinq, une procedure faite par Tolosani Juge Mage de Lauraguois, d'une affaire de sa Senéchaussée en Toulouse, comme faites hors de son territoire & jurisdiction cassée.

Hors son territoire.] Aussi-tôt qu'un Juge est hors de son territoire, il n'a aucune Jurisdiction, *etiam in qualibet causâ. gl. fin. in l. fin. ff. de offic. praes. verb.* car deslors il n'est que personne privée, & ne peut exercer que ce qui est de la Jurisdiction volontaire.

ARR. XIII.

Par Arrest du vingt trois Août mil cinq cens septante-un, Me. Foissac Lieutenant particulier au Siege de Montauban, pour avoir ordonné qu'un depositaire de Justice de la somme de deux cens huit livres, remettroit ladite somme devers lui, ce qu'il auroit fait, sur l'appel d'un des creanciers, l'Ordonnance fut cassée, & ordonné que ladite somme seroit remise és mains dudit depositaire, pour être distribuée aux creanciers, & ledit Lieutenant condamné aux dépens, & en cinquante livres envers l'appellant pour ses dommages & interêts, & en cinq cens livres d'amende envers le Roy, faisant inhibition à tous Juges & autres Officiers du Roy de se rendre depositaires, ni s'aider de l'argent deposé, sur peine de privation de leurs états.

V. le livre 2. verb. depost. art. 1.

ARR. XIV.

Il y a lettres patentes du Roy François I. données à Amboise le quatorziéme Avril mil cinq cens quarante, enregistrées en la Cour, par lesquelles est prohibé aux Lieutenans principaux & particuliers des Judicatures ordinaires de ne s'ingerer à l'exercice desdits états en la presence des Juges, ains seulement en leur absence.

FIN.

TABLE DES TITRES DES ARRÊTS NOTABLES DU PARLEMENT DE TOULOUSE,

RANGEZ PAR ORDRE ALPHABETIQUE.

D

E

F

G

Habil-

TABLE.

R

S

T

V

TABLE

DU TRAITÉ DES DROITS SEIGNEURIAUX & Matieres Feodales.

Fin de l.. Table.

APPROBATION.

J'AI examiné par ordre de Monseigneur le Garde des Séaux, un Livre intitulé : *Arrêts notables du Parlement de Toulouse, recueïllis des Memoires de Mr. Bernard de la Roche-Flavin, avec des Observations de Me. François Graverol Avocat de Nimes.* Je n'y ai rien trouvé qui puisse en empêcher la reimpression. Fait à Paris ce 4. Fevrier 1719. RASSICOD signé.

PRIVILEGE DU ROY.

LOUIS, PAR LA GRACE DE DIEU, ROY DE FRANCE ET DE NAVARRE: A nos amés & feaux Conseillers, les gens tenans nos Cours de Parlement, Maîtres des Requêtes ordinaires de nôtre Hôtel, grand Conseil, Prevôt de Paris, Baillifs, Senéchaux, leurs Lieutenans Civils, & autres nos Justiciers qu'il appartiendra: SALUT, nôtre très-cher & bien amé le Sr. JEAN-FRANÇOIS CARANOVE ancien Capitoul, Prieur de la Bourse, & President de la Chambre de Commerce de la Ville de Toulouse, nous a fait representer que depuis plusieurs années le Public est privé des secours qu'il pouvoit tirer de plusieurs anciens Recueïls d'Arrets, & Décisions notables de notre Cour de Parlement de notre Ville de Toulouse, qui avoient été ci-devant imprimez en vertu des Privileges accordez par le feu Roy, notre très-honoré Seigneur & Bis-ayeul LOUIS XIV. d'heureuse memoire, lesquels Recueïls étant devenus très-rares, ledit Sr. Caranove voudroit bien faire la dépense de les faire reimprimer, s'il nous plaisoit lui accorder nos Lettres de Privilege sur ce necessaires. A CES CAUSES, desirant favorablement traiter ledit Sr. Exposant, & seconder ses bonnes intentions. Nous lui avons permis & permettons par ces presentes, de faire reimprimer lesdits Recueïls d'Arrêts & Décisions notables de notre Cour de Parlement de Toulouse, faits par les *Sieurs Cambolas, d'Olive, Albert, de la Roche-Flavin, Geraud des droits Seigneuriaux, de Maynard & de Catellan, avec la pratique de la Juridiction Ecclesiastique, par le Sr. Ducasse, &* les *Oeuvres Latines de Beranger Fernand, Docteur en Droit,* & encore le *Pasteur Apostolique, par le Pere Lucos, & les Entretiens avec Jesus-Christ dans le Saint Sacrement de l'Autel*, en tels Volumes, forme, marge, caractere, conjointement ou separement, & autant de fois que bon lui semblera, & de les vendre, faire vendre & debiter par tout notre Royaume, pendant le tems de douze années consecutives, à compter du jour de la datte desdites presentes; faisons défenses à toute sorte de personnes, de quelque qualité & condition qu'elles soient, d'en introduire d'impression étrangere, dans aucun Lieu de notre obeïssance: comme aussi à tous Libraires, Imprimeurs & autres, d'imprimer, faire imprimer, vendre, faire vendre débiter ni contrefaire lesdits Recueïls, ou Livres cy-dessus expliquez, en tout ni en partie, ni d'en faire aucuns Extraits, sous quelque pretexte que ce soit, d'augmentation, correction, changement de Titre, même de Traduction étrangere, ou autrement, sans la permission expresse & par écrit dudit Sr. Exposant, ou de ceux qui auront droit de lui, à peine de confiscation des Exemplaires contrefaits, de six mille livres d'amende contre chacun des contrevenans, dont un tiers à Nous, un tiers à l'Hôtel-Dieu de Paris, l'autre tiers audit Sr. Exposant, & de tous dépens, dommages & interêts; A la charge que ces presentes seront Enregistrées tout au long sur le Registre de la Communauté des Libraires & Imprimeurs de Paris, & ce dans trois mois de la datte d'icelles, que l'impression desdits Recueïls ou Livres cy-dessus specifiez, sera faite dans notre Royaume & non ailleurs, en bon papier & en beaux caracteres, conformement aux Reglemens de la Librairie; & qu'avant que de les exposer en vente, les manuscrits ou imprimez qui auront servi de Copie à l'impression desdits Recueïls ou Livres imprimez, seront remis dans le même état où les Approbations y auront été donées, ès mains de notre très-cher & Feal Chevalier, Garde des Séaux de France, le Sieur de Voyer de Paulmy Marquis d'Argenson; & qu'il en sera ensuite remis deux Exemplaires de chacun dans notre Bibliotheque publique; un dans notre Château du Louvre; & un dans notre très-cher & Feal Chevalier, Garde des Séaux de France, le Sr. de Voyer de Paulmy, Marquis d'Argenson: le tout à peine de nullité des presentes, du contenu desquelles vous mandons, enjoignons de faire joüir ledit Sr. Exposant ou ses ayans Cause, pleinement & paisiblement, sans souffrir qu'il leur soit fait aucun trouble ou empêchement; Voulons que la copie desdites presentes qui sera imprimée tout au long, au commencement ou à la fin desdits Livres cy-dessus expliquez, soit tenuë pour dûëment signifiée, & qu'aux Copies Collationnées par l'un de nos Amés & Feaux Conseillers & Secretaires, foi soit ajoûtée comme à l'original: Commandons au premier notre Huissier ou Sergent, de faire pour l'execution d'icelles, tous Actes requis & necessaires, sans demander autre permission; & nonobstant Clameur de Haro, Chartre Normande, & Lettres à ce contraires; car tel est notre plaisir. Donné à Paris le quinziéme jour du mois de Mars, l'an de grace mil sept cens dix-neuf, & de notre Regne le quatriéme. Par le Roy en son Conseil. Signé COBLET.

Registré sur le Registre IV. de la Communauté des Libraires & Imprimeurs de Paris, pag. 411. num. 497. conformément aux Reglemens, & notament à l'Arrêt du Conseil du 13. d'Août 1703. A Paris le 19. Mars 1719. Signé VINCENT, Syndic.

www.ingramcontent.com/pod-product-compliance
Lightning Source LLC
Chambersburg PA
CBHW031438210326
41599CB00016B/2042

9782012636873